KB213447

고대 근동 시리즈는 홍수 이후의 수메르 문명에서부터 페르시아가 멸망하는 기원전 331년까지를 주로 다루며, 기원전 27년 아우구스투스에 의해 로마제국이 시작되고 로마의 통치 아래 이스라엘 땅에서 예수님이 탄생한 내용까지 포함한다.

추천사

제레미 블랙(Jeremy Black)
- 옥스포드대학교

이 책은 매우 읽기 쉽게 쓰였다. 이 책을 통해 인류 역사를 이해하고자 하는 학생이나 일반 독자들은 이 분야의 광대하고 중요한 역사적이고 정치적인 지식을 얻을 수 있을 것이다. 근동에 대한 사전 지식 없이도 읽을 수 있는 이 책은 그 지역의 자세한 역사를 빠르게 서술한다. 이 책의 두 가지 장점은 역사 이야기를 흘러가듯이 서술하였다는 점과 그런 이야기가 기초한 역사 사료를 적절히 강조했다는 점이다.

노만 요페(Norman Yoffee)
- 미시간대학교

이 책은 고대 역사가와 고고학자의 선반에 반드시 있어야 하는 책이다. 메소포타미아 역사에 대한 책의 목록에서 가장 중요한 자리를 차지할 것이라고 확신한다.

R. P. 라이트(R. P. Wright)
- 뉴욕대학교

일반 독자뿐 아니라 모든 수준의 학생을 위한 훌륭한 입문서로 강하게 추천하는 바이다.

타임즈 고등교육 별지(Times Higher Education Supplement)

이라크와 아시아 근동의 역사에 대한 미에룹의 입문서는 고대 역사, 소아시아의 고고학, 고대 근동학 일반 대학교 1학년의 교재용으로도 적절하다. 뿐만 아니라 그리스인들이 역사의 중심인 서기 전의 세계에 무슨 일이 있었는지 최신의 요약된 정보를 원하는 모든 사람에게 꼭 맞는 책이다.

미국 근동 연구 학회지(Bulletin of the American Schools of Oriental Research)

확실하지 않은 증거로 들이대며 엉뚱한 주장을 하거나 지나치게 확신있는 역사 재구성을 하는 많은 역사가들과는 달리, 이 책은 책임있고 비평적인 역사의 가능성을 증명해 주었다. 독자로 하여금 이 분야에 대해 사모하는 마음을 갖게 하려는 미에룹의 목적이 이 책을 통해 충분히 완수되었다.

마리오 리버라니(Mario Liverani)
- 오리엔탈리아

이 책은 근동 역사를 철저한 문헌학적 분석과 사료와 이차자료에 대한 최신의 지식에 근거해 매우 성숙하게 서술하고 있다. 비슷한 분량의 다른 어떤 책도 문헌학적 건전성, 역사적 방법, 해설의 명료성에서 미에룹의 책과는 경쟁이 안 될 것이다.

고대 근동 역사

마르크 반 드 미에룹 지음

김구원 · 강후구 옮김

A History of the Ancient Near East

ca. 3000-323 B.C.

by

Marc Van De Mieroop

translated by

Koo Won Kim & Hoo-Gu Kang

Third Edition

A History of the Ancient Near East
Marc Van De Mieroop

고대 근동 역사

-B.C. 3000년경~B.C. 323년

마르크 반 드 미에룹 지음

김구원 · 강후구 옮김

CLC

목 차

그림

지도

표

챠트

감사의 글

∞

마르크 반 드 미에룹(Marc Van De Mieroop) 박사
콜롬비아대학교 역사학 교수

전문가를 대상으로 한 책에서 학자들은 자신의 전문 자료들을 다루게 되지만 개론서에서는 그다지 익숙하지 않는 자료들도 다루어야 한다. 따라서 다른 학자들이 잘못, 실수, 무지의 결과를 수정해 주어야 한다. 다행히 이 책의 여러 출판 단계에서 초고의 전부, 혹은 일부를 비판적으로 읽어준 동료와 친구들이 있었다. 그들은 제레미 블랙(Jeremy Black), 밥 엥룬드(Bob Englund), 벤 포스터(Ben Foster) 그리고 스티븐 가핑클(Steven Garfinkle)이다. 특히 J. A. 브링크만(Brinkman)은 원고의 일부를 읽고 매우 자세한 조언을 해 주었다. 셋 리차드슨(Seth Richardson)은 논의의 많은 약점을 지적해주었을 뿐 아니라 문체와 어구에 대해 수많은 조언을 해 주었다.

이 책의 주된 독자는 대학생이다. 나는 콜롬비아대학교의 두 그룹의 학생들에게 감사한다. 2001년과 2002년 봄 학기에 메소포타미아와 소아시아 역사 입문을 수강하여 원고의 초고를 읽어 준 학생들이다. 그들은 자신의 의견을 표현하는 데 너무 조심스러웠으나 일부는 원고의 문제점과 실수를 발견하는 데 도움을 주었다. 특히 에이버리 캐스틴(Avery Kastin)은 자신이 읽은 원고에 대한 매우 자세한 평가를 적어 주었다.

이 책에 사용된 그림 자료들은 피에르퐁 모르간 도서관의 시드니 밥콕(Sidney Babcock)과 샤론 스타르크(Sharon Stark), 콜롬비아대학 미술사학과와 고고학과의 안드루 게스너(Andrew Gessner), 메트로폴리탄 미술 박물관의 쇼키 구다르찌(Shoki Goodarzi), 예일 바빌로니아콜렉션의 울라 카스텐(Ulla Kasten), 애쉬몰리안 박물관의 P. R. S. 무레이(Moorey), 해양고고학 연구소의 랄프 K. 페데

르슨(Ralph K. Pedersen), 시카고대학의 오리엔탈 인스티튜트의 카렌 윌슨(Karen Wilson)의 도움을 받아 제작하였다. 수잔 폴록(Susan Pollock)과 폴 키만 스키(Paul Zimansky)는 그들이 소장한 사진들을 사용할 수 있게 배려해 주었다. 뉴욕의 아트 리소시스(Art Resources)와 브리지만(Bridgeman) 국제 예술도서관의 사서들도 여러 사진을 얻는 데 큰 도움이 되었다.

블랙웰의 편집자들, 알 버트란드와 안젤라 코헨은 많은 저자들이 바랄만한 그런 도움을 주었다. 알 버트란드는 처음 원고를 청탁한 순간부터 완성하는 순간까지 초고의 기본적 디자인에서부터 최종본에 이르는 모든 단계를 담당하였다. 안젤라 코헨은 책 제작의 자세한 사항을 담당하고 놀라운 속도로 일을 진행하였다. 이 책에 대한 그들의 열심과 열정은 나로 하여금 그들의 기대에 부응하도록 하였으며 그만큼 이 책이 잘 다듬어지게 되었다.

마지막으로 자이납(Zainab)과 케난(Kenan)의 도움 없이 이 책을 쓸 수 없었음을 밝힌다.

뉴욕에서

제3판 저자 서문

　이 책은 10년 전 처음 쓰인 1판 이후 나온 제3판이다. 이전 판들에 익숙한 독자들은 내용의 크고 작은 변화들을 감지할 것이다. 이 변화들은 비록 비극적 사건들로 인하여 오늘날 중동의 많은 지역들이 방문하기 어렵게 되었음에도 불구하고, 부분적으로 계속된 새로운 연구의 결과이다. 몇 개의 변화는 비록 내가 이야기의 중심에 있는 정치사에 대한 기본적인 접근을 유지함에도 불구하고, 내 자신의 관심 주제가 바뀌었고, 어떤 사실에 대하여 다시 생각한 결과이다. 어떤 것은 이 책을 수업에서 사용하며 가르쳤던 이들이 출판한 리뷰와 언급에서 영감을 받은 것이다. 나는 끝에 한 장을 덧붙였고 각 장에 '토론'이라 불리는 새로운 면을 소개하였다.

　이와 같은 조사는 본질적으로 주장을 사용하고, 거의 모든 면에서 학자들 간의 토론을 무시하기 때문에, 나는 어떤 주제에 대한 몇 개의 접근과 학자들의 견지를 소개하고 관련된 참고 문헌을 제공한다. 이것은 여전히 제한된 숫자이기는 하지만 나는 이것이 어떤 주제에 대하여 학자들이 동의하지 않고 견해를 달리하는 바를 학생들에게 보여주기를 희망한다.

　나는 이 책에 대한 지속적인 지원을 아끼지 않은 윌리 블랙웰의 실무진에게 고마움을 전한다. 나는 콜롬비아대학교의 매년 연속된 학생들과, 잠시 동안이지만 옥스포드대학교의 학생들에게 내가 공부하는 자료를 계속 이해할 수 있게 해 준 것과, 그들과 잠시 함께 함으로 그것을 매우 가치 있는 것으로 만들어 준 점에 큰 빚을 졌다.

제2판 저자 서문

최근 고대 메소포타미아의 중심지였던 이라크 지역에 일어나고 있는 비극적 일들 때문인지 이 책의 초판은 고대 근동에 관한 책치고는 매우 잘 팔렸다. 이 때문에 편집자인 알 버트란드는 내게 개정판을 낼지 물어왔다. 편집팀은 고대 근동 역사를 가르치는 선생님들 그리고 관계 분야에 종사하는 분들에게 이 책이 더 좋은 교과서가 되기 위해서는 어떤 점이 개선되어야 하는지를 조사했다.

한편 뉴욕 콜롬비아대학교에 있는 나의 제자들도 초판에 대한 비판적 독자가 되어주었다. 그들의 조언과(불행히도 상대적으로 적은) 서평을 염두에 두고 나는 개정판 작업에 들어가기로 결정하였다. 개정판의 초점은 이 책이 고대 근동 역사의 입문서로서 쉽고 유용한 도구가 되게 하는 것이었다. 몇 분의 조언으로 나는 심화학습을 위한 참고 도서 목록을 대폭 확장했으며 지도의 숫자를 약간 늘렸다.

또한, 초판 이후에 출판된 새로운 연구 논문을 통해 몇몇 문제에 대한 나의 이해가 증진되었으며 이들을 참고하여 초판에 제시했던 의견을 약간 바꾸기도 하였다. 초판과 개정판을 모두 읽은 독자들이 개정판을 더 나은 책으로 생각해주기를 바랄 뿐이다. 이 책의 목적은 초판과 동일하다. 가능한 많은 사람들을 고대 근동의 매력적인 세계에 초대하는 것이다.

제1판 저자 서문

∞

　주전 334년 마케도니아 출신의 젊은 왕과 그의 정예 부대는 유럽에서 아시아로 건너가 대제국 페르시아와 맞붙어 불과 몇 년 만에 페르시아 제국을 정복한다. 알렉산더의 군대는 수천 년의 역사를 가진 고대 세계를 지나가고 있었다. 이전에 만났던 그리스 문명은 그와 그의 군대가 고대 근동과 이집트에서 본 것에 비하면 아무것도 아니었다.

　그들은 3천 년 동안 지속된 우룩(Uruk)과 같은 도시에 들어갔고 역시 수천 년 동안 존재한 피라미드와 신전들을 목격한다. 그들이 정복한 세계는 멸망해가는 그래서 새로운 계기가 필요했던 문명이 아니라 찬란한 역사를 유지해온 문명이었다. 그곳의 도시민은 자신의 전통이 매우 오래되었음을 인지하고 자신들이 태고부터 존재해왔다고 주장한다. 이것은 허풍이 아니다. 실제로 그 나라들은 그리스가 큰 고전 문명을 이루기 훨씬 이전에 세계에서 가장 발달한 문화의 담지자였다.

　우리가 선진 문물로 여기는 농업, 도시, 국가, 문자, 법들이 처음으로 생겨난 곳이 바로 고대 근동과 북서 아프리카 지역이다. 이 지역은 세 개의 대륙이 만나는 지점에 위치하기 때문에 다양하고 많은 민족의 관습과 지혜가 한데 어우러져 서로를 자극하고 보충하여, 환경을 개발하는 데 사용되었다. 이들은 환경에 수동적으로 반응하기보다 환경을 적극적으로 개발하였다. 이 과정은 수백 년, 아니 수천 년에 걸친 것으로 순탄하지만은 않았다. 때로는 그 변화가 과격했던 때도, 오히려 퇴보일 때도 있었고, 시작부터 잘못된 것일 때도 있었다.

　오늘날 우리는 자연스럽게 그런 것들이 왜, 어떻게 발생했으며 누가 그 과정 가운데 참여했는지 관심을 갖는다. 19세기와 20세기의 학자들은 현대 문명의 기원을 이 지역의 고대 역사에서 찾곤 하였다. 그러나 이런 접근은 더 이상 유효하지 않다. 오늘날 우리는 세계 역사가 단일한 소스에서 직선적으로 단절 없이 진화되었다고 더 이상 믿지 않기 때문이다. 그러나 고대 근동과 북서 아프리카 지역에서 인간이 어떻게 생활했으며, 어떻게 그들이 우리 자신의 문화와 많은 요소를 공유하는 상황 가운데서 살았는지를 연구할 수 있다. 이런 연구가 가능한 것은 인류 최초의 문자 사회가 그곳에서 발견되어, 많은 물질 자료와 문서 기록이 발견되었기 때문이다. 그리고 문화적 요소가 수입에 의해 생성되지 않고 자체적으로 생산되는 경우를 종종 보기 때문에 이 연구는 보다 큰 엄밀성을 필요로 한다.

고대 근동과 이집트는 흑해로부터 아스완 댐에 이르는 넓은 지역 그리고 에게 해로부터 이란의 고원 지대에 이르는 광대한 지역을 포함한다. 이 지역은 역사를 통틀어 인구 밀도가 높았다. 이 지역에서 생성된 문화와 역사는 매우 다양하여 한 권의 책에서 다 설명할 수 없다.

그러므로 나는 고대 근동, 즉 아시아 대륙 지역만을 다루고 이집트는 이 책에서 논외로 할 것이다. 그래도 우리가 이 책에서 다루어야 할 민족, 문화, 언어와 전통은 매우 많다. 그러나 그런 다양성 가운데에도 어떤 통일성이 있기 때문에 이런 통합적 연구도 바람직하다고 말할 수 있다. 우리는 고대 근동의 다양성 가운데 많은 공통점을 볼 수 있다. 정치적이고 군사적인 상황이 때로는 많은 사람을 어떤 한 제도 아래 있게 하지만 우리는 거의 사회-문화적 상호작용이라는 영속적 과정을 보게 된다. 그리고 다양한 지역을 연결시키는 전환기를 볼 수 있다.

고대 근동 역사는 단지 기원의 역사만은 아니다. 혹은 역사가가 가장 오래된 증거를 제공하기 때문에 흥미로운 것은 아니다. 고대 근동 역사에는 많은 다른 측면이 내재해있다. 그것은 약 3천 년 동안의 역사다. 이것은 우리와 호머 사이의 차이보다 더 큰 차의 기간이다. 이 긴 기간은 수많은 사람들의 지속적인 역사 기록을 통해 연구될 수 있다. 고대 세계 어디에도 존재하지 않는 자세한 그 역사 기록은 변화하는 환경과 그에 대한 인간의 반응을 잘 보여준다. 과거는 외국에 비유될 수 있다. 과거를 공부한다는 것은 여행을 떠나는 것과 마찬가지다.

우리와 매우 비슷하지만 동시에 분명히 다른 사람들과 만나는 것이다. 여행할 때와 마찬가지로 우리가 갈 수 있는 곳은 한정되어 있고 모든 것을 볼 수 있는 것도 아니다. 그럼에도 불구하고 우리는 고대 근동에 대한 풍성한 정보를 가지고 있고 그 풍성함은 우리로 하여금 고대 근동에 대해 과거의 어느 문화 못지않게 많은 것을 알 수 있도록 해준다.

외국을 방문하는 여행객처럼 우리는 우리가 보는 모든 것을 이해하지는 못한다. 그 이유는 우리가 만나는 문화와 삶을 그저 지나가며 경험하기 때문이다. 희망하기는 상황이 어떠하든지 차이점을 도전과 기회에 대한 인류의 응답으로 이해할 수 있기를 바란다. 우리는 우리의 사고와 행위 습관만이 합리적인 것이 아님을 배울 것이다. 역사가들은 여행 가이드에 비유될 수 있다. 독자보다는 외국에 대해 더 친숙하다는 이유로 그들이 흥미롭다고 여기는 것을 지적해주며 그들의 열정을 그 나름의 논리와 이해로 표현한다. 그들은 독자를 더 큰 탐험으로 초청하면서 길을 안내한다. 이것이 이 책의 목적이기도 하다.

이 책은 다양한 관점에서 다양한 방식으로 연구할 수 있는 흥미 진진하고 풍성한 주제에 대한 길잡이가 될 것이다. 주제가 워낙 방대하고 다양하기 때문에 이런 입문서에서는 그 주제에 대한 저자의 견해를 제공할 수밖에 없다. 그리고 나의 관심과 선호가 이 책에서 다루어진 자료들과 그 해석에 반영되어 있다. 이 책의 의도는 고대 근동 지역에 대한 결정적인 역사를 기록하는 것이 아니라 인류사의 그 시대 그 장소를 계속 여행하도록 독자들을 고무하는 것이다.

역자 서문

김 구 원 박사

구약 연구에 있어 고대 근동의 배경은 매우 중요하다. 성경의 역사성을 중요시하는 개혁주의 신학 전통에서는 더욱 그러하다. 성경에 등장하는 아브라함, 모세, 여호수아, 사무엘, 다윗, 솔로몬, 아합, 에스라 등이 역사상 실존했던 인물인 것처럼, 아모리인, 아람인, 모압인, 이집트인, 히타이트인, 메소포타미아인도 고대 이스라엘과 함께 역사에 실존했던 민족들이다. 야훼 신앙이 역사적 신앙이었던 것처럼, 바알 신앙, 아세라 숭배, 태양신 종교 등도 고대 근동 사람들의 삶을 규정했던 중요한 종교 현상이었다.

따라서 이스라엘의 역사와 종교를 제대로 이해하기 위해서는 그 역사를 보다 큰 문맥에서 살펴야 한다. 이러한 고대 근동 배경의 중요성에도 불구하고 한국에서의 고대 근동 역사와 문화에 대한 연구는 언제나 주변적 지위에 머물러 있던 것이 사실이다. 구약개론 시간에 근동의 배경을 다룰 때에도 근동의 역사와 종교에 대한 단편적이고 때로는 왜곡된 내용이 학생들에게 전달되는 경우가 많다. 이것은 교수하는 분들의 잘못이라기보다는 지금까지 고대 근동의 역사에 관한 우리말로 된 좋은 교재가 없었던 것이 원인인 듯하다. 이런 점에서 CLC가 미에룹의 『고대 근동 역사』를 번역 출판한 것은 큰 의의가 있다.

미에룹은 예일대학교에서 고대 근동 역사를 전공하고 오랫동안 콜롬비아대학교의 고고미술학과에서 가르친 베테랑 학자이다. 그가 쓴 『고대 근동 역사』는 미국의 주요 대학에서 교재로 사용되고 있으며, 교재의 성격이 강한 데도 불구하고 큰 인기를 얻어 출판 후 불과 몇 년 만에 개정판이 나오게 되었다. 이 번역서도 2007년에 나온 개정판에 근거한 것이다. 이 책이 특히 가치가 있는 것은 신학자가 아닌 베테랑 역사학자가 썼다는 점이다. 이 책에서 독자들은 고대 근동 역사에 대한 학문적이고 '객관적인' 사실을 얻을 수 있을 것이다. 비록 야사를 이야기체로 풀어쓴 책처럼 소설적 재미는 없지만, 이 책에 수록된 내용은 하나하나가 학자적 양심으로 보증할 수 있는 본격적 고대 근동 역사이다.

내가 2003년 시카고대학교에서 고대 근동 역사라는 수업을 들을 때 이것을 교재로 사용한 바 있다. 재미있는 것은 한국에 잘알려진 복음주의 학자 트렘퍼 롱맨이 미에룹의 예일대학교 동기라는 사실이다. 롱맨 교수는 역자와의 이메일을 통해 미에룹과의 친분에 대해 말해 준 적이 있다. 역자는 이 책이 고대 근동 역사와 문화에 관심있는 모든 이들에게 정확하고 개괄적인 참고서로 기능할 것임을 확신한다.

마지막으로 이 책의 번역 출판을 기꺼이 수락해 준 기독교문서선교회 박영호 목사님께 감사드리며, 남편과 아빠와 떨어졌지만 불평없이 잘 생활해 준 내 아내 숙경과 은총, 호령, 경호에게도 고맙다는 말을 전한다.

시카고에서

저자 노트

인명과 지명은 독자에게 익숙한 철자를 사용하였다. 예를 들어, 정확한 철자인 나부-쿠두리-우쭈르(Nabu-kudurri-usur) 대신 보다 친숙한 용어인 네부 카드네자르(Nebuchadnezzar)를 사용하였다. 또 정확한 용어인 할랍(Halab) 대신 보다 친숙한 지명인 알레포(Allepo)를 사용하였다. 나의 동료들은 이런 나의 용어 사용이 일관적이지 못한 예를 지적해 주었다. 그들은 그런 인명과 지명의 대체 철자를 쉽게 알 수 있을 것이다. 그렇지 않은 사람들이 여기에서 발견된 주제에 관해 다른 책을 쉽게 참고하는 데 도움이 되기를 바란다. 이 책에서 고대 근동 언어의 몇몇 음소를 표기하지 않았다. 예를 들어, ts로 발음되는 강조 s는 이 책에서 단순 s로 표기되었다. 장모음은 아카드어를 그대로 인용할 때 외에는 표기하지 않았다.

고대 근동 문서의 번역에서 훼손된 본문을 가독성을 위해 언제나 복원하지는 않았다. 본문이 복원되었을 때는 꺾쇠 괄호로 표시해 두었다. 단어의 일부가 괄호 안에, 나머지 일부가 괄호 밖에 위치할 때 그것은 그 단어의 일부만이 독해 가능함을 나타낸다.

A History
of the Ancient
Near East

제1장

서론적 문제

1. 고대 근동이란 무엇인가?

'근동'(Near East)이라는 단어는 오늘날 많이 사용되지 않는 용어다. 그것은 지중해의 동쪽 해안에 위치한 오토만 제국의 잔여 영토를 지칭하기 위해 19세기에 사용된 용어였으나 지금까지 학자들 사이에 사용되고 있다. 오늘날 그 지역을 지칭할 때 중동이라는 말을 더 잘 사용하지만 그 두 용어는 정확하게 일치하지는 않기 때문에 중동의 고대 역사가들과 고고학자들은 근동이라는 말을 여전히 사용하고, 이 책에서도 근동이라는 용어를 사용할 것이다. 그러나 이런 관례는 이 지역의 고대 역사의 범위를 모호하게 만든다. 아울러 그 지역의 지리적 경계도 학자마다 큰 차이를 나타낸다. 따라서 근동이라는 말이 이 책에서 어떤 의미를 갖는지를 정의하는 것이 우선되어야 할 것이다.

이 역사 개론서에서 근동은 동서로 터키(튀르키예)의 에게 해안에서 중앙 이란에 이르는 지역 그리고 남북으로 북 아나톨리아(Anatolia)에서 남쪽 홍해에 이르는 지역을 지칭한다. 자주 근동의 역사와 맞물리는 이집트는 이 책에서 정의하는 '근동'에서 제외될 것이다. 단, 이집트 제국이 제2천년기 후반 아시아로 세력을 확장했을 때는 예외이다.

이 책에서 근동의 경계는 다소 불확정적이다. 이것은 의도적인 것이다. 이 불확정성은 우리가 다루는 일련의 핵심 지역이 시대에 따라 국경이 이동한다는 사실에 기인한다. 이 핵심 지역 중 가장 중요한 곳이 티그리스와 유프라테스강 사이에 위치하는 메소포타미아다(메소포타미아에 대해서는 풍성한 자료가 있으며 메소포타미아의 역사는 근동의 모든 연구를 주도한다). 예를 들어, 메소포타미아의 국가들이 아라비아 반도까지 세력을 확장했을 때 그때까지 미지의 세계였던 그 지역도 메소포타미아의 일부가 되는 것이다. 중앙 아나톨리아, 남서 이란 그리고 북서 시리아에 위치한 다른 국가들이 확장할 때 그들은 다른 지역들을 고대 근동 역사의 궤적 속으로 끌어들인다.

역사가로서 우리는 자료에 의존한다. 그 자료들의 범위(지리적 측면뿐 아니라 그 자료들이 보여주는 삶의 측면)는 시간에 따라 유동적이다. 그 자료들이 어떤 지역을 포괄하면 그들은 근동의 일부가 된다. 그렇지 않는다면 그다지 쓸 역사가 없을 것이다. 근동의 고대 역사는 산발적인 광점을 가진 암실에 비유할 수 있다. 어떤 광점은 다른 곳보다 밝다. 마찬가지로 자료들은 어떤 지역과 시대를 명확히 조명하지만 만족스러울 정도는 아니다. 역사가의 임무는 이런 상황에서 전체에 대한 그림을 그리는 것이다.

고대 근동 역사의 시간적 경계도 모호하다. 이 주제를 다룬 여러 학자들은 서로 다른 연대표를 사용한다. 고대 근동 역사의 시작점과 출발점 모두가 유동적이다. 역사가 일반적으로 기록 문서에 의존한다면 고대 근동에서 문자가 발명된 시점인 주전 3,000년경을 역사의 시작으로 보아야 할 것이다. 그러나 그 문자도 다른 발명품들처럼 그보다 이전 시대에 그 뿌리를 두고 있을 뿐 아니라, 가장 오래된 문서도 사람들이 글 쓰는 능력을 갖게 되었다는 사실 이외에 어떤 '역사적' 정보도 포함하지 않는다는 한계를 지닌다. 따라서 대부분의 근동 역사는 선사 시대, 종종 제10천년기에 시작된다고 할 수 있다.

이 역사는 선사 시대부터 역사 시대 이전까지 일어난 발전을 비교적 자세히 묘사한다. 이 7천 년 동안 고대 근동 사람들에게 일어난 수많은 변화들은 역사적인 연구뿐 아니라 고고학과 인류학적 연구와 자료들을 사용해 자세히 다룰 가치가 있다. 이 책은 역사 시대에 집중하기 때문에 선사 시대의 발전을 충분히 다룰 만한 여유가 없다. 따라서 이 책은 제4천년기의 '우룩 혁명'에서 시작할 것이다. 그 이전의 발전은 서론에서 간단하게 언급될 것이다. 고대 근동 역사는 주전 3,000년경에서 시작하는 것이 적당할 것 같다. 이 시점에 몇몇 선사 시대의 발전이 정점에 이르렀고, 이때 발명된 문자는 우리의 자료의 성격을 근본적으로 바꾸어 놓았다.

역사에는 딱 부러지는 결말이라는 것은 거의 없다. 국가가 완전히 멸망할 때에도 여전히 그 영향은 남는다. 그 영향의 정도는 역사의 어느 측면(정치, 경제, 문화 혹은 기타)을 보느냐에 따라 달라진다. 그러나 역사가는 어딘가에서 서술을 맺어야 하며, 그 시점을 정하는 데에는 합리적 이유가 필요하다. 고대 근동 역사의 끝을 나타내는 여러 연대의 가설들이 있으나 대개 마지막 메소포타미아 왕조가 멸망한 주전 539년과 마케돈의 알렉산더에 의해 페르시아가 패배한 주전 331년, 둘 중의 하나로 좁혀진다.

나는 알렉산더를 고대 근동의 정치사의 마지막 인물로 선택했다. 그 이유는 그가 가져온 변화들이 당시 대부분의 사람들에게는 그다지 중요하지 않았을지라도 그의 즉위로부터 우리의 역사 자료의 성격이 변화하기 때문이다. 다시 말해 그 이전까지의 자료는 고대 근동 내에서 온 것이라면 알렉산더 이후의 역사 자료는 헬레니즘의 세계가 만든 것이다. 이런 역사 자료의 성격의 변화는 우리로 하여금 자료에 대한 새로운 접근법을 취하게 만든다. 헬레니즘의 도래와 함께 역사가의 고대 근동에 대한 이해가 상당히 변화하기 때문에 알렉산더의 근동 정복이 고대 근동 역사의 합당한 경계가 된다고 말할 수 있다.

주전 3,000년에서 주전 331년 사이의 기간은 매우 오랜 기간이다. 그 동안 무려 27개의 국가들이 흥망성쇠했다. 이런 긴 기간을 다루는 역사책은 거의 없을 것이다. 고대 근동 역사는 호머의 그리스에서 오늘날에 이르는 서양 문명 역사 전체를 다루는 책에 비견될 수 있을 것이다. 서구 문명의 발전을 보면서 우리는 여러 다른 시대를 구분하고 그 기간에 일어난 획기적인 변화들을 간파할 수 있을 것이다.

그러나 고대 근동 역사에서는 그렇게 하는 것이 매우 어렵다. 우리와 고대 근동 문화 간의 시간과 사고의 거리는 고대 근동 내부에 있었을 차이를 모호하게 만들고 고대 근동 문화 전체를 하나의 거대한 정적인 대상으로 만들어 버린다. 다른 한편 우리는 정반대로 고대 근동 역사를 짧고 일관적인(그래서 다루기 쉬운) 소부분으로 나눌 수도 있다. 이런 접근법은 고대 근동 역사를 여러 시대로 구분하는 작업의 배경이 된다. 메소포타미아에서 발생한 사건에 기초한 왕조 변화로 정의되는 일련의 시대들은 하나의 역사적 연속체로 엮인다. 각각의 단계는 마치 하나의 생물적 개체처럼 흥망성쇠의 순환을 경험한다. 그리고 그 사이 사이에 역사적 침묵의 순간, 즉 암흑 시대가 찾아온다.

이 책에서 나는 중도적인 입장을 취한다. 연속성이 지나치게 강조되어서는 안 되지만 고대 근동 역사에는 기본적 패턴이 존재한다. 정치적 측면의 예를 들면 고대 근동은 주로 분산된 권력이 각축했던 지역이다. 때때로 영토의 범위가 계속 늘어나는(주로 메소포타미아의) 왕조나 지배자가 중앙 집중의 권력을 형성하기도 했지만 그것은 오래가지 못했다. 그래서 나는 전통에 따라 왕조별 시대 구분을 유지하겠지만 그들을 보다 큰 단위로 묶을 것이다.

따라서 이 책은 도시 국가 시대, 영토 국가 시대, 제국 시대로 나뉘어 구성되어 있다(우리가 정치적 힘을 '위대함'과 동일시한다면 각 시대는 나름의 위대함과 실패의 순간을 가진다). 도시 국가는 주전 3,000년부터 주전 1,600년까지 주요한 정치 체제였다. 영토 국가들은 주전 1,600년부터 제1천년기 초기까지 고대 근동 지역을 다스린다. 마지막으로 제1천년기에는 제국들이 등장한다. 메소포타미아의 국가들이 주로 이런 발전 단계들을 명확하게 예증해주나 고대 근동의 다른 지역에서도 역시 이런 발전 단계들을 찾을 수 있다.

마지막으로, 자료의 이용 가능성과 범위가 고대 근동 역사 중 어떤 것을 연구해야 하는지를 역사적 연구 대상으로서 정의하고 그 역사를 세분화한다. 광범위한 문서, 고고학 자료들이 특정 시대의 특정 지역에서 발견되었다. 자료가 많은 시대와 지역이 역사 연구의 핵심이 된다. 이런 측면에서 메소포타미아의 문화가 고대 근동 역사 서술의 대부분을 차지한다. 메소포타미아의 문화들은 당시의 선진 문명을 형성하였다. 그들의 역사는 고대 근동 전체에 영향을 미쳤다. 메소포타미아의 문화들이 그 외의 지역에 영향을 주거나 통제하였을 때 그 지역들은 고대 근동 역사의 범주에 포함된다. 그렇지 않았을 때 우리는 종종 메소포타미아 이외의 지역에서 어떤 일이 발생했는지 알 수 없게 된다. 지난 30여 년간의 연구를 통해 우리는 고대 근동의 다른 지역들이 메소포타미아와 독립적인 발전을 이루었음을 알게 되었다. 그리고 모든 문화 발전이 메소포타미아의 덕인 것도 아니다. 그럼에도 불구하고 메소포타미아 중심적 모델에 의지하지 않고 다른 지역에 대해 연속적인 역사를 서술하기는 불가능하다.

메소포타미아는 고대 근동 역사 서술에 있어서 지역적, 연대적 통일성을 제공한다. 유구한 문자 사용, 지속적인 종교 관습 그리고 제3천년기에서 제1천년기까지 이어지는 문화는 우리로 하여금 그 긴 역사를 하나의 통일체로 보게 만든다. 고대 근동의 다른 지역의 문화에 대한 연구는 메소포타미아의 그것과 매우 밀접하게 연결되어 있다. 그렇지만 우리는 메소포타미아 이외의 지역의 역사를 소홀히 다루지는 않을 것이다.

보충 1.1 하나의 이름에 무엇이 담겨 있는가?

근동이라는 용어가 현재 고대 역사와 고고학 학생들 이외의 사람들에게 일반적으로 사용되지 않고, 다른 지리적 이름들의 정확한 의미도 이 분야의 특별한 것이다. 이러한 사용은 종종 습관의 문제이며 그 이름이 지시하는 바를 좀처럼 명시적으로 설명하지 않는다. 그것들은 고대 자료에서 나온 것이지만 그들의 의미는 때로 고대 근동에 대한 연구가 발전하였던 19세기의 영국 제국의 용어를 따라 수정되어 다소 다른 실재를 가리키기도 한다. 그러한 용어 중 하나는 메소포타미아이다. 이 용어는 시리아의 유프라테스강의 큰 굴곡으로 둘러싸인 지역에 대한 헬라어 명칭이었지만 지금은 티그리스강과 유프라테스강 사이 전체 지역에 적용되고 때로는 심지어 이 경계지역 넘어까지 적용된다. 북쪽의 아시리아와 남쪽의 바빌로니아 이 두 개의 지역이 메소포타미아를 이룬다. 이들은 원래 1450년 이후 존재하였던 고대 국가들을 가리키는 정치적 용어들이지만, 그것들은 자주, 역사의 어느 시점이던지 상관없이 순전히 지리적 표시로 사용된다- 나는 여기서 그것들을 이 방법으로 사용할 것이다. 많은 학자들은 4천년대와 3천년대의 바빌로니아 남쪽 절반 부분을 가리키기 위하여 다른 정치적 이름, 수메르(때에 따라 존재하지 않았던 수메리아)를 사용한다. 나는 이 용어 사용을 따르지 않는다.

메소포타미아 바깥의 고대 근동 역사들은 자주 레반트를 언급하는데 이는 유럽 입장에서 태양이 떠오르는 곳 즉, 터키와 이집트 사이 지중해 동쪽 해안을 따라 위치한 지역을 가리킨다. 현대 터키의 아시아 지역 북쪽은 자주 그리스어로 일출을 나타내는 말에서 기원한 이름인 아나톨리아로 언급된다. 또한, 로마인들의 용어인 소아시아가 같은 지역을 언급하는데 사용된다. 이란, 시리아, 이집트, 이스라엘과 같은 국가 이름이 종종 등장하지만 그들의 경계는 현대 국가의 것과 정확하게 일치하지 않는다. 이라크라는 용어는 영국 출판물 외에 드물게 사용된다. 시리아-팔레스틴과 그것의 형용사격인 시리아-팔레스틴 사람의/시리아 팔레스틴의-는 순전히 지리적 용어이다. 이 모든 것은 처음에는 복잡한 것처럼 들리지만 곧 저자가 무엇을 염두해 두었는지 분명해진다.

2. 자료

위에서 지적한 바와 같이, 자료의 유무에 따라 고대 근동 역사의 범위가 결정된다. 다행히도 고대 근동 역사 전체에 대한 자료가 믿을 수 없을 정도로 풍부하고 그 성격도 다양하다. 역사가의 주요 자료인 문서 자료들은 수십만 점이나 보존되었다. 초기부터 고대 근동의 왕들은 비석에 비문을 새겼다. 이것들 중 상당수가 메소포타미아에서 이루어진 최초의 고고학 발굴 작업에서 발견되었다.

그러나 더욱 중요한 것은 남부 메소포타미아에서 개발되어 고대 근동 전역에서 사용된 기록 매체인 토판이다. 토판은 고대 근동 지역의 건조한 토양에서 놀라울 정도의 보존력을 가진다. 그 토판에 새겨진 문서는 양 한 마리를 받았다는 신변잡기의 영수증에서부터 길가메시 서사시와 같은 문학에 이르기까지 매우 다양하다. 일상생활에서 사용된 수많은 문서들이 보존된 현상은 고대 근동을 다른 고대 문화와 구별해준다. 이집트, 그리스, 로마에서도 일상생활 속에서 비슷한 문서들이 작성되었지만, 그것들은 가죽이나 양피지에 기록되어 건조하지 않은 지역에서는 모두 소실되었다. 고대 근동의 문서 자료는 그 수가 방대할 뿐 아니라 그 종류도 다양하다. 예를 들어, 경제, 궁중 건축 활동, 군사 활동, 정부 행정, 문학, 과학 등 삶의 여러 측면들이 풍부하게 문서에 보존되었다.

고고학 자료는 역사학자의 도구 중 하나로 그 중요성이 점증하여왔다. 고고학을 통해 히타이트인들이 14세기에 북시리아에 존재하였음을 알게 되었을 뿐 아니라 북시리아에 정착한 히타이트인들의 물질 문화를 연구할 수 있었다. 고대 근동 지역은 사람들이 거주한 잔해들이 수세기 동안 축적되어 형성된 인공적인 구릉들로 가득하다. 이 구릉들은 아랍어로 텔(tell)이라 불리고, 페르시아어로 테페(tepe), 터키어로 휴육(hüyük)이라 불린다. 이 용어들은 대부분의 고고학 발굴지의 이름에서 발견된다. 고대 근동에서 고고학 발굴의 가능성은 무한하다. 지금까지 150여 년 동안 발굴이 진행되어 왔지만 단지 수박의 겉만 핥은 수준이다. 우룩, 바빌론, 니느웨, 하투사 등과 같은 주요 도시들은 수년간 탐사되어 엄청난 양의 건축물, 기념물, 유물, 문서 자료들을 쏟아냈다.

그러나 지금까지 발굴된 것과 아직 땅 속에 숨겨져 있을 것을 비교하면 지금까지의 고고학 작업은 시작에 불과함을 느낄 것이다. 수천 개의 발굴되지 않은 고고학 유적지가 있고 그중에는 체계적으로 조사될 수 없는 것도 있다. 수많은 댐, 도로, 농경 발전 공사가 끊임없이 진행되면서 그 고대 유적지들이 파괴될 위험이 있기 때문에, 어디를 발굴해야 할지는 이들을 구하기 위해 결정된다.

고대 근동 역사에 대한 우리의 관점을 결정하는 데 고고학적 발굴의 성패 여부가 중요한 역할을 한다는 것을 간과해서는 안 된다. 유적지가 위치한 지역의 오늘날 정치 상황도 발굴지를 선택하는 데 중요한 역할을 한다. 19세기 중반에 한창이었던 영국과 프랑스의 제국주의 경쟁에서 그 나라들의 고고학자들은 이라크 북쪽, 즉 고대 아시리아 지역에서 거대한 건축물을 찾는 데 초점을 맞추었다. 아시리아 역사에 대한 초기의 관심은 그렇게 발견된 건축물들이 그 나라 국립박물관에 전시되면서 생겨났다. 19세기 말에 가서야 아시리아 문명의 기원에 대한 관심으로 초기 수메르인들의 문화를 담은 이라크 남부 지역이 체계적으로 발굴되기 시작한다. 보다 최근에는 서방과 긴밀한 관계를 세우고자 노력한 샤(Shah<이란의 왕> - 역주)가 서방의 고고학자들을 이란으로 초청하기도 하였다. 그 지역에 대한 우리의 역사적 지식을 상당히 바꾸어 놓았던 그들의 연구는 1979년 이란 혁명과 함께 갑작스럽게 중단되었다. 1991년의 걸프 전쟁과 그후 이라크에 대한 제제, 계속되는 폭탄 투하 등으로 고대 근동에 대한 자료는 더욱 빈약해졌다. 이런 변화의 가장 중요한 영향은 역사학자들의 관심이 메소포타미아에서 주변 지역으로 이동했다는 것이다. 시리아, 아나톨리아 그리고 서부 이란 지역은 이전보다 지금 훨씬 잘 알려졌다. 이 지역의 문화 발전의 증거들은 우리로 하여금 역사의 여러 측면에서 메소포타미아의 패권에 대해 다시 생각하게 만들었다.

마지막으로 자료의 분포에 대해 이야기하려고 한다. 고대 근동에서는 정치 권력의 중앙집권과 경제 발전, 거대 건축물의 건설 그리고 모든 종류의 문서자료의 증산이 직접적인 관계를 가진다. 따라서 고고학적 유물이든지 문서자료든지 그 자료들은 정치적인 융성의 순간에 초점을 둔다.

역사는 그 성격상 실증주의적 학문이다. 이 말은 보존된 증거를 가지고 말한다는 뜻이다. 따라서 자료들이 가장 풍성하게 증거하는 역사의 순간들에 초점을 맞출 수밖에 없다. 그 사이에는 '암흑 시대'라고 불리는 순간들이 있다. 역사가들은 시대와 지역에서 산발적으로 나타나는 빛들을 관찰하고 해석한다. 먼 과거는 가까운 과거보다 증거가 빈약하게 마련이지만, 고대 근동은 예외이다. 비록 자료가 골고루 분포된 것은 아니지만 고대 근동에 대한 우리의 자료는 3,000년의 역사 전체를 거의 포괄하고 있다. 그리고 시대에 따라서는 자료가 매우 광대하다. 예를 들어, 기원전 21세기의 바빌로니아에 대한 자료는 그후대 어느 시점보다 수와 범위에 있어 우월하다. 고대 근동은 상세하고 정확한 역사 서술이 가능한 최초의 인류 문화의 예이다.

3. 지리

근동은 아프리카, 아시아, 유럽, 세 개의 대륙이 만나는 지점에 위치한 방대한 지역을 지칭한다. 세 개의 대륙판(tectonic plate)이 만나며 그 운동은 그 지역의 지질을 결정한다. 아라비아 대륙판이 북쪽으로 밀고 올라가 이란 대륙판의 밑으로 들어가 그것을 들어올리고 자신은 더욱 침하한다. 그 두 개의 대륙판이 만나는 곳에는 지중해에서 페르시아만에 이르는 긴 협곡이 생긴다.

이 협곡을 따라 티그리스와 유프라테스강이 흘러 그 물이 미치는 곳마다 사막을 매우 비옥한 땅으로 바꾸어 놓았다. 아프리카와 아라비아 대륙판들은 근동의 서쪽 모서리에서 만나고 지중해안을 평행하게 달리면서 아마누스(Amanus)와 레바논 산맥을 따라 좁은 협곡을 형성하는 대 지구대(Great Rift)에 의해 분리된다. 평지가 펼쳐지는 남쪽을 제외하면 해안가에는 사람이 정착할 만한 곳이 거의 없다. 근동의 북쪽과 동쪽은 타우루스(Taurus)와 자그로스(Zagros)와 같은 높은 산맥들이 지나간다. 이 산들은 그 지역의 모든 강들에 물을 공급하는 원천이다. 근동의 남쪽은 시리아 사막과 아라비아 사막이 있는 거대한 평지이다. 이 사막들은 남쪽으로 갈수록 구릉이 많아지고 물이 더욱 희귀해진다.

지진이나 화산 폭발 그리고 바람, 비, 물과 같은 지질 현상들은 매우 다양한 지형을 만들어냈다. 근동은 단조로운 평지일 것이라는 일반적인 상식과 반대로 자연 환경이 매우 다양하다. 해안 지역, 사막, 충적토와 같은 큰 면적에서뿐 아니라 좁은 단위의 면적에서도 매우 큰 생태적 다양성이 목격된다. 이것을 명확하게 보여주는 예가 있다. 페르시아만과 오늘날의 바그다드 사이에 위치한 지역인 바빌로니아는 유프라테스와 티그리스강에 의한 관개에 의존하는 단조로운 지역처럼 보인다. 그 두 개의 강은 매우 평평하고 좁다란 평야를 통해 흐른다. 그 강은 내륙으로 500km나 들어가지만 해수면보다 30m 이상 높지 않다. 그 강은 다양한 지질 지역들을 통과하여 흐른다. 북쪽에는 사막 고원이 있는데 그곳에서는 강이 흐르는 좁은 협곡에서만 농사가 가능하다. 약간 하류로 내려가면 그 강들은 충적층으로 들어간다. 그러나 여전히 물길은

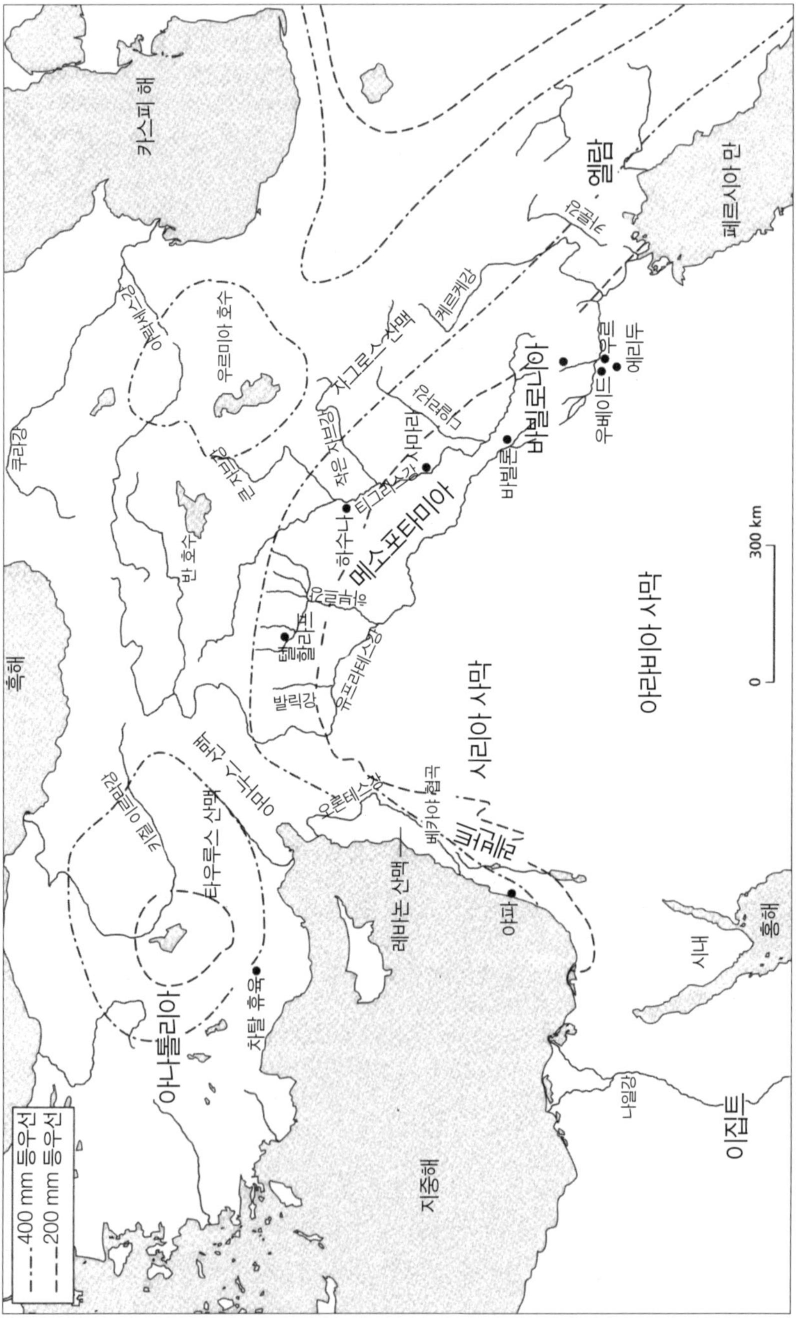

카스피 해

페르시아 만

쿠라강

흑해

우르미아 호수

반 호수

자그로스 산맥

케룬강

디얄라강

티그리스강

유프라테스강

후르 호수

타우루스 산맥

아마누스 산맥

오론테스강

아나톨리아

메소포타미아

아시리아

바빌로니아

수바르투

하부르강

발릭강

유프라테스강

시리아 사막

레반트

아라비아 사막

지중해

이집트

키프로스

크레타

로도스

나일강

니네베

에르빌(아르벨라)

아슈르

바빌론

텔 할라프

300 km

0

400 mm 등우선
200 mm 등우선

지도 1.1 고대 근동

유지된다. 바빌론 시의 남쪽에서 그 강은 수많은 지류로 갈라지는데 거의 땅 위를 흐르고 물길도 수시로 변화한다. 마지막으로 고대 도시 우르와 라가스의 남쪽 지역은 완전 늪지대로 농사가 불가능하다. 몇몇 생태 지역이 군데군데 분포해 있으나 더 북쪽으로 가면 사람이 살 수 없다. 북쪽 평야의 넓은 지역은 정사각형의 밭으로 된 관개 농업을 할 수 있지만 남쪽 평야는 도랑을 판 직사각형의 밭이어야 한다. 남쪽은 늪지에서 다양한 자원(예를 들어, 물고기, 갈대 등)을 공급받는다. 북쪽은 가축 사육에 더 의존한다. 이처럼 우리가 바빌로니아라고 간단하게 부르는 지역에는 큰 지질적 차이가 존재한다.

레바논 산맥의 환경은 더 다양하다. 레바논과 안티-레바논 산맥 사이에 있는 베카아 협곡은 약 100km 길이에 25km 너비의 협곡을 형성한다. 지도상에서 이 작은 지역은 단조로워 보인다. 그러나 생태적으로 매우 큰 다양성이 있다. 높은 산들 때문에 서쪽 지역은 강우량이 많고, 동쪽 지역은 결과적으로 건조하다. 샘이 풍부하지만 불규칙적으로 분포되어 있고, 오론테스강은 관개수로 사용하기에 적합하지 못하다. 다시 말해 습지와 사막이 번갈아 나타나고, 집약 농업 지역이 동물 사육에 적합한 지역과 교차하여 나타난다. 따라서 베카아 협곡은 소-생태계라고 불릴 수 있는 것들의 집합이며, 그곳에 사는 사람들은 다양한 생활 방식을 발전시켰다.

우리는 근동의 광대한 지역의 자연 환경이 매우 다양함을 인식해야 한다. 그러나 주민들의 삶에 중요한 영향을 끼치는 몇몇 기본적인 공통 특징들이 있다. 우선, 인구의 영구 정착을 위해 필수적인 농업이 어렵다. 근동 지역 전체적으로 강우량이 많지 않다. 서쪽이 있는 높은 산들 때문에 근동의 대부분의 지역은 비가 오지 않는다. 소량의 비를 효과적으로 이용하는 건지 농법도 적어도 연간 강우량 200mm는 되어야 가능하다. 200mm 강우량이 넘는 세 지역을 연결하는 선은 남부 레바논에서 페르시아만으로 큰 아치를 그리며 고대 근동을 관통한다. 산이나 산기슭은 보다 많은 비가 오지만 평지에는 거의 비가 오지 않는다. 그러나 도표상의 수치로는 바른 이해를 할 수 없다. 해마다 강우량의 변동이 심하고 편차도 심해 어떤 해에는 충분히 오고 어떤 해에는 오지 않기도 한다. 비에 의존하는 농업은 연간 강우량이 400mm는 되어야 한다. 400mm의 강우량선이 인간 생활에 미치는 영향은 대단하다.

400mm 강우량선의 아래 지역에서 농업을 하려면 관개수를 공급할 수 있는 강이 있는 경우에만 가능하다. 티그리스와 유프라테스강은 강우량이 희박하거나 일정하지 않은 메소포타미아 지역에서 생명선과 같다. 이 두 강과 그 지류들(발릭강, 하부르강, 큰 자브강, 작은 자브강, 디얄라강, 케르케강, 카룬강)은 강우량과 눈이 풍부한 터키와 이란에 위치한 산들에서 기원한다. 연중 물이 흐르는 이 강들은 주의 깊게 관리되고, 이 장에서 곧 논의될 기술들을 통해 작물들의 관개수로 전용된다.

고대에는 가뭄이 오랜 기간 지속되는 경우가 흔히 있었다. 비록 지난 만 년 동안 고대 근동의 기후는 그렇게 급작스럽게 변하지 않았지만 사소한 기후의 변화일지라도 그것은 인간의 삶에 심각한 영향을 미칠 수 있다. 그래서 학자들은 소위 암흑 시대가 기후가 건조해져 비에 의존하던 지역의 건지 농업이 불가능해졌기 때문이 아닐까 의심한다. 오랜 기간의 가뭄은 강물의 양을 현격히 감소시켜 관개수로서의 기능을 마비시켰을 것이다. 혹은 암흑 시대를 설명할 때 인간적인 요인도 생각할 수 있다. 지금까지 알려진 고대 기후에 대한 자료는 급격한 정치 경제적 변화를 역사적으로 설명하기에는 충분하지 않다.

고대 근동 지질의 또 하나의 중요한 특징은 경계 지역이다. 경계 지역은 산, 바다, 사막과 같이 좁은 공간이지만 특별한 기술의 도움으로만 건널 수 있는 지형에 의해 만들어진다. 자그로스와 타우루스 산맥은 메소포타미아 국가들 사이의 주요 장벽이었다. 이 산맥은 강 협곡을 통해서만 통과할 수 있었다. 이 때문에 군사적 팽창은 언제나 제한되었다. 심지어 아시리아 같은 거대한 제국도 마찬가지다. 레반트에 있는 산맥들은 북시리아에서 이집트로 통하는 길쭉한 통로만을 통해 건널 수 있다. 이 통로가 되는 협곡들을 통제하면 북시리아에서 이집트로의 통행을 제한할 수 있다. 산은 또한 많은 떠돌이 집단의 안식처였다. 앞으로 언급하겠지만 그들은 종종 국가 안으로 들어오려고 시도한다. 평야에 거주했던 사람들에게 산들은 두렵고 무서운 존재였음이 틀림없다.

바다는 조금 다른 종류의 경계를 형성한다. 당시 중요한 바다는 지중해와 페르시아만이다. 바다도 자연적 경계선이지만 한 번 건너기만 하면 아주 먼

거리의 지역들까지 접근이 가능하다. 예를 들어, 페르시아만과 그 끝에 있는 늪지대는 메소포타미아의 남쪽 경계이지만 제5천년기부터 메소포타미아의 주민들은 페르시아만 해안 지역들을 원시적인 배로 왕래하였다. 제4천년기 말에는 선원들이 비슷한 방식으로 이집트까지 도달했을 가능성이 있다. 그리고 제3천년기, 제2천년기 초에는 인두스 밸리와의 직접 해상 교역이 일상화되었다. 지중해는 좀 다른 역사를 가진다. 해안을 따라 항구가 그다지 발달하지 못했다. 욥바(Jaffa) 남쪽으로는 항구가 하나도 없었다. 제3천년기 말에서야 에게의 선원들이 시리아 팔레스타인의 해안까지 올 수 있는 배를 건조할 수 있게 되었다. 그리고 제2천년기 후반에는 동 지중해 전역에서 해상 활동이 활발해 진다. 약 1,200년에는 조선 기술의 혁신적 변화로 시리아-팔레스타인의 항구에서부터 장거리 해상 여행이 가능해져서 지중해 전체가 해양 활동의 무대가 되었다. 제1천년기의 페니키아(Phoenicians)인들은 스페인의 서쪽 끝과 북아프리카의 대서양 해안에 식민지를 세울 수 있게 된다.

경계로서 더욱 만만치 않은 것은 메소포타미아와 레반트 사이를 가르는 큰 사막들이다. 수천 년 동안 메소포타미아 사람들이 지중해에 이르려면 티그리스와 유프라테스강을 따라 북쪽으로 이동해 북시리아 스텝 지역을 건너야 했다. 약 1,000년경에 낙타를 길들이면서 직통로가 가능해졌다. 그러나 사막을 건너는 직통로는 자주 이용되지 않았다. 적은 수의 사람들의 경우에는 사막을 가로질러 가는 것이 어느 정도 가능했지만, 군대의 경우는 이집트에서 메소포타미아로 여행하려면 물이 부족해 전통적인 우회로인 레반트와 북시리아를 통하는 길을 선택해야 했다. 산과 마찬가지로 사막도 정착민이 두려워하고 미워한 집단의 안식처였다. 유목민의 생활 방식은 정착민의 혐오를 샀고, 그들은 통제할 수 없는 사람으로 인식된다. 사막을 관통하는 것이 가능했지만 고대 근동의 국가들이 그 사막을 통제하는 것은 여전히 불가능했다.

이 경계들을 통해 고대 근동인들은 외부의 세계로 진출할 수 있는 기회를 잡았다. 그러나 동시에 그 경계를 통해 외부인들이 고대 근동에 들어오게 된 것도 사실이다. 세 대륙의 접점인 근동의 지리적 위치는 세계에서도 매우 독특하다. 선사 시대부터 오늘날까지 아프리카, 유럽, 아시아에서 온 사람들이 그 지역에 들어가 정착하였다. 그들은 서로 교류하면서 기술을 교환하고 자연 자원을 적극적으로 활용하였다. 이것이 아마 그렇게 많은 인간 생활의 '혁신'들이 고대 근동에서 생겨난 이유인 것 같다. 현대인의 발생, 농업의 시작, 도시의 발생, 최초의 제국 탄생 등은 모두 근동의 유산이다. 고대 근동 역사 가운데 인구의 이동이 활발했음이 확실하지만, 그것을 연구하는 것은 매우 어렵다. 예를 들어, 주후 13세기 이란과 이라크를 침공한 몽골과 터키 부족민들이 내륙 아시아에서 왔음은 확실하지만, 히타이트인들의 기원은 잘 모른다. 아마 인도 유럽어를 구사하는 사람으로서 그들은 많은 역사가의 추측대로 인도 북쪽에서 와서 제2천년기 초기에 아나톨리아에 정착한 민족인 것 같다.

그러나 인도 북쪽에 있다는 인도 유럽인의 고향은 어디까지나 환상일 수 있다. 그리고 인도 유럽어 구사자들이 선사 시대부터 줄곧 아나톨리아 지역에 정착해왔을 가능성도 배제할 수 없다. 그리고 다른 인구 그룹들(수메르인, 후리아인, 해상 민족, 이스라엘인 등)도 마찬가지다. 앞서 사용한 은유를 다시 요약하면 고대 근동은 선사 시대의 어둠의 세계에 한 줄기 빛이다. 사람들이 갑자기 스포트라이트를 받고 등장하게 된다. 그 사람들이 멀리서 왔는지 가까이서 왔는지, 아니면 문서에서 처음 등장한 그곳에 줄곧 있었는지는 알 수 없다.

4. 선사 시대의 고대 근동

선사 시대의 장구한 문화 발전에 대해 연구할 때, 우리는 고대 근동 전체를 염두에 두어야 한다. 이 지역의 매우 큰 생태적 다양성에도 불구하고 우리는 여러 지역에서 동시적으로 발생한 문화 발전을 볼 수 있다. 이것들은 외부에서 유입된 것이 아니라 자생적으로 생성되었다. 그 사건들의 절대 연대는 아직 불확실하고 여전히 논쟁거리지만 전체적인 흐름에 대해서는 어느 정도 알 수 있다. 특히 약 9,000년의 신석기 시대의 시작과 더불어 후대의 고대 근동 문명의 발판을 놓는 중요한 문화 혁신들이 발생했다.

가장 중요한 기술적 혁신은 정착 사회를 가능하게 하는 농업이다. 이 발전은 몇천 년에 걸쳐 이루어진 것으로 식물, 특히 곡물의 재배, 동물의 가축화를 동반한다. 이런 변화의 흔적들이 증거되는 고고학 유적지는 종종 서로 다른 생태 지역의 경계에 위치한다. 이 경계 지역에 사는 사람들은 다양한 식물 자원을 활용할 수 있었고 다양한 동물들을 사냥하였다. 앞서 설명한 근동의 생태적 다양성은 농업이 그곳에서 그렇게 일찍 발전한 이유 중 하나일 것이다. 다양한 식량을 접했던 사람들은 선호하는 곡물을 재배하고 동물의 자연 성장 순환에 개입함으로써 그들의 공급을 조절하려 했을 것이다.

수천 년간, 인류는 주변에서 음식을 채집하면서 살다가 음식이 고갈되면 다른 곳으로 이동하며 생존해왔다. 야생 동물의 사냥은 아마 주로 야생 곡물, 과일, 콩류, 물고기, 조개 등 자연 환경이 공급하는 것에 주로 의존한 섭생을 보충하기 위한 것이었다. 작은 무리의 사람들은 동굴 등에서 은신하면서 여기 저기 옮겨다니며 살았지만 그들의 삶이 반드시 고되고 힘든 것은 아니었다. 기술 민족학적 연구에 따르면 고대 농부들의 삶은 근동의 자원이 풍부한 지역에서 살던 채집수렵민들보다 훨씬 고되었다. 그곳에 살던 채집수렵민들은 힘들이지 않고 음식을 획득할 수 있었을 것이다. 그러면 왜 사람들이 농사를 짓기 시작했는지는 대답하기 어려운 문제로 남는다. 보다 큰 공동체에 정착하여 생활하는 것은 사회적으로 보다 매력적일 수는 있었을 것이다. 일부 선사 시대 유적에서 심지어 농경 이전에도 기꺼이 협력이 이루어지고 있었다는 놀라움을 보게된다. 최근에 터키 동남 안타톨리아 지역에서 발견된 괘베클리 테페(Göbekli Tepe) 유적은 부조가 새겨진 기념할만한 돌 구조를 다수 포함하고 있는데 이것들은 대규모의 일꾼들에 의해 만들어졌다(그림 1.1). 이것들은 그 지역에서 다양한 채집수렵 공동체에서 왔음에 틀림없다. 그들은 종교 의식으로 불릴 수 있는 곳에 모이기 위해 그 지역을 이용했다. 항구적인 거주가 그러한 상호작용을 더 쉽게 만들었다.

곡물 농사를 통한 음식 공급에 대한 직접적 통제는 제11천년기와 제7천년기의 기간 동안 사람들이 파종, 농사, 수확 그리고 저장에 능숙해짐에 따라 일련의 무의식적인 단계를 거쳐 성립되었다. 야생 곡물들은 인간이 섭생하기에

그림 1.1 괴베클리 테페 모습. 아나톨리아 남동쪽에 위치한 괴베클리 테페의 유적은 농경이전 시대 사람들이 인공적으로 쌓아 놓은 돌무더기에 어떻게 동근 제의 중심지를 건축하였는지 보여준다. 원형 가장 자리에 단일돌, 동물들이 부조로 새겨진 장식을 지닌 돌들이 중앙에 직립하여 5미터 높이로 서 있다. 출판 허가: Deutches Archaölogisches Institut.

두 가지 문제가 있었다. 줄기가 약하기 때문에 수확하기 전에 씨가 퍼져 땅에 떨어진다. 또는 너무 일찍 발아되는 것을 막아주는 두꺼운 껍질 때문에 씨를 꺼내기가 힘들다. 수확할 때 사람들은 강한 줄기를 가진 식물에서 보다 많은 씨를 거두게 된다. 왜냐하면, 그 씨가 땅에 떨어지지 않고 줄기에 붙어있기 때문이다. 사람들이 파종하기 시작할 때 그런 식물들이 선호된다. 그리고 근동에서는 야생으로 자라는 곡물 중에서 얇은 껍질을 가진 것을 선호했을 것이다. 이런 이유로 껍질이 얇은 곡물들이 더 많이 번성하게 되었다. 수세기 동안 선택과 야생풀과의 교합을 통해 근동의 야생에서 자라던 외알밀(einkorn)과 에머밀(emmer wheats)이 오늘날의 빵밀과 클럽밀로 변화되게 된다.

야생 동물들을 선택적으로 사냥하는 것이 무차별적인 사냥을 대체하였다. 야생 동물 떼를 적당한 나이와 성별 균형을 확보하기 위해 추렸고 야생 포식 동물로부터 보호하였다. 양과 염소가 가장 흔한 가축이 되었다. 그 가운데 보다 많은 자원을 공급했던 종(예를 들어, 두꺼운 털을 가진 양)이 선호되었다. 시간이 지나면서 인간은 가축 생존의 모든 측면을 책임지게 되었다. 이 가축들의 습성은 야생의 조상들의 형태와 특징들이 달라졌다.

이처럼 채집수렵에서 농경으로의 급작스런 변화는 없었지만 인간이 직접 관리했던 자원에 대한 의존도가 높아지는 느린 과정을 통해 인간은 농경 생활을 시작하였다. 그 변환 과정에서도 인간은 야생 동물 사냥을 통해 곡물 중심의 섭생을 보충하였을 것이다. 분명한 것은 그런 변화가 불변의 변화는 아니었다는 것이다. 때때로 인구 집단들은 재배한 식량이 필요를 채우지 못할 때 야생 곡물의 섭취를 늘린다거나 채집수렵의 생활로 돌아가야 했다. 그리고 기억해야 할 것은 채집수렵의 생활 방식과 농경의 생활 방식이 한 지역에 공존하였다는 것이다. 다시 말해 농경은 야생 자원이 풍부했던 곳에서 발생했다.

농경으로 말미암아 사람들은 한 곳에 정착해 살 수 있었다. 9,000년과 5,000년 사이에 나타나는 다양한 고대 문화를 보면 주거지가 보다 영구적 형태를 가지고, 큰 공동체가 형성되고, 야생 자원보다 재배 사육 식량의 비율이 높아졌음을 알 수 있다. 고고학적 기록에서 가장 두드러지는 정착 생활의 특징은 집이다. 레반트에서 집들은 돌로 지어졌거나 돌로 된 토대 위에 지어졌다. 고대 근동의 다른 지역에서는 집의 벽들이 진흙이거나 흙 벽돌이었다. 정착 생활은 점점 증가했으며, 그것은 보다 많은 사람들에게 식량을 공급할 능력이 생겼음을 보여준다. 둥근 집에서 직사각형 집으로의 변화는 제9천년기에 일어났는데, 그것은 모종의 사회적 위계를 가진 보다 큰 집단의 사람들이 함께 생활했음을 보여준다. 이 집에는 특화된 목적을 가진 방들이 있었다. 제9천년기의 초기 마을의 사람들은 흙으로 된 용기를 사용해 야생 곡물과 재배 곡물을 저장하였으나 제8천년기의 사람들은 불에 구운 도기를 개발하였다.

비록 큰 기술적 혁신은 아니지만(이전의 저장 관습과 진흙 용기의 저장에 불과함) 불에 구운 도기는 음식을 요리하고 보다 안전하게 저장할 수 있도록 도왔다. 도자기는 고고학자들에게 발굴 유물들의 연대를 추정하는 데 유용한 도구를 제공한다. 도자기를 통한 연대 측정이 가능한 것은 도자기 기술은 끊임없이 발전하는 기술이기 때문이다(보충 1.2 참조).

보충 1.2 고고학 연구에서 도자기의 역할

도자기 유물은 고고학자에게 중요한 도구다. 도자기는 고고학 유적지에서 흔히 볼 수 있는 유물이다. 도자기 파편은 거의 파괴되지 않으며 특정 그룹 사람들의 기호를 반영하는 그릇의 모양과 문양 스타일은 시간의 흐름에 따라 비교적 빠르게 변화한다. 오늘날 음료수 용기의 장식과 모양이 시간에 따라 변화하고 사람의 손에 들린 음료수 용기의 모양으로 사진의 연대를 대충 알 수 있는 것처럼 고대의 도자기의 다양한 스타일은 고고학 유적지와 그 유적지 안에 유적층의 연대를 추정하는 데 사용될 수 있다. 결과적으로 선사 시대의 문화들은 종종 그 문화들을 대표하는 도자기를 따라 명명된다. 예를 들어, 아수나, 사마라, 우베이드 등은 그 유적지의 도자기 스타일이 먼저 그 이름으로 불린 유적지들이다(그림 1.1.을 참조). 몇몇 일군의 도자기들이 각기 다른 유적층에서 발견되면 그 유적층의 상대적 연대를 확정할 수 있다. 근동의 모든 텔(tell)들은 정착 기간을 나타내는 도자기 파편들로 덮여있다. 따라서 실제 발굴을 하지 않더라도 고고학자들은 어떤 유적지에 언제 사람이 정착했는지를 도자기 파편에 근거해 추정할 수 있다.

7,000년에 이르면 고대 근동 전역에 본격적인 농경 마을이 나타난다. 이들은 모두 농경을 위한 강수량을 확보할 수 있는 지역에 위치한다. 아나톨리아와 레반트에서는 이전 유적지들이 유기되거나 축소되어 덜 복잡한 사회로 감소됨을 볼 수 있다. 이후 문화 발전의 초점은 동쪽, 건식 농법이 가능한 이남 지역, 즉 메소포타미아 평지로 이동한다. 강수량이 충분하지 않아서 관개에 의존해야 하는 메소포타미아 북쪽 지역에서도 7,000년이 지나고 멀지 않아 농경 마을이 발전한다. 강과 저수지에서 곡물로 물을 이끌어오는 기술은 레반트 지역에서는 이전부터 사용되었다. 그러나 건조 지역으로 이동하면서 관개는 필수적이었고 체계적으로 발전하였다. 물이 필요한 늦여름에 물이 범람하는 이집트의 나일강과 달리, 티그리스와 유프라테스강은 자란 곡물들이 피해를 입는 늦봄에 범람한다. 메소포타미아의 강은 파종 시기에 물이 연중 가장 적다. 그래서 물을 통제하고 필요할 때 밭에 물을 대기 위해서는 물을 통제하는 물길과 저수 시설이 필수적이었다. 그 시설은 그다지 복잡할 필요가 없었다. 작은 규모의 사회가 통제할 수 있는 정도였다. 그러나 강물의 범람 주기와

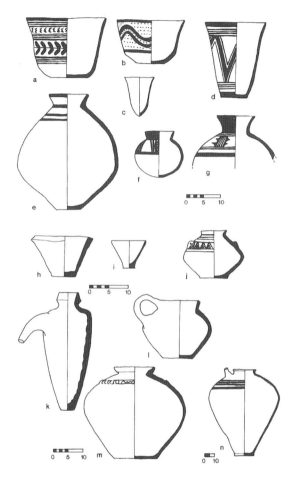

그림 1.2 토기 형태 변화. 토기 형태와 장식은 서로 다른 고고학적 문화권에서 현격한 차이를 이루어 그들의 민족 정체성을 알려주는 표시가 될 수 있다. 메소포타미아 남부 지역의 토기 형태 변화에서 채색된 우바이드 토기(a-g)는 그것을 대체한 차분한 우룩 토기(h-n)의 것과 매우 다르며, 또한 이후의 도공들은 새로운 형태를 제조하였다. 그림 출처: S. Pollock, Ancient Mesopotamia: The Eden that Never Was(Cambridge: Cambridge University Press, 1999), p.4. 이는 다음 자료를 따른 것이다. Neely and Wright 1994, fig III.5c,f, III,4a,h, III,7d,f, III,8b,c; Safar et al. 1981, 74/8, 80/1, 9. 저자의 원본 그림은 S. Pollock의 허락을 받은 것이다.

곡식 주기에 대한 의식이 어느 정도 전제되어야 했다. 이처럼 메소포타미아의 강들을 이용해 관개수를 공급한다는 것은 계획과 조직력이 필요하였다.

소규모의 관개시설이 자그로스 산기슭에서 최초로 형성되었다. 그리고 아마 남부 바빌로니아의 늪지대 끝자락에서 관개시설이 생겨났을 가능성이 있다. 그러나 그것이 남부 메소포타미아에까지 확장되기 위해서는 그 시스템이 좀 더 발전해야 했다. 평야가 계곡 하나 없이 지나치게 평평하기 때문에 밭들이 유프라테스강으로부터 범람한 물에 쉽게 피해를 입었다. 많은 자연 지류와 인공 지류를 가진 유프라테스강은 매우 주의 깊게 관개해야 했다. 그 강이 범람할 때마다 느려진 물이 남긴 토사가 충적되면서 자연 방축이 형성된다. 이 것들이 인공적인 공사를 통해 방축으로 기능할 수 있었지만 강의 방축 사이에 지속적인 토사 축적으로 결국 강바닥이 주변의 밭보다 높아지는 경우가 생겼다. 밭에는 들어온 물이 빠질 배수 시설이 없었다. 온도가 높아지면 물이 증발하게 되고 결국 땅에는 많은 소금기가 남게 된다. 이것은 작물의 성장을 방해하였다. 더욱이 관개시설이 설치된 후에는 수면이 올라가 작물의 뿌리들을 해쳤다. 수천 년 동안 남부 메소포타미아의 주민들은 점점 더 넓은 지역에 관개수를 대는 기술을 발전시켰으나 그 기술은 유프라테스강의 많은 지류들을 이용한 작은 규모에서 시작했음을 기억해야 한다.

6,000년과 5,500년 사이에 메소포타미아의 저지대 평야에서 사람들의 영구적인 정착이 일반화되었고 그후 그곳에 사람들의 정착이 지속되었다. 주로 도자기의 스타일에 근거해 7,000년에서 3,800년에 이르는 시기를 고고 학자들은 일련의 문화로 나눈다. 제7천년기의 북메소포타미아의 건조 농경 지역에는 원시-하수나와 하수나(Proto-Hasuna and Hasuna) 문화가 발전하였고 제7천년기 후기의 북메소포타미아의 관개 농경 지역에서는 사마라(Samarra) 문화가 형성되었다. 근동의 서쪽은 그때 아무크 B라 불리는 덜 개발된 문화가 특징적으로 나타났다. 제6천년기는 메소포타미아 평야에 인접한 건조 농경 지역 전체에 걸칠 뿐 아니라 레반트 지역까지 확장한 북메소포타미아의 할라프 문화가 크게 일어났다. 사마라 문화에 의해 영향받던 지역은 고고학적 유물들을 남기지 않았다. 그러나 남부 메소포타미아는 우리가 우베이드(Ubaid)라고 부르는 문화 유물들을 사용한 사람들에 의해 영구 정착되었다. 약 4,500년경 이 우베이드 문화는 북메소포타미아와 자그로스 산맥의 할라프(Halaf) 문화를 대체하였다.

이 문화들의 가장 두드러지는 특징은 넓은 지역 분포와 서로 간의 장거리 교역이었다. 이 문화들이 마을 단위의 조직력 정도만을 갖춘 매우 작은 공동체의 문화였다는 사실을 기억하면 그 문화 유물이 그렇게 널리 분포되었다는 사실은 놀랄 만하다. 예를 들어, 할라프 문화는 중앙 자그로스에서 지중해 해안까지 분포되었다. 발견된 유물이 한정되어 있고 지역 문화 간의 차이가 확실하지 않지만 할라프의 유물들은 매우 두드러지는 특징을 보인다. 예를 들어, 독특한 주거 구조는 할라프 문화의 두드러진 특징으로 꼽는다(그림 1.3). 동시에 우리는 사치품들이 먼 지방에서 수입되었음을 관찰할 수 있다. 예를 들어, 흑요석은 중앙 아나톨리아에서 나는 보석이지만 근동 전역의 큰 규모의 유적지에서 발견된다. 중앙 아나톨리아에서 6,500년에서 5,500년간 존재한 차탈휴육의 번성은 그 화산석의 무역에 기인한다고 여겨진다. 흑요석보다 덜 가치있는 보석도 먼 지방에서 수입되었다. 남부 메소포타미아에서 생산된 우베이드 도자기는 페르시아만을 따라 오만 남쪽에서도 발견되었다. 학자들은 이것을 낚시 원정과 진주-다이빙 탐험의 유적으로 해석하고 있다.

표 1.1 근동의 선사 시대 연대표

연대	레반트	아나톨리아	북메소포타미아	남메소포타미아
9000	원시-신석기(PPN A)			
8500	무세라믹 신석기(PPN B-C)			
7000	도자기 신석기		원시-하수나	
6500	아무크 B	챠탈휴육	하수나/사마라	
6000	할라프	할라프	할라프	초기 우베이드
5500				
5000				
4500	우베이드	우베이드	우베이드	후기 우베이드
4000	금석병용 시대			후기 우룩
3500			우룩	후기 우룩

이 선사 시대 문화들의 또 하나의 특징은 장수했다는 것이다. 할라프 문화는 거의 천 년 동안 지속되었으나 남우베이드 문화에 점점 흡수되었다. 남우베이드 문화는 거의 2천 년 동안 지속된다. 이와 같은 문화의 연속성은 매우

그림 1.3 할라프 문화의 여성 토우. 이 토우들은 메소포타미아 북쪽과 시리아 지역에 퍼진 할라프 문화의 전형적인 모습으로 가슴과 넙적 다리가 과장되고, 머리가 없는 여성을 나타낸다. 이 토우는 주로 다산과 출산과 연관된다. 파리 루브르 박물관. 좌측 높이: 8.3cm, 번호 AO 21095; 우측 높이: 6.3cm, 번호 AO 21096. 약 6000-5100년. 출판 허가: akg images/Erich Lessing.

놀랍다. 이 사실은 하나의 문명이 메소포타미아 저지대에 정착하면 그곳에서 매우 안정적인 발전을 거듭했음을 암시한다. 이곳에서 정착한 문화들은 점진적으로 다소 광범위해지고 복잡해지긴 했지만 동질의 물질 문화를 지켜냈다.

사회 발전들 중 가장 중요한 것은 위계 사회와 권력과 기능의 중앙화이다. 그것은 공동체의 크기가 커짐에 따른 것이다. 이 점은 남북메소포타미아 문화를 구분하는 중요한 차이다. 남우베이드 문화에서 공동체의 일부 사람들은 매우 특별한 지위를 지녔다. 그들의 지위는 그들이 거주하거나 관리한 건물의 크기와 독특한 구조를 통해 짐작할 수 있다. 이 새롭게 형성된 엘리트들의 힘은 농업 자원에 대한 통제에 있었던 것 같다. 공동체를 형성한 부족들 가운데 하나가 중앙 처소에서 수확 곡물의 보관을 관장하게 된다.

반면에 북메소포타 미아에 있던 동시대의 할라프 문화는 상당한 정도의 평등 사회를 형성하였다. 그러나 5,500년 이후 우베이드 문화가 그곳으로 퍼지면서 그곳에서도 사회적 분화가 시작되었다. 새 엘리트 계층은 희귀한 외국 물품들을 소유하였다. 이들은 남에서 이민 온 사람들이었을 수 있다. 그들은 일종의 정치적 권력을 연약한 지방 부족에게 행사하였고 장거리 무역을 관장하였다. 우베이드 시대 말에 가서야 그들은 남우베이드 문화처럼 지역 농업에 대한 통제를 행사하기 시작하였다.

이 집중된 사회 기능들은 신전이라고 불리는 건물에 이루어졌다. 제6천년기 중반부터는 근동의 남쪽 끝에 위치한 에리두라는 곳의 건물들의 규모가 점점 커진다. 제3천년기에 가서는 거대한 신전이 세워진다. 초기의 역사적 신전의 기능을 이곳에 투영하면 초기 우베이드 시대로부터 이 건물은 예배의 중심 장소뿐 아니라 농산물의 집합과 배분의 중심지로 기능하였던 것 같다. 에리두의 고고학 유적층의 일부에서는 엄청난 양의 물고기 뼈들이 발견되었다. 그것들은 신전에 바친 제물이었던 것 같다. 개별 세대를 넘어서는 사회 조직은 이처럼 정착지의 모든 세대들이 신전 예배에 참여함으로써 공동체 내에서 발생했다. 메소포타미아의 보다 남쪽 지역에서도 정착지들의 위계가 발생하였다. 약 10-15헥타르 규모의 정착지들이 0.5에서 2헥타르에 달하는 정착지들에 의해 둘러싸인 형태이다. 이것은 개별 공동체들이 보다 큰 영토적 조직으로 협력 통합되어갔음을 증명해준다.

여기에 요약적으로 제시된 선사 시대의 문화 발전은 후대의 근동 역사의 많은 문화적 측면들이 오랜 기간에 걸쳐 발전되어 온 것임을 보여준다. 이 발전들은 제4천년기, 몇몇 문화 혁신들이 공동으로 메소포타미아 문명을 세운 때에 절정에 달한다. 이 사건들은 다음 장에서 보다 자세히 설명될 것이다.

토론 1.1 근동 역사 연대 설정

거의 다른 모든 역사가 행한 것을 따라 이 책에서도 사건들이 일어난 시기를 가리키는 것으로 절대 연대를 사용하였다. 이 연대들은 인위적 설정인 기독교 연대(BC/AD) 또는 공통 시대(BCE/CE)로 지정되었다. 고대 근동 역사 전체가 이 기준 시기 이전에 일어났기에 모든 연대는(BC) 또는 공통 시대 이전(BCE)이며 숫자 뒤에서 좀 더 작게 표시되었다. 이는 단순히 우리가 연속된 사건들과 그것들의 시간상 거리를 이해하기 위함이며 만약 그 시대가 고대 근동과 아무런 관계 없이 사상적 기초를 지녔다고 하더라도 그러하다. 따라서, 이 책의 모든 연대는 명시적으로 주후(다른 말로 공통 시대 이후)라는 말이 명시적으로 추가되지 않는 한 주전(공통 시대 이전)으로 읽어야만 한다.

숫자는 확실한 것으로 이해되는 잘못된 인상을 주며, 고대 근동 역사의 절대 연대는 성가시며 논란이 있는 문제이다. 메소포타미아인들은, 비록 자료들이 한 왕이 통치한 년수와 다른 세부 사항에 대한 숫자가 다를 수 있지만, 통치자들의 계승을 문서화하는데 꽤 능숙하였다. 절대 연대를 설정함에 가장 큰 난점은 왕들 목록을 연결시킬 수 있는 확실한 시점을 세우는 것이다. 활용된 도구는 많은 분야 (예를 들어, 천문학, 고고학, 어원학)에 기원하며, 학자들의 논의는 매우 기술적이다. 1천년대의 연대는 안정적인데 그 이유는 주후 2세기경 알렉산드리아의 천문학자 프톨레미에 의하여 모아져 747년까지 거슬러 올라가는 그리스어로 된 왕목록을 포함하여 몇 개의 신뢰할 만한 자료 때문이다. 763년 6월 15일에 일어난 일식에 대한 기록은 우리에게 길게 연속된 왕목록의 연대 설정의 닻을 제공한다(제 6장 참조).

그러나 그 이전 시대에 불확실함이 등장하고 2천년대와 그 이전 시대에는 더 악화된다. 학자들은 주로 아시리아인들과 바빌로니아인들의 왕목록에 의존하여 수용된 상대 연대를 재건하였지만, 이 연대는 결코 확실하게 연대를 설정할 수 있는 것이 아니다. 주후 1942년에 한 학자는 7세기 기록에 보존된 천문학적 징조 목록에 보고된 암미짜두카 통치시기에 일어난 금성의 출현과 사라짐에 대한 기록에서 확실한 천문학적 증거를 발견하였다고 생각하였다. 그 행성의 움직임은 2천년대 초기의 몇 시기에는 맞지만, 학자들이 많은 제안을 떠올린 이후, 세 가지 의견이 가장 그럴듯하게 간주되었다. 상연대, 중연대, 하연대. 그들은 이 시기 가장 유명한 왕인 고대 바빌론의 함무라비의 통치 시기를 1848-1806년, 1792-1750년, 1728-1686년으로 각각 설정하고 이 왕조의 종말 시기를 1651, 1595, 1531년으로 보고 있다(각각의 주장에 대한 연구와 논의를 위하여 다음을 보라. Garelli et al. 1997: 225-40; Eder and Renger 2007: 8-9; and Pruzsinszky 2009: 23-30).1950년대 대부분의 학자들은 중연대를 고수하기 시작하였는데 이는 3천년대와 그 이전 시기의 사건들의 절대 연대를 결정하게 되었다.

현재, 기만적인 확실성이 어떤 시기에 대한 공격을 하게 될 때 등장한다. 기술하고 있는 시대보다 1천년 이후에 쓰인 암미짜두카의 금성 토판의 정보의 신뢰성에 대한 의심이 그 토판을 재편집할 때 일어났고(Reiner and Pingree 1975), 비록 그 자료가 지닌 장점을 방어하는 주장이 최근 있기는 하지만(Mebert 2010), 그 당시의 몇은 그것이 완전히 무시되어야 한다고 주장하였다(Cryer 1995: 658). 고대 바빌론의 멸망이 1595년이라는 연대는 2천년대 중반 역사에 너무 긴 암흑기를 가정하고 있다고 보는 견해에 의해 자극을 받아, 학자들은 고고학적, 문서적, 천문학적 증거에 대한 주요 재조사를 통하여 극하연대(Ultra-short chronology)를 주장하였고, 그 사건의 연대를 1499년으로 설정한다(Gasche et al. 1998). 이것은 아나톨리아 건물에서 나온 나무 나이테, 징조에 기록된 역사적 언급들, 일식 사건 등의 증거들을 종합한 새로운 연구들이 쏟아져 나오게 하였으나(모든 증거의 자세한 내용을 위하여 Pruzsinszky 2009를 보라), 종국에는 그것도 확실하지 않다. 따라서, "버리기에는 너무 편리한것으로 남아 있는"(Roaf 2012: 171) 중연대는 내가 이 책에서 따르는 것으로 이 책의 독자들이 다른 학자들의 연구를 살펴볼 때 좀 더 용이하게 할 것이다.[1]

---

1   아시리아와 바빌로니아에 사용한 절대연대는 Gonzalo Rubio가 편집한 *A Handbook of Ancient Mesopotamia, de Gruyter*에서 Regine Pruzsinszky의 목록을 인용했다.

제1부

도시 국가

기원: 우룩 현상

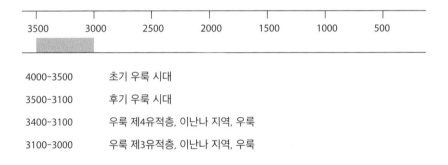

3500	3000	2500	2000	1500	1000	500

4000-3500	초기 우룩 시대
3500-3100	후기 우룩 시대
3400-3100	우룩 제4유적층, 이난나 지역, 우룩
3100-3000	우룩 제3유적층, 이난나 지역, 우룩

　인류 역사에서 제4천년기는 매우 중요한 시기였다. 이 시기에 몇몇 문화 발전들이 최고점에 이르고 그후 이것이 국가, 도시, 문자와 같은 문화 혁신으로 이어진다. 이것은 이 시기에 위계질서와 특화된 노동에 의해 조직된 복잡한 사회가 존재하였음을 보여준다. 이 문화 발전들이 비록 메소포타미아 남부에서 발생하였지만 고대 근동 전역에 영향을 미치는 결과를 낳았다.

　제4천년기 초기에 새로운 유형의 도자기 형태가 근동 전역에 출현하였다. 이전 시대의 용기들은 주의 깊게 제조되고 장식되었던 반면 거칠고 장식이 없는 접시, 사발, 물동이 등이 등장했다. 이 그릇들은 물레에서 대량 생산된 것으로 순수히 실용적인 용도를 가진 것 같다(그림 2.1). 이 발전은 새로운 인구집단의 이주에 의한 것이라기보다 그릇들에 대한 사람들의 태도가 변화한 데서 기인한 것 같다. 보다 많은 사람들이 모여 살다보니 더 많은 그릇이 필요하 였다. 늘어난 수요를 채우기 위해 용기를 대량 생산한다. 실제로 제4천년기 전체에 걸친 우룩 시대에 상당한 규모의 사회 변화가 발생했다. 순전히 내부적 역학 관계의 결과로 발생한 그 변화들은 흔히 '우룩 혁명'이라고 지칭된다. 이것은 주후 19세기의 산업 혁명과 맞먹는 사회 변혁이다. 혁명이라는 말이 수천 년에 걸쳐 진행된 발전을 지칭하는 것에는 적절하지 않은 용어지만 그 변화의 중요성은 절대 과소평가 되어서는 안된다.

그 변화들은 단지 도시의 기원 만을 포함하지 않는다. 인류에게 동일하게 중요한 사회의 다른 영역, 즉 경제, 기술, 문화 등에서 많은 다른 혁신들이 일어났다. 예를 들어, 인류학자들은 이 당시의 국가의 발전에 초점을 맞추어 정착지들과 그들의 주변의 관계를 강조한다. 역사가들은 종종 고대 근동인들을 연구할 수 있는 새로운 수단을 제공한 문자의 기원을 강조한다. 예술사가들은 예술과 사회의 전혀 새로운 관계를 상징하는 거대 예술의 출현에 초점을 맞춘다. 이 모든 혁신들이 동일한 시점에 발생했다는 것은 우연이 아니다. 우리는 이 혁신들을 좀 더 분명히 이해하기 위하여 그들을 하나하나 나누어서 논의하고자 한다.

그림 2.1 아부 살라빅의 우룩 구릉에서 출토된 빗각 테두리 그릇. 빗각 구연부 대접들의 겹쳐진 모습. 우룩 시기 토기의 특징인 이른바 빗각 구연부 대접은 규격화된 크기에 대량 생산되었고 이 시기 모든 고고학 장소에서 나타난다. 이것들의 정확한 기능은 불분명하지만 아마도 신전 종사자들과 관계되어 사용되었을 것이다. 위 그림에 나온 것은 이란 서부 수사에서 출토된 것이다. 파리 루브르 박물관. 출판 허가: © RMN-Grand Palais /Franck Raux

1. 도시의 기원

도시를 명료하게 정의하기는 쉽지 않지만 도시를 어떤 특징들과 쉽게 연결 시킬 수 있을 것이다. 예를 들어, 많은 인구의 다양한 사람들이 서로 가까이 모여 사는 것은 농사 목적이 아닌 주거 형태이다. 뿐만 아니라 역사적 상황도 도시로 정의되는 요인을 결정한다. 예를 들어, 오늘날 세계에서는 3만 명의 인구가 사는 곳은 마을이다. 그러나 고대 그리스에서 3만 명의 인구를 가진 도시는 큰 도시로 간주되었을 것이다. 주거의 형태와 노동의 특화는 그것을 도시로 규정하는 데 중요한 지표가 된다. 도시에서 개인 혹은 개인 가족은 자급자족적인 단위가 아니다. 도시에서 개인이나 가족은 물건이나 서비스를 조달하기 위하여 다른 사람들에게 의존한다. 서비스는 같은 주거의 주민들에게 제한 되지 않는다. 그리고 이것은 도시에 대한 가장 중요한 기준을 제공하는 것 같다. 도시는 자신의 영역에 사는 사람들과 주변의 영구 주거 혹은 계절식 주거에 사는 사람들 사이에 중재자로 역할을 한다. 도시는 상품의 중심지로 역할하며 여러 가지 중심적 서비스를 제공한다. 도시는 지질의 측면에서도 도시 주민뿐 아니라 시골에 사는 사람들에게도 중심점이 되었다.

대부분의 역사가들은 세계 역사에서 첫 도시는 우룩에 있는 메소포타미아 남부에서 생겼다고 믿는다. 제4천년기 마지막 분기에 대규모의 정착이 있었는데 아마도 크기 면에서 오늘날 어느 도시의 10배 규모이다. 어떤 역사가들은 그 시기 북부 메소포타미아 평원에 더 일찍 선례가 있었다고 주장한다. 그러나 이것들은 큰 정착지였을지는 몰라도 남부에서 발견된 도시 규모에는 미치지 못했다. 안타깝게도 이 지역의 유적들은 고고학적으로 빈약하기 그지없다. 한 유적지에서 실제 우룩 시대의 평원을 발굴하였는데 거대한 건축물이 드러났다. 하지만 한 유적지의 발굴 그 이상으로 가치가 있는 도시화를 짐작할 수 있는 유형들이 있다. 정착지 조사이다. 이 접근 방법을 가지고 고고학자들은 한 지방을 걸어다니면서 도자기 유적들을 수집했다. 정착민들이 사용했던 도자기 스타일을 토대로 그들이 살았던 장소와 시기를 알아냈다. 이 기술을 가지고 고고학자들은 정착지 크기를 계산하였고 중요 지표로서 크기를 사용해서 서열화시켰다. 가장 크고 중심 유적으로 도시, 더 작은 도시, 가장 작은 도시 이렇게 구분할 수 있었다.

제4천년기에 남부 메소포타미아의 도시 발전을 확인하는 데 이상과 같은 기준들이 도움을 줄 것이다. 우베이드 시대에서 우리는 그곳의 정착지의 수가 늘어남을 볼 수 있다. 그리고 그 주거지의 크기도 다양해지기 시작한다. 어떤 정착지들은 그 주변에 일군의 보조 마을을 거느린 것 같다. 그리고 이것은 시골 근방에는 권위를 가진 지역 족장의 존재를 암시한다. 우룩 시기가 시작된 제4천년기 초에 용지의 수와 크기가 고대 근동 전 지역에서 갑자기 크게 증가했다. 하지만 북부와 남부 사이에 차이가 있었다. 북부 메소포타미아에서는 밀집해서 거주하는 정착지들이 그 근방에 좀 더 작은 정착지들과 함께 나타났다. 시간이 지나면서 이것들은 합쳐져서 커다란 정착지가 되었는데 예를 들어 텔 브락(Tell Brak)은 크기가 130헥타르이다.

그와 반대로 남부 메소포타미아 사람들은 시골에 분포하여 거주하였다. 우룩 시기 초기에 인구 수는 그 두 지역이 거의 비슷하나 중앙 바빌로니아에서는 사람들이 30-50헥타르 크기의 세 중심지에서 생활한 반면 남부 바빌로니아에서는 우룩이라는 하나의 정착지가 지배하였으며 그것의 크기는 약 70헥타르에 달한다(지도 2.1 참조). 당시 정착 인구의 급격한 증가는 확실히 설명할 수 없다. 새 농업 기술이 인구 팽창을 부추겼음을 인정하더라도 인구의 자연 증가로 설명하기에는 그 증가가 지나치게 빠르다. 이 때문에 고고학적으로 이전에 밝혀지지 않은 반-유목민족들이 정착하게 된 것이 아닌가 하는 추측을 낳게 한다. 혹은 외부인들이 기후 변화나 혹은 다른 이유로 그 지방에 이주했을 가능성도 있다.

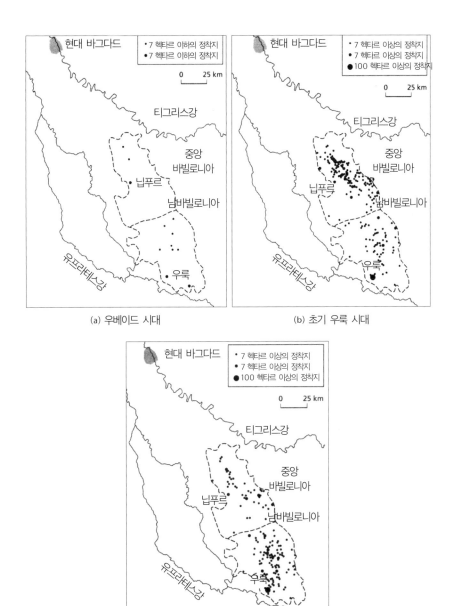

(a) 우베이드 시대

(b) 초기 우룩 시대

(c) 후기 우룩 시대

지도 2.1 우베이드와 우룩 시대의 바빌로니아 정착 패턴의 변화
출처: Susan Pollock, *Ancient Mesopotamia: The Eden That Never was*
(Cambridge: Cambridge University Press, 1999),. 56-8.

함께 살고 있었던 사람들의 수가 급격히 증가한 것은 사회가 어떻게 기능하였는지와 연관이 있다. 초기 선사 시대 공동체는 가족 사이에 부와 권력이 거의 일치하였다. 가족 구성원들은 주로 농업에 종사하였다. 시간이 지나면서 고고학적 기록에서 우리가 볼 수 있듯이 집의 크기와 무덤에서 발굴된 농업 생산량에서 차이가 나타나기 시작했다. 수 만명의 거주민들이 있는 도시 사회에서는 다른 사람을 지배했던 엘리트 계급과 경제활동의 분화가 있었다. 우룩에서 발굴된 유적을 통하여 이것이 사실임을 볼 수 있다.

중심에 있는 두 지역에서 제4천년기의 재료들을 포함한 건물들이 발견되었다. 하나는 거대한 건축물로 이난나(Eanna) 즉 하늘의 집이라고 부르는 복합체이다. 또 하나는 이난나 XIV(맨 앞)에서 이난나 III(맨 끝)처럼 숫자가 쓰여진 층으로 여신 이난나와 연관되어 있고 하늘의 신 에누(Anu)에게 제사를 지낸 장소가 있는 것이었다. 이난나 복합 건물의 구조는 가장 정교한 것으로 우룩 IV 시기(우리는 초기 우룩 IVb와 후기 IVa로 구분한다)에 몇 번씩 다시 지어졌다. 주변이 벽으로 둘러싸여 있는 지역 안에서 몇 개의 거대한 건물들이 동시에 사용되었다. 크기가 가로50미터 세로 80미터였고 후기 우룩 시기의 대표적인 기술로 장식되었다. 벽 안에 하얀색 검정색 빨강색으로 색칠한 진흙 원뿔이 있다. 표면에는 기하학 무늬로 모자이크되어 있다. 한 건물에서 이들 원뿔들은 돌로 만들어 졌는데 우룩 지역에서 진흙보다 얻기가 더 어려운 재료였다. 에누 즉 화이트(White) 사원은 우룩 시기에 인위로 다듬은 평면에 건축했는데 높이가 13미터에 이른다. 바닥은 먼 사막에서 가지고 온 석회석으로 가로 25미터 세로 30미터 크기로 만들었다.

두 복합 건물의 건축 설계에서 이것들은 제단 장소이고 그것들의 구성 요소를 아는 데는 한계가 있음을 보여준다. 그것들의 장엄함은 우룩 시대 사회에 관해서 우리에게 많은 것을 알려준다. 그것들은 리더십과 조직력이 요구되는 대규모의 노동력으로 건축되었다. 고고학자들은 각 건물에서 15000명의 노동자가 하루 10시간씩 5년 동안 일했다고 추정했다[1](Algaze 2013: 78-9). 그렇

---

1 Guillermo Algaze, "The End of Prehistory and the Uruk Period," in Crawford(2013), 78-9.

게 하는데 종교적인 정서가 일부 영향을 끼쳤을지 모른다. 또 일부는 강압적으로 행하여 졌을 것이다. 그러한 사업은 큰 공동체에서는 성공할 수 있고 친족 관계에 있는 사람들 사이에 사회적 관계를 강화시켜 주었다. 그것들이 공동의 목표 의식을 낳게 했다.

농업이 경제의 토대가 되었고 고대 근동 역사에서 그 이후에서 마찬가지였다. 그러나 이와 같은 건축 사업들은 일부 사람들은 그들의 관심을 다른 일에 돌렸고 그것들에 전문화되는 것이 필요했다. 노동력의 특화가 도시 사회에서 하나의 특징이었고 우리는 이것을 우룩의 시골과 도시에서 관찰할 수 있다. 우룩은 페르시아만의 머리에 있는 늪지대에서 조금 떨어진 내륙에 위치했다. 농업은 유프라테스강의 지류를 통한 관개수에 의존하였다. 이런 관개 농업으로 곡물, 과수 작물, 특히 대추야자의 풍부한 농작이 가능하였다. 관개수에 의한 농업 지역 사이에는 스텝 지역이 있었다. 그곳에서는 양과 염소 사육이 이루어져 사냥 활동을 보충하였다. 근처에 있는 늪지대에서는 풍부한 물고기, 새 등이 있었고, 물소 사육을 통해 우유를 얻을 수 있었다. 각 생태적 환경에서 나온 다양한 음식은 음식 생산의 노동 특화로 이어졌다. 즉, 어부, 농부, 정원수, 사냥꾼, 축산업자 등은 자신의 대부분의 시간을 자신이 쉽게 구할 수 있는 자원을 얻는 노력에 투자하기 때문에 아주 효과적으로 상품을 생산할 수 있었다. 몇몇 기술적 발전도 그러한 노동 특화를 더욱 쉽게 만들었다. 예를 들어, 쟁기질을 하면서 동시에 파종을 하는 파종 쟁기가 개발된 것은 농업을 전문가의 기술을 요하는 어려운 일로 만들었을 것이다.

중앙 바빌로니아와 남부 바빌로니아 사이의 차이를 유지하면서 후기 우룩 시대에도 도시 발전의 과정은 지속되었다. 바빌로니아 중앙에 영구 정착한 사람들의 인구 증가는 그다지 크지 않았고 자연 증가로 설명될 수 있다. 우룩을 중심으로 한 남부 바빌로니아 지역에서는 영구 정착민들이 사는 지역이 81헥타르에서 210헥타르로 엄청나게 증가하였다. 그 증가의 많은 부분은 우룩 자체에서 일어났으며, 그것의 크기는 이제 100헥타르에 이르러 주변의 위성 마을들을 거느린 명실상부한 중심 도시가 되었다.

　도시 내에서 살던 사람들을 포함하여 대부분의 사람들은 여전히 농사를 지었다. 그러나 도시 사회의 소수의 사람들은 주변 지역의 행정 중심지로서 도시가 새로운 역할을 갖게 됨에 따라 농경과 관계없는 일들에 특화하여 종사하게 되었다. 생산 분야에서는 다양한 전문 장인들이 성장하게 되었다. 우룩 시대 초기에 이미 장식 없는 실용적 도자기들이 등장한 것도 특화된 대량 생산 체제의 결과인 듯하다.

　제4천년기 초기의 유적층인 우룩의 이난나 유적층 XII에서는 이런 변화를 가장 잘 보여주는 도자기 형태가 등장하는데 이것을 흔히 빗각-테두리 그릇(beveled-rim bowl)이라고 부른다. 이것은 표준화된 크기의 밋밋한 그릇으로 주조틀로 투박하게 만든 그릇이다. 무슨 이유인지 모르겠지만 이 그릇들이 대량으로 버려졌다. 버려진 그릇 중 많은 수는 온전한 상태였으며, 수천 점의 그릇이 근동 전역에서 발견되었다. 빗각-테두리 그릇은 우룩 시대의 유적지를 찾는 데 가장 분명한 증거가 되는 유물 중 하나이다. 이 그릇의 용도는 나중에 설명될 것이다. 여기에서 중요한 것은 그것이 대량으로 비교적 단기간에 생산되었으며, 도시 중앙에서 전문 집단이 그 그릇의 생산에 관여하였을 것이라는 점이다.

　다른 용품들도 전문 장인들에 의해 생산되었음이 여러 문서들에 나타난다. 초기에는 그런 생필품 생산이 가족 구성원의 여러 의무 중의 하나였다. 어떤 그림은 여러 무리의 사람들, 대개는 여자들이 직물의 직조에 열중인 모습을 보여준다. 이 직물 직조는 제3천년기 후반의 문서가 증거하듯이 지역 경제에 중심적인 역할을 했으며 그 생산은 중앙에서 관리되었다. 우룩의 한 작은 지역에서는 전문화된 금속 제련소도 발굴되었다. 그 제련소는 약 50cm 깊이의 구멍들이 옆에 있는 수많은 통로들이 있었다. 그 구멍들은 모두 탄 흔적과 재로 가득하였다. 이것은 녹은 금속을 통로를 통해 구멍이 난 주조틀로 붓는 제련소의 증거로 해석되었다. 전문 장인에 의한 대량 생산 체제가 여기에서도 나타나는 것이다.

　어떤 유물은 살펴보면 고도의 기술을 가진 전문가의 작품임을 알 수 있다. 후기 우룩 시대에 처음 등장한 한 유물은 메소포타미아 역사 전체를 통틀어 그 지역 문화의 가장 큰 특징으로 남아있다. 그 유물은 바로 실린더 인장이다. 이것은 높이 3cm에 직경 2cm가 넘지 않는 작은 실린더로 조개 껍질이나, 뼈, 파양스, 혹은 다양한 돌(예를 들어, 홍옥수, 청금석, 수정)로 되어 있다. 그 실린더에는 문양이 거꾸로 새겨져 있다. 그 인장을 부드러운 매체(주로 진흙 인장, 토판, 박스나, 항아리, 문빗장에 붙여진 진흙 덩어리) 위에 눌러 굴리면, 쉽게 읽을 수 있는 부조 문양을 대량으로 찍을 수 있다. 실린더 인장은 중요한 행정 도구였으며 그것에 대해서는 나중에 상세히 설명하겠다(그림 4.4 참조). 실린더 인장을 새기는 데 필요한 기술 지식은 초기 신석기 시대에 이미 나타난 도장보다 훨씬 고난도의 기술을 요한다. 실린더 인장이 처음 나타나면서 인장에 들어가는 장면은 매우 정교하고 세련되어졌다. 그것은 전문적인 석공이 인장의 생산에 관여했음을 시사한다. 마찬가지로 후기 우룩 시대는 최초의 거대 미술, 부조, 삼차원 조각 등이 나타나는데 이것들은 전문가가 아니면 생산할 수 없는 수준의 것들이다. 생산 노동의 특화는 자급자족적인 가정 경제의 몰락을 가져왔고 그것은 물건 교환을 조직화 할 권력을 필요로 한다. 이 권력은 경제체제에 참여하는 구성원들이 공유할 수 있는 이념적 토대를 필요로 한다. 그렇지 않고는 구성원들이 미래의 보상을 기대하며 자신이 생산한 것의 일부를 내놓기 어려웠을 것이다.

우룩 시대의 메소포타미아에서 그 이념은 종교였다. 도시의 신이 물건들을 수납하여 백성에게 재분배한다. 신의 집에 해당하는 신전은 그 경제체제를 운용하는 중앙 제도였다. 초기 우베이드 시대에 시작된 발전의 연장선상에서 후기 우룩 시대의 신전들은 엄청난 노동이 들어간 정착지에서 가장 큰 건물들이었고, 그것은 그것이 사회에서 감당한 역할을 시사했다. 두 개의 성전이 우룩에 공존하였다. 하나는 이난나 성전이고 다른 하나는 아직 발굴이 덜 진행된 아누-지구라트(신전 타워)이다. 이난나 신전의 구조물은 매우 정교하고 우룩 제4시대(이것은 전반기인 4b시대와 후반기인 4a시대로 나뉨)에 여러 번 재건축 되었다. 외벽으로 둘러싸인 지역 안에 있는 몇 개의 거대 건물들이 동시대에 사용된 것으로 추정된다. 이것들은 가로 50m 세로 50m로 규모가 클 뿐 아니라 후기 우룩 시대에 특징적인 기술로 현란하게 장식되었다. 벽 안쪽으로는 하양, 검정, 빨강의 고깔 모양의 진흙 덩어리가 붙어 있어 기하학 모양의 모자이크를 형성하였다. 어떤 건물에서는 그 고깔들이 우룩 지역에서는 진흙보다 구하기 힘든 돌로 되었다.

완벽한 평야 지대에 위치한 우룩을 중심으로 한 정착지에서 우룩 시내의 신전 건축물들은 장관을 이루었을 것이고 그 정착지의 중심이 어디인지를 선명하게 보여주었을 것이다. 그 건축물들이 가진 제의적 기능은 그 지역에서 생산된 물건들이 신들에게 바쳐진다는 명목으로 그곳에 모인다는 것이다. 당시의 주요 예술품 중의 하나인 우룩 제기용 병(그림 2.2, 보충 2.1 참조)은 우룩 사회에서 이난나 성전이 가지는 역할을 그림으로 보여준다. 그 지역의 생산품들

그림 2.2 우룩 제기용 병. 이 제의용 그릇에 새겨진 것은 이 도시 구성원의 지도자가 여신 이난나에게 그 땅의 산물을 바치는 모습을 보여준다. 우룩 신전 건물안에서 발견된 이 병은 그 지역의 자원들을 수집하여 구성원들에게 재분배하는, 그 건물의 역할을 나타내고 있다. 바그다드 이라크 박물관. 출판 허가: M. Van De Mieroop, *The Ancient Mesopotamian City*(Oxford: Oxford University Press, 1999,) 32

이 마치 신에게 드려지는 것처럼 이난나 신전으로 모인다. 키와 옷이 다른 사람과 구별되는 한 사람이 있는데 그 사람은 중보자로 역할한 것 같다. 그 사람은 성전 조직의 수장이었을 것이다. 아마 문서에서 '주' 수메르어로는 엔(EN)이라고 불리는 사람이었을 것이다.

보충 2.1 우룩 제기용 병

우룩 제3유적층에서 발굴된 유물 더미 가운데 1미터짜리 설화 석고병이 있었다. 그 병은 정교한 장면의 부조를 가지고 있었다(그림 2.2). 그 부조는 농산물을 담은 접시, 그릇, 바스켓을 나르는 나체의 사람들의 행렬을 묘사한다. 맨 아래쪽에 있는 곡물, 양, 염소들은 그 지역의 농경을 대표한다. 부조가 묘사하는 내용의 절정은 어떤 여인이 인간 왕을 대면하는 장면이다. 그 인간 왕은 화려한 옷을 입고 있고 옷의 끝자락을 잡은 수행원들을 거느리고 있다. 그 왕은 후대에 그 장면에서 떼어져 버리지만, 우리는 당시의 다른 유물에 새겨진 부조를 통해 그 왕의 모습을 재구성할 수 있다. 그 여인은 이난나(Inanna)라는 여신이다. 그녀의 뒤에 있는 두 개의 갈대 고리(당시의 주거인 갈대집의 문기둥 역할을 했음)는 이난나의 상징이었다. 그것은 후대의 쐐기 문자에서 이난나의 이름을 나타내는 글자의 기초가 된다. 이 상징물 뒤로는 세 마리의 동물과 음료와 음식을 담는 저장 항아리가 보인다. 두 개의 인간 모양의 기둥이(조각)받침대 위에 서 있다. 또 하나의 여인상은 그녀 뒤로 이난나 상징을 가지는 동시에 어떤 남자상은 손에 겹쳐진 그릇들과 상자 모양의 어떤 것을 들고 있다. 이 모든 것들은 합쳐져 수메르어 엔(EN, '주')의 쐐기 문자를 형성한다. 이 문자는 우룩 시대에 가장 많이 발견되는 것으로 아마 높은 신전 관리자를 나타내는 것 같다. 문자로 설명되지는 않았지만 우룩 꽃병의 부조는 인간 왕이 이난나 여신에게 그 지방의 산물들을 드리는 것으로 해석될 수 있다.

산물의 집산지로서의 신전의 역할로 새로운 전문 계급이 필요했다. 다시 말해 행정가들이 필요했다. 우룩 경제는 매우 복잡하여 중앙 기관에 들어오고 나가는 물건을 기록하기 위한 회계 체계가 필요했다. 이것은 관료적 기술과 도구를 사용할 수 있는 전문인들을 요한다. 고체나 액체를 세는 표준 단위, 땅, 노동, 시간을 측정하는 표준 단위가 생겨났다. 또한, 그것들을 필요할 때 참조하기 위해 기록하는 기술인의 기호도 생겨났다. 사회의 이런 변화들을 평가할 때, 이 모든 관료 활동이 전문인들의 영역이라는 것을 깨닫는 것이 중요하다. 남부 메소포타미아의 도시 생활의 형성을 특징짓는 노동의 특화는 그 사회의 근본적인 재창조로 이루어졌다. 사회 분화의 과정은 위계 계급의 사회의 탄생에서 절정에 달하고 위계 사회에서는 자신의 하는 일에 따라 계급이 정해졌다. 당시 대다수의 사람들이 여전히 농부, 어부, 목동이었다.

그들은 가정을 넘어서는 어떤 사회적 분화를 겪지 않은 공동체에 사는 사람들이다. 이런 공동체들은 아마 수입원의 일부였던 도시와 지류적인 관계를 유지했던 것 같다. 그들은 여전히 자유로웠고 그들이 경작하는 토지를 소유하였다.

반면 도시 거주민의 대부분(수치는 확실치 않음)은 신전 조직의 일부로 생존을 위해 신전에 의존하는 사람들이었다. 그들 조직은 철저한 위계 질서를 따라 구성된다. 이런 도시 위계 질서를 가장 잘 보여주는 것은 '직업의 표준 목록'(standard list of professions)이라는 문서이다. 이 문서는 후기 우룩 시대에 처음 나타났으나 그후 1,300년 동안 충실하게 전승되었다.

후대의 사본들이 초기의 사본들보다 더 분명하다. 여러 개의 단으로 구성된 그 목록은 관료의 칭호, 직업의 이름을 위계 순서에 따라 높은 직위로부터 기록하고 있다. 첫 번째 직업은 그다지 분명하지 않으나 후대 메소포타미아인들은 그것을 왕에 대한 아카드어로 이해했다. 물론 왕이라는 말은 그 지역의 최고 관료를 지칭하기에는 시대적으로 어울리지 않는 말일 것이다. '직업의 표준 목록'의 다음에 오는 것들은 숫자가 붙은 이름, 즉 NAM2인데 '지도자'를 나타내는 것 같다. 이 단어는 '위대한'을 의미하는 GAL이라는 문자와 함께 사용된다. 이 명칭을 가진 직업들로 '도시의 지도자' 혹은 '쟁기질의 지도자' 혹은 '외양간의 위대한 자' 혹은 '양 우리의 위대한 자' 등이 있다. 직업 목록은 제사장, 정원사, 요리사, 금속 제련사, 보석 가공사, 도공 등의 직업들도 포함한다. 이 문서를 완전하게 해독할 수는 없지만 분명한 것은 그것이 도시 내의 특수 직업들의 목록이라는 것이다.

우룩 사회의 정점에는 신전 안에서의 역할에 그 권력을 의존하는 사람이 있었다. 그러므로 학자들은 그를 '제사장-왕'이라는 말로 불렀다. 신전의 위계의 제일 밑바닥에는 농업을 비롯한 생산에 종사하는 사람들이 있었다. 이 생산자 계급이 어느 정도의 규모였는지는 단언하기 어렵지만 제3천년기의 상황으로 추측하면(우룩 시대는 제4천년기에 해당함 - 역주) 신전은 신전 내의 모든 필요를 자족적으로 채울 수 있을 정도의 인원을 가지고 있었을 것이다.

제3천년기의 그 신전 노동자들은 배급(보리, 오일, 의복 등)을 노동의 대가로 받았다. 후기 우룩 시대에 이미 그런 제도가 존재하였을 것이다. 후대의 배급 목록의 원형인 우룩 제4토판에는 노동자들에게 분배한 곡식의 양이 적혀 있다. 식량을 많은 사람에게 배급했다는 사실은 고고학 유물 가운데 빗각-테두리 그릇이 많이 발견된 것과 연결된다. 배급을 뜻하는 초기 쐐기 문자 기호(NINDA)와 빗각-테두리 용기의 모양이 비슷한 것은 이런 연결을 지지한다. 이것이 옳다면 제4천년기 중반에 빗각-테두리 용기가 처음 등장한 것은 그 당시 이미 곡식 배급 체제를 가동하였음을 증명하는 것 같다.

이 시대에 도시 주민과 주변 농민들 사이에 근본적인 차이가 존재했다. 도시의 신전에 의존한 도시 주민들은 안정된 수입원이 있으나 신전에 매여 있는 신세인 반면, 주변의 거주민들은 자유롭지만 흉작과 같은 재난으로부터 보호해 줄 수 있는 장치가 없었다. 그럼에도 불구하고 도시의 신전은 모든 사람들의 삶의 중심이었다. 생산품들의 재배급을 통해 신전은 전 지역을 하나로 묶었다. 도시가 통제력을 조직적으로 장악했던 제4천년기 후반에는 비록 적은 규모이지만 국가도 발달한다.

2. 문자와 행정의 발전

관료 체계는 도시 중심지들의 지역 경제 통제를 가능하게 했다. 우룩 시대 말에는 고대 메소포타미아에서 쐐기 문자 체제를 산파시킨 회계 장부 체계가 존재했다. 우룩의 문자 체제는 전통적으로 원시-쐐기 문자(proto-cuneiform)라고 불리는데 그 이유는 문자 기호들을 후대의 쐐기 문자처럼 쐐기를 가지고 눌 러 찍은 것이 아니라 얇은 선으로 토판에 그렸기 때문이다. 그러나 원시 쐐기 문자와 후대의 쐐기 문자 사이에는 어떤 개념적 차이도 없었다(비록 일부 학자 들은 이집트라고 주장하지만). 인류 역사에서 문자가 최초로 발명된 것은 이때 이 다. 본격적인 문자 사용에 대한 최초의 증거가 우룩 시에서 유래했다. 최초의 토판은 이난나 신전의 우룩 제4a유적층과 제3유적층에서 발굴되었다(그림 2.3). 이 용어들은 쐐기 문자 발전의 단계를 지칭하는 데 사용된다. 그리고 우 룩 밖에서 발견된 문서들에도 적용된다.

그림 2.3 우룩 제3왕조 시기 토판. 약 3100년경 쓰인 이 곡물 기록은 주로 다양한 크기의 원을 사용하여 밀과 보리의 양을 나타내는 일련의 숫자를 보여준다. 여기에 보인 면은 지불한 총합을 기록하였다. 크기 6.2×4.7×1.65cm. 출판 허가: © 2014 The Metropolitan Museum of Art/Art Resource/Scala, Florence.

회계 장부는 두 종류의 정보를 제공한다. 하나는 물건의 양이며, 다른 하나 는 그 물건 거래에 관여한 사람 혹은 직책(거래자 혹은 거래 관리자)에 대한 정보 이다. 두 번째 정보는 문자 이외의 방법, 예를 들면, 사용된 인장 같은 것으로 확인할 수 있다. 제7천년기 이후 도장 인장이 항아리나 용기에 붙은 진흙덩이 위에 찍혀졌다. 이것은 그 물건의 내용을 확인한 관리가 누구인가를 밝힌다. 우룩 시대 중반에 도장은 실린더 인장으로 대체되었다. 실린더 인장의 사용으로 보다 넓은 표면에 신속하게 인을 칠 수 있었다. 수많은 인장이 진흙덩이 위에 찍힌 자국을 통해 알려졌다. 이들은 매우 다양한 그림 형상을 가지고 있었다. 각각의 인장은 개별 관료를 나타내거나 혹은 행정 직책을 나타내었다. 인장이 누구 혹은 어느 직책에 속했는지는 그 문양을 통해 식별 가능하다. 다수의 특정적인 인장들이 여러 곳에서 발견된 것은, 공식적 표기를 통해 거래의 합법성을 보장해주고 거래를 감독한 관료 계급이 우룩에 존재하였음을 시사한다.

인장은 상거래에 관계된 실제 내용물이나 그 양을 드러내지는 않는다. 그런 정보를 기록하는 몇 가지 기법들이 동시에 이루어졌거나 신속히 확산되어 기록되었고 근동 전역의 여러 유적지에 발견된다. 우룩에서는 고고학적 유적층들이 매우 복잡하여 그 기법들의 순서를 정할 수 없다. 이란 서부에 있는 수사(Susa)에서는 우룩 제4유적층에 해당하는 고고학 유적층 이전에 불라(Bulla)가 있었으며 그후 숫자가 적힌 토판이 나타났다. 불라는 진흙으로 된 속이 빈 공으로 그 위는 인장이 찍혀 있으며 그 안에는 우리가 '토큰'(token)이라고 부르는 작은 물체가 들어있다. '토큰'은 돌과 진흙으로 된 물체로서 고깔,

챠트 2.1 우룩 시기 회계에서 사용된 무게와 계측 체계 범례들. 출판 허가: Hans J. Nissen, Peter Damerow, and Robert K. Englund, *Archaic Bookkeeping: Early Writing and Techniques of Economic Administration in the Ancient Near East*(Chicago and London: University of Chicago Press, 1993), 28-9.

구, 원반, 실린더 등 기하학적 모양이다. 이 토큰들은 특정 상품(동물, 사람, 기타 물건)을 세는 데 사용된 것으로 추정된다. 예를 들어, 세 단위의 보리를 받았다는 사실은 한 단위의 보리를 나타내는 세 개의 토큰을 줌으로써 확인할 수 있다. 같은 모양의 보다 큰 토큰은 더 큰 단위를 나타내었을 가능성이 높다. 그 토큰들은 흙으로 된 봉투와 함께 보관되었고, 그 내용은 그 봉투를 봉합한 사람에 의해 보장되었다.

그런 기록을 참조하기 위해서는 반드시 봉투를 부수어야 했기 때문에, 봉투 겉표지에 내용을 표시하는 방안이 고안되었다. 표지 자국을 가진 불라(bul-lae)가 등장한 것이 이때이며, 그 불라에 찍은 자국은 봉투 안에 있는 토큰의 자국일 것이다. 또한, 일련의 숫자 기호가 새겨진 단단한 토판도 등장했다. 이 '숫자 토판'에 계수된 물품이 무엇인지는 우리는 잘 모른다. 그러나 단위의 모양과 숫자의 모양은 그 토판을 사용한 사람들에게는 물품에 대한 정보를 주었을 것이다. 이 회계 도구들은 우룩 지역과 우룩의 영향권에 있던 다른 지역에서 발견된다. 그러나 우룩과 서부 이란의 수사에서만 이런 모호함을 해결해 주는 기록들이 발견된다. 그 기록에서는 숫자들이 양, 곡물, 직물 등의 물품을 나타내는 하나 혹은 두 개의 기호와 함께 등장한다. 우룩과 수사는 같은 회계 체제를 공유했지만 그들은 각각 독립적인 문자 체제를 발전시킨다. 우룩의 고고학 유적층 4a와 3에서 원시-쐐기 문자가 등장했다. 그리고 잠시 후 수사 지역에서는 원시-엘람문자가 등장한다.

원시-엘람어는 후대의 문자와 성격이 매우 다르고 사용된 기호의 형태도 후대의 것과 너무 달라 아직까지 해독되지 못했다. 우룩의 문자 체제는 후대의 잘 연구된 쐐기 문자로 이어졌기 때문에 더 잘 이해될 수 있다. 우룩의 문자는 두 종류의 기호를 포함한다. 하나는 숫자를 나타내고 하나는 단어를 나타낸다. 숫자의 기호 체계가 존재한다는 것은 매우 중요하다. 그 이유는 원시-쐐기 문자 토판의 85%가 회계 기록이기 때문이다. 물품, 동물, 인간, 시간의 숫자가 기록되어야 했다. 우룩 제4유적층에서 발견된 기록 체계는 조금 복잡한 것처럼 보인다. 서로 다른 일곱 개의 기록 체제가 사용되었는데 각각은 계수되는 물건에 따라 다른 모양의 숫자 기호를 가진다. 예를 들어, 10과 6의 증가 단위에 근거한 60진법은 동물, 인간, 마른 물고기 등을 계수하는 데 사용되었다. 60진법과는 다르게 둘씩 증가하는 단위를 가진 120진법은 곡물, 치즈 그리고 싱싱한 물고기를 세는 데 사용되었다. 곡물이나 밭의 면적은 각각 다른 계수 체계로 세었다(차트 2.1). 숫자 기호의 모양이 계수 체계에 따라 다르지만 같은 모양이 다양한 체계에서 사용되었으며 때때로 그들은 다른 가치를 나타냈다. 예를 들어, ●은 물건을 계수할 때는 10을 나타내지만 밭의 표면적을 계산할 때는 18을 의미한다. 통틀어 60개의 숫자 기호가 존재했다.

휠씬 더 많은 수의 기호 그룹, 약 900여 개의 기호 그룹은 수 이외의 단어를 지칭했다. 그들은 보리와 소 같은 사물을 가리키거나 분배와 수령 같은 행위를 표현하기도 한다. 기호가 물건의 모양에서 유래했다는 이론은 논쟁의 여지가 있다. 뜻하는 물건의 그림에서 기인했다는 이론이나 '토큰'의 모양을 2차원적으로 형상화한 것이라는 이론은 모든 기호의 형태를 설명해주지는 못한다. 기호는 다양한 방법으로 형성되었다. 어떤 기호는 그것이 지칭하는 물품의 모양 혹은 그 일부를 반영하였다. 예를 들어, 소를 나타내는 기호는 소머리처럼 생겼다.

그러나 어떤 기호는 순전히 자의적이다. 십자가를 가진 원은 양을 나타낸다. 기존의 기본 기호를 조합하거나 그 일부를 섞어 새로운 기호를 만들어내기도 한다. 예를 들어, 입을 의미하는 단어를 나타내기 위해 사람 머리에 있는 입 부분을 그물선으로 표시하였다. 물을 의미하는 기호에 머리를 가리키는 기호가 더해져 '마시다'라는 동사가 되었다. 이 체계를 사용하기 위해서는 이 기호가 사람들에게 알려져야 했다. 독자가 글쓴이의 의도를 파악할 수 있는 관습이 존재했음에 틀림없다. 그 관습에 따라 새로운 기호가 만들어지기도 했을 것이다. 그러나 우리가 그 관습을 알 수는 없다.

단어 기호들은 우룩 문서의 15%를 차지하는 토판들, 즉 어휘 문서들을 해독하는 데 매우 중요하다. 어휘 문서는 도시, 관직, 동물, 식물, 생산품 등을 나타내는 단어의 목록이다. 이 목록은 언제나 동일한 순서이다. 이 어휘 문서는 어떻게 기호를 쓰는지를 서기관들에게 알려주는 기능을 하였다. 그중 많은 것들은 학생들이 필사한 작품이다. 이런 어휘 문서는 메소포타미아 역사 전체에서 지속적으로 나타난다. 후에 이 문서들은 수천 점의 어휘들을 가진 문서로 확대되고, 수메르어 발음은 물론, 그 어휘에 대한 한 개 혹은 그 이상의 번역이 첨가된다. 어휘 문서는 메소포타미아 문화 유산의 중요한 부분을 형성하며 어휘의 구조는 실용적인 목적을 반영한다. 그러나 이념적인 관심도 그 순서에 영향을 주었다.

첫째, 같은 목록에 있는 단어들의 그룹은 분류 체계가 사용되었음을 시사한다.

둘째, 목록의 순서에는 의미가 있었을 것이다. 사회적 위계의 존재를 보여준 '직업의 표준 목록'에 대한 우리의 해석에 따르면 관리들의 계급이 이미 체계화되었고 그들의 중요도에 따라 순서가 확립되었다.

문서 2.1 어휘 목록

메소포타미아에서 문자가 사용되기 시작한 이래 어휘 목록이라고 불리는 장르의 문서도 제작되었다. 이 문서들은 직업명, 동물명, 물건명 같은 범주에 속한 단어들을 길게 나열한다. 그 어휘 목록은 쐐기 문자의 사용이 중지될 때까지 중요한 문서 장르로 자리잡았다. 제1천년기에는 수백 개의 어휘를 수록한 토판들이 많이 등장하였다. 이 문서들은 바빌로니아에서뿐 아니라 제3천년기 이래 쐐기 문자가 사용된 다른 곳에서도 발견되었다.

처음에는 수메르어 어휘만 수록했으나 후에는 아카드어와 같은 다른 언어의 번역을 포함할 뿐 아니라 수메르어 어휘의 발음을 표기하기도 했다. 중요한 초기 어휘 문서는 직업명을 나열한 『직업의 표준 목록』(*The Standard List of Professions*)이다. 그것은 우룩 제4시대에 제작되기 시작해 약 1,500년 후인 고대 바빌론 시대까지 충실히 필사되었다. 그것은 약 120개의 단어를 차례로 나열하며 중요한 관직부터 관직의 중요성에 따라 배열한 것 같다. 이 목록은 매우 오래된 것이기 때문에 우리가 그 단어들을 제대로 번역할 수는 없다. 비록 그곳에 쓰인 많은 어휘들이 필사 당시에 쓰이지 않는 것이었지만 그 어휘 목록의 인기는 실로 대단했다. 그 어휘 목록은 우루 제4시대를 통틀어 제2천년기에 이르기까지 수많은 바빌로니아 도시에서 등장한다. 바빌로니아 외의 지역에서는 서부 시리아의 에블라(Ebla) 그리고 서부 이란의 수사에서 발견되었다. 에블라에서 그 목록은 다른 용도, 즉 서기관들에게 수메르어 발음법을 가르치는 교재로 사용되었다.

우리는 처음 다섯 개의 행을 수메르어로 다음과 같이 읽는다.

NAMEŠDA(ŠITA.GIŠ.KU와 함께 표기됨)

NÁM KAB

NÁM DI

NÁM NÁM

NÁM URU

단어들이 문맥에서 나오지 않았고 잘 알려진 다른 언어의 번역이 그 문서에 나오지 않았기 때문에 이 용어들의 의미는 분명하지 않다. 그러나 이 어휘 문서는 고대 바빌로니아 시대 이후로는 더 이상 필사되지 않았지만 그 문서에 사용된 어휘들은 그후에 제작된 어휘 문서에 등장한다. 그때 서기관들은 발음에 대한 안내와 아카드어 번역을 포함하였다. 예를 들면, 다음과 같다.

Ešda ŠITA.GIŠ.KU šar-ru.

마지막 단어는 '왕'을 뜻하는 아카드어다. 이것은 우룩의 『직업 표준 목록』에 실린 첫 번째 수메르어 단어가 그 도시 사회에서 최고의 관료를 지칭했음을 암시한다.

원시-쐐기 문자 기호들은 구어와는 거의 관계가 없다. 그러나 그 기호들이 수메르어를 말하는 사람들에 의해 개발되었음을 보여주는 증거들이 있다. 예를 들어, 어머니를 뜻하는 수메르어 AMA는 별 기호가 안에 들어간 박스의 그림이다. 별 기호는 AM이라고 읽는다. 이것은 그 전체 기호의 발음을 암시한다. 쐐기 문자의 발명가들이 자신의 구어를 표현하기 원했음을 알려주는 다른 예들도 있다. 기호의 음성 값은 기호가 구체적 사물의 이름을 넘어서는 어떤 것으로 사용되도록 허락한다. 레부스 원리(상형 문자를 음절 값을 표현하는 데 사용하는 것 - 역주)가 그 기호들의 사용 범위를 넓히는 데 사용된다. 예를 들어, '갈대'를 의미하는 기호는 '돌아가다'라는 동사를 나타내기도 한다. 그 이유는 그 두 말이 수메르어에서는 동일하게 GI로 발음되기 때문이다. 대다수의 수메르어는 단음절어이다. 결과적으로 수메르어를 기록하는 기호들은 더 많은 음절로 된 긴 단어나 문법 요소를 표현하는 데 사용될 수 있다. 사람의 이름이 몇 개의 음절로 표기될 수 있다. 가능하긴 했지만 문서에서 쐐기 문자는 완전히 발음 표기로만 사용되지는 않았다. 쐐기 문자 사용 역사를 통틀어 기호는 '왕'과 같이 문서의 언어가 무엇이든, 그 단어의 문법적 기능이 무엇이든 상관없이 한 단어를 표현하는 데 사용되어 왔다.

제3천년기 중반에 가서야 수메르어의 동사 변화를 암시하는 요소들이 문서에 사용되었다. 그리고 수메르어가 이미 사어가 된 제2천년기에 이르러서야 모든 문법적 요소들을 쐐기 문자로 표현하려는 노력이 이루어진다. 쐐기 문자는 언어가 아니라 문자 체계라는 것이다. 라틴 알파벳이 어떤 언어의 문자라도 될 수 있는 것처럼, 쐐기 문자도 여러 가지 언어의 문자로 역할을 할 수 있었다. 그리고 많은 고대 근동어들이 쐐기 문자로 기록되었다(보충 2.2 참조). 단어의 음절식 표기와 문법적 요소에 근거해 우리는 쐐기 문자가 어떤 언어를 기록하고 있는지를 알아낼 수 있다. 후기 우룩 시대에 개발된 문자는 쐐기 문자의 모든 요소를 가지고 있었다. 그것은 기호의 개수가 줄어들고 음절의 사용이 늘어나고, 또한 기호 모양이 변형되고, 토판에 그렸던 구불구불한 선이 토판에 찍힌 곧은 선으로 변해감으로써 더욱 발전했다. 길쭉한 삼각형 모양은 필기구의 머리를 토판에 찍고 측면을 토판에 누른 것이다. 이런 모양 때문에 오늘날 그 문자는 쐐기 문자(cuneiform), 즉 쐐기 모양의 문자라고 불리게 되었다.

회계법이 제대로 기능하기 위해서는 잘 발달된 단위 체계가 있어야 한다. 후기 우룩 시대에 개발되어 사용된 무게와 길이의 단위 체계는 후대의 메소포타미아 체계의 기초가 되었다. 기초 단위는 자연 현상에 의해 영감 받았고 60진법과 10진법의 혼합 체계가 사용되었다. 시간을 기록할 때 일 년은 각 30일의 12달로 구성되었으며 가끔 달력을 태양력에 맞추기 위해 윤달이 삽입되었다. 무게를 나타내기 위해 한 사람이 나를 수 있는 무게, 즉 한 달란트가 60 므나로 나뉘었으며, 각 므나는 60개의 세겔을 포함하였다. 길이는 팔뚝 길이를 기본 단위로 하여 30개의 손가락 길이로 나뉜다. 6개의 팔뚝 길이는 한 자를 이룬다. 서로 다른 단위의 비교 체계가 물건들의 교환을 용이하게 하기 위해 이미 고안되었을지도 모른다. 그리고 그 비교 체계는 메소포타미아 역사를 통틀어 기본적으로 동일하게 남아있다.

실버 한 세겔 = 곡식 한 구르(gur) = 여섯 므나(mina)의 울 = 12실라(sila)의 참기름.

흔히 주장되는 원시문자에서 문자로의 진화, 즉 토큰을 담은 불라에서 토큰을 찍은 기호의 토판으로의 진화는 없었다. 소위 이런 단계들은 환경을 개념화하려는 서로 다른 경쟁적 시도로 간주되어야 한다. 이런 시도들 중 가장 성공적이고 영향력 있는 것이 쐐기 문자 체제였던 셈이다. 쐐기 문자는 사용자들을 둘러싼 물리 세계를 기호화하는 새로운 방법을 마련하였고 문자를 통해 그 세계를 논리 체계로 조직화할 수 있었던 것이다. 따라서 문자의 발전은 행정 발전의 부산물이 아니라 개념화 과정의 진보였다.

보충 2.2 고대 근동의 언어들

언제나 근동에는 다양한 언어를 구사하는 사람들이 이웃하여 살았다. 사용된 모든 언어가 현재 문서기록에 남아 있지는 않지만 종종 사람의 이름을 통해 그들이 사용한 언어가 무엇인지를 짐작할 수 있다. 모든 언어는 쐐기 문자로 기록될 수 있었다. 쐐기 문자는 제1천년기 말엽까지 근동 지방의 지배적인 문자 체계였다. 제 1천년기에는 알파벳 문자가 근동 전역에서 사용되기 시작하여 점진적으로 쐐기 문자를 대체해갔다.

메소포타미아 언어 가운데 가장 많이 기록으로 보존된 언어는 수메르어와 아카드어이다. 수메르어는 알려진 동족어가 없는 언어로 매우 독특한 문법과 어휘를 가지고 있다. 수메르어는 남부 메소포타미아에서 제3천년기 동안 사용되었다. 제2천년기 초기가 되면 수메르어는 관료들과 신전 종사자들에 의해서만 사용되었다. 그것의 구어로서의 사멸 시기는 불확실하다. 아카드어는 히브리어, 아랍어 그리고 근동의 다른 언어와 관계있는 셈어였다. 그러나 다른 셈어와 약간 다른 문법적 구조를 보인다. 아카드어의 동사 체계는 '동부 셈어'로 분류되고 언급된 다른 언어들은 '서부 셈어'에 속한다. 아카드어는 제3천년기로부터 제1천년기 말까지 아주 광범위한 지역에서 사용된 언어였다. 아카드어에는 두 가지 주요 방언이 있다. 메소포타미아의 북쪽에서 쓰인 아시리아어와 남부 메소포타미아에서 사용된 바빌로니아어가 그것이다.

이 두 방언은 시대에 따라 문서의 장르에 따라 약간 다른 어휘와 문법을 보여 준다. 우리는 시대에 따라 아카드어를 고대, 중세, 신-바빌로니아어와 아시리아어로 나눈다. 표준 바빌로니아어는 남부와 북부 메소포타미아에서 사용된 문학 언어를 가리킨다. 아카드어의 이전 형태들이 제2천년기 이전에 사용되었다. 그것을 구-아카드어라고 부르며, 그것은 아카드와 제3우르 왕조 시대의 문서들에서 발견된다. 이 시기를 선행하는 문서들에서 발견되는 셈어의 흔적들은 해독하기 더욱 어렵고 원시-아카드어라는 용어로 지칭된다. 바빌로니아어는 제2천년기 동안 근동 전체에서 문화와 외교의 언어로 사용되었다. 아나톨리아에서 이집트, 레반트를 거쳐 자그로스 산맥에 이르는 지역에서 사용되었다. 이것은 특히 토판을 기록 매체로 사용하였다. 서부 시리아에서도 알파벳 문자로 기록된 자국어와 자국 문자(예를 들어, 우가릿어)와 더불어 바빌로니아어를 함께 사용하였다.

제3천년기에 다양한 다른 셈어 방언들이 쐐기 문자로 기록되었다. 가장 유명한 것이 에블라어(Ebla)이다. 에블라어는 후대의 서부 셈어들과 문법적 유사성을 보이지만 당시 바빌로니아에서 구사된 언어와도 유사성을 보였다. 제2천년기 초에 널리 사용된 서부 셈어는 서부 시리아와 남부 바빌로니아에서 발견된 아모리어(Amorite)였다. 불행히도 그 언어로 기록된 문서는 남아있지 않다. 아모리인의 이름이 그 언어에 대한 유일한 자료이다. 제1천년기 셈어인 아람어도 비슷하다. 구어로서 아주 광범위하게 사용되었으나 썩는 필기 매체에 알파벳 문자로 기록되어 상대적으로 적은 문서만이 남아있다. 쐐기 문자로 된 아람어 문서는 두세 개 정도이다.

제2천년기 동안 중앙 아나톨리아의 히타이트인들은 다양한 언어들을 사용했다. 그중 몇 가지는 쐐기 문자로 기록되었다. 예를 들어, 인도 유럽어인 히타이트어와, 언어학적으로 우랄티안에 가까운 언어로 제1천년기에 아나톨리아 동부에서 사용된 후리안어가 쐐기 문자로 기록되었다. 후리안어는 제3천년기로부터 줄곧 북부 시리아에서 사용되었고 제2천년기 후반에는 그 지역에서 매우 중요한 언어가 되었다. 그러나 그 언어로 기록된 문서는 매우 적은 수만이 남아 있다.

마지막으로 엘람어는 제3천년기부터 제1천년기까지 남서부 이란에서 기록되었다. 언어학적으로 다른 고대 근동어와 구별되며 역사적으로 독립적으로 진화하였다. 어떤 시대에는 서부 이란에서 아카드어가 행정어로서 엘람어를 대체하였다. 5세기까지 페르시아인들에 의해 엘람어가 사용되었으나 페르시아인들은 광

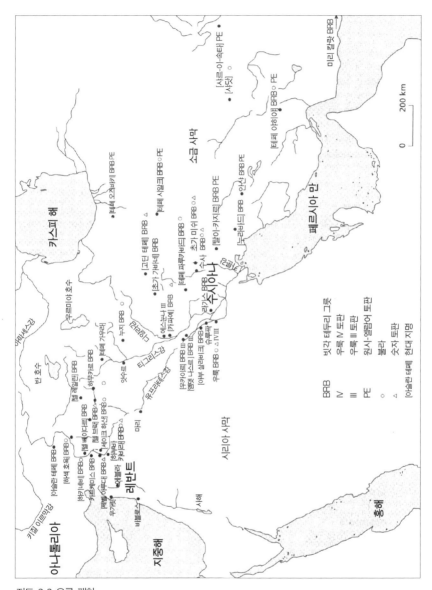

지도 2.2 우룩 팽창
출처: Michael Roaf, *Cultural Atlas of Mesopotamia and the Ancient Near East*(Oxford: Equi-
nox, 1990), 64-65.

대한 제국 전역의 수많은 언어들을 사용하였다. 그중 하나가 쐐기 문자의 알파벳 형태로 기록된 구-페르시아어이다.

관료제의 도구들, 문자, 인장, 길이, 무게 등은 우룩 시대의 기초에 근거해 근동 역사에서 지속적인 발전을 이룬다. 이 요소들, 즉 토판의 쐐기 문자, 실린더 인장, 10진법과 60진법 단위의 혼합 체계는 고대 근동을 정의하는 특징일 수도 있다. 지방에 따른 차이와 변화는 있지만 후기 우룩 시대에 우리가 처음 관찰한 이 요소들이 근동 역사에서 지속된다는 사실은 그 시대가 근동 문화 형성에 얼마나 중요했는지를 보여준다.

3. '우룩의 팽창'

앞서 언급한 모든 변화는 메소포타미아 최남단에 위치한 우룩 시 주변 지역에서 발생했다. 남부 메소포타미아의 다른 지역에서도 비슷한 변화들이 발생했는지는 전반적으로 그 지역의 발굴 현황이 빈약해 잘 알 수 없다. 그럼에도 불구하고 100헥타르에 달하는 우룩의 크기로 그것이 지역 중심지였음을 알 수 있고, 그 중심지의 복잡함은 문자의 사용과 도시 국가의 형성으로 이어졌다. 그러나 우룩 시대에 대한 고고학적 증거는 남부 메소포타미아 밖의 지방에서 온다. 특히 서부 이란, 북시리아, 남터키의 고고학 발굴을 통해 드러난다. 제4천년기 중반의 그 지역의 발전은 남부 메소포타미아의 영향을 받았다. 지방의 인구 집단과 우룩 지방의 사람들 사이의 다양한 상호작용이 있었음을 고고학 발굴을 통해 알 수 있다.

왜 이런 상호작용이 발생했으며, 어떤 지방의 혹은 외래의 요소가 그런 변화를 유발시켰는가?

이 문제에 답하기 위해서는 몇몇 어려운 문제들을 먼저 고찰해야 한다.

남부 메소포타미아 서쪽 지역은 남서 이란 지역에 해당된다. 이 지역은 자그로스 산맥 밑에 있는 충적 평야로 종종 그 지역의 중심부에 위치한 수사를 따라 '수시아나'(Susiana)로 불린다. 남부 메소포타미아에 지질적으로 유사하고 거리로도 가깝지만 이 두 지역 사이의 왕래는 그다지 쉽지 않았는데, 그 이유는 그 두 지역 사이에 큰 늪지대가 있었기 때문이다. 최단거리의 길은 늪지대를 돌아가는 자그로스 산맥의 산기슭에 있다. 이와 같은 교통의 어려움들은 왜 그 두 지역이 제4천년기까지 서로 다른 문화를 유지했는가를 설명해 준다. 토착적인 발전의 결과로 최초 중앙집권화 권력은 제5천년기 후반에 초가 미쉬(Choga Mish) 지역에서 발생했다. 제4천년기 초기에 수사에 새로운 중심지가 발생했다. 고고학적 증거는 남아있지 않지만, 수사에는 거대한 단상 형태의 큰 구조물이 있었다. 그 단상 위에는 신전이 있었다. 후기 우룩의 때에 는 수사의 물질문화가 남부 메소포타미아의 영향을 받았다. 수사에서 후기 우룩의 도자기들이 대량으로 발견되었고 아울러 원시-쐐기 문자 문서의 전신격인 진흙 토큰과 함께 인장 자국, 숫자 토판, 숫자와 단어가 함께 적힌 토판 등이 발견되었다.

수사는 지역 전체의 자원을 통제하는 도시가 되었다. 더욱이 수사는 자신의 문화적 영향력을 이란 전역으로 확대하였다. 학자들이 우룩의 영향을 받았다고 추정하는 빗각 테두리 그릇들이 지역 전역에 흩어진 정착지들에서 발견되었다. 빗각 테두리 그릇들은 자그로스 산맥(예, 고딘 테페, 초가 가바네), 북부 이란(예, 테베 오즈바키, 테페 시알키), 중앙 이란(테페 야히야), 남부 이란(예, 누라바드)에서도 발견되었다. 이들은 또한 오만 만(미리 칼랏) 근처의 파키스탄 해안에서도 발견되었다. 이들 중 어떤 지역은 우룩 문화의 정거장이었던 수사에서 수천km 이상 떨어진 곳이다. 우룩 팽창이 멈춘 후에도 그 정착지들과 수사 사이의 교역은 지속되었다. 북쪽의 상황은 달랐다. 북이라크, 시리아, 남터키에서 우룩의 문화 요소들은 제4천년기 중엽부터 나타나기 시작했다.

그러나 이들 지역 문화들이 우룩 문화에 의해 변화된 정도는 지역에 따라 차이가 있었다. 동쪽 지역의 수사와 같이 우룩과 북쪽 지방 지역들의 교량 역할을 했던 어떤 한 지역은 확인되지 않았다. 제4천년기 초기의 북쪽 지방에서는 일반적으로 소규모의 지역 중심지가 약한 중앙 권력을 행사하였다. 우룩의 영향은 우베이드 시대가 지나면 약해진다. 그리고 발굴을 통해 드러난 문화들은 '후기 금석병용 중간기'(Chalcolithic)라는 이름으로 분류된다. 제4천년기 중반에 우룩의 영향은 강도의 차이가 있지만 그 지역 전반에 나타난다. 어떤 지역에서 도시 규모의 정착지는 처녀지에 건설되었다. 예를 들어, 중부 유프라테스에 있는 하부바 카비라(Habuba Kabira)는 인구 밀도가 높은 요새 도시로 발전하였다. 그런 도시들이 몇 개 더 건설되었다. 그리고 이들이 남부 문화의 영향을 많이 보이기 때문에 이들 도시에 남부 출신의 이민자들이 많았을 것이라고 추정한다.

다른 지역에서 우룩 사람들은 기존의 정착지에 정착하여 자기 나름의 촌을 형성하였다. 우룩 이민자와 지방 인구와의 상호작용은 그 지역에 거대 구조물과 같은 문화적 혁신을 가져왔다. 예를 들어, 북동 시리아의 텔 브락에서 거대 신전이 건설되었다. 그 신전은 지방의 종교 전통을 따라 건설되었으나 건축 기법은 남부 우룩에 영향받은 것이다. 신전의 내부 구조, 건물 기초 단상, 고깔 모자이크 장식, 신전 내용물 등은 모두 남부 우룩에서 수입된 문화 요소들이다. 어떤 지역에서는 우룩의 문화 영향은 몇몇 건물에 국한되었다. 그러나 그곳에서도 지역 인구에 대한 영향은 지대할 수 있었다. 예를 들어, 아슬란 테페에서 지방 엘리트들은 남부 관습들을 모방하는 경향을 보였고 거대 구조물들을 건설하였다. 마지막으로 우룩의 문화 영향이 전혀 없었던 테페 가우라와 같은 고대 정착지들도 있었음을 지적할 수 있다.

이 지역에서 증거된 우룩의 문화 요소들은 건물 내부 구조, 장식, 도자기(특히 빗각-테두리 용기), 원시 문자, 토큰을 담은 불라, 숫자 토판 등을 포함한다. 우룩 제4a유적층에서 발견된 원시-쐐기 문자가 북쪽 지역에서는 발견되지 않았다. 다시 말해 원시-쐐기 문자가 남부 우룩에서 발전하기 이전에 남북의 교역이 단절되었음을 알 수 있다. 우룩 팽창이 유발시킨 이와 같은 물질적 변화는 그것이 유발한 사회적 변화에 비하면 아무것도 아니다. 사회 위계 체계와 경제적 조직이 확립됨과 동시에 도시 중심지들이 발생하였다. 이 과정에서 가장 중요한 요소가 무엇인지, 즉 내부적 진화에 의한 것인지 외래적 영향에 의한 것인지는 불명확하지만 정착지의 규모 확장과 정착지의 위계 체계는 우룩 팽창 이전에 이미 발생하였다. 하무카르(Hamoukar)와 같은 영속적 지방 문화를 가진 몇몇 지역은 제4천년기 후반에 이르면 도시적 규모의 정착지가 된다. 우룩의 영향은 지방 문화에 뿌리를 둔 발전 과정을 가속화하였다. 다른 한편 하부바 카비라와 같은 도시에서 발견되는 큰 외래적 영향은 분명 남부 문화로부터 온 것이다.

우룩 문화의 요소들은 영향력이 직접 미치는 지역 이외의 지역에서도 발견된다. 예를 들어, 빗각-테두리 용기는 북시리아 해안 지방의 일부 유적지에서도 발견된다. 가장 흥미로운 것은 우룩이 초기 이집트에도 영향을 주었을 가능성이다. 제4천년기 후반의 이집트에 남부 메소포타미아의 특징과 유사한 수많은 문화 요소들이 발견된다. 그 예로 내방이 있는 진흙 벽돌 건물, 장식용 진흙 고깔, 도자기 스타일, 실린더 인장, 일부 미술 모티브를 들 수 있다. 중앙 이집트에서 발견된 이런 문화 요소들은 시리아를 통과하는 내륙 교통보다 페르시아 만과 홍해를 통한 뱃길 교통을 통해 전해진 것 같다.

이제 가장 어려운 질문인 '왜 이런 팽창이 발생했는가'를 물어야 한다.

무슨 이유로 생겨난 지 얼마 안되는 남부 메소포타미아의 도시 국가들이 멀리 떨어진 많은 지방으로 사람들을 이주시켰을까?

이렇게 이주한 사람들은 그 우룩 문화 요소들을 가지고 갔다. 자원의 필요성이 우룩 팽창을 유발시킨 요인으로 가장 자주 언급되는 것이다. 그러나 무슨 자원들이 필요했는지는 분명 하지 않다. 학자들은 종종 남부 메소포타미아에 나무, 돌, 금속이 부족했고 이 자원들을 획득하기 위해 외국과의 교역을 추진했다고 생각한다. 그러나 그런 자원 부족은 좀 과장된 것이다. 그 부족한 자원을 대체할 다른 자원들이 남부 메소포타미아에 존재했다. 보다 중요한 요인으로 우룩 시대 남부 메소포타미아에서 발생한 인구 변화와 이념의 변화를 고려해야 한다. 도시 국가들은 새로운 형태의 이념 그리고 새로운 사회 구조와 함께 발생했다. 어떤 사람들은 이전에 볼 수 없었던 권력을 가지게 되었고 많은 사람의 삶에 영향을 가지게 되었다. 새롭게 생성된 엘리트들은 자신들을 일반인들과 구분해 줄 희귀한 물건을 가지고 싶었을 것이다. 보석, 금, 은 등 많은 사치품들은 메소포타미아 밖에서만 구할 수 있었다. 동쪽과 북쪽에 위치한 정착지들은 남부인들의 식민지로 간주될 수도 있다. 우룩인들은 그 지방 인구와의 교역을 통해 그 자원들을 구할 수 있었다. 더욱이 신이 도시 한계를 넘어 영향을 미친다는 이념도 우룩의 팽창주의적 이념에 기여했을 것이다. 가까운 주변 지역뿐 아니라 먼 지역도 그 도시 신에 의존하는 것으로 여겨졌다. 이런 이념적 요소들은 고고학적으로 증명 불가능한 것이지만 우룩 팽창을 해석하는 데에 전적으로 무시할 수 없는 것이기도 하다.

4. 우룩 이후

우룩 시대의 마지막은 국내외의 근본적인 변화와 함께 도래했다. 더 분명한 것은 남부 메소포타미아 국외에서 발생했던 변화들인데 그 이유는 그 지역에서 남부와의 교역이 갑작스럽게 단절된 것으로 나타나기 때문이다. 예를 들어, 시리아에 있던 남부 '식민지' 하부바 카비라는 특별한 이유없이 사라졌다. 지역 문화가 우룩의 문화를 수용했던 지역에서는 그 지방의 옛 문화가 다시 등장했다. 촌락 생활과 촌락 조직은 다시 북메소포타미아와 시리아에서 일반적인 모습이 되었다. 수시아나 평야에 있는 중심지 수사는 자그로스 산맥에서 온 이민자들에 의해 함락된 것 같다. 북부 지방에서처럼 정치적 단편화가 진행된 것이 아니라 수사 지역은 남부 메소포타미아에서 있었던 것 같은 국가가 되었다. 그 국가는 원시-엘람 국가라고 불린다. 그 이유는 그 국가가 후대에 생길 그 지역의 정치 체제(엘람)의 전신이었기 때문이다.

문화적으로 수사는 우룩 문화의 일부를 유지했으나 그것을 지역 문화로 토착화시켰다. 동시대의 우룩 문자와 구별되는 원시-엘람 문자가 개발되어 이란 전역에서 사용되었다. 우룩의 영향으로 이루어진 권력의 중앙 집중화로 수사 지역에서 경쟁적인 국가를 발생시켰는데, 그렇게 형성된 국가는 남부 메소포타미아인들이 이란 고원과 동쪽 지역으로 오는 것을 차단했다. 우룩 체제의 붕괴의 시점은 북쪽에서는 회계 체제가 더 이상 사용되지 않고, 수시아나에서는 독립적인 문자가 발전하는 시점인 것으로 보인다. 원시-쐐기 토판의 전신들은 모든 곳에서 발견되지만 우룩 제4유적층에서 발견된 토판은 그렇지 않다. 후자는 우룩 시대의 말에 발견된 것이다(우룩 제4유적층). 따라서 우룩과 그 주변 지역과의 교역은 바로 그 이전에 단절되었다고 추정할 수 있다.

우룩의 내부 문화에 대한 자세한 사항은 알기 어렵다. 이난나 신전의 대부분을 차지했던 거대 구조물들은 완전 붕괴되고 그 지역 전체가 파괴되었다. 맨 꼭대기 유적층, 즉 제3유적층에서 일련의 새로운 건물들이 건축되었다. 그 건물들 안에서 수많은 토판, 우룩 제4유적층에서 발견된 것보다 더 정교한 것들이 발견되었다. 적은 규모지만, 굉장히 비슷한 토판들이 북부 바빌로니아의 옘뎃 나스르(Jemdet Nasr, 약 150점)와 우케이르(Uqair, 약 35점)에서 발견되었다. 고고학적으로 이 시대를 옘뎃 나스르라고 부르는 이유는 바로 그곳에서 그 시대의 문화를 대표하는 토판들이 처음으로 발견되었기 때문이다.

우룩의 규모는 옘뎃 나스르 시대에도 줄어들지 않았다. 아울러 다른 남부 메소포타미아의 중심지들도 크게 발전하였다. 이들 도시가 발전한 것은 사회적 격변이나 외부의 침략으로 흩어진 비도시 인구들이 몰려들었기 때문이다. 옘뎃 나스르 시대에는 이전처럼 광범위한 교역 체제가 존재하지 않았지만 옘뎃 나스르 문화는 이전에는 소외 지역이었던 디얄라(Diyala) 같은 가까운 주변 지역에 심도 있게 침투하였다. 더욱이 페르시아만 지역과의 직접 교역이 있었다. 남부 메소포타미아 사회는 보다 많은 수의 비슷한 규모의 중심지들로 재구성되었다. 이들 지역 중심지들은 주변 지역에 깊은 영향을 미쳤다. 이로써 이 지역에 정치적 발전의 기초가 놓인 것이다.

토론 2.1 왜 도시인가?

무엇이 사람들로 하여금 많은 소음, 먼지, 질병이 있는 좁은 공간에 많은 숫자가 모여 살게 하였는가?

고대 도시들은 높은 치사율을 지닌 사망사고 다발지로서 많은 학자들은 그것들이 계속된 이주민 유입 없이는 그들의 인구 수준을 유지할 수 없었다고 믿고 있다. 만약 우룩 시대에 바빌로니아 전지역의 사람들이 그렇게 멀지 않은 곳에서 실제로 우룩과 그 주변 지역으로 이동하였다면, 우리가 만일 많은 사람들이 똑같은 일을 행한 것이 우연의 결과가 아님을 받아들인다면, 그 사람들로 하여금 그렇게 행하도록 독려한 어떤 것이 있었음에 틀림없다(Ur 2014).

많은 학자들은 이 조건들에 질문을 던지기 보다 대신 세계사에서 첫 국가이자 도시 사회로 등장한 그 과정에 집중한다(연구 내용에 대하여 Rothman 2004 and Ur 2014 를 보라). 로버트 아담스(Robert McC. Adams)가 초기 메소포타미아를 주후 1천년대 멕시코와 비교하였던 그의 책, *The Evolution of Urban Society*(1966)는 획기적이었다. 그는 도시 발전을 생태학적 다양함의 결과로 보았는데, 그것이 농업 생산의 전문 화를 부추겼고 물물교환을 필수적인 것으로 만들었다. 환경의 다양함은 심지어 가장 최근의 연구에서 좀 더 가속화되어, 바빌로니아의 가장 초기 도시들이 어떻 게 습지 지대에 들어오게 되었고 광범위하게 그것의 자원들에 의존하였는지 보 여준다(Pournelle 2013). 농업, 제조 생산, 행정에서 노동의 전문화는 사람들로 하여 금 그들의 가족 구성원보다 전문직 동료들에게 좀 더 밀착하게 하였고, 좀 더 이 른 시기의 촌락 구성원들과 매우 다른 도시 사회에 좀 더 근접케 하였다.

일부 학자들은 환경의 중요성을 인식한 반면, 다른 이들은 도시화의 주요인으 로 다른 요소들에 집중한다. 어떤 이들은 행정적 규정의 보편적 발전으로 보고 행 정 도구들의 증가를 강조한다(Wright and Johnson 1975). 다른 이들은 원거리 물물교 환을 근본적인 것으로 보고 우룩의 먼 거리 지역과의 상호작용을 강조한다. 나무, 반-보석 등에 대한 접근을 지배하는 것이 도시 고위층들에게 그들의 적법성을 부 여하였다(Algaze 2005). 가장 최근 책 분량의 연구는 좀 더 지방 입장을 사용하여 전 문화된 노동의 증가된 생산성, 물물교환의 필요, 이를 위한 수로의 뛰어난 하부 구조가 근본적인 이유로 보고 있다(Algaze 2008). 대부분의 학자들은 사회의 소수 계층, 고위층만이 새로운 환경에서 이득을 보았다고 생각한다.

어떤 이들은 도시를 사람을 지배하고 활용하는 수단으로 묘사한다(Pollock 1999). 그러나 모두가 동의하지 않는다. 또한, 우룩 사회가 매우 평등사회여서 재화를 가 능한한 민주적으로 재분배하기를 시도하였다고 제안되었다(Charvát 2002).

재분배물들이 과연 모두를 위한 사회적 서비스 또는 노동자들을 그들의 고용 인들과 연결시키는 수단이었는가?

또한, 우리에게 도시 사회가 증가된 사회적 복합 구조의 필수불가결한 결과로 보지 않도록 경각시키는 목소리가 있다. 항상 도시 제도 범위 바깥에 살고 있는 사람들이 있으며 이들은 좀 더 복잡하게 만들려고 하지 않고 오히려 좀 더 단순한 것을 구한다(Yoffee 2005). 그러나 메소포타미아 역사를 통틀어 우리에게 유용한 자 원에서 사람들이 어떻게 도시를 정치적, 경제적, 종교적 활동의 표준 중심지로 보앉는지 주목할 만 하다. 우리는 비도시적 삶에 대한 향수 또는 도시의 대체를 찾아볼 수 없다.

왜 사람들이 도시에서 살기를 선호하는지에 대한 질문으로 다시 돌아가기 위하여, 우리는 이후 역사에서 병행예를 들 수 있다. 주후 19세기 산업 혁명 기간 동안, 영국 도시의 삶은 프리드리히 엥겔과 챨스 디킨스의 작품에서 유창한 웅변으로 보여준 바와 같이 실제로 참혹하였다. 그러나 사람들은 도시로 몰려들었는데 그 이유는 도시가 시골보다 일할 수 있는 좀 더 많은 기회가 있었기 때문이다. 아마도 그 상황은 4천년대 바빌로니아의 것과 유사하였을 것이다.

도시 국가들의 경쟁: 초기 왕정 시대

3000	2500	2000	1500	1000	500

2800년경	고대 우르
2500년경	파라와 아부 살라빅에서 출토된 토판들
2500-2350년경	라가스-움마 국경 분쟁
2400년경	라가스의 우루이님기나
2400-2350년경	기르수에 있는 바우-신전 문서 저장소
2350년경	에블라 문서 저장소

　3100년경 우룩 시대 말, 근동에 대한 바빌로니아의 광범위한 문화적 영향력이 줄어들었다. 근동 지방 전역에서 지방 전통으로의 회기가 두드러졌고 문자와 같은 문화 기술들은 남부 메소포타미아 이외의 지역에서는 희귀해졌다. 그러나 남부 메소포타미아에서는 기록 문서의 수가 증가했으며 따라서 이전 시대보다 우리는 그 지역의 정치적 문화적 발달 과정을 보다 자세히 파악할 수 있게 되었다. 그곳의 정치적 상황은 도시 국가들이 끊임없이 상호작용하고 서로 경쟁하고 있었다. 몇 세기 후 다시 바빌로니아와 근동의 나머지 지역 사이의 문화적 접촉점들이 생긴다. 이것은 다시 한번 역사 연구의 지리적 초점을 확장시켜 주며 다른 지역에서도 작은 국가들이 지배적인 정치 체제를 형

성했음을 보여준다.

따라서 바빌로니아는 흔히 '초기 왕정 시대'라고 불리는 550년간의 시대에 관한 논의의 초점이 된다. 이 시대는 종종 제1초기 왕정 시대(대략 2,900-2,750년)와 제2초기 왕정 시대(대략 2,750-2,600), 제3a초기 왕정 시대(대략 2,600-2,450) 그리고 제3b초기 왕정 시대(대략 2,450-2,350)로 세분화된다. 그러나 이것은 물질 문화의 유형적 변화에 근거한 고고학적 구분이지 역사적 가치를 가진 것은 아니다. 정치적인 관점에서 이 시대는 하나의 단위로 간주되고 하나의 단위 기간은 동일한 기본 특징들을 드러낸다.

1. 문서 자료와 역사적 유용성

이 시대 연구를 위한 문서 자료들은 다양한 장르가 있다. 행정 문서가 가장 수가 많으나 이 시대의 왕들에 대한 내러티브도 존재한다. 후대의 문학 작품들도 이 시대의 왕들에 대한 이야기를 전한다. 행정 문서들은 몇몇 다른 유적지에서도 발견되었는데 점차 양이 늘어난다. 담겨있는 정보의 범위가 점점 넓어지고 문서들 자체도 음성적 요소와 문법적 요소로 표현함으로써 구어에 가깝게 반영하기 시작했기 때문에 더욱 이해하기 쉽다.

우르에서 약 280개의 토판이 발굴되었고 이들은 대략 2,800년경의 것으로 추정된다. 파라(Fara, 고대의 슈루팍: 약 천 개의 토판)와 아부 살라빅(Abu Salabikh, 고대 이름은 불확실함: 약 500개의 토판)에서 출토된 토판들은 약 2,500년경의 것으로 어휘 문서와 혼합되어 있다(제2장 참조). 가장 많은 수의 문서 자료는 초기 왕정 시대 말, 라가스에서 등장하는데 약 1,500개의 토판이 라가스에서 발굴되었다. 더욱이 초기 왕정 시대 전체를 통틀어 바빌로니아의 여러 유적지로부터 단일한 장르만이 발굴되었다. 초기 왕정 시대의 말에 등장한 토판 문서는 바빌로니아 지역 밖인 시리아의 마리(Mari, 약 40개), 나바다(Nabada, 오늘날의 텔 베이다르<Tell Beydar>, 약 150개) 그리고 서부 시리아의 에블라(약 3,600개)에서 발견되었다.

정치사 연구를 위한 가장 유용한 정보는 새로운 장르의 문서, 즉 왕의 비문에 있다. 이들은 처음에 왕의 이름, 칭호가 적힌 서원물 위의 기록(이 기록은 그 이름의 개인이 그 물건을 바쳤음을 나타냄)에서 시작되었다. 예를 들어, '메바라게시(Mebaragesi), 키쉬(Kish)의 왕'이라는 문구가 돌로 된 그릇에 적혀있었다. 이런 비문들에는 왕들이 건물을 세웠다는 짧은 문장도 들어있다. 시간이 흐르면서 비문들은 기념하는 사건과 연관된 군사적 위용에 대한 이야기를 추가하면서 더 길어졌다. 이런 왕의 비문들은 제1천년기에 그 절정에 달한다. 즉 왕의 비문들은 왕의 원정에 대한 연중 보고서와 왕이 건설한 건물에 대한 묘사를 포함하였다. 이 기록은 건축가와 장군으로서의 왕의 활동에 대한 매우 중요한 자료를 기록하고 있다. 초기 왕정 시대의 왕 비문들은 아답(Adab), 키쉬(Kish), 닙푸르(Nippur), 움마(Umma), 우르(Ur), 우룩(Uruk)과 같은 바빌로니아 유적지에서 발견되었다. 유프라테스강을 따라 위치한 마리에서는 시리아 도시 가운데 유일하게 왕 비문들이 발굴되었다.

초기 왕정 시대 비문들은 라가스라는 남부 유적지에서 가장 많이 발견되었다. 그 지역 왕조의 9명의 왕들이 전체 120개의 비문을 남겼다. 이 비문 중 상당수가 라가스와 그 이웃 국가인 움마와의 국경 분쟁에 대한 묘사를 담고 있다. 이것에 대해서는 잠시 후에 자세히 논의할 것이다. 그 비문들이 라가스의 입장에서 기록되었기 때문에 분쟁의 상대방인 움마를 불법적이고 불경건한 침략자로 묘사한다. 이 문서들은 근동 역사에서 처음으로 당시 자료에 근거한 역사 서술을 가능하게 한다.

제3천년기 후반 그리고 제2천년기 초반의 메소포타미아 문학은 초기 왕정 시대의 통치자들에 관한 수많은 이야기를 담고 있다. 그 이야기들 중 상당수는 매우 자세하여 역사 재구성에 두드러진 역할을 한다. 그러나 역사 자료로 삼기에는 신빙성이 다소 의심스럽다. 그들 중 역사 자료로서 가장 영향력 있는 것은 수메르의 왕명록이다. 수메르의 왕명록은 초기 왕정 시대의 왕조와 왕들에 대한 자세한 명부이다(그림 3.1과 보충 3.1 참조). 초기 왕정 시대 중 앞부분과 같은 부분은 분명 신뢰할 수 없다. 그러나 다른 부분도 그것의 역사적 정확성을 확정할 수는 없다. 결과적으로 그 왕명록은 역사적 자료로서의 가치를 많이 상실한다. 그럼에도 불구하고 그것은 초기 왕정 시대의 역사를 재구성하는 주된 재료이다. 제2천년기 초반의 문서에 기록된 다른 수메르 문학 본문은 우룩, 엔메르카르(Enmerkar), 루갈반다(Lugalbanda)의 세 왕들에 관한 이야기를 담고 있다. 이 문서들은 그 왕들의 군사적 모험과 지역 분쟁 등을 자세히 묘사한다. 이 문서들은 초기 왕정 시대의 역사 자료로서보다 수메르인들이 자신들의 과거를 어떻게 인식했는가를 보여준다는 점에서 중요하다.

보충 3.1 수메르의 왕명록

초기 왕정 시대를 다루는 후대의 메소포타미아 문서 가운데 가장 중요한 것은 아마 수메르의 왕명록일 것이다. 이 문서는 초기 왕정 시대 이후 약 700년이 지난 제2천년기 초기의 문서들을 통해 알려졌다. 이 문서는 각 도시의 지방 왕조들이 기간을 정해 돌아가면서 전 지역에 대한 '하늘로부터 받은' 통치권을 잡았던 세계를 그린다. 시간이 지나면서 왕조의 수는 증가했다. 구분하면 다음과 같다.

우루에 메산네파다(Mesannepada) 왕이 있었다. 그는 80년간 통치하였다. 메산네파다의 아들 메스키 아그눈나(Meski'agnuna) 왕은 36년간 통치하였다. 에루루(Elulu)는 25년간 다스렸고 발루루(Balulu)는 36년간 다스렸다. 4명의 왕이 177년간 다스렸다. 우르는 전투에서 패했고 통치권은 아완(Awan)에게 넘어갔다.[1]

연대적인 관점에서 보면 그 문서는 왕권이 최초로 등장했던 순간, 즉 홍수 이전부터 이신(Isin) 왕조 시대(약 1900년)까지를 담고 있다. 초기 왕정 시대를 다루는 부분에서 언급된 도시 국가들은 주로 바빌로니아에 있으며 특히 두드러진 도시 국가로는 우르, 우룩, 키쉬를 들 수 있다. 또한, 바빌로니아가 아닌 세 개의 도시도 포함되어 있다. 동쪽의 아완(Awan), 북쪽의 하마지(Hamazi), 그리고 서 쪽의 마리(Mari). 학자들은 왕명록에 순차적으로 기록된 왕들 가운데 동시대에 즉위한 왕들이 있음을 밝혀내었다. 본문이 그 왕들을 순차적으로 기록한 이유는 그 본문의 주요한 주제 중 하나인 신이 인정한 통치자는 한 시대에 하나라는 것과 관계있다. 그리고 몇 안 되는 도시들이 돌아가면서 그 왕권을 행사했다. 왕명록에 포함된 것은 여러 도시들에 세워진 왕조의 왕들의 목록과 그들이 다스린 연수이다. 후반부의 문서는 연대가 적힌 경제 문서에 비추어 그 정확성을 점검할 수 있다. 수메르의 왕명록의 초반 부분은 신화적이다. 예를 들어, 여신 이난나(Inanna)의 남편으로 알려진 신화적 인물 두무지가 3,600동안이나 통치했다고 하는데 그것은 순전히 허구일 것이다. 수메르의 왕명록의 최종본은 이신 왕들이 바빌로니아에 대한 자신의 패권을 합리화하기 위해 사용하였다. 물론 이신 왕들이 왕명록이 포괄하는 전 지역에 대한 정치적 패권을 행사하는 것은 아니었을 것이다.

---

1   Translation after Glassner 2004: 120-1.

그림 3.1 수메르 왕목록이 기록된 웰드-블룬델 프리즘(Weld-Blundell prism). 이것은 우리에게 알려진 수메르 왕목록의 가장 완전한 문서로서 아마도 바빌로니아 라르사(Larsa)에서 나왔을 것이다. 4면의 각 부분은 두 컬럼을 지니며 왕권을 지닌 일련의 도시들과 왕조의 통치자들을 통치 년수와 함께 나열하고 있다. 이 목록은 홍수 이전의 통치자들로 시작하여 이신 왕조의 신-마길(통치: 1827-1917년)로 끝을 맺으며, 아마도 이후 그 왕의 마지막 년도 또는 바로 그 이후에 쓰였을 것이다. 아쉬몰리 박물관, 옥스포드. 구운 진흙. 4면 크기 균일, 높이 20cm, 너비 9cm. 출판 허가: Ashmolean Museum, University of Oxford/Bridgeman Images.

초기 왕정 시대의 바빌로니아에 대한 연구는 그 시대의 문서 자료에 우선 근거해야 한다. 24세기 초반에 이르면 몇몇 장소에서 여러 장르의 문서 자료들이 등장한다. 이 자료들은 여러 각도에서 발생한 문제들을 동시에 연구할 수 있게 해준다. 예를 들어, 라가스에는 군사적, 정치적 사건을 기술하는 왕의 비문들과 중요한 정부 기관의 활동을 기록한 수많은 행정 문서들이 있었다. 이 문서들에 근거해 우리는 왕의 행정 활동들을 재구성하고 비문에 표현된 '공식적' 역사를 실제 일상의 기록과 비교할 수 있다. 한 가지 어려운 문제는 이 문서들에서 발견된 몇몇 단어들은 후대의 문서들에 사용된 보다 광범위한 용법으로만 이해가능하다는 것이다. 우리는 그 용어가 시간이 흐르면서 의미가 변화했을 가능성을 고려해야 한다. 예를 들어, 25세기에 사용된 단어를 21세기 문서에 사용된 의미로 설명할 수 없다는 것이다. 구체적인 예를 들면, 후대에 엔시(énsi)라는 칭호는 왕에게 봉사하는 지역 관리를 의미했지만 초기 왕정 시대에는 독립적으로 행동하는 통치자를 지칭하는 데 사용되었다. 정치적 상황의 변화는 단어의 의미에 영향을 미쳤다.

2. 남부 메소포타미아의 정치적 발달

초기 왕정 시대에 바빌로니아 지방의 기본적 정치 조직은 도시 국가(반경 15km 정도의 내지를 통치하는 도시 중심지)였다. 경작을 위해 전적으로 관개수에 의존했던 지역의 농업 형태 때문에 정착지들은 반드시 강, 주로 유프라테스 강이나 당시는 비교적 짧았던 지류 근처여야 했다. 바빌로니아 지역 전체에 당시 약 35개의 도시 국가들이 존재하였다. 이들은 균등하게 지역을 분할하였다. 경작을 통한 영구 정착지들 사이의 스텝 지역은 계절에 따라 유목과 사냥의 용도로 사용되었다. 이 스텝 지역은 도시 중심지들이 직접 통치하지는 않았다.

제3천년기 초기에 바빌로니아는 전체적으로 인구가 증가했다. 이 인구 증가는 아마 이민이나 반 유목인 그룹의 정착에 기인한 듯하다. 아울러 도시화의 추세도 있었다. 도시와 그 주변 촌락들의 크기가 커지면서 보다 작은 마을 들은 사라져갔다. 도시 국가들은 처음에는 서로와 충분한 거리를 두고 위치했 다. 그 둘 사이는 스텝과 비농업 지역에 의해 분리되었다. 그러나 인구가 지속 적으로 증가하면서 경작 면적이 불가피하게 확장되었고, 특히 남부에서는 도 시 국가들의 국경이 서로 접하거나 심지어 겹치는 경우도 생기게 되었다. 이 것은 기후가 점차 건조해지면서 해수면이 강하하고 강물의 지류가 감소했기 때문에 더욱 심화되었던 것 같다. 국가 간의 완충 지역이 사라진 것은 국가 관 계 그리고 지역 내의 정치 관계에 영향을 미쳤다. 그 변화 가운데 중요한 것으 로 도시 국가 내 권력의 세속화와 중앙 집중화를 들 수 있다.

지도 3.1 초기 왕정 시대의 바빌로니아 도시 국가들
출처: Joan Oates, *Babylon*(London: Thames and Hudson, 1986), 13

　도시와 관련한 메소포타미아의 근본적인 이념은 각 도시가 특정 신 혹은 여신의 주거지라는 것이었다. 도시는 태고부터 신들을 위해 건축되었다고 여겨졌다. 그 신들은 도시의 수호신 역할을 했다. 예를 들어, 난나(Nanna)는 우르의 수호신, 이난나는 우룩의 수호신, 엔릴(Enlil)은 닙푸르의 수호신이었다. 이런 관념은 신전 혹은 신의 가족이 도시에서 감당하는 역할과도 연계되었다. 농산물의 집산지로서의 신전의 기능은 신이 농산물들을 선물로 받고 사람들에게 재분배한다는 이념 위에 세워졌다. 그러므로 신전 행정의 수장은 도시를 이끌어가는 역할을 했다. 그리고 우룩 시대로부터 계속 도시-통치자의 주요 이념적 근거는 신전 가족 공동체에서의 그의 역할에 있었다. 신전은 초기 도시 국가에서 지배적인 제도였고 도시 안에서 가장 큰 건물을 보유했다. 그 건물은 다른 건물들을 내려다볼 수 있도록 흙으로 된 단상 위에 지어졌다. 신들은 인간 세상과 유사한 세상에 살고 있는 것으로 여겨졌다. 각 신은 가족 즉 아내와 자녀들 그리고 종들을 거느렸다. 그 가족을 이루는 신들은 보다 작은 규모의 자신의 신전이나 성소를 도시 안에 가졌다. 그것들의 크기는 신들의 지위에 상응하였다. 따라서 한 도시는 수많은 신전을 보유했다.

　도시 국가의 영향권이 확대되면서 잔여 공터지에 대한 경쟁이 생겨났고 곧 농경지를 둘러싼 도시들 간의 분쟁이 발생하였다. 이 시대를 반영하는 후대의 수메르 이야기를 보면, 전쟁 지도자의 권위는 사람들이 그때그때 필요에 따라 한시적으로 부여했다. 위기의 때, 강한 신체의 남자가 거주민 회의에 의해 전쟁 지도자로 선출되고 그의 행동은 그 주민 회의에 의해 통제된다. 이 제도는 ‘원시 민주주의’로 지칭되며 결국 통치권이 아버지에서 아들로 승계되는 왕조 체제로 이어졌다고 여겨진다. 전쟁 지도자라는 왕조 체제의 이상형은 경영 능력 때문에 신들이 선택한 신전 행정 수반의 이상과 상충한다. 이들의 권위 기반은 서로 다르다. 하나는 전장에서의 탁월함에 근거하고, 다른 하나는 신에게 은총을 받은 자라는 인상에 근거한다.

　우리는 새 군사 계급을 궁전과 왕권과 연결시킨다. 초기 왕정 시대에 처음으로 도시에 새로운 형태의 거대한 건물들, 즉 궁전들이 들어섰다. 건물들은 그 주거 구조를 통해 궁전인지 여부를 알 수 있다. 더욱이 당시의 문서들은 새로운 중앙 기관인 에-갈(é-gal, 직역하면 '큰 집')을 언급한다. 이것은 후대의 문서에서 명확히 궁전을 지칭한다. 이것은 도시 신의 집, 즉 신전을 의미하는 에(é)와 다르다. 이 권위의 두 원천은 반드시 적대 관계일 필요는 없지만 그 둘을 하나로 통합하는 것은 그다지 쉬운 작업은 아니다.

그 시대에 문서로 잘 기록된 국가인 라기쉬에서 나온 증거는 권위의 두 원천이 어떻게 통합하게 되었는지를 보여준다. 2450년경 통치자 에안툼은 움마와의 전쟁에서 승리를 기념하기 위하여 양면에 시각적 표상(image)과 비명이 새겨진 크고 평평한 석비를 세웠다. 그것의 현대 이름은 '독수리 석비'다(그림 3.2). 한 면에는 수호신인 닌기르수가 그물에서 적들을 잡아서 그의 갈고리로 적들을 제압하는 것을 보여준다. 또 다른 면에는 왕이 군대를 이끌고 전투에 참여하고 있다. 신과 왕은 양면의 동전과 같다. 그들은 서로 연속선상에 있기도 하지만 또한 구별된다. 라기쉬의 마지막 통치자가 이런 구별을 없애버린 것같다. 그는 찬탈을 통해 왕이 된 우르이님기나(Uru'inimgina)였다.

그림 3.2 독수리 석비, 앞면과 뒷면. 기르수(Girsu)에서 출토된 이 석비는 움마(Umma)와 라가쉬(Lagash) 간의 전쟁 이야기를 시각적으로 보여주며, 그것을 문서로 묘사하고 있다. 한편으로 라가쉬 왕 에안나툼(Eannatum)이 그의 군대, 보병과 마차병을 지휘하는 것으로 나타나며, 다른 편에서는 라가쉬의 신 닌기르수(Ningirsu)의 모습이 크게 묘사되어 적들의 몸으로 가득 찬 그물을 잡고 있다. "독수리 석비"라는 이름은 인간 군대 위에 비행하는 독수리들을 묘사한 작은 장면에 기인한 것이다. 루브르 박물관, 파리. 약 2450년. 석회암. 높이 180cm, 너비 130cm, 두께 11cm. 출판 허가:(a) akg images/Erich Lessing;(b) © RMN-Grand Palais/Hervé Lewandowski.

즉위 초반 그는 국가를 재조직할 것을 선포하고 형식상 농경지에 대한 통제권을 자신과 자신의 가족에서 도시 수호신인 닌기르수(Ningirsu)와 그의 가족에게 이전하였다. 더욱이 주민들에게 부과된 국가 세금과 수수료 등이 면제되었고 채무 가족들의 의무 중 일부가 탕감되었다. 라기쉬 국가에서 가장 잘 문서로 남겨진 기관의 행정에서 근본적인 변화가 있음을 발견한다(그 도시의 통치자). 아내의 집을 '에 미'(é-mí)라고 불렀는데 '에 바우'(é-Bau) 즉 닌기르수의 아내인 여신 바우(Bau)의 집이라고 새롭게 이름을 붙였다. 그러나 땅의 소유권이 바우에게 있었지만 먼저 우르이님기나와 나중에 그의 아내가 중요한 관리자로 등장했다.

기관 활동이 엄청나게 증가한 것과, 다른 신전으로부터 자원이 전해지면서 농경지 면적과 그 기관에 의존하는 사람들의 수가 두 배가 되는 과정에서 기관의 이름도 변화했다. 이 변화들은 통치자의 영도 아래 도시의 다양한 세대들을 통합하려는 의도를 나타내는 것 같다. 왕이자 전쟁 지도자로서 우르이님기나는 표면적으로는 땅과 건물의 소유권을 도시 신과 그 가족 신들에게 이전하면서 실제적으로는 그와 그의 가족이 신들의 땅과 건물을 주장하려 하였다. 왕은 신의 은혜로 다스리지만 그는 신의 지상 소유들을 전적으로 통제하였다. 따라서 세속 권위와 신적 권위 사이의 구분이 사라진다. 이런 생각은 뒤이은 아카드 왕조 시대에 가장 잘 표현된다. 우리가 보게 되듯이 넷째 왕인 나람-신은 자신을 신으로 선포하였다. 그리고 그가 그의 석비(그림 4.1 참조)에서 군사적 승리를 묘사했을 때 그는 '독수리 석비'의 양면을 하나로 통합했다. 그의 군대를 승리로 이끌다.

땅을 둘러싼 도시 국가들 간의 열띤 경쟁은 남부 지방에 위치한 라가스에서 발견된 일련의 비문을 통해 명확하게 증거된다(문서 3.1 참조). 라가스의 왕들은 2,500-2,350년의 약 150년 동안 발생한 북쪽 이웃국인 움마(Umma)와의 국경 분쟁에 대한 자료들을 제공한다. 그 국경 분쟁은 '평야의 끝'이라는 뜻인 구에데나(Gu'edena)로 불리는 지역을 둘러싼 라가스의 수호신인 닌기르수와 움마의 수호신은 샤라(Shara) 사이의 분쟁으로 그려진다. 라가스 왕들은 자신을 신을 대신해 일하는 대리자로 묘사한다. 그중 하나인 이난나툼(Eannatum)은 자신을 닌기르수를 위해 싸우도록 창조된 닌기르수의 거인 아들로 묘사했다. 라가스 비문에 따르면 최고신 엔릴은 태고적에 라가스와 움마 사이의 국경을 구에데나를 관통하는 것으로 정하였다.

그러나 비문은 동시에 그 국경이 역사적으로 메살림(Mesalim)이라고 불리는 키쉬(Kish)의 왕에 의해 중재되었음을 인정한다. 따라서 당시 그 두 도시는 구에데나에 대한 소유권을 놓고 분쟁하였고, 해결을 위해 제3자의 중재에 의존하였음을 알 수 있다. 비문이 한 쪽의 입장에서만 작성되었기 때문에 실제의 역사적 상황을 재구성하기는 어렵다. 라가스가 힘이 셀 때에는 정당하든 정당하지 않든 간에 언제나 그 국경 지역에 대한 권리를 강제적으로 행사하였다. 이후 다른 왕들은 움마가 불법적으로 그 땅을 점령하였으나 움마의 왕들이 라가스의 군대에 의해 격퇴당했다고 기록한다. 그러나 실제로 국경 분쟁은 그 후 수세기 동안 지속되었다. 이것은 국경을 놓고 벌인 전쟁들이 얼마나 막상막하였으며 그 땅이 농업에 얼마나 중요했는지를 보여준다. 이것에 비추어 우리는 다른 도시 국가들도 당시 농업 경작지 확장을 위한 노력의 일환으로 이웃 국가의 땅을 합병하였음을 추정할 수 있다.

문서 3.1 움마-라가스 국경 분쟁

움마의 남쪽에 위치한 도시-국가들과 라가쉬 간에 일어난, 양쪽 모두 자신의 것으로 주장한 농경지를 둘러싼 전쟁은 초기 왕조 시기의 가장 잘 문서로 전해진 사건이다. 150년이 넘는 기간동안, 라가쉬의 다섯왕과 움마의 한 왕은 독수리 석비(그림 3.2)와 같은 큰 비문들을 포함하여 왕정 비문들에 그 사건에 대하여 기록하였다. 그들은 전쟁의 역사적 상황에서 그들 자신들이 참여하였다고 기술한다. 예를 들어, 이 비문의 엔메테나(Enmetena)는 원래 국경은 2600년경의 키쉬(Kish)의 왕 메살림(Mesalim) 시기에 세워졌다고 기술한다. 움마의 왕 우쉬(Ush)가 2500년경 직후 그 국경을 처음으로 침범하였고 라가쉬의 신 닌기르수가 그를 쫓아 돌려보냈다(그 때 라가쉬의 왕은 언급되지 않지만 아쿠르갈이었다). 그리고 나서 그는 그의 삼촌 에안나툼이 에나칼레가 움마를 통치할 때 그 경계를 어떻게 다시 세웠는지 전한다. 여기에 인용되지 않은 한 구절에서 그는 그의 아버지 에나나툼(Enanatum)이 일으키고 엔메테나가 계속한 우르-룸마(Ur-lumma)와의 전쟁을 언급한다.

마지막 적은 2425년경 움마의 왕위를 빼앗은 일(II)이다. 놀랍게도 이러한 형태의 역사적 깊이는 이후 아시리아인들과 바빌로나이안들의 왕정 비문에서 사라진다.

엔메테나 왕의 비문 발췌

열방의 왕이요 신들의 아버지인 엔릴은 자신의 엄한 명령으로 닌기르수와 샤라(Shara)의 경계를 정했다.[1] 키쉬의 왕 메살림(Mesalim)은 이스타란(신)의 명령을 받아 그 땅을 측량하고 비석을 세웠다. 움마의 왕 우쉬(Ush)는 교만하게 행하였다. 그는 그 비석을 제거하고 라가스의 영토로 진군하였다. 그러나 엔릴의 영웅인 닌기르수는 엔릴의 명을 받들어 움마와 전쟁하였다. 엔릴의 명령을 따라 그는 움마와 거대한 전쟁을 했다. 닌기르수를 위해 거대한 무덤 구릉이 평지에 설치되었다. 라가스의 왕 엔메테나(Enmetena)의 삼촌이자 라가스의 왕인 이난나툼(Eannatum)은 움마의 왕인 에나칼레(Enakale)와 국경을 정하였다. 이난나툼은 이눈(Inun)-운하의 수로를 구에데나까지 확장하였다. 이로써 그는 닌기르수의 땅 2,105닌단(약 12,630m)을 움마 쪽에 내어주었다. 그는 그것을 주인 없는 땅으로 선포하였다. 그 운하에 그는 하나의 석비를 세웠고 메살림이 세운 석비는 제자리로 돌려놓았다. 이난나툼은 움마의 스텝 지역으로 넘어오지 않았다. 남눈다키가라(Namnundakigara)로 불리는 닌기르수의 제방에 엔릴, 닌후르삭, 닌기르수, 우투를 위한 성소를 건설했다.

그 당시 자발람(Zabalam) 신전의 수장이었던 일(II)은 기르수에서 움마로 후퇴하였다. 일은 움마의 통치권을 받았다. 관개수가 닌기르수의 경계 운하와 난쉐(Nanshe)의 경계 운하, 즉 닌기르수의 제방(티그리스강의 끝에 위치하여 기르수와 경계를 이룸-남눈다 키가라 제방)으로 돌려졌다. 그는 라가스의 보리 3600구르(gur)를 지불했다. 라가스의 왕 엔메테나는 운하들 때문에 사람들을 일(II)에게 보냈을 때, 땅을 훔친 움마의 왕 일은 다음과 같이 적대적으로 말했다. '닌기르수의 경계 운하와 난쉐의 경계 운하는 나의 것이다. 나는 제방을 안타수라에서 에딘갈라브주로 이동시킬 것이다'라고 말했다(그러나). 엔릴과 닌후르삭은(그것을) 허락하지 않았다. 닌기르수에 의해 지명 된 라가스의 왕, 엔메테나는 엔릴의 공의로운 명령, 닌기르수의 공의로운 명령, 난쉐의 공의로운 명령을 받들어 티그리스강과 이눈 수로를 연결하는 운하를 건설하였다.

그는 남눈다키가라의 기초를 돌로 건설하였다. 그를 사랑하는 주인인 닌기르수를 위해, 그를 사랑하는 여신인 난쉐를 위해 그것을 회복하였다. 라가스의 왕 엔메테나는 엔릴로부터 홀을 받고, 엔키에게서 지혜를 받고, 난쉐의 마음에 선택된 자로서, 닌기르수의 최고 행정관이며, 신들의 명령을 이해하는 자였다. 그의 수호신 슈투룰(Shuturul)이 닌기르수와 난쉐 앞에 엔메테나의 생애 동안 영원히 서기를!(만약) 움마의 사람이 밭을 가져가기 위해 닌기르수의 경계 수로와 난쉐의 경계 수로를 침범하면 그가 움마 사람이건, 외국인이건, 엔릴이 그를 멸망시키시기를! 닌기르수가 거대한 전쟁을 했던 그의 손과 발을 그것 위에 두시기를! 자신의 시민들이 그에게 혁명을 일으켜 그를 도시 안에서 살해하기를!

---

1   즉 라가스와 움마 사이에

번역 출처: Jerrold S. Cooper, *Sumerian and Akkadian Royal Inscriptions. Volume 1: Presargonic Inscriptions*(New Haven: American Oriental Society, 1986), 54-57.

국가들 간에 전쟁만 있었던 것은 아니다. 왕실은 동료로서 서로 소통했으며 외교적 관계를 유지하였다. 선물의 교환은 이런 관계를 강화시켰다. 마리에서 발견된 보물 더미에서 우르의 왕이었던 메산네파다(Mesannepada)의 이름이 새겨진 구슬이 있었다. 그 보물 더미는 한 왕이 다른 왕에게 준 선물일 가능성이 있다. 라가스의 왕의 부인이었던 바라남타라(Baranamtara)는 아답 왕의 부인과 선물을 교환한 것으로 알려졌다. 그리고 이런 선물 교환은 당시 흔히 볼 수 있는 것이었을 것이다.

도시 국가는 당시의 정치 상황을 특징짓지만 도시 국가 간의 적대적 혹은 평화적 상호작용의 결과, 더 큰 영토를 단위로 한 권력의 중앙집권화 과정이 진행 중이었다. 이웃 국가들 간의 전쟁은 영토 점령으로 이어졌다. 예를 들어, 약 2400년경의 우룩의 왕이었던 루갈키기네두두(Lugalkiginedudu)는 우르와 우룩을 점령하였고 라가스의 우루이님기나를 무찌르고 남부 바빌로니아 전체를 장악하였다. 물론 그는 비문에서 자신의 업적을 과장했을 수 있다(비문에서 그는 북쪽 바다로부터 남쪽 바다까지, 즉 지중해로부터 페르시아만까지의 영토를 다스렸다고 주장했다). 그러나 분명한 것은 그의 주권의 범위가 단일한 도시 국가의 전통적인 영역을 훨씬 넘어섰다는 것이다.

그러나 모든 도시 국가들은 전쟁과 평화 시에 그들을 함께 묶어주는 공동의 종교 체계에 소속되어 있다는 공유 의식이 있었다. 이것은 이미 3000년경에 존재했다. 다양한 도시들이 등장했을 때 가장 오래된 도시의 중심인 우룩이 중요한 역할을 했다는 것은 놀라운 일은 아니다. 우룩이 중심이 되어서 집단 제의 의식이 진행되었다는 사실이 토판과 진흙 덩이에 찍힌 한 무리의 인장 자국을 통해 알 수 있다. 그 인장 자국들은 다양한 도시들의 이름을 상징하는 모양들을 가지고 있었다. 이미 옘뎃 나스르 시대(3000-2900)에 이 인장 자국들에 도시-문양의 순서가 우르, 나사르, 자발람, 우룸, 아리나 그리고 케쉬 등 확인하기 어려운 도시명들 순으로 고정되어 나타난다. 토판에는 우룩의 여신 이난나에게 공물을 바치고 다양한 도시들의 거주민들이 그녀의 제단을 받들고 있음을 보여준다. 나중에 우르 초기 왕조 1세 시대의 토판에서 많은 인장들이 발견되었는데 다양한 도시의 상징들이 조합되어 있고 종종 이난나의 장미 상징과 결합되어 있었다. 이것들은 주로 문을 잠그는데 사용되었다. 이는 우르에 있는 저장 창고에 그녀에게 제의를 위한 물품들을 따로 보관해 두었음을 알 수 있다.

초기 왕조 어느 순간에 연합 제의의 중심이 바벨로니아 중앙에 있는 니푸르 도시로 옮겨갔다. 개별 도시의 신의 가족들이 바벨로니아 만신전에서 하나로 결합되었고 초기 왕조 후반에 니푸르의 수호신 엔릴이 수장이 되었다. 그는 신의 세계에서 최고의 권력을 가지고 있었고 움마와 라기쉬 국경을 확정지었다. 엔릴의 도시 니푸르는 18세기까지 독점적 지위를 유지했다. 제3천년기 후반에 모든 바빌로니아 도시들은 제의를 위해 공물을 제공하였고 제2천년기 초에 정치적으로 왕에게 지배권을 요구하는 권리가 주어졌다. 군사적으로 중요하지 않은 도시의 제사장들은 경쟁 도시 한 곳에 특별한 지위를 줄 수 있는 권위를 가지고 있었다. 그들은 이러한 힘을 초기 왕조 시대에 이미 가지고 있었는데 아답, 키쉬, 라기쉬, 움마, 우룩의 왕들은 니푸르에 짧은 짧은 비명을 남겼다. 이것은 그들이 사제들의 환심을 사고자 했다는 것을 보여준다.

군사적인 목적을 가진 연합체들도 생겨났다. 이에 대한 증거는 희박하여 그 연합체에 관한 일관된 역사를 서술할 수는 없지만 약 2,600년 이래 독립 도시 사이의 군사적 협력이 증거를 통해 확인된다. 그런 지역 연합의 한 예는 '키쉬의 왕'이라는 칭호로부터 유추할 수 있다. 움마와 라가스 사이에 국경이 엔릴이라는 신에 의해 정해졌을 때 '키쉬의 왕' 메살림이 땅을 측량하고 경계비를 세웠다. 라가스 지역에서도 메살림이 모종의 권위를 가졌다는 것은 그곳에서 발견된 제의용 전곤의 머리 부분(mace-head)으로 입증된다. 그것에는 메살림의 이름이 새겨졌다. 이것은 당시의 라가스 도시 군주(수메르어로 엔시)가 루갈 샤엔구르(Lugalsha'engur)였다는 점을 기억하면 더욱 그러하다. 마찬가지로 중앙 바빌로니아에 위치한 아답이라는 도시에도 메살림의 비문이 발견되었는데 그것도(Ninkisalsi)라는 이름을 가진 지방 군주의 존재를 인정하고 있다. 따라서 초기 왕정 시대의 왕 비문에 자주 등장하는 '키쉬의 왕'이라는 칭호가 북바빌론의 도시 키쉬를 통치하는 왕들만을 지칭한다고 여길 수 없다. 예를 들어, 라가스의 이난나툼(Eannatum)은 여러 개의 남부 도시를 격파한 후 이난나 여신에게서 키쉬의 왕권을 부여받았다.

키쉬의 왕권이 왜 그런 권위를 가졌을까?

키쉬의 왕권이 바빌로니아 지역 전체에 대한 권력을 주지는 않을 것이다. 혹은 각 비문에서 발견되는 다른 도시 군주들이 키쉬에 있는 왕조에 의존하였을 가능성도 희박하다. 키쉬의 권력은 지역의 모종의 연합체에 기인하는 것 같다. 분명한 군사적 힘을 바탕(이난나툼도 여러 이웃 도시들을 패배시킨 후에 키쉬의 왕이라는 칭호를 얻었음을 기억하라)으로 키쉬의 왕은 그 지방에서 인정되는 권위를 가졌을 것이다.

비슷한 또 하나의 연합체가 약 2,500년경의 슈루파(Shuruppak)에서 발견된 행정 문서에서도 나타난다. 우르, 아답, 니풀, 라가스 그리고 움마에서 발견된 군대 기록이 각각의 도시에서뿐 아니라 슈루파이라는 그 작은 도시에서도 보관되었다. 그 군인들은 '키.엔.기(KI.EN.GI)[1]에서 주둔했다'고 기록된다. 키.엔.기

---

1 KI.EN.GI의 이름을 어떻게 읽을지 확실하지 않기 때문에 그것을 표현하기 위해 대문자로 표

라는 용어는 몇백 년 후에는 수메르를 의미하지만 당시는 아마 단일한 지역을 가리켰을 것이다. 슈루팍 행정문서들은 운켄(UNKEN)이라고 불리는 지역에서 결성된 연합체에 대해서도 증거한다. 운켄은 '모임'을 뜻하는 수메르어로 라가스, 움마, 아답으로 구성된 연합체다. 이 연합체들은 오래가지 못했다. 마지막 두 연합체는 움마와 라가스의 국경 분쟁 때문에 와해되었다. 그런 연합체들은 초기 왕정 시대를 특징짓는 도시들 간의 경쟁의식이 만들어낸 것 같다. 도시들은 경쟁에서 살아남기 위해 다양한 연합체에 가담하게 된다.

바빌로니아의 전 도시들을 하나로 묶는 거국적인 소속 의식이 존재했다. 종교적인 관점에서는 각 도시가 신의 거주지이지만 이 신들은 그들의 기능, 족보, 혹은 하늘의 가계도에 따라 만신전에서 계급을 부여받는다. 메소포타미아만신전의 최고 신은 엔릴로 그는 닙푸르의 수호신이다. 제2천년기 초기에 그 도시를 장악한 왕은 그의 힘이 비록 제한적일지라도 바빌로니아 전체에 대한 주권을 주장할 수 있었다. 이미 초기 왕정 시대에 아답, 키쉬, 라가스, 움마 그리고 우룩의 왕들은 짧은 비문들을 그곳에 남겼는데 그 비문들을 보면 그 왕들이 자신의 통치 정당성을 닙푸르에서 인정받으려는 것을 알 수 있다. 제2천년기의 왕들은 그럼으로써 지역 통치에 대한 권리를 선포하였던 것이다. 닙푸르 자체는 군사적으로 힘이 없었다. 그러나 그 지역의 종교적 이념과 왕위 이데올로기에 중요한 역할을 하였다. 제사장이 인정한 왕은(그것이 허구였다 해도) 지역에 대한 지배권을 주장할 수 있다.

이와 같은 소속의식은 동일한 언어 사용자들에게 국한된 것은 아니었다. 분명하게 말할 수 있는 것은 초기 왕정 시대에 바빌로니아에서는 적어도 두 개의 언어, 즉 수메르어와 원시-아카드어로 지칭되는 셈어가 사용되었다는 것이다. 이 두 언어는 성격이 매우 다른 언어지만 많은 어휘를 공유하고, 수메르어의 문법이 아카드어에 영향을 주기도 했다. 이것은 사람들이 이 두 언어를 동시에 사용했음을 시사한다. 고대의 다언어 사회에서 누군가의 구어를 알아내기란 쉽지 않다. 이 당시 글을 읽을 수 있는 모든 메소포타미아인들(혹은

_____

기했다.

모든 고대 근동인들)은 동일한 서기관 문화(scribal culture)를 공유하였다. 이 문화에 대해서는 잠시 후 논의할 것이다. 비록 사람들이 자신의 모국어를 구사했지만 수메르어로도 글을 쓸 수 있었다.

따라서 수메르어로 된 문서는 저자의 모국어가 수메르였다는 증거가 되지 않는다. 약 2,500년경 아부 살라빅의 서기관(scribe)들은 셈어 이름을 가졌지만 모든 문서를 수메르어로만 작성하였다. 오히려 사람들의 이름이 그들의 모국어를 판명하는 더 나은 증거일 것이다. 고대 근동에서 사람들의 이름은 종종 뜻을 지닌 짧은 문장으로 되어 있었다. 따라서 이름은 그 가족이 어떤 언어에 친숙했는지를 나타내는 지표가 된다. 예를 들어, 수메르어 이름 아바-아아-긴(Aba-a'a-gin)은 '누가 아버지와 같을까?'를 의미한다.

그래서 우리는 이름이 지어진 언어(수메르어, 아카드어, 아모리어, 아람어 등)를 집에서 사용한 언어라는 증거로 간주하는 경향이 있다. 초기 왕정 시대에서 수메르어 이름과 셈어 이름이 혼재되었음을 볼 수 있는데, 수메르어 이름은 남부 바빌로니아에서 주로 증거되며, 셈어 이름은 북에서 많이 등장한다. 어떤 학자들은 이와 같은 언어 구분이 인종적 갈등으로 이어졌다고 주장하나 그렇지 않다. 이 두 언어 그룹의 구성원들은 서로 나란히 살았다. 정치적으로 초기 왕정 시대의 바빌로니아는 나뉘어졌으나, 문화적으로는 그렇지 않았다.

3. 초기 왕정 시대의 다른 고대 근동 지역

초기 왕정 시대의 바빌로니아는 진공에서 존재하지 않았다(지도 3.2). 그것은 바빌로니아인들이 '외국'이라고 여겼던 지역들에 의해 둘러싸여 있었다. 바빌로니아 인들은 '외국인'들과 다양한 관계를 가졌다. 근동의 나머지 지역의 정치적 상황은 주로 고고학적 자료로부터 추정해야 한다. 초기 왕정 시대의 끝에 가서야 몇몇 시리아 지역에서 문서 증거가 발견되며, 그때에 비로소 바빌로니아 문서들도 바깥 세계를 언급하기 시작한다.

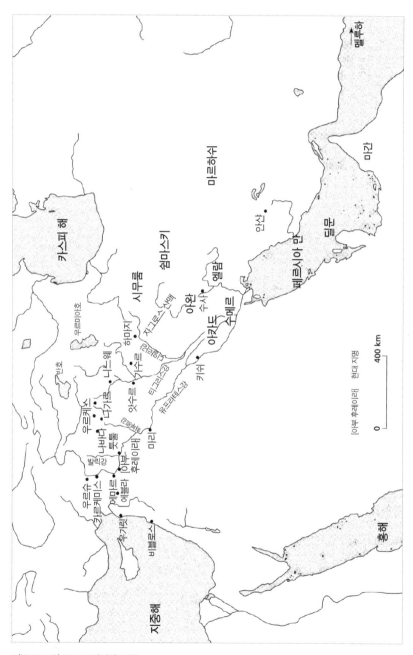

지도 3.2 약 2400년경의 근동

이와 같은 자료의 성격은 바빌로니아와의 교역과 바빌로니아 지역에 대한 지나친 강조로 이어진다는 점에서 매우 애석한 상황이다. 제4천년기 후반, 우룩 팽창이 막을 내리면서 바빌로니아와 주변 지역 사이의 교역도 근본적으로 변화하였다. 제3천년기 초기, 지방 무역이 북쪽과 동쪽 지역에서 활발하게 다시 일어났고 고대 근동도 매우 다양한 문화들을 드러내기 시작한다. 그때까지의 바빌론의 영향은 모두 사라지게 되었다. 그러나 동시에 어떤 주변 지역들은 바빌로니아의 영향권에 더욱 가깝게 들게 되었다. 예를 들어, 우룩의 영향권 주변에 있었던 한 지역, 페르시아만 지역은 더욱 바빌로니아와 한 문화권에 들게 되었다.

페르시아만은 새롭게 개발된 청동 기술에 절대적으로 필요한 오마니(Omani)의 구리 광산에 접근하기 쉽게 해준다. 따라서 이 지역에 대한 바빌로니아의 관심은 당연한 것이었다. 문서들은 남부 메소포타미아 지역과의 중요한 교역 상대국인 '딜문'(Dilmun) 땅을 자주 언급하기 시작한다. 메소포타미아에 구리와 나무를 공급한 딜문은 우룩 제4유적층의 문서들에서는 단 한번 언급되었다. 그러나 초기 왕정 시대 동안에 딜문에 대한 언급이 크게 늘어난다. 딜문 땅의 위치는 확실치 않다. 그러나 이 시대의 딜문의 후보지로 유력한 곳은 아라비아 북동쪽 혹은 바레인의 섬이다. 어느 쪽이 사실이든 딜문 자체는 목재와 구리의 생산지가 아니라 원산지에서 얻은 물건들을 거래하는 상업 중심지의 역할을 하였다.

아라비아 동쪽과 오만 지역에서 발견된 고고학 자료들은 바빌로니아와의 교역이 빈번했음을 증거한다. 메소포타미아에서 수입한 도자기들이 많이 발견되었으나 전적으로 메소포타미아의 성격을 가진 고고학 문맥에서 발견된 것은 아니었다. 예를 들어, 오만에는 돌이 쌓인 원형의 무덤들이 이 시대에 건축되었는데, 그것은 메소포타미아의 것과 다르다. 따라서 우리는 우룩 시대에 볼 수 있었던 것과는 다른 종류의 상호작용이 있었음을 볼 수 있다. 우룩 시대에는 바빌로니아인들이 영주하는 식민지를 통해 교역했던 반면, 초기 왕정 시대의 바빌로니아인들은 그 지역에 상주하지 않고 교역했다.

바빌로니아의 동쪽 지역은 우룩 팽창 때 우룩 문화의 영향권에 통합되었다. 그 지역의 중심 도시인 수사도 우룩 제IV 문화에 깊은 영향을 받았다. 그러나 이런 상황은 제3천년기의 시작과 함께 급격히 변화한다. 원시-엘람(proto-Elamite)이라고 부르는 지방 문화가 등장한 것이다. 이것은 이란 동쪽과 더 깊은 연관을 갖는 문화다. 수사의 남동쪽 400km 지점에 있는 안샨(Anshan, 오늘날의 파르스<Fars> 지방)은 이때 중요한 도시가 되었고 놀라운 규모로 성장하였다. 수사가 자그로스 산맥의 서쪽 저지대 지역을 관할했다면 안샨은 그 산맥의 남쪽 고지대를 주로 다스렸다. 두 도시를 포괄하는 지역 국가가 이 당시 발생했을 가능성은 희박하나, 제3천년기 중반에 바빌로니아에서 발견된 문서들은 엘람 땅을 언급하기 시작한다. 엘람은 메소포타미아 문서에서 독립국으로도 등장하는 도시 국가들의 느슨한 연합체였을 것이다.

초기 왕정 시대 말의 라가스 왕들은 '엘람'이라는 나라로 군사 원정을 떠났다. 아마 이 원정의 목적은 먼 나라들에 이르는 무역로를 확보하기 위한 것이었을 것이다. 예를 들어, 인두스 밸리에서 생산되는 카르넬리안 구슬과 아프가니스탄에서 나오는 청금석은 이때 바빌로니아의 고고학적 문맥에서 등장하기 시작한다. 바빌로니아는 새로운 엘리트의 수요에 맞추어 이 사치품들을 수입했던 것 같다. 사치품과 바꾸었던 물품이 무엇이었는지는 쉽게 확인되지 않는데, 아마도 직물이거나 쉽게 이동할 수 있는 다른 제조품이었을 것이다. 이란의 물질 문화는 바빌로니아의 영향을 그다지 보이지 않는다. 이것은 바빌로니아 상인들이 그곳에 영구 거주하지 않았음을 시사한다.

제3천년기 초에 북부 이라크와 유프라테스강 동쪽의 시리아에서 새로운 물질 문화가 등장했다. 우리는 그것을 도자기 유형을 따라 '니느바(Ninevite) 5'라고 부른다. 이 문화의 흔적은 주로 중요한 육로에 위치한 지역들에서 발견된다. 이 문화를 가진 사람들은 무역을 통제했던 것 같다. 보다 서쪽 지역들은 다양한 물질 문화를 보여준다. 이것은 여러 지역에 영향을 미치는 하나의 지방 권력의 그곳에 없었음을 시사한다. 이 지역의 사회는 적어도 남부 메소포타미아와 비교해 아직 도시화되지는 않았다. 후에 중요한 도시로 발전하는 몇몇 지역들이 이 시기에 발생한다. 그럼에도 불구하고 2,600년까지 그곳에서 도시적 성격은 찾아볼 수 없다. 2,600년이 되어서야 성벽을 갖춘 도시들, 인구 밀도가 높은 마을들이 하부르(Habur) 밸리와 같은 지역에 다시 등장한다. 남부 메소포타미아의 영향이 촉매가 되어 이와 같은 뒤늦은 도시화가 이루어진 것 같지만, 실은 그 지역의 도시화는 자생적인 과정을 거쳐 이루어졌으며, 남부 도시와 분명히 다른 특징들을 보여준다.

북메소포타미아와 시리아의 농경 사회는 곡물을 재배하는 데 강을 통한 관개수가 아닌 자연 강우에 의존한다는 점에서 남부와 다르다. 그러나 헥타르당 수확량은 관개 농업의 경우보다 적다. 따라서 같은 수의 사람들을 부양하기 위해 보다 많은 지역을 경작해야 했다. 그러나 관개 농업보다 자연 강우에 의존한 농업은 덜 노동 집약적이다. 따라서 북쪽 지방의 도시들은 남쪽 지방의 도시들보다 규모가 작았다. 그리고 보다 많은 인구가 도시 주변의 마을에서 살았다. 또 하나의 차이점은 북쪽 사회에서의 왕궁의 역할에 있다. 신전이 최고의 중심 기관이었던 남부 메소포타미아와 달리 북부 지방의 경제와 사회에서는 세속 권력이 우월하였다. 따라서 궁전이 도시 안에서 가장 웅대한 건물이었다.

이 도시들은 촌락민들이 경작한 주변의 땅을 아우르는 작은 국가의 중심지였다. 이 국가 내의 마을들은 남부 메소포타미아와 비교해 더 드문드문 산재해 있어 비경작지들이 더 많았다. 이것은 아마 다른 농업 방식 때문일 것이다. 그럼에도 불구하고 중앙 도시가 가지는 중요성을 볼 때 이들은 본질적으로 도시-국가라고 볼 수 있다. 북서 시리아의 에블라와 후대의 다른 지역에서 발견 된 문서들은 그 도시 국가들 중 일부의 이름을 알려준다. 예를 들어, 하부르 지역의 나가르(Nagar), 쉐나(Shehna), 우르케스(Urkesh), 유프라테스강을 따라 있는 마리, 툿툴(Tuttul), 에마르(Emar), 카르케미스(Carchemish), 유프라테스강 동쪽의 앗수르, 하마지(Hamazi), 유프라테스강 서쪽의 에블라, 우가릿(Ugarit), 비블로스(Byblos)를 들 수 있다. 이 국가들은 외교 상업적 수단을 통해 관계를 유지하였다. 왕들 그리고 다른 외국의 대표들이 에블라 신전에서 제사를 드리는 순례객으로 자주 문서에 등장한다. 정략결혼도 행해졌고 국가 간 선물들이 정기적으로 교환되었다. 물론 국가 간의 전쟁도 있었다. 에블라는 유프라테스강에 위치한 마리와 오랜 갈등 관계였다. 아마 이 두 국가의 갈등은 바빌론으로 통하는 무역로를 둘러싼 것이었을 것이다. 이런 갈등 관계에서 에블라는 이 시대 에블라의 마지막 왕인 이쉬아르-다무(Ish'ar-Damu)가 상황을 역전시킬 때까지 마리에게 많은 조공을 바쳐야 했다.

다음의 지역 중심지들, 마리, 나가르, 에블라 등도 주변 국가들에 자신의 의지를 관철시킬 수 있었던 것처럼 보이나 구체적으로 그들이 어떤 군사적 행동을 취했는지는 알려지지 않았다. 세속 권력의 중앙화 이외에 다양한 도시의 군주들이 툿툴(Tuttul)에 있는 다간(Dagan) 성전에서 취임 맹세를 했던 것을 볼 때, 어느 정도의 단일한 종교의식도 발전하였음을 알 수 있다. 툿툴은 이 지역에서 바빌로니아의 닙푸르와 비슷한 위치를 차지했던 것 같다.

바빌로니아와 북쪽 지방 사이의 또 하나의 유사점은 그 둘이 다중 언어 사회였다는 것이다. 에블라와 마리에서 발견된 문서들이 증거하는 것처럼 대부분의 사람들은 셈어를 사용했다. 그러나 북시리아에서 후리안어의 증거가 발견된다. 후리안어는 셈어도 아니고 그렇다고 수메르어와 관계있는 언어도 아니다. 이와 같은 언어적 다양성을 증거하는 주요 자료는 사람 이름이다. 후리안어는 후리 안 국가인 우르케스(Urkesh)와 나와르(Nawar) 등이 발생한 북부 시리아에서 중심 언어였을 것이다. 그러나 후리안어 이름을 가진 사람들은 초기 왕정 시대 직후 남쪽 닙푸르까지 내려온다. 셈어 이름을 가진 사람들은 시리아와 북부 메소포타미아 전역에 존재하였다. 이런 언어적 이질성은 우리가 아는 모든 사회적 인종적 갈등의 이면에 숨어 있다.

바빌로니아보다 훨씬 넓은 면적의 북부의 정치 조직은 남부의 그것과 본질적으로 유사하였다. 북부 국가들이 더 넓은 영토를 가졌지만, 도시들이 권력의 중심에 있었고 주변 촌락들을 관장하는 역할을 하였다. 그러나 권력의 이념적 기초에서 그 두 지역의 차이가 있었다. 북부에서는 그 기초가 종교적인 것이 아니라 세속적인 것이었다. 바빌로니아에서도 가장 북쪽에 있는 키쉬라는 도시는 이 두 세계를 잇는 중간점의 역할을 했다. 키쉬는 남부 메소포타미아와 시리아 국가들 사이에 긴밀한 연락을 유지시켰다. 키쉬의 정치 조직은 종교 권력보다 세속 권력에 기반한 것 같다. 따라서 키쉬 출신인 사르곤(Sargon)이 그 전체 시스템을 뒤집었더라도 그것은 그리 놀랄 일은 아니다.

4. 초기 왕정 시대의 사회

초기 왕정 시대의 고대 근동 사회의 모습을 연구하기 위해 우리가 의존하는 것은 행정 문서들이다. 이 시대(그리고 제3천년기 전체)의 특징적인 것은 사회의 구성원리가 '세대'였다는 것이다. 세대는 핵가족보다 큰 사회 단위다. 세대가 중요한 것은 그것이 생산과 소비의 기본 단위이기 때문이다. 세대의 생존을 위해 필수적인 대다수의 물품은 세대 안에서 생산된다. 세대는 경제적으로 자급적인 친족체계에서 유래했을지 모른다. 그러나 세대들이 모여 신 혹은 왕을 중심으로 한 제도들로 연합해 갔다. 이런 맥락에서 궁전을 뜻하는 수메르 단어 에-갈(é-gal '큰 세대')을 설명할 수 있다. 에-갈은 신전을 의미하는 에와 신의 이름을 지칭하는 갈의 합성어로 '신 닌기르수의 세대'라는 의미다. 주요한 토판들은 이 궁전들에서 발견되었고 그 결과 그들은 세대를 세계의 중심으로 묘사하고 있는 것이다. 큰 궁전과 신전 세대 밖의 활동들은 문서로 증거되지 않는다. 각 세대는 자급 자족적인 단위로 간주될 수 있다. 세대는 땅, 가축, 도구, 어선 등을 소유했고, 농부, 목동, 어부, 음식 생산 가공업자, 제조업자 등을 구성원으로 가졌다. 세대들은 특화 품목을 가지지 않았고 각 세대는 높은 자급 자족성을 유지했다. 보다 큰 세대들은 그 자체가 에(é)로 지칭되었던 몇 개의 특 수 부문들을 통합하고 있었다.

초기 왕정 시대 말, 엘리트에 속한 개인들은 나름의 세대들을 가지게 된다. 예를 들어, 라가스에서 여왕은 자신이 독립적으로 경영하는 여인들의 세대(수메르어로 에-미<é-mí>)라는 세대를 가졌다. 여왕의 세대는 왕의 것보다 소규모였으나 자급자족적이었다. 아마도 여왕의 세대는 여인들에 의해 운영되었을 것이다. 이것에 대한 초기 왕정 시대의 증거는 없으나 우르 제3시대에서는 여왕의 세대가 대부분 여자 관료들로 운영된다는 증거가 나타난다.

각 세대의 내부적 인사는 위계 구조로 조직되었다. 남녀 노동자들(수메르어 구루스<gurush>와 게메<géme>)이 그 위계 질서의 최하위를 차지했고 숫자도 가장 많았다. 비록 그들이 노예처럼 부자유한 것은 아니었지만 그들은 의존 노동자들이었다. 그들은 가족과 함께 살거나 그들이 일하는 조직이 제공하는 관사에서 살 수 있었다. 그들의 노동에 대한 대가는 배급이었다. 그들이 배급으로 받은 것은 달마다 받는 보리 표준량, 일 년에 한 번 받는 기름과 모(wool)의 표준량이었다. 이 물품을 받은 사람들은 주로 남녀 노동자였으나 아이들이나 노인들도 배급을 받을 수 있었다. 이 배급들로 노동자들은 자기 세대 내의 부양 가족들(생산에 참여하던지 그렇지 않던지 간에)을 부양했음에 틀림없다. 배급량은 성별과 노동자의 계급에 따라 차별이 있었다. 남자 노동자는 일반적으로 여자 노동자의 두 배 정도의 곡물을 받았다.

　관리직 노동자는 그 아래 노동자들보다 많은 배급을 받았다. 특수 기술 보유자도 비숙련 노동자보다 더 많은 배급을 받을 수 있었다.

문서 3.2 배급 목록

　많은 행정 문서가 신전 종사자들에게 나누어 준 배급에 대해 자세히 기록하고 있다. 수령자의 이름, 성별 나이를 기록하고 그들이 받은 보리의 양도 표시한다. 이 문서의 마지막에 총합과 배급을 담당한 관리의 이름을 기록한다. 예를 들 면 다음과 같다.

　합계: 1명 50리터
　1명 40리터
　5명 15리터씩
　23명 10리터씩
　이들은 남자들이다
　56명 여성 노동자, 20리터씩
　72명 여성 노동자, 15리터씩
　34명 여성, 10리터씩
　총합계는 192명으로 여기에는 어린이와 어른이 모두 포함되었고 그들은 보리를 받았다. 보리의 총합은 2935리터다. 보리 배급. 여성 노동자들과 어린이들은 바우 여신의 소유다.
　라가스의 왕 우루이님기나의 아내 샤샤.
　난쉐를 위해 곡물을 먹는 달에 검사관 에닉갈(Eniggal)은 이것을 바우 곡물저장소로부터 나누어주었다. 제4년 아홉 번째 달이다.

번역 출처: Gebhard J. Selz, *Die altsumerischen Wirtschaftsurkunden der Ermitage zu Leningrad*(Wiesbaden: Steiner Verlag, 1989), 93~4.

 세대주가 의존 가족들에게 음식과 옷과 같은 기본적 필요를 공급하여 그들을 부양하는 이 관습은 제3천년기의 고대 근동 사회의 근본적인 특징이었다. 배급되는 것은 충분하지 못했기 때문에 이 사람들은 세대주 이외의 경로를 통해 다른 음식들을 얻을 수 있었을 것이다. 야채와 물고기는 아마 집에서 기르거나 이 의존 가족 구성원이 어획했을 것이다. 혹은 배급 받은 것을 이런 물품과 교환했을 수도 있다.

 대다수의 노동자들은 단순 반복 노동에 종사하였다. 여성들은 특히 맷돌을 돌리는 일이나 옷을 짜는 일을 하였다. 이 당시 맷돌을 돌리는 일, 즉 손잡이 달린 맷돌로 아래 맷돌에 실린 곡물을 비벼 까는 일은 매우 고된 노동이었다.

 여자들은 매일 정해진 양을 생산해야 했다. 그리고 목표 생산량은 편차가 심한 최종 상품의 질에 따랐다. 우르 제3시대의 문서에서 우리가 알 수 있는 것은 매일 생산해야 했던 할당량이 매우 많았다는 것이다. 어떤 여인은 10리터의 좋은 밀가루 혹은 20리터의 거친 밀가루를 매일 생산해야 했다. 직물짜는 일의 할당량도 하루당 2제곱미터나 되었다. 이것들은 몸을 다칠 수도 있는 매우 힘든 노동이었다. 실제로 제7천년기 시리아의 신석기 유적지인 아부 후레이라(Abu Hureyra)에서 발굴된 여인들의 해골 구조를 보면 그들의 무릎, 손목, 허리에 관절염의 흔적이 있고 발가락은 무게를 지탱하느라 뭉게져 버렸다.[2] 행정 문서는 단체로 일하는 여인들에 대해 서술하지만 집에서 아이들을 돌보며 개인적으로 일했던 이들도 있었을 것이다. 기본적으로 맷돌질과 직물 짜는 일은 가내 수공업이었다.

 큰 세대의 일원이 되는 것은 사회적 약자에게 생존의 수단을 제공했다. 스스로 먹고 살 수 없는 과부들과 어린이들은 신전 세대에 들어가 그곳에서 일

---

2 Theya Molleson, "The Eloquent Bones of Abu Hureyra," *Scientific American* 271/2(August 1994): 70-5.

하고 기본적인 생필품을 대가로 받았다. 따라서 세대는 사회를 이루는 근본적인 단위였다. 개인들이나 핵가족들이 사회에서 자리를 잡는 것은 바로 세대를 통해서다. 세대 단위의 공동체는 도시 안에뿐 아니라 시골에도 존재했다. 시골에서는 아마 제도적 통제 밖에 있는 농촌 공동체가 지속되었을 것이다. 그 농촌 공동체는 땅을 공동으로 소유한 대가족들로 구성되었다. 초기 왕정 시대에 그와 같은 농촌 공동체의 존재(아울러 사회에서 이들이 같은 중요성의 감소)는 약 50개의 땅을 매매한 문서로 분명해진다. 농지가 팔릴 때 보통 다수의 매수자에서 단수의 매입자로 소유권이 이전된다. 복수의 땅 주인들은 차등적인 권리를 가졌다. 땅에 가장 밀접하게 연관된 사람들이 가장 많은 보상을 받았고, 다른 사람들은 그것보다 적은 보상을 그리고 대다수의 사람들은 거래가 성사되면 식사와 같은 상징적인 선물을 받았다. 따라서 땅은 아마 공동체가 소유했을 가능성이 있고 개인이 사유할 수 없었던 것 같다. 그러나 그 땅 매매 문서에서 모든 매입자들은 개인들로 아마 땅에 대한 사유권을 취득할 수 있을 만한 사회의 엘리트 계급의 일원이었을 것이다. 이들은 때때로 강제로 땅을 사기도 했는데, 이 엘리트들은 공기관 세대의 일원으로 지위를 이용하여 개인 재산을 늘렸던 것 같다.

한 도시 국가에는 여러 개의 공기관 조직이 존재하였다. 어떤 것들은 신에 속하였고 또 어떤 것들은 세속 권세자에게 속하였다. 신전들 중 지방 만신전의 신의 위계를 반영한 위계 질서가 있었다. 예를 들어, 라가스에서 도시 수호신 닌기르수의 세대는 그의 아내 바우(Bau)의 신전보다 컸다. 그리고 그녀의 신전은 그들의 아들인 술샤가나(Shulshagana)와 이갈리마(Igalima)의 신전들보다 컸다. 이런 기관들이 얼마나 광범위한 영향력을 가졌는지는 놀라울 정도다. 슈루팍에서 발견된 토판들은 경제가 고도로 중앙의 통제를 받았음을 보여준다. 보리 회계 장부는 2만 명의 인구에게 매일 육 개월 동안 배급할 수 있는 양에 대한 내용을 담고 있다.

또한, 슈루팍에서 발견된 곡물 저장소는 그만한 양의 보리를 한꺼번에 저장할 수 있는 규모였다. 공기관 조직에 부속된 농지들도 어마어마하였다. 그러나 남쪽 바빌로니아의 도시에서 출토된 우리의 문서 증거들은 모두 신전에

서 유래하므로 한때 신전들이 초기 왕정 시대에 지배적인 기관이었다고 여겨
졌다. 또한, 라가스는 한때 모든 땅과 재산을 신이 소유한 신전-국가로 묘사되
었다. 그러나 오늘날 대부분의 학자들은 이 이론을 거부한다. 그들은 사회의
다른 부문들이 경제 생활에 중요한 참여자였으나 단지 그들의 경제 활동이
기록으로 남지 않았을 뿐이라고 생각한다.

중앙 행정의 광범위성은 북서 시리아에 위치한 에블라의 경우 더욱 분명해
진다. 그곳에서 출토된 모든 문서는 궁전 문서 저장소에서 발견되었고 궁이
어떻게 광범위한 경제 활동을 통제했는지를 증명해 준다. 여덟 개의 행정 단
위가 밝혀졌다. 그중 네 개는 사자(sa-zax^{ki}x)로 불리는 아크로폴리스에 위치하
고 나머지 네 개는 에블라(eb-la^{ki})로 불리는 지역에 위치한다. 전자는 왕의 세
대 에-엔(e-en)을 포함한 반면 후자에 포함된 네 행정 단위는 수메르어로 '마
을'을 의미하는 에-두루(é-duru5)로 지칭된다. 그 용어를 사용하는 것이 마을
공동체가 행정 단위와 일치했다는 것을 나타내는지 혹은 중앙 권력의 도래와
함께 행정 단위로 변했다는 것을 나타내는지는 불분명하다. 그러나 말할 수
있는 것은 에블라 영토에서 농업은 왕의 감독 아래 있는 마을의 책임이었다
는 것이다. 바벨로니아의 사정은 조금 다른데 그곳에서는 대다수의 농업이 왕
에 속한 노동력에 의해 직접 수행되었다.

초기 왕정 시대의 고고학 기록에서 가장 잘 드러나는 것은 사회의 특정 계
층들이 유난히 많은 재물을 차지하게 된다는 점이다. 우르에서 발견된 왕들의
무덤은 소수의 사람들이 엄청난 양의 사치 품목들을 소유하였음을 보여준다.
발굴된 약 2,000개의 무덤 가운데 16개가 정교한 돌과 벽돌로 된 방이다. 그리
고 그곳에는 매우 귀중한 부장품들이 있었다. 예를 들어, 금 헬멧, 단도, 장식
이 있는 악기 등이 함께 묻혔다(그림 3.3). 이들은 모두 기술을 가진 장인의 작
품들이었다. 그 장인들은 소수의 엘리트들을 위해 맞춤 작업을 한 것 같다. 묻
힌 사람의 권력을 가장 잘 보여주는 것은 그들을 묻을 때 하인들을 주인 혹은
주인 마님과 함께(강제로 살해 당했든지 자발적으로 매장되었든지 간에) 매장했다는
사실이다. 우리는 누가 그렇게 호화스런 무덤에 매장되었는지 모른다. 그들이
왕족인지 아니면 신전의 제사장들인지는 알 수 없다. 이것은 초기 왕정 시기

그림 3.3 우르 왕실 공동묘지에서 출토된 덤불 속의 염소. 이 장식품은 왕실 공동 묘지에서 발견된 동일한 물건의 한 쌍 중 하나이다. 이것은 뒷다리로 서 있으면서 나무 위쪽 잎들로 뻗고 있는 염소의 모습을 나타내고 있다. (현재는 썩어지고 없어졌지만) 나무로 조각된 대부분의 모형은 금박을 입혔고 염소의 털과 귀는 청금석으로 장식되었다. 대영 박물관, 런던, ME 122200. 높이. 45.7cm; 너비. 30.48cm(18×12 in). 출판 허가: © The Trustees of the British Museum.

말엽에 공존했던 다양한 이념적 기초들 위에 그러한 권력 구조가 점차 합법화 되어갔음을 증명해 준다. 그러나 사회, 정치적 위계의 온전한 정의는 당시 아직 형성되지 않았었다.

5. 서기관 문화

초기 왕정 시대를 거치면서 신 기술인 문자가 계속 진화하여 말을 글로 표현할 수 있었을 뿐 아니라 문자로 전달되는 정보의 범위도 크게 확장되었다. 또한, 문자는 남부 메소포타미아의 전통의 영향을 받은 통일된 근동 문화가 이 당시 존재했음을 보여주는 가장 확실한 증거이다. 근동 전역에서 사용될 서기 기술들과 문서 장르들이 바빌로니아에서 발흥하였다.

초기 왕정 시대 동안 문자 체제는 몇 가지 면에서 점진적인 변화를 맞았다. 먼저 문자 기호는 토판 표면에 그린 것이 아니라 빗각 끝을 가진 필기도구를 토판에 찍었다. 그 필기도구의 끝을 토판의 표면에 누르면 토판에는 작은 삼각형과 가는 선이 생기는데, 이렇게 생성된 쐐기 모양의 문자를 쐐기 문자라고 부른다. 이 쐐기 문자들은 점점 도식화되고 표준화되어 몇 번의 손놀림만으로 빠르게 토판에 찍는 것이 가능해졌다. 초기 왕정 시대 말에는 문자의 기원이 된 상형적 요소가 문자에서 사라지게 된다.

또한, 음절을 나타내는 데도 점점 더 많이 사용하게 되어 구어의 더 많은 요소를 글로 담을 수 있게 되었다. 그럼에도 불구하고 뜻을 표상하는 기호들, 그래서 독자들이 문법적 상세 사항을 넣어서 읽어야 하는 뜻 기호들이 문서의 대부분을 차지했다. 예를 들어, 우룩에서 출토된 원시-쐐기 문자 문서에서는 동사의 인칭 변화를 나타내는 요소가 없었으나 그런 표현이 좀 더 명시적으로 변했다. 물론 쐐기 문자 문서를 작성할 때 그런 요소를 표현해야 한다는 의무는 없었다. 음절값을 가지는 문자를 더 많이 사용하면서 수메르어뿐 아니라 셈어나 후리안어로 된 인명들도 기표가 가능해졌다. 또한, 셈어의 전치사들도 문서에 삽입할 수 있게 되었다.

뜻 문자를 사용하는 문자 체계는 이론상 어떤 언어에도 사용할 수 있다. 그러나 음절 문자를 많이 사용할수록 그 문자체계는 특정 언어군들에 적응한다. 시리아와 북부 메소포타미아의 도시화는 남부로부터 수입한 서기 관습을 채택하면서 발생하였다. 에블라, 마리, 나바다(텔 베이다르) 그리고 문서가 발굴되는 많은 다른 지역에서 활동한 서기관들은 바빌로니아의 토판 문양, 문자 형태 그리고 문자 뜻을 수입하였다. 원래 수메르어에서 기원한 뜻 문자들이 계속 문서에서 주요하게 사용됨에 따라 에블라의 서기관들은 발음 표시를 위해 음절 문자로 표기된 단어들이 첨부된 뜻 문자 목록을 만들기에 이른다. 더 세련된 어휘 목록들은 그 용어들의 번역과 발음도 첨가하였다. 이 희귀한 어휘 목록들은 시리아 서기관들이 바빌로니아의 서기관들에게 배웠음을 보여준다. 특히 이 어휘 목록의 형식과 어휘 순서도 남부 메소포타미아에서 발견된 어휘 목록과 동일하다.

문서에서 문자의 순서도 점점 표준화 되었다. 토판들은 하나 혹은 그 이상의 네모로 된 수직 다단으로 나뉘어 위에서 아래로 읽어 내려간다. 그 네모 하나에는 문법 요소가 들어가기도 하고 들어가지 않기도 하는 한 문자가 들어간다. 비록 초기 왕정 시대 말의 문서들에서도 문자들이 뒤죽박죽으로 나타나기도 하지만 문자의 순서는 단어의 발음을 반영한다. 이렇듯 문자의 순서가 표준화되면서 고대 독자와 오늘날의 독자들에게는 문서의 해독이 보다 용이해졌다. 행정 문서들은 보다 명확해서, 어떤 사람에게 물품을 주거나 어떤 사람이 수납했는지가 표기되었다. 왕의 비문들도 단순한 소유주 표지에서 장문의 이야기체로 발전하였다. 이렇듯 문자의 기능이 확장되어 누군가에게 새로운 정보를 전달하는 능력이 향상되었다. 뿐만 아니라 정보가 미래를 위해 저장될 수도 있었다. 신전에 서원 제물을 남긴 어떤 왕은 누가 드렸는지를 표기함으로써 미래의 방문객들이 그의 업적을 알 수 있도록 하였다.

우룩에서 출토된 고대 문서들은 메소포타미아에서 문자가 이미 경제 거래에 국한되지 않았음을 보여준다. 물론 이 문서들은 수적으로 가장 많은 문서들이었다. 어휘 목록, 즉 일정한 순서로 나열된 단어들은 메소포타미아인들에게 연상 사변 능력이 있었음을 최초로 체계적으로 증거한다. 어휘 문서는 신이름 목록, 직업 목록, 동물 목록, 새 목록, 금속 목록, 도시명 목록 등이 있다. 초기 왕정 시대에 이 장르가 번성했으며 그것은 넓은 지역에 같은 전통들이 받아들여졌음을 보여준다. 가장 놀라운 것은 이 문서들이 초기 왕정 시대에 그것이 발견된 모든 도시들에서 꾸준하게 필사되었다는 것이다.

아부 살라빅에서 출토된 어휘 목록들은 약 900km 떨어진 에블라에서 거의 동일하게 복제되었다. 초기 왕정 시대에는 문학 작품도 작성되었다. 보통 이들은 짧고, 주문이나 찬송, 교훈 목록 혹은 아버지가 아들에게 충고하는 가상 대화의 형식을 뜻하는 잠언과 같은 형식의 지혜 문학 등을 담고 있다. 이 문학 작품들은 문자 체계가 아직도 뜻 문자 중심 체계이기 때문에 해독하기 매우 어렵다. 같은 작품이 종종 다른 지역에서 발견된다(특히 슈루팍과 아부 살라빅의 문학은 상당한 일치를 보인다). 이것은 동일한 소스가 다양한 서기 학교에 영향을 끼쳤음을 증명한다. 대부분의 문서는 수메르어로 쓰였지만, 에블라와 아부 살라빅에서는 샤 마쉬(Shamash)에게 바친 원시-아카드 찬송도 발견되었다.

제3천년기 중엽 근동의 문학에서는 코이네(koine)라는 그리스어를 발견할 수 있다. 지성의 중심지는 메소포타미아의 남부였다. 그곳에서 서기 관습들과 대부분의 문학 작품들이 처음 제작되었다. 문자 기술은 시리아와 북부 메소 포타미아로 수출되었고 그곳에서 도시 문화가 발전한다. 어떤 도시들은 아마 이 과정에서 중개자 역할을 한 것 같다. 바빌로니아 북쪽의 키쉬는 유프라테 스강 중류에 있는 마리처럼 중요하였다. 에블라의 어떤 문서들은 '젊은 서기관들이 마리로부터 왔다'고 전한다. 그것은 마리가 시리아의 서기관들을 훈련시키는 서기관들을 제공했음을 암시한다. 서부 시리아에서 온 사람들은 남부 이락 출신의 사람들과 같은 문서를 읽었다.

그들은 동일한 서기 관습을 따랐고 그들의 토판 모양도 유사했으며 동일한 쐐기 문자들을 사용했다. 아울러 쐐기 문자를 토판에 배열하는 순서도 동일하였다. 정치적으로 이 도시 국가들은 서로 독립적이었다. 남부의 도시 국가들은 비교적 작은 영토를 가진 반면, 북부 메소포타미아와 서부 시리아의 도시 국가들은 보다 넓은 영역을 통치하였다. 국가들은 서로 군사적으로 충돌하기도 하였다. 군주들은 이웃 나라를 자주 침략했고, 도시 국가들 사이에 일시적인 연대도 맺었다. 이 모든 것은 아카드(Akkad)의 사르곤(Sargon) 시대를 위한 토대가 되었다. 사르곤은 극단적인 정복 정치를 추구함으로써 근동 역사의 새 시대를 열었다.

토론 3.1 우르의 왕정 묘지에는 무슨 일이 일어났는가?

1920년대에 영국인 고고학자 레오나르드 울리는 우르 남쪽 도시를 발굴하면서 약 500년 동안 사용되면서 2000여구의 무덤을 지닌 공동묘지를 도시 중심지에서 발견하였다. 가장 이른 시기의 무덤은 초기 왕조 시대의 것으로 우르가 바빌로니아의 독립된 도시 국가중 하나였던 시기 약 2600-2450년 때의 것이다. 소수의 무덤들은 발굴자들을 깜짝 놀라게 하였다. 그것들은 많은 양의 보화를 지녔고 더욱 놀라게 하는 것은 무덤 중 일곱 개는 인신 제사의 증거를 보여주었다. 울리는 즉시 「런던 뉴스」(Illustrated London News)와 같은 대중 매체에 우르의 왕정 공동 묘지 등의 발견물을 발표하였고 이는 곧 몇 해 전 이집트에서 투탄크아문의 무덤이 발견되었을 때와 마찬가지로 많은 관심을 받게 되었다.

울리는 그가 발견한 것을 왕정 무덤이라 칭하는데 주저하지 않았지만, 그것들은 놀랍게도 극소수의, 그것도 그것들 모두가 매우 간략한 것 만을 포함한 비문 뿐이었으며, 이 비문에 기록된 어느 이름도 다른 왕정 비문에서 알려지지 않았다. 그래서 안장된 이들은 왕정 아닌 다른 기원 아마도 신전의 권력가들이었을 것으로 추정된다(Moorey 1977). 어떤 학자들은 이들은 왕실의 사람들이라고 길게 주장하였지만(Marchesi 2004), 의심의 여지는 남아 있다. 우리는 그들에 대해서 아는 바가 거의 없다.

그러나 더욱 놀랄 만한 것은 그들이 어떻게 그러한 독특한 무덤을 가질 수 있었느냐는 점이다. 종합해 보면, 우르는 그 당시 거대한 영토를 지배하지 않았고, 그것이 바빌로니아의 바다 항구였다고 할지라도 그 도시가 특출 나게 부하지 않았다. 그러나 무덤 안장 물품들은 매우 고가의 수입 물품들-금, 은, 청금석, 홍옥수 등으로 매우 정교하게 만들어진 것으로 그것이 제조되려면 고도의 기술자가 많은 날 동안 작업해야 한다.

더구나 이 사람들이 죽은 이후에 죽은 다른 사람들이 그들을 위해 일하기를 요구할 수 있었는가?

최대 74명의 남자와 여자가 음악가, 몸종, 경호원으로 무덤 안에 매장되었다. 울리는 그들이 음악이 동반된 예식에서 독약을 마시고 자살을 행하여 자의적으로 죽었다고 믿고 있다(Woolley 1982:74-6). 만약 이것이 사실이라면 그들은 어떻게 그들의 운명을 받아들이도록 설득되었는가?

그들은 분명 그들이 사회 안녕에 기여하였다고 믿도록 세뇌되었을 것이며 종종 무덤에서 발견된 물건들에 묘사된 축제를 포함한 제의들이 그들로 하여금 이러한 행위를 하게 충동하였을 것이다(Pollock 2007).

그러나 몇 개의 두 개골에 대한 최근의 재조사는 좀 더 냉담한 대안을 가리킨다. 사람들은 머리 뒤쪽에 뾰족한 도끼로 맞아 죽었다. 이후 몸은 열이 가해졌고 수은으로 방부처리가 되어 옷 입혔다(Baadsgaard et al. 2011). 그리고 나서 그들은 그들이 마치 음악가 그룹, 경호원 등의 형태로 정돈되어 눕혔다(Vidale 2011). 여전히 사람들이 자발적으로 이 운명을 받아들였다고 할 수 있으나 또 한편 이 경우가 시민들을 무섭게 하여 복종케 한 잔혹함을 보여주는 것일 수 있다(Dickson 2006). 또한, 그 사람들이 전쟁에서 사로잡혀 희생된 이들일 수 있다.

사람들은 왜 이러한 것이 필요하다고 생각하였는가?

무덤들은 왕조의 통치 제도에 대한 공적인 지지 생성을 희망한 제의적 사건이었을 수 있고, 한 왕 또는 공주의 죽음이 그 공직에 영향을 미치지 않았음을 보여줄 수 있다(Cohen 2005). 바빌로니아 역사 비교적 초기에 일어났다는 사실은 정치력의 원천이 그 당시 확실치 않았고 확증을 필요로 하였음을 가리킬 수 있다. 이러한 관습은 2450년경 끝났고 이 지역에서 다시 등장하지 않았다. 아마도 왕들이 좀 더 확신을 느꼈을 때, 그들은 더 이상 다른 사람들의 생사에 대한 그들의 힘에 더 이상 관심을 둘 필요가 없었다.

제3천년기 후기의 중앙집권화

3000	2500	2000	1500	1000	500

2288	아카드의 사르곤 즉위
2211–2175	아카드의 나람-신
2100년경	라가스의 구데아, 푸주르의 인슈쉬낙
2110	우르 제3왕조의 시작
2003	우르의 멸망

　제3천년기의 마지막 몇 세기의 특징을 이룬 것은 두 도시 국가 왕조 아래, 중앙 권력이 연속적으로 생몰(生沒)했다는 것이다. 하나는 24-23세기에 융성했던 바빌로니아 북부의 아카드를 거점으로 한 도시 국가이고 다른 하나는 21세기에 바빌로니아 남쪽 끝인 우르를 거점으로 한 도시 국가다. 이 두 도시 국가는 남부 메소포타미아를 직접 통치했을 뿐 아니라 군사력을 통해 근동 대부분의 지역에 영향을 미쳤다. 이 시대에는 이용할 수 있는 사료들이 매우 많아서 현대 역사가는 이 시대를 좀 더 잘 이해할 수 있었고 따라서 이 시대의 역사를 비교적 자세하게 재구성할 수 있다. 그 두 국가는 많은 특징들을 공유했다. 그 둘은 모두 바빌로니아와 주변 지역을 근거로 하며 강한 군사적 힘을 통해 세워졌다. 그 둘은 정치, 행정, 이념적인 면에서 중앙집권화를 추구했다.

그 둘은 내부적 갈등과 동쪽에서 오는 외부 세력의 두 요인으로 붕괴되었다. 그러나 두 국가는 영향권의 범위와 내부적 결속의 정도가 다르므로 개별적으로 다루는 것이 좋을 것이다.

1. 아카드의 왕들

후대의 문서인 수메르의 왕명록을 보면 아카드 왕조[1]는 이전의 다른 많은 왕조와 마찬가지로 수메르와 아카드에 대한 왕권을 가진 도시-군주들의 가족으로 여겨진다. 그러나 아카드 왕조의 통치의 성격은 이전 왕조의 그것과 매우 다르며 그 당시까지 바빌로니아의 특징이던 도시 국가들의 경쟁 체제에 일시적인 마침표를 찍었다. 초기 왕정 시대에 두드러지게 나타나는 바빌로니아의 정치적 중앙화와 바빌로니아의 영향이 근동 전역으로 확대된 것은 아카드 왕조에 유례 없는 절정에 도달했다. 더욱이 바빌로니아의 군대는 아카드 왕조 이전에 없던 체계적이고 긴 원정을 하였다.

또한, 한 도시의 정치적 패권이 그렇게 강했던 적도 없다. 이런 발전의 중심에 선 것은 바빌로니아 북부 지역이다. 아카드 왕조의 창시자인 사르곤은 평민 출신인 듯하다. 그는 키쉬에서 쿠테타로 권력을 잡은 후 의도적으로 자신의 왕명을 '왕은 정당성을 가졌다'는 의미인 '샤루-킨'(Sharru-kin)으로 지었다. 그의 두 후속 왕은 '키쉬의 왕'이라는 칭호를 유지하였다. 그러나 사르곤은 그의 통치 센타를 아카드로 옮겼다. 후대의 기록에 따르면 아카드는 새롭게 생성된 도시이거나 전에는 별로 중요하지 않았던 도시인 것 같다. 아카드의 위치는 알려지지 않았으나 분명한 것은 그것이 바빌로니아 북쪽(오늘날의 바그다드 바로 아래쪽)에 위치했다는 것이다. 이런 지리적 위치는 아카드 왕조의 이중 관심을 반영한다. 바빌로니아 내지를 온전히 장악함과 동시에 근동 전역에 대

---

1   이 나라에 대한 매우 다양한 이름들이 있다. 가장 자주 쓰이는 것은 고대 아카드 혹은 사르곤 왕국이다. 왕조의 진원지인 아카드(Akkad)는 종종 Agade 혹은 Accad로 불리기도 한다.

한 광범위한 존재감을 표현하는 것이다.

아카드는 군사적 힘을 통해 패권을 얻었다. 사르곤에 대해 다음과 같은 기록이 있다. '매일 5,400명의 남자들이 그와 함께 식사했다.'[2] 아마 5,400명의 남자는 상비군을 지칭하는 것 같다. 군사 활동은 그의 비문의 유일한 주제이다. 그는 초기 왕정 시대 말 도시 국가들이 부분적으로 통일을 이룬 바빌로니아의 남부를 적극적으로 원정하였다. 우룩, 움마 그리고 몇몇 남부 도시들을 통치한 루갈자게시(Lugalzagesi)는 사르곤의 주적이었다. 사르곤은 그가 '50명의 총독들과…우룩 왕'[3]을 포획하여 바빌로니아 전 지역에 대한 그의 주권을 확실히 했다고 주장한다.

독립적인 도시 국가들이 정치, 경제, 사상 등 모든 면에서 보다 큰 구조 안에 통합될 필요가 있었기 때문에 새로운 통치 제도가 개발되어야 했다. 도시 군주들은 정치적으로 자신의 도시에서 아카드 왕을 위한 총독의 역할을 한다. 사르곤은 자신의 비문에서 이들이 아카드의 관리들이라고 주장한다. 예를 들어, 아답의 메스키갈(Meskigal), 우룩의 루갈자게시(Lugalzagesi), 라가스의 우루이님기나(Uru'inimgina) 같은 왕들은 여전히 사르곤 시대의 초기 통치자들이라고 기록되어 있다. 엔시(énsi)라는 말이 초기 왕정 시대에는 도시들을 다스리는 독립 군주를 의미하였으나 이제는 바빌로니아 전역에서 총독을 지칭하는 것으로 바뀌었다. 그러나 이 정치 체제은 성공하지 못했다. 독립에 대한 염원으로 지역 총독들이 힘을 합했다. 이 시대의 아카드 왕들은 수많은 반란을 경험해야 했다. 이 반란에 관해서는 이 장의 후반부에 이야기할 것이다.

한편 중앙화 정책이 적극적으로 추구되었다. 새로운 세제 체계도 개발되어 지방 수입 중 일부를 수도로 보내거나 아카드 지역 행정부를 꾸리는 데 사용했다. 나람-신(Naram-Sin)의 통치 때는 중앙 통치를 용이하도록 하기 위해 몇몇 행정 단위에서 수량법의 표준화가 이루어진다. 서기관들은 왕실과 연관

2   Douglas R. Frayne, *Sargonic and Gutian Period*(2334-2113 BC) (*The Royal Inscriptions of Mesopotamia, Early Periods*, volume 2) (Toronto, Buffalo, and New York: University of Toronto Press, 1993), 31.

3   Ibid., 16.

된 일에 길이와 무게에 대한 표준 도량형을 사용했다. 예를 들어, 약 300리터에 해당하는 '아카드의 구르(gur)'가 보리를 측량하는 데 도입된다. 수량표의 모양과 형태 그리고 쐐기 문자의 형성은 중앙에서 정한 것이다. 중앙에서 통제하는 수량법으로 날짜를 계산하는 일관된 방법을 확립하기 위해 연호(year name, 보충 4.1 참조)가 아카드 왕국 전역에서 사용되었다.

보충 4.1 연호

아카드의 중앙 행정화를 보여주는 한 가지는 바빌로니아 전역에 통용되는 연수 계산 체계이다. 연호가 바빌로니아 전역에 채택되었다. 각 해는 그 이전 해 혹은 그 해 초에 일어난 주요 사건으로 이름 붙인다. 예를 들어, 사르곤의 마리 정복은 이듬 해의 이름이 되었다. 이 체계는 약 1,500년까지 바빌로니아에서 지속적으로 사용되었고 바빌로니아의 왕들이 스스로 중요하게 여겼던 사건들이 무엇인지를 알려준다. 연호는 주로 군사 원정, 신전이나 도시 성벽의 건축과 보수, 운하의 건설, 남녀 대제사장의 임명, 제의(cultic) 물품의 봉헌 등과 관계된다. 이 연호는 주로 편지보다 경제 문서에 등장한다. 연호의 바른 순서를 기억하기 위해 우르 제3시대부터는 연호의 공식 명부가 작성되었다. 연호가 사용된 전체 기간의 연호 순서를 온전히 복원하지 못했지만 연호 중에는 꽤 긴 것도 있었음이 분명하다. 이것들은 역사적 사건들의 시간적 순서에 관한 유용한 정보를 제공한다. 그리고 우리는 연호를 통해 수많은 경제 문서, 행정 문서의 작성 연대를 추정할 수 있다.

제2천년기 후반 바빌로니아에서 일어났던 카시트 왕조(Kassite dynasty) 시절, 연호는 왕의 즉위년으로 해를 계수하는 것으로 대체되었다. 첫 번째 해는 왕이 즉위한 후 첫 번째 새해와 함께 시작했다. 이전 왕의 죽음과 그 날까지의 시기는 '즉위년'으로 표시되었다. 이 제도는 셀류코스 시대까지 지속되었다.

새로운 수량법을 채택해야 했던 지방 서기관들은 새로운 언어에도 적응해야 했다. 아카드는 남쪽의 수메르어가 아닌 셈어를 사용했던 바빌로니아의 북쪽 도시였다. 그 도시의 언어는 아카드의 언어로 알려졌고 오늘날 '아카드어'가 되었다. 그러나 현존의 쐐기 문자는 본래 전혀 다른 어족에 속하는 수메르어를 위한 문자로 개발되었다. 아카드어는 문법적 요소를 나타내기 위해 보다 많은 유연성과 정확성이 필요했는데, 이것은 쐐기 문자의 음절 음가를 사용함으로써 확보할 수 있었다. 사르곤 왕들의 왕 비문들은 거의 아카드어만 기록하거나 수메르어의 번역을 곁들여 쓰였다. 이 문서들 중 수메르어로만 쓰인 것은 거의 없다. 그러나 수메르어를 오랫동안 사용해 온 지방의 도시에서는 수메르어가 자주 쐐기 문자로 기록되었다. 왕의 관료 체제는 아카드어를 사용할 것을 요구했을 뿐 아니라 참조 기록을 작성하는 데 중앙에서 정한 수량법을 사용하도록 요구했다. 왕을 위한 기록들은 중앙에서 정한 형식으로 기록하였으나 지방에서는 전통적인 기법으로 기록할 수 있었다.

왕궁은 많은 경제적 자원을 보유하였다. 이전에 도시-군주들이 소유했던 부동산들을 아카드 왕들이 압수했던 것 같다. 그러나 그것은 왕궁의 필요를 채우기에는 부족했던 것 같다. 당시의 주요 기념비 중 하나였던 마니슈투슈(Manishtushu)왕의 오벨리스크는 1.5m 높이의 섬록암 기둥이다. 그 위에 그가 북바빌로니아에 있는 여덟 곳의 넓은 땅(모두 3.5km²)을 구매한 사실을 기록한 문서가 새겨져 있다. 매매 가격이 지나치게 낮은 것은 아니었지만 마니슈투슈가 자신의 지지자들에게 땅을 나누어 주기 위해 땅 소유주에게 팔 도록 압력을 넣은 것이 분명하다. 왕이 측근들에게 농업 용지를 수여하는 것 은 사르곤 왕조의 왕들이 도입한 새로운 제도였다. 이를 위해 필요한 땅을 지 방의 땅 주인에게서 빼앗았다. 이것은 분명히 아카드 왕조에 대한 분개와 반대로 이어졌을 것이다.

사상적인 면에서도 바빌로니아의 통일이 추구되었다. 사르곤은 종교적 제의의 전국 표준화를 꾀하였다. 예를 들면 그는 자신의 딸을 우르에서 달의 신 난나의 대제사장으로 임명하였다. 그곳에서 그녀는 신의 아내가 된다. 신의 아내가 된 그녀에게는 순수한 수메르어 이름이 주어졌다. 엔헤두안나(Enheduanna), '하늘에 합당한 여제사장'. 이렇게 아카드의 공주는 남쪽 수메르의 중심지로 발령받고 적극적으로 그 문화에 동참하였다. 수메르어로 된 몇몇 문학 작품은 그녀가 저작한 것으로 보인다. 대표적으로 바빌로니아 전역의 35개의 도시의 신전에 바치는 찬송곡들을 예로 들 수 있다. 그 찬송들이 하나의 시리즈로 편집되었다는 것은 그 지역의 다양한 종교가 하나의 이념 체계에 속하였음을 시사한다. 우르의 난나(Nanna) 대제사장에 대한 통제가 곧 바빌로니아 지역에 대한 패권을 의미한다는 것은 약 500년이 지난 후에도 여전하였다. 우르에 대한 통치를 주장하는 왕은 누구나 자신의 딸을 그곳에 두고 신전 자산에 대한 통제권을 주었다. 나람-신은 자신의 딸 중 여러 명을 바빌로니아의 다른 도시의 대제사장으로 임명함으로써 그 정책을 확대하였다. 이것은 바빌로니아 전역에 견실한 거점을 마련하기 위한 시도였음에 틀림없다.

아카드의 왕들은 바빌로니아에서만 정치 권력을 행사한 것은 아니었다. 몇몇 초기 왕정 시대의 왕들도 근동의 여러 지역으로 군사 원정을 나갔지만 누구도 사르곤 왕조의 왕들이 이룬 업적을 따라갈 수가 없다. 아카드 왕국의 영향권과 그 영향의 성격을 규정하기 위해서는 왕의 비문들을 살펴야 한다. 이 비문들은, 닙푸르를 최고의 도시로 여기는 초기 왕정 시대의 전통을 따라 닙푸르 신전의 앞마당에 세운 석비들 위에 새겨져 있다. 군사적 문제들이 이 비문 내용의 주를 이룬다. 신전 앞마당에 서있던 석비들은 더 이상 남아 있지 않지만 제2천년기 초반의 서기관들이 그곳에 새겨진 본문을 탁본하여 그 본문의 일부가 지금까지 남아있게 되었다. 이 문서에서 아카드의 최초 5명의 왕들은 그들의 군사적 업적에 관한 장황한 자랑을 늘어놓는다. 그중 사르곤과 나람-신의 이야기가 주목을 끈다. 그 이유는 그들의 군사 원정의 지리적 범위 때문이다. 그러나 나람-신이 자신의 아버지가 이미 정복한 지역을 다시 정복했다는 사실에서 우리는 이 원정이(영토 확장과 같은 제국적 목적이 아닌) '약탈' 원정에 지나지 않았음을 추정할 수 있다.

아카드의 왕들은 서부 이란과 북부 시리아 지역에 군사적 힘을 쏟았다. 동쪽으로 그들은 많은 국가나 도시들과 조우했다. 예를 들어, 엘람(Elam), 파라슘(Parashum) 그리고 시무룸(Simurrum)과 맞부딪쳤다(이 도시들의 정확한 위치는 알 수 없다). 북쪽으로 아카드 왕들은 유프라테스강 상류 지역을 통과하여 발릭강(Balikh River)과 만나는 툿툴(Tuttul)까지 원정하였다. 툿툴은 다간(Dagan) 숭배의 중심지로 북서와 서부 시리아의 중심지로 기능하였다. 당시까지 그 지역의 유력한 정치 중심지였던 마리와 에블라가 파괴되었다. 초기 왕정 시대에 문화적으로 북부 바빌로니아와 매우 밀접하게 연결되었던 이 지역들이 사르곤 왕조 시대에는 주적으로 간주되었기 때문이다.

회계 문서는 더 멀리 떨어진 지역들도 언급한다. 예를 들어, 레바논의 백향 목 숲, 동 터키의 티그리스와 유프라테스강의 수원지, 엘람 동쪽의 마르하시(Marhashi), '아래 바다' 즉 페르시아만 너머의 지역들이 회계 문서에 언급된다. 아카드 왕들은 희귀한 물품, 단단한 돌, 나무, 은 등을 얻기 위해 먼 지역까지 원정한 것 같다. 이 지역에서 얻은 물건들은 바빌로니아로 옮겨졌다. 우르와 닙푸르에서 발굴된 몇몇 돌 그릇에는 그것들이 마간(Magan)과 같은 지역에서 가져온 물품이라는 내용이 새겨져 있다. 그러나 이 지역들이 지속적으로 아카드 왕들에 의해 통치되었을 가능성은 거의 없다. 원정의 목적은 무역로를 독점하려는 것이었다. 딜문(바레인), 마간(오만) 그리고 메루하(인두스 밸리)와 같은 해외에서 들어오는 배들은 아카드의 항구에 정박했다고 기록되었다. 나람-신이 마간을 정복했다고 주장할 때 의미하는 바는 군사적 힘을 이용해 그 자원들에 대한 보급을 확보했다는 것이다.

지방의 상황들에 따라 아카드인과 지방 군주들과의 관계가 대개 정해진다. 우리는 지방 군주와 아카드 관료 사이의 다양한 상호작용을 관찰할 수 있다. 예를 들어, 서부 이란의 수사에서는 관료들의 언어가 아카드어가 되고 지방의 군주들은 총독(énsi) 혹은 장군(shagina)과 같은 수메르어 직명으로 호칭되었다. 이것은 그들이 아카드 왕들에게 전적으로 의존적이었음을 나타낸다. 그럼에도 불구하고, 수사의 군주들은 어느 정도의 자율적인 권력을 유지하였다. 나람-신이 수사 지역의 익명 왕, 혹은 고급 관료와 조약(이 조약 문서는 엘람어로 기록됨)을 맺었을 때 수사의 복종이 약속된 것이 아니라 나람-신의 적을 자신의 적으로 간주하겠다는 엘람인들의 약속이 적혀 있었다. 아울러 엘람의 자치권이 방해되어서는 안 된다는 내용도 담겨 있었다.

시리아에서 아카드인들은 기존의 도시에 거점 본부를 설치하였다. 이것은 그곳에 아카드의 군대가 주둔했고 무역 대표단이 상주했다는 자료를 통해 알 수 있다. 나가르(Nagar, 오늘날의 텔 브락)에서는 나람-신의 이름이 찍힌 벽돌로 거대한 건물이 건설되었다. 그러나 건물의 용도가 군사적이었는지 행정적이었는지는 확실하지 않다. 니느바(Nineveh)에서는 마니슈투슈왕이 이스타르 여신을 위한 신전을 건설했다고 알려진다. 이것은 그가 자신의 왕조에 특별한 의미를 가진 여신을 숭배하도록 장려하였음을 암시한다.

바빌로니아 너머의 지방에서 아카드인들의 활동이 얼마나 활발했는지는 잘 알려지지 않았다. 근동 전역에 아카드어 행정 문서 문체를 따른 문서들이 발견된다. 그 예로(아카드 본토의 일부였을) 디얄라 지방, 엘람의 수사, 아시리아의 가수르와 앗수르, 유프라테스강 중류의 마리, 북시리아에 있는 나가르, 우르케스(Urkesh), 쉐나(Shehna, 오늘날의 텔 레일란<Tell Leilan>), 아스낙쿰(Ashnakkum, 오늘날의 텔 챠가 바잘<Tell Chagar Bazar>) 등을 들 수 있다. 아카드 문서 형식을 사용한 기록들이 반드시 아카드 왕조의 행정 조직이 그 도시에 있었음을 증거하는 것은 아니다. 초기 왕정 시대 말처럼 남부의 서기관 문화가 다른 지방에 전파된 것일 수 있다. 고대 아카드의 왕들은 아마 군사적 위협을 배경으로 자신의 상업적 이익을 반영할 수 있는 지방 요충지들을 건립하였던 것 같다.

아카드와 멀리 떨어진 나라들은 결혼과 같은 외교적 수단을 통해 관계를 맺었다. 북시리아 도시 우르케스(Urkesh)에서는 나람-신(Naram-Sin)의 딸인 타람-아가데(Taram-Agade)의 인장이 발견된다. 그녀는 그 지방 군주의 아내로 그곳에 상주했을 가능성이 높다. 반대로 바빌로니아 동쪽에 위치한 국가인 마르하시의 공주는 나람-신의 아들인 샤르칼리샤리(Sharkalisharri)와 결혼했다. 그런 결혼들은 고대 아카드 왕국이 정치적인 진공 상태에 존재한 것이 아니라 동등한 수준에서 협상해야 했던 국가들에 둘러싸여 있었음을 보여준다. 불행히도 아카드 왕국의 협상 대상이었던 국가들에 대한 정보는 아카드인의 기록을 통해서만 우리에게 전해지기 때문에 그들의 힘의 범위를 확실하게 평가하는 것은 거의 불가능하다.

아카드 왕국의 광범위한 영향력은 아카드 왕들의 자의식에 큰 영향을 미쳤다. 이미 사르곤 때부터 전통적인 칭호인 '키쉬의 왕'이 '세계의 왕'을 뜻하게 되었다(여기에는 키쉬의 이름과 '전 문명 세계'를 의미하는 아카드어 키쉬샤툼<kishsha-tum> 사이의 언어 유희가 작용했다). 나람-신은 자기 자긍심을 극단까지 가져간 인물이었다.

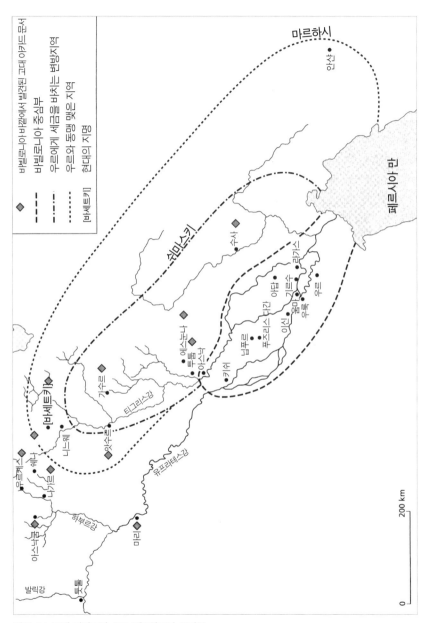

지도 4.1 고대 아카드와 우르 제3왕조의 국가들

Piotr Steinkeller, "The Administrative and Economic Organization of the Ur III State: The Core and the Periphery," in McGuire Gibson and R. D. Biggs, eds., *The Organization of Power: Aspects of Bureaucracy in the Ancient Near East*(Chicago:The Oriental Institute, 1987), 38

먼저, 그는 '(우주의) 네 모서리의 왕'이라는 새 칭호를 도입했다. 그는 군사적 성공으로 보다 높은 지위를 주장할 수 있었다. 바빌로니아 전역에서 일어난 큰 반란을 진압한 후 그는 메소포타미아 역사에서 전무한 일을 하였는데 그것은 자신을 신격화하는 것이었다. 북이라크에서 발견된 매우 독특한 비문 (나람-신의 시대에 세워졌다고 단정할 수는 없다)은 그 신격화가 도시민들의 요구에 의한 것이라고 묘사한다.

> 나람-신, 강한 자, 아카드의 왕:(우주의) 네 모서리가 그의 적이 되었을 때 그는 일 년에 아홉 번의 전투에서 모두 승리하였다. 그것은 이스타르가 그를 사랑하였기 때문이다. 나람-신은 그에게 반란한 왕들을 사로잡았다. 그가 위기의 시기에 그의 도시를 보존하였기에 이난나(Eanna)의 이스타르, 닙푸르의 엔릴, 툿툴의 다간, 케쉬(Kesh)의 닌후르사가, 에리두의 엔키, 우르의 신, 십파르의 샤마쉬, 쿠타의 네르갈의 도시민들은 그가 아카드의 신이 되어주길 바랬다. 그리고 그들은 나람-신을 위해 아카드 중앙에 신전도 지었다.[4]

그러므로 그의 이름은 신의 이름을 가리키는 쐐기 문자 기호(이것은 별 모양에서 유래함)와 함께 문서에 표기된다. 이것은 이념적으로 나람-신을 이전의 왕들과는 다른 존재로 삼는다. 이전 왕들은 죽은 후에 제사를 받았으나, 나람-신은 살아 있을 때 제사를 받았다. 아카드 왕궁은 다른 수단을 동원하여 왕을 드높이기 시작하였다. 이것들 중 가장 눈에 띄는 것은 예술 작품이다. 사르곤의 재위 시에 양식의 변화가 시작되어 나람-신 때에 절정에 이르러 놀라울 정도의 세련된, 자연미, 즉흥미를 뽐낸다. 가장 인상적인 작품은 나람-신의 승리 비석으로 이것은 왕이 산에서 벌어진 전투에서 군대를 지휘하는 모습을 담은 2m 높이의 돌이다. 나람-신은 예술 작품에서 늘 장엄한 모습으로 등장하며 주변 인물보다 크게 그려진다. 왕의 상징물들(활, 화살, 전쟁 도끼)을 달고 그는

---

4   번역의 출처는 Walter Farber, "Die Vergöttlichung Naram-Sîn," *Orientalia* 52(1983), 67-72.

신의 상징인 뿔 모자를 쓰고 있다(그림 4.1). 왕궁의 지원으로 다른 분야에서도 기술과 미적인 면에서 탁월한 작품들이 만들어 졌다. 3차원 조각상은 매우 세련되었다. 예를 들어, 구리로 된 바세트키 신상(Bassetki Statue, 나람-신의 신격화에 대한 본문을 담고 있음)은 몸의 자연스러움을 탁월하게 표현한다. 조각에 있어 기술적인 혁신도 이루어졌다. 예를 들어, 고대 그리스인들의 발명으로 여겨진 왁스 기술은 사실 이때 발명되었다. 미적 수련함은 작은 예술품에서도 확인할 수 있다. 왕족과 아카드 행정 관료들의 인장들은 그 자체가 빼어난 예술이다. 당시의 문서도 쐐기 문자를 찍는 기술이 상당한 수준이었음을 보여준다. 이 시대의 유물에서 확인되는 문자는 매우 기술적으로 새겨져, 서기관이 세밀한 부분까지 공들인 흔적과 예술적인 재능이 드러난다.

그림 4.1 나람-신 왕을 그린 비석의 일부. 나람-신 석비(Naram-Sin stele). 묘사된 장면은 이 석비에 쓰인 간략한 비문에 룰루비(Lullubi)로 불린 산지 사람들에 대항한 전투에서 나람-신을 군대를 지휘하는(뿔을 가진 관에 의해 확인된 바) 하나의 신으로 보여 준다. 이 형상은 이전 시기의 독수리 석비보다 훨씬 더 역동적이다. 왕은 그의 발아래 적들을 부수고 적들 중 하나는 벌거벗겨진 채 죽음의 세계로 내려가고 있음을 보여준다. 12세기때 슈트룩-나훈테(Shutruk-Nahhunte)왕이 이 석비를 수사로 가져갔을 때, 그는 산지 쪽에 그 자신의 이름을 새겨 넣었다. 루브르 박물관, 파리. 침골 석회암. 높이 2m; 너비 1.5m. 출판 허가: akg images/Erich Lessing. 출처: 루브르 박물관

그러나 고대 아카드 왕국의 지배권은 불안정하였다. 바빌로니아 안에서 뿐 아니라 다른 근동 지역에서도 아카드의 통치는 여러 가지 저항에 직면하였다. 이 문제는 국가 외부에서 오는 압력 때문에 더욱 복잡하게 되었다. 아카드 왕조에 대한 바빌로니아의 저항은 그 시대의 특징으로, 아카드 왕국이 끝내 넘어진 이유 중의 하나도 바빌로니아의 저항이었을 것이다. 아카드 왕조는 반란을 폭력으로 진압하였다. 자신의 비문에서 리무스(Rimush)는 남부 도시 출신의 수만 명의 사람들을 죽이거나 유배보냈다고 주장한다. 비문이 좀 과장되었음을 고려하더라도 리무스의 조치는 조금 심한 듯 보인다. 반 정부 봉기를 가장 자세하게 묘사한 비문은 나람-신 시대의 것이다. 나람-신은 바빌로니아 도시들의 두 연합군과 맞섰다. 북쪽 연합군은 키쉬의 왕인 이푸르-키쉬(Iphur-Kish)가 이끌었고, 남쪽 연합군은 우르의 왕인 아마르-기리드(Amar-Girid)가 이끌었다. 이처럼 왕국의 수도 근처에 있던 지역도 아카드 왕국에 대한 반란에 참여했다는 사실은 중앙집권의 이념이 여러 곳에서 받아 들여지지 않았음을 보여준다.

반란 도시들의 수는 주요 도시들이 모두 반란에 참여했을 정도로 적은 것이 아니었다. 이푸르-키쉬는 키쉬, 쿠타(Kutha), 티와(Tiwa), 십파르(Sippar), 카잘루(Kazallu), 키리탑(Kiritab), 아피악(Apiak), 에레스(Eresh), 딜바트(Dilbat), 보르십파(Borsippa)와 같은 북쪽 도시들에서 보낸 군대를 지휘하였다. 아마르-기리드는 우룩, 우르, 라가스, 움마, 아답, 슈루팍, 이신, 닙푸르 그리고 페르시아만 해안에 있는 마을의 군대를 진두 지휘하였다. 전투는 수많은 병사를 가진 두 개의 잘 짜여진 군대들 사이에 탁 트인 평야에서 벌어진 것으로 묘사된다. 도시들이 그런 군사적 반대 시위를 할 능력이 있었다는 사실은 아카드가 중앙 권력으로 수십 년을 지배한 후에도 지방의 정치구조가 계속해서 존재했음을 보여준다. 나람-신은 빠르게 진행된 전쟁에서 승리했다고 주장한다. 그리고 아마 반란을 성공적으로 진압한 후 나람-신은 자신을 신으로 선포했던 것 같다. 그러나 그의 통치에 대한 반대는 만만치 않았다. 아이러니하게도 나람-신은 그가 반란 도시들의 신들에게 신의 지위를 부여해줄 것을 요청했다고 진술하고 있다.

아카드 왕국은 바빌로니아 이외의 근동의 다른 지역에서도 반란에 직면하였다. 다른 지역에서 아카드 왕국의 영향이 얼마나 강했는지는 잘 알 수 없고 또한 그런 영향의 정도가 지역에 따라 달랐을 것이기 때문에 언제 어떻게 아카드 왕국의 영향이 그 지역에서 퇴출되었는지는 파악하기 어렵다. 엘람의 수사에서 나람-신(혹은 그의 아들 샤르칼리샤리)이 총독으로 임명한 사람인 에피르-무피(Epir-mupi)는 그의 신하들에게 보통 왕이 취하는 호칭인 '강한 자'로 불렸다. 앗수르(Assur)의 이티티(Ititi)는 가수르(Gasur)를 침략했는데, 이것은 아카드 총독이 그 두 도시를 정말 잘 장악하고 있었다면 일어나기 불가능한 사건이었다. 이 지역들에 대한 아카드의 직접 통치의 정도에 대해 우리는 잘 모르기 때문에 방금 언급한 사건들이 아카드의 지방 통치에 가지는 함의, 즉 얼마나 아카드 통치를 약화시켰는지도 파악하기 어렵다.

아카드 왕조도 종종 수세에 몰릴 때가 있었다. 국내의 반란 그룹들이나 세력권 밖에 있는 그룹들에 의해 군사적으로 위협당하기도 하였다. 아카드 왕조도 아모리인들, 북시리아의 반 유목민(semi-nomadic) 그룹들은 늘 조심해야 했다. 그러나 이 그룹들이 이 당시 남쪽으로 침략적 이주를 도모했던 흔적은 없다. 아카드의 또 하나의 주적은 수사의 동쪽에 위치한 이란 국가 마르하시(Marhashi)다. 샤르칼리샤리의 통치에 마르하시는 엘람을 정복하고 엘람과 함께 디얄라(Diyala)강과 티그리스강이 합쳐지는 아크샥(Akshak) 근처(아카드의 수도와 매우 근접한 지역)에서 아카드와 전투했다. 가장 심각한 위협은 동쪽의 구티아라는 산족들(Gutians)이었다. 이들은 자그로스 산맥에서 살았던 것 같다. 샤르칼리샤리 당시 구티아인들이 바빌로니아에 많이 정착하기 시작하여 아답에서는 구티아인 통역관을 임명해야 했다. 그들은 주로 이주를 목적으로 바빌로니아에 들어온 것 같으나 그들의 이주 과정이 언제나 평화로웠던 것은 아니었다. 샤르칼리샤리는 어떤 지역에서 그들과 싸워야 했고 어떤 편지에서 그들이 약탈을 했다고 기록되어 있다.

내부와 외부의 압력의 조합으로 샤르칼리샤리의 통치 기간 동안 아카드는 급격히 붕괴되어 갔다. 근동 전체가 다시 지방 독립 국가들의 체제로 환원했으며, 그중 일부는 전혀 새로운 민족에 의해 다스려졌다. 바빌로니아에서 구티아인들은 몇몇 도시 국가를 장악했고 그 지역에서 상당한 권력을 가졌던 것 같다. 구티아인 지배자들은 아카드 왕조의 후계자임을 자처하였다. 그중 하나인 에리두-피지르(Erridu-pizir)는 아카드 왕들을 흉내내어 닙푸르에 석비를 세웠고 '(우주의) 네 모서리의 왕'이라는 칭호를 취한 후 '구티움(Gutium)의 왕'이라는 칭호를 덧붙였다. 그러나 그들이 아카드 왕조를 대체한 것은 아니었다. 몇몇 독립 도시 국가들이 구티아인 국가들과 공존하였다. 가장 유명한 것이 수많은 유물과 문서를 남긴 라가스다. 그중의 하나인 구데아(Gudea)의 석비와 비문은 제3천년기 메소포타미아의 예술과 문학의 걸작 중 하나이다(그림 4.2). 아카드 도시에는 지역 왕조가 계속 통치하였다. 그러나 상황이 매우 복잡하여 수메르의 왕명록은 '누가 왕이고, 누가 왕이 아닌가?'라고 탄식하고 있다.

그림 4.2 구디아 석상(Gudea statue). 앉아 있는 라가쉬(Lagash)의 통치자를 보여주는 이 석상은 그의 수도 기르수(Girsu)에서 발굴된 약 15개의 석상 중 작은 것 중의 하나로서 유일하게 왕의 모습이 온전히 보존되었다. 스커트 자락에 쓰인 비문은 그가 난쉐(Nanshe)와 닌기르수(Ningirsu)를 위한 신전을 세웠으며 이 석상의 이름을 "닌기지다(Ningizzida)가 그 집의 건설자인 구디아(Gudea)에 생명을 주었다"라고 칭하였음을 언급하고 있다. 메소포타미아에서 각 석상이 각각의 이름을 가지는 것은 일종의 관습이었다. 루브르 박물관, 파리. 섬록암. 높이 46cm; 너비 33cm; 두께 22.50cm., AO 3293, AO 4108. 출판 허가: akg images/Album/Oronoz.

바빌로니아 밖의 지역에서는 아카드 왕조의 몰락으로 새로운 국가들이 발전하였다. 북시리아에서 후리안어를 사용하는 사람들이 두 수도의 이름을 따라 '우르케스와 나와르'(Urkesh and Nawar)라 이름하는 국가를 세웠다. 마리에서는 마니슈투슈(Manishtushu)의 즉위 때에 '장군들의 왕조'(아카드어 샤 카나쿠 <Shakkanakku>)가 이미 생겨났고 그후 350년 동안 독립 국가로서 도시를 다스린다. 수사는 아완(Awan)의 일부가 되었다. 아완이라는 국가는 이미 초기 왕정 시대에 존재했고 그 영토는 중앙 자그로스로부터 수사의 남쪽 지역까지 이른다. 고대 아카드 시대 말에 아완의 정치 체제는 강력한 중앙집권 체제가 되었다.

후속한 우르 제3시대의 초에, 우르 왕들은 쿠틱-인슈쉬낙(Kutik-Inshushinak) 왕을 바빌로니아의 주적으로 묘사하였다. 그 당시 그는 아완의 왕이었을 뿐 아니라 수사의 총독이자 장군이었다. 그리고 81개의 도시와 지방을 다스렸다. 이 중에 중앙 티그리스와 디얄라 지방에 위치한 것도 있었다. 마르하시 때문에 바빌로니아 국가들에게 이미 무서운 적이었던 서부 이란은 중앙집권화가 이루어지자 더욱 큰 위협이 되었다. 이런 정치적 상황은 이전 메소포타미아 왕들의 확장주의적 정책에 기인한 것 같다. 아카드인들에 의한 끊임없는 군사 원정은 지방 권력들로 하여금 합동 방어 체계를 구축하게 하였고 그들의 힘이 강해졌을 때는 자신의 땅에 주둔하던 바빌로니아 침략자들을 공격하였다. 이 과정의 다른 예들은 후대의 근동 역사에서도 찾아볼 수 있다.

이 동족 국가들이 어떤 이유에서 생겨났건 바빌로니아의 도시들은 이들과 또 다른 도시들과 무역 관계를 세웠다. 나무와 단단한 돌은 북시리아에서 수입하거나 라가스의 구데아와 같은 왕들은 군사적 원정을 통해 획득하였다. 구데아 왕은 페르시아만에 있던 마간과의 무역로를 개척하였다. 근동 전역에 고대 아카드 왕조 시대 이전의 정치 상황으로 회기하는 경향이 있었다. 이것은 아카드의 왕조가 그 지방의 근본적인 정치 경제 구조를 바꾸지는 못했음을 보여준다.

아카드 왕조의 성립과 근동 전체에 대한 왕조의 영향은 근동 역사에서 중요한 최초의 사건이었다. 그 이전에는 넓은 지역에 그렇게 정기적으로 군 원정을 한 적이 없었다. 그래서 메소포타미아인들은 이것을 절대 잊지 않았다. 대중들의 상상 속에서 사르곤과 나람-신은 지금까지 다스린 왕 중에서 가장 위대한 왕들이었다. 이들은 강력한 군주의 모델이 되었고 거의 2천 년 동안 만들어지고 전해진 수많은 이야기의 주인공이 되었다. 그들을 소재로 한 이야기에는 사실과 허구가 혼재되어 있다(문서 4.1 참고). 이 문학 작품들은 우리에게 풍부한 정보를 주지만 현대 역사가들에게는 큰 어려움이다.

어떻게 우리가 이 이야기들 속에서 역사적 사실을 추려낼 수 있는가?

후대의 메소포타미아인들 혹은 근동의 다른 주민들이 자신들의 목적을 위해 이 군주들의 이미지 속에 첨가한 부분은 어느 부분인가?

비록 그 이야기가 동시대에 작성된 다른 문서들보다 훨씬 많고 자세한 내용들을 담고 있지만, 이들은 허구를 포함하고 있다. 그럼에도 불구하고 우리의 역사 서술에서 그 후대의 이야기들을 제외한다면, 우리는 매우 중요한 역사 자료를 무시하는 것일 수 있다는 우려가 있다. 분명한 것은 그 문서가 주는 상세 정보의 일부는 전적으로 꾸며진 것이며 시대 착오적인 기술로 장식되었고 후대 메소포타미아인들이 선왕들을 어떻게 인식했는지만을 전해 준다는 것이다.

동시대의 자료와 후대의 자료를 완전히 구분하기란 불가능함에도 불구하고 역사가들은 언제나 후대의 이야기들을 염두에 두고 동시대의 기록들 가운데 빠진 부분들 을 채워야 한다. 이때 중요한 것은 후대의 이야기들 속에 포함된 '시대착오적 기술'이나 '꾸민 이야기' 가 있을 수 있다는 것을 염두에 두는 것이다. 그리고 우리는 그 이야기들을 이용해 그 이야기를 만든 사람들, 예를 들어, 7세기의 아시리아인들을 연구할 수 있고 왜 고대 아카드 왕들이 그렇게 깊은 영향을 그들에게 남겼는지를 이해할 수 있다.

문서 4.1 아카드 왕들에 대한 후대의 전승

특히 사르곤과 나람-신은 메소포타미아 역사를 통틀어 수많은 문서에서 기억된다. 그 문서들에서 그들은 군사적으로 일취월장하여 마침내 전 세계를 다스리게 된다. 이 문서들은 이 왕들에 대한 비판도 포함하였다. 나람-신의 경우 일찍부터, 사르곤의 경우 제1천년기에 가서 비난받기 시작한다. 사르곤에 대한 후대의 전승의 한 예가 몇몇 초기 왕들을 논의한 제1천년기에 작성된 역대서(성경의 역대서가 아님 - 역주)에서 발견된다.

아카드의 왕, 사르곤은 아스타르의 시대에 왕위에 올랐다. 그에게는 라이벌이나 그를 당할 자가 없었으며 그의 위엄은 온 나라를 덮었고, 동쪽으로는 바다도 건넜다. 즉위 11년 되는 해에 그는 서쪽 땅을 정복해 서쪽 끝까지 도달하였고 그들을 자신의 권위 아래 두었다. 서쪽 지방에 그의 석비를 세웠고 그들의 선물을 뗏목으로 가져왔다. 10마일 간격으로 관료들을 상주시킴으로 그는 온 땅을 동시에 통치하였다. 카잘라로 원정하여 도시를 파괴하였고 새가 앉을 수 있는 공간도 남겨두지 않았다. 후에 나이가 들었을 때 온 땅이 그에게 반란을 일으키고 아카드에 있는 그를 포위였으나 사르곤은 나와 싸워 그들을 무찌르고 그들의 큰 군대를 전복하고 승리하였다. 그리고 수바르투(Subartu)가 군대를 총동원하여 반란하였을 때도 사르곤은 무기를 들고 잠복 작전으로 그들을 무찌르고 그들의 큰 군대를 전복하고 힘으로 압도하였다. 그러나 그는 바빌론의 흙 구덩이로부터 흙을 파내어 아카드 옆에 바빌론을 대체하는 도시를 세웠다. 이 죄된 행위로 인해 위대한 주(Lord) 마르둑은 진노하여 기근으로 그의 백성을 싹 쓸어버렸다. 각지에서 사르곤에 반란하기 시작했고 마르둑은 사르곤에게 불면의 고통을 주었다.

번역 출처: Jean-Jacques Glassner, *Chroniques mésopotamiennes*(Paris: Les Belles Lettres, 1993), 218-20, no. 38.

후대의 이야기가 모두 아카드 왕들에 대한 좋은 이미지만을 제공하는 것은 아니다. 오랫동안 사르곤은 영웅적 전사로 간주되었다. 그러나 제1천년기 중반에 이르면 사르곤의 교만을 비판하는 글들이 등장한다. 나람-신은 제3천년기 말에 이미 그의 오만함이 흠으로 언급되었다. 그가 나푸르에 있는 엔릴 신전을 파괴하였으며 그 때문에 벌을 받아 나라를 잃게 되었다고 전해진다. 다시 말해 메소포타미아인들은 지나친 군사적 힘의 부정적 측면과 아카드 왕들의 비문과 예술에 표현된 지나친 자만심의 위험도 보았다.

2. 우르의 제3왕조

아카드의 패권 시대 이후 찾아온 지방 분권 시대는 그다지 오래가지 못했다. 동시대의 왕조를 연속적인 것으로 기록하는 수메르 왕명록의 관례 때문에 이 시대의 연대가 혼동스럽긴 하지만 아마 샤르칼리샤리 왕이 죽은 후 바빌로니아가 재통일되기 시작되는 시점은 약 40년 정도 떨어져 있을 것이다. 자료에 의하면 중앙집권 통치로의 회기는 구티아인들이 바빌로니아에서 쫓겨나면서 시작되었다고 한다. 우룩의 왕 우투-헤갈(Utu-hegal)은 그가 구티아인을 남바빌로니아에서 쫓아냈으며 왕권을 수메르인들에게 돌려주었다고 기록한다. 그의 형제, 우르-남마(Ur-Namma)는 그의 뒤를 이어 바빌로니아 전역에 우르를 수도로 한 새로운 왕조를 열었다.

우르-남마는 우투-헤갈의 왕위를 이어 받아 독립 군주와 구티아인들에 의존하는 지방 군주들을 복속시켰으나 그 과정은 구체적으로 알려지지 않았다. 그의 비문이나 연호는 바빌로니아 내에서 벌어진 전투에 대한 내용은 전혀 반영하지 않는다.

이것은 내부 반란이 적었기 때문인가?

아니면 우르-남마는 자신이 권력을 잡은 과정을 알리고 싶지 않았을까?

어쨌든 그는 통치 말년에 '수메르와 아카드의 왕'이라는 칭호를 취했다. 수메르와 아카드는 바빌로니아 전 지역을 이르는 말이다. 한편 구티아인들의 축출은 국경 지역에서 끝나지 않았다. 우르-남마는 구티아인들을 처리하기 위해 디얄라까지 군사 원정을 감행하였다. 이것으로 그는 서부 이란의 넓은 지역을 통치하는 아완의 쿠틱-인슈쉬낙과 충돌하게 되었다. 그러나 수사도 우르의 통치를 받게 된다.

2100년경 우르-남마는 우르의 제3왕조를 시작했다. 같은 가문의 5명의 왕이 5세대를 이어 통치하게 된다. 수메르의 왕명록에 따르면 그때가 우르에 왕조가 세 번째로 세워진 때이다. 그래서 현대 역사가들은 그 시대를 우르 제3왕조라고 부른다. 약 70년 동안 이 왕조는 세밀히 조직된 관료 체제를 이용해 바빌로니아와 동쪽 주변 지역을 다스렸다. 그 관료 조직이 만든 문서 자료는 헤아릴 수 없을 정도이다. 고대 근동 역사의 어떤 시대도 그렇게 풍부하고 다양한 자료가 있는 시대는 없다. 실제로 고대 그리스와 로마의 역사를 통틀어도 그렇게 문서 자료가 풍부한 시기는 찾아보기 힘들다. 우르 제3왕조 시대의 사건들의 기본적 순서는 연호를 통해 정해진다. 우르 제3왕조는 슐기(Shulgi)의 통치를 시작으로 입비-신(Ibbi-Sin)까지 90여 년 동안 이어진다. 왕들은 군사 원정과 건물 건축을 기념하는 비문을 제작하였다. 서기관들은 왕을 높이기 위해 제작한 찬양시에서 왕들의 중요한 업적들을 언급한다.

이 시대의 자료 중에 가장 많은 수를 차지하는 것은 행정-경제 문서다. 현재까지 약 4만 개의 문서가 출판되었으며 아직도 수십만 개의 문서가 박물관이나 개인 소장실에서 출판을 기다리고 있다. 이 문서들은 양 한 마리에 대한 영수증부터 3천 8백만 리터의 수확 곡물에 대한 계산서에 이르기까지 다양하다. 이 문서들은 농업의 모든 측면과 제조업, 무역, 조세, 물건 매매 등 경제 생활의 다양한 면을 보여준다. 그리고 그들은 국가 내의 여러 도시에서 제작되었다. 문서가 주로 발견된 지역은 바빌로니아의 남쪽 지방으로 우르, 움마, 기르수, 푸즈리스-다간(Puzrish-Dagan), 닙푸르 등이다.

문서가 너무 많기 때문에 역사가에게는 어려움도 있다. 이 정도 양의 문서들을 다루어야하는 학자들은 한 문서를 일일이 독해하기보다는 문서들을 분류하는 방법을 개발해야 한다. 그러나 이 작업도 쉬운 일이 아니다. 왜냐하면, 문서들의 대부분이 도굴 꾼들에 의해 발굴되었고 골동품 시장의 수많은 수집가들에게 나뉘어 저장되었기 때문이다. 더 심각한 문제는 자료의 수가 엄청나다 보니 그 자료가 우르 제3시대의 경제 활동의 전부분을 반영한다는 오해가 생긴다. 그러나 그것은 사실이 아니다. 대부분의 문서들은 정부 관료가 작성한 것이기 때문에 국가 경제의 극히 일부만을 보여준다. 그들은 왕궁 경제의 일면은 자세히 알려주지만, 개인 간의 경제 행위에 대해서는 거의 말해 주지 않는다.

후대의 메소포타미아인들이 아카드 왕조에 대한 기억을 보존했던 것과 대조적으로 이 시대에 대해서 관심이 전혀 없었다는 것은 놀랍다. 제2천년기 첫 세기에 우르 제3왕조의 왕들은 주로 학교 교과서를 통해 알려졌다. 찬양시, 왕궁 편지 그리고 다른 비문들이 학생들이 필사해야 하는 교과서였지만 우르 제3왕조의 왕들을 소재로 한 새로운 작품은 거의 쓰여지지 않았다. 간혹 쓰여지는 작품은 우르의 성공이 아니라 실패에 초점을 두고 있다. 우르 왕조가 망한 후 얼마되지 않아 우르, 닙푸르 등 남부 도시들의 멸망을 노래하는 애가 몇 편이 작성되었다. 그러나 그 애가들은 이전 왕국의 소멸에 대한 아쉬움보다 큰 재앙을 극복하고 지역에 질서를 회복시킨 새로운 왕조의 출현을 정당화하기 위한 것처럼 보인다. 보다 후대에서도 우르 제3왕조의 왕들을 언급하는 문서는 그리 많지 않다. 우르 제3왕조를 언급하는 문서들은 거의 징조(omen) 문서들로 왕들의 죽음에 대한 수수께끼 같은 진술을 포함한다. 예를 들어, '아마르- 수엔(Amar-Suen)이 그의 신발에 물려 죽었다'는 진술은 오늘날 무슨 뜻인지 모른다. 이 시대의 왕들은 아카드 시대의 왕들 만큼 후대 메소포타미아인들에게 영향을 끼치지 못했다.

문서 4.2 우르 제3왕조의 왕들을 위한 찬양시

우르 제3왕조와 함께 왕을 찬양하는 새로운 형태의 문학이 등장하였다. 왕의 업적을 찬양하는 찬양시가 등장한 것이다. 그 주제는 왕의 능숙한 전쟁 기술, 운동 능력, 강한 힘, 학자, 정의로운 심판관 등 매우 다양하다. 찬양시들은 신들이 왕을 보호하고 지지한다고 주장함으로써 왕을 만신전에 연결시켰다. 때때로 왕은 길가메시와 같은 과거의 신화적 영웅들과 연결되기도 한다. 이 찬양시 장르는 고대 바빌로니아 왕조 때까지 큰 인기를 누렸고 수메르어로 작성되었다. 찬양시들은 대개 고대 바빌로니아 시대의 예비 서기관들이 작성한 사본의 형태로 현전한다. 그리고 그것이 서기 훈련의 중요한 부분을 차지한다. 우르 제3시대의 왕 슐기(Shulgi)는 가장 많은 수의 찬양시를 헌정 받았다. 그것은 아마 48년이란 오랜 세월 동안 통치했기 때문일 것이다. 다음의 본문은 학생으로서 그리고 전사로서의 슐기의 능력을 은유적 언어로 찬양한다.

나는 왕이 낳으시고 여왕이 품으신 후손인 왕이다. 나 귀족 슐기는 태에서부터 행운을 타고 났다. 내가 어렸을 때 학교에서 수메르와 아카드 토판으로 서기의 기술을 익혔다. 귀족 가운데 나처럼 토판에 글을 쓸 수 있는 사람이 없었다. 사람들이 정기적으로 서기 기술을 위해 개인 교습을 받았던 곳에서 나는 뺄셈, 덧셈, 대수학, 회계도 훌륭하게 해냈다. 공평한 여신 나니브갈(Nanibgal), 여신 니사바(Nisaba)는 나에게 많은 지식과 이해를 주었다. 나는 하나도 소홀히 하지 않는, 경험이 많은 서기다.

나는 나귀처럼 뛰고 치타처럼 힘 있게 솟아올랐다. 신 안(An)의 은혜가 나에게 기쁨을 주었고 엔릴 신은 나에 대해 호의적으로 말했으며 그들은 나의 의로움을 인정하여 내게 홀을 주었다. 나는 내 발을 적의 목에 두고, 나의 무기의 명성은 남쪽까지 퍼졌으며, 나는 고지대에서도 승리를 이루었다. 내가 전쟁과 투쟁을 위해 신 엔릴이 내게 명령한 장소로 떠났을 때, 나는 내 군대의 주력보다 앞서 나갔고 초병을 위한 길을 놓았다.

나는 무기에 대한 열정이 있다. 나는 창과 막대를 가지고 다닐 뿐 아니라 돌팔매를 어떻게 사용하는지도 안다. 내가 쏘는 셀 수 없는 작은 점토 알들이 무서운 폭풍우처럼 흩날린다. 나는 크게 노하여 점토 알들이 목표물에 적중하도록 한다.

번역 출처: Jeremy Black et al., www.estcsl.orient.ox.ac.uk/c.2.4.2.02

우르 제3왕조는 그 이전 왕조와 다른 성격의 국가였다. 지리적으로 보다 제한된 크기를 가졌고 내부적으로 더욱 집중된 중앙 권력을 가졌다. 국가 자체는 두 부분으로 구성되었다. 수메르와 아카드로 통칭되는 본토가 하나이고 다른 하나는 티그리스강과 자그로스 산맥 사이의 동쪽 지역인데, 이 지역은 주둔군을 통해 통치하였다. 근동의 나머지 부분인 그 이외의 지역과는 외교적 접촉을 통해 관계를 유지하거나 우르의 군대 원정을 통해 침략하였다. 우르 제3왕조의 통치 체제는 48년을 즉위한 슐기 왕 때에 주로 만들어졌다. 슐기 왕은 국가 본토를 재정비하고 즉위 20년부터는 동쪽 주변 지역을 정복하였다. 슐기 체제가 하루 아침에 이루어진 것도 아니고 그후 변화를 겪게 되지만, 일반적으로 다음과 같다고 할 수 있다.

본토는 디얄라 협곡의 저지대를 포함한 전통적으로 바빌로니아로 불리는 지역이었다. 이 지역은 약 20개의 지방으로 나뉘었다. 이 지방들은 본래 독립 도시 국가들의 영토와 겹친다. 이들은 왕을 대신하여 수메르어로 엔시(énsi)라는 총독이 감독하였다(초기 왕정 시대에는 엔시는 도시 국가의 독립 왕을 의미하였다). 이 사람들은 지방의 유력 가문 출신이었고 총독직은 아버지로부터 아들로 세습되었다. 고위 관직도 유력 가문의 사람들이 차지하는 경우가 많았다. 이것은 유력 가문을 자신의 편으로 두려는 왕의 전략 중 하나였다. 또한, 왕은 결혼을 통해 유력 가문과 관계를 맺었다. 예를 들어, 슐기는 최소 9명의 여인과 결혼한 것으로 알려진다. 이들 각각은 중요한 지방 가문의 일원이었을 것이다. 총독의 책임은 주로 신전 재산을 관리하는 것이다(신전의 부동산은 남쪽 지방에 특히 많았다). 총독은 또한 운하 시설의 관리에 대한 책임도 있었다. 아울러 지방에서 최고 법관의 역할도 해야 했다. 왕을 대신하였던 총독의 손에 여러 분야의 권위가 집중되었다.

총독의 시민 행정은 장군(수메르어 샤기나<Shagina>)을 수장으로 하는 군대 운영과 병행하였다. 물론 이들 권력이 미치는 영역이 지방의 그것과 온전히 일치하는 것은 아니다. 예를 들어, 움마 지방에는 한 명의 총독과 여러 명의 장군들이 있었다. 각각은 다른 지역을 담당했다. 장군들은 주둔지 출신의 인물이 아니었고 유력 가문의 일원도 아니었다. 그들은 왕이 친히 선택한 자로서 궁에서 인정받은 일군(→ 群)의 사람들이다. 많은 장군들이 아카드 이름이나 바빌로니아에 갓 이민한 민족의 이름(후리안, 엘람, 아모리)을 가졌다. 이들은 왕과 개인적인 연관이 있었으며 종종 왕족과 결혼하기도 하였다. 그리고 그들은 왕의 농지나 왕에 속한 사업으로부터 급료를 받았다.

중앙 행정의 일환으로 지방의 수입 중 상당한 부분을 거둬들이는 조세 제도가 확립되었다. 이 제도는 수메르어로 발라(bala)라고 불렸는데 그것은 '교환'을 의미한다. 그 조제 제도는 모든 지방에서 갹출된 거대한 재원으로 그 재원에서 지방들은 물건을 배급받기도 했다. 발라 제도는 국가가 그 영토에서 생산되는 모든 자원을 효과적으로 이용할 수 있게 해준다. 각 지방이 기여하는 조세의 양과 내용은 지방의 경제적 능력과 생산 부문의 성격에 따라 다르다. 예를 들어, 기르수(Girsu)는 곡물이 많이 생산되기 때문에 곡물로 세를 납부한 반면 그 이웃인 움마(Umma)는 나무, 갈대, 가죽에서 생산된 물품을 바쳤다. 이 조세의 상당 부분은 지방에 상주하는 정부 관료가 소비했으나 일부는 집산지(distribution)로 보내져 그 물건들이 필요할 때 필요한 곳으로 분배될 수 있도록 하였다. 각 지방의 조세량은 각 지방의 수확 능력, 제작 능력에 기초하여 미리 계산되었다. 곡물의 경우 농업 용지의 크기가 관료에 의해 측량되어 예상 수확량이 계산된다. 이렇게 얻은 숫자에 기초해 국가에 상납하는 양이 결정되는 것이다. 연말에 실제로 상납한 양과 요구된 양이 비교 되고 남는 분이나 부족 분은 다음 해로 넘어간다. 아울러 본토 주변 지역에서 오는 공납, 특히 가축들도 발라-재원에 추가되었다(다음 페이지를 보라). 지방들은 필요할 때 그 재원에서 물건을 배급받을 수 있었고, 이렇게 해서 이웃 지방의 생산품을 사용할 수 있었던 것이다. 이와 같은 물품의 이동은 국가 행정관들이 주의 깊게 계산하였다.

우르 제3왕조 아래서 수메르와 아카드는 왕궁을 중심으로 한 경제 덕에 경제적 번영을 이루었다. 고고학 기록에 따르면 이 당시 높은 수준의 도시화가 이루어졌으며 인구 밀도도 어느 시대보다 높았다. 사용 가능한 부의 정도는 전국에서 벌어진 왕의 건축 사업을 통해 시사된다. 연호에서 왕은 농경지를 확장시키는 관개 운하 건설을 종종 기념하였다. 이는 관개 운하 건설 사업을 위한 수많은 노동력을 조직적으로 운영할 수 있었다는 것을 보여준다.

또한, 경제 생활에 대한 왕궁의 영향력이 얼마나 광범위했는가를 잘 보여준다. 수백명의 건장한 남녀(수메르어로 구루스<gurush>와 게메<géme>)가 국가에 노동력을 제공하기 위해 동원되었다. 노동력도 발라-재원의 일부였다. 두 종류의 노동자들이 있다. 일 년 내내 노동하는 부류와 반 년만 노동하는 부류이다. 노동의 대가는 대개 보리, 기름, 모를 배급받는 것이며 배급량은 노동자의 지위에 따라 차등적이었다. 그들은 보통 직물짜는 일이나 갈대를 자르는 일과 같은 특수한 임무를 맡았으나 농번기처럼 일손이 부족한 때에는 수확이나 운하 정비와 같은 농사일로 대체될 수 있었다. 제한적으로 노동한 사람들은 덜 바쁜 때에 일했던 것 같다. 국가의 자산이 농지, 낚시 어장, 제조 공장 등을 포

함하여 어마어마했기 때문에 노동력에 대한 수요가 매우 높았다. 우르 제3왕
국은 주민들이 관료 조직에 철저히 종속된 전체주의 국가가 아니었다. 그래서
노동력의 대가로 상당한 보상을 제공해야 했다. 우리가 가진 많은 문서들에
따르면 노동에 대한 보상은 국가가 중앙 재원에서 충당하였다.

지리적으로 그 범위가 잘 정비된 우르 제3왕국의 핵심 지역(Heartland)에는
중앙 조직의 영향이 미쳤다. 핵심 지역은 관개 농업이 시행되었던 메소포타미
아의 충적토 지역이었다. 북쪽 경계는 슐기가 세운 벽으로 구획되었고 티그리
스와 유프라테스강이 가장 근접한 지역은 수-신(Shu-Sin)에 의해 요새화되었
다. 성벽은 보통 아모리인들이 바빌로니아로 들어오지 못하도록 하기 위한 것
으로 간주된다. 그러나 그 성벽 북쪽 경계에 대한 명확한 구획으로도 이해될
수 있을 것이다.

우르의 동쪽 영토에 대한 지배는 핵심 지역의 지배 방법과 좀 달랐다. 이전
에 이미 우르-남마가 티그리스강과 자그로스 산맥 사이의 지역으로 원정했었
다. 슐기의 통치 말에는 우르가 남으로 수사에서 북으로 모술(Mosul) 평야까지
이르는 지역을 통치하였다. 우르는 이 지역에 군사 정권을 심었다. 이로써 직
접 착취가 가능했고 왕이 임의대로 한 곳에서 다른 곳으로 이동시킬 수 있는
장군들(샤기나<shagina>)이 수장을 맡았다. 감독은 왕궁의 이익을 대변하는 왕
궁 수상(수칼-마<shukkal-mah>)이 맡았다. 장군들의 임무는 다양한 수준의 군사
단위에 의해 세금으로 획득된 소, 양, 염소를 정확한 숫자로 계수하여 모으는
것이다. 어떻게 군인들이 동물들을 받았는지는 기록되지 않는다. 아마 그들은
지방 사람들로부터 그 동물들을 세금으로 받았을 것이다.

수많은 동물들이 바빌로니아로 이송되어 닙푸르 근처의 푸즈리스-다간
(Puzrish-Dagan)으로 집결한다. 푸즈리스-다간은 동물들의 집결지로 슐기 왕이
즉위 38년에 세운 도시이다. 그들은 그곳에서 발라-재원으로 들어가고 왕궁
의 식량으로 지불되거나 수많은 신전의 제물로 지불될 수 있었다. 많은 동물
들은 털의 공급에 사용되기도 했다. 동쪽 변방과 바빌로니아 본토에서 집결된
동물의 수는 놀랄 정도로 많다. 기록에 따르면 하루에 200마리의 양과 염소,
15마리의 소가 푸즈리스-다간을 통해 유통되었다고 한다. 동쪽 변방은 본토

의 경제에 편입되는 동물들의 공급지로 사용되었다.

이 동쪽 변방 너머의 땅은 적으로 간주되었고 자주 군사적 원정의 목표가 된다. 왕의 비문들은 원정에서 얻은 수확물과 포로들을 자랑하며 다양한 민족들과 도시들을 언급한다. 비문에 등장하는 몇몇 국가들은 아카드 시대부터 존재하던 국가로 우르 제3시대까지 메소포타미아 왕국의 무서운 적으로 남아 있었다. 우르 제3왕조의 왕들은 이 적국을 달래기 위해 외교에 의존했다. 우르의 다섯 왕 중 세 명이 자신들의 딸을 이란의 왕자들에게 시집보냈다.

그러나 이 정책은 실패한다. 쉬마스키(Shimashki)와 같은 동쪽 국가들이 적대 태세를 전혀 바꾸지 않았다. 결국 이들은 우르 제3왕조가 무너지는 데 중요한 역할을 하였다. 페르시아만 지역과 우르는 고대 아카드 시대로부터 존재해 온 무역 관계를 유지하였다. 우르-남마는 마간과의 무역을 재개했다고 주장했고 우르 제3왕조 시대를 통틀어 마간을 언급하는 행정 문서들이 발견된다. 상인들의 기록에 따르면 구리와 섬록암(diorite)과 같은 돌과 교환하기 위해 바빌로니아에서 많이 생산되던 모와 직물을 보냈다. 이처럼 동쪽과 남쪽 지방과 우르의 접촉은 무역, 외교, 군사 원정을 통해 광물 자원을 얻기 위한 것이었다.

우르 제3왕조의 왕들은 북쪽과 서쪽 지방은 또 다르게 접근하였다. 이 지방의 국가들과 외교적 관계를 수립하고 군사적으로 지배하려고 하지 않았다. 우르-남마는 마리의 공주와 자신의 아들 슐기와의 결혼을 주선하였다. 이것은 유프라테스강 중류에 위치한 그 나라가 더 북쪽 지역 사이의 완충 역할 혹은 중재 역할을 할 것으로 기대했기 때문이다. 시리아의 국가들은 우르와 친선 관계를 유지하였다. 그러나 실제적인 교역은 드물었다. 고고학 기록에 따르면 알 수 없는 이유로 북시리아 마을들의 수와 크기가 감소하였다. 아마 그 지역이 경제적 불황을 겪었을 수 있다. 무역로를 통제한 도시들만이 바빌로니아와 접촉하였다. 바빌로니아에서 발견된 우르 제3왕조의 자료들에서 우리는 툿툴, 에블라, 우르수(Urshu)와 같은 시리아 도시민들에 대한 언급을 볼 수 있고 또한 비블로스(Byblos)라는 지중해 항구에서 온 사신도 볼 수 있다. 시리아를 정치적으로나 군사적으로 지배하는 하나의 도시는 없었던 것 같다. 정치사에 중요한 역할을 한 시리아인들은 아모리인들이었다. 아모리인들은 주로 반 유목민들로 바빌로니아의 기록에서는 나쁜 침략자로 그려진다. 아모리인들의 압력은 우르 제3왕조가 붕괴되는 데 큰 역할을 했다.

이처럼 군사적 대립을 택했던 아카드의 대시리아 정책은 우르 시대에는 외교를 골자로 한 정책으로 전환되었다. 우르 제3왕조의 왕들이 '(우주의) 네 모서리의 왕들'이라고 자처함에도 불구하고 그들의 군사적 활동 범위는 고대 아카드의 왕들보다 작았다. 그러나 우르 제3왕조는 보다 탄탄한 내부 결속을 보여주었다. 국가 기능을 원활히 만들기 위한 몇몇 개혁이 바빌로니아 본토에서 이루어졌다. 예를 들어, 수메르와 아카드 전역으로 자원의 수입과 배분을 가능하게 한 발라 조세 제도를 들 수 있다. 지방 경제에 대한 국가의 개입은 엄청났다. 그리고 국가의 고용도 매우 큰 비중을 차지했다. 자산의 모든 움직임을 계산 하기 위해 세밀한 관료 조직이 필요하였다. 이것은 왜 우르 제3왕조에 관한 자료가 그렇게 많은지를 설명한다. 그 문서들은 바른 회계 기술과 공식을 사용하도록 훈련된 서기관들에 의해 작성되어야 했다. 우르 제3왕조의 공문서들에 사용된 문자 체제에는 통일성이 있었다. 이것은 서기관들을 훈련시킨 학교들이 있었음을 암시한다. 무게와 도량 체계도 단일화되었고 슐기왕이 전국에 표준 달력을 도입하려 했다는 증거도 있다. 여전히 도시마다 나름의 월명(month name)을 사용하였지만 슐기의 즉위 때 푸즈리스-다간과 움마, 기르수, 에스눈나(Eshnunna)에서 공무 처리에 사용하기 위한 달력이 등장했다. 그러나 그 달력은 전국에 강제 보급되지 않았음은 물론 왕궁에서도 사용되지 않았다. 이것은 지방 관습들이 얼마나 생명력이 있었는가를 보여준다. 지방이 정치적으로 다시 한번 파편화되는 다음 세기에 가서야 닙푸르의 달력이 바빌로니아 전체에 표준으로 사용된다.

왕들은 사상적인 측면에서 나라를 통일하려는 적극적인 정책을 펼쳤다. 자녀들을 주요 신전의 대제사장 혹은 대여사제로 임명하였고 왕국 전역의 신전들을 복원하거나 건설하였다(그림 4.3). 즉위 20년이 되기 전 슐기는 자신을 신으로 선포하였고 그의 후계자들도 왕이 됨과 동시에 신의 지위를 가졌다. 그들은 어느 한 도시의 신이 아닌 나라 전체의 신으로 간주되었고 전국에 그들을 위한 예배 의식이 확립되었다. 이것은 종교 의식을 통해 중앙화의 초점을

그림 4.3 난나(Nanna) 신의 여 대제사제의 이름이 새겨진 접시. 이 접시는 우르에서 발굴되었고 소유자 또는 기부자로 확인되는 "(월신) 난나의 여사제 엔마갈란나(Enmahgalanna)"의 간략한 비문을 담고 있다. 그 외에 특이한 초승달 그림과 쐐기 문자 EN, "여사제"가 쓰였다. 다른 문서로부터 우리는 엔마갈란나가 아마르-수엔(Amar-Suen) 왕의 딸이었음을 알 수 있다. 대영 박물관, 런던. 바닥 19cm. 바깥 구연부 24.30cm, 높이 3.5cm. 출판 허가: © The Trustees of the British Museum.

제공하려는 의도였던 것 같다. 많은 관료들은 자신들이 맡은 일을 공증하려는 목적으로 실린더 인장을 사용하였다. 그 인장들은 보통 주인의 이름과 그의 직명을 새긴 글자들을 포함하였다(그림 4.4). 그리고 관료들은 '왕의 종'이라는 지위로 자신을 지칭하는 것이 중요했는데, 그 이유는 그들의 권위가 궁극적으로 왕에게서 나옴을 나타냈기 때문이다. 또한, 사람들은 자녀들에게 왕을 신으로 지칭하는 이름을 지어주었다. 관료들은 자신의 이름이 왕에 대한 언급을 포함하도록 개명하기도 하였다. '슐기는 나의 신'과 같은 이름은 매우 흔한 이름이었다. 이렇게 중앙 국가의 사상이 국민의 생활 깊은 곳까지 파고들었다.

그러나 실제로 이런 왕궁 이념이 실현되었는지는 의심의 여지가 있다. 비록 사람들이 우르에 있는 왕에게 세금을 바치고 경의를 표해야 했지만 지역 경제와 위계 질서는 서로 독립적으로 존재했다. 이것은 우르 제3왕조의 붕괴의 여파에서 가장 분명히 증명된다. 그 당시 바빌로니아는 쇠퇴의 시기를 맞지 않았지만 통일 국가의 일부를 형성했던 그외 지역들은 혼란의 증거 없이 지방 관행으로 복귀했다. 그들의 경제가 특수화되어 단일 체제의 의존적인 요소가 되었다면 불가능했을 일이다. 우리는 우리의 역사 재구성에서 사용되는 문서들의 편향성을 늘 기억해야 한다. 거의 모든 문서는 국가 관료 조직에 의해 생산되었기 때문에 국가의 활동을 묘사한다. 따라서 국가 경제에 의존하는 모든 이들의 활동을 기록하고 지도하는 우르 제3왕조를 매우 권위적인 정부로 보기 쉽다. 그러나 이렇게 풍성한 국가 기록 안에서 우리는 국가가 통제하지 않은 경제의 흔적을 발견한다. 종종 사람들은 국가에 서비스를 제공하면서 동시에 독자적인 상거래를 하였다. 또한, 여러 가지 면에서 지역적 특성들이 존재하였다. 예를 들어, 남부에서 국가는 수세기 동안 존재해 온 신전을 통해 광대한 재산을 관리했다. 반면 북쪽에서는 다른 사업 계약도 가진 개인 대리인들에 더욱 의존하였다. 이처럼 우르 제3왕조에는 다른 전통들이 기능하였고 지방 경제체제도 매우 다양했음을 잊어서는 안된다.

우르의 패권은 갑자기 종식되었다. (대개 그렇듯이) 우리는 어떻게 그 나라가 붕괴했는지 주요 원인들은 잘 알지 못하지만, 대체로 내부적 요소와 외부적 요소로 나누어 추측해볼 수 있다. 바빌로니아 내부에서는 이전의 도시-국가들과 그들의 지방 군주들이 언제나 지방 독립 의식을 고취해왔다. 입비-신(Ibbi-sin)의 통치 초기에 일부 지방은 납세를 중지했고 즉위 9년째 되던 해에는 발라 제도 자체가 사라졌다. 서기관들은 입비-신의 즉위 2년 말이 되면 더 이

그림 4.4 입비-신(Ibbi-Sin) 왕의 관원, 일룸-바니(Ilum-bani)가 사용한 실린더 도장과 인장. 이것은 우르 제3왕조 관원의 전형적인 실린더 도장 중 하나로서 도장의 주인이 앉아 있는 신에게 한 여신의 중재로 소개되고 있는 모습을 보여준다. 비문 또한 이 시기의 매우 표준적인 문서를 지니고 있다. 입비-신을 우르와 우주 네 구역의 왕으로 찬양하며 일룸-바니 관원이 그의 신하임을 언급하고 있다. 이는 그가 이 도장을 공식 업무를 위하여 사용한 것임을 알려준다. 메트로폴리탄 박물관, 뉴욕, 마틴 체르카스키와 사라 체르카스키의 선물, 1988(1888.380.2). 적철광. 높이 2.8cm, 직경 1.7cm. 출판 허가: © 2014 The Metropolitan Museum of Art/Art Resource/Scala, Florence.

상 푸즈리스-다간에서 우르 제3왕조의 연호로 문서를 작성하지 않았다. 움마에서는 즉위 4년에 그리고 기르수에서는 즉위 5년째 되던 해, 닙푸르에서는 즉위 8년이 되면 우르 제3왕조의 연호는 문서에서 사라진다. 입비-신의 즉위 8년에는 이신에서 독립 왕조가 왕권을 잡았다. 입비-신을 섬기던 장군 중 하나인 이스비-에라(Ishbi-Erra)가 그 왕조를 이끌었다.

새 왕조는 곧 지역 전체의 종교 중심지인 닙푸르를 접수했다. 동시에 기근이 우르 지방을 덮쳤다. 후대의 사본으로만 존재하는 왕의 편지들 중 일부는 입비-신이 이스비-에라가 아직 수하의 장군이었을 때에 그에게 돈에 구애 받지 말고 북쪽에서 식량을 구해올 것을 탄원했음을 보여준다. 우르에서 곡물의 가격이 15배 가량 올랐던 것으로 보인다. 그때에는 곡물이 더 이상 동물의 사료로 사용되지 않았을 것이다. 그 물가 인상이 어느 정도까지가 흉년 때문인지, 어느 정도까지가 지방들이 세금 납부를 거부했기 때문인지는 확실하지 않다. 이 당시 경제의 어떤 영역들은 오히려 잘 운영되었던 것으로 보인다. 우르는 신전과 궁전에 귀중품을 공급하는 공장을 가졌다. 입비-신의 즉위 15년의 기록에 따르면 약 18kg의 금과 75kg의 은이 그 해 사용되었다. 국가의 금고는 아직도 가득하다.

우르에 대한 결정적인 타격이 바빌로니아 외부에서 가해졌다. 입비 신의 통치 3년 째에 권위가 약해지자 동쪽에 위치한 우르의 주적 쉬마스키의 통치자가 수사와 엘람을 공격했다. 20년 후에 그는 바벨로니아와 완전히 적이 되었다. 그는 우르의 수도를 포위하였고 입비 신 왕을 수사로 유배시켰다. 이신의 이쉬비 에라(Ishbi-Erra)에게 쫓겨 날때까지 약 7간간 엘람인들이 그 도시를 점령하였다. 이쉬비 에라와 그의 후계자들이 우르 왕의 상속인들이 될 것을 요구하였다. 그러나 그들은 그 지역을 지배할 수는 없었다. 게다가 독립한 도시 국가들이 바빌로니아로 결집하였는데 다음 장에서 논할 것이다. 21세기, 바빌로니아를 비추는 빛이 너무 밝아 근동의 다른 지역은 역사 서술에서 종종 무시된다. 다른 지역의 역사는 그들이 우르와 접촉할 때만 연구 된다. 그러나 이란의 쉬마스키와 같이 동쪽에 있던 국가들은 우르의 지배에서 벗어났다. 그리고 이들 외국 군대들은 그 국가를 멸망시키기 위하여 우르가 중심이 되어서 통치하는데 반대한 내부의 적을 이용하였다.

권력의 최정점에 있는 우르 왕궁은 왕들을 찬양하는 찬양시를 다수 포함하고 있는 문학 작품을 후원했다(문서 4.2 참조). 길가메쉬와 같이 영웅을 찬양하는 수메르인들의 문학작품들이 이 시기에 만들어졌고 우르 3왕조 왕들은 그것들이 그들과 관련 되었다고 주장했다(예를 들어, 슐기는 그가 길가메쉬와 형제였다고 단언했다). 하지만 우르 3왕조 시기 문학 작품에 대한 기록이 남아 있지 않다. 우리는 제2천년기 초기 학생들이 훈련을 받으면서 만든 사본에서 그것을 알아 낸다. 우르 3왕조 왕들을 찬양하는 찬양시들이 교과 과정의 일부였고 서기관들은 어린 나이에 왕조의 위대함에 대해 배웠다. 하지만 또한 그들은 우리의 실패에 초점을 맞춘 문학도 사본으로 만들었다. 특히 두 유형의 문서에서 그 주제를 다루었다. 가장 눈에 뛰는 것이 '도시의 비애'(city laments)라고 부르는 한 편의 시들이었다. 그것들은 신들이 우르 3왕조 주요 도시였던 우루닢루르 에리두 그리고 우룩에 반감을 가져 그 도시들을 버렸고 엘람인들에게 넘겨서 파괴시켰는지를 묘사한다. '수메르와 우르의 멸망에 대한 탄식'(The Lament over the destruction of Sumer and Ur) 작품에서 그들이 입비 왕이 쇠사슬에 묶여서 엘람으로 어떻게 끌고 갔는지 이야기 한다.

학생들이 필사했던 또 다른 문서가 우르 왕들이 관료들과 주고받았던 서신의 일부라고 주장되었다. 이들은 아모리인들이라고 칭하는 그 국가의 주요 적대 그룹으로 확인되었고 그 시대의 다른 문학들의 주제에서 그들에게 문명화된 삶이 부재한 것으로 묘사되었다. 근동의 역사에서 아모리인들의 왕의 역할에 대하여 묻는 것은 어려운 질문(토론 5.1 참조)이며 우르 3왕조 시대에 왕의 서신을 그렸던 그림을 확인해 줄 증거는 거의 없다. 그러나 제2천년기 초기에 그들이 우르가 붕괴하는데 있어서 전적인 책임을 짊어진다.

구 바벨로니아 시대 이후에 우르 3왕조에 대한 기억은 흐릿해졌다. 아카드 왕조에서 그의 군사적 성공이 무시되었던 것과는 달리 예언의 징조로 입비 신은 재앙을 끝낼 통치자의 모델이 되었다. 왕조의 성공보다 멸망에 더 관심을 가졌다. 수메르와 우르의 멸망에 대한 탄식에서 이렇게 말하고 있다.

"우르는 왕권을 받았지만 영원한 통치가 보장된 것은 아니었다"

토론 4.1 아카드 왕조에 대한 후대의 메소포타미아 자료를 우리가 신뢰할 수 있는가?

아카드 왕조는 고대 메소포타미아에서 절대 잊히지 않았다. 그가 죽은 지 약 2000년 된 페르시아 시대에 사르곤 왕의 석상이 여전히 그것이 신인 것처럼 제물을 받았다. 그와 그의 후계자 몇 명 특별히 나람-신은 긴 전통의 전설의 주제가 되었고 시대가 지나면서 더욱 더 큰 위업을 그들에게 돌렸다(Westenholz 1997). 바빌로니아 사람들뿐만 아니라 아시리아인들, 히타이트인들, 심지어 이집트인들까지 그것을 읽었다. 다음 본문은 최근 그들의 아나톨리아 식민지 카네쉬(Kanesh)에서 발견된 것으로, 19세기 아시리아안들에 의하여 쓰인 사르곤의 영웅적 능력에 대한 이야기를 포함하고 있다(Gu̇nbatti 1997). 이 본문의 의미는 꽤 논쟁되었다. 어떤 이는 그것이 패러디라고 말하며(예를 들어, Foster 2005: 71-5), 다른 이는 그것이 심각하게 다루어져야 한다고 주장한다(Dercksen 2005). 1천년대 중반 사르곤은 홍수의 유일한 생존자 우트나피쉬팀과 함께 세상의 끝에 살고 있는 것으로 그려지고, 그의 제국은 지중해의 크레테에서 오만, 아나톨리아에서 이집트까지 뻗어 있다고 묘사되고 있다(Van De Mieroop 1999a: 59-76).

이러한 정보가 얼마나 신뢰할 만한 것이며 우리가 아카드 왕조를 이해하는데 얼마나 유용한 것인가?

어떤 학자들은 최대주의적 접근을 취하여 이 이야기들이 우리에게 전해주는 바를 무시하는 것은 바보스러운 짓이라고 주장한다. 그것의 저자들은 우리보다 사건들에 더 가까이 살았으며 그들은 지금은 잃어버린 정보들에 접근하였을 것이다(Hallo 1998, 2001; 최대주의자들과 최소주의자들의 용어를 위하여 참고하라).

물론, 우리는 과장을 무시할 필요가 있지만, 다른 자료들을 참고하여 그 전설들을 비평적으로 분석함으로 발견되는 "역사적 핵심"이 있음을 알 수 있다(Potts 2001).

그러나 이 전설들의 진술을 사실 입증하는데 도움을 줄 수 있는 외적 증거로서 무엇이 기여할 수 있는가?

규칙적으로 순환 논리가 있는듯 보인다. 예를 들어, 징조 문학은 때때로 나람 신이 아마도 시리아 북서부에 있는 도시 아피샬(Apishal)을 정복하였을 때와 같이 아카드 왕에게 어떤 일이 일어났을 때 징조를 묘사하는 것으로 알려졌다. 몇 학자들은 징조의 역사적 언급은 메소포타미아인들이 우리에게 제공하는 신뢰할만한 유일한 정보라고 언급한다(Finkelstein 1963). 그러나 이러한 언급들은 분명히 왕들에 대한 전설들과 같이 동일한 배경에서 기원한 것이다(그 때까지의 연구를 위해서 Liverani 1993a를 보라).

좀 더 비평적인 최소주의적 접근이 또한 등장한다. 어떤 이들은 실제 사건들이 메소포타미아내에서 문학적인 창조를 고무시켰다는 것을 가리키는 어떠한 것도 없다고 주장한다(Cooper 2001). 모든 역사들은 그들 자신의 정신 세계의 한 부분이기 때문에 이야기가 전해주는 역사적 세부사항보다 그것이 쓰인 문맥을 연구하는 것이 더욱 중요하다(Beckman 2005). 따라서 학자들은 아카드 왕들에 대한 전설들을 메소포타미아 역사의 후대 시기와 연결시키려고 노력하였다. 예를 들어, 1950년경 이신의 통치자 이쉬메-다간(Ishme-Dagan)은 닙푸르(Nippur)에 있는 에쿠르(Ekur) 신전을 재건할 것을 계획하였을 때, 그의 궁중에서 한 공작을 통해 나람-신이 성소를 학대한 이야기를 발전시켜 왕으로 하여금 그것을 이전의 아카드의 영광으로 되돌려 놓게 하였다(Liverani 1993a).

그러한 분석이 지닌 문제점은 우리가 자주 특정한 문학 작품이 언제 정확하게 저술되었는지 모른다는 것이다. 우리는 이전 수백 년 동안 존재하였던 이야기들을 다시 만들거나 편집한 문서를 연구한다. 그러하기에 그 문서가 나타내고 있는 연대의 아카드 왕들에 대한 이야기를 왜 쓰게 되었는지를 질문하는 것이 더 적절할 것이다(Van De Mieroop 1999a). 그 전설들은 그것이 묘사하고 있는 왕들에 대한 자료가 아니라 그 이야기들이 충분히 읽을 만한 흥미로운 것이라고 생각한 사람들에 대한 자료이다.

제2천년기 초반의 근동

3000	2500	2000	1500	1000	500

2019	이스비-에라가 이신에 왕조를 세우다
1970-1719년경	카룸-카네스
1898	이신과 라르사의 전쟁 시작
1835	쿠두르-마북 왕조가 라르사에 건설되다
1800-1762년경 마리 문서	마리 문서 저장소
1793	라르사의 림-신이 이신을 정복하다
1763	바빌론의 함무라비가 남부 바빌로니아를 정복하다
1762	함무라비가 에스눈나를 함락하다
1761	함무라비가 마리를 정복하다

B.C. 2000년경부터 1600년경까지의 기간에 근동의 정치 사회적 구조는 동일한 기본 특징들을 보인다. 수많은 국가들이 서부 이란에서부터 지중해 연안에 이르는 지역까지 퍼져 있었다. 그들의 왕들은 모두 장군들로 패권을 위해 서로 겨룸과 동시에 수시로 연합을 이루고 다시 서로 등을 돌리는 상황을 반복하였다. 마리에서 발굴된 편지에 담긴 한 구절(이것은 18세기 초에 쓰인 것임)은 당시의 상황을 잘 요약한다.

어떤 왕도 스스로는 진정한 힘이 없다. 10-15명의 왕이 바빌론의 함무라비, 라르사의 림-신(Rim-Sin), 에스눈나의 이발-피-엘(Ibal-pi-El), 혹은 카트나의 아뭇-피-엘(Amut-pi-El)을 따른다. 그러나 20명의 왕들이 얌캇(Yamkhad)의 야림-림(Yarim-Lim)을 따른다.[1]

남부 바빌로니아로부터 서부 시리아 지역의 몇몇 힘 있는 군주들은 보다 작은 나라의 왕들을 강제로 자신들의 속국으로 만들면서 근동을 나누어 가졌다. 이 시대의 후반부에 일부는 잠깐이지만 보다 넓은 지역에 대한 주권을 확립할 수 있었다. 정치 분권화의 순간과 중앙집권화의 순간 사이에 어떤 분명한 시간적 구획이 없다. 우리는 여기서 근동 초기 역사의 기본적 정치 체제를 대표했던 경쟁 관계에 있는 도시 국가들을 탐구할 것이다. 다음 장에서는 중앙집권화를 이룬 영토 국가들이 논의될 것이다. 따라서 제2천년기 동안의 역사를 서술할 때 순수히 시간적 순서에 따르는 것은 어렵다.

근동 역사에 대한 우리의 이해는 제2천년기에 들어서면서 지리적인 지식에서 매우 넓어진다. 쐐기 문자의 사용은 남부 이란에서, 중앙 아나톨리아, 서부 이란에서 모두 증거되며 근동 전역에서 공유된 수많은 서기 관습이 있었다. 바빌로니아는 여전히 대부분의 서기 전통의 근원지였다. 이제 다른 언어 구사자들(아모리인, 후리아인, 엘람인)도 아카드의 독특한 방언으로 구별되었던 그 언어(고대 바빌로니아어)를 어디서나 사용하였다. 그러나 예외적으로 아나톨리아에 위치한 식민지에서 활동한 앗수르 출신 상인들은 고대 아시리아라 불리는 다른 종류의 아카드 방언을 사용하였다. 그들은 다른 형태의 쐐기 문자를 사용하고 매우 독특하게 읽었다. 그들의 집에서 발견된 공문서들은 바빌로니아어로 작성되었다는 점을 고려하면 이것은 더욱 놀라운 일이다. 그리고 수메르어는 비록 바빌로니아 내에 국한되기는 했지만 교양 언어로서 번성하였다.

---

1   번역 출처: J. Sasson, "King Habburabi of Babylon," in J. Sasson, ed., *Civilizations of the Ancient Near East*(New York: Charles Scribner's Sons, 1995), volume 2, 906.

오늘날 우리가 참조할 수 있는 문서들은 공공 기관에서 뿐 아니라 가정집에서도 발견된 점으로 볼 때 이 시대 문서들의 기원에 큰 다양성이 있음을 알 수 있다. 그 기원은 지역마다 다르다. 바빌로니아에서 발견된 쐐기 문서는 주로 가정집에서 발견되었다. 이것은 거의 모든 문서가 국왕 문서 저장소에서 발견된 우르 제3시대와는 크게 대조가 된다. 아나톨리아에 있었던 아시리아의 식민지에서도 약간의 개인 문서가 발견된다.

그러나 근동의 다른 지역에서는 제2천년기 초반(보충 5.1 참조)에 가장 많은 문서를 제작한 곳은 궁 혹은 다른 국가 기관이었다. 특히 북시리아에서 발견된 문서들은 바빌로니아 서기 관행을 훈련 받은 왕의 대리인들의 것이었다. 이 시기에 번성했던 장르는 편지이다. 바빌로니아와 앗수르에서 개인 사업의 편지가 발견되었고, 또한 왕궁 식구들, 관료들, 장군들, 대사들 사이의 편지도 발견되었다. 대개 그들은 공무에 관해 서로에게 편지하였다. 그러나 가끔 우리는 이들의 편지에서 건강, 사랑, 경쟁 등의 다른 관심사도 발견한다. 따라서 이 편지들은 그 당시 사람들 의 좀 더 친밀한 모습을 보여준다. 이전 시대에서는 가능하지 않았던 관점을 얻게 된 것이다.

보충 5.1 마리 편지들

1930년대부터 시리아 유프라테스강 중류에 위치한 마리 유적지에서 작업하기 시작한 프랑스 발굴팀은 19-18세기의 거대한 궁전을 발굴하였다. 그곳에서 약 20,000개의 토판이 발견되었고, 그 수는 해마다 이루어지는 발굴 원정에서 증가하고 있다. 이 대부분의 토판은 마리 궁전과 지방 혹은 해외 관료 사이에 주고받은 편지들이다. 마리는 바빌로니아와 시리아 사이에 위치할 뿐 아니라 유프라테스 협곡의 농업 지역과 반 유목부족이 사용하는 스텝 지역 사이에 위치한다. 이 때문에 마리 편지는 근동 전역에서 벌어진 수많은 정치 군사적 동향에 대해 우리에게 말해준다. 매우 주의 깊게 쓰인 이 편지들 안에는 종종 서기관들이 이전 편지의 질문이나 명령을 요약한 후 그에 대한 답을 주고 있다. 편지 형식은 100% 바빌로니아의 형식이다. 비록 대부분의 마리 시민들이나 마리와 접촉했던 관료들도 아카드어가 아닌 서부 셈어를 사용했음에도 불구하고 언어, 작문 스타일, 토판의 모양은 남부 바빌로니아의 것이다. 다양한 지방에서 보낸 편지에는 그 지방의 방언들이 아카드어에 미친 영향들을 확인할 수 있다. 마리가 1761년 함무라비에 의해 함락되었을 때 궁전 문서 저장소의 물품이 바빌로니아 서기관들에 의해 검색되었다. 그때 바빌로니아 내정에 관한 편지들을 발견하면 그것을 본국으로 가져간 것 같다. 이것은 이 외교 문서들이 얼마나 중요하게 여겨졌는지를 단적으로 보여준다.

마리의 궁전만이 문서 저장소를 가진 것은 아니었다. 카타라(Qattara, 텔 리마), 슈샤라(Shushara, 셈샤라), 슈밧-엔릴(Shubat-Enlil, 텔 레일란) 등에서 발굴된 문서 저장소들도 비록 규모는 작지만 비슷한 외교 문서 저장소를 가지고 있었다. 그 문서들에 따르면 근동 전체에 산재했던 왕국들의 왕들은 생존을 위해 다른 지역에서 어떤 일이 일어나는지를 알아야 했다.

1. 유목민과 정착민

우리의 모든 문서와 유물은 도시들에서 발견된 것이다. 근동 전역으로 도시들이 번성하였으며 제3천년기 후반에 정착 인구가 크게 감소했던 북부 시리아와 같은 지역도 19세기가 되면 완전히 도시화된다. 그러나 근동의 정치 사회생활에서 중요한 것은 생계가 도시 인구를 부양하는 농업에 묶이지 않은 사람들이었다. 이들은 일 년의 일부는 스텝의 목초지를 찾아 가축과 함께 돌아 다니고 나머지 기간은 강 근처의 마을에서 보내는 반 유목민들이었다. 이 반 유목민들은 근동에 늘 존재해 왔다. 그러나 시대에 따라 그들이 도시의 역사 기록 속에 좀 더 눈에 띄기도 한다. 그 이유는 그 시기에 반 유목민이 정치적 패권을 위해 도시민들과 좀 더 긴밀하게 상호작용하였기 때문이다. 문서를 작성한 도시민들은 자신들의 관점에서 그들을 묘사한 다양한 이름들로 반 유목민들을 불렀다.

제3천년기 후반과 제2천년기 초반에 그들은 아모리인들이라는 말로 뭉뚱 그려졌고 아모리인이라는 용어는 '서쪽'을 의미하는 아카드어 아무루(Amurru)와 일치했다. 그 아카드어가 서쪽에 살았던 그 사람들의 이름이 되었는지는 분명하지 않다. 그러나 아모리인이라는 말은 서쪽에 뿌리를 두고 반 유목생활의 배경을 가진 사람들을 가르키는 데 주로 사용되었다.

유목민들의 삶은 가축을 중심으로 움직였다. 근동에서 수백만 마리의 양과 염소들이 모나 털과 같은 재생 가능한 자원을 얻으려고 사육되었다. 가축이 죽으면 가죽, 뼈, 뿔, 힘줄 등을 얻을 수 있었다. 고기 섭취는 제한적이었으며 비교적 적은 수의 동물이 식용을 위해 도살되었다. 건조한 여름을 가진 자연 환경 때문에 그들과 가축은 여러 목초지들로 옮겨 다녀야 했다. 여름에는 강 저지대 가까이 머물다가 겨울이 되면 스텝 지역으로 떠나는데 이는 스텝 지역이 동물들을 사육할 만큼 식물들이 충분하기 때문이다. 이동의 패턴은 해마다 동일한 겨울 목초지를 사용하는 다른 유목 그룹과 함께 잘 계획되었다. 이처럼 유목민들은 혼합적 삶의 방식을 유지했다. 여름에는 마을에서 정착 생활을 했지만 겨울에는 스텝에서 유목 생활을 했다. 현대의 학자들은 이 때문에 그들을 지칭하기 위해 반 유목민이라는 용어를 사용한다.

정착민과 유목민은 몇 가지 측면에서 상호작용했다. 그 두 그룹의 사람들은 경제적으로 상호 보완의 관계에 있었다. 유목민은 동물 상품을 생산한 반면 정착민들은 농업 상품, 수공업품을 생산하여 상호 유익을 위해 맞교환하였다. 이 부류의 사람들은 동물들이 농작물을 먹어버리거나 밟아버림으로서 피해를 주지 않도록 사전에 협약하였다. 휴경지는 동물 사육을 목적으로 사용될 수 있었다. 그러면서 그 땅도 자연스럽게 옥토로 변한다. 이와 같은 상호작용 때문에 도시와 국가들은 유목민들에게 어느 정도의 통제를 가할 수 있었다. 유목민 마을들과 목초지는 도시 중심과 얼마나 가까운가에 따라 정치적 통제, 군역, 징역, 세금 등의 수위가 정해졌다.

유목민들이 정착 사회의 궤도 안에 들어올 때마다 그들은 오늘날의 역사가들이 참조하는 문서 자료에 기록된다. 유프라테스 중류에 위치한 마리의 궁정 문서 저장소에서 제2천년기 초기에 관한 매우 가치 있는 기록들이 발견되었다. 마리는 시리아의 스텝 지역을 겨울 목초로 이용했던 유목민들의 마을이 산재한 유프라테스 저지대에 길게 누운 지역을 통치했다. 반 유목민들의 사회 조직은 부족이었다. 그 사람들은 실제든 허구이든 공동의 조상을 가졌다고 주장하나, 실제적으로 혈통적 연관은 매우 느슨하였다. 일부 부족들은 다른 부족에 의해 흡수되었고 사람들은 부족을 바꾸는 경우도 있었다. 또한, 마리 지역에는 카네아인들(Khaneans)이 거주했는데 그들은 크게 두 개의 지파로 나뉜다. 뜨는 해를 바라 봤을때 '왼쪽'인 북쪽에 있는 시말 사람들(Sim'alites)과 '오른쪽'인 남쪽에 있는 야민 사람들(Yaminites)이다. 특히 후자는 마리에 가깝게 살았으며, 보다 유명한 지파다. 야민 지파는 바빌로니아에서도 증거된 그룹인 암나누(Amnanu)와 야크루루(Yakhruru)를 포함했다. 이 이름들은 제2천년기 당시 매우 오랜 전통을 가진 이름이었기에 넓은 지역에 흩어진 부족들이 공동의 혈족이라고 주장할 수 있었다. 부족 이름은 정착민이나 유목민이나 모두에게 주어졌다. 이것은 유목 생활이 혼합 생활이었음을 보여준다.

마리의 왕은 가까운 마을에 살던 유목 그룹들에 대해 상당한 통제를 가했다. 그 마을 유목민들은 인구 조사에 응해야 했음은 물론 징역과 군역을 제공해야 했다. 유목민들과 마리 왕궁 사이의 관계를 책임지는 사람이 임명되었다.

그러나 수티아인들(Sutians)과 같은 먼 지역의 유목민들은 이런 통제를 받지 않았다. 종종 마리와 그 유목민들과의 관계는 부정적으로 묘사되는데, 문서에서 먼 지역의 유목민들은 강도 떼와 침략자로 묘사된다. 이것은 아마 비정착민들에 대해 갖는 정착민들의 편견이 반영된 것 같다. 그러나 한편 그런 내용을 편견의 산물로 치부할 수만은 없다. 농업민과 유목민 사이에 희소한 자원에 대한 경쟁이 있었고, 그것은 때때로 무서운 폭력의 형태를 띠기도 하였다.

인구학 연구에 따르면 유목민들의 정착은 보통 가장 부유한 유목민이나 가장 가난한 유목민 계층에서 발생했다. 매우 성공한 유목민들은 통제 문제로 더 이상 가축 떼를 늘릴 수 없게 되어 자신의 부의 일부를 땅에 투자하기 시작하면서 그 땅을 가꾸기 위해 정착했다. 반면 가장 가난한 유목민들은 가축으로 먹고 살 수 없었기 때문에 정착민들에게 고용되어 생존하려 하였다. 또는 국가의 용병이 되기도 하였다. 제3천년기와 제2천년기의 전환점에 우리는 근동 전역의 도시에서 아모리인들의 인구가 증가하는 것을 본다. 제2천년기 처음 400년간 많은 사람들이 그들의 부족의 정체를 분명히 했다. 이것은 제3

천년기 말의 바빌로니아 정치 상황에서 기인한 것 같다. 슈루팍과 에블라 문서가 증거하듯이 아모리인들은 제3천년기 중반부터 근동에 살았다. 우르 제3왕조 시절 문서 상에는 그들의 수가 증가한 것처럼 보인다. 이것은 그들이 자신을 아모리인으로 밝히거나 그들의 이름이 아모리어로 되었기 때문에 알 수 있다(아모리어 이름은 아카드어와 구별되는 셈어 구조이다). 아모리인들이 우르 제3왕조 사회의 전 영역(군대의 장군도 포함)에서 활동하였지만 공식 문서는 아모리인들과 국가의 적대 관계를 강조하였다. 슐기와 슈-신의 연호는 아모리인이 영토에 침입하지 못하게 하는 성벽의 건설을 기념하는 것이었다. 그리고 입비-신은 즉위 제7년에 아모리인들을 무찔렀다고 주장한다. 후대의 문학 전통은 우르 제3왕국의 붕괴의 원인을 아모리인들에게 돌리고 있다. 그 시대의 문학에서 매우 부정적인 평가를 받는다. 예를 들어, 마르투의 결혼이라고 칭하는 시에서 다음과 같이 말한다.

> (아모리인), 그는 양 가죽을 입는다
>
> 바람이 부나 비가 오나 장막에서 생활한다 제사를 드리지 않는다.
>
> 스텝에서 사는 무장 떠돌이로,
>
> 버섯을 파서 먹고 쉼이 없이 돌아다닌다. 날 고기를 먹고
>
> 집 없이 일생을 보낸다.
>
> 그리고 죽으면 바른 의식에 따라 매장되지 않는다.[2]

이와 같이 아모리인들의 삶은 문명화된 도시의 삶과 정반대였다.

우르 제3왕조가 사라지고 바빌로니아에서 정치적 분열이 시작되자 많은 새로운 왕조들이 아모리인의 후손이라고 주장하였다. 아모리인의 후손이라는 것은 당시 자랑스러운 것이었다. 넓은 도시화된 영토를 다스린 18세기 바빌론의 함무라비는 자신을 '아모리인들의 왕'이라고 지칭하였다. 그의 4번째

---

2   마르투의 결혼, 132-8열, 번역 출처는 Jean Bottéro and Samuel Noah Kramer, *Lorsque les dieux faisaient l'homme*(Paris: Gallimard, 1989), 434.

후계자인 암미짜두카(Ammisaduqa)는 왕조의 족보에서 조상들이 아모리인이라고 인정하였다. 이처럼 모든 아모리인들이 인정한 일련의 공동 조상들이 있었다. 당시 바빌로니아에서 작성되고 전승된 문학은 아모리인들을 적대적이고 야만적으로 묘사함에도 불구하고 아모리인이라는 사실은 전혀 수치스러운 일이 아니었다.

우리가 여기에서 관찰하는 것은 시리아 출신의 반 유목민 그룹들이 근동 전체로 퍼져나가는 과정이다. 어떤 유목민 그룹은 기존의 도시 국가들의 정치적 위계 질서(종종 군인으로서)를 통해 등극하였다. 바빌로니아에서 우르의 중앙 세력이 제3천년기 말에 와해되었을 때 아모리인 계열의 일부는 몇몇 도시-국가에서 권력을 잡을 수 있었다. 권력의 옛 계보와 새 계보 사이의 경쟁, 즉 도시적인 수메르-아카드 인들과 반 유목민의 아모리인 사이의 경쟁 때문에 아모리인들의 배경이 강조된 것 같다. 왕조의 뿌리가 도시 밖에 유래한다고 왕의 족보에서 분명히 밝힌 것으로 보아 당시 모든 권력의 핵심으로서의 도시 국가 개념이 시들어가고 있었던 것같다. 그리고 보다 큰 영토 단위의 정치 단위가 발달하기 시작하였다. 그러나 근동 전역에 아모리인들이 등장했다고 해서 새로운 문화적 이상이 창조된 것은 아니었다. 바빌로니아에서 아모리인들은 기존의 문화에 완전히 동화되었다. 예를 들어, 문학 작품에 수메르어와 아카드어를 사용했다. 그리고 아모리어는 국가의 공식어로 문서에 등장하지 않았다. 마리와 같은 도시에서는 아모리어가 문서어에 상당한 영향을 주었지만, 문서어는 여전히 아카드였다.

2. 바빌로니아

수메르와 아카드에 대한 우르의 패권이 끝났지만 정치 권력의 파편화는 곧이어 발생하지 않았다. 우르의 마지막 왕인 입비-신의 통치 초기에 그의 수하에 있던 장군인 이스비-에라가 이신 지역에 한 왕조를 세웠다. 그리고 그 지역의 대부분을 통치하였다. 우르가 엘람인들에 의해 함락되었을 때 이스비-에

라는 그 도시를 해방시켰고 그의 후계자들은 '우르의 왕'이라는 칭호를 사용
하였다. 이스비-에라의 노력에도 불구하고 권력 분산의 경향은 여전히 강하
였고 20-19세기에 지방 왕조의 수가 점점 증가하였다.

그중 가장 주목할 만한 왕조는 바빌로니아의 남부 이신과 라르사에 있는
왕조들이었다. 그러나 당시 우룩, 키쉬, 십파르와 같은 도시에도 왕이 있었다.
티그리스강 동쪽 지역에서는 독립 왕조들이 에스눈나와 앗수르에 생겼으나
엘람은 여전히 바빌로니아의 정치적 세력 바깥에 남아 있었다. 통치자들은 연
호(year name)를 사용할 권리를 주장하였다. 그리고 특정 도시 왕조의 연호를
가진 토판들은 우리로 하여금 그 왕조들이 언제 어디를 다스렸는가를 알게
해준다.

19세기 초반까지 지방 왕조들 사이의 경쟁은 심화되어 끊임없는 내전을 낳
았다. 그럼에도 불구하고 바빌로니아 지역의 왕조들은 종교적 수도인 닙푸르를
중심으로 하나의 공동체를 이루고 있음을 주장하였다. 닙푸르를 정치적으로 통
치하는 왕은 '수메르와 아카드의 왕'이라는 칭호를 사용할 권리를 얻었다.

여러 번 닙푸르의 주인이 바뀌었다. 닙푸르에서 사용된 달력이 바빌로니아
지역 전체의 공식 달력으로 사용되었다. 그리고 닙푸르 제사장의 축복이 왕에
게 특별한 지위를 부여하였다는 증거가 있다. 또 하나의 전승에 따르면 공동
체제의 협력자로 자칭한 그 도시들은 우르에 대여사제를 임명하였다. 아카드
의 사르곤 시절부터 우르의 대여사제의 지위는 가장 힘센 왕조의 딸이 차지
하였다. 제2천년기 초기에 대여사제들은 우르를 다스린 도시-왕조에 의해 임
명되었다. 그렇다고 우르의 정치 주인이 바뀌면 대여사제가 즉각 교체된 것은
아니었다. 예를 들어, 이신 왕 이스메-다간의 딸은 라르사의 군구눔(Gungunum)
이 우르를 점령했지만 여전히 대여사제로 일한다. 죽은 여사제를 섬기는 제사
는 그 사제의 고향 왕조가 권력을 잃은 후에도 오랫동안 유지되었다.

바빌로니아의 도시-국가들이 단일한 제도에 속했다는 확신은 지방 군주들
로 하여금 바빌로니아의 왕권은 단 하나이며 한 도시 국가에서 다른 도시 국가
로 이전한다는 이념을 고수할 수 있게 하였다. 누구든지 닙푸르의 제사장이 그
를 인정하면 비록 그의 힘이 약했더라도 수메르와 아카드의 왕이 되었다. 이런

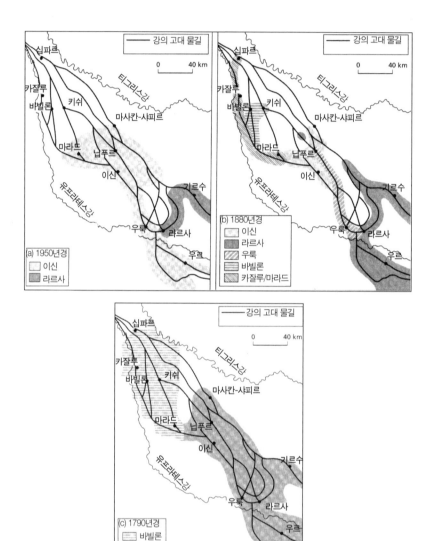

지도 5.1 제2천년기 초기 바빌로니아의 정치적 분화

출처: Michael Roaf, Cultural Atlas of Mesopotamia and the Ancient Near East(Oxford: Equinox, 1990), 109

문맥에서 수메르의 왕명록이 작성되었음을 인지해야 한다. 수메르의 왕명록은 한 번에 단 한 명의 왕이 존재한다는 이념을 강하게 고수한 문서이다.

이신과 라르사는 남부 바빌로니아의 정치 무대의 주인공들이었다. 우선 이신 왕조는 대폭 축소된 우르 제3왕조의 후계자였다. 닙푸르의 제사장들도 우르를 포함한 대부분의 남부 도시들을 장악하고 그들 중 몇몇 도시에서 공공사업을 일으킨 이신의 왕들을 인정하였다. 한 세기 동안 그 지역에 평화가 유지되었다. 그러나 20세기에 라르사에서 이신의 라이벌 왕조가 세워졌다. 라르사는 곧 바빌로니아 남부와 동부를 완전 장악하였다. 반면 이신의 세력은 중앙 바빌로니아로 축소되었다. 1897년 라르사의 왕인 아비-사례(Abi-sare)는 이신 왕을 공격하여 다른 도시들로 하여금 이신의 패권을 거부할 수 있게 하였다. 당시 그 지역에 존재했던 라이벌 왕조들의 수는 그 시대 최고였다. 그들 중 일부는 닙푸르의 제사장직을 지지하였다.

그러나 이런 와중에서도 중앙집권화의 경향은 여전히 존재하였다. 그 시작은 라르사였다. 다른 가문 출신의 왕들이 짧은 주기로 흥망하는 내부적 불안 정기가 지나자 라르사의 왕위는 티그리스강 동쪽 지역에서 온 가문인 쿠두르-마북(Kudur-Mabuk) 왕조가 잡았다. 시조 쿠두르-마북은 아마 엘람인이었을 것이다. 그는 중앙 바빌로니아의 동쪽 끝 도시인 마스칸-샤피르(Mashkan-Shapir) 출신이었다. 자신의 아들인 와라드-신(Warad-Sin, 재위 1834-23)을 라르사의 왕좌에 앉히고 자신은 지방 문제에 간섭하였다. 와라드-신이 죽자 그의 형제인 림-신(Rim-Sin)이 그를 대신하여 메소포타미아 역사에서 기록적인 60년이라는 세월을 통치하였다. 그의 생애는 당시의 격동하는 정치적 군사적 상황을 생생하게 보여준다. 그의 생애에 대한 자료는 연명, 경제 문서, 편지 등이 포함된다. 그가 즉위할 때 그의 가족이 다스린 영토는 북쪽 닙푸르와 마스칸-샤피르에서 남쪽 페르시아만 입구에 이르는 230km 길이의 바빌로니아 동쪽 땅이었다. 아울러 라르사와 우르도 그의 영토에 포함되었다. 바빌론의 국가들인 이신과 우룩은 라르사와 북쪽에서 남쪽으로 접경하였다.

림-신의 즉위 8년이 되기 바로 직전에 쿠두르-마북이 죽자, 전 지역은 림-신의 통치 하에 들어갔다. 그리고 그는 곧 군사적으로 지역을 평정한다. 즉위

13년(1810년)이 되던 해 그는 우룩, 이신, 바빌론이 이끄는 연합군을 무찌르고 우룩 근처의 몇몇 마을들을 접수했다. 라르사 근처를 추가적으로 원정하고 닙푸르(즉위 9년에 아신에게 빼앗겼었음)를 다시 함락한 후 그는 1800년 우룩을 무너뜨렸다.

림-신이 자신의 즉위 30년이 되던 해인 1793년에 이신을 함락했을 때 바빌로니아에서 라르사의 유일한 라이벌은 함무라비가 1792년에 왕위를 이은 바빌론이었다. 림-신은 그후 30년 동안 행정 기능을 수도에 집중시킴으로써 바빌로니아 남부 지방에 대한 그의 통제를 굳건히 하였다. 아울러 그는 과거 도시-국가들의 경제적 독립을 약화시켰다. 함무라비는 림-신이 늙을 때까지 기다렸다가 이웃 국가들을 상대로 신속하게 정복 전쟁을 시작하였다. 라르사도 1763년에 함무라비에게 정복당했다. 그는 림-신의 조직을 그대로 유지하며 라르사 사람들에게 남부 바빌로니아의 행정을 감독하는 일을 계속해서 맡겼다. 림-신은 이렇게 함무라비의 중앙집권 국가의 토대를 놓은 셈이다. 함무라비의 중앙집권 국가에 대해서는 다음 장에서 다루기로 한다.

정치적 분열과 광범위한 지역 간 분쟁에도 불구하고 제2천년기 처음 3세기 동안에는 바빌로니아 지방의 경제가 쇠퇴했다는 아무런 증거가 없다. 도시화의 정도는 여전히 높았고 점점 증가하는 도시들에서 발견된 문서들은 고도의 경제활동을 증거해 준다. 심지어 지역 경제 기반을 잃어버린 우르도 번성했다. 그러나 경제 행정의 근본적 변화가 일어났다. 21세기에 우르 제3왕국의 관료들은 거의 모든 것을 감독했다. 이때 배급을 통해 인구의 상당수의 노동력을 활용하였다. 제2천년기 초기에는 점진적이고 자연스런 과정을 통해 경제의 부분적 '사유화'가 발생했다. 궁전과 신전과 같은 거대 조직들은 여전히 많은 자원들을 보유했다. 그들은 엄청난 면적의 땅과 다른 재화들을 보유했고 상품과 서비스의 최고 소비자였다. 제2천년기 초에도 비록 정치적 분열로 작은 영토 단위에서지만 우르 제3왕조의 관행이 지속되었다. 예를 들어, 왕가를 위해 나무, 갈대, 가죽, 모로 된 다양한 제품들을 만드는 이신의 궁전에 딸린 수공예 공장에서 문서들이 발견되었다.

이 문서들에 따르면 그 공장은 궁의 행정 기관의 감독을 받았지만 그곳에서 노동했던 수공업자들은 궁전이 아닌 다른 사람을 위한 제품도 만들 수도 있었다. 마찬가지로 다른 기관들도 제품과 서비스를 외부 수주하였다. 그들은 땅을 종들이 경작하게 하는 대신 소작농들에게 땅을 사용하게 하고 추수의 일부를 바치게 하였다. 물론 나머지는 소작농의 몫이 되었다. 양과 염소떼는 목자들에게 맡기고 그들로부터 일정 양의 모나 털을 받았다. 또한, 목자들은 가축 떼의 수를 늘릴 책임도 있었다. 수가 약속한 양보다 더 늘어나면 늘어난 부분은 자신의 몫이 된다. 그러나 약속한 양을 채우지 못한 경우 자신의 몫에서 그만큼을 제해야 한다. 기관들이 노동력이 필요할 때는 사람들을 고용하고 그 일한 시간에 해당하는 봉급을 주었다. 이것은 일 년 내내 배급을 주었던 것과 다른 것이다. 점점 궁전이나 신전의 일이 그 기관의 밖에 살았던 사람들에게 맡겨졌다. 신전 술제조사와 같은 쉬운 직업은 무수한 파트 타임으로 쪼개어져 일년에 반나절만 근무하는 노동자도 생겼다. 이처럼 직업이 외부인들에게 맡겨진 이유는 그들이 일을 맡은 기간 동안에는 신전 수입의 일부를 보장해 주었기 때문이다.

행정 일들도 독립 계약 업자에게 맡겨졌다. 많은 관료 조직을 고용하고 유지 하는 대신 신전이나 궁전들은 개인 사업가에게 자신들과 시민들의 중재자 역할을 할 것을 요청했다. 이 민간 업자들은 정부 관료 대신 세금을 걷고, 비용을 지불하고, 자원들의 수합과 배분을 조직하였다. 나아가 그들은 부패하기 쉽고 규모가 축소된 기관에 더는 쓸모없는 산지 생산물로 지불한 세금을 저장이 용이한 은의 형태로 환전하기도 하였다. 그들이 어떻게 환전했는가는 자료에 기록되어 있지 않았다. 그러나 그들은 그것을 다른 회사들이나 개인들에 은을 받고 팔았을 가능성이 많다. 기업가들은 그들의 서비스에 대한 댓가로 신전이나 궁전의 자산 중 일부를 물려받는다. 이와 같은 행정의 사유화는 새로운 정치 상황에 잘 부합되었다. 우르 제3왕조 시대에 왕들이 관료들을 임명했다. 왕조가 바뀌면 행정의 관행도 바뀌게 마련이다. 그러나 계약을 통해 서비스를 제공하는 민간 사업가들은 어떤 왕조에 특별한 충성이 없었기 때문에 정치적으로 불안한 시대에 활동하기에 좋았다.

경제 조직과 관리 체계는 2000년부터 1600년에 이르는 시대의 대표적인 특징이었으나 그것이 바빌로니아 사회에 가져온 결과는 재앙이었다. 생산자들이 바쳐야 하는 할당량이 상당했던 것 같다. 그래서 바빌로니아 같이 흉년이 여러 해 계속될 수 있는 지역에서는 사람들이 자신의 할당량을 지키지 못하는 경우가 종종 있었다. 그때 그들이 할 수 있었던 것은 할당량을 위해 업자들로부터 빚을 지는 것이다. 더욱이 자신의 몫으로 다음 추수 때까지 생존할 수 없었을 때 그들은 급전을 위해 업자를 찾았다. 급전은 이자가 매우 높았다. 전통과 왕의 법은 은을 빌려간 경우 20%, 곡물의 경우 33%의 이자를 허용하였다. 대출의 기관에 상관없이 이 이자를 지불해야 했다. 급전은 보통 대출기간이 짧기 때문에 한 달 정도 후에 원금을 이자와 함께 갚아야 했고, 이것은 대출 받은 사람들에게 엄청난 부담이었다.

민간 업자의 집에서 발견된 문서들은 수많은 대출 문건을 포함한다. 이들은 당시 사람들이 엄청난 빚에 시달리고 있었음을 보여준다. 당시 빚이 사회적 문제가 되었다는 사실은 왕이 현존하는 모든 소비자 대출을 탕감함으로써 질서를 회복했다고 주장한 칙령에서 분명해 진다. 그런 행위에 대한 언급은 특히 이신, 라르사, 바빌론 왕들의 공식 문서에서 분명히 나타난다. 바빌론의 암미짜두카(Ammisaduqa, 즉위 1646-26)가 발표한 칙령들 중 단 하나만이 보존 상태가 양호해 우리가 당시의 자세한 상황을 이해할 수 있다. 그 칙령에 따르면 그는 생존을 위해 생산자들이 빌린 대출과 할당량을 채우지 못한 세금을 위해 빌린 대출을 탕감해 주었지만 개인 사업을 위한 자금을 위해 대출한 경우는 탕감해주지 않았다. 탕감 정책을 통해 고스란히 손해를 보는 당사자는 왕이다. 그러나 왕은 전통에 따라 나라의 질서와 정의를 유지해야 했다. 그리고 결국 백성이 전부 빚쟁이가 되면 안정된 세금을 걷을 수 없고 경쟁 상대인 민간 업자들만 부자로 만들기 때문에 손해를 감수하면서라도 빚을 탕감해 준 것 같다.

3. 아시리와와 동쪽 지역

이 당시 바빌로니아의 정치 상황은 근동 전역의 정치 상황과 비슷하였다. 이란 서부 지역에서부터 지중해까지 지방 왕조가 이끄는 소규모의 국가들이 패권을 두고 경쟁하였다. 이들은 많은 국가가 문서 기록을 남겼기 때문에 연구가 다소 용이하다. 그러나 그 문서 증거들은 매우 파편적이고 관심의 초점도 지역에 따라 다르다. 제2천년기 초기에 아시리아에서 발견된 문서는 놀랍게도 앗수르 출신의 상인들이 행한 국제 무역을 자세히 증거한다.

아시리아 최남단 티그리스강에 위치한 앗수르는 동쪽에서 함석을 들여오고, 바빌로니아로부터 직물을 수출하고 아나톨리아에서 은과 금을 수입하는 무역망의 중심이었다. 이 무역망은 앗수르에서 약 1,200km 떨어진 아나톨리안의 도시인 카네스(Kanesh)에 위치한 한 식민지에서 발견된 2만여 점의 아시리아 상인들의 문서(그림 5.1)가 발견되면서 세상에 알려지게 되었다. 그 식민지는 지방 군주의 통제 아래 있었지만 독립된 개체로 기능하였고 아시리아 문서에서는 카룸(karum)-카네스, 즉 카네스의 항구라고 불렸다.

문서 5.1 바빌론의 왕 암미짜두카의 칙령

§1: 왕이 나라에 정의를 세웠을 때 [나라에 내린 칙령]의 토판.

§2: 소작농들, 목자들, 지방 백성들 그리고 다른 국왕 납세자들의 빚—그들의 확고한 협약의 … 그리고 그들이 지불할 … 약속 어음은 이제부터 탕감된다. 납세관리는 국왕 납세자의 가정을 탈세로 고소할 수 없다.

§4: 보리나 은을 아카드인이나 아모리인에게 이자나 수입을 위해 빌려주어 차용증서를 받았더라도 왕이 땅에 정의를 세울 때 그 차용증은 무효가 된다. 그는 차용증에 근거하여 은이나 보리를 거두지 못할 것이다.

§8: 아카드인이나 아모리인이 무역을 위한 상품이나 이익 창출을 위한 동업으로서 보리, 은 등의 물건을 받았다면 그 문서는 무효가 되지 않는다. 그는 반드시 문서의 규정대로 갚아야 한다.

번역 출처: Jacob Finkelstein, 'The Edict of Ammisaduqa,' In J. B. Pritchard, ed., *Ancient Near Eastern Texts Relating to the Old Testament*, third edition(Princeton: Princeton University Press, 1969), 526-7.

(a)   (b)

그림 5.1 고대 아시리아 쐐기 문자 토판과 봉투. 문서는 한 상인이 개인 귀중품과 상품 목록을 자세히 기록한 것을 담고 있는 두개의 합(container)을 훔쳤다고 주장하는 다른 한 상인의 법적 증언을 담고 있다. 이 함은 앞면과 뒷면에 두 개의 다른 도장이 찍혀 있다. 이곳에 쓰인 짧은 글자는 이 사건을 증언한 도장들의 주인들의 것이다. 메트로폴리탄 예술 박물관, 뉴욕. J.J. 클레즈만의 선물, 1966(66.245.5a, b). 토판 크기 16.9×7.3cm; 함 크기 18.5×9cm. 출판 허가: © 2014 The Metropolitan Museum of Art/Art Resource/Scala, Florence.

그 식민지의 운명은 우리가 잘 모르는 아나톨리아의 지방 상황에 의존했다. 고고학은 카네스에서 몇 단계의 정착 과정을 구분해냈다. 거의 모든 문서들이 1910년과 1830년 사이로 추정되는 제2유적층에 속한 집에서 발견되었다. 그후 그 식민지에는 한동안 사람이 살지 않았다. 1810년과 1740년에 해당하는 제1b유적층에 사람들이 다시 정착했을 때 훨씬 적은 문서들이 남겨졌다. 아시리아인들의 인구가 감소했으며 시리아나 아나톨리아와 같은 근동의 다른 지역 출신의 상인들이 카네스에서 주로 활동했음을 보여준다.

앗수르는 이 무역에서 거의 독점적인 교통 거점의 역할을 했다. 앗수르는 이란 혹은 그 너머에 있는 미지의 지역의 주석과 바빌로니아의 직물을 수입했다. 이 지역의 무역에 대한 직접적인 문서 기록은 없다. 그래서 무엇이 맞교환되었는지는 잘 모른다. 그러나 아나톨리아와의 무역은 잘 알려졌다. 나귀를 타고 이동하는 대상들은 앗수르에서 모여 각 나귀에 150파운드의 주석과 30점의 직물(대개 바빌로니아 산)을 실었다. 비용은 상인들이 분담했으며 자신의 돈이나 다른 사람이 맡긴 돈으로 충당했다. 그들은 나귀와 물건을 구입하고, 대상과 동행할 일꾼들을 고용하였다.

그리고 여행 중에 발생하는 각종 세금과 경비도 충당해야 했다. 카네스(Kanesh)까지 가는 길은 약 50일 길이었다. 타우루스(Taurus)산을 넘을 수 없었던 겨울 4개월 동안은 무역 여행을 할 수 없었다. 카네스에 도착하면 나귀들을 팔고, 물건들을 은과 금으로 교환한다. 그리고 은과 금을 가지고 앗수르로 돌아온다. 앗수르에 사는 사람들의 형제나 자녀이거나 아나톨리아에 영주하는 사람들이었던 아시리아 상인들은 수입한 물건들을 작은 무역 사무소들의 조직을 통해 아나톨리아 전체로 유통시켰다. 또한, 다음 대상을 위해 금괴도 모았다. 무역량을 정확히 계산하기는 어렵지만 현존하는 증거에 근거해볼 때 40-50년에 100,000직물과 100톤의 주석이 카네스에 수입된 것으로 추정할 수 있다.

이 모든 활동은 궁전의 개입 없이 개인 사업가들이 담당했다. 가족들에 의해 무역이 이루어지자 여자들도 활발하게 무역에 관여하였다. 그들은 종종 앗수르의 집에 남은 반면 남편, 아버지, 오빠들은 아나톨리아로 무역 여행을 떠났다. 그리고 사업에 관해 편지로 끊임없이 의견을 교환하였다. 여자들은 물물교환 할 직물을 책임졌다. 그들은 손수 물레질을 하거나 다른 사람을 고용하였다. 남자들은 종종 직물들의 질이 좋지 않다고 불평한다.

반면에 여자들은 그들이 가진 재정이 부족하다고 불평한다. 또한, 먹을 것도 없다고 말한다. 이런 가정 상황이 때때로 결혼 생활에 어려움을 가져온다. 또한, 여러 해 동안 고향을 떠나 생활한 남자들은 아나톨리아 지방의 여자와 결혼하고 앗수르에 남겨둔 아내는 거의 버리다시피 한 경우가 종종 있었다(문서 5.2 참조).

문서 5.2 고대 아시리아 편지: 여성들이 쓰고 받은 편지

푸슈켄에게 말하라. 라마씨[1]의 말이다.

쿨루마야가 아홉 개의 직물을 너에게 가져가고 있다. 이딘-신은 세 개만을 가져간다. 엘라는 직물을 취급하지 않겠다고 했으나 이딘-신은 다섯 개 더 취급하기를 거절하였다.

왜 나에게 계속 이렇게 편지하는가?

'네가 보낸 직물들은 언제나 질이 좋지 않다!'

네 집에 살면서 직물을 보고 비난하는 사람이 누구인가?

반면 나는 직물을 계속 생산해 너에게 보내어 한번 무역할 때마다 은 10세겔의 사업 이익이 나도록 노력하고 있다.

번역 출처: Cécile Michel, *Correspondance des marchands de Kanish* (Paris: Les Editions du Cerf, 2001), 430

인나야에게 말하라. 타람-구비[2]의 말이다.

너는 나에게 이렇게 편지했다.

'네가 가진 팔찌와 반지를 잘 가지고 있어라. 음식을 사는 데 필요할 것이다.'

네가 나에게 일리-바니를 통해 금 반 파운드를 보낸 것은 사실이나 네가 남겨 놓았다던 팔찌는 어디에 있느냐?

네가 떠날 때 너는 나에게 금 한 세겔도 남기지 않았다. 집에 있는 모든 것을 가지고 떠났다. 네가 떠난 후, (무서운) 기근이(앗수르) 시를 덮쳤다. 너는 나에게 보리 1리터도 남기지 않았다. 끼니마다 계속 보리를 사야 한다.

(불분명한 부분) 네가 편지에서 말하던 사치가 있을 수 있겠느냐?

우리는 먹을 것도 없다. 우리가 사치스러운 생활을 할 수 있을 것이라(생각하느냐?) 내가 가진 모든 것을 긁어 너에게 보냈다. 나는 지금 빈 집에 살고 있다. 계절이 바뀌고 있다. 내 직물 값은 은으로 보내도록 해라. 그래야 적어도 보리 열 되를 살 수 있을 게다.

쿠라의 아들 앗수르-이미티에 대한 증거 목록을 담은 토판에 관해서는, 그는 사업에 많은 문제를 일으켰고 종들을 담보로 잡았다. 당신의 대리인들이 문제를 해결해 주었다. 당신이 도착할 때까지 그가 불평하지 못하도록 은 2/3파운드를 지불했다.

왜 자꾸 나쁜 소문을 듣고 나에게 기분 나쁜 편지를 쓰는가?

번역 출처: Cécile Michel, Correspondance des marchands de Kanish(Paris: Les Éditions du Cerf, 2001), 466

푸주르-앗수르가 말한다. 누샤툼에게 다음과 같이 말하라.

너의 아버지가 너에 관해 나에게 편지하며 너와 결혼하라고 말했다. 나는 내 종들과 너의 아버지에게 편지를 보내 네가 나에게 올 수 있도록 부탁하였다. 바라건대 나의 편지를 읽는 즉시 너의 아버지에게 허락을 구하고 나의 종을 따라 여기에 오시오. 나는 혼자다. 나를 섬기고 밥상을 차려줄 이가 아무도 없다. 나의 종과 함께 오지 않겠다면 나는 와슈샤나 출신의 젊은 여자와 결혼할 것이다. 조심해라. 너와 나의 종은 지체하지 말고 오너라.

1 푸슈켄의 아내

2 인나야의 아내

번역 출처: Cécile Michel, *Correspondance des marchands de Kanish*(Paris: Les Éditions du Cerf, 2001), 508

그러나 이 카네스 무역은 고수입을 가져다 주었다. 아나톨리아에서 주석은 앗수르의 가격의 거의 2배가 된다. 직물의 가격은 3배가 되었다. 상인은 일 년에 쉽게 50-100%의 수입을 올릴 수 있었다. 이것이 위험도가 높은 사업에 대한 대가였다. 이런 무역이 행해졌던 정치적 상황은 상인들이 어떤 한 권력에 의지해 보호 감찰을 받을 수 있는 것이 아니었다. 아나톨리아, 바빌로니아, 이란으로 가는 대상들은 많은 독립 군주들의 영토를 통과했다. 이들 중 적대적인 왕들도 있었다. 앗수르는 그 이웃 국가들보다 그다지 힘이 세지 못했다. 그러나 무역 조건을 협상하는 능력이 있었다. 실제 조약이 문서로 남지는 않았지만 그 조약에 대한 언급을 통해 무역로에 위치한 도시의 왕들은 세금과 어떤 물건에 대한 압수의 권리를 주장하였음을 알 수 있다. 반대로 아시리아의 무역인들은 지방 상인 지구로 들어가 보호를 받았다. 19세기의 일루슈마(Ilushuma)왕은 페르시아만에서부터 앗수르에 이르는 지역에 아카드인들을 위해 자유를 확립했다고 선언하였다. 이것은 바빌로니아의 상인들이 자유로이 그 지역을 잇는 도로를 통과할 수 있었음을 보여준다. 이 시대에는 전쟁이 흔했지만, 상업적 이익은 이 나라들이 무역길을 차단하지 못하게 하는 한 요인이었다.

앗수르의 남동쪽에 있는 가장 힘센 두 국가는 엘람 그리고 디얄라 지방의 에스눈나(Eshnunna)다. 이 두 도시의 역사는 매우 간략한 개요의 형태로만 서술 가능하다. 그 이유는 우리에게 그 두 국가의 통치의 기간이나 왕의 순서에 대한 정확한 통계가 없기 때문이다. 그러나 이 국가들은 국제 무대에서 비슷하게 행동했다. 에스눈나(오늘날의 텔 아스마르)는 입비-신의 통치 초기에 우르로부터 독립하였다. 지방 총독은 자신을 왕이라 선포하였으나 국가의 왕권은 도시의 신 티슈팍(Tishpak)에게 속한 것이었다. 자신을 신격화하고 왕(수메르어로 루갈<lugal>)이라는 칭호를 취한 첫 번째 독립 군주인 슈-일리야(Shu-ilija) 이후 나라의 왕들은 100년 이상 동안 '티슈팍 신의 총독'(수메르어로 엔시<ensi>)으로 불렸다. 군주들이 왕의 칭호를 취하고 가끔 자신을 신격화한 것은 19세기부터다.

비슷한 행태가 우르의 정치적 지배를 받은 다른 도시들에도 보여진다. 앗수르에서 지방의 독립 군주들은 '앗수르 신의 총독'이 되었다. 엘람에서 가장 높은 칭호가 '큰 통치자'(수메르어로 수칼-마<sukkal-mah>)였다. 그 칭호는 그 지역의 가장 높은 우르 제3왕조의 관료가 가지고 있었다. 에스눈나가 왕이란 칭호를 얻었던 것은 이신이 닙푸르에 대한 통제를 상실했기 때문일 것이다. 만약 바빌로니아에서 누가 참된 왕인가에 대한 확실성이 약해졌다면 그 이웃 국가들이 보다 쉽게 그 칭호를 사용했을 것이다. 바로 이때에 에스눈나가 디얄라강 너머 티그리스와 만나는 지점까지 통치를 확장했으며, 전에는 독립 국가였던 네렙툼(Nerebtum, 오늘날의 이스칼리), 샤두품(Shaduppum, 오늘날의 텔 하르말) 그리고 두르-리무스(Dur-Rimush, 오늘날의 위치가 알려지지 않음)를 합병하였다. 이픽-아닷의 아들들인 나람-신과 다두샤(Dadusha)는 자신의 팽창주의적 정책을 계속 진행했고 그것은 에스눈나를 18세기 초엽의 메소포타미아 특유의 분쟁 소용돌이 속으로 빠져들게 했고, 에스눈나는 그 지역에서 가장 영향력 있는 국가가 되었다(부록 에스눈나의 왕명록 참조).

그림 5.2 다두샤 석비(Dadusha stele). 1983년 에스눈나 근처 샘을 발굴할 때 우연히 발견된 이 석비는 중앙 부분에 손상을 입었다. 이것은 왕이 카바라(Qabara)를 정복하고 그곳 통치자 부누-에쉬타르(Bunu-Eshtar)를 무찌르는 것을 보여준다. 17개 컬럼으로 나뉘어져 220줄로 된 이 긴 비문은 부조로 장면을 묘사하고 있다. 예를 들어, 묘사된 도시 성벽은 카바라의 것임을 언급한다. 이라크 박물관, 바그다드. 높이 180cm, 너비 37cm, 두께 18.5cm. 출판 허가: 그림- Frans van Koppen, 출처- Mark W. Chavalas, ed., *The Ancient Near East: Historical Sources in Translation*(Oxford: Blackwell 2006), 100.

에스눈나는 그 주변의 다른 국가들과 경쟁하면서 우위를 확보하기 위해 전쟁과 외교를 병행하였다. 예를 들어, 다두샤 왕은 메소포타미아 왕국의 삼시 아닷과 1781년에 연합하여 두 자브강 사이의 지역을 정복하였다. 그 원정은 다두샤(Dadusha)의 승리 비석에 새겨졌다. 그 비석은 다두샤가 그 땅들을 삼시-아닷에게 주었다고 기록한다(그림 5.2). 그후 삼시-아닷은 그와 연합한 왕을 배반하여 에스눈나 도시들의 일부(예를 들어, 샤두품과 네레브툼)를 장악하였다. 삼시-아닷이 죽자 상황이 역전되어 에스눈나가 앗수르에 가까운 일부 도시들을 함락하였다. 그 당시 그 지역의 가장 강한 국가가 되었다.

여전히 고립 국가였던 바빌론의 북쪽 경계를 따라 에스눈나는 유프라테스 협곡에 들어가고 마리에까지 이른다. 삼시-아닷의 아들인 야스마-앗두(Yasmah-Addu)가 그곳을 다스렸을 때 에스눈나와의 관계가 좋지 않았다. 마리에 짐리-림(Zimri-Lim)이라는 새 왕이 세워지자 에스눈나의 이발-피엘 2세(Ibal-pi'el II)가 동맹을 결성하려 했지만 짐리-림이 거절했다. 알레포에 있는 자신의 신하에게 보낸 편지에서 그는 다음과 같이 말한다.

> 야림-림(알레포의 왕) 앞에 서게 되었을 때, 그에게 에스눈나에 대해 다음과 같이 말하라. '에스눈나의 왕은 나에게 동맹에 관한 메시지를 계속 보내고 있다. 처음에 그가 나에게 사신을 보냈을 때, 나는 그를 국경에서 돌려보냈다. 그후에는 고관이 왔으나 나는 역시 그를 국경에서 돌려 보냈다.' 그때 나는 다음과 같이 말하였다. '내가 어찌 야림-림의 동의 없이 에스눈나와 동맹을 맺을 수 있습니까?'[3]

그 두 국가 사이에 전쟁이 이어졌다. 그 전쟁으로 마리는 에스눈나의 평화 조약을 받아들이지 않을 수 없었다. 그러나 3년 후 엘람의 지도자는 에스눈나에 의해 메소포타미아로 가는 직선로를 잃게 되자 바빌론, 마리, 라르사와 동맹을 맺었다. 그리고 1766년에 에스눈나를 약탈했다. 이에 엘람은 꼭두각시 왕을 지명하였고, 곧 실리-신(Silli-sin)이라 이름하는 에스눈나 토착 왕을 새롭게 세웠다. 그는 바빌론의 함무라비(Hammurabi)가 엘람 국가를 약탈하는 데 일조했다. 그러나 1762년에 그 영리한 왕 함무라비는 에스눈나를 침탈함으로써 자신의 전 동맹 왕을 배반했다. 함무라비는 그 지역을 영토에 통합하지 않았지만 에스눈나에 강한 왕이 생기지 못하게 하였다. 함무라비의 연명과 그의 후계자 삼수일루나(Samsuiluna)의 연명에서 에스눈나가 언급되지만 에스눈나

---

3   번역 출처: Jean-Marie Durand, *Les Documents épistolaires du palais de Mari*(Paris: Les Editions du Cerf, 1997), volume 1, 441-2.

에 대해서는 거의 알려진 바가 없다.

엘람이라는 국가는 앞서 묘사한 모든 사건에 매우 중요한 당사자였다. 이 시기의 엘람은 역사의 다른 어떤 시점보다 메소포타미아와 긴밀하게 연관되어 있다. 엘람은 수사를 둘러싼 저지대와 안샨(오늘날의 탈-이 말얀) 주변의 자그로스 고원지대를 포함한다. 이 두 도시의 중요성은 엘람 왕의 칭호인 '안샨과 수사의 왕'에 반영되어 있다. 정치 조직의 수장은 수칼-마(sukkal-mah), 즉 '위대한 통치자'이다(이 칭호는 우르 제3왕국시대에서 유래한 것이나 이제는 독립 군주를 가리키는 것으로 사용된다). 그 바로 아래에는 수사와 엘람의 수칼이라는 칭호를 가진 관료들이 있었다. 종종 그들은 현직 수칼-마의 누이의 아들이었다. 그들이 죽었을 때는 사촌이 뒤를 이었으나 이것이 엘람의 정상적인 승계 법칙인지에 대해서는 알 수 없다.

엘람이 우르에서 독립한 직후 엘람은 전 주인 우르를 배반하고 무력으로 수도를 함락하고 왕을 포로로 삼음으로써 우르의 멸망에 일조했다. 이신의 군대는 그후 곧 엘람군의 우르 주둔을 종식시켰고 후에 엘람이 바빌로니아에서 큰 영향력을 미치는 것을 막았다. 약 100년 후 다른 바빌로니아 도시들이 이신으로부터 독립을 주장했을 때, 종종 외국의 도움을 구했는데, 그때 엘람은 그들의 동맹과 분쟁 관계 속으로 들어오게 된다. 라르사의 몇몇 왕들은 엘람 도시를 정복했고 엘람은 바빌로니아의 지역 전쟁에서 우룩, 이신 등의 국가들과 동맹을 맺었다. 라르사의 마지막 두 군주, 즉 와랏-신과 림-신이 엘람 계통이라는 것은 매우 중요하다. 그들은 심티-실학(Simti-Silhak)의 아들인 쿠두르-마북의 아들들이었다. 심티-실학이나 쿠두르 마북은 모두 티그리스 동쪽 지역의 부족 지도자들로 19세기에 바빌로니아의 일부 도시들을 장악하였다. 그들과 엘람 국과의 관계는 알려지지 않았으나 그들이 바빌로니아 내분에서 엘람의 이익을 위해 일했을 가능성이 있다. 그리고 이미 복잡한 정치적 군사적 상황은 부족 그룹들의 개입으로 더욱 복잡해졌을 것이다.

에스눈나가 세력을 잃을 때까지 엘람의 중요성은 잘 알려져 있었지만 그는 바빌로니아의 북쪽과 메소포타미아의 일에 전혀 개입하지 않았다. 바빌론, 마리 그리고 엘람의 동맹이 에스눈나를 제거한 것은 그 지방의 국가들과 엘람을 직접적으로 부딪치게 하였다. 이때부터 엘람의 영향은 놀랍고 광범위한 것이었다. 예를 들어, 서부 이란에 있는 카트나(Qatna)의 왕은 알레포와의 분쟁에서 엘람의 지지를 얻기 위해 엘람에게 영토를 바쳤다고 알려진다. 수칼-마는 바빌론의 함무라비로부터, 마리의 짐리-림으로부터 편지를 받았다. 그들은 자신들이 그의 '형제'가 아닌 '아들'이라고 선언했다. '형제'라는 칭호가 국가 간의 편지에서는 일반적인 것이었다.

그러나 그들에게 수칼-마는 '엘람의 위대한 왕' 이었다. 그의 군대는 시리아 북부의 슈밧-엔릴(Shubat-Enlil)처럼 멀리 떨어진 곳에도 왕을 세웠다. 엘람의 힘은 영토의 크기와 가용한 노동력의 규모에서 발생했다. 엘람의 성공에 기여했던 것은 엘람이 카룸-카네스(Karum-Kanesh)가 없어진 후 서부로 가는 이란의 주석을 통제했다는 사실이다. 청동 생산을 위해 반드시 필요한 이 요소는 엘람에서 마리를 경유하여 지중해에 이르렀다. 엘람은 또한 페르시아만에 있는 딜문(Dilmun)과도 가까운 관계를 유지하였다. 이것으로 볼 때, 엘람은 다른 외국 물품과 무역로도 독점하였을 가능성이 있다. 그러나 엘람의 성공은 영원하지 않았다. 바빌론의 함무라비가 마리와 알레포와 반-엘람 동맹을 결성하였다. 함무라비 즉위 9째인 1764년 엘람은 무너졌다. 엘람이 바빌론 국가로 편입되지는 않았지만 엘람의 영향력은 끊어졌고 엘람에 대한 우리의 지식도 여기까지이다.

4. 마리와 서부

외교 사신들은 라르사, 에스눈나 그리고 엘람의 마지막 날들에 대한 상황을 마리 왕에게 보고하였는데 그 보고서가 마리에서 발견되었다. 남부 메소포타미아와 시리아 사이에 놓인 지정학적 위치와 오랫동안 그 두 지역의 중재 역할을 한 덕분에 마리의 문서 저장소는 메소포타미아 서부의 정치 역사적 상황에 대한 풍부한 정보를 담고 있다. 오늘날 시리아와 수많은 국가가 자리한 주변의 광대한 지역도 마리의 사신들이 활동한 영역 안에 포함된다. 북이

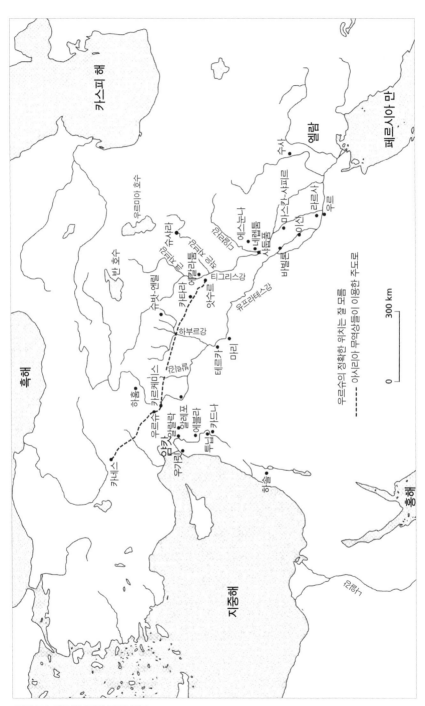

지도 5.2 제2천년기의 고대 근동

스라엘의 하솔과 같이 먼 도시도 마리 문서에 언급된다. 근동의 서부 지역은 정치적으로 통합된 소국가들의 단일 체제를 형성했다. 그 소왕국들의 왕실은 종종 혈연과 결혼으로 연결되었다. 마리의 왕이 지중해 연안의 우가릿을 방문한 기록이 있다. 서부의 몇몇 도시의 역사를 보면 근동의 동부와 마찬가지로 경쟁, 동맹, 패권의 패턴이 나타남을 알 수 있다. 여기서 나는 그 지역에서 가장 영향력 있었던 마리와 얌캇(Yamkhad)의 역사를 묘사할 것이다.

마리는 외교적으로 우르 제3왕국과 밀접한 관계에 있었지만 우르 제3왕조로부터 줄곧 독립해 있었다. 그럼에도 불구하고 우르의 붕괴는 마리 운명의 내리막길에 해당한다. 비록 '장군'(아카드어로 샤카나쿠)이라는 칭호를 가진 왕조의 군주들이 한 백 년 정도 더 권좌에 있었지만 마리의 중요성은 크게 위축되었다. 마지막으로 왕조가 알 수 없는 이유로 끊어졌고, 그 도시는 그후 버려진 것 같다. 19세기 중엽에 새 왕조가 들어서면서 마리는 역사상 최고 번영의 시대를 시작한다(부록 마리의 왕명록 참조). 새 왕조는 시리아 북서부에 근거를 둔 아모리의 시말 부족에 속했다. 시말 부족은 마리에 정착하기 전에 유프라테스 협곡 중류에 있는 다양한 도시들을 정복했다.

우리가 알아야 할 최고의 왕은 야둔-림(Yahdun-Lim)으로 서부 출신임에도 불구하고 바빌로니아어와 문체를 관료들의 표준으로 도입했다. 이때 연명을 사용하는 관습도 함께 도입되었다. 그는 왕궁도 새로 건설했는데, 그가 이때 건설한 왕궁은 그 크기와 화려함의 소문이 근동 전역으로 퍼졌다. 그는 마리를 최북단 발릭 합류 지점까지 뻗은 중부 유프라테스강 지역의 패권 국가로 세우고 야민 인들을 서쪽 끝 레바논 산맥까지 몰아냈다. 관개 제도나 숲의 건설과 같은 지역의 개발 사업을 통해 그는 통치를 다져갔다. 하부르 지역으로 뻗어나간 그는 그곳에서 새롭게 떠오르는 북메소포타미아 왕국과 부딪치게 된다. 그는 삼시-아닷과 몇 차례 전투했다. 야둔-림은 왕실 음모에 의해 암살당했고 그의 아들인 수무-야만(Sumu-Yaman)은 오래 살지 못했다. 이삼 년 후인 1795년에 마리는 삼시-아닷에게 정복당했고 그의 대국으로 편입되었다. 이것은 다음 장에서 다루어질 것이다. 삼시-아닷은 그의 차남인 야스마-앗두를 마리의 왕으로 세우고 서부의 국가들과 아모리 부족들을 감시하였다.

그림 5.3 마리 궁전의 프레스코 파편. 마리 궁전은 마리 궁전은 웅장함과 화려함으로 시리아 전역에 걸쳐 명성이 높았다. 고고학자들은 궁전의 다섯 개의 방에서 벽이 프레스코로 장식된 흔적을 발견하였다. 위 파편은 코에 이는 고삐에 매여진 줄로 소를 이끌고 있는 수염이 있는 한 남자를 보여준다. 소의 뿔들 끝 부분은 금속으로 장식되었고 초승달이 머리 앞쪽을 장식하고 있다. 국립박물관, 시리아 알렙포 M10119. 높이 52cm; 너비 47cm.(20.4×18.5 in). 출판 허가: akg images/Erich Lessing.

야스마-앗두의 통치는 약 20년 동안 지속되다가 1776년경에 그의 아버지가 죽었을 때 갑작스럽게 끝난다. 삼시-아닷의 왕국은 무너졌고 왕국의 파편들은 야망있는 사람들이 취했다. 마리에서 그 야망가는 짐리-림이었다. 비록 자기를 야둔-림의 아들이라고 선언했지만 그렇지 않다는 사실은 분명하다. 관련이 있었다면 짐리-림은 야둔-림의 손자나 조카 정도였을 것이다. 짐리-림이 권세를 잡았을 때 마리는 다시 한번 국익을 위해 움직였다. 짐리-림은 바빌론과 알레포와 강한 동맹을 회복하였고 쉬프투(Shiptu) 공주와 결혼함으로써 그것을 튼튼히 다졌다. 그의 영토는 마리 바로 남쪽에서부터 알레포와 하부르 협곡 저지대까지의 유프라테스 계곡 전부를 포함하였다. 더 북쪽 지역에는 분봉왕을 두고 다스렸다. 그리고 독립 군주들이 자신의 편에 서도록 압력을 가했다. 마리가 번성했고 짐리-림의 궁전은 제2천년기 초기의 가장 큰 건축물 중의 하나였다 (그림 5.3). 마리 왕국은 지역의 경쟁 군주들의 존경을 받았고 유목민들을 효과적으로 제어하였다. 짐리-림은 바빌론의 함무라비의 충직한 동맹이었지만, 그의 명성과 부 때문에 함무라비는 그를 견제하게 되었을 것이다. 즉위 30년(1761년)에 함무라비는 짐리-림을 무찌르고 마리를 정복하였다.

2년 후 알 수 없는 이유로 크게 노한 함무라비는 왕궁, 도시-성벽들을 파괴하고 마리까지 이르는 유프라테스 계곡을 자신의 나라에 편입시켰다. 마리는 높은 지위를 잃고 약 100km 북쪽인 중부 유프라테스 지역의 테르카(Terqa)로 힘의 중심이 이동했다.

알레포 시는 얌캇(Yamkhad, 부록 왕명록 참조)의 수도였다. 유프라테스 계곡과 지중해에 이르는 무역로에 위치한 알레포는 에블라가 쇠퇴한 제2천년기 초부터 지역의 주목을 끌기 시작한 것 같다. 그 도시는 그때부터 오늘날까지 줄 곧 사람들이 주거하여 발굴이 불가능하다. 그래서 알레포의 초기 역사를 쓸 때 우리는 전적으로 알레포 주변 지역의 자료를 이용해야 한다. 그 외부 자료는 얌캇의 왕족과 같은 혈통이었던 마리에서 발견된 것들이다. 마리 편지들에 따르면 서부 지방에서 얌캇의 가장 끈질긴 적은 남쪽에 위치한 중앙 시리아의 도시인 카트나였다. 카트나는 북메소포타미아 왕국(Kingdom of Upper Mesopotamia)의 삼시-아닷에게서 지원을 받았던 나라다.

얌캇의 첫 두 군주인 수무에푸(Sumu'epuh)와 야림-림이 삼시-아닷과 전쟁에서 맞붙은 후부터는 그들과 그들의 후손들은 남쪽의 화약고 같은 정치 세계로 빠져들게 된다. 삼시-아닷의 죽음은 얌캇의 야림-림이 유프라테스 계곡을 따라 마리 왕국까지 남하할 공간을 만들었다. 마리의 짐리-림은 야림-림의 사위였기 때문에 그 둘의 접경은 평화적인 것이었다. 서부에서 야림-림의 등극은 본 장의 앞에 인용 된 마리 편지에서 분명해진다. 그 편지에 따르면 20명의 왕들이 그를 따른다고 전해진다. 20명의 왕이라는 숫자는 당시 야림-림이 당시 최고의 패권자였음을 시사해준다.

바빌론의 함무라비가 이웃 국가들을 하나씩 점령해갈 때 얌캇도 마리와 함께 그를 도왔다. 그러나 바빌론은 동맹국들을 배반하고 마리를 점령하였다. 얌캇는 바빌로니아 군대가 오기에는 너무 멀리 있었기 때문에 직접적인 전쟁은 일어나지 않았다. 그후에 바빌론의 문서에서 얌캇의 기록은 나오지 않는다. 그러나 이즈음 얌캇의 서쪽에 있는 알랄락(Alalakh)이라는 작은 도시에서

발견된 문서는 그 도시의 왕이 그의 형제인 알레포의 아바엘(Abba'el)에 의해
임명되었음을 보여준다. 얌캇은 그후에도 북서 시리아의 패권 국가로 남았고
카르케미스(Charchemish), 우르슈(Urushu), 하스슈(Hashshu), 우가릿, 에마르, 에
블라, 투닙(Tunip)과 같은 도시들과 동맹을 맺었다. 얌캇은 제2천년기 후반에
아나톨리아로부터 시리아로 군사적 팽창을 꾀했던 히타이트에 주요 장애물
이었다. 히타이트의 왕 하투실리(Hattusili) 1세는 자신의 연대기에서 수년 동안
알랄락, 카르케미스, 하스슈와 같은 얌캇의 위성 국가들을 공격하고 파괴했다
고 기록한다. 그러나 얌캇 자체를 공격한 것은 아닌 것 같다. 그 일은 그의 아
들인 무르실리 1세가 이어받았다. 무르실리는 1595년의 바빌론 원정길에 그
도시를 함락하고 파괴하였다. 이로써 400년간 근동의 특징이었던 정치 상황
(경쟁적인 도시 국가들의 체계)이 막을 내린다.

토론 5.1 아모리인들은 누구인가?

2천년대 초기 고대 근동 문헌들은 우리가 아모리인들이라고 부르는 사람들에
대한 많은 언급들을 담고 있다. 그 용어가 정확하게 무엇을 의미하고 이 사람들이
누구인지에 대한 질문은 이 시대 역사에서 가장 치열한 논의 중 하나이다. 보통,
학자들이 아모리인들에 대하여 말할 때 다양한 고대 자료들이 조합된다. 어떤 개
인도 자신을 아모리인이라고 부르지 않았다. 그 용어는 다른 사람들에 의하여 사
용된 것이다. 문헌은 규칙적으로 어떤 사람이 수메르어로는 마르투(또는 마르두)이
고 아카드어로 아무루로 어떨 때는 사람들의 무리를 언급할 때 그 이름을 사용한
다. 예를 들어, 암미짜두카 왕의 칙령은 아카드인들과 아모리인들에 대해서 말하
고 있다. 고대인들은 아모리어를 구분하였지만 그 언어로 된 완전한 문장으로 쓰
인 어떠한 문서도 전해지지 않는다.

현대 학자들은 2천년대 초기 고대 근동 전역의 도시들 문헌에 나타난 많은 수
의 인명(人名)의 문법을 분석할 때 아모리어를 인식하게 된다. 마리 문서에서 그
언어로 된 이름 언급이 유별나게 많은데 "그가 림을 기쁘게 한다"라는 의미를 지
닌 야둔-림과 같은 왕들의 이름을 포함한다. 이는 신이 종종 아모리인들의 개인
이름에 관여됨을 보여준다. 마르투, 아무루와 같은 용어는 또한 메소포타미아인

들 역사를 걸쳐 사용되었는데 이는 2천년대 하반기 시리아 서쪽 지역에 아무루 왕국이 있었음을 가리키는 것이다. 더구나 히브리 성경은 영어에서 아모리인이라고 불려지는 이스라엘 민족 이전의 아모리인들을 언급하고 있다. 이들은 거의 확실히 2천년대 초기의 아모리인들과 직접적인 관계가 없었다고 할 수 있으나, 혼동을 피하기 위하여 어떤 학자들은 아모리인들이라는 용어를 좀 더 이른 시기의 언급들을 위하여 사용하기를 선호한다(Fleming 2004; see Whiting 1995 for all these usages). 학자들은 나누어 언급된 것들이 모두 같은 민족을 가리킬 수 없다고 인식하지만 대부분은 3천년대 말과 2천년대 초기 아모리인들이라고 정체 확인할 수 있는 사람들이 존재하였다고 생각한다.

그러나 그들의 특성은 무엇이었는가?

20세기 중반까지 일반적으로 아모리인들을 광야 지역 어딘가에서 서쪽으로 이동하여 메소포타미아 농경지를 공격한 셈족 유목민들의 계속된 이주민 가운데 하나로 보았다. 아카드인들도 그들 전에 그렇게 이주하였고 이후 아람인들과 아랍인들이 이주하였다(예를 들어, Moscati 1960: 30, 204-5). 마리 문서를 깊이 분석한 바에 따르면 이 모델을 바꾸어 아모리인들을 반 유목민들로서 지속적으로 농경지에 정착하려고 시도하였던 이들로 이 이동은 정착민들의 저항과 분개를 일으킨 것으로 보고 있다(Kupper 1957). 많은 학자들은 여전히 아모리인들을 고대 근동 서쪽 지역에서 온 유목민들로 2천년대 초반, 정착된 사회에 침입하여 세력을 잡은 이들로 보고 있다(예를 들어, Charpin and Ziegler 2003; Jahn 2007). 그들의 견해에 따르면, 이 이주민들은 정치적으로 성공하여 우리가 2천년대 초기를 "아모리인들의 시대"라 불러야 한다(예를 들어, Charpin 2004. 이 의견이 몇 학자들에 의해 수용되었다. Milano 2012: fig. XXVII ; Frahm 2013: 135). 아모리인들은 바빌로니아와 고대 근동 전체의 정치적, 사회적 구조에 급진적 변화를 가져왔을 것이다.

역사에 걸쳐 중동 지역의 정착민들과 유목민들 간의 상호 관계에 대한 연구는 유목민들이 지속적으로 정착하기를 희망하였다는 생각을 거절케 한다. 이들은 상호보완적이어서 각자는 각기 다른 자원들을 제공하고 비록 다른 목적을 가졌지만 같은 공간을 공유하였다. 이른바 유목민들은 농경 생활을 시작할 때부터 현 시대에 이르기까지 중동 지역 사회에서 존재한 목축인들이다(Briant 1982). 다른 학자들은 아모리인들이 바빌로나아인들의 삶과 정치에 미친 근본적인 충격의 증거가 거의 없다고 주장한다. 우르 제3왕조의 전복에 아모리인들의 분명한 개입은 없었으며, 아모리인들의 침입 또는 공격을 가리키는 것이 없으며 심지어 아모리인들이라고 불리는 이들이 바빌로니아 서쪽에 살고 있었다는 증거도 없다고 주장한다. 대신 우르 제3왕조 시기에 이미 아모리인들은 바빌로니아인들의 사회 모든 분야에 잘 병합되었다. 그 용어는 뚜렷한 민족 그룹을 가리키지 않는다(Michalowski 2011).

아모리인들에 대한 모든 형태의 언급(그룹, 개인, 사람 이름)을 언제 어디에서 어떤 문맥에서 나타났는지 상관없이 모두 수집하여 그것들이 동일하며, 분명히 정체확인 가능한 무리들로 간주하는 것은 잘못이다. "아모리인들"은 규칙적으로 목축업을 하는 이들을 가리키지만, 많은 아모리인들은 도시 거주민들이었다. 고대 근동의 다양한 민족들이 아모리인 기원이라고 주장하지만 그것이 정확히 무엇을 의미하는지는 우리에게 불분명하다. 때로, 그 용어는 매우 부정적인 방법으로 사용되었고 (예를 들어, 마루투의 결혼), 어떤 때는 한 민족을 다른 민족과 구별하는데 사용되고(예를 들어, 암미짜두카 칙령), 또한 다른 의미들도 존재하였다. 아모리인들은 우리가 고대 근동 역사를 통틀어 발견하는 이른바 "민족" 용어 가운데 하나로 그 의미는 그들이 사용되었던 상황에 달려 있다. 그러한 다른 용어로 구티아인, 카시트인, 아람인, 수트인 등 많이 있다. 그들은 다양한 문맥의 기록에 나타나며 우리가 그들을 고대 근동 사회 내 단순하면서 분명히 구분되는 민족으로 볼 수 없다. 그 용어 사용은 탄력적이며 오늘날 우리가 거의 인식할 수 없는 환경에 의존하여 이루어졌다.

제2천년기 초기의 영토 국가의 발전

3000	2500	2000	1500	1000	500

1807	삼시-아닷이 앗수르의 왕위를 찬탈함
1795년경	야스마-앗두가 마리의 왕이 되다
1792	함무라비가 바빌론의 왕위를 이어받음
1775	삼시-아닷의 죽음
1740년경	삼수일루나가 남부 바빌로니아에 대한 통치를 상실함
1650년경	고대 히타이트 제국의 성립
1595	히타이트 왕 부르실리가 바빌론을 함락

　　제2천년기 초반의 특징이었던 대동소이한 왕조들의 혼란스러운 세력 다툼 가운데 그나마 몇몇 큰 업적을 남긴 왕이 나타난다. 잠깐이지만 이런 왕들은 정치적 영향력을 넓은 지리적 범위로 확장하여 영토국가를 만들었다. 이 국가들은 동시대의 다른 국가들과 본질적으로 차이가 없지만 다른 이웃 국가들과의 경쟁에서 승리한 자들이었다. 이런 영토 국가들은 근동의 여러 곳에서 발견된다. 북메소포타미아는 한 때 삼시-아닷(Shamshi-Adad)에 의해 통일되었다. 그후 함무라비가 바빌로니아를 통일하였다. 그후에는 하투실리 1세(지도 6.1 참조)가 중앙 아나톨리아를 통일한다. 이 통일 업적은 모두 그 개인들의 군사

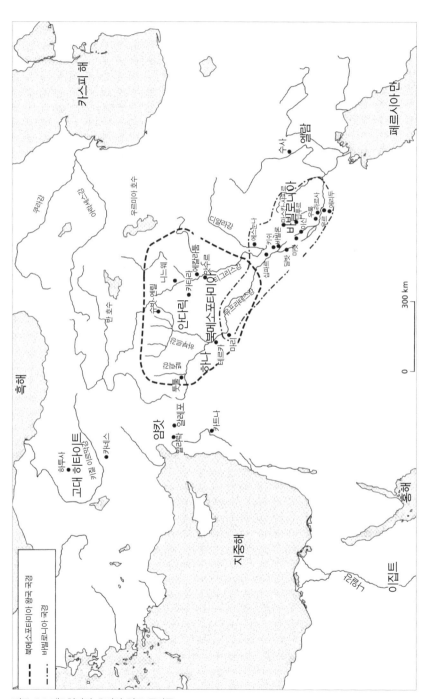

지도 6.1 제2천년기 초기의 영토 국가들

적 기술에 기인한 것이었다. 그러나 이 국가들은 창시자의 죽음과 함께 붕괴되었다. 그럼에도 불구하고 그 개인들이 시작한 변화는 후에 이 지역에 영토 국가가 설립되는 기초가 되었다.

이 시기의 역사가 제5장에서 논의된 것과 유사하기 때문에 여기에서 논의될 역사 자료도 거의 같다. 바빌로니아와 북메소포타미아 왕국(Upper Mesopotamia)에서 가장 도움이 되는 자료는 수도가 아니라 왕들이 정복하고 관할한 도시에서 나온다. 반대로 고대 히타이트의 경우 우리 지식의 거의 전부가 수도인 하투사(Hattusa)에서 발견되었다. 그러나 그곳에서 발견된 왕의 연대기들은 수세기 후의 것이고 원본의 사본에 불과하다. 따라서 그 정보들은 고대 히타이트 시대의 다른 자료들과 세밀하게 비교 검토함으로 사용해야 한다.

1. 삼시-아닷과 북메소포타미아 왕국

삼시-아닷의 초기 역사는 잘 모른다. 그가 메소포타미아의 어느 지역의 왕이었다는 것 이외는 언제 어디서 처음 왕위에 올랐는지도 확실히 알 수 없다. 에칼라툼(Ekallatum)에서 그의 아버지 일라-카브카부(Kabkabu)로부터 왕위를 물려받았을 가능성이 높다. 에칼라툼의 정확한 위치는 모르고 다만 앗수르 근처였음은 확실하다. 그곳에서 삼시-아닷은 약 10년을 다스렸지만 에스눈나의 나람-신이 앗수르와 에칼라툼을 정복했을 때 그는 바빌론으로 망명해야 했다. 나람-신이 7년 후에 죽었을 때 삼시-아닷은 그 기회를 이용해 망명 생활에서 돌아와 앗수르를 다시 정복하였다. 앗수르에서 그는 자신의 조상들을 그 도시의 왕족 족보에 통합시켰고 33년 동안 앗수르를 통치했다고 전해진다(초기 아시리아 왕명록). 이에 근거해 우리는 그가 앗수르의 왕위에 즉위한 시점을 1808년으로 추정할 수 있다.

그때 삼시-아닷은 그 지역의 힘 없는 나라의 왕일 뿐이었다. 그러나 곧 그는 그의 영향력을 서쪽으로 확대해 북부 시리아에서 마리의 야둔-림과 충돌하였다. 삼시-아닷은 북부 하부르 계곡을 손에 넣고 쉐나(Shehna)를 수도로 하

그림 6.1 삼시-아닷(Shamshi-Adad)의 석비 조각. 이 석비 조각은 양편에 새긴 것으로 카바라 (Qabara) 도시 승리 기록을 담고 있으며 또한 다두샤(Dadusha) 석비(그림 5.2)를 기리고 있다. 그는 이 비문을 세웠고 이 비문에서 도끼로 적군을 치는 사람으로 묘사된 듯하다. 루브르 박물관, 파리. AO2776. 섬록암, 높이 49cm; 너비 55cm. 출판 허가: akg images/Album/Prisma.

는 아품(Apum)과 같은 왕국들을 병합한 후 자신의 수도로 돌아가 수도를 슈밧-엔릴(Shubatt-Enlil)로 개명하였다. 야둔-림이 암살당하자 남쪽의 강대국인 마리도 곧 삼시-아닷의 먹잇감이 되었다. 1796년 그는 마리의 수도를 함락하였다. 삼시-아닷은 이로써 동쪽으로 티그리스강 유역의 앗수르에서 서쪽으로 발릭강 유역의 툿툴에 이르는 영토를 거느렸다. 바빌로니아 북부의 전 지역이 이제 삼시 아닷의 나라에 병합되었고 우리는 그의 영토를 '북메소포타미아 왕국'(Kingdom of Upper Mesopotamia)이라고 부른다(그림 6.1).

삼시-아닷은 그가 통일한 여러 국가들의 기존 질서를 잘 용납하였다. 앗수르에서 그는 '앗수르의 총독'이라는 칭호를 가졌다. 그리고 니느웨에서는 500년 전 마니스투슈(Manishtushu)에 의해 건축되었다고 전해진 이스타르 신전을 복원하였다. 카타라와 같은 도시들은 이전의 왕들이 삼시-아닷의 분봉왕으로써 계속해서 다스렸다. 지방의 행정적 관습도 유지되었다. 물론 관료들은 삼시-아닷에 봉사함을 나타내는 인장을 사용하였다. 한 가지 중요한 변화가 있었는데 그것은 문서에 날짜를 표시할 때 아시리아의 연호 체제를 사용해야 했다는 것이다(보충 6.1 참조). 삼시-아닷 아래에서 아시리아의 관직 연호가 마리, 툿툴(오늘날의 텔 비아), 슈밧-엔릴, 테르카와 같은 다양한 지역에서 사용되었다. 이 인명 연호 체제는 북메소포타미아 왕국의 공식 연호 체제로 사용되었다.

그 큰 왕국을 다스려야 했던 삼시-아닷은 자신은 슈밧-엔릴에 살았지만 그의 두 아들은 전략적 요충지에 지방 군주로 심어 놓았다. 장남인 이스메-다 간(Ishme-Dagan)은 선조들의 고향인 에칼라툼의 왕위에 앉았고 차남인 야스 마-앗두는 마리에서 왕이 되었다. 남동 접경과 남서 국경은 이로써 직접 통치의 효과를 얻었다. 북메소포타미아 왕국은 동족으로 에스눈나와 자그로스 산 기슭의 나라들과 접경하였다. 서쪽으로는 얌캇와 반 유목민들이 통제하는 시리아 스텝 지역과 접경하였다. 남쪽의 바빌로니아도 삼시-아닷에 종속되었을지도 모른다. 1782년 십파르에서 작성된 한 계약 문서는 함무라비와 삼시-아닷에 대한 맹세를 포함한다.

이 문서는 삼시-아닷이 십파르를 잠시나마 제어했음을 보여준다. 두 아들에게는 총독이 임명된 여러 지방들에 대한 감독권이 부여되었다. 이스메-다 간은 티그리스강과 자그로스 산 사이의 지역을 관리했고 야스마-앗두는 유프라테스강 유역, 발릭강 하류 그리고 하부르강 유역을 맡았다. 삼시-아닷은 슈밧-엔릴 지역을 직접 다스렸으나 장군 총독들이 신자 르 산맥(the Sindjar) 이남의 도시들을 맡았다. 이스메-다간은 분명 동생보다 더 많은 권한을 가졌고 종종 야스마-앗두의 나태를 책망하기도 했다. 그러나 최종 권위는 아버지가 보유했으며 아들들에게 보낸 수많은 편지가 남아있다. 마 리에 보낸 편지에서 야스마-앗두는 나태한 약골로 묘사되며 꾸중을 듣고 있 다. 삼시-아닷은 반복적으로 이렇게 말한다.

보충 6.1 아시리아의 인명 연호 체제

바빌로니아에서 사용된 연호는 그 이전 해에 일어났던 중요한 사건에 근거하였지만 북메소포타미아 왕국에서 사용된 연호 체계는 관직을 가진 개인의 관직명에 따라 붙여졌다. 연호에 사용된 관직을 가리키는 아카드어는 림무(limmu)다. 그것은 순환의 의미를 갖는다. 그리고 그 아카드어는 순환하는 직위를 의미하는 그리스어에서 유래한 '에포님'(eponym)으로 영역된다. 이 연호 체제는 앗수르 시에서 처음으로 시작된 것 같다. 이 연호 체계는 7세기 아시리아 제국이 끝날 때까지 아시리아에서 공식적 연호 체제로 남아있었다. 연호가 될 관료들은 본래 제비뽑기로 선택되었으나 제1천년기에는 왕을 필두로 한 관직들의 고정된 순서가 림무를 결정하였다. 제1천년기에 이 관직은 종교적 성격을 가졌다.

제2천년기 초기에 앗수르에서 연호에 사용된 관직은 행정적 성격을 가졌고 왕보다 무역에 더욱 관여한 것 같다. 최초의 연호가 발견된 것은 카룸-카네스(Karum-Kanesh)다. 그 연호들은 아나톨리아에 있는 다른 아시리아 식민지에서도 사용되었다. 그때 아나톨리아는 시기적으로 후기 정착기에 해당한다. 이 관직 연호 체제는 북메소포타미아 도시들[1]에서 전부 발견되는데 그 이유는 의심할 여지 없이 삼시-아닷이 북메소포타미아를 통일했기 때문일 것이다. 마리와 같은 곳에서 연호는 그가 통치하던 시기에 관직 연호로 대체되었다. 그의 국가가 붕괴된 후에도 일부 도시들은 정치적으로 독립체임에도 불구하고 관직 연호를 계속 사용하였다. 그러나 그들이 사용한 관직명이 앗수르의 것인지는 알 수 없다.

연호들의 순서를 기억하기 위해 관직 연호 목록이 만들어졌다. 때때로 그 해에 발생한 사건이 간단하게 첨가되기도 한다. 이 목록들은 10세기에서 7세기까지의 부분이 완전히 다시 짜여진다. 초반부의 연호 순서는 온전한 연호 목록이 없었기 때문에 불확실하다. 마리에서 관직 연호 연대기가 발견되었다. 그것은 삼시-아닷 시대 이전부터 그의 아들이 왕위를 이어받은 때까지의 기간을 다루고 있다. 불행히도 그 연대기가 온전히 보전되지 못했다. 19세기에서 18세기까지 관직 연호의 순서는 아직도 학자들 사이에 논쟁거리로 남아있다.

---

1   슈밧-엔릴(Shubat-Enlil), 카타라, 아스낙쿰(오늘날의 차가 바잘), 툿툴, 마리, 테르카 그리고 칼라앗 알-하디(Qala'at-Hadi), 텔 타야(Tell-Taya, 고대 도시명은 미상).

2천년대의 연대는 항상 분명하지는 않지만 새로운 발견들은 우리의 지식을 계속 향상시켜주고 있다. 최근 출판된 카네쉬의 인명 목록들은 이 시기 초기의 연대에 특별히 중요하다. 지금 우리는 1972년에서 1718년까지 거의 온전히 연속된 인명을 알고 있다.

> 언제까지 시시콜콜 지시를 해야 하는가? 네가 아직 어린아이인가? 어른이 아닌가? 턱에 수염이 없는가? 언제 네 집안을 제대로 관리하겠는가? 네 형은 큰 군대를 이끄는 것을 보지 못하는가? 너도 네 궁전, 네 왕조를 잘 꾸려라![2]

주권 왕이 속국 왕의 내정에 간섭하는 것은 이상한 것이 아니었다. 그리고 이 자세한 간섭은 바빌론의 함무라비를 논할 때 다시 말하겠지만 당시 이상적인 왕의 모습 중 하나였다. 그러나 간섭 받는 입장에서는 그다지 좋게 생각하지 않았다는 사실은 삼시-아닷이 야스마-앗두를 카트나의 공주였던 벨툼(Beltum)에게 중매한 일화에서 분명해진다. 카트나는 삼시-아닷이 얌캇과 갈등할 때 중요한 동맹국이었다. 카트나 왕은 그의 딸이 마리 궁에서 중요한 역할을 할 것을 기대했다. 그러나 야스마-앗두는 이미 야둔-림의 딸을 본처로 두고 있었기 때문에 벨툼을 궁 밖, 지위가 낮은 여인 그룹에서 덜 중요한 역할을 담당하게 하였다. 삼시-아닷은 아들을 호되게 꾸짖고 벨툼을 궁 안에 그의 곁에 둘 것을 강요하였다. 왕궁에서 권력의 위계는 분명하였다.

삼시-아닷의 왕국은 갑자기 그리고 불분명한 상황 가운데 사라졌다. 그가 나이들었을 때 이웃 국가인 얌캇과 에스눈나에 의해 협공당했다. 그리고 그는 1776년에 사망했는데 전쟁에서 죽었는지 자연사했는지는 확실치 않다. 지방 군주들은 재빠르게 자신의 왕권을 다졌다. 떠오르는 아모리 샛별, 짐리-림은 야스마-앗두를 마리로부터 축출했고 이스메-다간은 아버지 왕국의 대부분에 대한 주권을 빼앗겼으나 에칼라툼과 앗수르 만은 유지하였다. 북시리아

---

2   Jean-Marie Durand, Documents *épistolaires du palais de Mari*(Paris: Les Editions du Cerf, 1997), volume 1, 138.

는 작은 독립 국가들의 모자이크가 되었다. 남쪽의 에스눈나도 그 모자이크의 일부를 차지하였다. 이때 생긴 국가들 중 일부의 역사가 알려졌는데 그것은 마리가 그 국가들의 발전을 주의 깊게 관찰했고 또한 그 지방 왕들 중 일부는 왕궁 관료 체제를 두고 서로와 편지로 교신하였기 때문이다.

정치적으로 분열된 지역은 에스눈나, 엘람, 바빌로니아에게 공격당했다. 이 왕들은 지방의 왕조를 세우거나 무너뜨리기도 하였다. 그 당시 정치적 음모와 분쟁은 복잡하게 얽혀있었다. 마리의 짐리-림은 그 지역에서 힘을 쓰는 왕이었지만 발생하는 모든 사건을 통제하기에는 지리적으로 너무 한 쪽에 쏠려 있었다. 지방 왕조가 북메소포타미아 전역에 생겨났고 안다릭(Andariq)의 왕과 같은 일부 왕들은 주변 왕국들에 강한 영향력을 행사하였다. 때때로 이웃 국가들의 왕을 임명하기도 했다. 이 도시 국가에서 왕궁의 역할은 이전처럼 여전히 중요하였다. 왕궁은 도시 경제의 중심적 세력이었으며 중앙 행정제도를 유지, 운영하였다. 1720년이 되면 북메소포타미아는 이런 생활방식을 유지할 수 없게 된다. 많은 도시들이 우리가 잘 알 수 없는 이유로 버려졌다. 아마 왕궁의 독재에 대한 대중들의 반대와 강수량의 변화와 같은 생태적 이유가 결합하여 도시인들이 촌락이나 스텝에서의 반 유목민 생활로 이동한 것 같다. 왕궁들이 없어지면서 역사 기록도 함께 사라졌다.

2. 함무라비의 바빌론

삼시-아닷의 마지막 십 년 동안 바빌론의 왕좌는 메소포타미아 역사에서 가장 유명한 왕이 될 한 남자가 차지하고 있었다. 그가 바로 함무라비다. 바빌론은 고대 아카드 시대부터 수백 년 동안 존재해왔다. 함무라비의 선왕들은 조금씩 십파르, 키쉬, 딜밧, 마랏과 같은 북쪽 도시의 독립국가들을 병합하여 영토 국가를 이뤄가고 있었다. 바빌로니아는 지역의 강대국들인 에스눈나, 라르사 그리고 북메소포타미아 왕국에 의해 둘러싸였다. 함무라비가 1792년에 왕이 되었을 때 국제 정세는 남쪽에서는 림-신이 남부 바빌로니아 전지역을 다스렸고 북쪽에서는 삼시-아닷이 득세하였다. 함무라비와 함께 소위 '고대 바빌로니아 시대'가 도래한다. 이 시대는 바빌론이 남부 바벨로니아에서 잡은 패권은 그후 1,500년간 지속되었다(부록 고대 바빌로니아의 왕명록 참조).

이처럼 정치적으로 매우 민감했던 시기에 어린 함무라비는 지역의 분쟁에 말려들지 않을 수 없었다. 그의 초기 연호들은 주변의 강대국들에 군사적 원정을 감행한 사실을 언급한다. 그러나 그 결과에 대한 언급은 모호하다. 함무라비는 주로 국가 내부의 발전에 관심을 쏟은 것 같다. 예를 들어, 운하를 파고, 성벽을 정비하여 도시들을 요새화하였다. 그가 마음 먹고 해외 원정을 계획하면 그의 군사적 행위는 속전속결로 상대방에게 큰 피해를 입혔다. 그는 상당한 외교적 기술도 구사하였다. 처음에는 마리와 같은 나라의 군대를 사용하다가 자신의 힘이 세지면 이전의 동맹국들을 배반하였다.

마리에서 발견된 외교 편지는 함무라비가 자신의 목적을 달성하기 위해 처음에는 외교로 접근하지만, 후에는 무력을 사용한다고 전하고 있다(보충 6.1 참조). 1776년에서 1761년의 단 5년 만에 함무라비는 삼시-아닷이 죽고, 림-신이 늙자 남부 메소포타미아 지역을 완전히 장악하였다. 엘람, 라르사, 에스눈나 그리고 마리도 그후 곧 함무라비에게 패했다. 라르사와 마리 이북의 중부 유프라테스 지역은 바빌로니아 국가에 병합되었고, 에스눈나의 왕은 제거됐으며, 엘람의 왕들은 더는 메소포타미아 지역에 영향력을 행사할 수 없게 되었다.

문서 6.1 함무라비와 에스눈나에 관해 짐리-림에게 보내진 마리 편지

바빌론 함무라비의 동료이자 종종 동맹이었던 마리의 짐리-림은 함무라비와 다른 국가들 간의 상호관계에 대해서 알기 원하였다. 그는 동맹이 임시적이며 그 시대의 모든 왕들은 외부 지지 세력을 구축함으로 그들의 입지를 군건히 하고자 노력하였음을 잘 알고 있었다. 아래에 바빌론에 거주하였던 야림-아두의 두 편지가 소개된다. 이것은 함무라비가 짐리-림이 동맹을 얻고자 하였던 에스눈나의 왕 실리-신과 조약을 맺고자 하였던 것에 대하여 그의 주인에게 보내진 것이다. 야림-아두는 실리-신이 함부라비의 제의를 수용하는 것을 꺼렸으며 함무라비가 에스눈나에 대항하는 움직임에 있는 엘람과 직접적인 대화를 시작하였다고 보고한다. 우리는 종국에 함무라비가 동맹을 형성하는데 성공하였고 그가 실리-신의 딸과 결혼하였다는 것을 알고 있다. 그러나 이후 곧 그는 에스눈나에 대항하여 진격하였고 1762년에 패퇴시켰다.

나의 주(짐리-림)에게 말하라. 야림-앗두, 당신의 종이 다음과 같이 말한다.

나는 함무라비가 [ ]에게 부여한 에스눈나의 그 사람에 관한 지시에 관해 나의 주께 편지했습니다. 함무라비가 보르십파에 있을 때 에스눈나의 사신들이 그에게 찾아왔지만 그는 그들을 만나지 않았습니다. 그 다음날이 되어서야 그들은 그와 만날 수 있었습니다. 그들로 하여금 하룻밤을 기다리게 한 후 함무라비는 그들의 소식에 대답을 주었습니다. 그는 칵카룩쿰의 아들인 [신-]과 …의 아들인 마르[둑-무샬림]에게 지시하였습니다. 그리고 그들을 돌려보냈습니다. 그들은 작은 토판(즉 조약 문서 초안)을 가지고 가서 에스눈나의 그 사람으로 하여금 수락하도록 만들 것입니다. [ ]이 가고 함무라비도 수용할 것입니다. 그들이 그 작은 토판을 받은 후 함무라비는 큰 토판, 즉 조약 문서를 에스눈나의 그 사람에게 보낼 것입니다. 그는 그로 하여금 맹세하도록 만들 것입니다. 에스눈나의 그 사람이 큰 토판, 조약 문서를 함무라비에게 돌려보내면 그들은 동맹을 체결한 것입니다. 함무라비와 에스눈나의 그 사람 사이에 동맹은 매우 빠르고 분명하게 성사될 것입니다. 현재, 신-[ ]과 마르둑-무샬림의 외교 서신에 대한 답은 에스눈나에 도착하지 않았습니다. 따라서 내 주께 보고할 것이 없습니다. 이 편지 후에도 에스눈나에서 도착하는 모든 소식을 담아 내 주께 편지할 것입니다.

이 편지는 라르사와 안다릭에 관한 소식으로 계속된다.

번역 출처: Dominique charpin, *Archives épistolaires de Mari*(Paris: Editions Recherche sur les Civilsations, 1988), volume 1, part 2, 179-82.

나의 주(짐리-림)에게 말하라, 야림-앗두, 당신의 종이 다음과 같이 말한다.

이전에 함무라비의 말이 비밀이었음을 내 주께 편지했습니다. 함무라비는 전처럼 엘람의 지배자와 솔직한 대화를 재개하였습니다. 엘람의 지배자가 함무라비에게 보낸 엘람 사신들은 현재 그의 궁전의 입구에서 머물고 있습니다. 엘람의 지배자가 그들에게 지시한 후 그들은 수사로부터 이스타란(Ishtaran) 신의 데르까지 인도되었습니다. 데르의 그 사람은 그들을 영접하고 그들을 호위하여 말기움

(Malgium)까지 데리고 갔습니다. 말기움의 그 사람은 그들을 바빌론까지 호위할 예정이었습니다. 그러나 에스눈나의 군대가 그들의 길을 막아 그들은(영토로) 진입할 수 없었습니다. 함무라비는 에스눈나 군대가 길을 막고 있다는 소식을 들었습니다. 그래서 그는 말기움과 데르(Der)를 통하여 엘람에게 정기적으로 보내던 사신을 더는 보내지 않습니다. 그러나 에스눈나에 넓은 지역이 있어 그의 신하들은 엘람의 지배자에게 갈 때 그 지역을 이용합니다. 엘람의 지배자가 보낸 메시지는 아직 그에게 도착하지 않았습니다.

이후에 말기움과 메소포타미아 북왕국의 이스메-다간에 관한 이야기가 계속된다.

마지막으로 함무라비가 에스눈나 왕인 실리-신에게 이전에 보낸 작은 토판에 관해 말씀드리면, 실리-신은 계속해서 거부하고 함무라비와 조약을 체결하지 않았습니다.

번역 출처: Dominique charpin, *Archives épistolaires de Mari*(Paris: Editions Recherche sur les Civilsations, 1988), volume 1, part 2, 182-4.

이제 유일하게 정복되지 않은 지역은 바빌로니아의 북부다. 함무라비는 그후 일 년에 두 번씩 그 북부 지역에 군사적 원정을 감행했으나 그 지역을 직접 통치하지는 않았다. 그러나 그가 메소포타미아에서 가장 강한 군주라는 사실은 의심의 여지가 없었다. 그후 함무라비는 자신을 '지구의 네 모서리를 순종하게 만든 왕'[3]이라는 칭호를 취했다.

그러나 그의 비문들은 그가 다스린 국가의 핵심 영토는 바빌로니아임을 분명하게 보여준다. 그곳에 있던 기존의 많은 도시 국가들과 그들의 종교들은 함무라비의 통치의 덕을 톡톡히 보게된다. 우리가 그의 통치 스타일에 대해 배우게 되는 것도 바로 이 지역에 대한 그의 통치 때문이다. 통치자로 그는 시시콜콜한 일까지 간섭하였다. 후에 잦은 건물 공사와 최근에 해수면이 상승함

3　Douglas R. Frayne, *Old Babylonian Period*(2003-1595 BC) (*The Royal Inscriptions of Mesopotamia. Early Periods*, volume 4) (Toronto: University of Toronto Press, 1990), 341.

에 따라 이 시대에 해당하는 바빌론 시는 고고학적으로 거의 알려지지 않았다. 고대 바빌론에서 고작 몇 개의 문서들만이 발견되었을 뿐이다. 바빌론에 관해 얻을 수 있는 정보는 주로 왕의 대리인이 다스렸던 다른 도시들에서 나온다. 예를 들어, 함무라비 왕이 라르사의 신-이딘남(Sin-idinnam)과 샤 마쉬-하지르(Shamash-hazir)에게 보낸 약 200통의 편지가 보존되었다. 이 편지는 그다지 중요하지 않은 문제들에 관한 것이다. 예를 들면, 한 편지에는 다음과 같이 적혀 있다.

> 샤마쉬-하지르에게 말하라. 다음은 함무라비의 말이다.
> "왕에게 속한 땅 으로부터 라르사 성문 근처에 있는 1헥타르의 땅, 질 좋고 물에 가까운 휴경지를 인장 제작사인 신-임구란니(Sin-imguranni)에게 주어라."[4]

이 편지는 위대한 왕에 대한 우리의 이미지와 잘 맞지 않는다. 그러나 당시의 이상적인 왕의 이념을 잘 반영하는 것이다. 이상적인 왕은 목자요 농부였다. 그는 그의 백성을 돌봐야 했고, 그들에게 생활을 위한 땅을 제공하고 운하 공사로 그 땅이 풍요로워지도록 만들어야 했다. 사람들은 그런 수준의 정치를 그에게 요구한다.

이런 왕 이념이 그의 가장 유명한 비문인 함무라비 법전의 서론과 결론에서도 반복적으로 표현되었다. 함무라비는 법전에서 다음과 같이 밝힌다.

> 나는 평화를 가져오고 의로운 통치를 하는 목자이다. 나의 은혜의 그늘은 내 도시 위에 덮였다. 나는 수메르와 아카드 땅들의 맥성들을 안전하게 내 무릎 위에 품었다.

---

4 번역 출처: F. R. Kraus, Briefe aus dem Archive des Shamash-hazir(Leiden: E. J. Brill, 1968), no. 1.

법전 자체의 기능이 무엇인가에 대해서는 매우 많은 논쟁이 있어 왔다. 그러나 학자들은 '법전'이라는 용어는 옳지 않다고 주장한다. 그것은 법문이 아니라, 함무라비를 모범적인 정의의 왕으로 묘사하는 비문이다. 그 본문은 2m 높이의 검정 섬록암을 거의 완전하게 둘러싼 비문을 통해 전해진다(그림 6.2). 서론과 결론 사이에 약 300개의 문장이 나열되었다. 이 모든 문장은 같은 '~하면, ~된다'는 패턴으로 되어 있다. 예를 들어, '사람이 강도 짓을 하다 잡히면, 그 사람은 죽게 된다'(§22). 그 진술들은 삶의 여러 영역을 포괄하지만 모든 범죄를 다루지도 않고 서로 모순된 것도 있다. 더욱이 재판 사례의 기록을 포함

그림 6.2 함무라비 석비. 2.25미터 높이의 이 현무암 석비는 위쪽에 정의의 신 샤마쉬(Shamash) 앞에 있는 왕을 나타내고 있는 작은 장면을 제외하고 비문 전체가 쐐기 문자로 새겨졌다. 맨 아래쪽의 빈 공간에는 비문의 한 부분을 지운 후대의 한 왕의 작업이다. 그 표시가 석비 비문을 고풍스럽게 하려고 사용한 수평선에 새겨졌다. 이 석비는 12세기에 수사로 옮겨졌고 그곳에서 발굴되었다. 지금은 파리 루브르 박물관에 있다. 현무암, 높이 2.25m; 너비 0.65m. 출판 허가: © RMN-Grand Palais/Franck Raux.

한 당시의 많은 법전 문서들이 함무라비 법전을 전혀 언급하지 않는다. 따라서 함무리비 '법전'은 법문의 나열한 문서라기보다 함무라비가 자신의 석비에서 정의를 행하는 왕임을 생생한 예들로 증거하는 문서라고 할 수 있다.

> 송사를 가진 피해자는 정의의 왕인 나의 석비 앞으로 나오라. 그로 하여금 석비의 비문을 듣도록 하라. 그는 나의 귀한 말씀을 들을 것이고 나의 석비는 그의 문제를 해결해 줄 것이다. 그로 하여금 자신의 사건을 검토하고 혼란한 마음을 가라앉히게 하라. 그는 다음과 같이 말할 것이다. '함무라비가… 나라를 위한 바른 길을 제시하였다.'[5]

정의 구현에 대한 자신의 능력을 입증하기 위해 함무라비는 이 300여 개의 법률 사례들을 나열하고 미래의 왕들에게 그의 본을 공부하고 따르기를 촉구하였다.

그럼에도 불구하고 법전은 당시 바빌로니아 사회에 대한 통찰들을 담고 있다. 예를 들어, 함무라비 법전을 통해 우리는 바빌로니아에 자유인(아 카드어 아윌룸<awilum>), 부양인(무스케눔<Mushkenum>), 종(와르둠<wardum>)의 세 계층이 있음을 배운다. 형벌은 희생자의 계층 혹은 범죄자의 계층에 따라 달랐다. 자유인을 해하는 것은 부양인을 해하는 것보다 엄한 벌에 처해 졌다. 그러나 이 사회 계층을 나타내는 말들은 절대 개념을 표현하지는 않았다. 종종 한 사람의 사회 계층이 다른 사람과의 관계에서 정의된다. 고위 관직은 왕과의 관계에서 '종'이었다. 중간 계층인 부양인의 계급은 정의하기가 가장 까다롭다. 그 용어는 왕궁 혹은 타인에 대한 관례를 지칭할 수 있었다. 그러나 그 부양 정도나 기준이 정확하게 무엇이었는지는 잘 모른다. 사회의 구조는 이전 장에 설명한 '민간화'(privatization)의 과정을 통해 제3천년기와는 사뭇 달라졌다. 전임 궁전 부양인들은 드물었고 계약 노동자들이 대부분의 궁전 일을 담당하였다.

5 　함무라비 법전의 최근 번역은 Martha T. Roth, *Law Collections from Mesopotamia and Asia Minor*, second edition(Atlanta: Scholars Press, 1997), 71-142를 참조하라.

그러므로 함무라비 법전의 부양인 계급은 종종 개인 시민들에 대한 의무를 진 상황에 놓였다. 궁전 사무를 처리하기 위해 사업가들을 고용한 것은 그 시대의 특징이었다. 그들의 고리업은 이전 장에서 설명한 바처럼 사회적 혼란을 일으켰다. 대출 계약 문서가 개인 소유의 문서 저장소에서 수 없이 발견되었다. 함무라비와 그의 후계자들은 여러 번 빚의 탕감을 선포한 것으로 전해진다. 그러나 그것을 반복해야 했다는 사실은 그들이 여전히 그 문제를 고치지 못했음을 간접적으로 보여준다.

통치 말에 함무라비는 메소포타미아의 정치 구조를 근본적으로 바꾸었다. 바빌로니아는 한물간 강대국들인 엘람, 에스눈나, 앗수르에 둘러싸인 유일의 강대국이었다. 서부 시리아에서만 얌캇과 같은 국가가 그의 행동에 영향을 받지 않았다. 그러나 그의 바빌로니아 통일은 오래가지 못했다. 그가 죽은 후 불과 십 년, 그의 아들인 삼수일루나(Samsuiluna)는 남쪽의 큰 반란을 맞았다. 그것은 라르사의 마지막 왕이 죽은 후 자신을 림-신이라고 부르는 자가 일으켰다. 삼수일루나는 반란을 군사적으로 진압하는 데 성공했으나 그의 지역에 대한 통제력은 점점 약해졌다. 그의 연호로 표시된 문서들이 즉위 10년과 11년의 남부 도시들에서는 발견되지 않는다. 삼수일루나의 즉위 13년 되던 해, 닙 푸르와 다른 중부 바빌로니아의 도시들은 더는 바빌론의 통치 아래 있지 않았다. 문제는 전적으로 정치적인 것은 아니었다.

고고학 증거에 따르면 우르와 닙 푸르와 같은 과거의 큰 도시들은 대개 이 시대에 버려졌다. 우룩의 제사장들과 같은 인구의 특정 부문이 북바빌로니아의 도시들로 이주했다. 정확하게 왜 그들이 이주했는지는 알기 어려우나 반란에 대한 바빌론의 대처가 너무 철저해 서남부의 도시 사회의 간접 자본 시설들이 회복할 수 없게 파괴되었던 것 같다. 예를 들어, 물길이 끊어져 농지가 스텝 지역이 되었을 가능성이 있다. 또한, 함무라비와 그 지역의 선왕인 림신의 정책이 궁극적으로 부정적인 결과를 낳았을 가능성도 있다. 그들은 남부 바빌로니아의 지역 경제를 통합하여 지역들이 상호 의존적인 체제를 이룩하였다. 생산을 중재하는 중앙 권력이 약해지자 교환 시스템이 붕괴되었을 것이고 결국 모든 지역의 경제적 쇠퇴로 이어졌다.

그림 6.3 우르의 조용한 거리. 레오나르드 울리가 우르의 개인 주거지 지역을 발굴하였을 때, 그는 영국 바트에 있는 거리 이름을 따라 그가 '조용한 거리'라고 이름한 거리에서 교육의 증거로 가득한 한 가옥을 발견하였다. 그 가옥은 매우 작았으며 그 안에서 발견된 행정 토판들은 우르 신전과 연관된 제사장들이 그곳에 거주하였음을 드러냈다. 그러나 그들은 또한 이웃 아이들에게 서기관 기술을 가르쳤다. 출판 허가: Penn Museum, image number 8838.

그러나 북부 바빌로니아는 계속해서 번성했다. 함무라비의 다섯 후손들은 함무라비가 청년 왕으로 다스리기 시작한 지역을 155년 동안 분쟁 없이 통치하였다. 그들의 통치 영역은 마리 근처에 이르는 유프라테스 계곡도 포함하였다. 삼수일루나는 유프라테스강의 깊은 내지까지 원정하여 테르카 주변의 신생국 하나(Hana)를 공격, 병합하고 하부르 북부 지역까지 이르렀다. 정치적 상황이 불안정한 곳에서는 반대 세력이 일어나기도 하였다. 지금까지 문서에 등장하지 않았던 카시트인들(Kassites)이 바빌론의 군사 활동의 목표가 되었다. 16세기가 되면 그들이 바빌론의 통치자가 될 것이다.

삼수일루나 때인 18세기 중엽에 남부와 중앙 바빌로니아 도시들의 급속한 붕괴는 우리가 가지고 있는 대부분의 수메르 문학의 본문들을 보존하게 한 부수적 결과를 가져왔다. 이 문학 본문들은 개인 집에서 서기로서 교육받은 젊은이들이 필사하거나 요약했다(그림 6.3). 우르와 닙푸르에서 그들 작업의 일부가 발굴되었다. 일반적으로 서기관들의 연습 문서를 포함한 토판들은 재활용되었다. 그러나 서기 활동이 정지되었을 때 마지막 본문이 남게 된 것이다. 이 서기관들의 연습 문서를 통해 우리는 당시 학교의 커리큘럼에 대해 연구할 수 있다. 당시에 학교에서는 수학, 조사법, 음악 등을 가르쳤다. 암기는 교육의 기본 방식이었다.

처음에 학생들은 첨필(Stylus)로 한 획을 긋는 연습을 해야 했다. 이렇게 해서 쐐기 문자와 독해를 익힌다. 그 다음 쐐기 문자들의 모양과 그 발음을 암기한다. 그리고 학습 순서는 간단한 문자에서 복잡한 모양의 문자로 나아간다. 계속적인 필사를 통해 쐐기 문자 체제를 습득한다. 문자를 습득하면 학생들은 수메르 단어를 아카드 번역으로 설명한 단어 목록을 필사하는 작업으로 이동한다. 따라서 후기 우룩 시대 토판에서 이미 알려진 어휘 문서들은 학교 교육의 핵심이었다. 수메르어 단어들의 첫 번째 아카드 번역들이 나타나기 시작한 때가 바로 이 시기다. 문법도 역시 다양한 형태의 명사와 동사 개념을 반복 학습했다. 문장 법칙은 실제 수메르어로 된 문서를 필사하면서 배웠다. 이때 학습용 으로 선택된 수메르 문서는 문법적으로 복잡한 것이었다. 이처럼 우르 제3왕 국의 찬양시가 이때부터 학교에 보급되었다.

마지막으로 서기관 훈련의 절정 은 수메르 문학의 고전에 해당하는 본문들을 필사하는 것이다. 이때 필사된 문서는 신화, 찬양시, 잠언, 문학 편지 등 다양한 장르를 반영한다. 학생들의 연습 문서가 이 문서(최초 저작 연대는 미상)에 대한 우리가 가진 유일한 본문인 경우도 있다. 이 문학들의 후원자가 왕궁이었음은 분명하다. 많은 작품들이 왕이나 왕의 선조들을 찬양하기 위해 쓰여졌다. 왕에 대한 찬양이나 전설적인 왕들의 이야기들이 주는 메시지는 분명한 것이다. 왕에 대한 찬양은 우르 제3왕조 시기에 발전되었고 전사, 사냥꾼, 건축자로서의 군주의 업적들이 칭송된다. 그 찬양시는 아마 왕의 통치 기간의 행사들에 사용한 것 같다. 제2천년기 초기의 국가들도 이 전통을 계승하였다. 왕을 초인적으로 그림으로써 그것들은 왕을 신으로 간주하는 이념을 강화시켰다. 이와 유사한 이념이 우룩, 엔메르카르, 루갈반다, 길가메시와 같은 전설적인 왕에 대한 일련의 이야기에 서도 표현된다. 반은 인간이요 반은 신이었던 그 영웅들은 우르 제3왕조의 조상들로 간주되었으며 그 왕조에서 이야기를 지어낸 것으로 보인다. 제2천년기 초기에도 여전히 이야기들의 인기 가 식지 않은 것은 그곳에 표현된 왕에 대한 이상이 여전히 살아있었음을 시 사한다.

　제2천년기 초기의 왕들에게 헌정된 찬양시들은 당시에는 사용되지 않았을 수메르어를 사용해 정교한 문서를 작성한 일부 서기관들의 능력을 보여준다. 이 시기에 기존의 작품들이 고정된 형태로 필사됨과 동시에 다른 장르의 문 학들도 창작되기 시작했다. 수메르어로 된 문학 활동이 활발했던 이유는 그 언어가 없어질 위험에 있었기 때문이었을 것이다. 더는 구전에 의한 전승이 확실하지 않았으므로 모든 문법적 요소가 명확히 표기된 문학 문서가 필요했 을 것이다. 현존하는 사본들을 작성한 사람들은 대개 정해진 문구로 구성된 계약서나 행정 문서를 작성하도록 훈련된 소년들이었다. 그들의 교육은 일상 생활에 필요한 기술을 넘어서는 것이었다. 그들은 학자들의 사택에서 훈련받 았다. 학자들은 조교의 도움으로 한 그룹의 소년들과 함께 일했다. 학자들은 아마 신전과 연계되었던 것 같다. 왕의 방문으로 수메르어로 된 문서를 만들 필요가 생겼을 때 아마 이들이 그 문서를 작성했을 것이다.

　북부 바빌로니아에서도 수메르 문학이 연구되었다. 그곳에서 발견된 대다 수의 문서들은 제의적 성격을 가졌고 남부의 문서와 비교해 더 많은 음절식 표기가 눈에 띈다. 그러나 서기 기술이 반드시 남부보다 떨어지는 것은 아니 었다. 근동의 전역에서 발견된 수많은 편지들은 바빌로니아의 편지를 모델로 삼았다. 예를 들어, 마리의 서기관들은 남부 바빌로니아에서 훈련을 받았거나 지방 군주가 임명한 바빌로니아인들에 의해 훈련을 받았을 것이다. 왕은 서기 관들의 중요한 후원자였다. 학교도 신전에 속한 학자의 사택에서가 아닌 궁 에 집중되기 시작했다. 당시 바빌론의 상황은 고고학적 증거의 결여로 알 수 없다. 그럼에도 불구하고 수메르어와 바빌로니아어로 된 문학이 계속해서 창 작되었다. 수메르-아카드어로 된 이중 언어 비문을 포함한 삼수일루나의 비 문 가운데는 문학적으로 매우 뛰어난 것도 있었다. 이 시기는 또한 아카드어 로 된 문학작품들에 있어 최초의 중요한 시기기도 하다. 길가메시 서사시 혹 은 홍수 이야기와 같은 메소포타미아에서 긴 역사를 가진 문서들이 처음으로 고대 바빌로니아 시대에 나타났다. 또한, 많은 아카드어 찬송들과 주술 문서들도 이 시기에 창작되었다. 이 문서들은 당시의 정치 상황을 반영하여서 불확실성과 폭력이 문학의 주제가 되었다. 이 문서들의 작가들도 고대 바빌로니아 국가의 주민들이 처했던 어려움에 똑같이 직면했음을 알 수 있다.

바빌로니아는 고대 세계에서 과학이 발달한 문명으로 유명하다. 이 시기에 우리는 처음으로 방대한 과학 문서, 특히 수학 문서들을 보게 된다. 문서가 사용되기 시작하면서 바빌로니아의 관료들은 밭을 측량하거나, 수확을 계산하거나, 벽돌의 수를 세거나, 흙의 양을 계산하거나, 기타 관료 행정에 중요한 일을 할 때 수학적 능력을 보여준다. 이들을 계수하는 도구들은 학습을 통해 익혀야 한다. 그러나 문학에서와 마찬가지로 학교 교과서에 제시된 기술들은 일상생활에 필요한 것보다 훨씬 고난도의 것이었다. 처음에 학생들은 부피, 무게, 면적, 길이, 나누기, 곱하기에 관련된 표준 도표를 반복해서 필사하였다. 가장 어려운 부분은 문장제 문제로 주어졌다. 그러나 이것들은 문제 문장이 실제 회계 상황과 관계되더라도 그다지 실전에 도움이 되지 않았다. 예를 들어, 곡물 더미의 크기가 주어지고 어떻게 그 곡물의 내용을 계산할지 묻거나 혹은 곡물 더미의 둘레 길이와 경사각을 알려주고 높이가 얼마인가를 계산하는 문제도 있었다.

> 한 더미. 둘레는 30, 1 규빗의 경사는 0;15일 때 높이는 무엇인가?
> : 0;15를 2로 곱하라. 0;30이 될 것이다. 0;30의 역을 취하라. 2를 얻을 것이다.
> 둘레 0;30을 2로 곱하라.
> 1을 얻을 것이다. 그것의 높이이다. <이것이> 방법이다.[6]

이와 같은 문서에 나타나는 수학 지식은 고난도의 것으로 대수학적 논리에 근거한다. 예를 들어, 바빌로니아인들은 2의 루트를 정확하게 계산해 그것을

---

6   번역 출처: Eleanor Robson, *Mesopotamian Mathematics, 2100-1600 BC*(Oxford:Clarendon Press, 1999), 224.

그림 6.4 고대 바빌로니아 수학 토판. 이 둥근 교육용 토판은 정사각형에 대각선이 그려진 모습을 보여준다. 정사각형의 한쪽 면에는 숫자 30이 쓰였고 대각선 한 선에는 숫자 1, 24, 51, 10이 있으며 그 아래쪽에는 42, 25, 35가 있다. 바빌로니아의 60진법은 밑에 있는 숫자가 위에 있는 숫자의 30배이다. 한 변의 길이가 30인 정사각형은 길이 42, 25, 35의 대각선을 지닌다. 그 위쪽의 숫자 1, 24, 51, 10은 2의 제곱근과 매우 가까운 것으로 이는 바빌로니아인들이 후대의 피타고라스 원리의 밑바탕이 되는 법칙들을 알고 있었음을 보여준다. 출판 허가: The Yale Babylonian Collection(YBC 7289).

기하학적 계산에 적용하였다(그림 6.4). 그들은 직각삼각형에서 두 직선 의 제곱의 합은 대각선의 제곱의 합과 같다는 피타고라스의 정리를 알고 있었 다. 이 모든 계산들은 60진법의 수와 그 수의 역(60을 그 수로 나눈 값)을 나열 한 표를 기초로 해 이루어졌다. 그 표들은 바빌로니아 학교의 많은 성취들 중 하나이다.

바빌론의 정치적 중요성은 그 지역의 종교적 초점을 그 도시로 옮겨놓았다 는 점이다. 함무라비와 삼수일루나는 바빌론의 수호신 마르둑을 선호하였다. 마르둑은 최남단 도시인 에리두(Eridu)의 수호신인 에아(Ea)의 아들이 됨으로 써 닙푸르의 수메르 만신전에 들어가게 된다. 당시에 마르둑 숭배는 바빌론을 중심으로 한 지역에서 주로 행해졌으나 몇 세기 후에는 바빌로니아의 중심 종교가 된다. 북바빌로니아 신들의 인기가 증가하여 바빌로니아 전역의 사람 들이 그들을 개인의 수호신으로 받아들였다. 이처럼 고대 바빌로니아 왕조를 거치면서 제2천년기 후반의 근동을 특징짓는 많은 문화 요소들이 발전했으며 바빌로니아의 문화적 중심이 그때부터 북쪽으로 영구히 이동하게 된다.

이 시대의 마지막은 미스테리다. 함무라비의 후계자들은 각각 20년 이상씩 통치하였다. 보통 그것은 정치적 안정에 대한 표시이다. 그들은 우르 제3왕조 전체보다 긴 세월인 155년 동안 북부 바빌로니아를 통일하였다. 그 지방에서 출토된 문서 자료들은 행정, 경제 행위들이 지속되었으며 고대 바빌로니아의 쇠퇴에 대한 징후가 없었음을 보여준다. 고대 바빌론의 유일한 정치적 라이벌들은 멀리 떨어진 북서 시리아와 아나톨리아에 위치해 있었다. 그러나 이들 국가와의 분쟁이 마침내 바빌론에게 영향을 주었다. 1595년 히타이트의 무르실리(Mursili)왕은 북시리아를 원정한후 군대를 이끌고 별다른 저항 없이 유프라테스강으로 남하하였다. 그때 바빌론을 함락하고 고대 바빌론을 멸망시킨다. 이로써 그 지역은 왕이 없는 혼란에 직면한다.

3. 고대 히타이트 왕국

이 당시 중앙 아나톨리아는 근동 역사에서 중요한 역할을 한다. 메소포타미아 본토에 히타이트인들의 등장할 수 있었던 것은 그들이 비교적 단기간에 정치 권력의 중앙화를 이루어 고대 히타이트 왕국이라는 것을 창조했기 때문이다. 아나톨리아의 그 이전 역사는 거의 신비의 베일에 가려져 있다. 고대 히타이트 제국이 등장하기 전에는 어떤 문서 자료도 없었다. 제2천년기 초반의 히타이트에 대한 지식은 주로 그 지역에서 활동한 아시리아 상인들의 식민지로부터 얻을 수 있다. 이 자료에 따르면 그 지역에서는 서로 다른 언어를 사용하는 민족들이 갈등 관계의 왕국을 형성하고 있었다. 그 언어들은 이후에도 살아남아 하티어(Hattic), 루위안어(Luwian), 팔라익어(Palaic), 후리안어(Hurrian) 그리고 히타이트어(Hittite)로 알려진다.

지방에서는 히타이트어를 네사(Nesa) 의 언어라는 의미에서 네실리(Nesili)라고 불렀다. 네사는 아시리아 상인들의 식민지가 있었던 카네스의 토착 이름이었다. 네실리는 대다수의 신민들이 사용하는 언어가 아니었음에도 히타이트 제국의 공식 언어가 되었다. 제2천년기에 아나톨리아에서 사용된 언어들 중 몇몇은 인도-유럽어였다. 대표적인 예가 히타이트어다. 인도 북쪽 어딘가에 인도 유럽인의 고향이 있었다는 옛 19세기 이론의 영향으로 많은 학자들이 인도 유럽인들이 언제 어떤 경로를 통해 아나톨리아에 들어왔는지 그리고 그런 인구 이동의 증거를 찾기 위해 많은 노력과 시간을 쏟았다. 그러나 이런 연구는 헛된 것이다. 인도 유럽어를 구사하는 사람들이 밖에서 아나톨리아로 이민해 온 사람이라고 가정할 이유가 없다. 또한, 그들이 제2천년기까지 분명히 정체를 확인할 수 있는 민족으로 형성되었다고 확실히 주장할 수도 없다. 우리가 확인할 수 있는 것은 아나톨리아에서 여러 가지 언어들이 사용되었다는 것이고 그중 몇몇 민족은 인도 유럽어를 사용했고 나머지 민족은 그렇지 않았다는 것 뿐이다.

히타이트어가 네사, 즉 카네스의 언어로 간주되는 사실은 고대 아시리아 식민지 시대와 후의 히타이트 역사 사이에 모종의 관련이 있었음을 시사한다. 이 연관에 대한 또 하나의 실마리는 카네스의 요새 건물에서 발견된 한 단도인데, 당시 단도제조 기술이 아시리아 상인들에 의해 수입된 것임을 보여준다. 아니타(Anitta)는 가장 오래된 히타이트 문서인 소위 '아니타 문서'의 중심 인물이었다. 그 문서는 쿠사라(Kussara)라는 아직까지 확인되지 않은 도시의 왕들이었던 아니타와 그의 아버지 피트카나(Pitkhana)가 네사를 포함한 중앙 아나톨리아 도시들을 정복하였다고 기록한다. 이때 네사는 그들의 왕국의 수도가 되었을지도 모른다. 그들은 키질 이르막(the Kizil Irmak)강 전역과 흑해에 이르는 지역을 통일하였다. 이런 군사 작전으로 말미암아 아시리아의 무역 네트워크가 무너졌던 것 같다. 아니타의 죽음과 함께 아니타 왕국이 무너졌지만 후대의 기록에서 그가 기억된다는 것은 그가 후대의 히타이트 왕가의 조상으로 간주되었음을 시사한다.

고대 히타이트 왕국의 역사는 근동의 다른 지역의 자료와 매우 다른 성격의 자료로 재구성된다. 후대의 히타이트 국가의 왕궁 문서 저장소에는 이전 왕들의 군사적 업적을 기록하고 왕위 계승 문제를 다루는 일련의 문서들이 있었다(문서 6.2 참조). 예를 들어, 하투실리(Hattusili)의 원정은 연대기 형식의 문서에 기록되었다. 만약 그 문서가 하투실리 시대의 것이라면 고대 근동에서 가장 오래된 연대기 문서일 것이다. 그러나 문서들은 대개 14세기와 13세기에 쓰인 것이다. 그리고 그 문서들이 이전 시대의 문서를 충실히 필사한 것인지 정치적 목적을 위해 고대를 배경으로 꾸며낸 이야기인지 알기 어렵다. 왕위 계승을 다루는 문서들은 매우 편향된 것으로 보아야 한다. 그 이유는 그들은 살아남은 정치 군주를 합법적인 군주로 묘사하기 때문이다. 이전 왕들의 업적을 요약해주는 습관이 있는 히타이트 문서는 역사가들에게 보너스처럼 보일 수 있지만 완전한 허구일 수가 있기 때문에 역사가들에게 덫과 같은 것일 수 있다.

이처럼 정확성이 의심되는 자료에 근거하여 고대 히타이트 역사에 관한 다음의 재구성이 가능하다. 고대 히타이트 왕국은 17세기 초중반에 하투실리로 알려진 왕에 의해 건국되었다(부록 고대 히타이트 왕명록 참조). 쿠사라(Kussara)의 왕위를 이어 받는 하투실리는 빠르게 중앙 아나톨리아에 있는 경쟁 국가들을 무찔렀다. 정복한 도시 가운데 하투사(Hattusa)라는 도시도 있었다.

하투사는 아나톨리아 중앙에 있는 전략적인 중심지며 요새화된 도시였다. 하투실리는 하투사를 왕국의 수도로 만들고 자신의 이름도 수도의 이름에 맞추어 개명하였다. 하투사는 아나톨리아의 중앙에 있었지만 히타이트 왕국의 중심부는 아니었다. 히타이트 왕국의 중심부는 남부 시리아까지 확장된다. 하투사가 다소 북쪽에 위치해 있었기 때문에 북해 연안 그룹, 특히 가스가(Gasga)라고 불리는 민족으로부터 잦은 공격을 받았다. 가스가는 때때로 완전히 도시를 파괴하였다. 비록 몇몇 후대의 왕은 일시적으로 수도를 남쪽으로 이동하였지만 하투사는 히타이트가 역사에서 사라지기까지 정치 종교적 중심지로 남아 있었다.

문서 6.2 초기 히타이트 역사 서술: 텔레피누(Telepinu) 칙령

히타이트인들의 저술은 2천년대 고대 근동의 기록 가운데 뛰어난 것으로, 분명한 연대 체제로 이른 시기의 정치적, 군사적 발전에 관한 이야기들을 제공한다.

그것들은 자주 조약과 같은 법정 문서 서두에서 국가들 간의 이전의 관계의 정도를 분명히 하거나, 1500년경 다스렸던 텔리피누(Telipinu)왕의 칙령과 같은 문서에서 종종 등장한다. 그는 왕위 승계 문제를 해결하기를 희망했고 이전 왕국의 역사에서 폭력이 얼마나 특징적이었는지 연관시킴으로 변화의 필요성을 보여주었다. 보존된 모든 문헌은 13세기 때의 것으로 비록 대부분의 학자들은 그 이야기에 어느 정도 진실이 있다고 가정하지만, 묘사된 내용이 히타이트 역사의 후대 시대와 연관된 시점을 강조하기 위하여 심하게 편집되지 않았다고 장담하지는 못한다.

후에 하투실리는 왕이 되었고, 그의 아들들, 형제들, 사돈들, 가족들, 군인들 모두가 하나로 단결하였다. 그가 원정가는 곳마다 적의 땅을 무력으로 지배하였다. 그는 나라들을 파괴하였고 그들의 권력을 빼앗고 그들을 바다의 국경으로 만들었다. 그러나 원정에서 돌아왔을 때, 그의 아들들이 하나씩 시골의 어딘가로 갔으며 그의 손에서 큰 도시들이 번성하였다. 그러나 후에 왕자의 종들이 부패하게 되었을 때 그들은 재물을 탐닉하고 주인에 대한 음모를 꾸미고, 피 흘리기 시작하였다. 무르실리가 하투사에서 왕이 되었을 때, 그의 아들들, 형제들, 사돈들, 가족들 그리고 군사들은 모두 하나로 단결하였다. 그는 적의 땅을 무력으로 통제하고, 그들의 권력을 빼앗고 그들을 바다의 국경으로 만들었다. 그는 알레포에 가서, 알레포를 파괴하였고 알레포인들을 유배시켰다. 그리고 전리물들을 하투사로 가져왔다. 그후 바빌론으로 가서 바빌론을 파괴하였다. 또한, 후리안 군대와 싸웠다. 그는 바빌론인들을 유배시켰고 전리품들을 하투사로 가져왔다. 한틸리는 술을 관장하는 사람이었다. 그는 무르실리의 여동생인 하랍실리를 아내로 맞았다. 지단타는 한틸리에게 몰래 접근해 그들은 악한 일을 저질렀다. 그들은 무르실리를 죽이고 그의 피를 흘렸다.

번역 출처: Inge Hoffmann, *Der Erlass Telepinus*(Heidelberg: carl Winter-Universit ätsverlag, 1984), 14-19 and Th. P. J. van den Hout, '*The Proclamation of Telepinu*,' in W. W. Hallo, ed., The Context of Scripture vol. 1, (Leiden: Brill, 1997), 194-5.

하투실리는 히타이트의 남방 정책을 시작한 왕이다. 아나톨리아가 여러 강과 골짜기로 나뉘어 농업 용지가 제한되었기 때문에 히타이트가 북부 시리아를 장악하려 했던 것은 넓은 곡식 평야에 대한 필요에서 온 것일 수 있다. 하투실리는 17세기 중엽에 북서 시리아를 장악한 얌캇 왕국을 침입했다. 히타이트 왕은 알라락(Alalakh)을 포함한 도시들을 침략했다. 그러나 히타이트의 계속된 원정에도 불구하고 얌캇의 수도인 알레포는 함락되지 않았다. 하투실리는 남서아나톨리아로도 원정을 떠났다. 그리고 자신의 통치 말에는 큰 국가를 이룰 수 있었다. 그러나 국내적으로 하투실리의 히타이트는 매우 혼란스러웠다. 하투실리의 아들들이 그의 말년에 반란하였다. 그래서 하투실리는 자신의 조카를 그의 후계자로 임명했는데, 그 조카가 하투실리를 배반한다. 죽으면서 하투실리는 자신의 손자인 무르실리를 자신의 후계자로 임명한다. 그 새 왕에 대해서는 알려진 바가 거의 없다.

그러나 남아 있는 자료에 따르면 그는 매 우 중요한 두 가지를 이룬다. 그것은 알레포와 바빌론을 멸망시킨 것이다. 그 러나 그는 원정을 통해 도시를 함락한 후 그곳을 점령하지는 않았다. 알레포 를 멸절시킴으로써 무르실리는 북서 시리아의 힘의 균형을 흔들어 놓으며 이 로 인해 다른 국가들이 발전하게 될 공간이 만들어졌다. 바빌론의 정복은 후 대의 히타이트와 바빌론 문서에서만 전해진다. 무르실리가 바빌론을 정복했다는 사실 이외에는 아무것도 알려진 것이 없다. 우리는 왜 무르실리가 군대를 이끌로 그렇게 남쪽까지 내려가 원정을 했는지 잘 모른다. 무르실리의 원정의 결과 바빌로니아에 힘의 공백이 발생했다.

이렇게 해서 지난 이백 년 동안 메소포타미아와 시리아를 지배했던 특징이 완전히 역전되었다. 몇몇 강한 군주가 지역을 주도하지 못하고 전지역이 정치적으로 분열하였다. 히타이트인 자신들도 이 상황이 유리했던 것은 아니다. 무르실리는 원정에서 귀향하자마자 그의 처남인 한틸리(Hantili)에게 암살당했다. 한틸리는 그렇게 히타이트의 왕좌에 오른다. 그러나 그 또한 암살당했으며 히타이트 왕위를 얻기 위해 몇몇의 경쟁자들이 서로 경쟁했다. 이와 같은 내부적 불안정은 히타이트 왕국으로 하여금 본토를 제외한 다른 지역에 대한 통제를 어렵게 만들었다. 히타이트 왕국은 14세기가 되서야 국제 무대에서 중요한 역할자로 다시 등장하게 된다.

히타이트 서기 전통은 고대 아시리아의 서기 전통의 아류가 아니었다. 비록 고대 아시리아의 서기 전통이 아나톨리아에 가장 먼저 들어왔지만 히타이트는 바빌로니아의 전통에 철저히 영향을 받았다. 많은 초기 문서들이 히타이트와 아카드어의 이중 언어로 작성되었다. 히타이트 언어는 쐐기 문자로 기록되었는데 그것은 바빌로니아 쐐기 문자와 음역 방법에 크게 영향받았다. 바빌로니아의 서기 관습이 아나톨리아에까지 침투한 것은 그들의 영향이 근동 전역에 확장되었음을 암시한다. 따라서 바빌로니아는 서로 다른 언어를 구사하는 근동의 모든 문명들의 문학 중심지였다고 할 수 있다.

현존하는 히타이트 문서는 고대 히타이트의 국정에 대해 어떤 정보도 주지 않는다. 이 시대의 행정 문서가 현존하지 않기 때문에 히타이트의 경제 조직이 어떠했는가와 같은 내용은 의문으로 남아있다. 하투실리의 승계 칙령에 나오는 전사와 관료의 모임에 대한 언급에 대해 학자들의 많은 연구가 있었다. 그 결과 이것은 자기들 가운데 왕을 선출하는 귀족 회의를 지칭한다고 여겨진다. 때때로 근동의 다른 지역의 관습보다 더 민주적인 것으로 간주되는 인도-유럽의 관행이 여기에서 작용하고 있다고 가정된다. 그러나 그런 결론은 증거에 기반한 것이 아니다. 고대 히타이트 왕국은 당시의 다른 국가들과 비슷하게 운영되었을 가능성도 있다. 이처럼 히타이트 국가는 군사적 업적에 대한 것 이외에는 그다지 알려진 것이 없다. 군사적인 면에서 히타이트 왕국은 알레포와 바빌론을 제거함으로 근동에 매우 큰 충격을 주었다. 히타이트도 어떤 다른 나라도 그 두 도시의 멸망으로 생긴 공간을 즉시 채울 수는 없었다.

4. '암흑 시대'

1590년의 근동은 4세대 전과는 판이하게 달려져 있었다. 지중해로부터 페르시아만까지 산재했던 번영의 도시 국가들(서로와 밀접한 관련 속에 있었음)은 이제 완전히 사라졌다. 일부 왕족들은 바빌론, 테르카, 하투사와 같은 도시에 여전히 존재했으나 과거의 희미한 잔영에 불과하고 그들의 유명했던 선조들과는 아무런 관련이 없었다. 근동 지방 전역에서 도시화는 3,000년 이래로 가장 낮은 수준이었다. 마리와 같은 대부분의 도시들은 이전의 군사 경쟁의 결과 파괴되었다. 다른 도시들은 명확하지 않은 이유로 버려졌다. 아마 강물줄기의 진로 변화나 강우량의 변화, 사회-정치적 격변 등이 원인이 되었던 것 같다. 그런 상황은 역사가들에게는 별로 좋지 않다. 중앙 정부가 없으면 경제-문화활동의 감소되고 행정, 서기 문서 등이 사라지게 된다. 이 시대에 작성된 문서가 희귀하여 역사가들에게는 역사 자료가 없는 셈이다. 소위 '암흑 시대'로 접어든다.

이 암흑 시대의 기간에 대해서는 많은 논쟁이 있었다. 학자들이 제2천년기의 초반과 중반 사이에 연속성에 주목하느냐 불연속성에 주목하느냐에 따라 침묵의 기간을 짧게 보기도 하고 길게 보기도 한다. 이 동면의 시기에 몇 가지 중요한 변화가 일어났다. 이 변화는 다음 세기에 새로운 상황을 초래한다. 나의 견해는 현 학자들의 견해 가운데 중도적인 입장이다. 약 100년간의 칠흑 같은 암흑이 15세기 초반에 걷히고 북메소포타미아의 문서에 미타니(Mittani) 왕국이 등장한다. 새로운 민족들의 정치적 패권 장악이 16세기의 가장 큰 발전으로 보인다. 남바빌로니아에서는 카시트(Kassites)인들이, 북아시리아 지역에서는 후리안(Hurrian)인들이 등장했다.

이 두 민족은 근동 지역에 전부터 존재해왔지만 이 암흑 시대에 비로소 분명한 정치적 두각을 나타내기 시작했다. 카시트인들은 18세기부터 바빌로니아와 그 주변 지역에 살았다. 그들의 이름은 그 지역의 다른 주민과 확실하게 구분되는 언어로 지어졌다. 그들이 부족적 사회조직을 가졌고 바빌로니아 북부의 십파르 지역(이곳은 스텝 지역과 농업 지역의 경계임)과 밀접하게 연관되어 있다는 여러 가지 증거들이 있다. 그러나 이전의 유목 그룹이었던 구티아인과 아모리인들과 마찬가지로 일부 카시트인들은 처음부터 농업 도시 경제의 일원으로 완전히 기존 사회에 통합되었다. 마리로부터 강을 타고 좀 올라간 곳에 위치한 테르카에 생긴 하나(Hana) 왕조는 카시트인의 이름을 가진 왕을 포함했다. 따라서 유프라테스 중류 지역이 카시트인들이 도시들에 대한 정치적 패권을 얻었던 최초의 지역이었을 가능성이 있다. 바빌론이 1595년에 함락당하고 무정부상태였을 때 카시트 왕조가 그곳을 접수하였다. 1474년에는 바빌로니아 남부를 통일하였다. 그러나 14세기에 가서야 카시트 왕조의 역사를 제대로 공부할 자료들이 나타난다.

시리아 북부와 메소포타미아에서는 후리안어 이름을 가진 사람들이 제3천년기 중반부터 존재해왔다. 후리안어 이름의 왕이 통치하는 국가들이 고대 아카드 시대 말부터 문서에서 증거된다. 제3천년기 말에 하부르 분지의 두 도시를 따라 명명한 '우르케스와 나와르'(Urkesh and Nawar)라는 정체불명의 국가가 있었는데 그 국가는 아탈-센(Atal-shen)으로 알려진 인물이 다스렸다. 우리에게 알려진 제2천년기 국가들 중 몇몇도 후리아인 왕이 다스렸다. 어떤 곳에서는 인구의 상당 비율이 후리안어 이름을 가졌다. 그들은 자그로스 산맥에서 지중해에 이르는 매우 광범위한 지역에 흩어져 있었다. 삼시-아닷이 이끄는 북부 메소포타미아 왕국이 붕괴되었을 때 후리안어를 구사하는 사람들이 산으로부터 동진하여 그곳까지 이주해 들어왔다. 후리안어 자체는 인도 유럽어가 아니지만 이들의 이민으로 인도 유럽의 문화적 요소들이 함께 흘러 들어왔을 가능성이 있다. 후에 후리아인들은 인도의 신인 미트라(Mitra), 바루나(Varuna), 부부 신 나사트야(Nasatya)를 섬겼다. 후리아인들이 인도 유럽의 군사적 엘리트들에게 종속되었는지 많은 추측들이 있다. 북시리아에서 건국 된 후리안 국가인 미타니(Mittani)의 정치 지도자들은 인도 유럽어 이름을 가졌고 그들의 전차 운전자들은 '젊은이'를 뜻하는 베딕어에서 유래한 마리얀누(mari-yannu)라는 말로 불렸다.

그러나 그 군사 계급의 성격에 대한 결정적인 증거는 없다. 그들을 특별한 전쟁 훈련을 받은 사람들 정도로 간주하는 것이 좋을 듯하다. 군사적인 측면에서 후리아인들은 매우 성공적이었다. 그들은 고대 히타이트 왕국을 여러번 침략하는 무서운 군사 강국이 되었다. 그들의 남방 원정으로 인해 시리아-팔레스타인인들이 이집트로 피난 이주를 했을지도 모른다. 이때 이주한 가나안인들은 16세기 초반 이집트에서 힉소스(Hyksos) 왕조를 이룩한다. 암흑 시대가 끝나고 역사 자료가 다시 등장하는 시대가 되면 후리아인들은 광대한 영토에서 두각을 나타내는 민족이 되어 있었다. 15세기 초반까지 그들은 미타니라는 영토 국가를 이루었을뿐 아니라 히타이트인 들 가운데서와 키주와트나 (Kizzuwatna, 남서 아나톨리아)에서 주도적인 세력이 었었다. 한편 시리아-팔레스타인의 도시 국가에서도 후리안 이름을 가진 군주들이 등장했다.

'암흑 시대'에 카시트인들과 후리아인들이 정치적인 패권자로 등장했지만 문화적으로 그들은 근동의 무대에서 그다지 인상적이지 못했다. 많은 사람들이 카시트 이름을 가졌고 바빌로니아 문서도 카시트어의 존재를 증거하지만 카시트어로된 문서나 문장은 단 한 점도 남아있지 않다. 약 20개의 신 이름이 기록상 존재하지만 왕족을 수호했던 부부 신에 대해서만 제의가 행해지고 신전이 건축되었다. 카시트어 구사자들은 바빌로니아 문화에 완전 동화되었다.

후리안 전통은 보다 오래되었고 바빌로니아 문화보다 좀 부족한 여러 문화와 교류하였다. 우리는 후리안어로 된 문서를 많이 가지고 있다. 그중 일부는 미타니 왕국의 것이고 다른 일부는 히타이트 왕국에서 발견되었다. 히타이트의 다문화적 환경은 후리안의 신화와 제의가 전승되도록 도왔다. 그러나 그들의 정치적 중요성에 비해 후리안이 근동 역사에 가진 문화적 영향력은 그다지 많지 않았다.

그럼에도 불구하고 '암흑 시대'에 일어난 중요한 기술적 혁신이 후리아인들에 의해 이루어졌다. 즉 전쟁에서 말과 전차를 사용하게 된 것이다. 제2천년기 후반에 이르면 모든 근동의 군대들이 전차를 보유했다. 이전에는 보병들이 싸웠고 당나귀나 나귀는 물건을 나르는 역할만 하였다. 14세기부터 전차를 끄는 말을 훈련하기 위해 오래된 히타이트 언어로 쓰인 매뉴얼은 다음과 같은 말로 시작한다. '킥쿨리(Kikkuli), 미타니 출신 말 조련사가 다음과 같이 말한다.' 그리고 그 문서에는 많은 후루리어(Hurrian) 어휘와 고대 인도 방언과 관련된 어휘들을 포함한다. 예를 들어 지침들은 매우 자세히 기록되어 있는데 '말들이 안절부절 못하고 땀을 흘리기 시작할 때(조련사)는 고삐와 덮개를 제거하라 그리고 나서 그가 고삐를 쓰고 그들이 안정을 찾을 수 있도록 끌고 다녀라 그들을 따뜻한 물로 씻겨라.'[7] 그 시대에 말은 매우 중요한 것으로 여

---

7 번역 출처: Gary Beckman in Aruz, Benzel, & Evans 2008: 158.

겨졌고 근동 전역으로 말의 사용을 퍼트린 민족은 후리안이었을 가능성이 매우 높다.

이 시대에 일어난 또 하나의 기술적 변화는 항해술과 관련있다. 1500년 이후 우리는 근동 사람들의 관심이 동에서 서로 이동한 것을 본다. 지중해 건너의 섬들과 나라들이 근동의 세계관에 포함되었다. 키프로스와 에게 해 지역은 정기적 교역 상대가 되었고 이집트와의 무역도 한층 강화되었다. 해상 무역 시스템이 발전하여 지중해 동쪽 해안에 위치한 국가들이 연대하여 시계 반대 방향으로 지중해를 순환하며 항구에 들려 물건을 교역하는 배들을 맞았다. 비록 메소포타미아인들은 이 무역에 직접 참여하기에 너무 멀리 살았지만 그 무역의 득을 보았다. 예를 들어, 오늘날까지 동쪽 지방에서 수입하는 주석이 당시 서쪽 지방에서 공급되었을 것이다. 크레테와 같은 에게 해 섬들과의 교역은 이미 마리 문서에 증거되기 시작하지만 제2천년기 후반처럼 많은 물건들이 에게 해 지방에서 근동으로 들어온 적은 없다. 선박 건조 기술과 항해 기술의 혁신이 이 해상 무역의 발전과 관련있는 것 같다. 그러나 그 혁신의 구체적 내용이나 누가 그 기술 발전을 이루었는지는 잘 모른다.

16세기와 15세기 초반의 역사적 발전과 사건에 대해서는 확신할 수 없지만 몇몇 매우 중요한 변화들이 일어났음은 의심할 여지가 없다. '암흑 시대'에서 빠져 나온 근동세계는 여러 면에서 완전히 새로운 세계였다.

토론 6.1 함무라비 법전은 무엇인가?

아마도 바빌로니아 역사에서 가장 유명한 문헌은 지금 루브르 박물관에 전시된 함무라비 비문-석비일 것이다. 그것은 1901년 수사에서 발굴되었고 1년 후 출판되었다. 3500줄이 넘는 이 비문은 보존된 메소포타미아 초기의 가장 긴 문서이며, 큰 흑색 석비 표면 대부분에 걸쳐 쐐기 문자가 비문으로 정교하게 새겨졌다는 사실은 그것의 특별함을 더해 주고 있다. 이 비문의 가장 큰 부분은 주로 고대 근동학계에서 조건법 형식이라 불리는 "만약…, 그렇다면…"의 패턴으로 대부분 쓰인 법 조항 목록으로, 하나의 특별한 조항 다음 또 다른 조항이 기록되었다. 원본은 275-300개의 조항이 있었을 것이다. 그들 중 몇 개는 그 석비가 12세기에 수사로 옮겨질 때 지워졌다.

처음 출판되었을 때, 학자들은 그 목록을 나폴레옹 법전과 같이 유럽 법전과 비교할 만한 법적 효력이 있고 통치를 강화하는 법전으로 해석하였다. 규정들이 그 당시 법적 견해를 반영하는 문서이며 로마법과 같은 방법으로 해석될 수 있다고 보았다(Driver and Miles 1952-5). 법역사가들은 그 법들을 해독한 것을 바탕으로 개념에 따라, 고대 바빌로니아 시대의 실제 문헌들을 수집하여 범주로 나누었다(Kohler and Peiser 1904-23). 그러나 1960년대에 한 학자가 법 선고 양식이 의학과 징조 문헌에 사용된 것과 정확하게 일치함을 지적하였다(Kraus 1960). 이것은 그 문헌의 과학적인 성격과 비문 끝에 함무라비가 자주 사용한 단어 "정의의 왕"으로 그 자신의 역할을 강조하는 비문으로서의 기능에 집중하여 완전히 재평가하도록 부추겼다(Bottéro 1992: 156-84). 학자들은 문서의 결점을 강조하였다. 비록 일부 학자들은 몇 개의 예외가 있을 수 있지만(Roth 1997:4-7; Stol 2004:656), 그 시기의 많은 법적 기록과 편지들 중 어느 것도 그 법전에 근거한 언급을 하지 않고 있다(Veenhof 1997-2000). 또한, 혼란을 주는 것은 축산업과 같은 바빌로니아인들의 생애에 중요한 부분이 그 문서에 전혀 언급되지 않는다는 사실이다(Bottéro 1992: 161).

지금 대부분의 역사가들은 함무라비 법전이 법전이 아니라는 것을 받아들이면서 그것을 다른 방법으로 묘사하고 있다. 어떤 이들에게는 그것이 법 주제에 대한 학자의 논문이며(Westbrook 1989), 다른 이들에게는 그것이 궁중 의원들에게 왕의 통치를 정당화시키고자 하는 왕정 선포의 한 부분이다(Wells 2005: 201). 법을 기록한 비문이 백성들이 자문을 구할 수 있는 장소에 서 있었다는 사실이 중요한데, 심지어 만약 그들이 읽을 수 없었다고 할지라도 그들은 함무라비가 그의 왕국에서 정의를 보장하고 있다는 사실을 인지하였다. 법이 단순히 존재한다는 것만으로도 백성에게는 메시지였다(Bahrani 2007). 함무라비는 그의 신하들에게 일관적인 법 체계가 있음을 선포하였으며, 그가 판결의 예들을 열거함으로써 이것을 보여주었다.

만약 어떤 이가 도둑질하다 잡혔으면 그는 사형당하였고... 만약 어떤 사람이 다른 사람의 뼈를 부러뜨렸다면, 그들은 그 사람의 뼈를 부러뜨렸다 등.

그들은 만약 어떤 일이 그들에게 일어나면 정의가 실현될 수 있는 그것에 의존할 수 있었다.

제2부

영토 국가

제7장

강대국들의 클럽

3000	2500	2000	1500	1000	500

1365–1335년경   아마르나 시대
1274   카데스 전투

1,500년부터 1,200년까지의 300여 년간 근동은 서부 이란에서 에게 해 그리고 아나톨리아에서 누비아에 이르는 전 지역을 아우르는 국제 체제에 완전히 통합되었다. 많은 대영토 국가들이 서로를 동등한 파트너이자 라이벌로 대우하였다. 그 강대국들 사이에는 특히 시리아-팔레스틴 지역에는 일련의 소왕국들이 있었다. 이들은 보다 힘센 이웃 국가들에 충성할 의무를 가졌고 종종 강대국들 사이의 분쟁에서 대리 전쟁을 하기도 하였다. 이 국제 체제는 이 책에 정의된 근동의 범위를 넘어선다. 그 체제는 에게 세계와 이집트를 포함했다. 이 당시 이집트는 역사상 가장 넓은 영토를 다스렸고 북쪽으로 근동 세계와 연관을 맺고 남쪽으로는 누비아와 관계하였다. 이 300여 년 동안 주요 강대국들이 지역에 따라 흥망하기도 했지만 전 지역에 대한 힘의 분할은 놀랍도록 안정된 것이었다. 주요 강대국들에는 바빌로니아의 카시트 왕국, 아나톨리아의 히타이트 제국, 이집트 그리고 북부 메소포타미아와 시리아에서

는 처음에는 미타니 그리고 나중 14세기 중엽부터는 아시리아가 포함되었다. 동쪽 변방에는 엘람이라는 강력한 왕국이, 서쪽으로는 정치 조직을 묘사하기 어려운 미케네(Mycenae) 왕국이 위치하였다. 중간에는 시리아와 팔레스타인의 소왕국들이 있었다. 이들은 크기와 조직에 있어 도시-국가에 속했으며 이 시기 내내 강대국에 의존하였다. 이 모든 크고 작은 국가들의 역사는 나라별로 쓰여질 수 있다.

다음 장에서 나는 근동의 국가들의 역사를 개별적으로 서술할 것이다. 그러나 그들이 공통의 체제에 참여했고 그 둘 중 어느 한 국가도 다른 국가들을 지배하지 않았다는 사실은 이 시대를 근동 역사에서 매우 독특한 시대로 만든다. 그러나 개별 역사 서술에 앞서 이야기해야 할 것은 그들이 속한 국제 질서이다.

몇몇 국가들을 제외한 거의 모든 국가들에 대한 이 시대의 자료가 풍부하기 때문에 역사가들이 이 시대를 이해하기가 조금 용이하다. 에게 해와 일부 시리아-팔레스타인의 국가들을 제외하고 모든 국가에서 매우 다양한 문서 사료가 출토되었다. 왕의 비문, 법정 문서, 행정 문서, 문학 작품들이 거의 모든 곳에서 발견되었다. 나아가 나라들이 서로 교역 관계에 있었기 때문에 그들의 외교 부처에는 외교 편지와 국제 조약 문서가 보관되어 있다. 각 국가들은 중앙집권화가 잘 되었기 때문에 높은 수준의 서기 활동들이 이루어졌다. 또한, 국가들이 잘 살았기 때문에 건축 활동이나 예술 창작이 많이 일어났다. 이 때문에 이 시대의 고고학 자료도 매우 풍부하다. 사료는 숫자에 있어서나 다양성에 있어서 모두 풍부하다. 이 사료들은 국제 질서의 한 부분에만 해당하는 것이 아니라 여러 나라에 동시에 해당하는 것이다. 따라서 이 시대에 대한 우리의 관점은 어느 특정한 국가의 눈을 통해 여과된 것이 아니다.

우리가 이 시대를 이해하는 데 가장 큰 어려움은 연대의 문제이다. 비록 우리는 일부 국가들의 왕들의 순서와 재위 기간에 대해 어느 정도 확신이 있지만 다른 왕이나 왕국에 대한 정보는 여전히 불확실하다. 따라서 예를 들어, 미타니 왕국의 역사를 쓰는 것도 그 국가에서 발견된 사료에 근거해 발생 사건들의 연대를 확정할 수 없기 때문에 매우 어려운 작업이 된다. 미타니 왕이 언제 얼마 동안 다스렸는지를 대충이라도 알기 위해서는 이집트와 하티(Hatti)와 비교해 연구해야 한다. 미타니 왕의 이름이 방금 언급한 나라들의 사료에 나타날 때 우리는 그가 언제 활동했는지에 대한 대충의 감을 잡을 수 있다. 그러나 그 시대 모든 국가들의 연대는 우리가 원하듯 그렇게 확실한 것은 아니다. 나라 상호 간의 작용이 문서에 증거되어도 그리고 왕들 간의 친밀한 관계가 증거되어도, 우리는 발생 사건들의 순서를 정하지 못하는 경우가 있다. 결론적으로 이 책에 주어진 연대는 잠정적인 것이다(표 7.1 참조).

1. 정치 체제

1500년에서 1200년까지 근동의 모든 지역의 중앙집권적 국가들은 건국, 번영, 몰락의 순환을 거쳤다. 정치적 통일과 권력의 중앙화가 발생한 후 번영의 시대를 맞고 그후 갑작스런 몰락의 길을 갔던 다섯 개의 지역이 있었다. 이 지역 중 4곳(서부 이란의 중세 엘람 왕국, 남부 메소포타미아의 카시트 바빌로니아, 아나톨리아에 있던 히타이트 신왕국<종종 문서에서는 하티라는 국호로 등장함>, 북아프리카에서는 이집트의 신왕국)에서는 이 시대 전 기간이 한 국가의 역사로 연구될 수 있다. 메소포타미아 북부 지방은 두 개의 국가, 미타니와 아시리아가 차례로 패권을 잡았다. 후자는 본래 미타니 국가의 한 속국이었으나 독립을 이룩한 후 종주국을 제치고 지역의 패권국이 되었다. 정치적 통일과 붕괴의 비슷한 순환이 서부 아나톨리아, 에게 해에서도 일어났을지 모르나, 사료의 부재로 그쪽의 상황은 더욱 오리무중이다.

동부 지중해의 여러 국가들의 흥망성쇠가 이렇게 동시적으로 발생했다는 것은 단순히 우연만은 아니다. 그 국가들이 서로 인접하여 친밀한 관계를 유지했다는 점(이것은 사료에 잘 증거됨)은 우리로 하여금 그들의 운명의 성공과 쇠퇴를 설명하는 데 개별 국가의 역사를 너머 전체적인 그림을 보지 않을 수 없게 한다. 이 국제 질서의 마지막 시기는 집중적으로 연구되었고 특히 에게 해 지방, 아나톨리아, 시리아-팔레스타인 지역에서 그 체제가 붕괴된 이유에 대해 열띤 논쟁이 있었다. 그러나 그 시작은 우연의 탓으로 돌려진다. 다시 말해 독립적으로 형성된 국가들이 서로 상호작용한 결과 개별 국가들이 국제 질서 체제로 우연히 통합되었다는 것이다.

분명 각각 다른 지역에서 개별 국가가 성립된 것은 대개 지방의 특수 상황으로 설명될 수 있다. 그러나 그것은 당시 국제 상황의 문맥에서 볼 때 더욱 잘 이해될 수 있다. 이 국가들의 붕괴가 그들을 함께 묶었던 체제의 몰락으로 이어졌던 것처럼 그들의 성장도 체제의 성장과 궤를 같이 하였다. 그러나 이 과정의 대부분이 '암흑 시대'에서 발생했기 때문에 국제 질서의 기원에 대한 연구는 매우 어렵다. 그러나 분명한 것은 그 지역 국가들의 역사를 큰 문맥에 놓고 보는 것이 그들의 내부적 상황 만을 고려하는 것보다 그들의 역사를 더 잘 이해하는 방법이라는 것이다.

표 7.1 제2천년기 후반의 강대국들의 비교 연대표

연도	미타니	바빌로니아	아시리아	하티	이집트
1500	파랏타르나				아멘호텝 1세
1450					투트모세 3세
1400	아르타타마1세				
		카다스만-엔릴 1세			아멘호텝 3세
1350	투스라타		아수리-우발릿 1세		아케나텐
		부르나부리아스 2세			
	샤티와자			숩필룰리우마 1세	
		쿠리갈주 2세			
				무르실리 2세	
1300			아닷-니라리 1세		
				무와탈리 2세	
	엘람				
		카다스만-엔릴 2세	살마네저 1세		람세스 2세
1250	운타스-나피리샤			하투실리 3세	
1200		카스틸리아슈 4세	투쿨티-니누르타 1세	투달리야 4세	메르넵타
				숩필룰리우마2세	
	슈스룩-나훈테				
1150	쿠티르-나훈테				람세스 3세
	실학-인슈쉬낙				
			앗수르-레샤-이쉬 1세		
		네부카드네자르 1세			
1100		티글라스-필레저 1세			
1050					

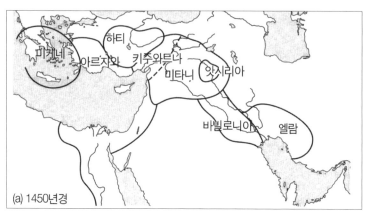

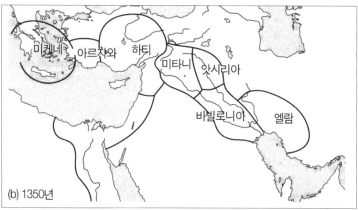

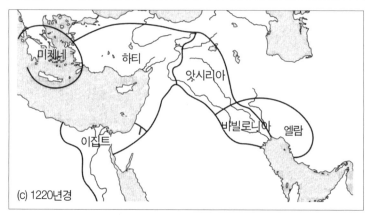

지도 7.1 제2천년기 후반 근동의 정치 제도

출처: Mario Liverani, Prestige and Interest(Padua: Sargon, 1990), pp. 299-300

암흑 시대로 불리는 16세기에는 근동 전체가 정치적으로 분열되었고 어느 지역에서도 강한 국가를 찾아볼 수 없었다. 그 결과 그 시대의 문서들이 매우 귀하다. 이집트에서만 그 시대에 대한 상황 파악이 가능하다. 이집트에 대한 우리의 이해도 매우 제한된 것이다. 17세기 이래 이집트는 많은 소왕국으로 분열되었다. 그중에 몇몇은 '힉소스'로 불리는 외국인들에 의해 지배되었다. 근동에서 대국들이 사라지고 소왕국들이 여기저기에서 경쟁하였다. 문서 자료를 거의 남기지 않은 것으로 보아 그들의 경제는 그다지 발달하지 못했고 정치적 힘도 약했음을 알 수 있다. 메소포타미아, 아나톨리아, 시리아-팔레스타인에서 경작 지역은 크게 감소했고 유목민 그룹이 증가했다. 도시 중심지의 수도 줄었고 주변 영구 정착촌의 부재로 종종 고립되었다.

정치 경제적 쇠퇴의 상황은 16세기와 15세기에 점차 역전되기 시작한다. 작고 약한 국가들의 무대로부터 동등한 힘을 가진 영토 국가들의 전대미문의 세계 질서가 발전하였다. 관계한 많은 국가들은 진정한 역사상 전무한 크기의 영토를 이루고 정치 응집을 이루었다. 가장 유명한 예가 이집트와 메소포타미아의 바빌로니아와 아시리아다. 메소포타미아 국가들은 지정한 영토 국가가 되었다.

제2천년기 후반의 바빌로니아와 아시리아는 한 정치적 수도에서 왕들이 전 지역을 통치한 지역 체제를 이루었다. 왕조들은 한 두 도시를 통치한다는 것보다 한 나라를 통치한다는 자의식을 가졌다. 영토는 몇몇 도시들과 그 내지로 이루어졌으며 이전에는 볼 수 없었던 긴밀한 경제적 통합을 이루었다. 이념적으로 도시가 문화 정치 생활의 중심이라는 생각은 여전히 살아있었으나 정치적 자율과 경제적 자급이 사라졌다. 제3천년기 초반에 나라가 생기면서 영토 국가가 되었던 이집트는 이 당시 외국의 영토까지 확장하여 오늘날 수단 지역인 누비아에서 북시리아에 이르는 광대한 제국으로 발전하였다.

근동의 다른 지역에서도 제2천년기 초반에 소왕국들이 밀집했던 지역에서 영토 국가가 발전하였다. 제2천년기 초반의 북부 시리아는 정치적으로 카트나(Qatna), 얌캇(Yamkhad), 툿툴(Tuttul), 아품(Apum) 등의 도시들로 나뉘어 있었다. 이 모든 지역들이 16세기에 쇠퇴를 겪었고 미타니가 15세기에 일어났을 때 그 지역 전체를 통일하고 영토 국가가 되었다. 신생 국가 하티(Hatti)도 중앙 아나톨리아와 북서 시리아의 정치적 통합을 이룩하였다. 엘람의 중세 왕국의 응집도와 그 이전의 왕국과의 차이는 에게 해 세계와 마찬가지로 평가하기 힘들다. 에게 해 세계의 경우 히타이트 문서에 서방 국가들(아르자와와 아히야와)에 대해 언급되었다는 점, 그리고 1500년 이후 기간의 물질 문화가 근동과 균일하다는 점은 이전 시대와 비교해 에게 해 세계에 상당한 정치적 변화가 있었음을 시사한다.

더 큰 지역의 정치 단위로 통합되어가는 이 흐름에 유일한 예외는 시리아-팔레스타인 지역이었다. 여기에서 단일 도시를 중심으로 한 소왕국들의 기본적 체제는 계속해서 존재하였다. 예루살렘, 비블로스, 다마스커스, 우가릿, 알레포 등 수많은 소왕국들이 문서에서 증거된다. 제2천년기 초반의 상황을 잘 알 수 없으나 제2천년기 후반의 상황과 거의 차이가 없을 것이다. 아마 이 예외가 다른 지역에서 발생한 변화들이 얼마나 근본적이었는가를 역으로 보여주는 것 같다.

시리아-팔레스타인 지역은 서로 경쟁적인 영토 국가들 사이에 끼여있었다. 처음에는 이집트와 미타니, 나중에는 이집트와 하티 사이에 놓이게 된다(아시리아는 아직 약하여 시리아-팔레스타인 지역의 세력 다툼에 참여하지 않았다). 시리아 팔레스타인 지역은 이 국가들 사이에 완충 역할을 하였다. 강대국들은 그 지역에서 직접 전투하거나 대리전을 하였다. 시리아-팔레스타인 지역은 하나의 영토 국가로 통일되도록 주변의 강대국들이 허락하지 않았고 또한 어느 한 강대국의 영토로 편입되지도 않았다. 주변의 강대국들은 시리아-팔레스타인이 그렇게 되지 않도록 힘을 썼다. 그리고 외교 관례에서 자신들과 시리아-팔레스타인의 왕들을 구분하였다. 영토 국가의 군주들만을 대등한 파트너로 인정하고 '형제국'이라고 불렀으나, 시리아-팔레스타인의 왕들은 하위의 왕들이고 외교 문서에서 '종'으로 지칭되었다. 이렇게 해서 이 작은 국가들은 주변 강대국 중 하나에 충성 서약을 하지 않으면 안되었다. 그리고 필요에 따라 더 힘센 나라로 옮겨 붙기도 하였다. 이 국가 제도의 통합의 정도는 지역이 정치 중심지에서 얼마의 거리에 있는지와 왕의 정책에 의존하였다. 예를 들어, 이집트의 시리아 통치는 하티의 시리아 통치보다 더 느슨하였다. 실은 후자도 시리아 지역에 대해 융통성 있게 접근하였다. 카르케미스와 같은 중요한 지역들은 직접 다스렸지만, 아무르와 같은 도시는 지방 왕으로 하여금 속국 왕이 통치하게 하였다. 그러나 시리아-팔레스타인의 국가 중 주변 강대국들의 영토에 완전하게 통합된 도시가 있는지 확실히 말할 수 없다. 그들은 강대국의 종주왕들과 구분되는 별개의 정치체계로 계속 존재했다. 강대국들은 그들끼리 통일하는 것도 방해하였다.

개별 국가의 역사 속에서도 그런 사회정치적 발전을 설명할 수 있을 것이다. 그리고 실제로 제2천년기 초반에 영토 국가가 생성된 사실을 지난 장에서 공부하였다. 그러나 총괄 체제에 대한 시대적 의식은 더 큰 중앙 정치 단위로 향한 지역적 변화를 강화시켰을 것이다. 이것은 이 국가들이 얼마나 밀접하게 서로와 관계했는지(친선 외교 혹은 전쟁)를 고려할 때 더욱 이해하기 쉽다. 또한, 그들은 사회 구조와 이념 구조도 공유했다.

2. 정치적 관계: 외교와 무역

이 체제에 참여한 모든 국가들은 정치적 위계 질서에서 그들이 차지하는 위치와 어떻게 다른 국가들과 교통해야 하는지를 알았다. 그들은 친족관계에 있는 사람들이 다정하게 지내는 큰 마을에 살고 있는 듯 행동했다. 그 체제를 유지하기 위해서 그들은 구두 메시지 혹은 편지를 전하는 사신들을 주고받으면서 끊임없이 교통하였다. 모든 국가는 당시 외교적 국제어였던 바빌로니아어에 능통한 서기관들이 일하는 문서부를 설치하였다. 이것에 대한 가장 좋은 예는 이집트의 문서부다. 14세기 아케나텐 왕은 수도를 신생 도시 아케타텐(오늘날의 아마르나)으로 옮겼는데 그곳이 그와 그의 아버지의 외교 편지들이 발견된 곳이다. 이 토판들은 흔히 아마르나 편지라고 지칭된다(보충 7.1 참조).

보충 7.1 아마르나 편지

　주후 19세기 말 지역 농부들이 아마르나에서 한 무더기의 쐐기 문자 토판을 발견하였다. 아마르나는 주전 14세기에 아케나텐 왕이 이집트의 수도로 삼기 위해 건설한 처녀 도시인 아케타텐이 있던 곳이다. 그 쐐기 문서들은 이집트의 두 왕, 즉 아케나텐과 그의 아버지 아멘호텝 3세와 근동의 형제국 혹은 속국의 왕들 사이의 약 350편의 외교 편지들을 포함한다. 대부분은 시리아-팔레스타인 지역에 있는 소왕국의 왕들이 이집트 왕이나 고위 관리에게 보내는 것이었다. 그 편지를 보면 그들과 종주국 사이의 관계를 자세히 엿볼 수 있다. 그들은 자신들을 이집트 왕의 종이라고 부르며 이웃 나라들을 신뢰할 수 없는 나라라고 주장하며 이집트 왕의 환심을 사려고 하였다. 이 편지를 보면 이집트가 시리아-팔레스타인을 3개 지역으로 구분하고 비교적 적은 군대로 그들을 다스렸음을 알 수 있다. 이집트가 다스린 지역은 팔레스타인 남부로부터 중부 시리아에 이르는 영토이다. 아무루(Amurru)는 가장 북쪽에 위치한 이집트 속국이었다. 아마르나 편지는 바빌로니아어로 작성되었고 그 어휘와 문법에서 지방 셈어들의 영향이 드러난다.

　아마르나 편지 중 약 40통이 바빌로니아, 아시리아, 미타니, 하티, 알라시야, 아르자와와 같은 당시의 다른 강대국의 왕들에 이집트 왕에게 보낸 것들이다. 왕들은 서로를 동등한 파트너로 인정하고 서로를 형제로 칭하였다. 그들은 귀중품이나 왕궁 여인들의 교환과 같은 외교 문제를 의논했다. 당시 이런 선물의 교환은 나라 사이의 관계를 강화시켰다. 대부분의 편지는 바빌로니아어로 작성되었으나 히타이트어로 작성된 편지 2통과 후리안과 아시리아어로 작성된 편지가 각각 한 통씩 발견되었다.

　이 아마르나 편지는 1365년에서 1335년의 약 30여 년 동안 쓰여졌다. 그러나 이런 종류의 편지가 같은 시기의 다른 지역에서도 발견되었다. 하타이트의 수도 하투사의 국가 문서 저장소에서 비슷한 편지가 발견되었으며 다른 나라에도 같은 종류의 외교 문서가 있었을 것이다. 바빌로니아어와 토판의 사용은 바빌로니아의 문화가 근동을 계속해서 주도했음을 보여준다.

　350여 개의 편지들은 주로 시리아-팔레스타인에 있는 속국 왕들이 이집트 왕에게 보낸 것들이다. 그러나 그중 약 40개는 이집트 왕이 동등한 파트너로 생각한 '대왕'들에게서 온 것이거나 대왕들에게 보내진 편지였다. 이 대왕들에는 바빌로니아, 아시리아, 미타니, 하티, 알라시아(Alashiya, 키프로스), 아르자와(Arzawa, 남서 아나톨리아) 등이 포함된다. 마지막 두 나라는 모든 왕이 원했던 자원들(알라시아의 경우 구리)을 통제하였기 때문에 포함된 것 같다. 아르자와에서 온 편지들은 바빌로니아어 대신 히타이트어로 기록되었다. 이것은 아르자와가 그 국제 체제에 완전히 흡수되지 않았음을 보여준다. 이 아마르나 문서가 이집트의 독특한 것은 아니었다. 아마르나 편지와 동시대에 그것과 비슷한 외교 편지가 시리아-팔레스타인에서 조금이나마 발견되었고 13세기 이후 하티, 아시리아, 바빌로니아 왕들이 주고받은 국제 편지도 적은 수나마 발견되었다. 하티의 속국 중 하나였던 우가릿에서도 그런 편지들이 발견되었다. 근동 전역의 많은 지역에서 발견된 유사 문서들은 모든 나라들이 이 외교 체제에 참여했음을 보여준다.

그 나라들은 자신들이 살고 있는 세상이 거대한 가족인 것처럼 묘사했다. 동등한 힘의 왕들은 서로를 형제라고 불렀고 속국 왕들은 종으로 불렸다(문서 7.1 참조). 각 나라의 지위는 분명히 정해졌으나 때때로 정치 상황이 빠르게 변화했기 때문에 갈등도 일어났다. 아시리아가 정치 군사적으로 강대국이 되었을 때 앗수르-우발릿(Assur-uballit) 왕은 이집트 왕에게 형제국으로서 두 통의 편지를 보냈다. 이것은 바빌론의 왕인 부르나부리아스(Burnaburiash)를 화나게 했고 그는 이집트 형제 왕에게 다음과 같이 불평한다.

나의 속국 아시리아에 관해, 그들을 당신에게 보낸 이가 내가 아니었던가? 왜 그들이 나의 허락없이 너의 나라에 갔는가? 당신이 나의 형제라면 그들과 거래하지 마시오. 그들을 빈손으로 내게 돌려보내시오![1]

국제적 지위가 매우 중요했고 정치적 현실이 빠르게 변하면서 생긴 새로운 강대국을 인정하지 않으려는 성향 때문에 이와 같은 분쟁은 필연적이었다.

---

1   William L. Moran, *The Amarna Letters*(Baltimore: Johns Hopkins University Press, 1992), no. 9.

문서 7.1 아마르나 편지의 예

아마르나 서신은 2천년대 하반기 고대 근동 지역의 외교 관계에 유례를 찾아 볼 수 없는 식견을 제공한다. 아마도 이집트인들의 수도를 아케나텐에서 옮겼을 때 남겨진 이 쐐기 문자 토판들은 동등하다고 생각한 미타니, 바빌로니아 등의 통치자들로부터의 서신들이 봉신국들이 쓴 편지들과 얼마나 매우 다른 어조로 매우 다른 내용을 담고 있는지 보여준다. 동등인들은 이집트 왕을 형제라 불렀고 외교 문제를 논의하였던 반면, 낮은 등급의 통치자들은 그를 주인으로 불렀고 그들 지역과 연관된 정치 문제들을 아뢰었다.

1. 강대국 사이: 미타니의 투스라타가 이집트의 아멘호텝 3세에게 보낸 편지

내가 사랑하고 나를 사랑하는 나의 형제, 나의 사위 이집트의 왕 님무레야에게 말하라. 너를 사랑하고 너의 장인된 미타니의 왕 투스라타가 말한다. 나는 아주 잘있다. 너도 잘 있기를 바란다. 집안도 평안하고, 나의 딸 타두-헤바 그리고 네가 사랑하는 너의 아내도 평안할지어다. 너의 첩들, 아들들 그리고 너의 부하들, 마차들, 말들, 군사들, 나라 그리고 네가 가진 모든 것이 잘 될지어다.

온 나라의 여인, 니느웨의 샤우스가가 말했다.

'나는 내가 사랑하는 땅 이집트에 갔다 오고 싶다.'

이제 나는 그녀를 보낸다. 그녀는 가고 있는 중이다. 나의 아버지 때에 그녀는 …이 나라로 갔다. 그리고 그녀가 그곳에 머물렀을 때 그들이 전에 그녀를 존경한 것처럼 이제는 전보다 10배로 그녀를 존경할지어다.

하늘의 여인 샤우스가가 나의 형제와 나를 십만 년 동안 보호할지어다. 우리의 여인이 우리에게 큰 기쁨을 주기를 원하노라.

친구처럼 행하자. 샤우스가는 나의 여신이요 내 형제의 여신이 아닌가?

번역 출처: William L. Moran, *The Amarna Letters* (Baltimore: John Hopkins University Press, 1992), 61-2.

2. 소국과 강대국 사이: 비블로스의 왕 리브-앗다가 이집트의 왕에게 보낸 편지

나의 태양, 나의 주, 왕께 고하라. 당신의 종 리브-앗다가 말합니다. 저의 주인님의 발 앞에 일곱 번에 일곱 번 넘어집니다. 나의 주, 왕이시여 아브디-아시르타의 아들 푸-발라가 울라사 시를 무력으로 점령했음을 아십시오. 아르다타, 왈리야, 암피, 시가타, 이 모든 도시들이 이제 그들의 것입니다. 왕이여 당신의 영토에 신경을 쓰신다면, 수무르에 도움을 보내소서.

누가 종이자 개인 아브디-아시르타의 아들입니까?
그들이 카시트인들의 왕입니까?
아니면 미타니의 왕입니까?
왜 그들이 왕의 땅을 빼앗습니까?

과거에 그들은 당신이 임명한 시장들이 다스리는 도시들을 빼앗곤 하였습니다. 그러나 당신은 아무 조치도 취하지 않았습니다. 이제 그들은 당신이 세운 총독을 몰아냈고 그의 도시를 점령했습니다. 그들은 울라사를 탈취했습니다. 당신이 이런 상황에서도 아무 일도 안하시면 그들은 수무르도 점령하고 그 곳의 총독과 주둔군을 죽일 것입니다.
내가 어찌 해야 합니까?
나는 수무르로 갈 수 없습니다. 암피, 시가타, 울리사, 에르와다와 같은 도시들은 이미 적들이 차지했습니다. 그들이 내가 수무르에 있는 것을 알면 이 도시들에 배가 올 것이며 아브디-아시르타의 아들들도 시골에 있게 될 것입니다. 그들은 나를 공격합니다. 나는 도시 밖으로 갈 수 없었습니다. 비블로스는 하비루[1]에 참여할 것입니다. 그들은 이비르타로 갔으며 하비루와 조약을 맺었습니다.

---

1 반 유목민들, 제8장을 보라.

번역 출처: William L. Moran, *The Amarna Letters*(Baltimore: John Hopkins University Press, 1992), 177.

어떤 의미에서 우리는 근동의 왕궁들이 서로와 서신 교환했던 제2천년기 초기의 관습이 아마르나 시대에도 여전히 지속됨을 본다. 그러나 큰 차이는 아마르나 시대에는 강대국 왕들이 정치 문제를 절대로 직접 언급하지는 않는다는 것이다. 정치 문제를 암시하는 부분은 등장하지만 이 사람들은 주로 사신과, 선물, 여인들의 외교적 교환에 관심이 있었다. 그러나 속국왕이 종주왕에게 편지할 때는 정반대의 상황이 된다. 그 편지들은 자신의 주변에서 일어나는 매일의 정치적 상황에 초점을 맞춘다. 그리고 종종 다른 나라들은 왕이 신뢰할 수 없는 속국이라고 주장한다. 이런 비난은 땅에 대한 경쟁과 무역로에 대한 통제를 놓고 전술적으로 이루어진다. 자신의 충성 맹세와 다른 이웃들에 대한 비난은 과장 섞인 수사로 간주되어야 한다. 그들은 세급과 조공을 피하거나 늦추려 하였다. 그러기 위해 이웃 나라의 배반을 지적함으로써 주의를 다른 곳으로 끌려한 것이다.

반대로 자신들은 비론 파라오의 명을 100% 따르지는 못해도 정치적으로 충성스럽다고 자랑한다. 아마르나 편지에서 시리아-팔레스타인 지역에 대한 이집트의 광범위한 영향은 이집트의 시리아 북쪽 속국들을 하나 하나 접수하려 했던 하티에 의해 위협받는다. 그리고 하티의 이런 정복 활동은 종종 속국 왕을 대리하여 수행했다. 따라서 일견 지역 조무래기 나라들 사이의 싸움같이 보이는 것도 실은 강대국 사이의 갈등인 경우가 있다. 사소한 다툼은 동등한 나라들 사이의 편지에서도 많이 나타난다. 대왕들은 다른 형제 왕들의 예우에 대해 불평하였다. 예를 들어, 히타이트의 왕 하투실리는 왜 바빌로니아 '형제'가 사절단을 더 보내지 않는지 크게 불평하였다.

바빌로니아 왕의 힘이 약해 여기까지 오는 길의 안전을 담보하지 못했기 때문인가?

그의 사신들 중 이간질하는 자들이 그를 하투실리와 이간시켰는가?

그리고 선물 교환이 좋은 외교 관계를 유지하는 주요 수단이었기 때문에 편지에서 선물의 질과 양이 자주 언급되었다. 왕들은 거침없이 선물에 대한 불만을 표현하였다.

국가 간의 관계는 성문화되어야 했다. 특히 종주국과 종속국 사이의 관계는 왕들 사이의 조약을 통해서 성립되었다. 이 조약은 언제나 두 사람 사이의 협약이었고 국가 간의 협약이 아니었기 때문에 왕이 바뀌면 조약을 갱신해야만 했다. 우리가 가지고 있는 조약 문서는 모두 히타이트 혹은 알라락과 관계된 것이지만 다른 문서를 통해 간접적으로 조약 문서가 근동 전역에 매우 일반적이었음을 알 수 있다. 조약 문서에는 두 가지 종류가 있다. 동등한 힘의 국가 사이의 조약과 종주국과 종속국 사이의 조약이 있다. 첫 번째 조약은 특정한 목적이 있거나 특별한 분쟁 후에만 작성되었다. 그 예도 매우 적다. 가장 유명한 예는 하티의 하투실리 3세와 이집트의 람세스 2세 사이에 맺어진 1259년 조약이다. 이 조약은 시리아 도시 카데스에서 그 두 나라가 크게 전쟁한 후 50년 만에 맺어진 것이다. 그 조약은 외교 편지에 반영된 가족 용어를 사용해 그 두 국가 사이에 완전한 평등과 형제됨을 표현하였다. 그들은 서로를 공격하지 않을 것을 약속했고 다른 한쪽이 공격당하면 도와줄 것 그리고 자국 영토를 피해 다른 나라로 도망한 범죄인을 본국으로 송환해 줄 것을 약속하였다. 그 조약은 히타이트어로 된 것과 이집트어로 된 것이 있는데 그 둘 사이의 유일한 차이는 권력 승계의 문제에 관한 것이다. 하투실리가 하티에서 왕위를 찬탈하였기 때문에 그는 그의 아들이 왕이 되지 못할 것을 걱정하여 조약에 이집트 왕이 그의 아들의 승계를 보장해 줄 것을 조항으로 집어 넣었다. 범죄인 송환 조항은 이런 조약 문서의 가장 주요 관심사였다. 동등한 주권국 사이의 조약들 중 세 개가 이 주제를 전적으로 다루었다. 이것은 아래서 논의 될 당시의 사회적 상황을 반영하는 것이다.

이 시대에 유명한 종주 조약은 모두 히타이트 왕과 체결된 것이다. 협약의 구체 사항은 매우 다양하였지만 모든 조약 문서는 다음과 같은 기본 구조를 포함하였다. 즉 아나톨리아와 북시리아의 속국들은 세금과 군사적 지원을 제공해야 했고 자주적 외교권을 포기해야 했다. 그들은 히타이트의 다른 속국들과 전쟁해서는 안되며 다른 강대국들과 조약을 맺어서도 안되었다. 그들은 도망한 범죄자를 본국으로 송환해야 했다. 히타이트 왕에 대한 충성은 가장 중요한 의무사항이며 수많은 히타이트의 신들 그리고 종속국의 신들 앞에서 맹세해야 했다. 이 조약은 지역의 군주들 사이의 관계를 합법화하였고 그 관계는 사신의 교환을 통해 유지되었다.

정략결혼은 이와 같은 국가 간 관계를 더욱 돈독히 하였다. 강대국 왕들이 보낸 편지들은 종종 결혼 문제를 다루고 있다. 바빌론과 이집트 사이의 아마르나 편지의 많은 부분이 이 주제를 다룬다. 이집트의 왕들은 외국 여자를 궁에 데려오기를 매우 좋아하였다. 그것도 그들은 왕족에 속한 여인들을 선호하였다. 그러나 이집트인들은 절대로 자신의 공주를 외국인 왕에게 시집보내지 않았다. 이것은 다른 나라 왕들에게 매우 짜증나는 일이었다. 그러나 다른 나라 왕들은 자신의 딸들을 이집트로 시집보내면서 그 대가로 이집트가 독점했던 금을 받았다. 이집트 왕을 제외한 다른 나라의 왕들은 딸들을 외국에 시집보냄으로써 정치적 연대를 강화하였다. 예를 들어, 하티의 왕들은 조약이 체결되면 자신의 딸들을 속국 왕에게 시집보냈다.

이 결혼은 국가의 내부 정치에 심각한 영향을 끼치기도 한다. 바빌로니아의 왕 부르나부리아스 2세(즉위 1359-33년)는 아시리아의 왕 앗수르-우발릿 1세(즉위 1363-28)의 딸인 무발리탓-세루아(Muballitat-Sherua)와 결혼했다. 그들의 아들이자 후계자인 카라-하르다스(Kara-hardash)가 바빌로니아에서 발생한 소요 사태로 살해되었을 때, 앗수르-우발릿은 군사적으로 개입하여 반란왕을 퇴위시키고 쿠리갈주 2세(Kurogalzu Ⅱ)를 대신 왕위에 앉혔다. 과부가 된 이집트의 여왕(아마 투탄카문의 젊은 아내였을 것임)에 관한 매우 기괴한 이야기는 외국 왕의 후손이 왕이 되는 것에 대한 불안을 잘 드러내 준다. 그 이집트 여왕은 히타이트 왕 숩필룰리우마(Suppiluliuma)에게 자신의 남편감으로 아들 중 하나를 보내 줄 것을 요청하였다. 그 편지를 받은 숩필룰리우마는 처음에는 저의를 의심했으나, 여왕의 진의를 파악한 그는 아들 중 하나를 하티에서 이집트로 보내었다. 그러나 그 아들이 가던 도중에 살해된다. 이집트 궁에 있는 사람들 중 하티와 이집트가 연합하는 것을 원치 않았던 무리가 있었던 것 같다. 그들은 곧 자신들의 사람을 왕위에 올렸다. 히타이트-이집트 외교사에서 이 사건의 독특함은 아무리 강조해도 지나침이 없다.

첫째, 이집트인들은 언제나 외국 공주와 결혼하기를 추구했으나 한 번도 자신의 딸들을 외국인에게 시집 보내지 않았다.

둘째, 이 경우 남자가 외국으로 장가를 간 것이다. 보통 여자가 이동하는 것이 관습이다. 이 예는 성의 역할이 완전히 바뀌었음을 보여준다. 즉 여성 왕이 남자 왕자를 데려와 자신의 궁에 살게하는 것이다. 이것은 외국의 공주들이 이집트 왕의 궁에 와 배우자로서 사는 것과 정반대의 경우다.

이 정략결혼들은 근동의 왕들은 한 마을에 사는 사람들처럼 동일한 공동체에 속한다는 이념을 자연스럽게 강화시켰다. 이 개념은 그들이 서로 편지를 교환하거나 사신을 교환할 때 매우 중요하였다. 그러나 실제 현실은 다르다는 것을 모두 알고 있었다. 국가 간의 실제 관계는 한 마을 사람들 사이의 관계와 달랐다. 예를 들어, 바빌로니아의 카다스만-엔릴이 이집트의 아멘호텝 3세에게 편지하여 그가 마치 가까이 사는 이웃인 양, 그를 새 궁전의 헌당식에 초청했을 때, 이집트 왕은 물론 갈 수 없었다. 이집트에서 바빌로니아까지 가는 거리가 아마 편도 몇 달은 걸렸을 것이다.

그러나 초청 편지는 마치 이웃 왕을 초대하듯이 그렇게 작성되어야 했다. 왕실 사이의 실질 거리는 매우 커서 종종 사신들의 안부와 시집 간 공주들의 안부가 의심스러울 정도였다. 바빌론 왕이 자신의 누이가 그곳에 아직 살아있는지도 모르겠다고 이집트 왕에게 불평하자, 이집트 왕은 불평하지 말라고 말했다. 파라오의 후궁들 중 누가 바빌로니아의 공주인지를 확인할 수 있는 사신이 없었다.

> 당신이 보낸 사람들은 쓸모 없는 자들입니다… 그들 중 당신의 아버지의 딸을 알고 확인해 줄 수 있는 사람은 아무도 없습니다.[2]

이처럼 그들 모두가 한 마을에 산다는 이념은 의도된 허구에 불과하였다.

강대국 사이에 주고받은 편지에서 가장 자주 등장하는 주제는 선물의 교환이다. 선물의 교환은 이 강대국 사이의 결속이 유지된 또 하나의 방법이었다. 선물 교환은 이중의 기능을 하였다.

왕들은 선물의 교환을 통해 자국에서 구할 수 없는 사치품을 얻을 수 있었다. 동시에 그들은 상호 존중, 명예, 형제애의 제도를 강화시켰다. 이 두 기능은 서로 분리될 수 없는 것이다. 선물의 교환은 모두가 인정한 일련의 불문율에 의해 운영되었다. 그중 가장 중요한 원칙이 상호 평등성이다. 선물을 받으면 그 가치에 상응하는 것으로 돌려주어야 했다. 그러나 답례가 반드시 즉각적이어야 할 필요는 없었다. 왕이 새로 즉위하는 것과 같은 경우에는 선물을

---

2   William L. Moran, *The Amarna Letters*, no. 1.

보내주어야 했다. 하티의 하투실리 3세는 아시리아 왕에게 다음과 같이 불평한다.

> 내가 왕위에 올랐을 때 너는 내게 사신을 보내지 않았다. 왕이 왕권을 잡으면 형제 왕들은 그에게 축하 인사, 그의 왕권에 걸맞는 옷, 기름 부을 때쓸 고급 기름을 보내는 것이 관례이거늘 너는 하지 않았다.[3]

선물의 교환은 조약이 체결되거나 군사적 승리를 축하할 때도 이루어졌다. 이런 교환은 군주들을 하나의 제도 안에 묶는 역할을 하였다.

다른 한편 선물 교환 제도를 통해 높은 수요의 귀중품들이 근동 전역으로 유통되었다. 왕들은 상인들을 통하지 않고 국내에 없는 물건들을 얻을 수 있었다. 금은 모두가 관심을 갖는 희귀하고 귀중한 사치품이었다. 이집트에만 금광이 있었기 때문에 이집트 왕만이 금을 선물로 보낼 수 있었다. 다른 나라 왕들은 이집트에 말, 구리, 수공예품 등을 보내면서 금을 선물로 받기를 기대하였다. 다른 왕들 사이에도 비슷한 교환이 이루어졌다. 예를 들어, 알라시야는 구리가 많았고 바빌로니아는 청금석(Lapis lazuli)의 원산지였다. 수공업품이나 고급 직물 그리고 고급 기름도 선물에 포함되었다. 비록 선물 교환의 목적은 귀한 물건들을 손에 넣는 것이었지만 이것들이 선물이라는 구실은 아주 잘 유지되었다. 이 때문에 비합리적으로 보이는 거래도 목격된다. 예를 들어, 알라시야 왕은 이집트에 약간의 상아와 많은 구리와 나무를 보내었다. 그의 의도는 상아가 풍부한 이집트가 상아로 답례하는 것이었다. 일반적으로 왕들은 이런 선물의 양과 질에 대해 논의하는 데 거리낌이 없었다. 아마르나의 편지들은 이런 주제를 솔직히 다루고 있다. 예를 들어, 이집트 왕의 인색함에 대한 불평이 자주 등장한다. 바빌론의 왕은 다음과 같이 이야기 한다.

---

3   Gary Beckman, *Hittite Diplomatic Texts*, 149.

'너는 6년만에 선물을 보내면서 고작 은처럼 보이는 30파운드의 금이 전부 인가?'[4]

미타니 왕도 다음과 같이 불평한다.

'내 형제의 나라에는 금이 흙처럼 많다…'[5]

이 선물 교환 체제에 왕들뿐 아니라 왕비들도 관여하였다. 그들은 다른 나라의 왕비들과 선물 교환을 통해 친밀한 관계를 유지하였다.

왕실 간의 선물 교환은 소수의 엘리트를 위한 사치 품목이 주를 이루었다. 그것은 근동 전역으로 자원과 제조 물건을 유통시키는 광범위한 무역 구조의 작은 일부분이었다. 이 선물 교환은 문서 자료에는 잘 나타나지 않으나 고고학적 유물은 그 선물 교환이 이루어진 지역적 범위를 보여주고 그것이 먼 지역을 묶는 역할을 했음을 증명해 준다. 예를 들어, 바빌로니아에서 제조된 실린더 인장은 그리스 본토 도시 테베에서 발견되었다. 동지중해의 해상 무역은 매우 활발하여 섬들과 해안 지역을 하나의 제도로 묶었다. 배들은 많은 해안선을 지나기 위해 시계 반대 방향으로 지중해를 항해하였다. 서부 시리아에서 출발하여 키프로스와 남부 아나톨리아로 나간 후 에게 해와 그리스 본토에 이르렀다. 또한, 크레테에서 북아프리카 리브야 해안(the Libyan coast)으로 건너간 후 다시 동쪽으로 배를 틀어 시리아로 돌아왔다. 이집트의 나일 델타 지역에서 레바논까지는 좋은 항구가 없었다. 그래서 배들은 정박을 위해 나일강으로 들어왔을 가능성이 있다.

상인들은 모든 항구에서 자신들이 가진 물건의 일부를 새로운 물건과 교환하였다. 배는 근동 전역에서 모은 자원과 제품으로 가득찼다. 14세기 후반에 남아나톨리아 해안인 울루부룬(Uluburun)에서 침몰한 배는 이것을 잘 보여준다(그림 7.1). 그 배에는 10톤의 키프로스산 구리와 일톤의 원산지를 알 수 없는 주석이 있었다. 이들은 운송하기 좋은 괴의 형태를 하고 있었다. 그 배에 실린 구리와 주석의 양은 청동을 제조하는 데 필요한 10대 1의 비율을 잘 반

---

4   William L. Moran, *The Amarna Letters*, no. 3.

5   Ibid., no. 19.

그림 7.1 울루부룬 침몰선에서 나온 구리 괴의 발굴. 침몰선의 구리 주괴 발굴. 아나톨리아 남쪽 해안가 울루부룬에서 배가 좌초되었을 때, 그것은 기후 악조건에서 쓰러짐을 방지하고자 나란히 적재된 10톤 가량의 구리 주괴를 나르고 있었다. 발굴 기간동안 여전히 원래 있었던 모습으로 발견된 그 주괴들은 그것들을 어깨로 실어 나르기 편하도록 이른바 소가죽 모양을 하고 있었다. 그것들은 지중해 동쪽 모든 지역에서 나온 다양한 짐들의 한 품목이다. 사이프러스가 그 지역의 구리의 주 생산지였기에 그 배는 아마도 좌초되기 바로 전에 그곳의 주괴들을 배에 실었을 것이다. 출판 허가: © Institute of Nautical Archaeology.

영한다. 이 물건들은 키프로스, 남아나톨리아, 서부 시리아에서 선적한 후 항로에 있는 다양한 항구에 내려놓을 예정이었던 것 같다. 그때 지방의 물건들이 요구된다. 그 배는 이집트인들이 열대 아프리카에서 얻었을 흑단 나무, 레바논의 잣나무를 싣고 있었다. 코끼리 상아와 하마 이빨도 이집트 산이었고 염색제로 주목받던 뿔 고둥은 북아프리카, 시리아 레바논 해안의 여러 지역에서 획득한 것이었다. 원자료 이외에 울루부룬 침몰선은 가나안의 보석, 키프로스의 도자기, 여러 지역에서 온 금 구슬, 파양스 도자기(Faience), 마노, 유리 등과 같은 수공업품도 포함하였다. 심지어 금은 조각, 호박, 이집트 여왕 네페르티티(Nefertiti)의 이름을 가진 스캐럽(scarab), 바빌로니아, 아시리아, 시리아에서 온 실린더 인장 등을 담은 보석 수공업자의 가방도 있었다. 그 침몰선에서 발견된 물품이 너무나 다양해 그 배의 원항지를 확인하는 것이 불가능할 정도다. 그 배에 실린 물품들은 진정한 의미에서 국제적이다.

고고학 유물로 남겨지지 않은 물품들도 거래되었다. 에게 해와 시리아의 포도주와 기름은 이집트로 수출되었다. 이것은 포도주와 기름을 담은 항아리를 통해 확인할 수 있다. 약품, 향수, 향료도 내용을 확인할 수 있는 독특한 모양을 가진 그릇이나 항아리로 먼 거리를 이동하였다. 바닷길은 강과 육로와 잘 연결되어 있었다. 더욱이 미케네 출신의 선원들은 은이나 주석을 얻기 위해 서쪽 끝 스페인까지 모험했다. 지중해 동쪽의 해상 무역로는 동쪽 해안선을 훨씬 초과하는 무역 조직이었음이 틀림없다.

이 무역 체제에서 무역 거점지의 역할을 한 장소도 있다. 그 중요한 예로 시리아 해안에 자리 잡은 도시 우가릿을 들 수 있다. 우가릿은 자신만의 왕조를 가졌지만 처음에는 이집트, 나중에는 하티(Hatti)의 속국이 된다. 우가릿에는 좋은 항구가 있었다. 우가릿에서 무역은 대개 개인 사업가가 담당했으며 우가릿에는 토박이 상인도 있었지만 다른 나라에서 온 상인들도 많이 활동하였다. 키프로스, 이집트, 아나톨리아, 북시리아 출신의 상인들이 그곳에 상주하였으며 그 도시의 거주지에서는 여러 가지 언어로 된 문서들이 발견되었다. 그 문서들은 시리아 항구들과 키프로스와 크레테의 교역에 대해 기록하고 있고 또한 카르케미스(Carchemish)와 에마르(Emar)와 같은 내륙 도시와의 교역에 대해서도 기록한다. 고고학 유물들도 많은 외국의 물품을 포함하였다. 우가릿은 물건의 집산지의 역할 뿐 아니라 물건의 생산지의 역할도 수행한다. 청동 생산을 위한 공장은 항구지역에서 발견되었고 우가릿은 그 지역을 통틀어 유명한 자주색 옷감의 원산지였다. 국가들은 무역을 어느 정도 통제하여 그것을 외교 관계에 사용하려 하였다. 북시리아 국가 아무르의 샤우스가무와(Shaushgamuwa)와의 조약에서 투달리야 4세(Tudhaliya IV, 즉위 1237-09)는 다음과 같이 말했다.

너희 상인들은 아시리아로 가지 말라. 너는 그의 상인들이 너의 땅으로 오도록 허락지 말라. 그는 너의 땅을 지나가지 못할 것이다. 그러나 그가 네

땅에 온다면 그를 잡아 나의 왕께 보낼지니라.[6]

그러나 이와 같은 무역 제제가 이 시기에 그러게 광범위하게 사용되었다는 것은 설득력이 없다. 왜냐하면, 그 지역의 모든 국가는 그 무역에 의존해 그들의 엘리트들이 필요로 하는 외국 물건을 얻었기 때문이다.

이 시대의 무역과 외교는 이처럼 매우 밀접하게 연결되어 있었다. 대왕들 사이의 관계는 귀중한 물건과 보물을 서로 주고받음으로 돈독해졌다. 그런 교환은 친구들 사이의 선물 교환으로 묘사되었으나 실은 국내에서 구할 수 없었던 귀중품을 왕들이 손에 넣을 수 있는 유일한 통로이기도 했다. 왕실 간의 선물 교환은 다른 지역들 간의 무역보다 넓은 무역 조직에 지나지 않았다. 당시 상인들은 육로와 해상을 통해 근동의 정치적 경계를 넘나들며 상품들을 온 지역에 유통시켰다. 비록 그런 무역이 사회의 엘리트들에게 주로 해당하는 것이었지만 다른 민족과 문화가 존재한다는 의식이 도처에서 발견되는 외국 물건을 통해 한층 높아졌다.

3. 지역 경쟁: 전쟁

고대 근동의 강대국들은 서로 외교적 서신과 선물을 교환하였지만 동시에 끊임없는 경쟁 관계였다. 때때로 이웃 국가의 영역에 자신의 영토적 영향력을 확대하려 하였다. 이집트나 히타이트 왕의 석비들에 수록된 공식 비문은 전쟁과 매우 큰 관련이 있다. 많은 왕들의 업적이 일련의 군사적 원정의 형태로 그려진다. 그러나 다른 지역 왕들의 비문에서 전쟁에 대한 주제는 약간 후대에 발전된다. 아시리아에서 군사 원정을 자세히 기록하는 관습은 1300년경에야 시작되었고 바빌로니아에서는 언제나 전쟁이 건축 업적에 가려 주의를 끌지 못했다. 이 시대에 근동 지역에 군사적 분쟁이 있었다는 사실은 다른 자

---

6   Gary Beckman, *Hittite Diplomatic Texts*, 106.

료를 통해서도 추론 가능하다. 당시의 전쟁은 두 가지 방법으로 발생했다.

한 강대국이 다른 강대국의 속국을 침입하거나 강대국들이 직접 대결하기도 하였다. 전자의 형태는 시리아-팔레스타인 지역에서 가장 자주 발생한 군사적 분쟁 형태였다. 초기에 이집트와 미타니가 시리아-팔레스타인 지역을 놓고 경쟁하였다. 1340년 이후에는 이집트와 하티가 그 지역을 놓고 경쟁하였다. 비록 이집트의 파라오들이 레반트 지역은 물론, 유프라테스강까지 멀리 원정했다고 주장하지만 그들은 작은 나라들의 군대만을 상대하였다. 이렇게 하여 이집트는 1400년이 되면 우가릿까지 통치 영역을 확장하였다. 이때 우가릿은 이집트의 속국이 된다. 아마르나 편지들은 히타이트인들이 이집트에 넘어가 작은 국가들을 자기 편으로 다시 데려오려고 얼마나 노력했는지를 보여준다. 시리아 왕들은 끊임없이 파라오에게 편지를 써 이웃 나라 왕들이 히타이트 앞잡이 노릇을 하며 자신들에게도 이집트를 배반하라고 종용한다고 불평하였다. 비록 이런 불평들이 세금을 내지 않은 것을 무마하기 위한 것이기도 했지만 히타이트가 북서시리아로 큰 전쟁 없이 세력을 점진적으로 확장했음은 의심할 여지가 없다. 1300년이 되면 히타이트는 카데스까지 자신의 속국들을 확장하였다. 이때 우가릿과 같은 나라도 히타이트의 완전한 영향권 아래 놓이게 된다.

근동의 다른 지역에서도 강대국 사이의 완충지역이 없어지자 그들 사이의 직접 대결로 이어졌다. 아시리아와 바빌로니아는 몇 차례 국경 전쟁을 하였다. 그러나 한 쪽이 다른 쪽을 병합하려든가 완전히 멸절시키려는 시도는 없었다. 이 시대에 독립을 잃은 유일한 나라는 미타니(Mittani)였다. 처음에 북시리아에서 두각을 나타내던 미타니는 숩필룰리우마 1세(Suppiluliuma I, 즉위 1344-1322)가 이끄는 히타이트에 의해 영토가 크게 축소되었으나 국가는 존립은 유지하였다. 13세기 초에 히타이트와 이집트 사이에 속국을 통한 대리전 구도가 깨지고 그들 군대의 직접적인 충돌이 일어났다. 가장 유명한 것이 1274년에 일어난 카데스 전투다. 이집트인들은 카데스 전투를 두 엄청난 군대 사이에 벌어진 중요한 대결로 묘사한다.

람세스 2세는 무와탈리가 47,500명의 병력으로 공격했으며 두 왕이 모두 각자의 군대를 지휘했다고 주장한다. 그 전면전은 하티가 이집트가 다스리던 지역을 침공하면서 시작되었다. 그 지역은 히타이트 왕이 이끄는 군대가 아니면 정복할 수 없는 지역이었다. 이집트는 이 전투에서 패배하였고 후에 람세스 2세는 이집트 통제 지역을 남부 팔레스타인으로 제한하였다. 그곳에 그는 강하고 요새화된 국경을 건설했다. 따라서 국지전의 양상을 띤 이 전쟁은 그 지역의 특징적 체제를 파괴하려는 것이 아니라 그 지역의 다양한 국가들 사이의 힘의 관계를 재조정하려는 것 같다. 나라들은 여전히 서로의 존재를 용인하고 존중하였다. 13세기 후반에 가서야 비로소 이 국제 질서가 붕괴되기 시작한다. 경쟁의 규칙들과 전쟁의 목적이 변화한다. 그것은 다음 장에서 논의하도록 하자.

시리아-팔레스타인 지역의 '작은 왕'들은 그들의 종주왕들처럼 전쟁에 적극적으로 가담하였다. 처음에 그들은 강대국들의 공격과 병합을 견뎌내지만, 한 번 패배하여 속국이 되면, 종주왕들이 다른 일로 바쁠 때 지역 문제를 놓고 속국끼리 싸우곤 했다(아마르나 편지가 이를 잘 증거한다). 이와 같은 끊임없는 국지전은 모든 나라로 하여금 상당한 자원을 군대에 할애하도록 하였다. 그리고 군대는 사회에서 보다 큰 역할을 하게 되었다. 전쟁의 기술이 제2천년기 초 이후에 근본적으로 변했다. 모든 군대는 이제 말이 이끄는 전차병들로 적들을 향해 빨리 나아가서 활을 쏘았다(그림 7.2). 그 장비는 비쌌지만 매우 효과적이었고 모든 사람이 그것에 적응했다. 전차병들과 전사들은 훈련을 받아야 했고 특별한 지위를 얻었다. 그들은 군대의 엘리트가 되었다. 예를 들어, 미타니 사회에서 그들은 귀족과 같은 대우를 받았다. 모든 국가에서 군대에서 경력을 쌓은 남자들은 정치적으로 출세하였다. 비록 고대 근동 역사에서 그 이전 혹은 이후 시대가 실제적으로 더욱 평화스러웠다고 말할 수는 없지만 제2천년기 후반의 고대 근동은 군대들이 이동한 지리적 거리의 관점에서 두드러진다. 아울러 어느 한 나라가 다른 나라들 위에 군림하지 않았다는 점도 이 시대의 특징이다. 그럼에도 불구하고 군국주의는 당시의 시대 정신이었다.

그림 7.2 한 마차의 모습. 이집트 테베. 후기 청동기 진입 몇 세기 전에 모든 군대는 가장 중요한 전투력 요소 중 하나인 마차를 갖추게 되었다. 여기에 보인 장면은 히타이트인들과 이집트인들 간에 일어난 카데쉬 전투의 한 장면을 보여준다. 다양한 마차들이 전선을 향하고 있다. 두 마리의 말이 한 마차를 끌고, 세명의 사람-운전자, 방패 든 자, 전투사-이 마차에 서 있다. 라메세움, 테베, 이집트. 출판 허가: akg images/Album/Prisma.

4. 공동 이념과 사회 조직

당시 근동 국가들의 왕들은 그들이 근동 지역 전체를 아우르는 공동의 체제에 속했음을 온전히 인지하고 있었다. 이것은 그들이 외교와 군사적인 측면에서 교섭한 방법을 보면 확실해진다. 그들은 그들 사회 내부의 사회 구조와 그곳에 사는 대다수 사람들의 역할에 대한 이념도 공유하였다. 정치 조직은 나라마다 달랐지만 그들 모두에는 소수 엘리트들과 대다수 대중 사이에 재물과 권력의 엄청난 격차가 있었다. 국제적 엘리트 계급도 등장했다.

그들은 국내의 아랫 계급의 사람들보다 외국의 엘리트들과 더 많은 공통점을 가졌다. 그들은 유례없는 부의 축적을 이루었고 동시에 다른 도시, 도시 내의 다른 지역에 거주함으로 나머지 사람들과 거리를 두려하였다. 이 시대 근동의 어느 지역에서나 대규모 건축 사업과 예술 활동을 볼 수 있었다. 이 시대는 고대 역사에서 가장 인상적인 건물들을 생산한 시대이다. 이집트가 아마 가장 분명한 예를 제공하는 것 같다. 큰 피라미드를 제외하면 이집트의 거의 모든 무덤들과 신전들은 이 시대에 건축된 것들이다. 왕의 무덤들은 엄청난 보물들로 가득찼다. 투탄카문(Tuthankhamun)의 무덤에서 출토된 엄청난 장례 용품들은 단지 미성년인 왕을 위한 것이었다. 근동의 다른 지역도 사정은 마찬가지다. 그 지역의 다른 지역 심지어 시리아 팔레스틴의 소왕국들도 마찬가지이다. 예를 들어, 중부 시리아에 있는 콰트나에서 최근 발굴에서 왕궁 아래에 있는 무덤이 드러났다. 지하 12미터에 이르는 경사로에 방들이 있다. 이 곳에는 적어도 19명에서 23명의 남녀의 뼈를 담고 있다. 이들은 금 상아 준보석류(semi-precious stones) 등 많은 양의 사치품들과 음식과 음료가 담긴 용기들을 받았다. 이것들은 죽은 자들을 숭배하는 것이 존재했음을 보여준다(그림 7.3). 또한 미케네 그리스의 유물들에는 거대한 요새와 호화스런 무덤들이 있다.

이 시대 근동의 공통된 특징은 이 공공 건물들이 도시 안에서 명확하게 구별되고 관리되는 지역에 위치한다는 것이다. 심지어 도시 전체가 왕의 주거 기능을 하기도 하였다. 하투사는 난공불락의 바위 위에 건설되었고, 왕궁은 그 안에서도 높은 요새에 위치하였다(그림 7.4). 미케네와 티린스에 있는 미케네 왕들의 궁전들도 거대한 돌로 된 성벽으로 방어된 언덕 꼭대기에 건설되었다. 앗수르에서 벽으로 보호된 내부 도시(이 곳에 모든 왕궁과 신전이 위치함)는 도시의 다른 주거 지역과 분명하게 구별되었다. 다른 대중들과 구분하기를 원하는 지배 엘리트들은 자신들을 위한 새로운 수도를 건설하게 된 것이다. 이제 우리는 거의 모든 나라에서 새로운 도시들이 건설되는 것을 본다. 엘람의 알-운타스-나피리샤(Al-Untash-Napirisha), 바빌로니아의 두르-쿠리갈주(Dur-Kurigalzu), 아시리아의 카르-투쿨티-니누르타(Kar-Tukulti-Ninurta), 이집트의 페르-람메스(Per-Ramesse)와 아케타텐(Akhetaten)이 그 예다.

이 도시들의 이름을 보면 그들이 한 개인에 연결되었음을 알 수 있다. 마지막 경우를 제외하면 모든 도시 이름은 특정 왕의 이름을 딴 것이다. 아케타텐이라는 이름은 왕의 개인 수호신인 아텐이라는 신을 지칭하였다. 이들은 백성들을 위한 도시가 아니라 왕의 거처였다. 그들을 건설할 수 있는 능력(모두

그림 7.3 카트나(Qatna) 왕실 무덤에서 출토된 물품. 카트나 궁전 아래쪽에 있는 무덤의 발견물들은 수집된 2천년대 하반기 때 부유한 도시 고위층들의 전형적인 물품이다. 금, 청금석, 홍보석으로 만들어진 위 물품은 지름 6.9 센티미터의 크기로 높은 수준의 장인 기술을 보여준다. 26개의 잎은 각각 정교하게 만든 금으로 된 9개의 칸에 돌로 무늬를 새겼다. 출판 허가: Marc Steinmetz/VISUM Foto.

가 상당한 규모임)은 왕이 가진 부를 증명해준다. 심리적으로 그 도시는 지배 엘리트들을 백성으로부터 구분하려는 의도를 반영한다. 이 도시에서 새로운 관료 계층, 즉 사회적 지위가 가족 관계보다 왕에게 전적으로 의존하는 계층이 창출되었을 것이다. 그러나 전통 가문들의 저항도 만만치 않았다. 아케타텐은 그 도시를 건설한 왕이 죽자 곧 버려졌다. 알-운타스-나피리샤와 카르-투쿨티-니누르타도 왕이 죽자 그 중요성이 감소되었다. 후자는 아케타텐처럼 곧바로 버려지지는 않았고 그 후 몇 세기 동안 계속 존립하였다.

그 도시들, 궁전들, 신전들은 모두 화려하게 장식되었다. 아마르나 편지에 종종 등장하는 금에 대한 요청은 그와 같은 화려한 장식을 위해 금이 필요했기 때문이었을 것이다. 이런 의미에서 왕들은 다른 나라에서 온 사신들이나 방문객들을 놀라게 하기 위해 경쟁했던 것 같다. 때때로 '국제적' 스타일이라고 불릴 수 있는 것이 당시 몇몇 예술 작품에서 발달하였다. 나라들의 상층 문화는 지역 전통과 외국 영향이 혼합되어 형성되었다. 아마 엘리트들은 그들끼리만의 삶의 방식을 추구함으로써 다른 일반인들과 차별을 두려하였던 것 같다. 그들은 오히려 다른 나라의 엘리트들과는 그다지 삶의 방식에 있어 차이

그림 7.4 하투사(Hattusa)의 성문. 하투사의 상부 도시의 입구 중 하나는 성문 통행로에 놓인 하나의 큰 돌에 보호 동물을 새긴 것을 따라 불린 이른바 사자 성문이다. 원래는 두 개의 직사각형 망대가 이것들 옆에 서 있었고 무거운 나무로 된 성문들이 도시로의 진입을 통제하였다. 출판 허가: The Art Archive/Collection Dagli Orti.

가 없었던 것 같다. 이런 문화적 수입은 오늘날 우리가 고고학 기록에서 확인할 수 있는 물질에만 국한된 것이 아니었다. 옷, 음식, 향수, 약품 등과 같은 물건도 고고학 자료로 남아있지 않지만 당시 수입품들에 포함되었을 것이다.

언어는 어떠했을까?

주후 18세기의 유럽 엘리트들이 불어로만 대화했던 것처럼 주전 14세기의 고대 근동의 엘리트들은 그들의 바빌로니아어 실력을 뽐냈을 수도 있다. 그들이 특별히 바빌로니아어에 능통했기 때문이 아니라 그들의 사회적 정체성을 증명하기 위해서였을 것이다. 당시 왕실의 서기관들이 외교 편지 작성을 위해 다양한 수준의 바빌로니아어를 사용했음을 잘 알고 있다. 그러나 우리는 서기관들의 언어 능력을 공리주의적 입장에서만 바라보았던 것 같다. 하투사, 에마르, 우가릿, 아케타텐에서 발굴된 토판 가운데는 몇 점의 아카드 문학도 있었다. 길가메시 서사시의 토판의 일부가 팔레스타인의 므깃도(Megiddo)에서 발견되었다. 당시 수많은 장소에서 아카드어가 단지 실용적인 목적으로 사용된 것이 아니라는 증거가 발견되고 있다. 우리는 누가 그런 문학 문서를 만들고 소비했는지 확인할 수 없지만 그것들의 존재는 외국어를 사용하고 그 문학을 즐기는 것이 유용하다고 느낀 계층이 그 사회에 존재했음을 보여준다.

문서 7.2 고대 근동의 바빌로니아 문학

제2천년기 후반에 근동의 엘리트들은 바빌로니아 문학에 근본적으로 영향받은 문학 전통을 소유하였다. 당시 모든 황실에서는 바빌로니아어로 쓰인 문학들을 담은 토판들이 있었다. 내용은 지방색에 맞추어 각색되었다. 다음의 본문은 슈페-아멜리라는 바빌로니아 이름을 가진 사람이 그의 아들에게 준 조언집에서 발췌한 것이다. 이 문서는 시리아의 에마르와 우가릿 그리고 히타이트 제국의 수도인 하투사에서 다양한 사본으로 발견되었다. 하투사에서 발견된 사본은 일부 히타이트어 번역을 첨가하였다. 이 문서는 바빌로니아에서 발견되지는 않지만 제3천년기부터 시작된 바빌로니아 지역의 문화 전통과 잘 들어 맞는다.

네가 관심있는 여인에게 마음을 열지 마라. 그녀가 씨름하고 공격해도 마음을 닫아라. 너의 선물을 견고한 방에 보관해라.

너의 아내가 너의 지갑에 무엇이 있는지 알게 하지 마라. 우리 앞에 사신 분들이 이것을 세워놓았다.

우리의 선조들이 수입을 신들과만 나누었다.

그들은 대못을 박고, 문고리를 곧게한 후 진흙을 발랐다(문을 단단히 잠갔다). 너의 문고리에 자물쇠를 두어라.

문고리를 두르고 너의 집을 보호하라.

너의 열쇠가 너의 재산에 이르는 유일한 길이 되게 하라. 네가 무엇을 보든지 그냥 두어라.

필요할 때만 소비하라.

번역 출처: St. Seminara, 'Le Istruzioni di Shupê-ameli,' *Ugarit Forschungen* 32(2000), 503-5, and Benjamine R. Foster, *Before the Muses*, third edition(Bethesda: CDL Press, 2005), 418.

문서 기록은 엄격한 사회 계급이 존재했음을 보여준다. 기록을 통해 확인할 수 있는 계층은 두 가지다. 궁에서 일하는 사람들과 마을 공동체의 대중들이 있었다. 고대 근동 사회에서 우리는 생산 수단이나 부의 여부에 따른 획일적인 사회 계층을 논할 수 없다. 궁에서 일하던 사람은 '자유인'이 아니었고, 땅을 소유한 것도 아니었지만 부를 사회 계급의 척도로 삼는다면 그들은 마을의 자유인보다 훨씬 여유로운 사람들이었다. 사회 계급적 분화가 가장 심하게 나타난 곳은 왕궁 내부 사회였다. 왕궁 서열의 가장 아래에는 왕실 토지를 경작하는 노동자들이 있었다. 궁내의 지위가 궁에서 하는 자신의 역할에 의존했기 때문에 특별한 기술이 있는 사람은 보다 높은 서열을 인정받았다.

따라서 특수 장인, 서기, 제사 관리, 행정관들은 모두 특별한 지위를 가졌다. 오랫 동안 군사 엘리트들은 궁내의 서열 최상위를 차지했다. 사회에서 전차를 모는 군인은 매우 높게 평가되었고 높은 봉급도 수령했다. 시리아-팔레스타인 지역에서는 전차를 다루는 군인들이 마리야누(mariyannu)라고 불렸는데 그 용어는 일부 사회에서 엘리트를 지칭하는 일반 용어가 되었다. 궁에서 일하는 사람들에게 수요되는 보상은 여러 가지 형태였다. 낮은 서열의 노동자들에게는 배급이 주어졌고, 높은 서열의 사람들에게는 토지 사용권이나 은과 같은 것이 주어졌다. 땅은 노동에 대한 대가로 주어지는 것이기 때문에 그 토지의 사용권은 가족이 아니라 개인 단위로 부여되었다. 후에 군사 엘리트들은 그 토지 사용권을 세습 가능하게 만들려 하였고 그 토지 사용료를 노동이 아니라 은으로 지불하려 하였다.

자유인이라고 해서 완전히 정부의 통제 밖에 있었던 것은 아니다. 그들도 세금을 내야했고 필요하다면 강제 노동에도 참여했다. 그러나 그들은 자신의 토지(개인 소유가 아닌 공동체 소유이지만)를 가졌고 그 토지에서 가난하지만 생계를 꾸려갔다. 왕궁은 그들의 생활을 간접적으로 지원했다. 메소포타미아와 이집트의 관계 농업 사회에서는 왕실이 운하 시스템을 유지해주었다. 다른 지역에서는 다른 사회 간접 시설을 왕궁이 운영하였을 것이다. 사회 내의 자유의 범위는 국가마다 다르기 때문에 한 마디로 정의하기 어렵다.

사회적 서열의 관점에서 왕궁 내 소작농과 함께 마을의 자작농들은 서열의 맨 밑바닥에 있었다. 그들 노동의 많은 부분과 그들이 생산한 수확은 서열상 높은 사람들이 자신의 몫으로 챙겨갔다. 원래 엘리트들은 '부'를 생산하는 사람이 아니었다. 그들의 부의 일부는 외국 원정을 통해 축적되었다. 이집트의 경우 금광을 가진 누비아 원정을 통해 부가 축적되었다. 그러나 각 사회에서 생산자 대중이 어려움을 겪었음은 틀림없다. 왕들은 제2천년기 초반처럼 사회적 균형을 회복할 의무를 느끼지 못했다. 따라서 빚에 의한 강제 노동이 엄청나게 증가했다. 개인들과 가족들은 이 시스템에서 쉼을 얻지 못했다.

결과적으로 많은 사람들이 마을을 탈출하였고 국가의 통제가 닿지 않는 지역으로 도망쳐갔다. 그들은 산이나 사막과 같은 외지에서 그룹을 형성했고 자신들의 주인을 피해 정치적 국경을 넘나들었다. 이런 사회적 형국은 왜 당시 국제 조약에서 범죄자들의 송환 규정이 그렇게 중요했는지를 설명한다. 결국 국가들은 노동력의 손실을 최소화하려 했다. 이런 사회적 부식은 당시 체제가 붕괴한 주요 이유 중 하나였을 것이다. 이것에 대해서는 나중에 논의하기로 하자.

토론 7.1 지중해 동쪽 지역 후기 청동기 시대 역사 표준화

만약 한 지역의 연대를 세우는 작업이 복잡한 것이라 한다면(토론 1.1 참조), 2천년대 하반기 지중해 동쪽 지역의 모든 문화들의 자료들을 하나의 일관성 있는 체계로 통합하는 것은 더 큰 어려움이다. 그러나 국제적 관계가 그 시대의 요점이며, 우리가 만약 다른 지역의 역사에서 동시대에 무슨 일이 일어났는지 안다면 그것을 정확히 이해할 수 있기에 그 작업은 필요하다. 모든 문화의 절대 연대의 모든 문제가 해결된다고 말하지만 상황은 그 반대이다. 다양한 자료들과 문화의 정보는 조화가 안되는 것처럼 여겨지는 해결책을 주고 있다. 몇 개의 연구 프로젝트와 학회 모임은 그 주제에 대하여 다루었지만(예를 들어, Bietak 2000-7), 의견들은 여전히 분분한 채 남아 있다. 그 논의들은 매우 기술적인 것이며 종종 분명치 않은 용어를 사용하며(예를 들어, 저연대, 수정된 저연대), 규칙적으로 비전문가들을 어리둥절하게 만든다.

문서 자료의 증거는 거의 독점적으로 아시리아, 바빌로니아, 이집트에서 나온 것으로 고대 왕 목록은 1천년대 시기에, 좀 더 확실한 연대와 연결시킬 수 있는 연속성을 제공한다. 그러한 정보는 1200년 이후 존재하지 않았던 하티와 미타니와 같은 중요한 국가들에서 찾아볼 수 없다. 다행히, 우리는 상호 간 외교 문서와 조약에 기초하여 다양한 역사 간의 동시대적 연대를 세울 수 있다. 예를 들어, 바빌론의 부르나부리야쉬 2세와 이집트 아케나텐이 상호 간에 아마르나 서신들을 교환하였기에 우리는 이들의 통치가 중첩됨을 알 수 있다. 우리는 람세스 2세가 하티의 무와탈리 2세와 카데쉬에서 전투를 행하였고, 15년 이후 그는 후계자 하투실리 3세와 평화조약을 맺었음을 알고 있다. 그러한 다른 동시대 역사는 존재한다. 문서 증거에 기초하는 학자들은 저연대를 지지하는 경향을 보여준다(연구사로 Kitchen 2007을 보라).

과학자들은 그 논쟁에 많은 기여를 하였으며 좀 더 확실한 것처럼 보여지는 방사성동위원소 탄소 14, 연륜연대학(나무 나이테 형태로 나무의 수명을 측정), 아이슬랜드의 빙하 연구 등과 같은 자료에 의존할 수 있다. 하나의 주요한 자연 사건이 2천년대 에게 지역에서 발생하였다. 데라(현대의 산토리니)의 화산섬의 분출. 이것은 쓰나미를 일으켜 해변 거주지들을 파괴시켰고 공기중으로 많은 양의 화산재를 내뿜어 아이스랜드의 빙하 중심에 그 흔적을 남겼다. 이 사건은 절대 연대에서 자료로 삼아야할 만한 것이며 고고학자들에게 특별히 에게 지역에 상세히 설명이 되는 그들의 토기 연속성의 연대를 설립하는데 기준점을 제공한다. 데라의 발견물들은 화산분출이 고고학적으로 소위 후기 미노안 제1기 초기 시대에 일어났음을 보여주며, 에개인들이 많은 그릇들을 레반트와 이집트 지역에서 수출하였기 때문에, 그것은 다른 문화에도 연대 정보가 제공되어야 한다. 많은 복잡함이 존재하지만(이에 대하여 Wiener 2007을 보라), 이 증거는 문서를 통한 증거가 제안하는 저연대(Manning 1999; Manning et al. 2006)보다 100년 더 이른 17세기 후반에 이 분출이 일어났을 것으로 보여지는 고연대를 지지하고 있다.

이 논쟁은 교착상태에 빠진 것처럼 보인다(Wiener 2003). 어느 누군가 이 퍼즐의 한 조각을 바꾸려고 할 때 그것은 전체 구조에 영향을 미쳐 매우 다른 역사적 재건을 필요로 한다. 예를 들어, 우리가 만약 바빌론의 멸망이 1499년에 일어난 것으로 설정하여 메소포타미아 역사의 극저연대를 받아들인다면(Gasche et al. 1998), 그것과 알렙포 약탈을 야기시켰던 히타이트인들의 습격은 이집트인들이 시리아 북쪽 지역에 군사 행동을 행하였던 때와 동시대에 일어났을 것이다.

그렇다면 미타니 국가의 등장은 이 시나리오에 어떻게 부합할 수 있는가?

또 다른 극단적 입장에서, 만약 데라 분출이 이집트의 신왕국 초기에 일어났고 따라서 그 시대의 시작을 1650년까지 끌어올린다면(Bietak 2003), 우리는 이후 시대에 바빌로니아와 아시리아와 동시대성을 어떻게 설명할 수 있는가?

제2천년기 후반의 서부 국가들

3000	2500	2000	1500	1000	500	

1500년경	미타니의 파랏타르나가 북시리아와 북메소포타미아를 다스림
1344-1322	하티의 숩필룰리우마의 통치
1325년경	아무루의 아지루가 동맹을 이집트에서 하티로 바꿈
1267	하투실리 3세가 히타이트 왕위를 찬탈함
1259	하투실리 3세와 이집트의 람세스 2세 사이의 평화 조약

제2천년기 후반, 근동의 국제 질서를 형성했던 국가들은 나름의 역사를 가졌고 그 개별 역사들은 각 국내 자료들에 근거해 대개 서술할 수 있다. 이 시기의 놀라운 점 중의 하나는 역사에 대한 정보가 동시에 많은 장소에서 발견된다는 사실이다. 지방 역사들은 대개 다른 나라와의 관계에 의해 결정된다. 이것은 군국주의가 당시의 주요 특징이었음을 상기하면 더욱 그렇다. 그러나 국내적 요소도 매우 중요하다. 그래서 국가들이 각각 독특한 생태 환경에 자리잡고, 다양한 언어를 사용하며, 다양한 문화와 종교적 견해를 가진 다른 인구들로 구성되었다는 사실도 역사 연구에 중요하다. 이 장에서는 이 국가들 중 근동의 서쪽 지방에 있는 몇몇 국가의 역사를 다룰 것이다. 다음 장에서는 동쪽 국가들의 역사를 기술할 것이다.

1. 미타니

미타니의 정치 역사는 다른 이웃 강대국들의 역사보다 훨씬 기술하기 어렵다. 그 이유는 미타니에서는 정부 발행 문서가 발견되지 않았기 때문이다. 이집트, 히타이트, 아시리아에서 발견된 문서들이 우리의 일차자료이다. 우리는 이것을 미타니의 속국에서 나온 법률, 행정 문서들로 보충할 수 있을 것이다. 우리가 서술하려는 국가는 여러 가지 이름으로 알려졌다. 토속 이름은 마이타니(Maittani)였으나 후대에 팔리세트인과 히타이트 지방의 문서에서 미타니(Mittani)라는 이름이 발견되었다. 동시에 미타니 문서와 아시리아, 바빌로니아 그리고 하티에서 발견된 문서에서는 하니갈밧(Hanigalbat)이라는 이름이 사용되었다. 그리고 히타이트 문서에서는 '후리안 사람들의 땅'으로 지칭되었다. 반면에 이집트인들은 나리나(Nahrina)라는 이름을 사용하였다. 이와 같은 용어의 다양성은 그 국가를 정체로 지칭하는가(미타니, 하니갈밧), 아니면 주민들의 인종으로 지칭하는가(후리안 사람들), 또 아니면 유프라테스강에 위치한 지리적 환경을 지칭하는가(나리나)에 따른 것 같다.

미타니의 중심은 유프라테스강이 굽어지는 지역과 티그리스강 사이의 북시리아 지역이었다. 전성기 때에 미타니는 티그리스강 동쪽 지역, 아나톨리아의 남부 해안을 영토로 편입하였다. 남쪽으로는 유프라테스 중류 계곡을 따라 세력을 형성했으며 바빌로니아와 직접 국경을 접했을 가능성도 있다. 미타니가 북쪽으로 어디까지 진출했는가는 현재 확인할 수 없다. 미타니의 수도는 와슈 칸니(Washukanni)였다. 이 도시는 고고학적으로 아직 확인되지 않고 있다. 그러나 하부르강의 수원에 이르는 북시리아 근처에 위치했던 것으로 추정된다.

미타니의 초기 역사 연구의 또 하나의 어려움은 불확실한 연대이다. 모든 미타니 왕들의 재위 연대는 정확히 알려지지 않았으며 그것은 미타니에서는 왕명록이 발견되지 않았기 때문이다. 아울러 미타니가 역사상 언제 처 음 등장하는지도 정확하게 알 수 없다. 미타니에 대한 가장 오래된 언급은 이집트의 18왕조의 기록에서다. 이집트 제18왕조의 왕들의 원정은 여러 명의 미타

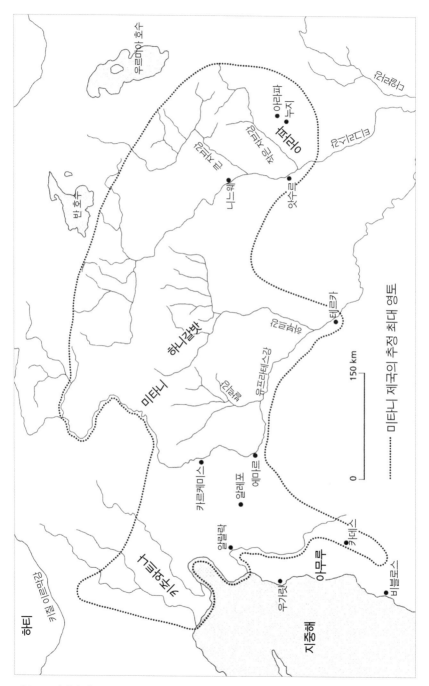

지도 8.1 미타니 제국
출처: Volkert Haas, ed. *Hurriter und Hurritisch*(Konstanz: Universitätverlag, 1988), 295

니 왕들과 연계될 수 있다. 따라서 미타니 역사를 이집트 역사와 비교할 수 있는 기준점이 없는 것이다. 미타니의 초기 역사는 신비로 남는다. 우리가 잘 알듯이 18세기의 북시리아는 수많은 후리안 사람들로 이루어진 작은 왕국들로 형성되었다. 또한, 우리는 15세기 초가 되면 미타니 왕은 상당한 힘을 가지게 됨도 안다.

그러면 어떻게 언제 작은 국가들이 미타니라는 강국으로 발전했는가?

이것이 미스테리다. 히타이트가 알레포를 멸망시킴으로서 생긴 힘의 공백이 미타니와 같은 새로운 국가가 발전하도록 도왔는지도 모른다. 확실한 것은 15세기 전반부까지 미타니 왕 파랏타르나는 종주 왕으로 서쪽 지역의 키주와트나, 동쪽의 누지, 남쪽의 테르카를 포함한 지역을 제어했다는 것이다. 그의 나라는 서부 아시아에서 가장 힘이 셌으며 15세기 초반의 이집트 확장 정책의 유일한 장애물이었다. 미타니는 종속 왕을 통해 몇몇 지역들을 통치했다. 종속 왕들은 미타니 왕에게 충성을 맹세했다. 이것은 남서 아나톨리아의 알라락에서 발견된 자서전적 비문에서 가장 분명히 드러난다. 그 비문에서 지방 왕이었던 이드리미(Idrimi)는 그가 알라락에서 어떻게 권력을 잡게 되었는지 기술한다(그림 8.1). 무슨 이유인지 모르지만 아드리미는 그의 형제와 함께 고향인 알라락을 떠나 유프라테스강가에 위치한 에마르로 도망해야 했다. 그곳에서 종으로 불행한 삶을 산 이드리미는 에마르를 떠나 이번에는 가나안의 외지에서 방랑하게 된다. 그곳에서 그는 하비루(habiru) 전사들의 우두머리, 즉 사회에서 소외된 반 유목민들의 우두머리가 되었다(토론 8.1 참조).

이들의 힘을 배경으로 이드리미는 알라락과 그 주변 지역을 탈환한다. 그때 그는 미타니 왕인 파랏타르나를 만나게 되는데 파랏타르나는 알랄락에 대한 이드리미의 권리를 인정하고 그를 자신의 속국 왕으로 삼았다. 비문의 본문은 미타니 왕이 아나톨리아 남서 지방의 패권국이었음을 보여주고 어떻게 그가 그의 종속 왕이 된 지방 통치자들을 통해 지역을 제어하였는지도 보여준다.

북시리아에 대한 미타니의 패권은 14세기 중반까지 계속되었다. 북시리아에 주기적으로 원정했던 제18왕조의 이집트 왕들은 미타니를 무서운 적으로

그림 8.1 이드리미 왕 석상. 이 석상은 1939년 알라라흐에서 발굴되었고 16세기의 것으로 알려졌다. 이 석상 대부분에 걸쳐 잘못된 바빌로니아 쐐기 문자로 쓰인 긴 비문은 이드리미 왕이 알렙포를 떠난 이후 그곳에서 권력을 잡게 되었고 하비루 세력을 사용하여 지배력을 갖게 되었는지를 묘사하고 있다. 대영 박물관, 런던, 높이 104cm. 출판 허가: © The Trustees of the British Museum.

언급한다. 이집트는 일련의 속국들을 통해 해안 지방을 통제하려고 하였다. 반면 미타니는 그 지역의 속국들의 반란을 지원하였다. 이처럼 미타니와 이집트 사이의 갈등은 직접적이지는 않았다. 초반의 이런 적대 관계는 아멘호텝 2세(재위기간 1426-1400)부터 반전하여 이집트는 미타니와 당시의 미타니 왕 사우스타타르(Saustatar)를 동맹국으로 인정하기 시작한다. 그후 곧 아마르나 편지가 증언하는 비교적 짧은 기간, 1365-1335년 동안 미타니는 수많은 내부적 외부적 환란에 부딪친다. 내부적으로는 두 왕족 계파가 왕위를 놓고 경쟁하였고 각 계파는 자신의 정당성을 외국의 황실로부터 인정받으려 하였다. 이집트 왕 아멘호텝 3세(재위기간 1390-1353)와 편지로 왕래한 투스라타(Tushratta)가 그의 형이 죽음으로써 왕위에 올랐다. 처음에 이집트는 이런 상황을 불쾌히 여겼다. 투스라타가 그의 형의 살인자를 처형한 후에야 이집트는 미타니와의 외교 관계를 회복하였다. 이집트와 미타니는 투스라타의 딸과 아멘호텝 3세 사이의 결혼을 논의하기도 하였다.

그러나 투스라타의 재위 기간에 또 하나의 형제인 아르타타마(Artatama)가 히타이트의 지지를 등에 업고 또 하나의 왕국을 건설하였다. 후대의 히타이트 조약 문서는 그 지역에 두 개의 미타니 왕국의 존재를 묘사한다. 하나는 투스라타가 지배하는 것이고 다른 하나의 후리안 사람들의 국가는 아르타타마가 지배하였다. 후자가 정말 독립적 국가였다면 아마 북동 시리아에 자리잡았을 것이다. 아르타타마의 아들인 슈타르나 3세는 투스라타를 죽인 인물이었을 가능성이 있다. 그리고 그는 국가 동맹을 하티로부터 새롭게 떠오르는 국가인 아시리아로 옮겼다. 이것은 히타이트 왕 숩필룰리우마의 진노를 촉발시켰고 숩필룰리우마는 수년 동안 미타니의 땅을 침공하고 대부분의 서부 시리아 속국들을 빼앗았다. 하타이트는 투스라타의 아들인 킬리-테숩(Kili-Teshub)의 정당성을 인정하였다(킬리-테숩이 히타이트의 도움을 구했을 것이다).

숩필룰리우마는 킬리-테숩을 샤티와자(Shattiwaza)의 통치 아래 있던 미타니의 왕위에 앉히고 자신의 딸과 결혼시켰다. 물론 킬리-테숩은 히타이트의 속국 왕이 된다. 이때 작성된 조약 문서는 킬리-테숩이 하티의 왕에게 이행해야 할 의무사항들을 담고 있다. 이렇게 하여 미타니의 서쪽 지방은 히타이트의 통치 아래 놓였으며 동쪽 지방은 아시리아가 장악하게 된다. 이집트는 이 문제에 전혀 개입하지 않았다. 아마 그 이유는 이집트가 북서 시리아에 대한 제어력을 잃었기 때문일 것이다. 1365-1335년 동안 미타니는 지역의 패권국에서 히타이트의 속국으로 전락하였다.

히타이트는 미타니의 한 부분이 국가로서 명맥을 유지할 수 있게 해 주었다. 샤티와자의 후손이 왕위를 차지하였다. 아시리아인들은 숩필룰리우마가 죽자 히타이트가 약해진 틈을 타 미타니에 압력을 가했다. 미타니의 핵심 지역이 아닷-니라리(Adad-nirari) 1세와 살마네저(Shalmaneser) 1세의 지도 아래 조금씩 아시리아의 영토에 편입되었다. 그들은 지방 왕조를 유지시켰지만 왕들이 속국 왕이 되도록 강요하였다. 아시리아인들이 언제나 하니갈밧으로 부르던 미타니의 남은 자들은 정기적으로 아시리아인에 저항하였고 이때 히타이트와 아람의 도움을 구했다. 아람인들은 북시리아에 새롭게 등장한 민족으로 후에 역사적으로 매우 중요한 민족이 된다. 미타니의 저항은 성공적이지 못했다. 아시리아인들은 유프라테스강의 서쪽 둑까지 이르는 미타니 영토 전역에 행정 도시들을 건설하였다. 강 동쪽 둑에는 히타이트의 요새들이 아시리아와 대치하였다. 그 행정 도시들은 무역과 군대 움직임을 제어하기 위한 전략적 요충 지역에 건설되었다. 아시리아의 마지막 대왕 투쿨티-나누르타 (Tukulti-Ninurta, 재위 1243-1207)가 죽은 시점은 1200년경에 근동 서부 지역을 강타했던 대혼란과 일치했다. 미타니 지역에 국가가 완전히 사라진 것은 바로 이 현상과 관련있는 듯하다.

미타니 사회에 대한 연구는 미나티 본토 밖의 도시에서 발견된 문서들에 근거해야 한다. 서쪽 끝에 있는 알라락과 동쪽 끝에 위치한 누지에서 발견된 문서들은 미타니 사회의 모습을 보여준다. 미타니의 초기 역사, 즉 15세기에 이 두 도시는 토속 왕조가 다스렸으며 그 왕들은 미타니 왕들의 영향 아래 있었다. 알랄락은 아드리미의 후손들이 계속해서 다스렸다. 누지는 미타니의 종속 왕이었던 아라파(Arrapha)의 왕에게 속한 '시장'이 다스렸다. 그러나 누지에는 큰 중앙 건물이 있었고 누지 문서에 따르면 그것은 '왕궁'이었다. 알라락과 누지에서 발견된 문서들에 따르면 미타니는 왕이 직접 다스리는 느슨한 정치 조직을 가졌고 왕은 정기적으로 종속 왕들과 조약을 체결하였다. 그러나 종속국의 내정에는 거의 간섭하지 않은 것 같다. 따라서 누지와 알라락의 상황을 전체 미타미 영토에 전형적인 것으로 간주해서는 안 된다. 그럼에도 불구하고 미타니 사회의 공통 특징들을 다음과 같이 정의할 수 있다.

미타니는 비에 의존하여 농사짓는 지역이었다. 마을 공동체는 매우 튼튼하였다. 왕궁들이 위치한 도심부는 이 농촌 마을들에 식량을 의존하였다. 그리고 앞서 이야기한대로 도심부와 농촌 사이의 관계는 착취적이었다. 지방 정부는 인구 조사를 통해 얼마의 세금과 역을 거둘 수 있는지를 계산하였다. 기록에 따르면 왕들은 도시 근로자와 농촌 자유인을 구분하였다. 도시 근로자는 마리야누(mariyannu)로 불리는 사람들이 다스렸다. 마리야누의 역할은 본래 전차 조종사들이었으나 일부 관습법을 남용하여 농업 자산에 대한 권리를 획득해 갔

다. 누지에서 대부분의 땅은 가족 공동 소유로 개인에게 매매될 수 없었다. 그
리고 땅의 소유는 아버지에서 아들에게만 이전될 수 있었다. 이것을 피해 토지
를 개인적으로 매매하기 위해 일부 도시 주민들은 수없이 다른 사람의 양자로
들어갔다. 그들은 마루투(mārūtu)로 불리는 양자-거래 계약서를 작성하였다. 그
계약서에 따르면 그들은 '선물'로 땅에 대한 사용권을 얻고 나중에 그 땅을 세
습하게 된다.

예를 들어, 테힙-틸라(Tehip-tilla)라는 사람은 50번 정도 양자로 들어갔다. 그
들의 양아버지들은 실제로는 그의 소작농이었다. 그는 소작농의 빚을 탕감해
주는 대가로 계약 노동을 얻었다. 결국 빚진 농부는 채권자를 양자로 삼고 그
에게 노동력을 제공함으로써 빚을 탕감받았다. 채권자는 채무자의 땅에 대
한 사용권과 상속권을 얻음과 동시에 채무자의 노동을 이용해 그 밭을 경작
할 수 있었다. 이것이 가능했던 이유는 당시의 많은 농부들이 상당한 빚에 시
달렸기 때문이다. 농부들이 돈을 빌릴 때 보통 50%의 이자를 지불했다. 제2천
년기 초반과는 달리 왕들이 이 채무자들의 빚을 탕감해주지 않았다. 아라파의
왕도 이런 관행을 이용해 노동력과 땅을 획득한 것으로 알려진다. 농부는 도
시 채권자에게 완전히 희생되었다. 도시 채권자들은 자신의 마음대로 채무 이
해 계약서를 작성해 채무자의 자산에 대한 통제권을 획득하였다.

히타이트 사람들은 미타니를 '후리안 사람들의 땅'이라고 불렀다. 실제로
미타니의 공식 언어 중 하나는 후리안어였다. 후리안어는 북시리아와 메소포
타미아에서 약 천 년 동안 사용되었지만 문서에는 거의 기록되지 않았다. 문
서를 작성하는 언어는 언제나 바빌로니아어였다. 제2천년기 후반을 포함하여
미타니 전체에서 발견된 행정, 법률 문서는 모두 메소포타미아 남부에서 유래
한 바빌로니아어로 작성되었다. 후리안어로 된 문서가 희귀한 것은 아마 미타
니의 수도인 와슈칸니(Washukanni)가 발굴은 커녕 아직 어디에 있는지조차 알
려지지 않았기 때문일 것이다. 투스라타가 후리안어로 쓴 긴 편지가 아마르나
문서 가운데 발견되었는데 그것은 미타니 왕이 후리안어를 쓸 수 있는 서기
관들을 데리고 있었음을 증거한다.

문서 8.1 후리안 문서들

후리안어로만 쓰인 문서는 우가릿, 에마르, 하투사에서 약간만 발견되었을 뿐이다. 따라서 그것은 제2천년기의 근동에서 사용된 후리안어에 대한 정확한 상황을 알려주지 못한다. 아나톨리아, 북부 시리아, 메소포타미아, 시리아 팔레스타인 지역의 넓은 지역에서 후리안어로 된 사람 이름(왕의 이름도 포함)이 많이 발견되었다. 후리안어가 일상 구어로 사용되었음은 후리안 어구나 용어를 자주 사용한 히타이트 문서의 여러 부분에서 확인할 수 있다. 이 현상은 제의 주례자가 후리안으로 말했던 것을 인용하는 제의 문서에서 종종 나타난다. 다음의 본문은 아주(AZU)라 고 불리는 제사장의 제의를 묘사하는 히타이트 토판에 실린 것이다.

이제 아주-제사장은 왼손으로 거위를 잡고 오른손으로는 번제 화로에서 삼나무를 든다. 그 다음에 기름을 물컵에 떨어뜨리고 여신 헤팟의 카트키샤(katkiša, 후리안 용어)를 행한다. 그는 삼나무를 물컵에 넣고 물컵을 들어 물을 여신을 향하여 붓는다. 후리안으로 다음과 같이 말한다.

'아세스 헤팟 슈우닙 쉬아이 우나마아 케스헤프웨 켈테이에니 암바쉬니 켈루'(ašseš Hepat šuunip šiaani ahraai unamaa kešhepwe kelteieni ambaššini kelu).

그 다음에 물을 제물을 맡긴 사람을 향하여 붓고 물컵을 갈대로 된 탁자 위에 놓는다. 그 다음에 아주-제사장은 삼나무를 번제 화로에서 꺼내어 화로에 있는 후프루스히-요이(후리안 용어)에 넣고 후리안으로 다음과 같이 말한다.

'아하레스 라플리히네스 …'(aharreš laplihhineš etc).

그 다음에 거위를 제물을 맡긴 사람에게 내오고 그의 손위에 놓는다. 아주-제사장은 가슴살 한 점을 취하여 번제 화로에서 나온 기름에 찍어 그것을 후프루스히-용기에 던지며 후리안어로 다음과 같이 말한다.

'아나히테네스 타투세네스 켈루'(anahiteneš tatuššeneš kelu).

번역 출처: Mirjo Salvini and Ilse Wegner, *Die Rituale des AZU-priesters*(Rome: Multigrafici Editrice, 1986), 40-2.

내용상으로 그 편지는 바빌로니아어로 쓰인 편지들과 유사하다. 그래서 우리는 왜 그 편지만 후리안어로 작성되었는지 잘 모른다. 그리고 이집트에서 누가 그 편지를 읽을 수 있었을까도 의문이다. 후리안어로 된 다른 문서들이 우가릿과 하투사와 같은 도시에서 발견되었고 이들은 신화와 주술 문서를 포함한다. 후리안 이름을 가진 사람들도 아나톨리아, 시리아-팔레스타인, 메소포타미아 동쪽에서 발견되었다. 이것은 후리안어가 미타니의 본토 이외에 얼마나 광범위하게 사용되었는지를 보여준다.

2. 히타이트의 신왕국

중앙 아나톨리아는 히타이트 왕국의 핵심 영토였다. 히타이트 왕국은 히타이트 내에서, 아시리아, 바빌로니아, 이집트 문서에서 모두 '하티'(Hatti)로 불렸다. 히타이트의 수도인 하투사(Hattusa)에는 히타이트의 역사에 대한 핵심 자료인 히타이트 정치사에 대한 많은 자료가 있다(보충 8.1 참조). 히타이트 왕이 체결한 조약 문서들은 보통 서론에서 조약 당사자들 사이의 과거 관계를 약술한다. 이 서론은 비록 편향적이긴 하지만 그 두 나라의 정치사에 대한 가장 좋은 증거이다. 그러나 히타이트 역사 서술은 많은 연대기적인 문제가 있다.

히타이트 왕들 중 몇몇은 같은 이름(예를 들어, 투달리야와 아르누완다)을 가진다. 오늘날은 편의상 1세, 2세로 구분하지만 사료에서는 이런 구분이 없다. 따라서 종종 사료가 어떤 왕을 지칭하는지 확신할 수 없을 때가 있다. 절대 연대 역시 문제가 많다. 히타이트인들은 재위 기간을 명시한 왕명록을 우리에게 남기지 않았다. 따라서 신왕국을 창시한 숩필룰리우마 1세의 재위 연도에 대해서도 22년에서 40년에 이르는 여러 가지 이견이 있다. 히타이트 역사의 어느 한 시점도 이집트, 아시리아 혹은 바빌로니아 역사와 비교하지 않고는 연대를 추정할 수 없다. 그리고 그런 역사적 접점은 많지 않고 대개 히타이트 역사의 마지막 부분이다. 이 책에서 히타이트 왕들의 재위 기간을 절대 연대로 표시하지만 그 연대는 대략적이며 이집트 연대에 대한 지식에 따라 언제나 변할 수 있다.

보충 8.1 히타이트 역사 서술에 관하여

히타이트 역사의 재구성은 대개 히타이트인들이 작성한 문서에 근거한다. 이 문서는 몇 대의 왕에 걸쳐 일어난 사건들을 연대 순서로 기술하거나 단일 왕의 재위 기간에 일어난 사건을 연대별로 기술한다. 이 이야기들은 그 자체로 한 문서가 되기도 하고 국제 조약의 일부나 왕의 칙령에 포함되기도 한다. 전자의 경우에 해당하는 것은 주로 군사 원정을 연도별로 다룬 왕의 연대기다. 이 연대기는 히타이트의 고대 왕국에 이미 등장한다. 하투실리 1세는 자신의 군사적 업적을 히타이트어와 아카드어, 두 개의 언어로 기술하였다. 이런 종류의 문서는 12세기 히타이트가 역사에서 사라진 후 아시리아에서 널리 작성되었다. 제1천년기 역사를 재구성할 때 우리가 주로 의존하는 그 아시리아 연감(annals)은 아마 히타이트의 연감에서 영감을 얻은 것일 가능성도 있다. 고대 왕국 이래, 히타이트인들은 몇 대의 왕들에 걸친 군사적 업적을 요약하였다. 텔리피투(Telipinu)의 16세기 칙령은 왕조의 창시자인 라바르나(Labarna)를 포함한 선왕들의 군사 원정을 기술한다. 또한, 국제 관계의 측면에서 하티와 다른 나라들 사이의 이전 관계도 추적한다. 조약이 체결될 때 지난 세대 동안의 친선관계와 대립관계가 언급되었다. 이 점에서 아시리아인들의 연대기와 조약 문서는 히타이트의 그것과 다르다. 아시리아인들의 연대기와 소수의 조약 문서들은 현재의 통치자에게만 초점을 맞춘다.

히타이트인들은 연대기를 작성했을 뿐 아니라 이 문서들이 후대에 필사됨으로써 현재까지 보존되었다. 우리가 가진 많은 히타이트의 문서들은 하투사가 멸망하기 직전 마지막 100년 동안, 즉 13세기에 작성된 것들이다. 그들은 이전 세기에서 물려받은 역사 기록에 대한 새 필사본을 포함하였다. 따라서 우리는 그 역사 문서의 저작 시기를 언제나 결정할 수는 없지만 그중 일부 파편 사본은 매우 오래된 것 같다. 예를 들어, 하투실리의 연대기는 그의 통치 기간에 작성되었거나 그와 매우 가까운 시점에 작성되었을 가능성이 있다.

왜 히타이트인들이 이전 왕들에게 일어난 사건들에 대해 관심을 가졌는지를 밝히기는 어렵다. 그들은 과거와 현재 사이의 어떤 인과 관계를 표현하지 않았다. 그들이 동시대인들이 그랬던 것처럼 그들도 신들이 인간역사에 긍정적으로든지 부정적으로든지 개입한다고 보았다. 그러나 그들은 어떤 특정한 과거 행적이 신의 분노를 일으켜 오늘날의 문제를 발생시켰다고는 보지 않았다. 이 기록들은 매우 자세하여 역사가들이 히타이트 정치사의 재구성을 위해 사용하고 싶은 충동을 느끼지만 이 자료들은 매우 조심스럽게 사용해야 한다. 이들은 언제나 역사에 대한 편향된 견해를 제공한다. 이들은 초기의 히타이트 왕들과 그들의 행위를 정당한 것으로 묘사하고, 그들의 실수와 내면적 불화 등을 무시한다. 히타이트 역사에 대한 우리의 재구성은 대개 이런 증거들에 근거한다. 그리고 우리는 종종 그 문서를 뒷받침할 외부적 자료가 없다. 따라서 우리는 언제나 누구에 의한 역사 재구성인가를 늘 신경써야 한다.

히타이트의 국경은 언제나 유동적이었다. 수도는 중앙 아나톨리아, 즉 키질이르막강의 상류에 위치했다. 그리고 그들의 군사 원정은 주로 남쪽으로 집중되었다. 전성기 때의 하티는 서부 시리아도 통치하였다. 그러나 북쪽과 서쪽 국경이 흑해 해안과 에게 해까지 이르렀는지는 확실하지 않다(지도 8.2 참조). 국가 조직은 영토에 대한 직접 통치가 아닌 속국 왕들에 의한 통치로 이루어졌기 때문에 국경은 실제적 패권보다는 히타이트의 영향권 안에 있는 속국들이 얼마나 히타이트에 의존하는가에 따라 결정되었다. 여기에서 논의되는 시대를 통틀어 히타이트는 아나톨리아의 변방 지역보다 시리아에 대한 관심이 많았다. 히타이트의 정치적 중심은 영토의 북쪽 끝자락에 위치하였다.

히타이트는 1800년부터 1200년까지 비교적 짧은 기간 존재한 나라이다. 이 기간에 두 번정도 국가적 흥성을 이루었는데 하나가 고대 왕국이라고 불리는 17세기이고 다른 하나가 신왕국이라고 불리는 1400-1200년까지의 시기다(신왕국 시기의 왕명록). 때때로 중세 왕국이라는 용어가 그 중간 시기를 지칭할 때 사용된다. 그러나 그때 하티는 쇠퇴기였으며 그 시대에 무슨 역사적 사건이 있었는지에 대해 역사가들은 잘 모른다.

회복으로 가는 여정은 잘 알려지지 않은 많은 왕들이 이끌었다. 그중 두 명은 투달리야(Thdhaliya)라는 이름을 가졌다. 이 왕들은 남동 해안에 자리한 키주와트나를 포함한 중앙과 남부 아나톨리아에 대한 패권을 확인하였다. 키주와트나는 이전에 미타니가 통치하던 지역이었다. 더욱이 북서 시리아의 패권 도시 알레포가 미타니에서 하티로 동맹을 옮겼다. 알레포는 남부 시리아로 진출하기 위한 교두보로 매우 중요한 도시였다. 시리아-팔레스틴 지역에서 하

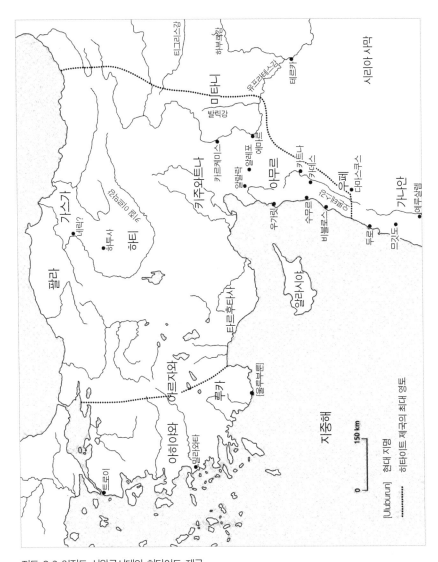

지도 8.2 이집트 신왕국시대의 히타이트 제국
출처: Michael Roaf, Cultural Atlas of Mesopotamia and the Ancient Near East(Oxford: Equinox, 1990), 139

티의 경쟁국은 이집트와 미타니였다. 이 두 나라는 전에 한판 붙었으나 14세기 초에 히타이트의 압력에 연합군을 형성하여 대항한 것 같다. 이집트와 미타니 사이의 정략결혼과 왕래 서신들은 그런 변화된 양국의 관계를 잘 보여준다. 이집트도 하티의 서쪽에 자리한 아르자와(Arzawa)와 좋은 관계를 유지하려 하였다. 이를 위해 정략결혼을 제안하기도 하였다. 이것은 모두 새롭게 등장한 하티의 힘을 약화시키기 위함이었다. 실제로 아나톨리아의 서쪽과 북쪽은 하티에게 매우 문제가 된 지역이었다. 흑해 남쪽 해안 출신인 가스가(Gasga)족은 하투사를 공격해 파괴하였으며 서쪽 지방의 속국이었던 마두와 타(Madduwatta)는 14세기 중엽에 남서 아나톨리아와 키프로스를 정복하였다.

그러나 이런 시련은 숩필룰리우마 1세(Suppiluliuma I, 재위 기간 1344-1322)에 의해 만회되었다. 그는 이미 아버지 투달리야 3세 아래에서 가장 유능한 장군으로 검증받았다. 히타이트 중심부로부터 남쪽과 서쪽의 아나톨리아 지방에 대한 지배를 확고히 한 후 숩필룰리우마는 북으로부터 미타니를 침략하여 수도를 점령하였다. 미타니의 서부 지방은 그의 속국이 되었다. 이로써 유프라테스 서쪽 지방까지 히타이트의 통치가 확장되었다. 특히 다마스커스 지방까지 히타이트의 영향권 아래 들어왔다. 우가릿, 카데스, 아무르를 포함한 수많은 국가들의 왕들은 숩필룰리우마와 종주 조약을 체결하였다. 이 지역에서 그의 주 경쟁자인 이집트는 당시 시리아-팔레스타인 지역에 신경을 쏟을 여유가 없었다. 그래서 그 두 강대국 사이의 직접적 충돌은 일어나지 않았다. 하티와 이집트는 서로를 동등한 국가로 인정하였다. 이런 분위기에서 지난 장에서 언급한대로, 이집트의 여왕이 남편을 여의자 숩필룰리우마의 아들을 남편으로 요구하는 매우 이례적인 일이 있었다.

숩필룰리우마의 통치 말에 하티는 북시리아의 대부분을 확실히 장악하였다. 그리고 그 지역을 다스리기 위해 두 왕자를 전략적으로 중요한 카르케미스와 알레포에 총독으로 임명하였고 미타니와 다마스커스 지역에는 속국 왕을 두었다. 그러나 숩필룰리우마의 통치는 재앙으로 끝났다. 숩필룰리우마 자신과 그의 후계자가 시리아 원정에서 돌아온 군인들이 옮겨온 역병으로 죽었을 가능성이 있다. 그럼에도 불구하고 다른 아들인 무르실리 2세(1321-1295)는 시리아에서의 패권을 잃지 않았다. 나아가 아버지가 소홀히 한 아나톨리아 지역에도 지속적인 관심을 쏟았다. 숩필룰리우마 집권 초에 이집트에게 쏠렸던 서쪽의 아르자와를 격파하였다. 북쪽의 가스가 족도 공격하였다. 그러나 후자는 무와탈리 2세(1295-1272)가 통치할 때 수도인 하투사를 점령하는 등 계속적인 위협이 되었다. 이것은 하티가 시리아에 신경을 쏟다보니 북쪽 국경에 대한 경계를 소홀히 하여 아나톨리아 내지에 대한 통제를 잃게 되었음을 보여준다. 그리고 무와탈리(Muwatalli)는 시리아에 너무 집착한 나머지 남부 아나톨리아에 위치한 무명의 도시인 타루훈타사(Tarhuntassa, 정확한 위치는 미상)로 수도를 옮겼다. 이 천도가 가스가의 하투사 점령으로 이어졌는지 아니면 천도로 인해 가스가족이 침입했는지 확실하지 않다. 19왕조 아래에서 이집트도 다시 부흥하여 시리아에 계속적인 원정을 감행하였다. 이집트의 이런 움직임은 람세스 2세와 무와탈리 2세 사이의 카데스 전쟁(1274년)에서 절정을 맞이하였다.

이 전쟁은 비록 람세스 2세가 진 전쟁이었음에도 불구하고 수많은 이집트 비문과 그림에서 매우 자세히 다루어졌다. 물론 비문에서 람세스는 자신의 패배를 인정하지 않았지만 그의 패배는 히타이트가 카데스 전쟁 후 남부 시리아까지 패권을 확장했음을 추론할 수 있다. 그 전쟁은 이집트와 하티가 시리아 지역을 놓고 벌인 수세기 동안의 경쟁(보통 이 경쟁에서 히타이트가 이겨왔다)의 클라이막스에 해당하는 사건이었다.

무와탈리는 그의 형제(나중에 하투실리 3세로 불림)에게 북쪽 지역을 맡겼다. 후자는 수년 전에 가스가에게 빼앗긴 하투사와 네릭이라는 제의 중심지를 탈환하였다. 무와탈리의 아들인 우르히-테슙(Urhi-Teshub)은 무르실리 3세라는 칭호로 왕위에 올랐을 때, 하투실리 3세는 북쪽을 기지로 삼아 그 어린 왕의 세력을 약화시키려 하였다. 비록 정통성을 가진 우르히-테슙이 이집트와 바빌로니아의 지지를 얻었을지 모르지만 하투실리 3세는 결국 그를 제거하는 데 성공했고 그후 30년간(1267-1237) 왕으로 다스렸다. 하투실리의 가장 유명한 업적은 외교이다. 그는 바빌론의 카다스만-투르구(Kadashman-Turgu)와 카다스만-엔릴(Kadashman-Enlil)과 관계를 맺고 아무루와 같은 속국들과의 조약을 재확인하였다. 그러나 무엇보다도 이집트와의 평화 조약은 그의 통치 기간에 일어난 가장 중요한 업적이었다. 카데스 전쟁이 있은 지 15년 후 1259년에 하티와 이집트는 적대 관계를 종식시키고 방어적 연합을 이루며, 정치적 망명자를 교환하는 내용의 구체적인 협정을 체결하였다. 람세스 2세는 또한 하투실리가 선택한 후계자를 지지하겠다고 약속했다. 그러나 하투실리는 람세스

2세에게 그런 약속을 하지 않았다. 미타니 지역을 완전히 장악한 아시리아의 위협이 그 조약을 촉발시켰는지도 모른다. 그러나 일부 학자들은 하투실리 정권의 정당성 확보가 더 시급한 이유였다고 주장한다. 하투실리의 후계자 문제는 그가 왕위 찬탈자라는 사실에서 매우 중요한 문제였던 것 같다. 그리고 그 후 전개된 사건들은 하투실리의 그런 염려가 매우 실제적인 것이었음을 보여준다. 그 두 강대국 사이의 관계가 바라던 대로 정중하지는 않았지만 적어도 시리아를 놓고 더는 대립하지 않게 되었다.

그러나 하티는 매우 빠르게 쇠퇴해갔다. 내부적으로 왕위 내정자였던 툿할리야 4세(1237-1209)는 무와탈리의 아들, 쿠룬타(Kurunta)의 강력한 왕위 주장에 맞서야 했다. 쿠룬타는 하투실리 3세가 '타루훈타사의 왕'으로 옹립하였었다. 쿠룬타가 하투사에서 발견된 인장에서 '대왕'으로 등장하는 것으로 보아 1228-1227년의 기간에 잠깐 투달리야 4세를 퇴위시켰던 것 같다. 어쨌든 투달리야는 왕위를 다시 차지하였다. 외부적인 압력도 매우 컸다. 아시리아의 투쿨티-니루르타 1세(Tukulti-Ninurta I, 재위 1243-1207)는 동에서 히타이트 제국을 공격하였고 아나톨리아의 서쪽 지방과 남서 지방의 속국들이 반란하였다. 에게 해에 인접한 지방에서의 반란은 아마 '아히야와의 왕'이라는 잘 알수 없는 인물에 의해 촉발된 것 같다. 그는 그 지역의 매우 중요한 인물이었으나 어느 지역에서 언제 활동했는지는 잘 모른다. 툿 할리야 4세는 밀라와타(밀레투스)를 회복하였으나 아나톨리아 서쪽 지역에 대한 하티의 통치는 사실상 끝나게 된다.

숩필룰리우마 2세가 1207년에 왕위에 올랐을 때 하티의 멸망은 매우 임박한 것이었다. 하티의 붕괴 원인들은 명확하지 않다(토론 10.1 참조). 고고학적 발굴을 통해서 수도 하투사에 있었던 공공건물들이 불타 없어졌지만 왕궁은 이전에 그 도시를 포기했음을 볼 수 있다. 우가릿, 알랄라크, 엠마 같이 히타이트의 통치 아래 있었던 다른 도시들도 사라져 버렸다. 이집트 자료에 따르면 아나톨리아 지역 전체와 서부 시리아 지역이 전반적으로 파괴되었다. 그러나 살아남은 히타이트 도시들도 있었다. 가장 대표적인 것이 카르케미스(Carchemish)다. 그곳에서 히타이트 왕실의 한 분파가 자신들을 계속해서 '대왕'으로 불렀다. 이 붕괴는 1200년경에 발생한 전체 지역 시스템의 붕괴라는 문맥에서 이해되어야 한다. 이것은 후에 다시 논의할 것이다. 다른 지역과는 달리 히타이트라는 나라는 다시는 중앙 아나톨리아에 나타나지 않는다.

히타이트 역사는 아나톨리아의 서쪽과 북쪽에서 발생한 사건들에 의해 크게 결정되었다. 분명한 것은 그 지역에 아르자와와 같은 강대국들이 존재하였다. 아르자와의 왕은 서부의 속국들이 히타이트 왕과 서신을 교환했던 것처럼, 이집트와 서신을 교환했다. 이 시대의 후반부에 히타히트 서쪽의 가장 중요한 왕국은 아히야와(Ahhiyawa)라는 나라였다. 이 나라의 역사 서술은 그것이 미케네 그리스와 가지는 관계에 따라 매우 복잡해질 수 있다. 물론 미케네 그리스는 아나톨리아 해안에 상업적 전진 기지를 건설하였다. 아히야와와 그리스인에 대한 호머의 용어인 아카이아가 매우 유사하기 때문에 그 이름이 처음 발견되었을 때부터 그둘이 같은 것인지가 논란이 되었다. 그런 경우가 실제 사실일 것이라는 학자 간의 합의 추세에 있다. 우리는 하튜사 문서에서 미케네와 히티 사이에 정치적 군사적 교류가 있었다는 증거를 발견한다. 따라서 우리는 이 시대에 마케네 그리스에서 동쪽 지중해에 이르는 풍부한 고고학적 문화를 연결할 수 있다(그림 8.2).

아히야와라는 말은 히타이트 문서에서 15세기 이후로 계속 언급된다. 그러나 그후 200년이 지날 때까지 그다지 주목을 끌지 못하는 나라였다. 하투실리 3세는 반란에 참여한 서부 지역에 질서를 회복하려는 노력으로 아히야와 왕에게 편지를 썼다. 그를 형제라고 부르면서 하투실리 3세는 그의 영토에서 활동 중인 반란군들을 제어해 주도록 설득했다. 하투실리의 후계자인 투달리야 4세는 서쪽으로 군사적 원정을 감행하여 아히야와의 영토를 침입하였다. 아히야와가 중요한 국가로 간주되었다는 사실은 그 왕이 아무르의 왕인 샤우스가-무와(Shuashga-muwa)와 맺은 조약을 통해 분명해진다. 그 조약에서 그는 이집트, 바빌로니아, 아시리아를 형제국이라고 적는다. 아히야와의 왕은 그 나라들 다음에 오도록 기록되었으나 서기관이 아히야와의 이름을 지워버렸다. 그렇게 지운 이유가 무엇이든 간에 분명한 것은 그 당시 아히야와가 강대국의 반열에 들어섰다는 것이다. 아무루가 아시리아와 아히야와 사이의 해상

그림 8.2 미케네의 사자 성문. 만약 히타이트 문서의 아히야와가 호메르의 아카이아와 같다면, 그리스 본토와 에게 해 섬들의 풍부한 미케네 문화의 고고학적 유적/유물들은 고대 근동 역사의 통합 부분이 된다. 이 유적/유물들은 잘 방비된 요새와 사치스러운 무덤을 지닌 부요한 전투사 사회를 증거한다. 여기에 보인 것은 1250년경 거대한 단일돌로 세워진 미케네 요새의 입구이다. 사자를 묘사한 조각은 하투샤와 다른 히타이트 도시들에서 발견된 출입 성문과 병행된 모습을 보여준다. 출판 허가: akg images/Album/Prisma.

무역을 막아야 한다는 조약의 내용은 아히야와인들이 중요한 물건을 공급하는 선원들이었음을 암시한다. 투달리야 4세 이후 아히야와인들에 대한 문서적 증거는 사라진다. 그러나 그들이 이집트 문서에 나타나는 해상 민족의 하나인 에크웨스(Ekwesh)와 동일시 될 수 있다면 그들은 12세기 초의 지중해 동쪽 지방에서 발생한 범지역적 재앙에 한 원인이었을 가능성이 있다. 그들이 히타이트인들에 대해 품은 적의는 그 국가의 멸망에 참여하는 동기가 되었을 것이다.

　하투사의 북쪽으로는 중앙 권력을 가진 나라가 없었다. 그 지역은 히타이트 문서에서 가스가로 불리는 민족이 다수를 이루었다. 그들은 히타이트 사료에서 언제나 공격적이고 거친 부족인들로 히타이트 도시들을 침략하고 때때로 그들을 정부의 통제로부터 단절시킨 사람들로 묘사되었다. 그의 형제 아래 있을 때 하투실리 3세의 의무 중 하나는 가스가인들이 점령한 영토를 회복하고 그들로부터 북쪽의 제의 센타인 네릭을 탈환하는 것이었다. 가스가의 활동이 히타이트 역사를 종결시킨 사건들과 맞닿아 있을지도 모른다. 그러나 우리는 그 자세한 사항에 대해서는 무지하다. 이처럼 비록 그 지역에서 군사 원정을 행하기는 하였지만 히타이트 제국은 한번도 아나톨리아의 서쪽과 북쪽을 영토의 일부로 만든 적이 없었다. 그럼에도 불구하고 그들은 하티와의 접촉을 통해 근동의 정치 체제 안으로 들어오게 되었다.

히타이트의 정치 구조는 종종 중세 서부 유럽의 봉건제도와 비교된다. 하티의 대왕은 핵심 지역은 직접 관할하지만 그의 영향 아래에 있는 대부분의 지역, 즉 서남부 아나톨리아와 시리아 지역은 종속 왕들로 하여금 다스리게 했다. 종속 왕들은 그에게 충성을 맹세한 그 지방 출신 사람이었다. 그들은 동맹을 하티에서 이집트나 아시리아와 같은 다른 강대국들로 바꿀 수 있었다. 카르케미스나 알레포와 같은 핵심 도시들은 히타이트 왕자들이 다스렸지만 다른 도시들은 히타이트의 종주권 아래에서 지방 왕조의 통치를 받았다. 유명한 예로 시리아 해안에 위치한 우가릿과 유프라테스강에 위치한 아스타타(Astata), 두 도시를 들 수 있다. 이들의 역사는 그 도시에서 발굴된 사료를 통해 알려졌다. 히타이트 종주 왕들은 다양한 지역의 전통을 계속해서 존중했던 것 같다. 그리고 정치적 혹은 문화적으로 지역 전체를 통합하려는 노력은 없었다. 이런 의미에서 히타이트의 정치 조직은 미타니의 그것과 유사해 보인다. 북시리아의 사람들은 이렇게 자신의 문화와 정치적 위계 질서를 유지할 수 있었다.

그러나 히타이트 왕의 최고 지위에는 의심의 여지가 없다. 그는 그런 자신의 지위를 '대왕' 그리고 '태양'이라는 칭호로 나타냈다. 그에게 옛 하티의 칭호였던 라바르나 혹은 타바르나도 주어졌다. 이 말은 아마 하티 왕조의 최초 왕의 이름을 지칭하는 것 같다. 그의 아내에게는 타와난나(Tawananna)라는 칭호가 주어졌고 이것도 최초의 여왕을 언급하는 것 같다. 그녀는 상당한 권력을 가졌고, 그런 권력은 때때로 남편이 죽은 후에도 그녀에게 남아 있었다. 왕위 계승에 대한 계속적인 문제들이 있었다. 종종 아버지-아들 순서로 계승되지 않았고 형제가 왕이 되었다. 이 때문에 무와탈리의 아들과 형제 사이에 왕위 다툼이 생겼다. 이 왕위 다툼은 근동 역사에서 가장 잘알려진 왕위 다툼 사건이다. 무와탈리의 서자인 우르히-테숩이 무르실리 3세의 이름으로 왕위에 올랐다.

그러나 무와탈리 3세의 형제인 하투실리 3세가 반란을 일으켜 5년 만에 그의 조카를 몰아냈다. 왕위 찬탈이 상당한 범법 행위였음은 하투실리가 자신의 행위를 정당화하기 위해 '변명'이라는 긴 문서를 작성했음에서 알 수 있다. 그 문서에서 그는 그가 그의 형이 수도를 남쪽 도시인 타르훈타사로 옮겼을 때 북방 영토에 대한 관할을 맡았고 그의 형제를 위해 변방 지역들을 성공적으로 정복했음을 기술한다. 무와탈리의 아들이 왕위에 올랐을 때 하투실리는 처음에 그를 지지했으나 점점 그의 조카에게 실망하게 되었다. 그의 세력과 친구들의 세력을 보존하기 위해 하투 실리는 전쟁을 하였다. 어린 조카 왕을 사로잡은 하투실리는 우르히-테숩이 마술을 사용했다고 고소하였다. 마술 사용은 그의 왕위에 대한 법적 정당성이 약함을 보여주었다.

하티 왕들의 이름과 칭호는 히타이트의 다문화적 성격을 증명해 준다. 타바르나라는 칭호와 왕들의 칭호들은 하티어로 되었다. 즉 수백 년 전에 하투사 지역을 점령했었던 아나톨리아 사람들의 말로 되었다. 그러나 왕들의 출생 이름은 다른 언어로 되었다. 예를 들어, 우르히-테숩은 분명히 후리안어다. 그러나 하투사의 서기관들이 사용한 공식 언어는 히타이트어였다. 더구나 그곳에서 발굴된 문서들에는 루위안이나 팔라익 같은 다른 아나톨리아의 언어들로 된 문서들도 있었다. 또한, 메소포타미아 언어인 아카드어와 수메르어로 쓸 수 있었던 서기관들도 그곳에서 활동했다. 이 모든 문서들은 쐐기 문자로 쓰여졌다. 동시에 공식 비문이나 개인 인장에 히타이트의 상형 문자도 사용되었다. 히타이트 상형 문자는 히타이트어와 유사한 루위안어(Luwian)를 담고 있으며 히타이트 제국이 멸망할 때까지 사용되었다(그림 8.3 참조).

하투사에서 기록된 문학도 다양한 출처에서 유래했다. 히타이트어로 번역된 수많은 신화들에는 후리안 전통이 들어있었다. 단편 이야기에는 하티의 전통도 포함되었고 순수 히타이트 문학은 드물었던 것 같다. 메소포타미아에서 유래한 문학 작품들도 많이 유입되어 히타이트어로 번역되거나 히타이트의 성호를 반영하여 주인공 신들의 이름을 변형함으로 지방 색에 맞게 바뀌었다.

하투사의 서기관들은 메소포타미아로부터 어휘 목록을 필사하여 그곳에 히타이트 번역을 첨가하였다. 많은 아나톨리아 신화들이 종교의식적 기능을 가졌던 것 같다. 제의 규정 문서는 하티어와 후리안어를 포함한 다양한 언어를 보여준다. 또한, 가나안의 신화도 히타이트가 정복한 시리아-팔레스타인으로부터 수입되었다.

이렇게 하티는 제2천년기 후반부의 고대 근동에서 가장 중요한 국가들 중 하나였다. 하티는 당시의 국제 문화에 적극적인 참여자였다(그림 8.4). 근동 세계의 끝자락에 위치해 다른 나라들보다 더욱 외국의 압력에 노출되었고 하티의 내부의 정치 구조는 상대적으로 느슨하였다. 하티의 붕괴는 갑작스럽게 일어났고 거의 완전한 것이었다. 제1천년기 중앙 아나톨리아는 히타이트의 신왕국시대에 우리가 관찰한 모습과 매우 다른 모습을 하고 있을 것이다.

그림 8.3 하티의 투달리야 4세가 우가릿 왕에게 보낸 편지. 아카드어로 쓰인 이 간략한 메시지에서 투달리야는 우가릿 왕에게 하티의 어떠한 말도 이집트로 가거나 올 수 없음을 결정한 것을 알려주고 있다. 토판 중앙에 서기관은 궁중의 두 개의 공식 언어가 쓰인 투달리야의 관원 인장을 찍었다. 가장자리에 왕의 이름과 명칭이 두 줄의 쐐기 문자로 쓰인 반면, 중앙에는 루비어 상형 문자로 정보를 제공하고 있다. 루브르 박물관, 파리, AO20191. 높이 10cm; 너비 7.8cm. 출판 허가: akg images/Erich Lessing.

3. 시리아-팔레스타인

제2천년기 중반의 시리아-팔레스타인 지역은 정치적으로 수많은 소왕국 (small states)들로 나눠어졌다. 북쪽, 동쪽, 남쪽에 있는 강대국들(하티, 미타니, 이집트)은 이 작은 나라들을 장악하기 위해 경쟁하였다. 당시 시리아-팔레스타인 지역은 남북으로 아나톨리아 남쪽부터 남부 팔레스타인까지이며 동서로는 지중해와 유프라테스강 사이에 위치한다. 해안가를 따라 위치한 시리아-팔레스타인 지역은 남쪽으로 갈수록 좁아지는 띠 모양의 땅이다. 북쪽의 동서 너비는 약 200km이지만 남쪽의 동서 너비는 70km에 불과하다. 팔레스타인 남부는 사해의 서쪽 지역을 가리키며, 사해 동쪽 지역은 시리아 사막과 요르단 산맥이 있어 도시 발달이 불가능한 곳이다.

이 지역의 역사는 주변의 강대국의 사료로부터 재구성된다. 시리아-팔레스타인의 도시에서 발굴된 사료들도 요사이 점점 증가하고 있다. 왕실은 보통 공문서 기록과 외교 서신 작성을 위해 서기관들을 고용했다. 시리아 팔레스타인 지역에서 발견된 문서들의 대부분은 매우 제한적인 범위의 것들이나 우가릿, 알라락, 에마르와 같은 북쪽 도시들에서 발견된 문서들은 큰 궁전, 신전, 개인의 문서 저장소 등에서 발견되어 매우 다양하다. 이집트 아마르나에서 발견 된 외교 서신들은 문자가 근동에서 얼마나 광범위하게 사용되었는지를 증거 한다. 그리고 고고학 발굴을 통해 계속적으로 더 많은 문서들이 발견될 것이 확실하다. 대부분의 문서에 사용된 언어는 서부 셈어에 강하게 영향받은 바빌로니아어이다. 그리고 문자는 동부 메소포타미아에서 빌려 온 음절식 쐐기 문자가 사용되었다. 바빌로니아어와 음절식 쐐기 문자와 동시에 토속언어들과 알파벳식 쐐기 문자도 사용되었다. 그러나 우가릿을 제외하면 알파벳 쐐기 문자로 기록된 문서가 오늘날 거의 남아있지 않다. 우가릿에서는 알파벳 쐐기 문자가 토판에 새겨졌다.

시리아-팔레스타인 지역의 정치적 파편화로 인해 그 지역은 주변의 강대국의 영토 확장 야욕의 손쉬운 대상이 되었다. 시리아-팔레스타인 지역의 부와 전문 기술은 주변 강대국에게 매력적인 먹잇감이었다. 제2천년기 후반기 동안 시리아-팔레스타인 전 지역은 언제나 몇몇 강대국의 통치에 놓였었다. 따라서 시리아-팔레스타인의 역사는 종종 강대국의 관점에서 쓰여졌다. 제2천년기 중반의 암흑 세기들이 끝날 때 북시리아는 미타니의 지배 아래 있었다. 미타니는 속국 왕들을 통해 유프라테스강 서쪽 지역을 통치하였다. 미타니의 지배는 남쪽 카데스까지 미쳤고 남부 아나톨리아에 위치한 키주와트나와 같은 곳까지 도달했다. 그러나 이집트 제18왕조의 설립과 함께 이집트는 시리아 지역에 세력을 빠르게 확장하였다. 팔레스타인의 몇몇 도시를 완전히 멸망시키며 팔레스타인 지역을 정복한 이집트는 보다 북쪽의 미타니 속국들을 점령하기 시작하여 지중해 연안의 우가릿과 내륙 도시인 카데스까지 세력을 넓혔다. 이집트와 미타니는 미타니 국경에 위치한 속국들을 놓고 전쟁하였다. 이집트 군대는 유프라테스강 골짜기까지 침입하였으나 미타니는 지방 왕들의 저항 운동을 지원하였다. 이집트 왕의 연대기, 특히 투트모세(Tuthmose) 3세의 연대기는 이 군사 활동에 대한 매우 자세한 정보를 제공한다.

　정복한 지역에 대한 이집트의 통치는 미타니의 통치보다 더 직접적이었다. 아무루, 우페, 가나안과 같은 세 지방이 신설되었고 그 지방은 이집트 관료가 관할하는 행정 도시를 하나씩 가졌다. 이 행정도시들은 통치에 필요한 중요한 정보를 수집하기 위한 것이었다. 토종 왕조들은 속국에 대한 통치를 계속할 수 있었으나 이집트 사신들에게 해마다 공물을 바쳐야 했다. 이런 통제 시스템은 아마르나 편지에서 잘 드러난다. 지방 왕들은 이집트 왕에게 여러 번 편지를 보내 이웃 국가의 침입으로부터 도와줄 것을 요청하였다. 이때 도와주는 대가로 순종과 공물을 약속하기도 한다. 그러나 이집트는 대부분의 지역 문제에는 관심이 없었고 그다지 많은 군사가 주둔하지 않아도 괜찮은 공물의 수집에 집중하였다. 아마르나 시대 동안 이집트가 아시아로 군사 원정을 감행했다는 증거는 거의 없다. 그 이유는 아마 이집트의 패권이 확실했고 이집트와 미타니가 적이 아니라 동맹국이 되었기 때문이었을 것이다.

　이런 힘의 균형에 대한 위협은 북쪽의 하티로부터 왔다. 당시 하티의 왕이었던 숩필룰리우마는 미타니를 1340년 직후에 정복하였다. 그리고 이집트가 자신의 것으로 간주했던 영토까지 침입하였다. 그때까지 미타니에 의존했던 북시리아 국가들과 우가릿, 카데스, 아무루와 같은 도시들이 히타이트의 속국이 되었다. 히타이트 왕은 자신의 아들들을 카르케미스와 알레포와 같은 핵심 도시에 총독으로 세웠다. 해안가에 위치한 우가릿과 유프라테스강 유역에 위치한 에마르의 정부 조직에 대한 문서자료는 풍부하다. 그 두 도시는 계속해서 토종 왕조에 의해 다스려졌고 그들은 대부분의 지역 문제를 처리하였다. 속국들 사이의 갈등은 카르케미스에 있던 총독이 중재하였다. 하티의 왕은 조공을 받고 국가 전체의 경제와 정치에 영향을 주는 중요한 문제들을 다루었다. 히타이트 종주 왕과 종속 왕 사이의 조약 문서들은 두 사람 사이의 개인적 협약으로 표현되었다. 따라서 새로운 왕이 왕위에 오를 때마다 새롭게 갱신되어야 했다. 따라서 조약 문서를 통해 지방 왕들의 이름들을 알 수 있지만 그들의 정치 역정에 대해서는 잘 모른다.

시리아-팔레스타인에서 이집트와 하티 사이의 힘의 균형은 이집트에서 19왕조가 시작될 때까지 안정적이었다. 19왕조가 시작되면서 세티 1세와 람세스 2세는 이집트의 영향력을 북쪽으로 확대하려 하였다. 이런 시도는 카데스 전투(1274)에서 하티의 왕 무와탈리에 의해 좌절되었다. 그후 15년 후 두 나라는 평화 조약을 체결하였다. 아마 이 평화 조약은 북시리아로 확장해 오는 아시리아의 위협을 염두에 둔 것이었을 것이다. 남부 시리아와 북팔레스타인에 대한 이집트의 제어력은 없어졌던 것 같다. 람세스 2세는 이집트 국경 가까이에 수많은 요새를 건설하였다. 북시리아에 대한 하티의 경영은 이전처럼 지속되었다.

당시 시리아-팔레스타인 국가들의 상황을 대표하는 것은 아무루의 역사이다. 아무루 왕국은 오늘날 레바논 북쪽 지중해 해안에서 시리아 내륙의 홈스(Homs) 평야에 이르는 지역을 다스렸다(부록 왕명록 참조). 아무루의 역사는 주변국의 사료를 통해서만 알 수 있다. 특히 하티나, 이집트, 우가릿에서 출토된 문서는 아무루의 역사에 대한 정보를 제공한다. 처음에 아무루는 이집트의 영향권 아래 있었을 뿐 아니라 투트모세 3세에 의해 정복당했을 가능성이 있다. 아마르나 편지에서 아무루가 자주 등장한다. 아마르나 시대 초반에 아지루(Aziru) 왕이 아무루의 왕이 되려고 노력한 것 같다. 이를 위해 그는 이집트 사신이 살던 시무루라는 도시를 정복하였다. 아지루가 그 도시를 성공적으로 정복하자 이집트 사람들은 아지루에게 그 도시를 다시 돌려줄 것을 요구하고, 아지루가 그 도시를 다시 돌려주자 비로소 그를 아무루의 왕으로 인정해 주었다. 아무루는 이집트의 통치 영역의 북쪽 가장 끝자락에 위치했다.

하티가 힘이 세졌을 때 아지루는 하티에게 잘 보이려고 하였다. 아무루와 이집트와의 관계는 비블로스의 왕 리브-앗다(Rib-Adda)의 계속적인 불평 때문에 소원해졌다. 리브-앗다는 아지루가 자신을 전복시키고 다른 나라들이 친-히타이트 전선에 참여하도록 선동한다고 비난하였다. 아지루는 이런 비난에 대해 변론하기 위해 이집트에 방문할 것을 요청받자 마지못해 수락하였다. 그리고 성공적으로 자신을 변호한다. 그러나 분명한 것은 아지루가 이웃 나라들을 침략함으로 자신의 영토를 확장했다는 것이며 그가 하티와 매우 좋은 관계를 유지했다는 것이다. 숩필룰리우마가 미타니의 영향력을 북서 시리아에서 완전히 없앴을 때 아지루는 하티와 조약을 맺고 하티를 자신의 종주 왕으로 받아들였다. 그는 조공, 군사 원조, 포로 추방을 약속하였고 이집트나 미타니의 도움을 구하지 않겠다고 다짐하였다.

추후의 이집트와 하티의 관계는 이 조약에 근거하였다. 아지루의 두 번째 계승자인 투피-테숩은 무르실리 2세와 조약을 갱신하였다. 무르실리 2세는 시리아 지역에 대한 이집트 제19왕조의 공격적인 확장 정책을 경계하였다. 아무루의 다음 왕인 벤테시나(Benteshina)는 이집트의 군사적 성공을 이용할 수 있을 것이라고 생각했다. 이것은 무르실리 2세의 보복 원정의 원인이 되었다. 벤테시나는 패배하여 하티로 유배되었다. 그곳에서 그는 후에 하투실리 3세가 되는 사람의 관리 아래 있었다. 그리고 약 15년 동안 무르실리의 충성스런 속국 왕으로 섬겼던 샤필리(Shapili)가 대신 왕이 되었다.

그러나 하티에서의 정치적 상황의 역전은 아무루의 정치 상황에도 영향을 주었다. 하투실리 3세가(벤테시나의 도움으로) 정권을 잡았을 때 그는 벤테시나를 아무루의 왕으로 복직시켰다. 하투실리 3세와 벤테시나 사이에 조약이 맺어졌다. 그들의 동맹은 벤테시나가 하투실리의 딸과 결혼하고 그의 딸이 하투실리의 아들과 결혼함으로써 굳건해졌다. 벤테시나는 하투실리에게 충성했고 그를 이어 그의 아들 샤우스가-무와가 왕위에 올랐다. 그는 그의 매형이자 삼촌인 투달리야 4세와 조약을 체결하였다(문서 8.2 참조).

　그 조약에 따르면 아무루는 국제 관계에서 하티의 지도를 따라야 했다. 이집트와 바빌로니아에 대한 아무루의 입장은 하티의 입장에 의존해야 한다. 반면 아시리아와의 관계는 적대적이었다. 샤우스가-무와는 하티가 아시리아와 전쟁할 때 지원군을 보내야 했다. 또한, 그는 아시리아계 상인을 보낼 수 없었고 아시리아 상인을 보면 체포하여 추방해야 했다. 그는 아시리아와 아히야와를 왕래하는 상인들을 방해할 의무도 있었다. 아무루에 관한 마지막 정보는 우가릿 사료에서 나온다. 그것은 우가릿의 왕 암미스탐루(Ammistamru) 2세와 벤테시나의 딸과의 이혼에 관한 것이다. 이 문제는 하티의 왕에게 매우 중요한 것이어서 하티의 왕이 직접 개입하였다. 그러나 자세한 내용은 잘 모른다.

문서 8.2 하티의 투달리야 4세와 아무르의 샤우스가-무와 사이의 조약 문서

　2천년대 말기의 거의 모든 조약들은 히타이트인들의 수도인 하투샤에서 기원한 것이다. 그것들은 맹주인 히타이트와 그의 봉신국들 간의 상호 활동을 명시하며, 분명히 순종을 강조하지만 그 보상으로 보호를 보장하고 있다. 다른 강대국들과의 경쟁에서 하티는 봉신국들이 독립적인 외교정책을 추구하지 않는 것이 중요하였고, 조약들은 어떤 권력이 우호적이며 어떤 권력이 그렇지 않는지 구체적으로 보여준다. 이 경우, 하티는 이집트와 바빌로니아와 좋은 관계에 있었으나, 아시리아와 전쟁 상태에 있었다. 따라서 아무루의 왕은 아시리아 상인들이 그의 영토에 들어오는 것을 금지해야 했고, 투달리야가 아시리아와 전쟁을 할 때 그를 지지하기 위하여 군대를 소집하였다. 이 조약에서 특별히 흥미로운 것은 아히야와가 원래 하티와 동등한 것으로 적혀 있었으나, 그 이름이 토판에서 지워졌다는 점이다.

　[대왕], 하티[의 왕], 영웅인 투달리야의 [자손], 대[왕], 하티의 왕, 영웅인 무르실리의 [손자], [대왕], 하티 [왕, 영웅인 하투실리의 아들,] 대왕, 하티의 [왕], 영웅, 아린나의 태양 여신의 총애를 받는 자, [타바르나, 투달리야]는 이렇게 말한

다]. 나, 태양은 샤우스가-무와 [너의 손을 잡고] 너를 나의 처남으로 삼았다. 그러므로 너는 이 조약 문서의 [말을 변개하지 말라] ….

이집트의 [왕]이 태양의 [친구]일 때, 그는 너의 친구도 될 것이다. [그러나] 그가 태양의 적이 될 때는 [너의 적]도 될 것이다. 나와 권세가 동등한 왕들로 이집트의 왕, 바빌로니아 왕, 아시리아의 왕 그리고 아히야와[1]의 왕이 있다. 이집트의 왕이 태양의 친구일 때, 너의 친구도 될 것이다. 그러나 이집트의 왕이 태양의 원수일 때는 너의 원수도 될 것이다. 바빌로니아 왕이 태양의 친구일 때 그는 너의 친구도 될 것이다. 그러나 그가 태양의 적일 때는 너의 적이 될 것이다. 이 시리아의 왕이 태양의 적이기 때문에 그는 너의 적이 될 것이다. 너의 상인들은 아시리아로 건너가서는 안 되며 아시리아의 상인들이 너의 나라에 넘어와서도 안 된다. 아시리아의 상인들이 너의 나라를 횡단하도록 허락해서도 안 된다. 그는 너의 나라를 통과하지 못할 것이다. 그가 너의 나라에 들어 오면 그를 잡아 태양에게 보내라. 이것은 네가 맹세로 약속한 것이다.

나 태양이 아시리아 왕과 전쟁 중일 때 태양이 했던 것처럼 군대와 전차 부대를 모으라. 그것이 태양에게 중요한 일이면 … 너에게도 중요한 일이 될 것이다. 그리고 … 군대와 전차 부대를 모으라. 이것은 내게 맹세로 약속한 바이다. 아히야와의 배가 그(아시리아의 왕)에게 도달하지 못하게 하라.

---

1 '아히야와의 왕'이라는 말은 토판에서 지워졌다.

번역 출처: Gary Beckman, *Hittite Diplomatic Texts, second edition*(Atlanta: Scholars Press, 1999), 103-8.

이 역사는 시리아-팔레스타인의 국가들이 얼마나 이웃의 강대국들에게 의존했는가를 증명해준다. 그들은 당시의 정치, 군사적 현실에 순응해야 했다. 그 때문에 그 강대국들의 국운의 변화에 따라 미타니, 하티, 이집트 사이에서 왔다갔다해야 했다. 하티의 왕들과 지역 왕들 사이의 관계는 개인 간 관계를 지칭하는 용어들로 표현되었다. 따라서 조약 당사자 중 하나가 바뀌면 새롭게 조약을 확인해야 했다. 하티의 패권은 의심의 여지가 없었다. 지방 속국들은 이웃 속국들보다 더 많은 힘을 가지기 위해 로비 활동을 벌였으며 그들의 힘은 종주국의 이해관계를 뒤집지 않는 범위에서 용인되었다.

이런 전체 제도가 1200년 직후에 붕괴되었다. 하투사의 멸망은 우가릿과 에마르의 파괴와 거의 동시에 발생했다. 에마르의 종말은 1185년 혹은 그 직후로 추정된다. 우가릿의 마지막 순간은 해상 침략가들의 공격을 포함한 외부적인 어려움으로 특징된다. 이집트 문서에 등장하는 해상 민족들의 침입은 12세기 시리아-팔레스타인 지역의 광범위한 파괴활동과 관계있는 것 같다. 어떤 도시는 파괴되지 않았지만 그 경우 매우 초라한 모습으로 연명하였다. 전체 지역은 곧 수세기 동안 지속될 역사적 암흑기로 접어든다.

시리아-팔레스타인 지역은 소수 엘리트의 사치스런 생활과 인구의 대다수인 대중들의 가난 사이에 존재한 긴장을 가장 분명하게 보여준다. 시리아-팔레스타인에는 소수의 도시들이 있었다. 그러나 그 소수의 도시들은 이전 단계의 도시보다 훨씬 부유하였다. 우가릿과 같은 도시는 여러 개의 궁전, 대형 주거 단지, 신전 등을 가졌다. 그 지역은 수공업으로도 유명하였다. 외국에서 온 공물 사절단을 묘사한 이집트 무덤 벽화는 종종 정교하게 제작된 가구, 그릇, 장신구 등을 운반하는 시리아인들을 그린다. 고고학적 유물로 판단할 때 예술품의 생산도 매우 수준급이었다. 금은 세공, 상아 세공품들이 지역 전역에서 발견되었다. 문서는 보석상, 서기관, 건축가 등의 장인 '길드'의 존재를 기록 한다. 이것은 그 도시들에서 매우 높은 수준의 직업 전문화가 이루어졌음을 보여준다.

특별히 훈련된 사람은 지역의 문학의 창작과 보존에 책임을 맡았다. 이 문학들은 히브리어 성경을 제외하고 고대 근동 역사에서 시리아-팔레스타인 지역에서 발굴된 문학 중 유일하게 현존하는 것이다. 그 문학들은 고고학 유물과 함께 당시의 종교적 이념에 대한 통찰을 준다. 우가릿에서 가장 많은 문서가 발견되었다. 그러나 에마르와 같은 도시들에서도 문학 작품들이 발견되었다. 우가릿의 서기관 '길드'는 가나안의 만신전을 주인공으로 하는 일련의 종교 문서를 필사 혹은 창작하였다. 이 문서에 따르면 매우 중요한 시리아 신인 폭풍의 신 바알은 혼돈의 힘을 이기고 신들의 왕으로 등극하였다. 인간도 그 문학에 중요한 등장 인물이다. 그들은 위대한 전사로서가 아니라 후대 왕의 선조로 등장한다. 신화적 왕인 아캇과 케렛의 이야기는 아이를 가질 수 없었던 그들의 고통을 이야기하고 이 문제를 신이 개입하여 풀어줌을 서술한다. 그 문서들은 왕조의 탄생을 다룰 뿐 아니라 제사 문서에서도 중요한 조상 종교와도 관계한다. 우가릿 문학은 제2천년기의 가나안 문화, 서부 시리아와 팔레스타인의 문학적, 종교적 전통에 대한 가장 자세한 기록을 제공한다. 이 문서들은 우가릿어로 기록되었고 문자는 알파벳 쐐기 문자를 사용하였다. 알파벳 쐐기 문자는 문자 수가 그다지 많지 않기 때문에 비교적 배우기 용이하다. 그러나 그곳의 서기관들은 바빌로니아의 음절식 쐐기 문자를 사용해 아카드어, 후리안어, 히타이트어로 작문할 수 있었다. 그들은 메소포타미아의 고대 바빌로니아의 학생들과 똑같은 서기관 훈련을 받았다. 처음에는 우가릿과 후리안 번역을 첨가한 문자 목록, 어휘 목록으로 시작하여 최종적으로는 문학 작품을 필사하는 것을 훈련하였다. 이런 가르침은 전문 서기관의 가정 집에서 행해졌다. 종종 학생들의 작품도 서명되어 저자의 이름이 우리에게 알려진 경

그림 8.4 수사슴 모양의 히타이트 용기. 수사슴 모양으로 금 무늬를 지닌 이 은 용기는 히타이트 금속 공예의 특징적인 물품이다. 가슴에 있는 구멍을 통해 액체를 부을 수 있고 구연부의 장식띠에는 아마도 이 용기가 사용된 종교 축제를 묘사하는 듯하다. 메트로폴리탄 예술 박물관, 뉴욕, 노버트 쉼멜 신탁 기증 1989(1989.281.10), 높이. 18cm(7 in). 출판 허가: © 2014 The Metropolitan Museum of Art/Art Resource/Scala, Florence.

우도 있다.

인구가 적은 내지 마을들이 이런 시리아-팔레스타인의 도시들을 먹여살렸다. 정확한 통계는 불가능하지만 우가릿에서 출토된 기록에 따르면 우가릿 인구가 6,000-8,000명 사이이고 그 도시 인구를 지탱하는 시골 인구는 약 2만 명에서 2만 5천 명 정도가 150여 개의 마을에서 살았다. 따라서 노동력이 부족하였다. 이 상황은 왕실의 행태 때문에 더욱 악화되었다. '왕의 사람들'로 불리는 황실이 고용한 사람들과 '우가릿의 아들들'로 불리는 자유인들 사이에 구분이 생겼다. 도시 엘리트들을 포함한 전자는 자신들의 특수 노동의 대가로 왕실로부터 돈, 땅(때때로 마을 전체)의 형태로 녹을 받았다. 비록 그들의 자산은 그들이 그 직을 계속할 때에만 유지할 수 있었으나 몇몇 자산은 자식들에게 물려주어 거의 사유 재산처럼 운영하였다. 왕실 고용인들을 위한 땅은 충분하였지만 노동력은 그러지 못했다. 마을의 자유인들이 도시 주민들에게 진 빚을 갚기 위해 노동 시장에 끌려갔다. 그들은 세금을 내기 위해 빚을 얻어야 했다. 당시의 차용 계약서는 보통 돈을 노동으로 갚을 수 있다는 조항을 포함하였다. 이 때문에 자유인은 자신의 땅을 경작할 시간을 줄이게 되고 도시 주민을 위한 일에 보다 많은 시간을 할애해야 했다. 심지어 왕도 이런 식으로 노동력을 확보했다. 그리고 그들은 제2천년기 초반에 유행했던 것처럼 빚을 탕감해주지도 않았다. 이 시대에 빚에 의한 노예들이 많이 생겼다.

노동자들에게 유일한 탈출구는 마을을 완전히 떠나는 것이었다. 그래서 많은 사람들이 마을을 떠났다. 시리아-팔레스타인 지역 전역에 그들이 몸담았던 정치, 사회 공동체와 연을 끊고 국가의 관리가 미치지 않는 도망자들의 무리에 합류하였다. 그들은 반 유목민이 되어 스텝이나 산과 같이 접근하기 어려운 곳에서 살았다. 우리의 사료를 제공한 도시 거주민들은 그들을 매우 경멸하고 두려워하였다. 그리고 그들을 '강도' 혹은 '도적'으로 번역될 수 있는 비어인 하비루(habiru)라는 말로 불렀다. 이 당시 근동의 모든 나라들은 이들의 존재를 알고 있었다. 그들은 민족이나 부족 그룹이 아니라 자신의 나라나 마을을 탈출한 사람들로 구성된 '사회적 무리'였다. 그들에 대한 도시민들의 태도는 적대적이었다. 예를 들어, 아마르나 편지에서 그들은 언제나 지역의 안녕을 해치는 위험한 존재로 그려진다. 비록 그런 평가에는 도시민들의 편견이 작용했지만 그것은 전혀 근거없는 것은 아니다. 하비루와 국가들의 관계는 아마 매우 적대적이었을 것이다. 마을이나 도시들에 대한 하비루의 침략이 자주 발생했다.

반면 국가는 노동력을 얻기 위해 그들에게 의존해야 했다. 그 경우 하비루는 그들의 기록에서 노동자 혹은 상인들로 기록된다. 이때 하비루는 원하는 대로 계약의 조건을 제시할 수 있었을 것이다. 나라 사이에 왕래한 서신들은 종종 이 문제를 다룬다. 도망간 노동력은 반드시 본국으로 송환해야 했다. 예를 들어, 하투실리 3세는 하티에서는 우가릿에서 하비루로 온 사람을 절대로 받지 않겠다고 선포했다. 도시 엘리트들의 노동력에 대한 높은 수요와 제한된 노동력 공급 사이의 불균형이 매우 커서 그로 인해 나타난 긴장은 제2천년기 후반의 시리아-팔레스타인의 특징이었던 왕궁 제도의 몰락을 가져왔다.

토론 8.1 하비루는 누구였는가?

1880년대 아마르나 서신들이 처음 알려졌을 때 학자들은 곧 시리아-팔레스틴 지역의 하비루라 불리는 사람들에 대한 많은 언급을 알게 되었다. 시간이 흘러가면서 그들에 대한 증거는 점차 증가하였다. 그 이름이 2천년대 말 알라라흐, 누지, 하투샤, 우가릿, 닙푸르, 바빌론, 이집트 기록에서 등장하였다. 좀 더 이른 시기 바빌로니아인들의 시기에도 매우 적은 수이지만 그들에 대한 언급이 존재한다(그 시기의 언급 목록에 대해서 Bottéro 1972-5를 보라). 지금까지 대부분의 증거는 바빌로니아 쐐기 문자로 쓰인 것으로 분절음으로 하-비-루로 쓰였던지 수메르어-로고 SA.GAZ로 쓰였다. 우가릿 서기관은 그들의 알파벳 글자로 'prm'으로, 이집트어로는 'pr.w'로 썼다. 이러한 증거는 그 이름에 대한 다른 읽기를 야기시켰는데, 하비루(habiru), 하피루(hapiru), 아피루(ápiru)로 불렸다.

하비루(나는 단순하게 하고자 이 발음을 사용한다)는 누구였는가?

그 이름 자체는 거의 그 지역의 또 다른 사람들, 성경의 히브리인들('ibri)을 연상시킨다. 이미 1888년에 한 학자가 이들을 동일한 사람들이라고 주장하였다. 창세기에서 히브리인이라고 불리는 아브라함이 아마르나 시대의 하비루일 수 있으며 이 사람들에 대한 증거는 이스라엘 초기 역사에 관한 성경 이야기의 보완이 될 수 있다. 오랜 기간동안 하비루와 히브리인이 동일한지 아닌지에 대한 질문이 고 대 근동과 성경 학자들의 관심을 받아왔는데 어원학적, 사회학적, 역사적 논의에 개입되었다. 학회(예를 들어, Bottéro 1954), 박사학위 논문(예를 들어, Greenberg 1955), 단 행본 연구(예를 들어, Loretz 1984)는 이 질문을 다루었으며(비록 몇 학자들은 계속 이 연 관성을 보고 있지만, 예를 들어, Liverani 2005a: 27; Milano 2012: 275), 점차적으로 이 둘을 같은 이들로 보는 것은 잘못된 것이라는 일치점에 이르고 있다.

그렇다면 그 용어는 무엇을 의미하는 것인가?

하비루는 분명하게 정의되는 사람들이 아니다. 어느 누구도 하비루로 태어나 지 않았지만 이드리미의 이야기가 보여주는 것처럼 하비루가 되기를 선택할 수 있었다. 그들은 시리아-팔레스틴 전지역과 이 지역 넘은 곳의 사회에 등장한다. 문서가 그들의 기원의 장소들을 말할 때, 그것은 많은 도시들과 지역들을 포함하 며(von Dassow 2008: 345), 그들의 이름은 그들이 다른 언어, 후리어, 셈어, 심지어 이 집트어를 말하였음을 보여준다. 그들은 외국 영토에서 종말을 맞이한 "피난민"이 었다(Liverani 1965). 예를 들어, 아모리인들과는 달리, 그들은 부족 구조 또는 분명 히 확인 가능한 지도자들을 가지지 않았다. 그들은 두려운 존재였고, 그들을 언급 한 서신들의 저자들은 항상 그들의 공격을 비난하였다. 분절음이 아닌 수메르어 로고로 그 이름을 서술하였을 때, 그들은 다른 문맥에서 "강도"를 의미하는 단어 SA.GAZ를 사용하였다. 한 시리아-팔레스틴 봉신이 그의 한 이웃을 바로가 불신 하기를 원하였을 때, 그를 하비루와 협력하였다고 비난하였다.

그러나 동시에, 동일한 봉신들이 하비루가 그들을 섬기게 하였고 규칙적으로 하비루가 궁전 종사자로, 종종 군사들로 기록에 나타난다. 다메섹으로 보낸 한 편 지에서 이집트 왕은 그들을 누비아에 주둔시키기 위하여 그들을 분리시킬 것을 요구하였다(Edzard 1970:55-6). 여기서 우리는 다른 비도시 무리들처럼 동일한 모순 을 발견한다.

이 사람들에 대한 모든 묘사는 부정적이지만 그들은 또한 여러 방면, 특별히 용병으로서 유용하였다. 그러나 하비루는 매우 이질적이었기 때문에, 아모리인들 과 같지 않았다.

오늘날 학자들의 일치점은 하비루는 주로 시리아-팔레스틴 지역에 거주한 사 람들이었고, 재정적, 정치적 압박으로 인하여 그들의 사회를 떠나 국가 지배력 바 깥 지역에서 무리를 이루었다는 점이다. 그 지역은 정규군이 기능할 수 없지만, 소수의 이동력이 있는 이들이 정착 사회들을 약탈하는 주둔지로 사용할 수 있는,

접근 불가능한 많은 지점들을 가지고 있다(예를 들어, Rowton 1965; Bottéro 1981). 그들의 잔인함과 결속력 결핍은 그들을 이상적인 용병으로 만들었으며 아무루의 압디-아쉬르타와 같은 사람은 그 자신의 정치적 목적을 위하여 그들의 불만을 활용하였다(Liverani 2005a: 26-9). 그들은 불쾌감을 주었지만, 전쟁과 같은 어떤 상황에서 그들은 이미 준비된 인적 자원을 제공하였다. 그리고 이러한 기반으로 그들은 도시 사회와 재병합할 수 있었으며 다른 지역의 삶에서 상승할 수 있었다.

카시트인, 아시리아인, 엘람인

3000	2500	2000	1500	1000	500

1595	고대 바빌로니아 왕조의 종말
1475년경	바빌로니아 전체에 대한 카시트인의 지배
1400년경	서부 이란에서 수시아나 저지대와 안샨의 고지대가 통일됨
1350년경	아시리아가 아수르-우발릿 아래에서 강대국으로 등장
1305-1207년	계속되는 아시리아의 군사적 팽창
1225	아시리아의 투쿨티-니누르타 1세가 바빌론을 약탈함
1155	카시트 왕조의 종말
1110년경	바빌론의 네부카드네자르 1세가 수사를 약탈함

고대 근동의 동쪽 지역, 특히 남부 메소포타미아는 1500년 이전의 역사 기간 동안 정치, 문화적 발전의 중심이었다. 아울러 역사가에게 가장 풍성한 사료들을 제공한 곳이기도 했다. 제2천년기 후반부에는 정치적으로 메소포타미아 동쪽 지역의 국가들이 서쪽 지역의 대등한 나라들과 범 근동 체제 안으로 통합되었다. 처음에는 이들이 서쪽의 나라들(하티, 미타니, 이집트)보다 힘이 약했으나 1400년 이후 그들은 상당한 규모의 영토 국가로 발전하였다. 그때부

터 그들은 다른 나라들과 밀접히 교류하기 시작하였다. 바빌로니아가 먼저 강대국의 지위를 얻었고 그 뒤를 북쪽의 아시리아가 따랐다. 동쪽의 엘람이 국제 무대의 중요한 참여국이 된 것은 서쪽 지방에 큰 혼돈이 발생한 때인 1200년 이후다. 동쪽 나라들도 국제 체제의 붕괴로 고통당했고 1100년이 되면 고립된 연약한 왕국들이 된다.

지도 9.1 중세 아시리아, 카시트, 중세 엘람의 국가들

출처: Amélie Kuhrt, *The Ancient Near East c. 3000-330 BC*(London and NewYork: Routledge, 1995)

1. 바빌로니아

바빌론이 무르실리 1세에게 약탈당했을 때 생긴 힘의 공백은 곧바로 메워지지 않았다. 고대의 사회 정치 구조들이 파괴되었고 바빌로니아 주민의 상당수가 도시에서 살지 않게 되었다. 이 상황을 틈타 카시트인이라는 이름을 가진 일군의 사람들이 바빌론의 왕위를 차지하였다. 함무라비의 왕조에서(626년) 신-바빌로니아 왕조의 시작까지 연속되는 제1천년기 바빌로니아 왕명록은 카시트의 왕들을 바빌론을 다스린 왕조 가운데 위치시킨다. 그 왕명록은 카시트 왕조에게 가장 긴 통치 기간을 할애한다. 모두 36명의 왕들이 576년 9개월 동안 바빌론을 통치하였다. 우리는 카시트 왕조의 마지막을 1155년으로 추정할 수 있다. 왕명록에서 계산된 년수를 그 날짜에 더하면 왕조의 시작이 고대 바빌로니아 왕들이 바빌론을 다스렸던 18세기경으로 계산된다. 그러므로 왕명록에 기록된 즉위 연대는 분명치 않다. 바빌로니아 왕명록에 따르면 카시트 왕조의 바빌론 지배가 외부 세력에 의해 종식되었을 때 왕권은 이신에서 발생한 왕조에게 넘어간다(부록 왕명록 참조). 그 왕들은 나라가 약 400년간 지속된 전반적인 쇠퇴기에 접어들었음을 보았다.

카시트인들은 바빌론에 최근에 이주한 사람들이다. 분명히 이전의 주민들과는 다른 민족이었다. 그들의 이름에서 분명해지는 것처럼 그들은 생소한 언어를 사용했다. 13세기까지 모든 왕은 카시트 이름을 가졌고 후에 일부만이 아카드어 이름을 가졌다. 비록 카시트어가 공식어였지만 바빌로니아의 문화에는 그 언어가 그다지 영향을 미치지 못했다. 카시트어로 작성된 문서 중 온전하게 보존된 것은 하나도 없다. 다른 문서에는 몇몇 카시트 단어만이 등장할 뿐이다. 두 개의 아카드어-카시트어 어휘 목록 문서가 현전한다. 이 문서는 명사, 동사, 형용사를 포함한다. 이것은 적어도 학자들 사이에 카시트어가 관심 언어였음을 시사한다.

그러나 이 학자들은 카시트어로 문서를 작성하지 않았다. 마찬가지로 카시트인들도 자신들의 신(이 신들은 주로 사람 이름을 통해 알려짐)들이 있었지만 그들의 신은 바빌로니아 종교에서 그다지 중요한 위치를 차지하지 못했다. 성소를 가진 유일한 카시트 신들은 왕의 수호신인 슈카무나(Shuqamuna)와 슈말리야(Shumaliya)였다. 그들은 대관식에서 중요한 역할을 하였고 궁에 성전을 가졌다. 그러나 그 이외의 경우에는 카시트 왕들도 고대 바빌로니아 신들을 자신의 신으로 섬겼다(그림 9.1). 이전의 아모리인들과 마찬가지로 카시트인들은 정치적 힘을 가졌으나 그들의 문화적 영향력은 미미하였다.

그러나 그들은 바빌로니아의 사회 구조에 근본적인 영향을 미쳤다. 정착하기 전에 반 유목생활을 했던 그들은 가족과 부족 단위로 조직되었다. 그들은 도시들을 점령한 후에도 계속 그런 단위를 사용하였다. 그들은 사람들을 '누구 누구의 집'(아카드어 Bit + 사람 이름)에 소속한 것으로 분류하였다. 보통 허구

그림 9.1 바빌로니아 여신 라마의 카시트 석비. 비록 카시트인들은 그들 자신의 만신전을 가지고 있었지만, 그들은 계속해서 바빌로니아인들의 신들에게 경의를 표하였는데 오래된 전통적 제의 물건에 그리하였다. 이 석비 윗쪽에 16줄로 쓰인 수메르어 비문은 카시트인 이름을 지닌 한 공관이 나지-마루타쉬 왕의 생애를 위하여 여신 라마의 상을 세웠고 그것을 여신 이난나에게 헌정하였다고 언급한다. 같은 비문을 가진 석비의 거울상이 우룩에서 발굴되었다. 메트로폴리탄 예술 박물관, 뉴욕. E.S. 데이빗의 선물, 1961(61.12). 설화석고. 크기: 83.82×30.48×20.32cm. 출판 허가: © 2014 The Metropolitan Museum of Art/Art Resource/Scala, Florence.

적인 조상의 이름이 사용된다. 남자들은 그 조상의 '아들들'로 지칭되었다. 정착 생활에서 이 집들은 몇몇 마을들과 농지를 모두 포함할 수 있었고 행정 단위로 사용될 수 있었다. 각 집은 수장을 가졌고, 그 수장은 최고 경영자로 역할하였다. 정치적 패권을 잃은 후에도 카시트인들은 바빌로니아와 주변 지역에 머물면서 전통적인 카시트 이름을 가진 집들에서 그들의 조직을 유지하였다. 이들은 왕조가 사라진 후에도 몇몇 지역의 행정 단위로 남아있었다. 이렇게 바빌로니아의 사회 구조에 대한 카시트의 영향은 지속적이었다.

우리는 이 단위들이 어떻게 수도의 왕권에 연결되는지 잘 모른다. 카시트 왕들은 다른 근동 나라의 동료들에게 '쿠르두니아스 땅의 왕들'로 통한다. 쿠르두니아스는 바빌로니아를 지칭하는 카시트 말인 것 같다. 몇몇 아시리아 사료에서 바빌로니아 왕은 '카시트인들의 왕'으로 불린다. 이렇게 두 가지 호칭이 존재했던 것은 정치적 현실을 반영한 것 같다. 카시트인들은 정치적 힘을 가졌으나 타 민족으로 인식될 만큼 나머지 백성들로부터 문화적으로 구분되었다. 그들은 한 도시 출신이 아니기 때문에 영토 국가라는 이념의 발전이 용이하였다. 카시트 시대에 바빌론의 땅, 즉 바빌로니아라는 개념이 확고하게 세워졌다.

그 국가의 성립은 16, 15세기에 이루어졌다. 그 과정에 대해서는 거의 알려진 바가 없다. 1475년 울람부리아스(Ulamburiash)라고 불리는 한 카시트인이 '해상국'(Sealand)의 군주가 되면서 18세기에 바빌론의 패권이 사라진 후 남부 바빌로니아를 다스린 왕조를 대체한다. 후에 그는 그의 형제 카스틸라슈(Kashtiliashu)를 이어 바빌론의 왕이 되었을 가능성이 있다. 그러나 이에 대한 증거는 대체로 후대의 사료에서 온 것으로 매우 불확실하다. 14세기까지 카시트인들은 바빌로니아 전역과 그 이외의 지역도 장악한다. 티그리스강 동쪽의 디얄라 지역도 그들의 손에 넘어갔다. 어떤 카시트 총독은 페르시아만의 딜문 섬(오늘날의 바레인)에 살았다.

이집트 왕의 아마르나 편지는 바빌론과 주고 받은 14개의 편지를 포함한다. 두 명의 이어 다스린 왕, 즉 카다스만-엔릴 1세(재위 1374?-60)와 부르나부리아스(Burnaburiash) 2세(재위 1359-33)가 편지의 수취인과 발신인이다. 그 편지는 정략결혼과 결혼 선물과 지참금의 교환에 관한 것이다. 그러나 몇몇 정치적 문제도 엿볼 수 있는데 메소포타미아에서 힘의 관계에 변화가 왔음을 증거해 준다. 아시리아의 앗수르-우발릿은 이집트와 평등 조약을 맺는데 그것은 부르나부리아스로 하여금 그가 바빌로니아의 속국이니 그렇게 독립적으로 행동할 수 없다고 불평하도록 만들었다(제7장 참조).

　아시리아에 대한 바빌론의 우월 의식은 당시에 분명히 비현실적인 것이었다. 앗수르-우발릿(재위 1363-28)은 아시리아를 강대국으로 발전시켜 부르나부리아스가 그의 딸을 본처로 삼을 정도였다. 그 바빌론 왕이 죽었을 때 그의 아들카라-하드라스(Kara-hadrash)가 왕위를 이어받았으나 반란에 의해 암살당했다. 앗수르-우발릿은 손자의 암살을 계기로 바빌로니아를 침공해 쿠리갈주(Kurigalzu) 2세(재위 1332-08)를 왕위에 앉혔다. 아시리아의 중요성은 의심되지 않았다. 그러나 바빌로니아가 아시리아의 패권 아래 있지는 않았다. 바빌로니아는 당시의 강대국 중 하나였다. 따라서 다른 나라들이 통치의 정당성을 확보하기 위해 바빌로니아 왕의 지지를 구하려 하였다. 예를 들어, 하티의 왕 하투실리 3세는 카다스만-엔릴 2세(재위 1263-55)가 왕위에 올랐을 때 그와 접촉하여 좋은 관계가 지속될 수 있도록 청원하였다.

　이 시기에 해당하는 사료는 닙푸르에서 발굴된 매우 방대한 행정 문서들이 며 그 문서들은 주로 부르나부리아스 2세에서 카스틸리아슈 4세(Kashtiliashu IV, 재위 1360-1225)의 통치 기간의 것이다. 지금까지 약 만 2천 여 점의 토판 가운데 팔분의 일만이 출판되었고 이들에 대한 연구도 그다지 이루어지지 않았다. 이 문서들은 닙푸르를 다스린 총독 아래 매우 중앙 집약적인 행정이 이루어졌음을 보여준다. 닙푸르의 총독은 수확물과 동물을 때때로 대량으로 거두었던 농업 조직의 수장이었다. 이 자원들은 조직원들에게 식량으로 재분배되었다. 배급량은 수급자의 계급에 따라 정해졌다. 배급을 녹으로 수급 한 사람들은 행정관, 종교 종사자, 군인, 노동자들이 있다. 총독은 세속직이나 닙푸르 신, 엔릴의 대제사장직도 겸할 수 있었다. 엔릴 성전은 당시 근동에서 가장 중요한 기관 중 하나였다. 엔릴 성전에 대한 통치로 엔릴의 총독은 왕 다음의 권력자였다. 신전 당국은 사람들에게 돈을 빌려주거나 임금을 가불해 줌으로써 노동력을 확보하였다. 이것은 근동의 다른 지역에서 발견되는 것처럼 대부분의 사람들이 채무자가 되는 상황을 초래하였다. 카시트 왕국의 다른 지역에서는 관련 사료가 거의 발견되지 않았다. 당시의 사회와 경제를 연구하는 것은 이 때문에 어렵다. 도시화의 수준은 제2천년기 초반보다 낮았던 반면 고대 도시의 재건설이 유행이었다. 카시트 왕들은 바빌로니아 전역에서 건설 사업을 장려하였다. 이 사업의 일환으로 '쿠리갈주의 요새'를 뜻하는 두르-쿠리갈주(Dur-Kurigalzu)라는 신도시가 수도로 건설되었다. 그 도시는 약 5km의 너비에 방대한 궁전 신전뿐 아니라 진흙 단상들로 구성된 고층 탑도 포함하였다(그림 9.2). 이 탑은 아카드어 지쿠라투(ziqqurratu)를 따라 현대 학자들 이 지구라트(ziggurat)로 지칭한다. 두르-쿠리갈주는 14세기에 거의 알려지지 않은 쿠리갈주 1세에 의해 건설되었다. 이것은 당시에 이미 왕이 상당한 자원을 운용할 능력이 있었음을 보여준다.

카시트 왕조의 몰락은 아시리아와 엘람의 침공의 결과였다. 투쿨티-니루르타 1세(재위 1243-07)는 13세기 초부터 시작된 아시리아의 팽창 정책을 계속하여 바빌로니아를 침공하고 카스틸리아슈 4세(재위 1232-25)를 폐위시키고 그를

그림 9.2 두르-쿠리갈주의 지구라트 유적. 오늘날 바그다드 근처에 위치한 두르-쿠리갈주의 지구랏 도시의 중심 지역은 비교적 잘 보존되었는데 그 이유는 건설자들이 강수를 흘려 보내고자 규칙적인 간격으로 역청을 바른 갈대 매트를 놓았기 때문이다. 유적은 57미터의 높이를 보존하고 있으며 발굴 후 고고학자들은 이 신전 망대의 가장 낮은 부분을 복원하였다. 출판 허가: Marc Van De Mieroop.

포박하여 앗수르로 끌고 왔다. 당시 닙푸르 문서의 생산이 중단된 것은 우연이 아닐 것이다. 바빌론의 왕위를 잠시 차지한 투쿨티-니누르타는 그후 꼭두각시 왕들을 세워 그곳에서 약 10년 동안 아시리아의 이익을 대변하도록 하였다. 엘람의 압력과 성공적인 바빌로니아인들의 반란으로 바빌론이 카시트인들에게 돌아왔으나 엘람의 침공으로 결국 1155년에 카시트 왕조가 몰락하였다.

엘람 침략에 저항한 것은 카시트 왕조 사람들이 아니었다. 그들은 제2이신 왕조로 지칭되는 사람들이었다. 이신 왕조의 가장 힘 있고 유명한 왕은 네부카드네자르(Nebuchadnezzar) 1세(성경의 느부갓네살, 재위 1125-04)였다. 그의 수사 정복은 수사의 몰락으로 이어졌을지도 모른다. 그러나 네부카드네자르의 전성기도 잠시뿐 그가 죽은 후 바빌로니아는 역사에서 잊혀지기 시작한다. 그 지역의 쇠퇴는 아람인들의 침략 때문이라고 보통 여겨지나 그것은 당시 고대 근동 시스템의 보다 큰 문맥에서 고려되어야 한다.

왕이 상당한 면적의 땅을 집안 사람이나, 관직자, 성직자, 군인에게 나누어 주는 카시트 왕조의 관습은 제2이신 시대에서도 지속되었다. 이 선물은 신의 상징들로 장식된 돌 비문에 기록되었다. 비문은 왕이 누구에게 어느 면적의 땅을 하사했는지 자세히 기록한다. 그 비석들은 아카드어로 쿠두루(kudurru)로 불리웠는데 그것은 '경계'라는 뜻이다. 왕이 땅을 하사한 이유는 거의 기록되지 않는다. 그러나 특별한 충성에 대한 보답이거나 특정 신에 대한 지원인 것처럼 여겨진다. 하사된 땅의 면적은 평균 200명의 사람을 먹여 살릴 만한 상당한 규모였다. 때때로 마을 사람들의 노동과 면세 규정이 땅의 하사에 포함되었다. 이 땅들은 엘리트 중에서도 선택된 자들에게 영구 소유로 주어졌다. 그러나 이것은 특수한 경우에 해당하며 그 비석들이 당시의 땅 소유에 관한 일반적 관습을 대표하지는 않았다.

본래 바빌로니아 출신이 아니었던 카시트 왕들은 적어도 이름만은 자신의 모국어로 지었다. 그러나 그들은 바빌론 문화의 발달을 방해하지 않았다. 오히려 이 시대는 아카드어로 된 바빌로니아 문학 작품들이 생산된 중요한 시기였다. 이 문학 발달에 참여한 서기관과 작가들을 국가가 지원했기 때문에 카시트 왕조가 이 문화를 장려했다고 보아야 할 것이다. 심지어 수메르어도 문화와 종교의 언어로 아직 사라지지 않았다. 고대 바빌론 시절부터 내려운 수메르 문학의 일부가 수메르어 문장을 아카드 문장으로 바로 번역한 형식으로 새롭게 편찬되었다. 더욱이 문어적인 수메르어가 일부 문학, 종교 문서와 왕 비문을 작성하는 데 사용되었다. 당시의 많은 실린더 인장에 기록된 기도들은 수메르어로 되었다. 이 문화 장려 활동이 수메르어를 신비의 언어로 보존한 문화적 엘리트에 의해 주도되었음은 말할 것도 없다.

이 당시에 엄청난 창조의 역량을 보여준 분야는 아카드 문학이다. 이때 현대 학자들이 표준 바빌로니아어로 부르는 문학 언어가 개발되었다. 그것은 고대 바빌로니아 시대의 문학적 아카드어에 상당한 영향을 받은 언어다. 표준 바빌로니아어는 그후 메소포타미아 역사에서 문화 언어로 바빌로니아와 아시리아에서 지속적으로 사용되었다. 비록 당시의 구어에 영향을 받았지만 표준 바빌로니아어는 독특한 문법과 어휘를 가졌다. 문학 언어로서 그것은 제1천년기의 왕 비문에서도 사용되었다. 이 시대의 많은 문학들이 제1천년기 사본이나 메소포타미아 밖에서 발견된제2천년기 말 문서를 통해서 전해진다. 그러나 분명한 것은 그 문학이 제2천년기에 제작되었다는 것이다. 제1천년기에 제2천년기 작가의 중요성이 인정되었던 것이다. 제1천년기의 바빌론의 서기관들은 '가족'으로 구별되었다. 그 가족의 조상들은 신-레케-운닌니, 훈주우, 에쿠르-자킬 그리고 아후투와 같은 이름을 가졌다. 그리고 이 가족들은 카시트 왕족에서 기원한 것으로 여겨졌다. 신-레케- 운닌니는 제1천년기에 표준이 된 길가메시 서사시의 판본을 저작했다. 이런 문학 작품들은 카시트 시대의 다양한 문학 생산의 중요성을 보여준다. 그 문학들은 당시의 궁정 문화를 반영하고 몇몇 왕은 그들의 군사적, 종교적 업적을 인하여 찬양받는다. 제2이신 시대에는 개인이 고대 바빌로니아 시대보다 덜 안정적이라는 의식이 있었다. 예를 들어, '고난 당하는 의인'이란 시에서 알 수 있듯이 사람은 신들의 변덕의 희생자로 묘사된다. 그것은 자신이 어떻게 부와 명예를 잃고 수치, 가난, 질병에 시달려야 했는지를 묘사하는 독백 문학이다. 그 고통에 대한 이유는 없다. 마르둑이 특별한 이유 없이 고통을 그에게 준 것이다.

문학 작품은 군사, 종교적 행사를 위해 작성되는 경우가 있었다. 이 시대에 제사에서 마르둑의 중요성은 바빌로니아 전역에서 증가하였다. 새해 축제, 즉 갱신과 갱생 의식 동안 마르둑의 신상은 바빌론 시로 다시 입성해야 했다. 그 신상의 부재는 제사 의식에 재앙적인 결과를 초래했다. 그리고 신상의 회복은 매우 중요한 업적이다. 몇몇 문서가 이 문제를 소재로 하고 있다. 소위 『마르둑의 예언』(Marduk prophecy)이라는 작품에서 마르둑은 그가 어떻게 바빌론을 세 번이나 떠나 하티, 앗수르, 엘람으로 가게 되었는지를 서술한다. 이것은 무르실리 1세, 투쿨티-니누르타 1세 그리고 쿠티르-나훈테에 의한 바빌론의 정복을 지칭하는 이야기 같다. 첫 번째 회복은 잘 알려지지 않은 카시트 왕인 아굼의 공이다. 그가 실존한 역사적인 인물이라면 16세기경에 살았을 것이다. 엘람에서 마르둑 신상을 회복한 것은 네부 카드네자르 1세의 업적이었다. 그의 업적이 반복적으로 주장되었다. 이렇게 해서 바빌로니아 문학에서 가장 유명한 작품 중 하나인 소위 '창조 신화'가 생겨 난 것 같다. 창조 신화는 마르둑이 혼돈의 세력들(바다가 의인화된 티아맛)을 무찌름으로써 신들 가운데 왕위를 획득하는 과정을 그린다. 결론적으로 마르둑은 우주에 질서를 창조하고 바빌론 도시를 신들의 지상 거처로 건설하였다. 그 신화는 도시가 우주적 중요성을 지닌 장소라는 이념을 반영한다.

그리고 바빌론의 문화는 근동 세계 전체에 영향을 끼쳤다. 제2천년기 후반의 나라의 궁에는 바빌로니아 문학과 과학 문서들이 보관되어 있었다. 그것들을 필사하고 모방하였다. 예를 들어, 하투사에서 어휘 문서, 찬양, 주문, 의학 문서들이 발견되었고, 이둘 중 일부는 수메르어와 아카드어, 두 개의 언어로 되었다. 더욱이 길가메시 서사기의 여러 사본이 보관되었다. 바빌로니아 사본뿐 아니라 히타이트어와 후리안어로 번역된 사본도 있었다. 고대 아카드 왕인 사르곤과 나람-신에 대한 이야기들도 바빌로니아어로 보존되었다. 조금 작은 나라에서도 사정은 마찬가지다. 시리아의 에마르에서 발견된 바빌로니아 문서들은 징조 문서, 주문 그리고 많은 어휘 목록, 길가메시 서사시의 단편 사본, 그 외에 수메르와 아카드 문학들을 포함한다. 심지어 독자적인 문학 전통을 지닌 이집트의 아마르나에서도 메소포타미아의 문학과 어휘 목록들이 발견되었다. 이 가운데 아다파와 네르갈, 에레스키갈의 신화 그리고 아카드의 사르곤 이야기 등이 있다. 이 문서들은 바빌로니아 언어로 외국에 편지를 쓸 수 있도록 훈련된 궁의 서기관들이 만든 것이다. 이 서기관들은(특히 큰 나라에 속한 서기관들은) 원래 바빌로니아 출신일 수도 있겠지만, 지방 사람들이 바빌로니아어를 읽고 쓸 수 있게 된 경우도 있다. 그들은 보통 그것을 자신의 아들에게 전수하였다. 문학은 서기관의 훈련을 목적으로 사용되었다. 그리고 바빌로니아 문학에 대한 지식은 엘리트들이 자신들을 일반 대중과 구별짓는 한 방법이었을 가능성이 매우 높다.

이 시대부터 아시리아 문학이 바빌로니아의 영향을 받아 그 두 전통 사이에 분명한 구분이 없어지기 시작한다. 이런 문화적 영향은 바빌로니아 문학에 대한 근동 전반의 존경심에서 비롯된다. 예를 들어, 투쿨티-니투르타 1세는 바빌론을 약탈한 후 문학 토판을 전리품으로 가져갔다. 이렇게 해서 그는 바빌로니아 문서로 가득 채워진 아시리아의 왕궁 도서관의 기초를 놓았을 것이다. 이 바빌로니아 문서들은 다른 지방의 저자들에게도 영향을 주었다. 당시의 아시리아 문학은 바빌로니아에서 알려지지 않은 장르를 포함한다. 예를 들어, 왕의 서사시는 그 문체와 언어는 표준 바빌로니아어지만 남부에서 우리가 발견 하는 것보다 더 간결한 문체로 되었다. 바빌론의 문학을 모방하려는 시도가 늘 성공한 것은 아니다. 예를 들어, 엘람에서는 카시트 양식의 실린더 인장이 수메르어와 아카드어로 된 긴 비문으로 새겨져 있었다. 인장을 새기는 사람이 그 언어들을 몰랐기 때문에 때때로 그 인장에는 완전하지 못한 문장들이 새겨졌다. 바빌로니아의 영향이 어디에서나 발견되는 반면 그것은 지방의 문화와 문학 전통을 없애지는 않았다. 대부분의 장소에서 바빌로니아의 영향은 문화 유산의 여러 얼굴 중 하나가 되었다. 예를 들어, 우가릿에서 우가릿어와 후리안어로 된 문학들이 바빌로니아어로 된 문학들과 공존하였다. 문학 문화는 왕의 지원을 받았다. 바빌로니아 문학이 근동 전역에서 유명했다는 사실은 이 시대에 왕궁 문화의 힘이 상당했음을 시사한다. 문화적 중심지인 바빌로니아에서 카시트라는 외래 왕조가 이런 창작 활동을 지원했다. 카시트 왕조는 근동 역사에서 가장 오랜 안정의 시대를 이룩했다.

2. 아시리아

아시리아인들은 자신의 역사를 농경 정착 이전의 과거로부터 8세기 중엽까지 앗수르 시를 다스렸던 왕들의 긴 계승 역사로 묘사했다. 왕권은 여러 차례 이동했지만 우리는 그것에 근거해 역사를 왕조의 계승 역사로 세분할 수는 없다. 대신 현대 역사가들은 아시리아 역사를 대략적으로 고대, 중세, 신-아시리아 시대로 삼분한다. 각 시대는 아시리아어의 발달 단계를 반영하는 사료가 풍부한 세 시대와 일치한다. 제2천년기 중엽부터 말까지는 중세 아시리아 시대로 불린다.

이 시대의 역사는 보통 군사적으로 성공한 왕들에 특별한 초점이 맞춰져 기록된다. 14세기에서 11세기까지의 아시리아는 앗수르 시를 중심으로 한 작은 왕국에서 거대한 영토 국가로 발전하여 지역 문제에 지도자적인 역할을 수행할 수 있었다. 주로 왕의 연대기들로 구성된 우리의 사료(보충 9.1 참조)들은 이런 발전을 몇몇 왕들의 지속적인 대외 원정의 결과로만 그린다. 사료에 나타난 이런 왜곡은 현대의 역사책에도 반영되어 있다. 그러나 우리는 아시리아가 국제 사회에서 강대국의 위치를 차지하기 위해 사용한 외교적 수단을 무시해서는 안된다. 물론 외교는 군사적 힘에 바탕을 둔 것이다.

이 시대 최초의 중요한 왕은 앗수르-우발릿 1세(Assur-uballit I, 재위 1363-28)다. 그는 아시리아 본토, 특히 티그리스 계곡과 동쪽의 평야, 앗수르 시에서 북쪽의 타우르스 산맥에 이르는 지역에 대한 주권을 확립하였다. 전에 아시리아는 앗수르의 중심과 내륙을 통제한 도시 국가 이상이 아니었다.

보충 9.1 아시리아의 왕정 연대기

중세 아시리아 시대 말에 티글라스-플레저 1세의 통치 기간(1114-1076)에 왕의 군사적 업적에 대한 자세한 연대기적 서술을 제공하는 왕의 비문이라는 새 장르가 나타났다. 이것을 왕정 연대기라고 부른다. 이 장르에 속한 문서의 수는 시간의 흐름과 함께 증가하여 아시리아 시대 말에는 왕들이 남긴 문서의 양이 엄청났다. 연대기는 해마다 왕이 어디로 원정을 갔다왔으며 어떤 도시를 정복했으며 어

떤 전리품들을 가지고 돌아왔는지를 기록한다. 딱 한 해만 기술하는 문서도 있지
만 대부분의 연대기는 문서가 작성되는 때까지의 시기를 모두 포함한다. 연호는
그 해 다녀온 원정으로 지칭되었다. 다른 시대에 쓰인 같은 원정에 대한 다양한
이야기들은 종종 그 원정에 대한 다양한 자료를 제공한다. 그것은 현장 기록의 요
약본일 수 있다. 이 경우 원정이 발생하자마자 바로 기록되기 때문에 문서는 원정
의 세부 사항을 강조한다.

　　그러나 원정 발생 후 시간이 조금 흐른 후에 기록되는 경우 변화된 정치적 상
황을 반영하기 위해 본래의 보고를 조금 각색하는 경우가 있다. 예를 들어, 산헤
립(Sennacherib, 재위 704-681)에게 바빌로니아는 골칫거리였다. 그래서 그곳에 자신
에게 충직한 왕을 세우기 위해 여러 차례 정복한다. 그가 시도한 한 가지 방법은
지역 사람, 벨-이브니(Bel-ibni)를 세우는 것이었다. 그리고 초기 연대기에는 그런
사실이 기록되었다. 그러나 그 방법이 실효가 없었다. 3년 후 벨-이브니는 아시리
아 왕자에 의해 대체되었다. 그 이후 쓰인 연대기에는 바빌론 통치를 이야기할 때
에도 벨-이브니가 언급되지 않는다. 그 사람이 아시리아와 더는 관계가 없었기 때
문이다. 연대기는 우리에게 사실의 진술처럼 보이지만 상당히 정치적 목적을 가
지고 쓰인 것이기 때문에 역사 사료로 사용할 때 매우 조심해야 한다.

　　많은 연대기적 문서가 건축 비문에 사용되었다. 건축 비문에 사용된 연대기 문
서는 다음의 세 가지 요소로 구성되었다. 왕의 칭호, 그때까지 왕의 군사 원정에
대한 연대적 서술, 마지막으로 그때 착공된 건축 사업에 대한 설명, 결과적으로
그 비문들은 건축 활동에 대한 연대기적 기준을 제공한다. 그것들은 토판, 진흙
통, 실린더에 쓰여져 종종 건물의 기초와 함께 땅에 묻힌다. 그 비문들은 정교하
게 만들어진 것도 있다(그림 9.3). 혹은 부조로 건물 벽에 새기거나 석비에 쓰기도
한다. 비문에 군사적 원정에 대한 자세한 사항이 실려있기 때문에 오늘날 아시리
아 역사를 재구성할 때 주로 군사적 업적이 중심 초점이 된다. 그렇다고 아시리아
인들이 주위 나라 사람(이 사람들의 비문에는 군사적 업적이 쓰여있지 않음)보다 더 호
전적이라고 생각해서는 안된다.

　　15세기에 아시리아는 북시리아의 미타니에게 완전히 정복당했을 가능성
도 있다. 당시 아시리아 왕은 미타니의 속국 왕이었을 것이다. 히타이트가 서
쪽의 미타니 왕국을 공격했을 때 앗수르-우발릿은 동쪽 영토를 병합함으로써

자신을 국제적 인물로 세워갔다. 그가 이집트 왕에게 보낸 두 편의 편지가 아마르나에서 발견되었다. 그 편지에서 그는 적어도 미타니 왕과 동일한 지위를 주장하려 하였다. 이집트와의 외교 관계의 시작은 바빌론의 왕이었던 부르나부리아스 2세의 반대를 일으켰다. 그는 이집트 왕에게 아시리아를 무시하고 속국으로 대우할 것을 촉구했다. 그러나 아시리아의 중요성은 부정할 수 없었다. 바빌로니아 왕 자신도 아시리아 공주인 무발리탓-세루아(Muballita-Sherua)와 결혼했다. 그들의 아들인 카라-하다스가 바빌론에서 일어난 반란에서 살해되었을 때 앗수르-우발릿은 개입하여 반란으로 카시트 왕위를 주장한 자를 폐위시키고 쿠리갈주 2세를 왕위에 세웠다.

앗수르-우발릿의 죽음과 함께 아시리아의 힘은 일시적으로 쇠퇴한다. 그리고 그의 후계자들은 국제적인 영향력을 행사하기에 역부족이었다. 바빌로니아는 분명히 아시리아에서 독립하여 거의 군사적으로 동등한 힘을 가지게 된

그림 9.3 앗수르에서 발견된 티글랏 빌레셀 1세의 헌정 비문을 지닌 팔각형 기둥. 여덟 면을 지닌 이 기둥은 아시리아의 건축 비문들이 얼마나 정교할 수 있는지 그리고 이 물건들이 얼마나 세심한 형태를 이룰 수 있는지를 보여주는 훌륭한 예다. 이것은 한 왕의 통치 연대부터 문서가 쓰인 티글랏 빌레셀 1세 제5년까지 매년의 군사 원정 기록을 제공하는 연대기 중 가장 오래된 예시물이다. 본문은 앗수르 도시의 아누-아다드 신전의 기초에 놓였던 많은 팔각 기둥들과 조각들로부터 알려졌다. 국립 근동 박물관, 베를린(Inv. VA8255), 1109년. 테라코타, 높이 56cm, 지름 17.5cm. 출판 허가: © Photo Scala, Florence/BPK, Bildagentur für Kunst, Kultur und Geschichte, Berlin.

다. 그러나 이런 상황은 세 명의 장수한 아시리아 왕에 의해 역전되었다. 그들의 재위 기간은 13세기 전체를 아우른다. 아닷-니라리(Adad-nirari) 1세는 1305-1274년까지, 살마네저 1세는 1273년부터 1244년까지, 마지막으로 투쿨티-니누르타 1세는 1243년에서 1207년까지 통치하였다. 그들의 군사 활동의 주요 초점은 서부였다. 그들은 점진적으로 이전에 미타니 왕국의 영토였던 유프라테스 동쪽 지역을 아시리아의 직할 지역으로 만들었다.

처음에 아시리아인들이 하니갈밧으로 불렀던 나라의 왕은 이제 속국 왕이 되었다. 그가 봉기했을 때 살마네저 1세는 그의 나라의 남쪽 서쪽 영토를 차지하고 요새와 행정 센타를 세웠다. 후에 영토의 북쪽과 서쪽에서 반란이 일어났을 때 투쿨티- 니누르타 1세는 유프라테스 서쪽의 북시리아 전체 지역을 병합하였다. 그는 이제 서부 시리아를 통치했던 히타이트와 국경을 두고 대면하게 되었다. 비록 그 두 나라는 서로 싸웠지만 큰 전쟁은 없었다. 강대국들의 모임에서 아시리아에 대한 외교적 대접은 신통치 않았다. 아닷-니라리가 미타니 지역을 사실상 통치한 후 그는 하티의 왕에게 편지를 쓰면서 그를 형제라고 불렀다. 히타이트 왕은 다음과 같이 무례하게 대답한다.

'무엇 때문에 내가 너에게 형제애에 대해 편지해야 하는가? 너와 내가 같은 모태에서 나왔는가?'[1]

그러나 얼마 후 아시리아 왕이 강대국의 왕들과 동등하다는 현실은 부정할 수 없었다. 그후 히타이트 왕들은 아닷-니라리 1세와 살마네저 1세와 외교적 서신을 교환하였다. 이때 협박과 우호의 수단이 모두 사용되었다. 이것은 강대국 간의 직접적인 충돌을 피하기 위한 것이었다. 투달리야 4세가 13세기 말에 아무르의 샤우스가-무와와 조약을 체결했을 때 그는 아시리아를 강대국 중에 하나로 지명하고 있다. 그 조약은 아시리아의 상인들이 지중해와 무역하지 못하도록 규정하였다. 또한, 아무루 사람들도 아시리아 상인들과 거래할 수 없었다(문서 8.2 참조).

---

1   Gary Beckman, *Hittite Diplomatic Texts*, second edition(Atlanta: Scholars Press, 1999), 147. 히타이트 왕의 이름은 남아있지 않다. 학자들은 무와탈리 3세, 무르실리 3세 그리고 하투실리 3세가 그 지워진 이름일 것이라고 제안한다.

서부 영토에 대한 아시리아의 관할은 운하와 도로로 연결된 전략적 요충지들을 중심으로 이루어졌다. 도로는 때때로 스텝 지역을 관통하였고 일정한 거리 마다 우물이 설치되었다. 아시리아 행정의 거점들은 아마 무역로를 보호하고 그 주변의 마을들을 통제하기 쉬운 장소에 설치되었을 것이다. 이 행정 거점에서 발견된 문서들에 따르면 아시리아에서 왕이 파견한 관리들이 그곳에 정착하여 지방 주민의 큰 도움 없이 일을 처리하였다. 따라서 시리아 사람들을 아시리아 인으로 귀화시키려는 노력이나 지방 관습을 바꾸려는 시도가 없었다. 문서들은 주로 농업 생산과 관련된 것이다. 그 행정 거점 주변의 지역은 아시리아 행정부에 직접 고용된 노동자들에 의해 경작되었고 그들은 그 대가로 배급을 받았다. 살마네저 1세는 지방 사람들을 통제하는 새로운 방법이 도입하였다. 전체 주민을 하니갈밧 영토 안에서 가족과 재산을 가지고 강제로 이주하게 만들었다. 투쿨티-니누르타 1세 아래서 이 관습이 확대되어 북시리아 사람들이 아시리아로 강제 이주당해 그곳에서 공공 사업과 농업에 종사하기 시작했다. 이렇게 북시리아는 아시리아를 위한 농산물 생산지인 동시에 노동력의 보급지가 되었다.

13세기, 아시리아의 확장은 서쪽으로 국한되지 않았다. 군사적 원정은 시리아 북쪽, 동아나톨리아 지방까지 확장되었다. 이때 처음으로 아시리아의 기록에 나이리(Nairi)와 우루아트리(Uruatri)와 같은 지역이 등장하는데, 그 지역에서 제1천년기의 중요한 국가인 우랄투(Uraltu)가 발전했다. 구티아인 혹은 수바르인이라는 이름으로 익숙한 아시리아의 동쪽에 위치한 산족들도 군사 원정의 목표였다. 투쿨티-니누르타 1세가 카스틸리아슈 4세를 무찔렀을 때 바빌로니아는 다시 한 번 아시리아의 통제 아래 들어온다. 투쿨티-니누르타의 바빌론 정복은 긴 서사시의 기록으로 남는다. 그는 '아시리아의 왕 그리고 카르두니아스의 왕, 수메르와 아카드의 왕, 십파르와 바빌론의 왕, 틸문과 멜루하의 왕, 북해와 남해의 왕, 광대한 산들과 평야의 왕, 수바르인들과 구티아인들의 왕, 나이리의 모든 땅의 왕'[2]이라는 칭호를 취하며 광대한 영토에 대한 주권을 주

---

2 A. K. Grayson, *Assyrian rulers of the Third and Second Millennia BC(The Royal Inscriptions of*

장했다. 그러나 이런 전성기도 투쿨티-니누르타의 암살로 갑작스럽게 끝난다. 그후 아시리아는 혼란에 빠지고 그 틈을 타 새로운 비-정착민이 동아나톨리아와 북시리아로 침입해 들어왔다. 북시리아는 점점 살마네저 1세에 의해 저지당했던 아람인들에 의해 잠식된다.

그러나 아시리아의 쇠퇴는 두 왕, 지역의 내부적 안정을 도모했던 앗수르-레샤-이쉬 1세(Assur-resha-ishi I, 재위 1132-15)와 사방으로 군사적 원정을 감행했던 티글라스-필레저(Tiglath-pileser I, 재위 1114-1076)에 의해 잠시 멈춘다. 서쪽으로 티글라스-필레저는 아람인들과 무스쿠인들과 싸웠으나 그들의 반격으로 앗수르 근처의 에칼라툼(Ekallatum)을 빼앗겼다. 북쪽으로 그는 반(Van) 호수 연안까지 도달했다. 그러나 이 두 왕의 성공은 잠시뿐이었고 1050년까지 아시리아의 핵심 영토만을 남기고 북시리아와 메소포타미아의 대부분을 아람인들에게 넘겨주었다. 그후 100년간 아시리아는 국제사회에 이름을 내놓지 못할 정도로 세력이 약화되었다.

성공적인 군사 원정은 아시리아 내에 대규모 건축 공사를 위한 경제적 자원을 제공하였다. 가장 큰 사업은 투쿨티-니누르타가 새로운 수도를 건설한 것이었다. 카르-투쿨티-니누르타로 명명된 이 도시는 티그리스강 유역의 앗수르 맞은 편에 위치하였다. 투쿨티-니누르타가 바빌론을 무찌른 후 그 수도를 건설하였는데 그 원정에서 나온 전리품들로 공사에 필요한 자원을 제공했던 것 같다. 새 수도는 처녀지에 건설되었고 최소 약 240헥타르라는 어마어마한 규모의 도시였다. 중앙에는 거대한 내부 도시가 세워졌다. 그 내부 도시는 앗수르 신전과 두 개의 큰 궁전을 가졌다. 수도로서의 그 도시의 수명은 짧았다. 투쿨 티-니누르타가 암살된 후 그 도시의 중요성은 크게 감소되었다.

중세 아시리아 사회는 군국주의 정책에 크게 영향받았다. 아시리아의 본토에서 농지의 상당 부분이 왕의 소유였고 왕을 위해 일하는 사람이나 가족을 위해 땅 사용권이 분배되었다. 징용된다는 말은 흔히 군대에 간다는 뜻이지만, 모든 징용이 군사적 목적은 아니었다. 예를 들어, 건축 사업에 참여하는 것도

역시 징용이었다. 그에 대한 대가로 국가는 경작인이 국가를 위해 일하는 한 거의 사유 재산과 같이 사용될 수 있는 땅을 나누어 주었다. 그 땅은 세습되었고 궁의 허락없이 제3자에게 매매할 수 있었다. 그러나 그가 국가에 대한 의무를 이행하지 않거나 상속자가 없었을 때 땅은 제3자에게 판매되었어도 다시 왕에게 복귀되었다. 의무 노동을 감당하기 위해 사람들은 다른 사람을 고용하기도 하였다. 그는 보통 자신에게 빚을 진 사람이다. 다른 근동 사회에서와 같이 아시리아에서도 많은 사람들이 빚에 시달렸다. 현전하는 많은 계약 문서들에 따르면 대출은 채무자의 노동을 담보로 이루어졌음을 알 수 있다.

그 시대의 공식 문서 가운데 중세 아시리아 법(Palace Decrees, 문서 9.1 참조)이라고 부르는 것들이 있다. 이 문서들은 특히 여성들에게 사회 법이 매우 엄격했음을 보여준다. 여자들은 전적으로 남편과 아버지의 부양에 의존했고 어떤 일탈행위에 대해서도 엄격하게 처벌받았다. 남편이 적에게 사로잡힌 여인은 재혼하기 위해서는 2년을 기다려야 했다. 그동안 아버지나 아들이 그 여인을 부양하였다. 혹은 임신 중이라면 사회가 부양해 주었다. 그녀의 첫 남편이 2년 후에 돌아오면 그녀를 다시 받아들여야 했다. 이때 두 번째 남편을 통해 얻은 자식이 있다면 두 번째 남편에게 남겨졌다. 범죄에 대한 형벌은 보통 신체 절단이었다. 개인으로부터 물건을 훔치다 잡힌 여인은 남편에 의해 귀가 절단되었고 피해자에 의해 코가 절단되었다. 여성의 사회 활동은 엄격하게 통제되었다. 결혼한 여인이 혼자 외출하는 것이 허용되었지만 머리를 가려야 했다. 결혼하지 않은 여인들, 노예들 그리고 창녀들은 머리를 가리는 것이 허용되지 않았다. 머리를 가린 창녀는 50대의 곤장을 맞고 옷을 벗긴 후 뜨거운 액체를 머리에 뒤집어썼다. 누구든지 머리를 가린 창녀를 보고도 보고하지 않으면 같은 형벌에 처해졌다.

소위 중세 아리시아 궁전 칙령은 궁전 내의 행동을 규제하였다. 주로 여성의 행동을 규제하는 내용이다. 궁녀들에 대한 접근이 감시되었고 여인에게 접근하는 외부인은 거세 여부를 검사받아야 했다. 궁녀가 제3자 없이 남자와 접견하면 둘 다 사형에 처했다. 종이 어깨를 드러낸 궁녀와 이야기하면 그는 곤장 100대를 맞았다. 우리가 이 법을 통해 느끼는 점은 아시리아 사회가 엄격한 행동 규율을 신민들에게 부여한 왕궁 중심의 사회였다는 것이다.

문서 9.1 중세 아시리아 법

함무라비 법전의 단일화된 법들과는 달리 소위 중기 아시리아 법들은(현대 학자들이 A에서 O까지 명명한) 일련의 쐐기 문자 토판들로 각각의 토판은 조건법들을 담고 있다. 오직 토판 A만 보존이 잘되어 있고 다른 토판들은 대부분 파편적으로 남아 있다. 중기 아시리아 법 A는 각기 다른 환경-상속, 성폭행, 채무 등-에서 희생자이며 주된 행동인으로서, 여인의 문제에 집중하고 있다. 법들은 함무라비 법과 같이 "만약… 그렇다면…"의 틀을 사용하고 있지만, 이 법보다 매우 긴 경향을 보여주고 있다. 비록 이 법들은 14세기의 것이지만, 우리는 그것을 단지 11세기 사본을 통해서 접할 수 있다.

토판 A, 제45문단

여인이 기혼이고 적이 그녀의 남편을 잡고, 그녀에게 시아버지나 아들이 없으면, 그녀는 2년간 남편을 기다릴 것이다. 그동안 먹을 것이 없으면 공개적으로 말할지니라. 그녀가 궁정에 의존하는 마을에 속하면 그녀의 [아버지?]가 먹일 것이며 그녀는 그를 위해 일할 것이다. 만약 그녀가 말단 군인의 아내라면 [ ]가 그녀를 먹일 것이며 [그녀는 그를 위해 일할 것이다.] [그녀가 먹고살 만한] 밭이나 [집이 없는 자의 아내라면,] 그녀는 공개적으로 나와 재판관에게 먹을 것이 없다고 말해야 한다. 재판관은 시장과 도시 지도자들을 심문하여 그곳의 밭의 가격에 맞게 밭과 집을 그녀의 생계 수단으로 할당하여 주어야 한다. 그녀는 그곳에서 살며 그들은 그런 내용을 문서로 작성해야 한다. 그녀는 2년 후 그녀가 원하는 남편과 살 수 있다. 그들은 그녀가 과부라는 문서를 작성해 줄 것이다. 만약 후에 그녀의 실종된 남편이 돌아오면 그는 가족 밖으로 떠난 자기 아내를 데리고 올 수 있다. 그러나 그는 그녀가 새 남편에게서 얻은 아들들에 대해서는 권리가 없다. 그녀의 새 남편이 아이들을 취할 것이다. 생계를 위해 온전한 가격에 팔아버린 밭과 집은 국고에 귀속되지 않았다면 받은 금액을 변상하고 다시 찾을 수 있다. 그러나 그가 돌아오지 못하고 해외에서 죽으면 왕은 그의 밭과 집을 그가 원하는 곳에 줄 수 있다.

토판 A, 제47문단

남자나 여자가 마술을 행하다가 잡히고 그들의 죄가 입증되면 사형에 처한다. 마술을 본 사람에게서 '내 자신이 그것을 목격했습니다'라는 이야기를 들은 사람은 왕에게 가서 그것을 보고해야 한다. 목격자가 보고의 내용을 부정하면 듣고 말한 그 사람은 태양신의 아들이자 신이신 소 앞에서 '그가 정말 내게 말했습니다'라고 말해야 한다. 그러면 그는 혐의에서 풀릴 것이다. 처음에는 그렇게 말하고 나중에 부정한 그 목격자에 대해서는 왕이 그를 원하는 대로 심문하고 조사할 것이다. 축귀하는 자는 그 사람으로 하여금 언제 그들이 정결케 할지 말하도록 할 것이다. 그러면 그는 다음과 같이 말할 것이다.

'누구도 내가 왕과 그의 아들에게 맹세한 맹세로부터 너를 풀어주지 못할 것이다. 네가 왕과 그 아들에게 맹세한 그 문서에 따를지니라.'

번역 출처: Martha T. Roth, *Law Collections from Mesopotamia and Asia Minor*, second edition(Atlanta: Scholars Press, 1997), pp. 172-3.

3. 중세 엘람 왕국

제2천년기 후반의 근동 세계의 동쪽 국경에서 엘람(Elam)이라는 나라가 힘센 이웃 국가들과 나란히 발전하였다. 국제 무대에서의 엘람의 역할은 그렇게 신통하지 않았다(부록 왕명록 참조). 18세기 바빌론의 함무라비에 패배한 엘람 지역은 정치적으로 분열되어 있었을 것이다. 이 상황은 1400년경에 가서야 역전되었으나 1500년부터 수사의 왕들은 자신을 아카드어로 '수사와 안샨의 왕들'로, 엘람어로는 '안샨과 수사의 왕들'로 불렀다. 1400년 이후 서쪽에 위치한 수시아나(Susiana)의 저지대는 남동 약 500km 지점에 있는 오늘날의 파르스(Fars) 지방에 해당하는 안샨의 고지대와 또한 남쪽 400km 지점에 있는 페르시아만 해안 지역과 통일되었다. 엘람은 거대한 영토를 가진 나라였다. 주민들은 다양한 문화적 배경을 가졌다. 서쪽의 저지대는 메소포타미아의 영향을 많이 받았으나 고지대는 지역 전통을 유지하고 있었다. 이런 차이는 언어와 종교 관습에서 분명하다. 메소포타미아의 아카드어는 엘람 역사의 초기 시기에 사용되었다. 그리고 아카드어는 이 시기 초반의 공식 언어이기도 했다. 1400년 이후에는 엘람어가 공식어가 되었다. 이 시대의 초반에는 수사에서 엘람신들이 숭배되기도 했지만 메소포타미아의 신들이 더욱 인기가 있었다. 그러나 1400년 이후에는 엘람의 신들이 공식 종교를 지배하게 된다.

이 시대의 역사 연구는 주로 건축 비문에 의존한다. 왕의 이름이 여러 지역에서 증거된 것으로 엘람의 통치 영역을 가늠할 수 있다. 종종 건축 비문에 족보가 등장한다. 그래서 우리는 어느 정도의 확실성을 가지고 왕들의 순서를 재구성할 수 있다. 이 왕들의 절대 연대를 알기 위해서는 우리는 메소포타미아 역사와 비교해야 한다. 바빌론의 사료들은 종종 엘람과의 군사적 충돌을 언급한다. 외교적 결혼을 언급한 편지도 있다. 그러나 일반적으로 엘람 역사에 대한 우리의 지식은 희박하다.

1500년과 1100년 사이의 엘람은 세 왕조가 이어 다스렸다. 우리는 약 1400년에 다스린 첫 번째 왕조에 대해서는 아는 바가 거의 없다. 우리가 아는 것은 다섯 명의 왕 이름이 고작이다. 또한, 그들의 관계에 대한 정보도 없어 그들이 하나의 왕조인지조차 확실하지 않다. 그들 대부분은 '수사와 안산의 왕'이라는 칭호를 가졌다. 그 칭호는 '허구적 상황'을 가리키는 것이었을 가능성이 있다. 왜냐하면, 그들이 수시아나 평야 너머의 지역을 다스렸다는 증거가 없기 때문이다. 뿐만 아니라 그 왕들의 권력도 매우 제한적이었을 가능성도 있다. 그 왕들 중 하나인 테프티-아하르(Tepti-ahar)의 가장 잘 알려진 업적은 수사에서 약 20km 지점에 새로운 도시인 카브낙(오늘날의 하프트 테페)을 건설한 것이었다. 이 건축은 그가 수사에 대한 지배력을 상실했기 때문이라는 제안도 있었다. 그러나 그에 대한 분명한 증거는 없다. 아무튼 초기 중세 엘람 왕들이 거대한 영토를 가졌다고 전해지지만 실제로 그들은 서부 저지대를 넘어서 자신들의 존재의 자국을 남길 능력을 지니지 못했다.

중세 엘람국의 형성은 그 시대의 두 번째 왕조의 업적이었다. 두 번째 왕조의 창시자는 이기-할키(Igi-halki)였다. 두 번째 왕조는 약 200년간 지배했다. 왕위 계승이 조금 이상했는데 왕위가 이기-할키의 두 아들의 후손들 사이에 왔다갔다했다. 첫 번째 계승자인 파히르-이스샨(Pahir-ishshan)을 그의 형제인 아타르-키타(Attar-kittah)가 이어받았고 그의 아들과 손자가 또 왕위를 이었다. 그 다음에 왕위는 파히르-이스샨의 두 아들에게 넘어갔다. 그리고 그 두 아들은 아타르-키타의 후손들에게 왕위를 넘겨 주었다. 가문의 두 계파 간의 갈등이 있었을 가능성이 있다. 그러나 그에 대한 분명한 사료는 없다. 저지대에 대한 왕조의 통치는 그것의 건축 비문이 잘 증거해 준다. 당시 벌어진 건축 사업은 페르시아만의 항구인 리얀에서의 건축 활동을 포함한다.

가장 큰 사업은 14세기 말에 수사에서 40km 떨어진 지점에 신도시를 건설한 것이었다. 신도시는 그 도시를 건설한 사람인 운타스-나피리샤(Untash-Na-pirisha)의 이름을 따라 알-운타스-나피리샤로 지었다. 그 도시의 중앙에는 수많은 성전을 가진 안뜰로 둘러싸인 거대한 지구라트가 있었다. 또 하나의 뜰 안에는 보다 세속적인 건물들이 위치했다. 지구라트는 나피리샤라는 엘람의 최고신과 수사의 수호신인 인슈쉬낙(Inshushinak)에게 봉헌되었다. 건설은 정말 규모가 어마어마했다. 수백만 개의 벽돌이 건축에 들어갔으며 사용된 연료의 양도 엄청났다. 태양에 말린 벽돌로 내부를 만들고 2m 두께의 구운 벽돌로 둘러 쌌다. 겉 벽돌의 매 10열은 운타스-나피리샤가 인슈쉬낙에게 바친 봉헌글이 새겨졌다. 건축이 견고하게 잘 되어 이 지구라트는 근동에서 가장 잘 보존된 지구라트가 되었다. 안뜰에 위치한 많은 신전들은 순수히 엘람 신들에게만 봉헌되었으나 다른 신전들 가운데는 수사에서 인기 있는 메소포타미아의 신을 모시기도 했다. 이렇게 해서 엘람의 전통에 대한 관심이 높아졌다.

메소포타미아의 영향에서 벗어나는 또 하나의 움직임은 국가의 문서에 쓰인 공식 언어로 엘람어가 채택된 것이다. 약간의 예외가 있지만 건축 비문들은 더는 아카드어로 쓰여지지 않았다. 알-운타스-나피리샤는 당시의 많은 건축물처럼 창시자가 죽자 그 중요성이 소멸하였다. 비록 버려지지는 않았지만 운타스-나 피리샤가 죽은 직후 수사에 밀리는 도시가 되었다. 이 왕조의 마지막 왕은 바빌로니아에서 군사 작전을 수행하였다. 바빌로니아가 꼭두각시 왕들을 임명한 아시리아의 투쿨티-니누르타 1세의 영향 하에 있었을 때인 키딘-후트란 3세는 티그리스강 동쪽을 침공하였다. 그는 바빌로니아를 두 번 침공했다. 첫 번째 원정에서는 닙푸르를 점령하였고 두 번째 원정에서는 이신을 공격하였다. 카시트인들이 투쿨티-니누르타가 1207년에 죽자 바빌로니아의 지배권을 회복하였을 때 키딘-후트란도 죽고 엘람에는 새로운 왕조가 들어선다.

이 왕조 변화의 구체적 사항은 우리에게 알려지지 않았다. 12세기 초의 수사에 있던 건축 비문은 슈트룩-나훈테(Shutruk-Nahhunte)라는 인물의 활동을 보고한다. 그는 할루투스-인슈쉬낙(Hallutush-Inshushinak)의 아들로 사료에 따르면 그의 후손들이 12세기의 나머지 기간에 엘람을 다스렸다. 슈트룩-나훈테는 카시트 왕 멜리-쉬팍(Meli-Shipak, 재위 1186-1172)의 장녀와 결혼했으나 당시 바빌로니아와의 관계는 매우 안좋았다. 1158년에 슈투룩-나훈테는 바벨로니아를 침략하였고 도시들을 약탈하였다-엘람의 비문에 따르면 700개- 그리고 카시트 왕을 폐위시켰다. 그는 주요 도시들에서 약탈한 다량의 전리품들을 가지고 돌아왔다. 그중에 나람-신의 석비, 함므라비의 법전과 같은 가장 유명한 초기 바빌로니아의 유물들도 포함되어있다.

이들 기념물들 중 일부에 슈투룩-나훈테는 엘람의 문자를 새겨넣었다. 여기에서 그는 포로로 잡아 온 것을 기념하고 있고 그들을 데리고 온 장소를 밝히고 있고 그가 그들을 신 인슈신낙에게 바쳤다고 말한다(문서 9.2). 이것이 그 많은 바벨론의 기념물들이 수사에서 발굴되고 있는 이유를 밝혀준다. 그 왕은 또한 알-운타쉬-나피리샤를 포함해서 엘람의 도시에서 가지고 온 물건들을 모아서 수사에서 그것들을 다시 봉헌했다. 슈투룩-나훈테는 그의 아들 쿠티르-나훈테에게 암살되었다. 새 통치자는 바벨론 문학 문서에서 중요한 인물이었다. 이 모두가 주로 페르시아 시대로 추정되는 사본들에 보존되어있다. 바빌로니아 공주의 아들로서 그는 바빌로니아의 왕이 되어야 한다고 생각했다. 꾸며진 것 같은 가공의 편지에서 그는 다음과 같이 불평하였다.

'나는 왕이요, 왕의 아들이요, 왕의 후손이요, 왕에게서 태어났다. 나는 바빌론과 엘람 땅의 왕이다. 나는 위대한 왕 쿠리갈주의 장녀의 후손이다. 그런데 내가 왜 바빌로니아의 보좌에 앉지 못하는가?'[3]

---

3   Benjamin R. Foster, *Akkadian Literature of the Late Period*(Munster. 2007).

문서 9.2 중세 엘람 비문

1155년경에 바빌로니아를 침공한 후 슈트룩-나훈테는 여러 도시에서 상당 수의 기념비들을 전리품으로 취하여 수사로 가지고 갔다. 그는 그중 몇 개에 엘람어로 글을 새기며 그 기념비의 본래 주인을 밝히고 어디에서 가져왔는지를 적고 있다. 그 비문들은 왕의 승리를 축하하기 위하여 눈에 잘 띄는 장소에 새겨 놓았다. 그 가운데 세 개를 아래에 번역하였다.

1. 십파르에서 가져온 나람-신 석비의 비문(그림 4.1 참조)

나는 할루투스-인슈쉬낙의 아들, 이슈쉬낙의 사랑스런 종, 안샨과 수사의 왕, 왕국을 확장하고 엘람 땅을 돌본, 엘람 땅의 주인인 슈트룩-나훈테다. 인슈쉬낙이 나에게 명령하였을 때 나는 십파르를 무찔렀다. 나람-신 석비를 빼앗고 엘람 땅으로 가져왔다. 인슈쉬낙, 나의 신을 위해 나는 그것을 제물로 세웠다.

2. 아카드에서 빼앗은 마니스투슈의 신상에 새겨진 비문[1]

나는 할루투스-인슈쉬낙의 아들, 이슈쉬낙의 사랑스런 종, 안샨과 수사의 왕, 왕국을 확장하고 엘람 땅을 돌본, 엘람 땅의 주인인 슈트룩-나훈테다. 인슈쉬낙이 나에게 명령하였을 때 나는 아카드를 무찔렀다. 마니스투슈 신상을 빼앗고 엘람 땅으로 가져왔다. 인슈쉬낙, 나의 신을 위해 나는 그것을 제물로 세웠다.

3. 에스눈나에서 빼앗은 마니스투슈 신상[2]

나는 안샨과 수사의 왕, 할루투스-인슈쉬낙의 아들, 슈트룩-나훈테다. 인슈쉬낙이 내게 명령내렸을 때 나는 에스눈나를 무찔렀다. 나는 마니스투슈 신상을 빼앗아 엘람 땅으로 가져왔다.

---

1 Pierre Amiet, L'art d'Agadé au Musée du Louvre(Paris: Éditions des Musées Nationaux, 1976), no. 13.

2 Ibid. no. 11.

번역 출처: Friedrich W. König, *Die elamischen Königinschriften*(Graz, 1965), 76-7.

그러나 확실한 것은 슈트룩-나훈테가 1155년경에 바빌로니아를 침략했고 카시트의 마지막 왕의 통치를 종식시켰다는 것이다. 그는 바빌로니아의 모든 주요 도시들에서 수많은 양의 전리품들을 가지고 돌아왔다. 그중에 나람-신의 석비, 함무라비 법전과 같은 아주 유명한 초기 바빌로니아 유물들도 포함되었다. 이 비문 중 상당수에는 엘람어로 그 업적을 기념하고 그 비문이 어디로 이동했는지를 밝히고 또한 슈트룩-나훈테에 의해 인슈쉬낙에게 바쳐졌음을 기록하고 있다. 이것은 왜 그렇게 많은 바빌로니아 기념비들이 수사에서 발굴되었는가를 설명한다. 즉 수사의 왕은 알-운타스-나피리샤와 같은 엘람의 도시들에서 그 유물들을 수사에 가져와 다시 봉헌하였던 것이다.

　슈트룩-나훈테는 왕권을 그의 아들인 쿠티르-나훈테에게 넘겨주었다. 조금 후대의 바빌로니아에서 발견된 자료에 따르면 쿠티르-나훈테는 바빌로니아를 노략질하고 마르둑의 신상을 훔쳤다. 그의 형제이자 후계자인 실학-인슈

그림 9.4 운타쉬-나피리샤의 아내 나피르-아수 왕비 입상. 이 입상은 2천년대 말기 엘람 금속장인들의 놀라운 기술을 보여준다. 그들은 이 입상을 만들기 위하여 금속 약 1,750kg을 사용하였고 두 부분으로 나누어 주물 하였다: 먼저 밀랍 상실(lost-wax) 방법으로 바깥쪽이 구리와 주석으로 제작되었고, 이후 안쪽이 청동과 주석 합금으로 채워졌다. 두 부분은 핀으로 연결되었다. 바깥쪽 장식은 대부분 주물 된 것이지만 비문과 추가적 세부 장식은 새겨진 것이다. 금과 은 장식이 아마도 덧붙여졌을 것이다. 엘람어로 된 비문은 그것이 나피르-아수의 것이며, 그것을 손상 입히는 자를 저주하는 내용을 언급한다. 루브르 박물관, 파리. 구리와 청동, 높이 129cm, 수사에서 출토. 출판 허가: akg images/Erich Lessing.

쉬낙은 바빌로니아와 아시리아를 반복적으로 침공하고 티그리스 동쪽 지역과 북으로는 누지까지 다스렸다고 주장하였다. 카시트 왕조가 몰락하고 아시리아가 쇠퇴하면서 그 지역은 엘람의 공격에 쉽게 노출되었다. 그러나 네부카드네자르 1세 아래서 바빌로니아가 부흥하자 엘람의 번영은 끝나게 되었다. 그 바빌로니아의 왕은 마르둑의 신상을 수사에서 다시 가져왔고 그후 엘람은 우리의 역사 기록에서 300년 동안 사라졌다.

중세 엘람 시대가 그 지역 전체 역사 가운데 가장 사료가 많은 시대임에도 불구하고 엘람 역사에 대한 우리의 지식은 제한적이다. 엘람은 근동의 역사에 비교적 늦게 등장한 나라로 그것의 국제적 영향력은 바빌로니아와 아시리아 지역에 국한되었다. 그러나 엘람의 중요성을 무시할 수 없다. 엘람이 국제 서신 사료에서 그다지 등장하지 않는 것은 엘람이 아마르나 편지가 대표하는 시대 이후에 등장했고 시리아에서 멀리 떨어졌다는 사실에 기인한 것 같다. 엘람은 바빌로니아의 카시트 왕조와 접촉했지만 이 시대의 바빌로니아 왕궁 문서는 허구로 의심되는 후대 사본들을 제외하면 우리에게 남아있는 것이 없다. 엘람은 바빌로니아의 문화의 영향을 강하게 받았다. 그러나 바빌로니아의 문화에 저항하기도 했다. 아카드어가 사용되었지만 1400년 이후에는 엘람과 비교해 이차적인 역할만을 감당하였다. 한편 당시의 미술은 바빌로니아의 관행과 스타일을 흉내내었다(그림 9.4). 엘람의 이런 혼합 문화는 메소포타미아의 영향을 받은 저지대도 엘람의 고원지대도 문화적 패권을 갖지 못한 엘람의 문화의 다양성의 결과일 수 있다.

토론 9.1 슈트룩-나훈테는 왜 바빌로니아 기념비들을 수사로 옮겨갔는가?

1900년 이란 서부 지역의 수사에서 이루어진 프랑스인들 발굴의 가장 놀라운 발견 중 하나는 분명히 바빌로니아에서 만들어진 많은 양의 기념비들이다. 그것들은 앞에서 우리가 언급하였던 나람-신 비문, 함무라비 법전 등과 같은 매우 유명한 작품을 포함하지만, 훨씬 더 많은 숫자를 포함한다(목록에 관하여 Potts 1999:235를 보라). 그것은 천년이 넘은 비문들과 현재 쿠두루 경계석이라 알려진 것들을 포함한다. 이들은 모두 무거운 돌로 운반하기가 쉽지 않은 것들이었다. 이들 중 몇은 매우 큰 것으로 높이 225cm의 함무라비 비문, 실제 크기의 마니쉬투슈 석상, 높이 89cm 너비 52cm의 좌상 등 모두 무게가 나가는 돌들이다(그림 6.2와 Harper 1992:165, 175의 그림을 보라). 그들 모두가 비문이 적힌 것은 아니지만, 적힌 것 중 일부는 슈투룩-나훈테가 바빌로니아의 많은 도시들(예를 들어, 십파르, 아카드)과 동쪽 지역(예를 들어, 에스눈나)에서 가져온 것을 알려주고 있다. 비록 그는 수사에서 발견된 바빌로니아 물건들 모두를 가져왔다고 할 수 없지만, 그는 확실히 1158년 그의 원정 때 많은 수를 옮겨왔다.

운송이 그리 쉽지 않은 그러한 일을 그는 군이 왜 하였고 이후 그 비문들은 어떻게 되었는가?

단순히 그것을 2차 세계 대전 때 독일인들이 유럽 예술 작품을 약탈한 것처럼 "전리품 수집"(Carter & Stolper 1984: 40)으로 볼 수 있다. 바빌로니아인들의 기념비들을 약탈하여 전시한 것은 수사가 주요 도시가 되었고 그것의 통치자가 카시트인들의 합법적인 상속자임을 공포하는 시도가 될 수 있다(Carter 1992:122). 슈트룩-나훈테는 그 비문들이 손상을 입지 않도록 보호하기 원했지만, 그가 의도한 바는 아니지만, 646년에 아시리아 왕 아수르바니팔이 수사를 공격하였을 때 그것들이 노출되었다고 생각할 수 있다(Harper 1992:161-62).

그러나 이러한 설명은 이러한 형상들이 가진 힘을 고려하지 않은 것이다. 문서와 시각적 모습은 왕정 비문의 유괴가 고대 근동 전쟁의 일반적인 행동이었음을 보여준다. 슈트룩-나훈테가 이 물건들을 손에 쥐었을 때, 그것들은 단순히 과거의 기념이 아니었다. 그것들은 그것들이 나타내고 있는 통치자의 지속적인 현시였다. 나람-신은 그 석비에 현존하였고 그 안에서 그의 군사적 역량을 여전히 행사하였다. 함무라비는 여전히 그의 법전을 통해서 위대한 정의의 왕이었다. 이 기념비들을 지배하고 그 위에 자신의 이름을 새김으로, 슈트룩-나훈테는 이러한 과거의 통치자들의 세력을 빼앗았다(Bahrani 1995). 그는 비록 원래 비문들의 부분을 지우기는 하였지만, 누가 그것들을 세웠는지 인정하는 것을 부끄러이 회피하지 않았다. 그러나 그는 지금 그것들을 지배하는 이는 바로 그라는 점을 주장하였다. 그는 이것을 보여주기 위하여 그것들을 대중에게 전시하였으며 그것들 중 몇 개는 이후 몇 세기 동안 세워져 있었을 것이다. 십파르에서 발견된 페르시아 시대 토판은 그 토판 서기관이 수사에 서 있는 함무라비 석비로부터 바로 문서를 필사하였다고 주장한다(문서 15.2).

영토 국가 체제의 붕괴와 그 여파

3000	2500	2000	1500	1000	500

1209	이집트의 메르넵타가 '해상민족'과 싸움
1200년경	미케네 문화의 종말
1190년경	우가릿의 침공
1185년경	유프라테스강 유역의 에마르의 파괴
1185년경	에마르의 침공
1177	이집트의 람세스 3세가 '해상민족'과 싸움
1155	바빌로니아에서 카시트 왕조의 종말
1120년경	중세 엘람 시대의 종말
935년경	아시리아에서 문서 기록이 다시 등장함

B.C. 12세기는 격동의 시기였다. 급진적 변화들이 이 시기의 근동과 그 주변의 모든 사회에 발생했다. 이런 변화의 여러 요인 가운데 엄청나게 많은 군사 활동과 그로 인한 파괴가 있었다. 그러나 이 파괴로 인한 급진적 변화 가운데도 연속성의 요소들도 보이고 지역에 따라 변화의 정도도 차이가 있었다. 기본적인 관료 행정이 마비되고 문서 기록 관행도 마비되었기 때문에 각 도

시들에서 구체적으로 무슨 일이 일어났는지는 확인하기 어렵다. 관찰된 변화의 시점도 확실하지 않다. 그러나 가장 어려운 점은 그때 일어난 사건들에 대한 해석이다. 어떤 단일한 원인으로 당시 근동 지역과 국가에서 발생한 것을 설명할 수 없다. 지방의 상황이 넓은 지역의 변화를 가져다 주기도 했지만, 확실한 것은 이전 세기의 근동 세계의 특징이었던 국제 체제가 완전히 사라지게 되었다. 그 시스템의 붕괴는 각 지방이 겪고 있는 어려움들을 더욱 악화시켰고 그것은 이 시대를 이해하는 틀이 된다.

1. 역사적 사건들

현전하는 사료는 시대의 혼란과 격변에 초점을 맞춘다. 고고학적으로 파괴된 도시는 살아남은 도시보다 쉽게 확인 가능하다. 전쟁의 기사를 주로 다룬 왕의 비문들은 평화 상황보다 전쟁을 부각시킨다. 따라서 12세기의 이야기는 주로 격동의 이야기이지만 연속성과 점진적 변화의 강한 요소들도 있었다. 비록 후자는 사료에서 잘 드러나지 않지만 절대로 잊어서는 안 된다. 학자들은 연속성과 변화의 요소들이 각각 어느 정도였는지에 대해 논의한다. 그러나 모든 학자들은 1050년의 고대 근동 세계는 1250년대의 그것과 매우 다른 것이었다는 데 동의한다. 그러나 어떤 일이, 왜, 정확히 언제 발생했는가에 대해서는 여전히 논쟁 중이다.

파괴의 정도는 지중해 동부 지역, 즉 에게 해와 아나톨리아 지역에서 가장 강하였고 후에 조금 떨어진 파괴력으로 동쪽으로 확대되었다. 시리아 해안 지역과 레반트는 내륙 지역보다 심하게 영향을 받았다. 메소포타미아와 이집트의 강대국들은 주요 파괴 세력에 저항할 수 있었으나 그들과의 국경 전투의 영향으로 그후 쇠퇴의 길을 걷게 된다. 이제부터 서쪽에서 동쪽으로 이동하며 이야기를 진행하도록 한다(지도 10.1 참조).

미케네인들의 에게 해 세계는 근동의 바깥이었으나 15세기에서 13세기 근동의 특징적인 국제 체제의 일부였다. 미케네의 사회와 정치 조직의 정확한

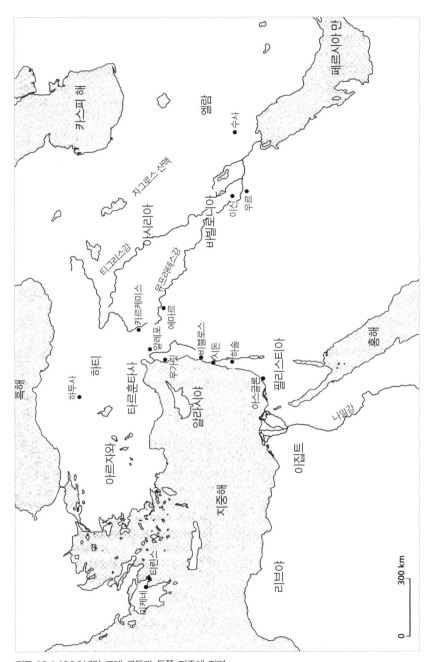

지도 10.1 1200년경 고대 근동과 동쪽 지중해 지역

출처: L. De blois and R. J. van der Spek, *An Introduction to the Ancient World*(London and New York: Routledge, 1997), 21

성격은 여전히 불분명하나 미케네와 티린스 지역에 전설된 대규모 요새들은 다양한 지역에 강한 중앙 권력이 있었음을 잘 보여준다. 이 요새에는 큰 재원을 쉽게 운용할 수 있는 엘리트들이 살았다. 미케네의 영향은 그리스 본토의 대부분과 크레테를 포함한 에게 해 섬들로 확장되었다. 그리고 키프로스와 레반트 지역(the Levant)과의 무역이 활발하였다. 그러나 미케네 세계는 12세기 초에 사라졌다. 해외 무역도 중지되고 사람들도 이제는 화려한 무덤 용품과 함께 묻히지 않았다. 요새들의 몇몇은 파괴되었고 그후 버려지거나 크기가 상당히 감소되었다. 파괴는 한 번에 발생한 것이 아니었고 몇십 년에 걸쳐 일어 난 것이었다. 비록 그 이후의 고고학 문화도 미케네 문화의 성격을 유지하였지만 상당히 빈약해졌고 영향력의 범위가 크게 감소하였다. 선형 B(Linear B) 문자가 사라졌다. 그것은 중앙화된 경제 활동이 감소하면서 궁전 관료 체제가 필요하지 않게 되었음을 보여준다. 쇠퇴와 파괴가 두드러진 대부분의 에게 해 지역과는 대조적으로 키프로스 섬의 문명은 오히려 발전한 것 같다. 1200년 경 도시가 확장되고 금속 생산이 증가하였고 또한 이집트, 레반트, 중앙 메소포타미아와의 국제 교역도 증가하였다. 미케네 세력이 사라진 공백을 키프로스인들이 메웠던 것 같다.

아나톨리아도 1200년경에 근본적인 정치적 변화를 겪었다. 수백 년간 그 지역을 통치했던 하티가 붕괴되었으나 어떻게 하티가 붕괴되었는지는 잘 모른다(토론 10.1 참조). 몇 가지 요인이 복합적으로 작용한 것 같다. 이미 13세기에 하투사의 왕은 아나톨리아 남쪽에 세워진 또 하나의 왕조(타르훈타사<Tarhuntassa> 지역)와 경쟁해야 했다. 그 왕조의 왕들도 하티의 초기 왕들의 후손임을 주장하며, 독립 국가를 이루었다. 서부 아나톨리아도 군사적으로 한 번 손을 봐주어야 할 필요가 있었다. 하티의 마지막 왕인 숩필룰리우마 2세는 키프로스에 위치한 알라시야 왕국을 놓고 바다에서 전쟁하였다.

일부 학자들은 이집트와 우가릿 문서에 곡물 수입에 대한 언급을 근거로 하여 그 지역에 기근이 있었다고 주장한다. 그러나 아나톨리아의 불안한 농업 기반이 흉작과 겹쳐 이집트와 우가 릿에 그런 언급이 있었던 것 같다. 지속적인 기근에 대한 직접적 증거는 없다. 하티의 종말은 외적의 침입 때문이었다.

 그러나 지역에 따라 파괴의 정도가 달랐다. 수도인 하투사에서는 왕의 요새가 저지대 마을에 있던 일부 공공 건물들과 함께 불에 탔다. 그러나 개인 집들은 무사하였다. 아나톨리아 전역에 비슷한 패턴의 파괴가 관찰된다. 파괴가 발생한 지역은 일부만 파괴되었다. 많은 마을들이 파괴되지 않았으며 버려지지도 않았다. 이것은 하티의 정치 권력이 사라졌음을 보여준다. 남부에서는 카르케미스의 히타이트 총독이 살아남아 이전 대왕의 후손이라고 주장했다. 이로써 히타이트 왕조의 역사는 연장된다. 그러나 그렇게 연장된 히타이트 왕조는 그 지역의 통일을 유지하지 못했고 작은 독립 국가들의 수가 1100년까지 점진적으로 증가하였다.

 히타이트의 패권이 끝나자 시리아의 도시 국가들은 독립국이 되었다. 그러나 그들 중 일부, 특히 시리아 해안가의 도시들은 완전히 파괴되었다. 이때의 상황은 우가릿에서 가장 잘 기록되었다. 우가릿의 마지막 왕인 암무라피는 하티왕의 충복이었다. 그리고 카르케미스의 총독과 직접 연락하고 있었다. 그는 하티에 수차례 곡물을 보냄으로써 하티를 지원하였다. 그리고 그는 몇몇 지역 왕들과도 해상 침입자들의 위험이 임박했음을 알리는 서신을 교환하였다. 하티 왕은 침략자들 중 하나를 '배에 사는 쉬칼라유'(Shikalayu)[1]로 불렀고 잡힌 포로를 심문할 수 있도록 보내 달라고 암무라피에게 요청하였다.

 알라시야의 왕은 암무라피에게 마을을 요새화하고 군사와 전차를 모으라고 충고했다. 그러나 암무라피의 답장은 우가릿이 이미 어려움에 빠져있음을 암시한다. '여러 마을들이 이미 파괴되었고 대부분의 우가릿 병사들은 하티에 있고, 우가릿의 전함들은 아나톨리아의 남쪽 해안에 있다'(문서 10.1 참조). 우가릿을 발굴한 학자 클라우드 쉐퍼(Claude Schaeffer)에 따르면 이 편지들은 보내지기 전 토판이 구워지는 오븐에서 발견되었다. 그리고 도시는 토판이 다 구워지기 전에 파괴되었다. 그 편지가 기록되었던 극적인 상황을 보여준다.

---

1 Gregory Mobley in Coogan 2001: 118-19..

문서 10.1 우가릿의 편지들

(알라시야) 왕이 우가릿의 암무라피에게 보낸 편지

왕이 말한다. 우가릿의 왕 암무라피에게 전해라. 건강하기를 원하며 신들이 네 안녕을 지키기를 원하노라.

네가 나에게 쓴 것, 즉 '적의 배가 바다에 보입니다'에 대해 답장한다.

정말로 바다에 배들이 보인다면 군대를 강화하라. 너의 군대와 전차는 어디있느냐?

너와 함께 없는가?

그렇다면 누가 너를 적들에게서 구원하겠는가?

도시를 벽으로 둘러싸고 군대와 전차를 도시로 들여라. 적을 경계하고 너 자신을 잘 준비하라!

우가릿 왕이 알라시야 왕에게 쓴 답장

나의 아버지 알라시야 왕에게 고하라. 당신의 아들 우가릿의 왕이 대답한다.

나는 나의 아버지 발에 부복한다. 나의 아버지가 강건하기를, 당신의 집과 아내들과 군대 그리고 알라시야 왕, 나의 아버지에게 속한 모든 것이 강건하기를 기원하노라.

아버지, 적의 배들이 오고 있습니다. 내 마을들을 불살랐으며 나라에 악행을 행하고 있습니다.

아버지는 모든 나의 군인들과 전차들이 하티에 있고 나의 배들은 루카(Lukka)에 있음을 알지 못합니까?

그들이 아직 돌아오지 못했습니다. 그래서 도시는 현재 무방비 상태입니다. 내 아버지가 이것을 인지하셨으면 합니다. 적의 배 일곱 척이 와서 악행을 했습니다. 다른 적들의 배도 나타난다면 내게 편지를 써 알려 주세요.

알라시야의 최고 총독이 우가릿 왕에게 쓴 편지

알라시야의 최고 총독 에슈와라가 말한다.

우가릿 왕에게 고하라. 당신과 당신의 나라가 강건하기를 기원한다.

적들이 당신 나라의 백성들과 배들에게 행한 일에 관하여 답장한다. 이런 범죄를 나라 백성에게 행한 것은 그들이다. 나에게 화내지 말라.

이제 적들이 이전에 산악 지역에 남겼던 20척의 배가 그곳에 없다. 그들은
갑자기 떠났으며 그들이 현재 어디있는지 알지 못한다. 나는 편지를 써 너에게
이 사실을 알려준다. 조심하라. 그리고 이것을 잘 명심하라.

번역 출처: Gary Beckman, in A. B. Knapp, ed., *Sources for the History of Cyprus. Volume 2: Near Eastern and Aegean Texts from the Third to the First Millennia BC*(Greece and Cyprus Research Center, 1996), 27.

그 편지들은 적의 군대가 침공해올 때 작성되었으며 우가릿이 먼저 파괴
되 었기 때문에 보내지지 못했다. 그러나 이것은 고고학적 환영(幻影)이었던
것 같다. 적들은 편지가 작성될 때 성문 앞에 있지도 않았고 우리가 발견한 것
은 다른 시대에 쓰인 문서들이 우연히 한 곳에 모인 것이다. 어쨌든 우리는 우
가릿이 어떻게 붕괴되었는가를 안다. 우가릿은 파괴되었고 그후 1,000년 동안
사람이 다시 그곳에 정착하지 않았다. 우가릿의 항구인 라스 이븐 하니(Ras Ibn
Hani)도 파괴되었다. 그러나 곧 그곳을 공격한 민족들이 그곳에 들어와 정착
하게 된다.

시리아-팔레스타인 지역에서도 선택적인 파괴의 패턴이 지속되었다. 비블
로스와 시돈과 같은 주요 항구들은 파괴되지 않고 생존했으나 아스글론과 하
솔과 같은 도시들은 파괴되었다. 파괴는 동시적이지 않았고 그 파괴의 기간도
수십 년에 달했다. 팔레스타인에서 특징적인 도시 문화가 점점 촌락 문화로
대체되었다. 블레셋 사람들과 같은 새 민족이 그 지역에 정착하여 남부 해안
지역에서 이집트 국경에 이르는 지역을 다스렸다.

이집트 문서가 이 시대에 관한 현전하는 가장 자세한 사료다. 그러나 그 문
서의 관점은 이집트 중심으로 편향되었다고 말할 수 있다. 두 명의 이집트 왕
은 그림과 글로 동부 지중해 연안 지역에서 어떤 일이 일어났는지를 묘사했
다. 그들의 묘사에 따르면 리비안인들을 포함한 해상 민족들은 서쪽으로부터
이집트를 침략한 민족들이었다. 그 두 이집트 왕의 비문과 그림은 25년이란
세월의 차를 가졌지만 그들은 비슷한 역사적 상황을 보고한다. 메르넵타(재위
1213-1204)왕은 그가 리비안인들과 북쪽으로부터 침입한 일군의 사람들의 공

격을 성공적으로 물리쳤다고 보고하면서 후자를 '해상 국가들'이라고 불렀다. 그들은 비록 군사적 힘을 이용하여 이집트로 들어오려고 했지만 가족들, 소들을 동반한 것을 볼 때 그들은 아마 이집트에서 정착하려 했던 것 같다. 더 자세한 사항이 람세스 3세(재위 1187-1156)에 의해 보고되었다. 재위 5년 되던 해에 북쪽에서 내려온 사람들의 공격을 언급한 후 재위 8년의 사건 보고에서 지중해 동부 연안에서 발생한 사건들을 전체적인 관점에서 서술한다.

> 외국인들은 자신들의 섬에서 음모를 꾸몄다. 갑자기 나라들이 사라졌고 전투로 흩어졌다. 어떤 나라도 그들의 무기 앞에 설 수 없었다. 하티, 코드(키주와트나), 카르케미스, 아르자와 그리고 알라시야 등이 한꺼번에 잘려 나갔다. 아무르의 한 장소에 진영이 세워졌다. 그들은 사람들을 약탈하였고 그 땅은 완전히 소멸하였다. 이제 그들이 이집트를 향해 진군한다. 그러나 지옥의 불이 그들에게 예비되었다. 그들의 연합군에 동참한 민족들은 펠레셋(Peleset), 제커(Tjeker), 쉐켈레스(Shekelesh), 덴엔(Denyen), 웨쉐스(Weshesh)이며 그들은 연합국을 이루었다.[2]

이 기록은 해상 민족들이 하티와 키주와트나와 같은 나라들을 침입했음을 분명하게 서술한다. 그 나라들은 한꺼번에 무너졌던 것 같다. 침략자들은 북시리아에서 전열을 가다듬었고 이집트를 향한 남진을 계속하였다. 그러나 그들은 땅과 바다에서 람세스 3세에 격퇴당한다(그림 10.1). 람세스 3세의 기록에 해상 민족들 가운데 몇몇 이름이 언급된다. 이들 중 펠레셋과 쉐켈레스가 있는데 후자는 우가릿에서 발견된 편지에 언급된 쉬칼라유(Shikalayu)와 동일한 민족임에 틀림없다. 그러나 좀 더 자세히 본문을 살펴보면 람세스의 묘사는 의심스러운 부분이 있다. 예를 들어, 카르케미스는 파괴되지 않았다.

---

2   John A. Wilson, in *Ancient Near Eastern Texts Relating to the Old Testament*, third
     edition(Princeton: Princeton University Press, 1969), 262.

그림 10.1 메디네트 하부 벽화, 람세스 3세와 해양 민족 간의 전투. 이집트인들은 메르네프타와 람세스 3세의 비문에서 소위 해양 민족이라고 불리는 이들과의 전투를 기술하고 또한 다양한 거대한 벽부조에서 그들을 묘사하였다. 그들은 육지와 해상으로 접근하는 많은 수의 참전 군대의 공격을 그리며, 적군의 무기와 의상의 개별적 특성들을 나타내고 있다. 학자들은 문서에서 언급된 해양민족들의 이름과 그 모습을 상관시키려 노력하였는데, 이 두 전투사들은 종종 쉐르덴으로 생각된다. 비록 람세스 3세는 그의 통치 시기 그들이 무리를 지어 이집트를 공격하였다고 언급하였으나, 그들은 람세스 2세의 카데쉬 전투 이후 이집트 군대에서 용병으로 활동하였음을 알고 있다. 출판 허가: akg images/Erich Lessing.

더욱이 먼 섬들로부터 시리아 해안을 타고 남하했다고 묘사된 '해상 민족'이라는 이름은 수십 년 전에 그 지역에서 이집트와 히타이트 군대의 용병을 지칭하는 단어로 이미 발견된다. 다시 말해 람세스 3세는 시리아에 있는 민족들과의 충돌을 이집트와 모든 것을 쓸어버리는 왕국 침략자와의 큰 전쟁으로 과장 서술했을 수 있다. 이런 사료의 해석은 매우 복잡한 문제다. 어떤 학자들은 심지어 람세스 3세는 그의 선왕인 메르넵타가 작성한 이야기를 반복하면서 선왕의 업적을 자신의 승리인 양 말한다고 주장한다. 물론 그런 것은 이집트에서 흔한 일이다. 그러나 우리에게는 그런 견해를 확인하거나 부정할 수 있는 길이 없다. 역사적으로 어떤 것이 참인지 모르지만 확실한 것은 이집트가 시리아-팔레스타인 영토에 대한 직할권을 잃었다는 것이다. 이제 이집트는 시내 반도에 있는 광산 사용권만을 유지하였다. 이집트는 그후 영토 국가로서의 명맥은 유지했지만 람세스 3세 이후의 이집트는 내부 혼란과 사회적 격동을 겪었고, 외국과의 교역이 감소했고 그리고 결국 1100년경 정치적으로도 사분오열하게 된다.

비슷한 사건들이 근동의 동부 지역에서도 벌어졌다. 근동의 동부 지역은 시리아 서부와 지중해 지역으로부터 단절되었다. 아시리아, 바빌로니아 그리고 엘람은 계속 군사적으로 충돌하였다. 각국은 영토 국가의 명맥을 유지하였으나 내부 문제로 자국 영토 밖에 대해서는 어떤 영향도 미칠 수 없었다. 군사적으로 성공적이었던 13세기 이후 아시리아는 90년간 해마다 행해 온 해외 군사 원정 정책을 포기했다. 1207년 투쿨티-니누르타(Tukulti-Ninurta) 1세 암살 이후에 발생한 내부 문제들이 요인이었겠지만 서부 시리아에서 발생한 군사적 혼란도 아시리아의 정책 변화의 한 요인이었을 것이다. 그러나 시리아 서부의 군사적 혼란이 유프라테스 동쪽 지역까지는 미치지 못했다. 해상 민족의 활동으로 파괴된 가장 동쪽의 도시는 히타이트의 속국인 에마르였다. 그곳에서 발견된 문서는 그 무리(?)가 도시를 괴롭힌 그 해에 대해 언급하고 그곳에서 발견된 마지막 문서는 1185년의 것으로 추정된다. 에마르의 서쪽에 위치한 아시리아 전초기지는 사라지지 않았다. 그러나 그 기지의 규모가 축소되었고 서기관들의 활동이 중단되었다. 시골 지역은 반 유목민인 아람인들이 통제하였다. 그들은 시골 지역에서 군사적-정치적 패권을 획득한다. 그 지역의 도시화의 수준도 감소하였다. 300년 동안 아시리아는 내지를 중심으로 하여 서쪽 지역에 몇 개의 전초기지를 둔 소국로 전락하게 된다.

12세기의 바빌론에서는 카시트인의 왕조에서 소위 이신 제2왕조로 바뀌었는데 학자들은 그 변화를 그다지 중요하지 않은 것으로 간주한다. 그러나 그 것은 정치적인 관점에서 보면 400년 동안 통치한 카시트인들의 중앙 권력이 어떻게 붕괴되었는지를 명확하게 보여주는 사건이다. 1150년에 바빌론의 왕권을 빼앗을 만한 경쟁 왕조가 중앙 바빌로니아에 존재했다는 것은 그 국가의 힘이 그만큼 약해져 있었음을 보여준다. 더욱이 고고학적 증거에 따르면 도시화가 급속도로 쇠퇴하였다. 물론 이런 도시화의 쇠퇴는 제2천년기 초기부터 시작된 긴 과정이었다. 제대로 된 도시 중심지의 수가 매우 적었다. 아마 바빌론, 이신, 우르만이 도시의 모습을 유지했을 것이다. 대부분의 정착지는 촌락 생활을 하였다. 예를 들어, 닙푸르는 1200년이 되면 도시로서의 특징을 전부 잃고 1000년이 되면 닙푸르에는 고대 지구라트를 중심으로 한 작은 마을만이 남게 된다. 정착 인구의 크기는 제3천년기 후반의 삼분의 일 수준으로 떨어졌다. 물론 이런 상황은 지역마다 차이가 있었다. 예를 들어, 디얄라 계곡이 우르 지역보다 훨씬 심각한 쇠퇴의 정도를 보였다. 그러나 도시 조직과 관개 운하와 같은 사회 간접 시설이 제2천년기 말에 이르면 완전히 붕괴했다는 것은 의심의 여지가 없다.

　지역의 많은 주민들은 반 유목생활로 돌아갔다. 이런 상황의 주요 원인들은 비정치적인 것이었다. 유프라테스강의 큰 줄기가 강의 서쪽 지류로 이동한 것 같다. 그것은 이전의 도시 중심지에 큰 인구를 유지할 만한 충분한 관개수를 제공하지 못하게 되었다. 더욱이 토양의 남용은 염화로 이어져 수확을 감소시켰다. 분명히 정치적 생태적 요인들이 복잡하게 작용한 것 같다. 그리고 이런 자연 변화를 극복할 관계 사업은 중앙 권력의 약화로 불가능하게 되었다. 엘람과 아시리아로부터 온 군사적 간섭은 중앙 권력의 약화를 더욱 재촉하였다. 바빌로니아는 결국 그 주변 지역에 대한 지배력을 상실했다.

　이전 시대의 엘람국의 조직에 대해 전혀 알지 못하기 때문에 그것이 12세기에 어떻게 변화했는지도 판단할 수 없다. 중세 엘람 시대의 종식을 불러일으킨 네부카드네자르 1세(재위 1125-1104)의 군사 원정은 이전의 내부 쇠퇴로 더욱 용이하게 되었던 것 같다. 아무튼 결과는 다른 근동 지역과 동일하다. 중앙 권력 국가가 붕괴되고 지역은 새로운 인구 집단에 의해 잠식된다. 엘람의 경우 동쪽에서 이주해 온 사람들이 사회 변화의 원인이 되었다.

2. 해석

제2천년기 말에 발생한 사건들에 대한 대부분의 설명은 학자들 사이에 제기되었다. 한 국가에 대한 논의이거나 지중해 동부 지역에 초점을 둔 것들이다. 주로 침입, 이주, 사회 혁명, 생태적 격변 등이 국가 붕괴의 원인으로 제기되어 왔다. 다른 한편 일부 학자들은 파괴의 측면보다 연속성을 강조한다. 그들은 12세기가 격변의 시기였다는 견해에 반대한다. 그렇다면 제2천년기 말과 제1천년기 초사이의 차이들에 대한 설명은 그 이후의 시대에서 찾아야 할 것이다. 그러나 그 시대에 대한 우리의 사료는 전혀 없다. 분명한 것은 1200년경에 시작된 변화가 15세기에서 13세기의 근동 세계의 종말을 촉진시켰고 이 종말의 원인은 12세기의 사건들에서 찾아야 한다는 것이다. 더욱이 이때에 모든 나라가 급격한 사회 변화를 경험한 것은 우연일 수 없다. 그 나라들은 수백 년간 공동의 시스템으로 묶여있었기 때문에 그 시스템의 붕괴는 엄청난 파급효과를 가져왔을 것이다. 어떤 단일한 원인으로 이 종합적인 변화를 설명할 수는 없다.

고대의 사료들은 에게 해, 아나톨리아, 시리아-팔레스타인에 관해 언급할 때 외부인의 침입을 그 격변의 중요한 유인으로 간주한다. 가장 두드러진 사료는 그 시대의 이집트 사료들이다. 그러나 후대의 고전 세계의 등장에 관한 그리스 사료와 고대 이스라엘의 성립에 대한 성경의 서술도 이 시대의 침입들을 묘사한다. 반면 바빌로니아의 자료는 상당한 격동의 시기로 묘사한다(문서 10.2 참조). 이런 전체적 이미지에 영향을 받은 학자들은 그런 관점에서 다른 사료들도 해석하게 된다. 예를 들어, 자그로스 산맥에서 발견된 새로운 형태의 도자기는 동쪽에서 온 새로운 민족의 침입의 결과로 여겨졌다. 아시리아 자료에서 아람인들이 언급된 것은 이 사람들이 아시리아를 침입하려고 했음을 증명한다고 해석되었다. 침입을 기록한 문서들을 읽으면 보통 너무 단순한 설명으로 귀결된다.

그러나 그 문서들은 내부적 모순을 포함할 뿐 아니라 문서마다 조금씩 다른 설명을 제공한다. 예를 들어, 해상 민족은 섬에서 이동하여 아나톨리아와

시리아 팔레스타인의 국가들을 한 궤에 파괴하였으나 이집트 국경에서 저지
되었다는 람세스 3세의 진술은 그 해상 민족과 동일한 이름의 민족들이 수십
년 전에 이미 그 지역에 출현했다는 사실과 모순된다. 고고학적 기록은 짧은
기간에 일련의 파괴가 일어났음을 증명해주지 않는다.

　고고학적 증거가 그려주는 모습은 일부 개별 도시들은 오랜 세월에 걸쳐
파괴된 일부 도시들은 규모는 줄었으나 파괴되지는 않았다는 것이다. 근동 세
계 밖에서 온 사람들을 포함한 비정예 군대와의 군사적 대결이 아마 있었을
것이나 그것이 범지역적인 침략의 결과는 아니었다. 근동의 동부에 국가 간의
전쟁은 그 지역의 쇠퇴와 몰락의 주요 원인으로 간주되었다. 그러나 이것도
12세기에 처음 생긴 사건은 아니다. 제2천년기 후반 내내 국가들은 서로 충돌
하였다. 따라서 근동 동부지역에서 국가 간의 전쟁이 그 지역의 전반적 몰락
에 대한 충분한 이유를 제공한다고는 말할 수 없다.

　12세기의 사건들을 설명하기 위해 국가 내적 발전을 연구한 학자들도 있
다. 강대국들의 국제 시스템의 중요한 특징은 자신의 통치 아래 있는 농업 사
회를 이용한 궁정 엘리트들의 존재였다. 농부들과 궁전 엘리트 사이에는 엄청
난 부와 생활 방식의 차이가 있었다. 우리가 놀라는 사치스런 무덤 용품들과
농업 유물들은 가난한 농부들과 목자들의 수입에서 나온 것이다. 시골의 채무
문제는 많은 사람들로 하여금 국가 구조 밖으로 피난하도록 종용하였다. 이
시대의 사료들에는 하비루(habiru)라고 알려진 사람들에 대한 언급이 가득하
다. 그 용어는 거의 모든 강대국, 즉 미타니, 하티, 이집트, 바빌로니아 그리고
시리아-팔레스타인 지역의 국가들의 문서에서 사용되었다. 그것은 민족을 가
르치는 용어가 아니라 사회적 집단을 일컫는 말이다.

　하비루는 국가 구조 밖에서 살기 위해, 즉 국가 권력이 미치기 어려운 지역
에서 피난해 살기 위해 사회로부터 도망한 자들이었다. 예를 들어, 이드리미
(Idrimi)는 그가 고향인 알레포에서 도망하여 어떻게 하비루가 되었는지 자신
의 비문에서 기록하고 있다. 이 사람들에 대한 논조는 언제나 적대적이다. 그
들은 사료에서 강도, 살인자로 묘사되며 용병으로 고용되었다고 기록된다. 즉
그들에 대한 태도에 모순이 있었다. 완전히 적대적인 사람들이지만 동시에 국

가의 일에 고용될 수 있었다. 궁전 고용인들이 시골을 떠나는 문제는 궁전 제도에 심각한 위협으로 인식되었다. 그로 인해 노동력이 부족하게 되었다.

　더욱 많은 사람들이 궁전의 통제에서 벗어남에 따라 근로자를 찾기가 더욱 어려워졌다. 그러므로 조약에서 도망자들에 대한 송환 규정이 자주 발견된다. 노동력의 부족은 국가의 농업 생산력을 감소시켰고 궁전 수입을 위협하였다. 이런 노동력의 부족을 보충하기 위해 궁전들은 기존의 고용인들에게 더 많은 일을 요구하였을 것이다. 이것은 노동력 일탈을 더욱 악화시켰다. 노동자들은 그들의 주인을 배반하고 그 주인들을 도전한 적대 세력에 동참하였다. 그 적대 그룹 중의 하나가 해상 민족이다. 그런 경우 우리가 관찰하는 선별적인 파괴 현상은 전혀 놀랄 일이 아니다. 예를 들어, 하투사 주변의 사람들은 그들을 착취한 자들의 상징인 왕의 요새 도시들과 그 안의 공공 건물들을 파괴하였다. 그러나 모든 도시들이 파괴된 것은 아니었다. 대부분의 시골의 사회 간접 자본도 사라졌다. 이것은 도시 규모의 감소로 이어졌고 결국에는 완전히 버려진 도시가 되었다.

문서 10.2 암흑 시대에 대한 후대의 평가

　12세기 근동을 집어삼킨 혼란 이후 몇 세기 동안 어떤 문서도 작성되지 않았다. 적어도 그 당시 쓰인 현전하는 문서가 거의 없다. 그러나 제1천년기의 몇몇 민족들이 이 시대를 반추하였다. 그리고 대혼동의 상황들을 기술하였다. 고전 그리스인들은 미케네 문명이 사라진 후의 시대를 도리아인들과 같은 사람들이 침략한 시대로 묘사하였다. 성경은 이스라엘의 가나안 정복을 이 시기에 일어난 것으로 그린다. 바빌로니아에서는 이 시기에 대한 문학적인 반추가 7세기에 쓰인 긴 시에 반영되었다. 학자들은 종종 그것을 에라 서사시(Erra Epic)로 부른다.

　작자는 자신을 맨 마지막에서 다비비 가문의 카브티-일라니-마르둑(Kabti-ilani-Marduk)으로 소개하고 그 이야기가 꿈을 통해 계시된 것임을 주장했다. 에라 서사시는 역병의 신인 에라가 다른 신들로부터 무시당했을 때 어떻게 바빌로니아 전역을 돌아다니면 죽음과 파괴를 초래했는지를 그린다. 바빌론에서 시민들이 그를 중심으로 모여 신전들을 태우다가 왕의 군대에 학살당했다. 수티안(Stutians)이라는 시대 착오적인 부족 이름으로 불린 유목민들이 우룩을 점령하고 아스타르 제의 제사장들을 괴롭혔다. 십파르의 벽이 무너지고 데르는 파괴되었다. 그 도시들의 신들은 공포에 떨었다. 그때서야 에라가 진정하고 바빌론에게 온 땅을 다스리도록 축복한다. 본문은 축사적인 가치가 있다고 간주되며 일부분은 집을 보호하는 부적에 필사되었다. 다음은 혼란과 폭력을 나열하는 부분의 일부이다.

전쟁에서 죽지 않은 자는 역병으로 죽을 것이다. 역병으로 죽지 않은 자는 적이 그를 강탈할 것이다. 적이 강탈하지 않은 자는 도둑이 그를 때릴 것이다. 도둑이 때리지 않는 자는 왕의 무기가 그를 제압할 것이다. 왕의 무기가 제압하지 않는 자는 왕자가 그를 죽일 것이다. 왕자가 죽이지 않는 자는 폭풍의 신이 그를 쓸어버릴 것이다. 폭풍의 신이 쓸어버리지 않는 자는 태양 신이 그를 데려갈 것이다. 시골을 향해 떠나는 자는 바람이 그를 쓸어갈 것이다. 자기 집에 들어간 자는 악마가 그를 칠 것이다. 높은 장소에 올라간 자는 갈증으로 죽을 것이다. 낮은 곳으로 내려온 자는 물에서 죽을 것이다. 너는 높고 낮은 장소를 모두 파괴하였다.

번역 출처: Luigi Cagni, *L'epopea di Erra*(Rome: Istituo di studi del Vicino Oriente, 1969), 112-13 and Benjamine R. Foster, *Before the Muses*, third edition(Bethesda: CDL Press, 2005), 905.

어떤 학자들은 12세기의 국가 붕괴를 자연적 요인으로 설명한다. 어떤 고고학 유적지는 지진의 흔적을 보인다. 그러나 이것은 근동 전체의 붕괴를 설명하지 못한다. 음식이 부족했다는 일부 문서 사료를 증거로 학자들은 기근이 큰 문제였다고 주장한다. 또는 북쪽 지방의 건조화 현상이나 남부 메소포타미아에서 강의 진로가 변경된 것이 농업 생산 감소로 이어졌다고 지적되었다. 그러나 증거는 여전히 부족하다. 근동 전역의 농업적 기반은 늘 취약했다. 그리고 식량 공급에 어려움을 언급하는 사료들은 장기간의 기근이 아니라 단기간의 간헐적 기간을 뜻할 가능성이 있다. 기후의 건조화가 실제로 일어났다면 그것은 엘리트들의 사치스런 생활 방식을 지지해 줄 재원이 부족했던 기존의 문제를 더욱 악화시키는 결과를 초래했을 것이다. 그럼에도 불구하고 환경적 요인 그 자체는 우리가 근동에서 관찰하는 모든 사건을 설명하기에 적합하지 않다.

  지금까지 살펴본 모든 설명이 역사 사료에서 어느 정도의 근거를 가지고 있으므로 다양한 원인이 우리가 12세기에 보는 변화에 깔려있다고 결론내릴 수 있다. 군사적 충돌과 사회적 반란은 일부 도시의 파괴의 주요 원인이었을 수 있다. 다양한 원인들이 모두 중요한 이유는 그들이 1500년에서 1200년의 근동을 안정되게 유지시켰던 그 특징적인 시스템 전체의 붕괴를 가져왔다는 점과 관련된다. 국가는 홀로 존재하지 않았다. 그들은 서로 긴밀한 관계를 맺으며 발전하였다. 교역은 자국내의 조직을 유지하는 데 필수적이었다. 그런 교역의 단절은 모든 나라에 근본적인 영향을 미쳤다. 히타이트가 사라지고 시리아-팔레스타인이 혼란을 겪고 있을 때 이집트는 시리아-팔레스타인 지역에서 완전히 손을 떼었다.

  따라서 이집트와 동등하게 교역할 국가가 존재하지 않았다. 바빌로니아와 아시리아도 내부의 문제로 국제 무대에 등장하지 않았다. 이렇게 교역과 외교 왕래가 단절되자 이집트는 북방의 사건들에 무지하게 된다. 이집트는 충분한 자원이 있었으므로 계속 영토 국가의 명맥을 유지하였으나 궁정 엘리트의 생활 방식을 유지시켰던 국제 시스템은 몰락하게 되었다. 마찬가지로 아시리아, 바빌로니아, 엘람의 동부 국가들도 자신들만의 '소국제체제'로 만족해야 했다. 더는 지중해와 이집트와는 교역할 수 없었다. 무역로도 차단되었다. 이 광대한 지리적 간접자본의 부재는 그들의 붕괴로 이어졌다. 이때 새 민족, 특히 아람인들이 그들 사이의 영토들을 통치하였다. 아람인들의 이주는 아시리아, 바빌로니아, 엘람 사이의 교역을 더욱 어렵게 만들었다. 이 국가들의 쇠퇴로 생긴 공백을 메워줄 어떤 세력도 등장하지 못했다. 국가의 몰락을 이야기 할 때 모든 사람이 고통당했다고 생각해서는 안 된다. 오히려 국가의 몰락으로 권력의 재분배가 이루어졌다. 근동의 인구의 대부분은 이렇게 해서 생긴 자유의 은혜를 입게 된다.

3. 여파

예상대로 궁정 체제의 위기는 사료의 수를 상당히 감소시켰다. 관료체제가 기능하지 못하고 건축 활동도 최소한으로 이루어졌다. 문서 자료와 고고학적 자료들이 희귀해지면서 근동의 역사에 또 하나의 '암흑 시대'가 찾아온다. 이 시대의 길이는 지역에 따라 차이가 있었다. 암흑 시대에서 가장 먼저 벗어난 지역은 아시리아였다. 아시리아에서는 1050년과 935년까지 문서 기록이 매우 희귀하였지만 그후에 아시리아의 팽창 정책은 많은 주변 지역을 그 궤도로 끌어들였고 아시리아의 자세한 문서 작성 관습은 그 지역의 역사를 잘 증거해 준다. 그러나 당시 이 지역에서 문자의 사용은 그다지 광범위하지 않았다. 심지어 가장 오래되고 강한 문학 전통을 가진 지역인 바빌로니아에서도 간헐적인 문서 작성 수준을 넘는 서기관 활동은 8세기에 가서야 비로소 생겨난다.

1100년과 900년 사이의 기간에 대한 우리의 역사적 지식은 매우 희박하다. 그러나 이전 구조의 몰락으로 중요한 기술적 사회적 변혁이 발생했음을 확신할 수 있다. 사회 경제 생활은 새로운 상황에 적응하기 위해 개혁되어야 했다. 왕조가 사라지면서 궁에 의해 유지된 기술적 관행도 그 기본 구조가 몰락하게 된다. 이것은 변화의 필요로 이어졌다. 우리는 왕조가 이 시대에 여전히 강했던 지역, 즉 아시리아, 바빌로니아, 이집트가 옛 방법들을 고수할 때 기술적으로 뒤떨어졌음을 관찰한다. 이 상황은 문자 사용에 있어 일어난 변화가 증명해 준다. 제2천년기의 근동에 있던 나라들은 서기관이 아카드어로 글을 읽고 쓸 수 있는 서가(chancelleries)를 지원했었다.

아카드어는 대부분의 서기관들에게는 외국어였다. 그것은 비교적 마스터하기 어려운 쐐기 문자로 기록되었다. 이 숙련된 인력의 훈련과 지원은 충분한 부를 가진 기관에서만 가능하였다. 궁전의 몰락과 함께 이런 전문인들을 지원할 기본 시설들도 함께 사라졌다. 그들이 존재할 이유가 없어진 것이다. 나라들 사이에 외교 서신이 왕래하지 않는 상황에서 그 외교 언어를 배울 필요가 없어졌다. 더욱이 경제 관행의 붕괴는 관료제에 대한 필요도 감소시켰다. 무역은 중단되었고 농업지와 노동력은 이제는 중앙에서 관리하지 않았다.

아울러 개인 경제 활동도 감소하였다. 궁전이 어느 정도의 힘을 유지했던 나라에서는 관료제가 어느 정도 보존되었다. 이 때문에 아시리아와 바빌로니아에서는 쐐기 문자로 계속 문서가 작성되었던 것이다. 그러나 다른 지역에서는 그 문서 체계가 더는 사용되지 않았고 사람들은 토속적 관행으로 회귀하였다. 비교적 강한 중앙 권력을 유지한 이집트는 이집트어를 기록하기 위해 상형 문자와 그 유사 문자들을 사용하였다.

그 외의 지역에서는 거의 문서가 새로이 작성되지 않았다. 남부 아나톨리아와 북시리아에서는 히타이트의 계승자들이 히타이트 상형 문자의 사용을 확대하였다. 히타이트 상형 문자로는 루위안어가 기록되었다. 그 이전에 히타히트의 새 왕조에서 그 문자는 짧은 인장 비문과 소유주의 표기를 위해서만 사용되었었다. 하지만 그것은 설형 문자보다 더 토착적이고 인기 있는 문자

그림 10.2 1천년대 초기 아나톨리아 상형 문자 비문. 히타이트 제국 붕괴 이후, 소위 상형 문자 서체는 존속하였고 아나톨리아 남쪽과 시리아 북쪽 지역의 소수 통치자들은 이후 몇 세기 동안 계속 그것을 사용하였다. 아마도 터키의 마라스(Maras)로부터 나온 이 석비는 그들의 기념비에서 사용된 그 서체 사용의 전형적인 예이다. 그것은 너무 파편적으로 보존되어 그 내용을 분명히 파악할 수 없다. 9세기 말(MMA X.196 높이. 103/4 인치, 너비 12 인치, 두께 9 인치). 출판 허가: © 2014 The Metro-politan Museum of Art/Art Resource/Scala, Florence.

체계였다. 상형 문자는 엘리트 문화의 몰락에도 살아 남았고 소위 신-히타이트 국가들의 공식 문자가 되었다. 12세기에서 8세기에 남부 아나톨리아와 북부 시리아의 궁전에 기념할만한 왕의 기록들이 상형 문자로 새겨졌다(그림 10.2). 납으로 인쇄한 일부 행정 기록들은 상형 문자가 일상 생활에까지 확대되어 사용했음을 보여준다. 편지와 계약들이 글자판과 양피지에 상형 문자로 기록되었을 것 같은데 시간이 지나면서 사라져버렸다. 시리아 팔레스틴 지역에서 선택한 문자가 알파벳 문자이다. 수 백 년 전에 개발되었지만 다양한 문자와 언어들에 밀려 매우 제한적으로만 사용되었다(보충 10.1 참조). 11세기와 10세기에 알파벳 문자는 그 지역의 유일한 문자가 되었다. 현전하는 대부분의 비문들은 페니키아 항구 도시들에서 발굴되었다. 이 항구 도시들은 12세기의 군사적 파괴의 영향을 받지 않았었다. 알파벳은 단 22개의 문자만을 사용했다. 문자의 방향은 오른쪽에서 왼쪽으로 고정되었다. 9세기에 히브리어와 아람어가 그 문자로 기록되었다. 많은 수의 짧은 비문들이 그 문자로 기록되었다. 구어로 아람어가 근동 전역으로 보급되면서 그 알파벳 문자도 함께 퍼졌다. 지방어를 기록하는 보다 단순한 문자인 알파벳은 배우기 쉽고 쐐기문자를 썼던 서기관들처럼 그렇게 어려운 훈련을 받을 필요도 없었다. 따라서 서기관들을 지원할 궁정 조직도 필요 없게 된 것이다.

　금속 제련 분야에도 중요한 기술적 진보가 있었다. 1200년까지 가장 흔히 사용되었던 금속은 구리와 주석의 합금인 청동이었다. 어느 한 나라도 그 두 금속을 자체 생산하지 못했기 때문에 근동의 대부분의 나라는 구리와 주석을 다른 나라에서 수입하였다. 제2천년기 후반의 국제 체제는 이 두 금속의 획득을 용이하게 하였다. 이것은 그 시대에 침몰된 선박(울루부룬)이 잘 예증해준다. 그 배에는 구리와 주석 괴가 10대 1일 정확한 비율로 적재되어 있었다(그림 7.1 참조). 궁전 공장은 청동 제작에 필요한 장인들을 수용하고 지원하였다. 1200년경 일부 나라 특히 동부 지중해의 나라들은 그 두 금속의 보급로를 잃었고 청동 공장은 파괴되었다.

　따라서 사람들은 청동 대신 철에 의존하게 된 다. 철광석은 거의 어디서나 구할 수 있어서 수입할 필요가 없었다. 제3천년기부터 사용되었지만 청동 생산의 부산물일 뿐이었고, 특별한 물건을 위해 사용된 적은 없었다. 12세기와 11세기에 용금 과정에서 철을 화로의 숯과 융합하는 기술이 개발되었다. 이렇게 해서 강철이 생산된 것이다. 강철은 청동보다 훨씬 단단하였다. 이런 발명은 동부 지중해(아나톨리아와 레반트)에서 발생한 것 같다. 강철의 발명은 당시의 새로운 사회 상황과 맞아떨어졌다. 복잡한 무역 체계를 통하지 않고 청동보다 단단하고 값싼 금속을 얻을 수 있었다. 다시 한번 궁전들이 강했던 지역인 메소포타미아와 이집트는 뒤쳐진다. 그곳에서 철은 9세기에야 상용된다. 그러나 9세기에도 강철의 사용은 궁전에 제한되었다.

보충 10.1 알파벳 문자

제2천년기 시리아-팔레스타인 지역에 알파벳 문자의 최초 증거가 나타났다. 단어 혹은 하나, 둘, 혹은 세개의 자음을 가진 음절을 표시하는 것 대신 알파벳 문자는 언어의 한 자음에 하나의 기호를 사용하였기 때문에 30개보다 적은 수의 문자만을 필요로 하였다. 이 아이디어는 자음 하나에 하나의 상형 기호를 포함한 이집트의 문자 체계에서 영감을 받았을 가능성이 있다(그 자음은 어떤 모음과도 결합 가능하다). 알파벳 문자의 최초 증거는 시내 반도에 위치한 세라빗 엘-카딤에서 유래한다. 이곳은 제2천년기 초반에 이집트의 영향이 매우 강했던 곳이다. 제2천년기 후반에는 여러 가지 알파벳 문자들이 공존했다. 후대까지 살아남았던 문자 체계는 두음 법칙(acrophonic principle)에 근거한 기호들의 음가를 가진 것이다. 다시 말해 집의 그림은 집을 의미하는 셈어 baytu의 두음인 /b/소리를 대표하였다.

제2천년기에 사용된 그런 알파벳 문자들이 몇몇 알려졌다. 대부분은 소수의 문자 만을 가졌다. 문자의 모양은 매우 다양하나 기본적인 공통 시스템이 있었다. 이 문자들은 대개 돌에 새겨지거나 혹은 도자기 파편에 잉크로 그려졌다.

13세기에 보다 잘 알려진 알파벳 쐐기 문자가 우가릿이라는 시리아의 도시와 그 주변에서 사용되었다. 물론 그 지역에는 바빌로니아에서 유래한 음절식 쐐기 문자도 사용되었다. 토판에 기록된 우가릿의 알파벳 문자는 음절식 쐐기 문자와 모양이 유사했다. 그러나 그 둘 사이의 분명한 형태적 연관은 없다. 많은 문서들이 그 알파벳 문자로 작성되었다. 편지, 계약 문서, 문학 등이 기록되었다. 그러나 지방 셈어를 기록한 문서는 그렇게 많지 않다. 우가릿에서는 지방의 문제는 알파벳 쐐기 문자로 작성되었고 국제 문제는 바빌로니아의 쐐기 문자를 선호했던 것 같다. 전부 1400여 점의 토판이 우가릿어로 작성되어 보존되었다. 재미있는 것은 쐐기 문자와 다른 알파벳 문자의 알파벳 연습 문서가 이 시대에 발견된다는 것이다. 알파벳 연습 문서를 보면 알파벳의 순서가 매우 잘 확립되었음을 알 수 있다 (그림 10.3).

우가릿은 1200년에 멸망하고 그 문자도 함께 생을 마감한다. 제1천년기에는 시리아-팔레스타인의 셈어들을 기록하기 위해 페니키아인들이 선형 알파벳 문자(linear alphabet)를 받아들여 발전시켰다. 제1천년기 아시리아 제국에서 아람어의 사용이 확대되고 5세기에 페르시아 제국에서 공식 언어로 아람어가 채택되자 선형 알파벳은 근동과 그 너머 세계의 주요 문자가 되었다. 페니키아 문자가 언제 그리스로 전수되었는지는 아직 논쟁 거리다. 대부분의 학자들은 9세기 혹은 8세기에 알파벳이 페니키아와 시리아 지역으로부터 그리스에 전수되었다고 믿는다. 그러나 일부 학자는 1200년 이전에 전수되었다고 주장한다. 그리스인들은 모음을 표시하는 기호들을 보존함으로써 알파벳을 셈어가 아닌 언어들의 문자로 사용할 수 있게 하였다.

'암흑 시대'를 거치면서 근동의 대부분의 지역에서는 거의 완전한 사회 변혁이 발생하였다. 국가의 위기는 외국인들이 이주하여 들어올 수 있는 틈을 주었고 국내의 인구 이동도 활발하게 되었다. 반 유목민과 정착민 사이를 왔다 갔다 하는 집단도 있었다. 많은 도시 거주민들이 유목 생활을 시작하였고

그림 10.3 우가릿 서체의 알파벳 토판. 이 작은 토판은 우가릿 쐐기 문자 알파벳 서른 글자를 순서로 연속해서 보여준다. 마지막 세 글자는 셈어인 우가릿어를 사용하는데 필요한 것이 아니지만, 우가릿어 문서에서 후리어의 개별 단어 또는 완전히 후리어로 쓰인 문헌을 위해서 썼을 것이다. 이 알파벳은 우가릿이 1200년 파괴되었을 때 사라졌다. 14세기 토판. 크기 1.3×5.1cm. 출판 허가: Virolleaud, 1957. Reproduced with permission from Klincksieck, Paris.

일부 반 유목민들이 도시에서 정치적 권력을 잡았다. 이때의 상황은 매우 혼란스럽고 인구의 이동은 정확하게 추적할 수 없다. 그러나 확실한 것은 10-9세기의 기록에 나타난 민족들은 대개가 이전에는 알려지지 않았던 민족들이었다는 것이다. 그들이 근동의 많은 지역에 거주하게 된다.

그중 일부는 근동 세계 밖에서 이주한 사람들이다. 예를 들어, 중앙 아나톨리아에서 정착한 프리기아인들(Phrygians)은 12세기에 발칸 반도에서 이주한 것 같다. 8세기가 되면 그들은 통일 국가를 이룬다. 이집트의 문서에서 확인된 해상 민족 중 일부는 시리아-팔레스타인 지역에 정착하였다. 이 사람들의 정착지가 구체적으로 어디인지는 아직 학자들도 확실히 결정하지 못한다. 이 작업은 이집트 문서에 기록된 이름과 후대의 문서에 기록된 부족 이름들과의 비교를 통해 이루어진다. 이집트 문서에서 펠레셋(Peleset)이라고 명명된 해상 민족은 제1천년기 초기에 이집트의 북쪽 팔레스타인 해안에 정착한 블레셋(the Philistines)이었다고 종종 이야기 된다. 그러나 이름이 비슷할 뿐 그 가설을 증명할 만한 증거는 없다. 다른 가설들은 더 불확실하다. 덴옌(Denyen)이라고 불린 해상 민족은 이스라엘의 단 지파와 오늘날 아다나 지역 주변의 북시리아 지방인 다두나와 연결되었으나 그것은 이름의 유사성에만 근거한 가설에 불과하다. 해상 민족의 기원과 그들의 마지막 정착지가 어디이든지 간에 그들은 당시의 인구 이동과 사회의 재구조라는 큰 흐름에 참여했던 사람들이다. 펠레셋이 블레셋이 아닐지라도 고고학 증거에 따르면 남부 팔레스타인(후에 필리스 티아로 불리는 지역)에 새로운 물질 문화가 등장했음은 분명하다.

이때 가장 중요한 인구 그룹은 아람인들이다. 그들은 1200년 이전에는 북시리아의 유목인들이었지만 국가들의 쇠퇴를 틈타 근동 전역으로 퍼져 도시를 포함한 여러 지역에서 정치 권력을 잡는 데 성공한다. 그들은 정권을 잡은 후에도 그들의 부족 체제를 유지한다. 그들은 보통 '누구 누구의 집'(아카드어로 비트) + 사람 이름에 속하는 것으로 자신의 정체를 규정한다. 제1천년기에 그들이 세운 국가들은 보통 그런 식의 이름을 가진다. 예를 들어, 비트-아디니가 대표적이다. 북시리아에서 아람인들은 많은 도시를 장악했는데 그중에는 히타이트의 문화 정치적 전통을 유지한 사람들이 백성인 경우도 있었다. 그런 경우에 아람어로 된 이름을 가진 왕과 더불어 루위안어로 된 이름을 가진 왕들도 있었다. 다른 도시들은 완전히 아람화되었으며 아람-다마스커스와 같이 국가의 핵심을 형성하였다. 9세기가 되면 아람인들은 시리아 전역에서 정치적 패권을 거머쥔다.

제1천년기의 아람인들은 아시리아와 바빌로니아로도 이주했다. 여러 면에서 이전 시대에 메소포타미아 지역으로 이주한 북시리아 민족의 뒤를 잇는 것이다. 그리고 그들의 이민은 비슷한 결과를 낳았다. 문화적으로 메소포타미아 전통은 계속적으로 주류를 형성했다. 아카드어도 여전히 공식 언어였다. 아카드어로 왕의 비문, 편지, 행정 문서 등이 작성되었다. 그러나 인구의 많은 부분이 아람어를 사용했고 아카드어 문법과 어휘에 아람어의 영향이 분명해진다. 제1천년기의 아시리아 부조는 두 종류의 서기관을 묘사한다. 토판에 글을 쓰는 사람과 가죽 두루마리에 글을 쓰는 서기관이 있다. '가죽의 서기'라는 직업도 문서에서 발견된다. 이 서기관들은 알파벳 문자로 아람어를 양피지에 기록하는 사람들인데 애석하게도 그들의 문서는 현전하지 않는다. 다시 말해 그들의 작품에 대한 증거는 남아있지 않다. 사람들의 이름도 주로 아카드어로 지어졌다. 그러나 분명한 것은 아람어 구사자들이 아카드어 이름을 가지기도 했다는 것이다. 혹은 아카드 이름과 아람어 이름을 동시에 가진 사람들도 있었다. 후자의 예는 아히카르라는 인물에 관한 아람어 문학에서 주어진다. 최고(最古)의 사본은 이집트 남부 엘레판틴(Elephantine)에서 발견된 5세기 후반의 것이다.

그러나 아히카르(Ahiqar)라는 이름은 그 이전의 문서에서도 발견된다. 그 이야기에서 그는 7세기 아시리아 왕이었던 산헤립(Sennacherib)과 에사르하돈(Earhaddon)의 정책자문위원이었다. 그는 왕들이 이집트 왕과의 경쟁에서 많은 양의 금을 획득할 수 있도록 도와주었다. 그 이야기에 따르면 아람인 아히카르는 아시리아 궁전의 고위 관료였다. 우리는 당시의 문서에서 아히카르를 발견할 수 없었을 것이다. 왜냐하면, 그는 아히카르라는 아람어 이름 대신 아카드어 이름을 사용했을 것이기 때문이다. 이 사실은 2세기 바빌로니아에서 출토된 어떤 쐐기 문자 문서를 통해 밝혀진다. 그 문서는 에사르하돈의 자문위원으로 활동한 사람들을 나열한다. 그중에 하나가 '아람인들이 아히카르라고 부르는 아바-엔릴-다리(Aba-Enlil-dari)'였다. 이처럼 아시리아 문서에서 아카드어 이름을 가진 많은 고위 관료들이 아람인이었을 가능성이 있다.

아람인들이 바빌로니아에 침입하기 시작한 것은 11세기다. 그러나 9세기에 가서야 티그리스강 유역의 영토를 차지하게 된다. 아람인들은 동일한 부족 사회구조를 가졌지만 전혀 다른 민족인 갈대아인들과 만나게 된다. 갈대아인들은 주로 유프라테스강 유역과 남부 바빌로니아에 정착하였다. 아람인과 갈대아인들은 서로 다른 지역에 정착하였고 다른 부족 이름들을 사용하였으나 그 둘이 함께 바빌로니아의 시골 지역의 대부분을 다스렸다. 제1천년기에는 아랍인들도 아라비아 반도로부터 중앙 바빌로니아로 들어왔다.

반면 9세기 중반까지 카시트 민족의 생존자들은 디야라 계곡을 중심으로 한 지역에 머물렀다. 그들도 자신들의 부족 조직을 유지하였다. 종종 이 부족 그룹들에 반대한 사람들은 바빌론, 닙푸르, 우르와 같이 과거 강대국의 남은 자들이었다. 그들은 고대 바빌로니아의 전통을 유지하고 살았다. 거의 500년 간 그 지역의 정치 상황은 매우 유동적이었다. 같은 가족 출신의 사람이 권력을 계승하는 경우는 매우 드물었다. 갈대아인, 바빌로니아인, 카시트인, 엘람인 그리고 아시리아인들은 왕위를 놓고 끊임없이 싸웠다. 이런 혼란에 종지부를 찍은 것이 626년에 등장한 신-바빌로니아 왕조다. 이처럼 당시는 도시와 시골 지역 사이에 첨예한 갈등이 있었다. 도시는 도시 성벽 너머에서는 거의 영향력이 없었다. 종종 도시 거민들은 아시리아 왕들에게 군사적 지원을 요청했으나 아시리아 왕들은 8-7세기에 바빌로니아만을 통치하는 것도 매우 버거운 상태였다. 그러나 도시들이 아시리아에 반란하기도 하였다. 그들의 반란은 때때로 폭력으로 진압되었다.

암흑 시대 동안에 발생한 기술적 혁신인 낙타의 사용은 새로운 사람들이 근동 세계와 접촉하도록 도와주었다. 이것은 아라비아 반도에서 제2천년기 후반에 이루어졌고 이로써 처음으로 메소포타미아와 레반트 세계로 아랍인들이 육로를 이용하여 향신료를 가져올 수 있게 되었다. 결과적으로 아랍인들은 문서에 증거된 근동 세계의 일부가 된 것이다. 정착 사회의 주변에 있는 아

그림 10.4 아시리아의 낙타 길들이는 모습 부조. 10세기경 낙타가 가축화되기 시작하면서 사막은 근동 세계와 좀 더 융합되어 사람들이 그곳을 통과하여 여행하고 오아시스를 거주지로 사용할 수 있게 되었다. 비록 여전히 멀리 있는 백성이기는 하지만, 아랍인들이 이 시기 이후부터 메소포타미아인들 문헌에 등장한다. 아시리아의 팽창이 최고조에 달하였을 때, 통치자들은 사막 거주민들 또한 지배하기 원했다. 우리는 그들이 전쟁 묘사에 나타나는 것을 볼 수 있다. 니느웨의 앗수르바니팔 궁전. 7세기. 대영 박물관, 런던. 출판 허가: Werner Forman Archive.

랍인들은 대개 적으로 간주되었다. 시리아에서 결성된 반-아시리아 연합(anti-Assirian coalitions)이 자주 아랍 군인들과 낙타들을 포함하였다. 아시리아 제국 후반, 아시리아가 대외적 확장의 절정에 이르렀을 때에야 아시리아 왕들은 아랍인들을 그들의 본토에서 진압하려고 시도하였다. 그러나 아시리아의 전쟁 기술은 사막 환경에 적당하지 않았다(그림 10.4). 낙타 이용은 새로운 형태의 유목 생활 을 가능하게 했다. 정착지들 사이의 스텝 지역을 이용했던 양과 염소를 기르 는 유목 대신 낙타를 이용한 유목민들은 오아시스를 정거장으로 활용하여 사 막의 먼 거리를 여행할 수 있게 되었다. 특히 오아시스는 유명한 근동의 나라 들과 연결되었고, 6세기 바빌로니아 왕인 나보니두스(Nabonidus)는 일시적으 로 수도를 사막의 오아시스 도시 중 하나로 옮겼다.

그러므로 암흑 시대는 근동 역사에서 두 개의 다른 세계를 연결하는 매우 중요한 시대였다. 이 시대에 일어난 급격한 변화는 언제나 사료의 부족으로 연구하기 힘들다. 이 사료의 부족은 그 시대가 큰 격동의 시대였음과 무관하지 않다. 역사가들이 상황을 파악할 수 있게 되었을 때는 이미 근동 세계는 제국의 시대로 넘어가고 있었다.

토론 10.1 1200년경 히타이트 국가에는 무슨 일이 일어났는가?

히타이트 왕국은 고대 근동 지역의 가장 강력한 세력 중 하나였지만, 1200년경 후기 청동기 시대 체계가 붕괴되었을 때 사라졌다. 중심 지역이었던 중앙 아나톨리아 지역은 1천년대에 이전과는 매우 달리 보였다. 수도 하투샤를 포함하여 주요 히타이트 도시들은 거의 거주하지 않았으며, 쐐기 문자로 쓴 히타이트어는 완전히 사라졌으며, 그 지역에 살았던 사람들은 다른 정치 조직과 문화 관습을 지녔다. 그렇게 주요한 세력이 어떻게 갑작스럽게 해산될 수 있는가?

최근까지 대답은 단순한 것으로 생각되었다. 고고학적으로 확인된 하투샤와 같은 도시들의 파괴층은 람세스 3세가 그의 비문에서 말한 바를 확인시켰다. 해양 민족이 하티를 지도에서 지워버렸다. 아마도 히타이트인들의 옛 적군들은 제국의 종말을 가져왔지만 해양 민족들에 의하여 시발된 많은 주민들의 이동이 원인이었다. 히타이트 문화가 중심지에서 사라졌지만, 그것의 어느 면들은 놀랍게도 시리아 북쪽에서 소위 신-하타이트인들이라고 불리는 이들 사이에서 종속하였다(예를 들어, Gurney 1990: 38-40).

하투샤와 다른 히타이트 중심지들의 좀 더 자세한 고고학적 연구는 이러한 그림에 의구심을 갖게 한다. 건축활동에 쇠퇴를 볼 수 없는 시기 이후에 실제로 급작스러운 파괴가 있었지만, 그것은 궁전이나 신전과 같은 공공 건물에 제한되었다.

유적지에서 어떠한 시체나 무기가 발견되지 않아 격렬한 전투의 증거가 없고, 고고학적 유적/유물은 외국인들이 그것을 차지하였음을 보여주지 않는다. 히타이트 문화는 사라졌고, 1천년대 초기의 제국 명칭의 사용은 2천년대 그 지역의 위대함의 회고에 기초하였다(Bittel 1976).

새로운 문서 발견과 아나톨리아 상형 문자 비문들의 더 나은 이해는 다르게 해석케 한다. 분명한 것은 히타이트 역사의 마지막 수십 년 동안 하투샤는 히타이트 정치 권력의 독보적이면서 명백한 중심지가 아니었다. 아나톨리아 남쪽의 아직까지 미확인된 도시인 타르훈타사는 하투샤의 대왕과 독립적이며 심지어 적대적으로 활동하는 왕정 가족 중 하나의 본거지였다. 하투실리 3세와 투드할리야 4세는 타르훈타사의 한 통치자 또는 그 이상의 통치자들과 조약을 맺어야 했다(Beckman 1999:107-23). 그러나 투드할리야의 통치 시기, 타르훈타사의 쿠룬타는 하투샤의 왕권을 단순히 가장하였고, 한 상형 문자 비문에서 수필룰리우마 2세는 타르훈타사에 대항한 군사적 행동을 묘사하였다. 따라서 내부 충돌은 히타이트 국가 붕괴의 기초였다(Hoffner 1992). 여전히 대부분의 학자들은 하투샤가 극심한 화재로 끝을 맺었다고 믿는다(예를 들어, Kuhrt 1995: 265; Klengel 1999: 312-13).

이 생각 또한 수정이 필요하다. 하투샤의 공공 건물에 대한 좀 더 자세한 고고학적 연구는 적대 세력-해양 민족, 카스크인들 또는 지방 반역자들-은 그 건물들이 사용되었을 때 그것들을 갑작스럽게 약탈하지 않았고, 궁중 세력은 사전에 그것들을 떠났으며, 무거운 것 또는 관심이 없는 것을 제외하고 모든 것을 깨끗이 치웠음을 보여준다. 오직 1년 이후 그것들은 아마도 카스크인들에 의하여 불탔다(Seeher 2001). 이것은 1185년경(Bryce 2012:53), 또는 약간 이후에 일어났을 것이다 (http://www.hattuscha.de/ English/cityhistory2.htm).

오늘날 일반적으로 받아들여진 시나리오는 다음과 같다.

13세기 말경 내부 분열, 주변 지역의 반역, 해양 민족을 포함한 외국의 위협, 식량 부족이 하투샤에서 정상적인 제국 생애의 지속을 불가능케 하였다. 궁중 세력은 도시를 떠나 카스크인들의 먹이가 되었지만 그들은 약탈할 것이 별로 남지 않았음을 발견하였다. 우리는 수필룰리우마 2세가 어디에서 종말을 맞았는지 알지 못하지만, 시리아 북쪽 지역에서 히타이트의 고위층인들, 특별히 몇 세기 동안 부왕들이 거주하였던 갈그미스에 있던 이들이 그들 자신을 제국의 상속자로 생각하였다. 그들은 왕정 이름의 선택과 같은 몇 가지 습관을 지속하였고 또한 변화를 주었다. 아나톨리아 상형 문자가 루비어를 기록하는 공식 서술 체계가 되었고 히타이트 상형 문자는 더 이상 사용되지 않았으며 어떤 신들이 주역할을 하는지에 대한 생각에도 변화가 있었다. 더 이상 단일화된 국가는 없었고, 병행하는 신 히타이트 왕조들이 아나톨리아 남쪽과 시리아 북쪽 지역에 공존하였다. 아시리아인들이 1천년대에 "하티의 땅"을 말할 때, 그들이 더 이상 이전 시기의 제국을 알지 못했지만 명명에 실수하지 않았다(Collins 2007: 72-90, Bryce 2012: 9-31, 조금 다른 서술로 Genz 2013을 보라).

제3부

제국

제1천년기 초의 근동 세계

3000	2500	2000	1500	1000	500

853	아시리아 왕 살마네저 3세와 시리아 연합군 사이의 카르카르 전투
850년경	사르두리 1세가 우랄투를 통일함
740년경	엘람의 부흥
691	아시리아의 산헤립과 엘람의 훔반-니메나 사이의 할룰레 전투
646	아시리아의 앗수르바니팔이 수사를 침공함
626	나보폴라살이 신-바빌로니아 왕조를 세움

    제1천년기의 시작과 함께 근동의 다양한 지역에서 정치적 상황이 안정되었 고 완전히 새로운 국가 네트워크가 등장했다. 결과적으로 사료들이 다시 생 산되고 이 시대에 대한 역사가들의 이해도 늘어난다. 그러나 사료의 생산 과 정은 시간이 걸린다. 9세기에 가서야 근동 전체를 파악할 수 있는 자료들 이 나오기 시작한다. 이 시대에는 하나의 강대국인 아시리아가 군사적으로 두 각을 나타내기 시작한다. 그러나 7세기에 가서야 아시리아의 사료가 근동 전 체의 역사를 연구하는 데 도움이 될 만한 규모가 된다. 비록 이 시대의 역사 재구성에서 아시리아의 사료가 주로 사용되지만 다양한 국가들이 아시리아

와 공존했음을 잊지 말아야 한다. 그들의 역사를 연구하기 위해서 우리들은
그 당시의 자료뿐 아니라 그 이전의 자료와 조금 후대의 자료도 염두에 두어
야 한다. 이 시대의 국가는 메소포타미아의 바빌로니아와 제1천년기 초에 동
부 아나톨리아에서 발달했던 우랄투(Urartu)를 포함한다. 서부 이란에 있는 엘
람은 8세기에만 중요한 나라가 되었다.

이 책에 정의된 근동의 범위 밖에 있는 이집트는 여전히 중요한 국가였다.
시리아-팔레스타인 지역과 아나톨리아에서는 많은 수의 소규모 국가들이 존
재하였다. 일부는 제2천년기 국가가 지속된 것이다. 예를 들어, 페니키아 항구
도시 국가들과 신-히타이트 국가들은 제2천년기부터 그때까지 맹맥을 이어
왔다. 다른 나라들은 완전히 새롭게 발달된 나라들이다. 시리아의 아람 국가
들, 이스라엘, 유다 그리고 팔레스타인 동쪽 이웃 국가들은 새롭게 생긴 국가
들이다. 아나톨리아에서는 프리기아와 리디아가 새로운 정체를 형성하였고
자그로스 산맥에서는 다양한 민족들이 소규모의 나라를 형성하였다. 이 국가
들은 모두 본장에서 논의할 것이고 아시리아 제국의 발달은 다음 장에서 다
룰 것이다.

1. 동쪽 국가들

근동의 동쪽 지역에서는 제2천년기에 이미 알려진 세 개의 국가, 아시리아,
바빌로니아, 엘람이 제1천년기 초기에도 여전히 중요한 국가였다. 단 신생국
가인 우랄투가 이때 새로 생겨났다. 이 국가들의 역사는 사료의 상황이 다르
기 때문에 동일한 정도로 재구성될 수 없으며 재구성된 역사도 어느 정도 아
시리아의 관점의 영향을 받을 수밖에 없다. 그러나 아시리아 제국의 발전을
연구할 때 우리는 그 이웃 국가들을 고려해야 하기 때문에 여기에서 그들의
역사를 개괄적으로 소개한다.

1000년에서 626년까지는 바빌로니아에게 매우 어려운 시기였다. 정치적
으로 그 지역은 권력을 잡으려고 경쟁하는 다양한 그룹들로 혼란스러웠으며

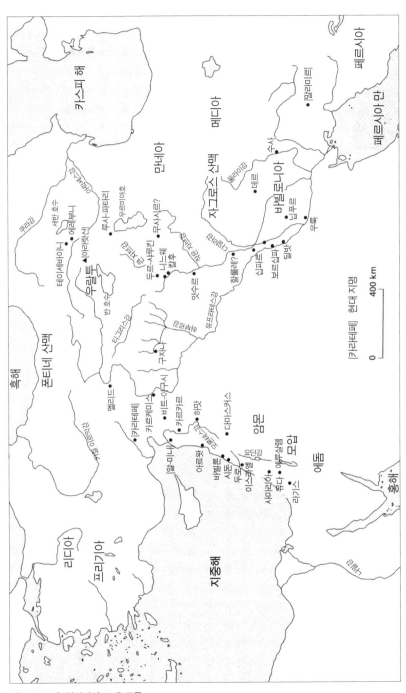

지도 11.1 제1천년기의 고대 근동

농업적 기반 시설이 붕괴되고 무역로가 사라짐으로 경제적으로도 빈약하였다. 그 긴 불안의 시기에 권력은 카시트인들에게서 갈대아인들에게 넘어갔다. 그 권력의 이동은 전보다 더 복잡한 양상을 띠었다. 그 이유는 바빌로니아 내부와 바깥의 다른 민족들이 그 지역을 통치하려고 벼르고 있었기 때문이다. 1155년 카시트 왕조가 끝나자 바빌로니아의 두 개의 다른 지역에 근거를 둔 두 개의 연속적인 왕조가 바빌론의 왕좌에 앉았다. 중앙 바빌로니아를 근거로 이신 제2왕조가 오랫동안 다스렸고 바빌로니아 최남단을 근거로 제2해상국이 잠시 다스렸다.

제2해상국은 카시트인들이 주를 이루었고 다른 지역에서 온 세 명의 카시트인들이 차례로 왕위를 이었다. 그들의 왕조 이름은 바지(Bazi)였다. 그후에 다양한 배경의 사람들이 바빌론의 왕이 되었다. 이때 왕조가 수시로 바뀌어 한 가족에서 한 번 이상 왕을 내지 못했다. 이때 왕이 된 사람들은 바빌로니아인과 갈대아인들이었고 심지어 엘람의 먼 후손이라고 주장한 사람도 있었다. 722년 이후에 아시리아인들도 왕위 경쟁에 가담하였다. 바빌론을 통치하려는 아시리아인들의 노력에 대해서는 다음 장에서 설명할 것이다. 이 시기의 왕들은 거의 업적이 없었으며 이 시기의 정치 역사는 이름의 나열에 불과하다(부록 왕명록 참조).

바빌로니아 왕들이 처한 가장 큰 문제는 영토를 통제하는 것이었다. 시골 지역은 새롭게 이주한 아람인들과 갈대아인들이 다스리고 있었다. 어떤 지역은 거의 독립 국가에 가까운 상태에 있었다. 아람 부족들은 티그리스강 유역에 주로 자리잡았고 농업 지역의 끝자락에 작은 촌락 공동체 단위로 정착하였던 것 같다. 아시리아의 군사 기록에 많은 부족 이름이 나열되어 있다. 그중에 가장 두드러지는 부족은 감불리아인(Gambulians)과 푸쿠디아인(Puqudians)이었다. 아람인들은 바빌로니아 사회에 통합되기를 꺼렸기 때문에 대부분은 바빌로니아에서의 정치적 패권을 추구하지 않았다. 850년이 되면 갈대아인들이 유프라테스강 유역과 남부 바빌로니아 지역에서 자리를 잡는다(요새 도시에서도 정착한다). 그러나 우리는 그들이 어디에서 이주해 왔는지 알지 못한다. 어떤 학자들에 따르면 그들은 아람인과 매우 가까운 민족이지만 고대 문서들은 그 두 민족을 다른 민족이라고 규정한다. 따라서 갈대아인들이 누구인지는 확실하지 않다. 갈대아인들은 세 개의 주요 부족, 비트-아무카니(Bit-Amukani), 비트-닥쿠리(Bit-Dakkuri), 비트-야킨(Bit-Jakin)으로 조직되었다. 이 조직은 아람인의 역사를 통틀어 중요하게 남았다. 그들은 바빌론에 대한 정치적 권력을 얻으려 하였다. 그리고 간혹 바빌론의 왕좌를 차지하는 데 성공한다.

이 때문에 갈대아인들은 바빌로니아로 확장하려는 아시리아의 팽창 정책에 반대하는 데 앞장서게 된다. 갈대아인들이 동시에 바빌로니아 사회에 통합되었음은 그들이 바빌론의 이름을 가졌음을 통해 알 수 있다. 한편 페르시아만 끝에서 바빌로니아를 통치한 갈대아인들 때문에 바빌로니아는 무역로로부터 단절되었다. 카시트의 영향권 아래 있었던 딜문(Dilmun)도 제1천년기의 바빌로니아 문서에는 거의 등장하지 않은 먼 나라가 되었다. 바빌로니아 왕은 딜문에 영향을 끼칠 수 없었다.

이 시대의 사료들은 폭력과 전쟁을 증언한다. 이 전쟁은 도시와 부족 그룹뿐 아니라 도시들 사이에서도 발발했다. 예를 들어, 8세기에 보르십파(Borsippa)의 총독이었던 나부-슈마-임비(Nabu-shuma-imbi)는 다음과 같이 적고 있다.

무질서, 혼란, 봉기, 무질서 등이 진리와 정의의 도시인 보르십파에서 발발했다. 나부-슈마-이스쿤의 통치 동안 닥쿠리인들, 바빌로니아인들, 보르십파인들, 유프라테스강 유역에 위치한 두테티 마을(사람들), 갈대아인들, 아람 사람들, 딜밧 사람들이 무기를 연마하며(?) 오랫동안 서로(싸우고) 도륙하였다. 더욱이 그들은 농지를 놓고 보리십파인들과 싸웠다.[1]

부족 그룹에 대항한 전투는 다른 문서에서 충분히 언급되었다. 부족민들을 적대적이고 파괴적이라고 비난한 반-부족인 논조는 고대 도시 주민들의 새 이주자에 대한 부정적 태도에서 기인한 것 같다. 그러나 그 시대가 매우 불안

---

[1] Grant Frame, *Rulers of Babylonia: From the Second Dynasty of Isin to the End of Assyrian Domination*(1157-612 bc) (*The Royal Inscriptions of Mesopotamia. Babylonian Periods*, volume 2) (Toronto: University of Toronto Press, 1995), 124.

했고 전쟁이 많았다는 사실은 부정할 수 없다.

　이런 불안한 상황 가운데 아시리아인들은 종종 군사적 힘으로 개입하였다. 이미 9세기 후반부에 아시리아인들은 그 지역에 원정을 감행했으며 때때로 도시들을 지원해 부족들을 공격하고 때로는 바빌로니아 왕을 공격하였다. 9세기 중엽, 바빌로니아 왕인 마르둑-자키르-슈미(Marduk-zakir-shumi) 1세는 살마네저(Shalmaneser) 3세의 도움을 빌려 동생의 반란을 진압하였다. 살마네저 3세가 그를 동료로 간주했음은 칼후(Kalhu)에 있는 그의 보좌의 단상에 새겨진 부조를 보면 분명해진다. 그 부조에서 살마네저는 바빌로니아 왕과 손을 잡고 있다. 후자는 살마네저 3세의 후계자가 아시리아의 왕위에 오르는 것을 돕고 불평등 조약을 강요하였다. 그러나 이런 태도를 유지하기에는 바빌로니아의 힘이 오래 지속되지 못했다. 813년에 아시리아의 왕 삼시-아닷(Shamshi-Adad) 5세가 두 바빌로니아 왕을 생포하여 유배 보냈다. 연대기에 따르면 비록 왕명록은 왕의 이름을 기록하고 있지만 바빌로니아에는 10년 동안 왕이 없었다. 이와 같은 개입을 통해 아시리아는 종종 바빌로니아의 왕들을 통제하였다.

　이런 혼란 가운데 도시는 전통적인 정치 문화의 생활 양식이 보존된 외딴 섬을 이루고 있었다. 도시는 정치적인 관점에서 과거의 도시적 성격을 유지한 왕권에 대한 중요한 지지자였던 것 같다. 바빌로니아의 고대 도시들은 그 규모가 크게 축소되었으며 경제적으로 약했다. 그러나 그들은 왕에게 있어서 다루기 어려운 시골을 통제하는 거점이 되었다. 반대로 도시민들은 특권을 요구하였다. 그 특권의 구체적 성격이 무엇인지 분명하지는 않지만 무척 광범위한 특권을 요구했던 것 같다. 예를 들어, 왕들은 세금과 강제 노동을 요구하거나 군역을 강요할 수 없었다. 왕들은 신상을 구속하거나 재물을 압수할 수 없었다. 이런 특권들은 개인 간의 협약이라서 새로운 왕이 즉위하면 다시 갱신되어야 했다. 그리고 이 특권은 아시리아의 패권 시대까지 계속 유효했다. 그런 특권을 부여받은 도시들로는 바빌론, 보르십파, 닙푸르, 십파르, 우룩이 있었다. 이들 도시는 모두 종교적으로 중요한 거점이었다. 신들은 협약의 중요한 증인으로 간주되었다. '왕자를 위한 교훈'(저작 연대 미상)이라고 알려진 문학 문서는 분명히 왕이 그 협약을 어기면 크게 벌을 받을 것임을 경고하고 있다. 비록 그들이 왕의 총독의 역할을 하고 바빌론 왕에게 충성을 맹세했지만 그들은 상당한 자치권을 가졌음에 틀림없다.

이 도시들은 전통 수호에 큰 자원을 투자할 수는 없었지만 바빌로니아의 문화와 종교적 전통을 계승했다. 아시리아가 그 지역을 정복할 때까지 새로운 건축이 거의 이루어지지 않았다. 그리고 진행된 건축 사업은 기존의 건축물이나 성벽을 보수하는 일에 제한되었다. 종교적으로는 마르둑의 역할이 제2천년기 말에 매우 중요하게 되었다. 특히 마르둑 신상을 엘람에서 되찾아 온 네부카드네자르 1세에게 마르둑의 위상은 매우 높아졌다. 마르둑의 아들인 동시에 신들의 서기관의 역할을 한 나부도 자신의 제의 도시, 보르십파의 위상과 함께 매우 중요해졌다. 그의 신상은 가장 중요한 왕궁 의식인 새해 축제 동안 바빌론을 방문해야 했다. 그리고 나부 신상이 새해 축제에 등장하지 않을 때 그것은 곧 보고되었다. 경제적 활동과 건축 활동의 감소로 서기관들의 활동도 자연히 제한되었다. 법 문서와 행정 문서의 수는 미약했고 공식 비문은 드물었고 대개 짧았다.

그러나 초기의 문학적 학술적 문서는 계속해서 필사되었다. 7세기에 아시리아의 앗수르바니팔 왕이 니느웨에 자신의 도서관을 설립했을 때 그는 관리들에게 바빌로니아의 신전과 제사장과 학자들의 개인 사서를 방문하여 아시리아에서 희귀하고 구하기 힘든 문서들을 모두 모아올 것을 명령했다. 이것으로 보아 신전이 서기관 활동의 후원자가 되었음을 알 수 있다. 바빌로니아에서 발굴된 가장 중요한 문학 작품이 쓰인 것도 아마 이 시대였을 것이다. 그것은 당시의 매우 힘든 상황을 잘 반영하는 에라 서사시(Erra Epic)는 학자들의 추정에 따르면 8세기에 저작되었을 것으로 여겨진다. 저자는 그 문서의 마지막에서 자신을 다비비 가문의 카브티-일라니-마르둑이라고 밝혔다. 그리고 그는 꿈을 통해 작품에 대한 영감을 얻었다고 주장했다. 에라 서사시는 역병의 신인 에라가 다른 신들의 태도에 환멸하여 크게 노하여 바빌로니아 전역에서 죽음과 역병을 주었다고 이야기한다. 바빌로니아의 시민들은 그와 함께 모여 신전들을 불태웠는데 왕의 군대가 그들을 모두 도륙한다. 시대착오적인 부족 이름인 수티안인들로 불리는 유목민들은 우룩을 접수하고 이스타르의 성전 종사자들을 괴롭혔다. 십파르의 벽은 찢겨지고 데르는 파괴되었다. 이 도시의 신들은 공포에 질렸다. 그때 에라의 노가 잠잠해지고 바빌론에게 온 땅을 다 스릴 주권을 선물로 준다. 이야기 속의 역사적 실제는 확실하게 확인하기 불가능하다. 그러나 문서는 바빌로니아 역사에서 전쟁과 파괴가 만연한 시대를 정확하게 묘사하고 있다.

8세기 후반 이래 아시리아에 대한 바빌로니아와 갈대아의 저항은 상당한 부분 엘람의 지원을 받았다. 남쪽의 늪들은 그 두 지역을 연결시켰고 반란군 들은 쉽게 바빌로니아에서 엘람으로 도망해 아시리아 군대를 피할 수 있었다. 더욱이 엘람의 군대들은 바빌로니아인에게 쉽게 설득되어 아시리아와 전쟁하였다. 그리고 종종 그들의 군역에 대한 대가를 지불받았다. 5세기 엘람의 역사는 바빌로니아와 아시리아 사료를 통해 우리에게 거의 완벽히 알려졌다. 몇몇 엘람 왕들이 비문을 남겼지만 이들은 수가 적고 거의 정보를 포함하지 않았다. 740년에서 647년까지 엘람에 국제 무대에 다시 등장하게 되었을 때 우리는 엘람의 사료에서 다섯 명의 왕을 만난다. 그러나 메소포타미아의 사료 에서는 엘람의 왕위를 주장한 16명의 왕들이 기록되어 있다. 엘람의 정치적 불안(100년에 15번의 왕위 교체)에도 불구하고 엘람은 아시리아를 괴롭히고 이웃 국가들이 부러워할 만큼의 부도 모을 수 있었다.

1100년경 네부카드네자르 1세가 수사를 정복한 후 우리가 처음으로 엘람 에 대한 이야기를 듣는 때는 엘람이 아시리아와의 다툼 가운데 바빌로니아와 연합할 때이다. 사료가 증거하는 최초의 왕은 훔반-니카스(Humban- nikash)이다. 그는 사르곤 2세(재위 721-705)와 싸움에서 공을 세웠다. 그의 후계자는로 그의 이름과 '안샨과 수사의 왕'이라는 칭호는 중세 엘람 왕국의 영광스러운 과거를 기억하게 한다. 그는 수사와 말라미르에서 왕의 비문을 남기기 시작하 였다(말라미르는 안샨이 위치한 파르스로 가는 길에 위치하였다). 아시리아와의 긴 전쟁은 양쪽 모두의 승리로 결말났고, 때때로 전쟁의 결과가 불분명한 경우가 많았다. 예를 들어, 720년 아시리아와 바빌로니아-엘람의 연합군 사이에 데르 (Der)에서 벌어진 전쟁에서 아시리아의 사르곤 2세와 갈대아의 마르둑-아플 라-이디나(Marduk-apla-iddina)는 자신의 비문에서 모두 승리를 주장하였다. 그러나 바빌로니아 연대기는 엘람 왕은 전쟁터에 제때 도착하지도 못했으며 엘람 왕이 승리하였다고 기록한다. 691년 아시리아의 산헤립은 엘람의 훔반-니메나가 이끄는 이란 국가 연합군과 티그리스강 유역의 할룰레(Halule)에서 대면한다. 아시리아 군은 또 다시 승리를 주장하지만 바빌로니아 연대기는 엘람이 승리했다고 증언한다.

그러나 산헤립이 바빌론을 초토화시켰지만 엘람까지는 침공하지 못한 것으로 보아 전쟁은 한 쪽의 일방적인 승리는 아니었던 것 같다. 후에 평화의 기간이 있었다. 그러나 그 평화의 기간은 664년 엘람이 바빌로니아를 침공하면

그림 11.1 테움만 왕의 죽음에 관한 아수르바니팔의 묘사. 니느웨 궁전의 미묘한 벽부조에서 아수르바니팔 왕은 그가 엘람 왕을 죽였던 틸-투바 전투를 묘사하였다. 여기에서 보여지는 장면은 엘람 왕과 그의 아들의 목을 자르는 것을 보여준다. 위쪽에 있는 여섯 줄의 문헌은 어떻게 테움만이 전투에서 부상을 입었고 그의 아들 탐마리투와 함께 숲속으로 도망을 시도하였는지 언급하고 있다. 아수르바니팔은 그들을 죽여 참수하였다. 부조의 다른 부분은 어떻게 테움만의 머리를 니느웨로 가져왔고 아수르바니팔과 그의 아내가 정원 파티를 한 궁전 정원에 있는 나무에 매달았는지를 보여준다. 대영박물관, 런던. 출판 허가: Werner Forman Archive.

서 끝난다. 10년 후 아시리아의 앗수르바니팔이 엘람을 침입하고 수사 근처를 흐르는 울라이강에서 전쟁하였다. 이 전쟁에서 엘람 왕인 테프티-훔반-인 슈쉬낙(Tepti-Humban-Inshushinak)은 죽고 목이 잘린다(그림 11.1). 아시리아의 부조는 그의 목이 어떻게 니느웨로 이송되어 왕궁 정원에 전시되었는가를 보여준다. 앗수르바니팔과 그의 형제가 바빌로니아에서 652-648년 사이의 내전에 연루되었 을 때 엘람과 다른 국가들은 바빌로니아를 지지하였다. 그러나 앗수르바니팔은 승리하였고 엘람을 공격하여 그 주변을 쑥대밭으로 만들었다. 647년에 앗수르바니팔은 수사와 나머지 도시들을 파괴하였다. 수도의 몰락은 굉장히 자세히 기록되었다. 농지에는 소금이 뿌려졌고, 사람들은 전부 제국의 서쪽에 있는 사마리아로 유배되었다. 모든 왕의 무덤들로부터 유골들이 파헤쳐졌다. 그러나 그 작고 힘 없는 국가는 명맥을 이어갔고 엘람은 아시리아보다 오래 살아남았으나 결국 페르시아가 그것을 자신의 제국에 편입시킨다.

엘람은 아마 자그로스 산맥의 서쪽 측면에 위치한 쿠제스탄(Khuzestan)의 평지만을 통치한 것 같다. 안샨의 고원지대는 페르시아인들의 고향이었다. 그리고 이 당시 더 북쪽의 자그로스 산맥은 그 지역에 최근 이주한 사람들이 살고 있었다. 그들은 다양한 국가를 세우고 매우 느슨한 연합을 형성하였다. 그들의 이름은 아시리아 사료를 통해서만 우리에게 전해진다. 예를 들어, 메디아인, 만네아인, 페르시아인 등이 처음에는 수많은 왕국을 형성하다가 후에는 통합된 국가를 이룬다. 바로 이런 상황에서 후에 아시리아의 주적이 될 국가가 발전한다.

문서 11.1 자그로스 산맥에 대한 아시리아인들의 묘사

저지대에 살았던 아시리아인들에게 동쪽과 북쪽의 자그로스와 타우루스 산맥은 굉장한 장벽이었으며 낯선 자연 환경이었다. 정규 군대를 동원한 군사 원정이 매우 어려웠다. 그리고 아시리아의 팽창이 제한되었다. 이 지역에서 그들은 우랄투와 만났고 사르곤 2세가 714년에 우랄투를 공격하려고 마음먹었을 때 그는 전술에 불리한 산으로 들어가야 했다. 그의 원정 보고에 해당하는 한 편지에서 그는 다음과 같은 말로 그가 처한 도전들을 묘사한다. 그 편지는 매우 문학적인 언어로 되었으며 동물 세계에서 유래한 많은 은유를 사용한다.

시미리아(Simiria) 산의 거대한 산 봉우리는 창의 날과 같이 위쪽을 향하고 여신 벨렛-일리가 거하는 산 위로 머리를 들고 있다. 그것의 두 봉우리는 위로는 하늘에 기대고, 그것의 기초는 아래로 지하 세계의 내부까지 이른다. 그 지하 세계는 생선의 등과 같아서 한 쪽에서 다른 쪽으로 가는 길이 없고 앞이나 뒤나 오르기가 매우 어렵다. 골짜기와 낭떠러지는 안으로 매우 깊이 나있고 멀리서 보아도 두려움에 싸여있었고 전차나 말들도 오르기가 어렵다. 보병도 진군 하기가 매우 어렵다. 그러나 적의 땅을 평평하게 하도록 나의 걸음을 넓힌 에아와 벨렛-일리가 나를 위해 예정한 지식과 지혜를 가지고, 나는 내 공병으로 하여금 무거운 청동 도끼를 나르게 하였다. 그들은 높은 산의 봉우리들을 마치 석회암인 양 부수고 도로를 부드럽게 만들었다. 나는 나의 군대의 수장을 데리고 전차 부대, 기마 부대 그리고 나를 동반하는 전투 부대로 하여금 독수리처럼 그 위를 나르도록 하였다. 나는 보조 군인, 보병이 그들을 따르도록 하였고, 낙타와 짐을 진 짐승들은 산에서 자란 염소처럼 봉우리를 뛰어 넘었다. 나는 덮치는 홍수같이 아시리아인들로 하여금 그 높은 곳을 쉽게 건너게 했고 산의 정상에 진영을 꾸렸다.

번역 출처: François Thureau-Dangin, *Une relation de la huitième champagne de Sargon*(Paris: Librairie Paul Geuthner, 1912), pls. I-II.

아시리아의 북쪽, 아나톨리아의 동쪽에는 고대 근동에서 가장 수수께끼 같으면서 무시할 수 없는 우랄투(Urartu)가 존재했다. 우랄투는 비록 제1천년기 전반에 매우 중요한 역할을 하였고 한 때 그 지역에서 가장 힘 있는 국가였지만 우랄투의 역사를 재구성하기는 쉽지 않다. 대부분의 정보를 아시리아 사료에서 추출해야 한다. 그리고 아시리아 사료가 현전하는 유일한 연대적 기준을 제공한다. 아시리아 사료는 전쟁의 상황에서만 우랄투 왕들을 언급한다. 우랄투 사람들도 비문을 남겼다. 처음에는 아시리아의 언어, 문자, 형식을 사용하였으나 9세기 후반부터는 우랄투어를 사용했다. 이 비문들은 주로 군사적 원정을 다룬 건축 비문이다. 그러나 그 비문들에도 우랄투 역사에 대한 정보가 거의 없다. 따라서 사료에서 나오는 정보는 아시리아의 관점이다. 우랄투에서의 발굴은 산악 요새에만 집중되어 군사적 측면만이 강조되는 경향이 있다.

우랄투의 영토는 높은 산맥과 좁은 계곡이 대부분이다. 계곡에는 계절에 따라 강이 흐른다. 많은 강의 수원이 우랄투에 위치하나 수원에서 발하는 강은 모든 방향으로 흘러 큰 물을 이루지 못한다. 유프라테스강만이 배를 운용할 수 있을 만한 수량이 된다. 본래 우랄투의 근거지는 반(Van) 호수였다. 반 호수의 물은 너무 소금이 많아 식용이나 농업용으로 사용할 수 없다. 사람들은 계곡에 있는 촌락에 거주했고 겨울에 눈이 많이 오면 그곳에 고립되어 버린다. 우랄투 지역을 관통하는 길은 매우 험하였다. 그 험한 지형은 아시리아를 비롯한 외국 군의 침략으로부터 나라를 보호해 주었다. 우랄투는 동서남북으로 팽창하였고, 그 결과 남부 아나톨리아와 북서 이란에서 아시리아와 충돌하였다. 한때 우랄투는 아시리아의 본토에 상당히 접근하게 된다. 우랄투의 북쪽과 동쪽 국경은 분명하지 않았다. 그러나 우랄투의 전성기에는 오늘날 아르메니아 지역이 우랄투에 편입되었다. 오늘날의 에레반은 고대 우랄투의 에레부니(Erebuni)가 있었던 자리에 위치한다. 이 지역의 정치 조직에 대한 최초의 언급은 13세기의 것이다. 아시리아 왕들이 시리아 북쪽에 원정했을 때 그들은 나이리(Nairi)와 우루아트리(Uruatri)라는 나라와 만났다. 그것은 후대의 지명인 우랄투의 변형이다. 그 지역에 있던 개별적인 정치체들이 아시리아의 원정에 대한 대응으로 연합군을 형성했다.

9세기 이래로 아시리아 왕들은 동부 아나톨리아의 소수지만 더 강력한 적들에 대해 언급한다. 우랄투를 통일하여 새 왕조를 시작했던 왕은 사르두리(Sarduri) 1세. 사르두리 1세는 살마네저 3세(재위 858-824)의 비문에 기록되었다. 사르두리 1세를 이어 왕이 된 사람은 우랄투를 매우 중요한 강대국으로 발전시켰다. 우랄투는 반(Van) 호수에 있는 본토에서 사방으로 끊임없이 원정하였다. 그래서 북쪽으로 에레부니에 이르는 영토까지 병합하였다. 서쪽으로 그들은 북시리아에 이르렀고 남동쪽으로는 아시리아 동쪽에 있는 자그로스 산맥을 점령하였다. 이 팽창주의적 정책은 9세기 후반부터 8세기 초반까지 아시리아가 쇠퇴했기 때문에 가능했다. 우랄투에 대한 저항은 아시리아 왕이 아닌 북시리아에 파견된 아시리아의 관리였던 삼시-일루(Shamshi-ilu)가 이끌었다.

우랄투인들은 루사-파타리('루사 왕의 작은 도시') 혹은 테이세바이니('테이세바 신의 도시')와 같은 산중 요새들의 시스템을 구축함으로써 새롭게 획득한 영토에 대한 지배를 강화하였다. 자연적 고지에 위치한 그 요새들은 농업 평지를 통제하고 그 지역을 관통하는 무역로를 지배하였다. 그 요새들은 곡식과 포도주를 저장한 거대한 창고를 갖춘 행정 센터이기도 했다. 농업은 수로의 건설을 통해 더욱 발달하였다. 이 사업은 엄청난 노동력을 필요로 했고 잦은 군사 원정을 통해 그 사업을 위한 노동력을 확보했던 것 같다.

8세기 중엽 사르두리 2세의 영도 아래 우랄투의 국력은 절정에 달했다. 북메소포타미아와 이란에서 지중해와 아나톨리아의 금속 광산에 이르는 무역로를 제어하였다. 따라서 아시리아의 재정비 그리고 이어진 팽창 정책은 우랄투와 직접적 대치로 이어졌다. 이 군사적 대치 상황은 아시리아 사료에서 자세히 언급되나 그 언급은 아시리아의 관점이 반영된 것이다. 티글라스-필레저 3세(Tiglath-pileser III, 재위 744-727)는 서쪽에 있는 우랄투인들과 싸웠다. 우랄투인들은 그곳에서 알레포 바로 북쪽에 위치한 비트-아구시와 같은 시리아 국가들과 군사적 연합을 형성하고 있었다. 사르곤 2세는 자신의 군대를 아시리아 동쪽의 자그로스(Zagros) 산맥을 넘어 진군시킴으로써 우랄투의 남쪽을 공격하고 우랄투의 중요한 종교 중심지인 무사시르(Musasir)를 약탈하였다. 그후 우랄투는 아시리아 원정의 대상이 되지 않았다. 그러나 아시리아의 스파이는 우랄투의 동태를 늘 살피고 니느웨에 보고하였다. 아시리아는 북쪽 측면에 위협적인 적이 있었지만 결정적으로 정복할 수도 그럴 의지도 없었다.

그후의 우랄투의 운명은 북쪽에서 내려온 민족에 의해 결정된 것 같다. 학자들은 우랄투의 멸망에 다양한 민족 그룹이 기여했다고 생각한다. 그들 가운데 북아나톨리아 출신의 키메리아인들(Cimmerians)이 있었다. 그들은 7세기 중엽에 이미 중앙 자그로스를 제어하였는데 그 중간에 있는 우랄투를 멸망시킨 후일 가능성이 있다. 메디아와 스키티아인들이 우랄투를 멸망시켰을 가능성도 제기되었다. 그러나 확실한 증거는 없다. 많은 산악 요새들이 불탔다는 사실로 볼 때 우랄투의 마지막은 전쟁 때문이었다. 6세기 말까지 우랄투인들은 아르메니아인들에 의해 대체되었다.

우랄투 문화와 종교는 상대적으로 잘 알려지지 않았다. 우랄투어는 제2천년기의 언어인 후리안어 외에는 비슷한 언어가 없다. 후리안어와 우랄투어는 공동의 조상을 가졌다. 우랄투어는 후리안어에 대한 증거가 발견된 곳에서만 사용되었다. 우랄투의 사료들은 대개 왕의 비문들인데 그중 일부는 아시리아 사본으로도 알려진다. 약간의 경제 문서와 수백 점의 왕의 인장들도 발견되었다. 이들은 우랄투가 중앙 행정부를 가졌음을 보여준다. 비문에서 많은 신의 이름들도 증거된다. 그러나 그 신들에 대해서는 거의 알려진 바가 없다. 만신전은 세 신이 주도하였다.

그중 둘은 후리아인들이 섬긴 신이기도 했다. 테이세바(Theisheba)는 후리아인들이 섬긴 폭풍의 신 테숩(Teshub)이고 쉬위니(Shiwini)는 후리아인들의 태양신 쉬미키(Shimiki)와 동일한 신이었다. 전쟁 서술에서 가장 중요한 신은 전쟁의 신인 할디(Haldi)였다. 그러나 고대 근동의 다른 지역에서 할디는 전혀 알려지지 않은 신이다. 할디의 제의 도시는 사르곤 2세가 714년에 파괴한 무사시르였다.

우랄투의 가장 인상적인 유물은 그것의 금속 공구였다. 특히 청동으로 각종 용기, 가구, 장신구, 갑옷, 신상 등이 주조되었다(그림 11.2). 우랄투의 지형 때문에 많은 광산이 존재했다. 우랄투는 다른 자원이 생산되는 중앙 아나톨리아와 이란으로부터 오는 무역로도 확보하였다. 그러므로 우랄투에서 금속 공업이 발달한 것은 놀랄일이 아니다. 불행히도 많은 유물들이 도굴된 것들이어서 그 유물의 고고학적 문맥을 알 수 없다. 결과적으로 우랄투에 대한 우리의 이해는 약할 수밖에 없다. 그러나 부정할 수 없는 것은 우랄투가 제1천년기의 처음 300년간 가장 힘 있는 국가 중 하나였다는 것이다. 그리고 우랄투는 아시리아 제국의 초기 발달에 매우 중요한 역할을 하였다. 그것은 고대 근동 역사가들이 직면한 중요한 도전 중의 하나를 전형적으로 보여준다. 그것은 국제 무대에서 중요한 역할을 하였다. 그러나 그것의 본 자료가 거의 상세히 남아있기 않기 때문에 우리는 아시라아인들의 눈으로 우랄투를 연구해야 한다. 결과적으로 실제를 완전히 파악하는 데에는 한계가 있을 수밖에 없다.

그림 11.2 우라르트 청동판. 이 판은 원래 좀 더 큰 물체에 붙여졌던 것이며 같은 장면을 두 번 묘사한다: 한 묶음의 막대를 나르는 두 남자, 뒤쪽의 한 운전자, 그리고 아마도 유명한 동행자가 있는 마차. 우라르투어로 쓰인 비문은 "(왕) 아르기쉬티의 재산"으로 읽을 수 있다. 이것과 같은 많은 수의 우라르투 금속 제품은 현대 터키, 이란, 아르메니아의 장소에서 약탈된 것이며, 그것들이 발견된 문맥의 부재로 인하여 그것들의 기능과 사용에 대하여 말하기 어렵다. 메트로폴리탄 예술 박물관, 뉴욕. 청동, 크기 6.91×15.24cm. 출판 허가: © 2014 The Metropolitan Museum of Art/Art Resource/Scala, Florence.

2. 서쪽 지역

근동의 서부 지역은 다양한 문화적 배경을 가진 작은 왕국들이 주를 이루었다. 이 왕국들의 주민들과 지배자들은 다양한 언어를 사용하고 다양한 문화와 계보의 사람들이었다. 그 왕국들은 대개 소규모였고 정치적 수도의 역할을 하는 한 도시의 지배를 받았다. 제2천년기의 정치 문화 전통을 지속한 왕국들은 신-히타이트와 페티키아 국가들과 제1천년기에 새롭게 형성된 나라들인 아람 국가들로 구분할 수 있다. 그러나 분명한 것은 정치적 힘이 점점 아람인들 쪽으로 이동하였다는 것이다. 그러나 8세기 후반에는 아시리아인들이 이 지역을 정복한다.

소위 신-히타이트 국가들은 남부 아나톨리아와 북서시리아, 다시 말해 유프라테스강 상류에서 지중해 연안에 이르는 지역에 위치하였다. 아시리아 사료에서는 그 국가들을 하티(Hatti)라고 불렀다. 이것은 그들이 제2천년기 히타이트 국가를 계승한 것이라고 인정되었기 때문이다. 그 연속성은 문자와 언어와 정치 조직에서 나타난다. 신-히타이트 국가들은 공식 문서 작성시 제2천년기에는 그다지 사용하지 않았던 히타이트 상형 문자를 사용하였다. 또한, 그 문자는 제2천년기의 히타이트어와 유사한 루위안어를 기록한 것이다. 대부분의 문서는 돌에 새겨진 기념 비문으로 왕의 군사적 업적, 건축 활동 등을 기록했다. 그 외에 약간의 편지와 경제 문서도 있었다. 정치적으로 그 국가들의 왕들은 자신을 히타이트 왕들의 후손이라고 주장하였다.

제2천년기의 히타이트 제국과 제1천년기의 신-히타이트 국가 사이의 연결에서 가장 중요한 곳은 카르케미스(Carchemish)라는 도시로 그곳에서는 하투사에 있는 왕의 총독(종종 왕자가 총독이 됨)이 거주하였다. 히타이트 제국이 붕괴하자 '카르케미스의 왕'인 쿠지-테슙이 독립하여 북시리아의 힘의 공백을 매웠다. 그러나 히타이트 제국은 분열되고 일련의 후계 국가들이 유프라테스강과 그 서쪽에서 일어났다. 주목할 만한 국가는 말라티야(Malatiya) 근처에 있는 멜리드(Melid)다. 그곳의 왕들은 쿠지-테슙의 후손임을 주장한다. 보다 서쪽의 남아나톨리아 고원에서도 수많은 국가들이 형성되었는데 그 왕들 무르실리와 같은 이름을 가졌고 자신들을 제2천년기 히타이트의 '대왕'들로 자처하였다. 이 국가들은 아마 제2천년기 후반에 히타이트 제국과 공존했던 타루훈타사(Tarhuntassa)의 잔여 세력들이었을 것이다.

이 국가들의 정치 조직에 대해서는 거의 알려진 바가 없다. 그 도시 국가들은 거대한 벽으로 둘러싸인 요새들을 가졌고 그 안에는 궁전과 신전이 있었다. 이런 점에서 그 국가들은 제2천년기의 관행을 보존했다고 말할 수 있다. 그러나 지배자들이 어떻게 지배했는지를 보여주는 기록은 없다. 아시리아인들은 신-히타이트의 궁전의 전형적 특징인 기둥을 가진 현관을 너무 좋아하여 왕궁을 건축할 때 그렇게 만들었다. 그리고 그것이 하티 양식을 모방한 것임을 분명히 밝히고 있다. 더욱이 신-아시리아의 요새들에는 성문과 성벽을 장식한 돌들이 세워져 있는데, 그 돌들에 새겨진 문양과 그림이 전형적인 신-아시리아의 것이었다(그림 11.3). 많은 히타이트 상형 문자 비문이 그 돌 위에 새겨졌다. 아시리아인들은 신-히타이트 궁전에서 왕의 힘이 잘 표현된 것을 보았고 그것에 영감을 받아 자신들의 건축에도 적용하려 했던 것 같다. 그리고 제2천년기 시스템의 붕괴의 중요한 원인이었던 사회적 반란들도 이 국가에서는 나타나지 않았던 것 같다.

신-히타이트의 부는 동서 무역에 대한 장악과 광산으로부터 온 것 같다. 카르케미스와 말라티야와 같은 주요 도시들은 유프라테스강을 건너는 길목에 위치했고 아나톨리아로부터 시리아에 이르는 길도 신-히타이트 국가들을 통과해야 했다. 이 국가들의 전략적 위치와 부는 강대국들이 그들을 넘보는 이유가 되기도 했다. 아시리아가 서쪽으로 확장해 갈 때 유프라테스를 건너면 바로 신-히타이트 국가들과 대면하게 된다. 따라서 9세기가 되면 신-히타이트 국가들은 살마네저 3세에게 조공을 바쳐야 했고 8세기 중엽에는 티글라스-필

그림 11.3 구자나에서 발견된 깎여진 돌 작품, 신 히타이트 시대. 이 장면은 아래는 소, 위는 사람의 모습을 한 인물이 아마도 왕인 듯한 보좌에 앉은 이 앞에 날개 달린 태양을 쥐고 있는 모습을 묘사한다. 이것과 같이 조각된 석판은 아나톨리아 남쪽과 시리아 북쪽의 신 히타이트 통치자들의 궁전을 장식하였고 아마도 이후 1천년대의 아시리아인들의 벽부조에 대한 생각을 고무시켰을 것이다. 메트로폴리탄 예술 박물관, 로저스 펀드(1943.135.1). 약 9세기. 석회암, 크기 68×107×51cm. 출판 허가: © 2014 The Metropolitan Museum of Art/Art Resource/Scala, Florence.

레저 3세가 조금씩 신-히타이트를 자신의 제국에 통합하였다. 그 사이의 기간, 즉 아시리아가 약했을 때에는 우랄투 왕들이 신-히타이트 지역에 영향력을 행사하였다. 더욱이 아람 부족들도 영향력을 확대해 신-히타이트 국가들 중 일부에서 정치적 패권을 거머쥔다. 예를 들어, 신-히타이트 왕국의 최 남단의 도시인 중앙 시리아의 아하스는 8세기가 되면 아람인들에 의해 지배된다.

제2천년기의 국가들이 제1천년기까지 이어진 또 하나의 지역은 레반트 해안이다. 두로, 시돈, 비블로스, 아르왓과 같은 페니키아 항구 도시들은 1200년경의 범지역적 혼란 때 파괴되지 않았다. 비록 부자 상인들은 사라졌지만 그 도시들은 여전히 기능하였다. 무역 관습의 변화는 웬-아문(Wen-Amun)이라는 이집트 이야기에 생생히 그려져 있다. 그것은 이집트 테베의 아문이라는 시의 제사장이 약 1100년에 백향목을 얻기 위해 비블로스로 여행한 이야기를 그린다. 그는 중간에 도둑맞아 백향목의 대금을 지불할 수 없게 된다.

그가 제2천년기에 사치품 무역의 원리였던 선물 교환 관습에 호소했을 때 비블로스는 웬-아문에게 자신은 이집트의 종이 아니므로 돈을 줄 것을 요구하였다. 돈을 지불했을 때 비로소 그 나무를 공급하였다. 페니키아인들은 목재, 금속, 공예품 등의 사치품을 통제하고 매우 훌륭한 수공업자를 보유하고 있다고 널리 인정되었다. 그래서 성경의 저자들은 솔로몬을 권력과 재력이 있는 왕으로 묘사하면서 솔로몬이 두로의 왕 히람으로부터 나무와 건축 전문가를 공급받았다고 했다.

그러나 페니키아의 가장 큰 특기는 해상 무역 능력이었다. 기술적으로 향상되어 넓은 적재 공간을 갖춘 배를 가진 그들은 모로코나 스페인까지 항해해 9세기부터 식민지를 건설하였다. 이 식민지들은 현지의 자원들을 본국으로 가져오기 위한 무역 항구였다(보충 11.1 참조). 근동 내에서도 일군의 페니키아 상인들이 다른 도시들과 국가에 영주하면서 사업을 하였다. 제2천년기 초기에 아나톨리아에 있었던 아시리아 상인들의 기록과는 달리 페니키아인들은 썩는 양피지와 파피루스에 기록을 남겼기 때문에 그들의 기록은 현존하지 않는다. 페니키아인들에게 시장(market)은 처음에는 신-히타이트와 아람 국가들의 엘리트들이었다. 그들은 사치품을 원했다. 그후 아시리아 제국이 성장하면서 아시리아의 엘리트도 페니키아 상인들의 고객이 되었다. 8세기에 아시리아와 시리아를 통치하게 되면서 그들은 많은 양의 조공을 요구하였지만 페니키아 도시들만은 독립을 유지하였다. 이런 협약은 아시리아인들이 먼 지역의 시설을 직접 관리하지 않더라도 그들에게 그들이 원하는 물건을 얻도록 해주었다. 북아프리카에 설치된 페니키아의 식민 무역은 8세기 초에 튀니지 해안에 카르타고가 설치되면서 더욱 활발해졌다. 서방에서 페니키아 활동이 증가하자 그 지역의 다른 나라들과 경쟁이 심해졌다. 동시에 그리스인들이 북 지중해에서 식민 활동을 확대했다. 수백 년 후에 카르타고는 신생 로마의 주 적들 가운데 하나가 된다.

페니키아 예술과 공예가 당시 유명했음에도 불구하고 남아있는 작품들이 거의 없다. 이것은 페니키아의 도시들에 오늘날까지 사람들이 거주하고 있어 발굴하기 어려웠기 때문이다. 휴대하는 물품들만이 페니키아 밖의 지역에서 발견되었다. 그러나 그들이 페니키아에서 수입한 것인지 그 지방 사람들이 모조품을 만든 것인지는 밝히기 어렵다. 페니키아 미술은 이집트 문양이 사용된 상아 공예품을 통해 엿볼 수 있다(그림 11.4). 상아 공예품들은 수준 높은 장인 기술을 잘 보여준다. 페니키아인들의 기술은 다른 물품에도 마찬가지로 드러났을 것이라고 추정할 수 있다. 페니키아의 직물은 매우 값비싼 품목이었다. 그러나 남아있는 것은 하나도 없다(페니키아라는 그리스어 이름은 천을 염색할 때 사용하는 자주색 물감에서 유래했다).

근동 전체에서 페니키아인들은 문자 사용의 시조라는 중요성을 가지지만 그들의 문서는 거의 남아있지 않다. 그들은 선형 알파벳을 사용하여 파피루스나 양피지에 글을 남겼기 때문에 일상생활을 기록한 모든 기록은 시간과 함께 부식되어 없어졌고 돌에 새긴 몇몇 비문만이 남아 있다. 그리스-로마의 자료들은 페니키아 역사에 관해 언급하지만 그들은 매우 편향적인 역사 서술이다. 가장 긴 페니키아 비문은 남부 아나톨리아의 카라테페(Karatepe)에서 발견되었는데 신-히타이트 상형 문자로 기록된 루위안어 번역을 가진 이중 언어 비문이다. 그것은 다누나(Danuna) 왕의 종인 아자티와타(Azatiwata)의 글로 그는 그 비문에서 그의 이름을 따라 명명한 도시인 아자티와타야의 건설을 기념하

그림 11.4 페니키아 스타일의 시리아 상아. 이 상아 조각품은 로투스 꽃과 두 마리 사자를 손에 쥐고 있는 누드 여신의 정면 모습을 보여준다. 이것은 많은 이집트 장식 요소를 포함하고 있지만, 시리아 도상학적 요소와 이집트 요소가 조합된 것이어서 아마도 페니키아에서 조각되었을 것이다. 이것은 수입된 시리아 장인의 매우 높은 수준의 작품 중 하나로서 아시리아 수도 칼후(님루드)에서 발굴되었다. 이 작품은 말의 안면을 위해 사용되었다. 메트로폴리탄 예술 박물관. 로저스 펀드, 1961(61.197.5). 약 9-8세기. 상아. 크기 16.21×6.6cm. (고대 도시 칼후인) 님루드에서 발굴. 출판 허가: © 2014 The Metropolitan Museum of Art/Art Resource/Scala, Florence.

고 있다. 그 비문의 연대는 8세기 후반이나 7세기 초반으로 추정된다. 따라서 우리는 그때까지 페니키아의 언어와 알파벳이 시리아의 나머지 지역과 남부 아나톨리아까지 확대되었음을 확인할 수 있다.

알파벳의 보급은 페니키아인들의 가장 유명한 업적들 중 하나이다. 1200년 이후 찾아온 암흑 시대에 문자의 사용을 지속해 온 페니키아인들은 이웃 국가들의 알파벳 문자 체계들에 영감을 주었다. 근동에서 히브리어와 아람어 문자는 페니키아어에서 유래하였다. 유럽의 매우 중요한 사건은 그리스인들이 페니키아의 알파벳을 받아들인 것이다. 페니키아인들로부터 직접 전수 받았을 가능성도 있고 시리아나 아나톨리아에 있는 중계인들을 통해 전수받 았을 수도 있다. 그리스-로마의 자료들도 이 점에 대해서 분명히 밝히고 있다.

그리스인들은 그들의 문자들을 페니키아의 것이라고 불렀다. 그러나 언제 그리스인들이 페니키아인들의 문자를 차용했는지는 학자들 사이에 논쟁이 있다. 학자의 논의는 개별 문자들의 매우 다양한 모양에 근거한다. 가장 오래된 그리스어 비문은 8세기 초반까지 거슬러 올라간다. 그러나 근동 지역에서도 그 이전의 비문은 매우 드문 것을 고려하면 그 이전의 그리스어 비문도 아직 발견되지 않았을 뿐 그 이전에도 비문이 존재했을 가능성은 열려있다. 그래서 어떤 학자들은 알파벳이 13세기에 그리스인들에게 전달되었을 것으로 추정하기도 하나 그것은 그다지 설득력이 없다.

그리므로 페니키아 도시 국가들은 제2천년기 전통을 제1천년기까지 보존한 매우 중요한 문명이며 1200년 혼란의 영향을 거의 받지 않은 것 같다. 내륙의 다른 국가들도 가나안 전통을 고수했을 수 있다. 이스라엘과 유다의 언어인 히브리어는 제2천년기에 그 지역에서 사용된 것과 유사했다. 예를 들어, 우가릿 문서들에 증거된 신들, 신화, 제의 관습은 성경에서 발견된다. 그 이유는 일부 지역에서 제2천년기의 관습들이 제1천년기까지 보존되었기 때문일 것이다. 이스라엘과 유다 두 왕국은 서로 다른 역사를 가졌지만 그 둘은 매우 밀접하게 맞물려 있었다. 그들의 역사는 언제나 역사가들이 사용하기 매우 까다로운 히브리어 성경에 근거해 재구성된다(토론 11.1 참조). 그것은 유대인들의 관점에서 쓰여졌다. 그리고 종교를 사람들의 행위를 설명하는 기준으로 사용하였다. 포로기 이후의 시대, 즉 5세기 이후의 유대 지역의 종교 이념은 예루살렘 성전의 신, 야훼에 대한 유일신적 헌신이었다. 그 이전의 모든 역사는 사람들이 어떻게 그 신에 관계하는지를 기준으로 판단되었다.

그러나 분명한 것은 포로기 이전의 이스라엘 종교에서는 다른 신들을 섬기는 것이 허용되었다. 예를 들어, 고고학은 야훼의 아내, 아세라에 대한 숭배가 이스라엘과 유다 지역에 존재하였음을 보여준다. 성경 본문은 이스라엘과 유다가 매우 다른 것으로 그린다. 8세기 후반 아시리아에게 정복당하기 전의 이스라엘은 가나안의 종교와 전통이 번성했던 나라로 그려졌다. 이스라엘의 왕들은 유다 왕들에 비해 이웃 나라의 왕들과 더 가까운 관계에 있었다. 이런 관점에서 이스라엘이 제2천년기부터 이어져 온 국가일 가능성이 있다.

보충 11.1 지중해 서쪽 지역의 페니키아인들

오늘날 레바논과 시리아 해변 지역의 조그만 도시-국가들-두로, 시돈, 비블로스, 아르와드-는 고대 근동 지역을 넘어 도달하는 놀라운 장소들이다. 상업 중심지로서 이들은 지중해 서쪽과 심지어 스페인 남쪽과 모로코의 지브랄타 해협 넘어까지 거주지를 건설하였다. 모든 거주지들은 자원 특별히 금광을 얻기 위하여 전략적으로 위치한 해변에 있었다. 페니키아인들의 목표는 아마도 스페인 남쪽 대서양쪽에서 가장 뛰어난 자가 되는 것이다. 그리스와 로마 저자들에 따르면, 두로 상인이 1100년도(이 연대는 아마도 너무 이른 것일 수 있다)에 그곳에 거주지를 세웠다고 전하며, 고고학은 가장 최후 시기로 8세기 이후 그들이 존재하였음을 확인시켜 준다. 그들은 구아달레테 강 어귀 만의 섬들이 있는 곳에 카디스의 정착지를 세웠다. 이 장소는 스페인 내륙지방의 많은 양의 은과 금광석으로 접근할 수 있게 하였으며 물품은 해변과 카디스로 운송되었다.

가장 큰 매장지는 현재 세빌레 근처 리오 틴토에 있는 것으로 1887년까지 채광되었던 지역이다. 1천년대의 탄광 정제 유물들은 가로 1.6 킬로미터 세로 530여 미터에 이르는 지역에 걸쳐 발견되며 이는 그곳에서 약 6백만톤의 은이 생산되었음을 알려준다. 그곳 지방 사람들이 페니키아인들의 감독 아래 모든 노동을 하였으며 정제된 은은 카디스에서 주로 근동 지역으로 배로 운송되었다. 상인들은 그 지방 사람들과 문화적 상호작용이 거의 없었던 것으로 여겨진다. 카디스는 페니키아 신 아스다롯, 바알-함몬과 멜카르트에 헌정된 세 개의 신전을 가진 조그맣고 집약된 사회였으며, 지중해 서쪽지역에 걸친 고고학 연구는 페니키아인들에게 미친 그 지방의 영향력은 제한적이었으며 그 반대 경우도 마찬가지였음을 알려준다. 레반트에서 서쪽 거주지까지의 긴 수송 거리의 절반 지점에 위치한 말타만이 문화적 혼합을 지니고 있다. 비록 페니키아인들의 충격은 북아프리카 지역의 카르타고가 주도적 역할을 한 이후에 좀 더 명백해졌지만, 그들은 고대 근동 지역의 전통을 지중해 서쪽 지역 세계로 가져온 장본인이다. 그들의 거주지는 이러한 초기 시대에 이미 상업적 관심이 어떻게 장거리의 운행을 고무시켰는지 보여준다. 페니키아 항해자들이 라틴 아메리카에 도달하였다는 생각이 18-19세기에 인기가 있었고 20세기때에 몇 명의 저명 학자은 진짜 페니키아 비문이 브라질에서 발굴되었다고 주장하였다. 그러나 그것은 위조품이라는 것이 알려졌고 아메리카 지역에 페니키아인들에 대한 증거는 존재하지 않는다.

반면에 유다 지역의 고고학적 기록은 제1천년기 초에 그 지역에 매우 큰 변화가 있었음을 보여준다. 유다는 그 지역에 정착했던 새로운 인구군으로 구성되었으며 새로운 사회 문화 관습을 들여왔을 가능성이 있다.

성경 본문과 고대 이스라엘과 유다 영토에서 행해진 밀도 높은 고고학적 연구는 이스라엘과 유다가 당시에 매우 독특했음을 보여주는 것 같다. 그러나 사실은 그렇지 않다. 모든 이웃 국가들처럼 이스라엘과 유다도 수도를 중심으로 한 소왕국이었다. 성경에 따르면(성경 외적 사료를 통해서는 온전히 검증할 수 없음) 이스라엘은 722년 아시리아에 의해 정복당하기 전 약 200년 동안 19명의 왕을 가졌다. 그들은 다양한 왕조에 속한 왕들이었고 자주 왕위를 차지하기 위해 외국의 힘에 의존했다. 이스라엘 왕국은 9세기 초반에 매우 강력한 나라를 이루었다.

오므리(Omri, 재위 대략 885-74)는 새 왕조를 만들고 수도를 사마리아로 옮겼다. 아울러 페니키아 도시인 두로와의 관계를 강화하였다. 아시리아인들은 오므리 왕조가 사라진 오랜 후에도 이스라엘을 '오므리의 집'이라고 불렀다. 오므리의 아들이자 후계자인 아합(Ahab, 재위 874-53)은 2,000개의 전차와 만 명의 군사를 이끌고 853년 카르카르(Qarqar)에서 벌어진 살마네저 3세와의 전투에 연합군으로 참여하였다. 아합의 군대는 연합군 가운데 두 번째로 많은 병력이었다. 12년 후 예후(Jehu, 재위 841-14)라는 사람이 오므리 왕가 전체를 도륙함으로써 오므리 왕조에 종지부를 찍었다. 후에 예후는 살마네저 3세의 블랙 오벨리스크의 부조에서 그 아시리아 왕에게 굴복하고 있는 모습으로 나타난다. 그것은 이스라엘 군주의 모습을 그린 현전하는 유일한 그림이다.

유다 왕조의 통치는 좀 더 안정적이었으며 9세기 후반의 아람어 비문에서 '다윗의 집'으로 불린 왕조였다. 다윗 왕조는 건국(아마 9세기)에서부터 587년 바빌로니아인들에게 병합될 때까지 정권을 유지하였다. 유일한 예외 기간은 오므리의 딸이자 죽은 유다 왕의 아내인 아달리야가 다스린 7년간의 기간(대략 841-35)이었다. 성경은 유다 왕국이 존속한 350년 동안 19명의 왕이 세워졌다고 기록한다. 그들 모두는 예루살렘을 수도로 사용했다. 유다는 이스라엘보다 작고 약했다. 9세기 후반에 양국의 역사는 다마스커스 왕국의 영향을 받았다. 이 상황은 아시리아가 8세기 중엽에 근동 서부 지역을 침입할 때까지 지속되었다. 그후의 이스라엘과 유다의 역사는 메소포타미아 제국들에 의해 결정되었으며 나중에 다시 설명할 기회가 있을 것이다.

그러나 서쪽 지방에서 정치 권력을 장악한 가장 중요한 신생 인구 그룹은 아람인들이었다. 암흑 시대 동안 그들은 8세기까지 시리아 전역의 국가들을 장악하였고 신-히타이트 국가들과 그 외의 나라들을 제압하면서 그들의 정치적 영향력을 확대하였다. 아람인들의 국가는 종종 어느 조상의 '집'이라고 불려졌다. 그 국가의 국민들은 그 조상의 아들로 지칭되는데 이것은 그들의 부족 배경을 인정하는 것이다. 그들의 조상 중 일부는 역사적 인물로 증명된 경우도 있다. 예를 들어, 비트-아구시(Bit-Agusi)의 조상 구수(Gusu)는 870년경 아시리아의 앗수르나시르팔(Assurnasirpal) 2세의 주적이었다. 그러나 부족들의 영토 확장과 도시 거점들의 장악은 그들이 동시에 여러 가지 이름으로 불린 이유가 되었다. 예를 들어, 비트-아구시는 알레포의 북쪽 30km 지점에 위치한 아르팟(Arpad)을 자국의 도시 거점으로 만들었을 때 그 왕국은 아르팟으로도 지칭되었다.

마찬가지로 우리가 보통 이스라엘이라고 부르는 것을 아시리아인들은 9세기 왕의 이름을 따라 '오므리의 집'으로 부르거나 수도의 이름을 따라 사마리아라고도 불렀다. '이스라엘'이라는 용어는 잘 쓰이지 않았다. 아람인들의 나라에 대한 다른 이름 중 특히 성경에서 잘 쓰이는 것은 아람이라는 용어를 다른 지명 혹은 도시 명과 복합시키는 것이다. 예를 들어, 아람-다마스커스와 같은 이름이다. 아람-다마스커스가 그 지역에서 아시리아의 가장 강력한 적이 되었을 때 그 나라는 종종 이웃 동족 국가들의 문서에서도 아람이라는 이름으로 통했다. 수많은 이름들은 이 국가들의 이념적 기초가 다양함을 보여 준다. 그들은 어떤 부족에 속한 것으로 간주되기도 하였고(비트-X), 도시를 중심으로 한 영토 국가로 간주되기도 했고(예, 아르팟), 혹은 특정한 민족이 다스리는 국가로 여겨지기도 했다(아람-다마스커스). 국명의 다양성에도 불구하고 권력이 지방 신의 지지를 받는 왕에게 있다는 이념은 매우 강력하였다.

그림에는 보좌에 앉은 왕의 모습이나 신들에게 제사를 드리는 장면이 나타 난다. 세습 통치의 개념이 확고하게 정립되었다. 아시리아가 서부로 확장해 올 때 지방 군주들은 처음에는 아시리아의 속국 왕이 됨으로써 왕위를 지켰 다. 이것은 이중직으로 이어졌다. 지방 국민들에게는 왕이었지만 아시리아 군 주에게는 신하였다. 이런 이중성은 9세기 중반 북시리아 구자나의 왕이었던 하다드-이트이(Hadad-yith'i)의 석비에 표현되어 있다. 석비에는 아람어와 아카 드어 두 개의 언어로 된 비문이 새겨져 있었다. 아람어 비문에서 그는 '구자나 의 왕'으로 불리지만 아카드어 비문에서는 '총독'이라고 불린다(문서 11.2, 그 림 11.5).

문서 11.2 하다드-이트이의 아카드어-아람어 이중 언어 비문

1979년 시리아 북쪽 지역에서 한 사람이 서 있는 실제 크기의 입상을 발견하였 는데 그곳에 아카드어와 아람어 두 언어로 된 비문이 새겨졌다. 그것에서 구자나 의 통치자, 하다드 - 이트로 묘사된 한 사람이 확인되는데, 묘사된 스타일과 사 용된 언어의 특성에 기초하여 대부분의 학자들은 그 입상은 9세기 제3사분기의 것으로 알려졌다. 그 비문은 가장 오래 보존된 긴 아람어 문서이며 유일하게 알려 진 광범위한 아카드어-아람어 두 언어 비문이다. 문서는 두 부분으로 분리되어 저 술되었다. 첫 번째 것(I)은 원래 아카드어로 쓰였고, 아람어로 문자적으로 번역되 었다. 두 번째 것(II)은 특별히 이 입상을 위해 쓰인 것으로 아카드어와 아람어 판 이 좀 더 분리되었다. 여기 번역본의 기초는 아카드어 판이다.

하늘과 땅의 수문 관할자로 비를 풍성히 내리도록 하여 모든 도시의 사람들에 게 비옥한 목초지를 공급하고 신들, 즉 그의 형제들에게 제사음식의 몫을 공급하 는 아닷에게, 전 세계를 풍성하게 하는 강들의 관할자이자 기도를 잘 들으시고 구 자나 시에 거주하는 자비로운 신 아닷에게 바침 - 구자나 땅의 총독인 사수 누리 의 아들이자 자신도 구자나 땅의 총독인 하다드 - 이트이가(이 신상을) 위대한 주, 그의 주에게 건강과 장수, 많은 수를 누림, 가문, 자손, 가족들의 안녕을 위해 또한 몸이 병에 걸리지 않기를 소망하며 봉헌하였다. 이제 나의 기도가 응답될 것이며 나의 말이 열납될 것이다.

누구든지 이 신상이 낡은 것을 보거든 새롭게 하여 내 이름을 그 위에 두라. 누구든지 내 이름을 지우고 자신의 이름을 넣는 자는 영웅인 아닷이 그의 심판자가 될 것이다.

구자나, 시카니, 자라니의 총독 하다드 이트이의 신상. 그의 보좌의 지속을 위해, 그의 통치가 길어 그의 말이 신들과 사람 앞에 아름답게 되기 위해, 그는 이 신상을 이전보다 개선하였다. 시카니 시에 거주하는 아닷, 하부르강의 주인 앞에서 그는 이 신상을 세웠다.

누구든지 나의 주 아닷 신전에 있는 물건들로부터 내 이름을 제거하면 나의 주 아닷이 그의 제물을 받지 않으시고 그의 제사를 마시지 않을 것이다. 나의 주 샬라도 그의 음식을 받지 않고 제사를 받지 않을 것이다. 그가 씨를 뿌릴지라도 거두지 못할 것이다. 천(되)의 씨를 뿌려도 하나만을 거둘 것이다. 백 마리의 암양이 있어도 한 마리의 어린 양을 배불리지 못할 것이다.

백 마리의 암소가 있어도 한 마리의 송아지를 배불리지 못할 것이다. 백 명의 여인들이 있어도 한 아이를 배불리지 못할 것이다. 백 명의 제빵사가 있어도 오븐 하나를 채울 만한 빵을 만들지 못할 것이다. 이삭을 줍는 자들은 쓰레기 더미에서 주울 것이다. 질병, 전염병, 불면증이 그 나라를 떠나지 않을 것이다.

번역 출처: Jonas Greenfield and Aaron Shaffer, 'Notes on the Akkadian-Aramaic Bilingual Statue from Tell Fekherye,' *Iraq* 45(1983), 109-116.

이 국가들의 정치사는 보통 외국인의 증언으로 재구성된다. 특히 히브리어 성경과 아시리아의 군사적 업적 기록이 좋은 사료이다. 자국의 비문들의 수는 매우 제한되어 있다. 모든 사료들은 내전이 빈번하였음을 증거한다. 아시리아라는 공동의 적에 대항해 단결할 때도 있지만 그런 외부의 위협이 사라졌을 때는 서로 전쟁을 하였다. 그중 힘 없는 국가들은 그런 내전에서 자신을 보호하기 위해 연합을 결성했던 것 같다. 시간의 흐름과 함께 규모있는 정치 단위가 생겨났다. 패권은 신-히타이트인들로부터 북시리아에 있는 아람인들로 넘어간 것 같다. 남쪽에서는 다마스커스가 패권을 장악한다.

시리아의 남쪽에서는 서로 밀접하게 연결된 역사를 지닌 새로운 국가들이 비 아람인들의 영도 아래 일어나게 된다. 이스라엘, 유다, 암몬, 모압 그리고

그림 11.5 하다드-이트이의 입상. 이 입상은 이것이 발견된 시리아 북동부 지역에 일반적으로 발견되는 현무암으로 만들어졌다. 이것은 거의 원형 그대로 발견되었지만 코 부분이 손상을 입었다. 양손을 잡고 있는 서 있는 남자의 온전한 모습은 아마도 이 비문에 내포된 신 아다드에 대한 경외를 보여준다. 치마 앞쪽에 그 당시 매우 고대의 관습인 수직 컬럼에 아카드어 문서가 새겨졌다. 등쪽에 새겨진 아람어는 수평으로 쓰였다. 국립박물관, 다메섹, 시리아. 현무암. 전체 높이 2m; 인물 높이 1.65m. 출판 허가: akg images/Erich Lessing.

에돔의 주민들은 아람어 대신 가나안어를 사용했다. 남지중해 연안에서는 블레셋인들이 5개의 도시 국가를 관할하였다. 그들은 이집트로 가는 길목을 통제하였고 아라비아 사막에서 시작되는 지상 무역로의 마지막 끝에 위치하였다. 아라비아 반도의 아랍인들은 낙타를 타고 이동하는 사람들인데 시리아 팔레스타인 지역과 매우 긴밀한 협력 관계에 있었다. 그들은 예멘(Yemen)에서 오는 향료와 같은 사치품들을 공급하였다.

전 서부 지역의 역사는 9세기부터 정기적으로 그 지역으로 군사적 원정을 온 아시리아와의 관계에 의해 결정되었다. 아시리아의 군사 원정에 대해서는 다음 장에서 살필 것이다. 수많은 국가들이 연합하여 아시리아의 위협에 맞섰다. 그러나 그중 일부는 이웃 국가와의 분쟁에서 지지 않으려고 아시리아의 도움을 구하기도 하였다. 반-아시리아 연합은 때로는 매우 강력하였다.

살마네저 3세가 853년 유프라테스강을 건너 카르카르에서 서부 연합군과 큰 전투를 벌였다. 그의 기록에 따르면 그는,

다마스커스의 하다드-에젤(Hadad-ezer)의 1,200개의 전차, 1,200의 기마병, 2만의 군대; 하맛 왕인 이르훌레니(Irhuleni)의 700개의 전차, 700의 기마병, 일만의 군대; 이스라엘 왕 아합의 2,000의 전차, 만 명의 군대; 비블로스의 500명의 군대; 이집트의 1,000명의 군대; 이르카나투(Irqanatu) 땅의 일만의 군대; 아르왓의 마티누-바알(Matinu- ba'al)의 200명의 군사; 우사나투(Usanatu) 땅의 200명의 군인; 시안누(Shiannu) 땅의 아돈-바알(Adon-ba'al)의 30개의 전차, [ ]천의 군대; 아라비아의 긴디부(Gindibu)의 일만의 낙타; 비트-루후비(Bit-Ruhubi)의 왕 암몬인 바아사(Ba'asa)의 [ ]백의 군대[2]와 대결하였다.

이 연합군이 아시리아의 서부 진출을 성공적으로 막았지만 그들의 승리는 오래 지속되지 않았다. 지역 내에서 경쟁이 다시 발생한다.

남부 아나톨리아에서 이집트 국경에 이르는 전 서부 지역은 다양한 배경을 가진 사람들이 서로 상호작용하여, 언어, 문화, 종교(신들에 대한 충성)가 뒤섞인 다문화 지역이라고 보아야 한다. 어떤 이들(예를 들어, 800년까지 후리안 이름을 지닌 하맛의 왕들)은 제2천년기 전통을 유지했으나 새로운 전통에 대한 반대나 저항은 없었다. 왕은 비문을 쓸 때 페니키아어와 루위안어 모두 사용할 수 있었다. 예술은 다양한 영향을 혼합하였다. 사람들은 국제정신을 유지하여 진취적이었던 것 같다. 그들은 해외 상인들을 환영했다. 그리스인들은 오론테스강 입구의 알-미나와 같은 해안 촌락에서 무역 마을을 건설할 수 있었다. 동아라비아의 상인들은 블레셋 도시에 들어왔다. 근동의 사람들도 직접 여행하면서 먼 나라의 물건을 수입했다. 이런 활동에 중요한 역할을 한 사람들이 페니키아인들이었다.

근동과 부상하는 그리스 세계와의 문화적 접촉이 광범위했음은 놀랄 일이 아니다. 알파벳의 전승은 위에서 언급되었다. 예술 작품들, 특히 금속 공예품

---

2   K. Lawson Younger, J., "Kurkh Monolith," in W. W. Hallo, ed., *The Context of Scripture*(Leiden: E. J. Brill, 2000), volume 2, 263-4.

과 상아 공예품들도 근동에서 그리스로 수입되었다. 근동의 공예품들이 그리스 지방의 공예 생산에 영향을 주었는데 7세기의 그리스 예술은 '동방화된 예술'이라고 불린다. 그리스 문화에 대한 근동의 다른 영향들도 분명히 있지만 그들이 직접 수입되었는지 그리고 언제 수입되었는지를 증명하는 것은 쉽지 않다. 분명한 것은 에게 해 지역이 제2천년기 근동의 국제 시스템에 일부였기 때문에 그리스 유물이 제2천년기의 전통을 보존했을 가능성이 있다. 근동의 영향을 엿볼 수 있는 그리스 문화의 요소들로는 차용어, 문학적 모티브, 왕권 이념, 외교, 천문학, 점술, 제의 과정, 수학, 도량형, 이자와 같은 경제 관습 등이다. 학자들이 근동과 그리스 세계의 연결을 찾으려고 하는 것은 주로 그리스를 서양 문명의 시조이거나 더 오래된 문명으로부터 발전하는 한 단계임을 증명하려고 한다. 그러나 그리스인들이 특정한 근동의 관습을 지각하고 모방했다는 사실을 증명하기는 어렵다. 예를 들면 700년경에 쓰인 헤시오드의 『신통기』(*Theogony*)는 제2천년기의 히타이트 신화와 매우 유사하다.

헤시오드가 개인적으로 히타이트 신화를 알았을까?

그러기 위해서는 제2천년기의 문서가 제1천년기까지 아나톨리아에 보존되었어야 할 것이다. 아니면 헤시오드는 어느 시점에서 히타이트 신화를 만들어낸 그 전통에 영향을 받은 것일까?

제1천년기 초기 그리스에 끼친 근동의 영향이 고전학자들에게 저평가된 것은 분명하지만, 반대 방향으로 너무 치우치면 근동과의 유사성을 너무 경박하게 논하기 쉽다. 그것이야 어쨌든 제1천년기 초기의 시리아 문화들은 지방 중심적이 아니었다. 그 지역은 경제적이고 문화적인 여러 가지 면에서 번성하였다. 새로운 도시 문화도 일어났다. 그리고 예술 활동도 활발하였다. 이제 메소포타미 아는 모든 문명적 삶의 근원으로 간주되지 않았다. 지역적 특색이 선호하고 존중되었다. 시리아 지역은 문화적으로 매우 성공적이어서 부상하는 아시리아는 그 지역을 호시탐탐 노리게 된다.

토론 11.1 고대 이스라엘 역사 서술에 대하여

의심의 여지없이 고대 근동 역사에서 만들어진 가장 영향력 있는 문서는 산문 이야기, 운문, 법, 족보, 다른 종류의 서술, 종종 높은 수준의 문학이 복합적으로 섞여 있는 히브리 성경(기독교 전통에서 구약)이다. 그것은 창조 시대부터 세계사에 대한 내용을 포함하고 있지만 이내 곧 한 민족, 이스라엘 백성의 일들에 집중하고 있다. 그것은 고대 근동 역사가들에게 가장 큰 흥미를 주는 이야기이다. 가장 단순하게 말한다면, 그것은 족장들의 시대에 유목민의 존재, 출애굽 후 가나안 정복, 통일 왕국, 이스라엘과 유다 두 국가로의 분열 그리고 두 국가 모두 메소포타미아 제국에 굴복, 페르시아 제국 시기 귀환의 연속적인 사건들을 연대적으로 보여주고 있다고 말할 수 있다. 비록 연대들이 제공되지 않았지만, 우리는 이 사건들을 2000년에서 400년 사이에 둘 수 있다. 그러나 성경은 한 백성의 역사의 옛 이야기 그 이상이다. 그것은 오늘날 세계의 종교 발생 문헌들 가운데 하나이며 약 2000년 동안 그러해 왔다. 그리고 그것은 서양 문명의 기둥 가운데 하나로서 종교적 영역 넘어 거대한 사상적 가치를 지닌다. 그것은 계속 변화하는 환경 안에서 계속 번역되는 문서이다.

본질적으로 그 질문은 아카드 왕조에 대한 후대 전통에 관한 것과 동일한 것이다(토론 4.1을 보라). 극단적 형태로 만약 성경의 내용이 잘못된 것으로 판명되지 않는 한 모든 것을 수용하는 최대주의자가 있고, 또 다른 극단적 형태로 최소주의자는 성경 이야기 전체는 역사적 가치가 없는 페르시아 시대 또는 헬라 시대의 허구로 간주한다. 이해 관계는 높고, 그것들이 넓은 범위의 종교적 감성과 현대 중동 지역의 정치적 상황에 대한 태도를 내포하기에, 논쟁은 불쾌하게 될 수 있다. 이러한 상황에 대하여 2003년부터 2005년 사이에 열린 학회를 바탕으로 최근 출판된 세 권의 책을 고찰함으로 감을 잘 잡을 수 있다(Liverani 2005b; Williamson 2007; Grabbe 2011). 세부사항을 살펴볼 필요가 없지만 반대 입장에 있는 이들에 대하여 일반적으로 그들은 역사가가 아니며 역사가 무엇인지 모른다라고 비판한다(예를 들어, 허무주의자로 불렸던 최소주의자들에 대한 비판은 Liverani 2005b 내 Dever의 글, 최대주의자들에 대한 비판은 Williamson 2007 내 Whitelam and Grabbe의 글을 보라).

성경 이야기에 대한 비판은 전혀 새로운 것이 아니며, 우리가 읽은 고대 문화의 문헌들을 고무시켰던 자료들의 확인과 분석이 표준이 되었던 18세기때부터 시작되었다. 1970년대까지, 심지어 다양하고 때로 모순적인 자료가 존재한다는 것이 명백함에도, 성경의 기본적인 역사 윤곽을 수용하는 것이 일반적이었다. 고고학과 다른 고대 근동 문화들의 성경 외 자료들은 주로 성경의 내용을 분명히 하는데 사용되었다. 미국에서, 소위 올브라이트 학파가 이러한 경향을 주도해 나갔고 성경 자료와 포괄적인 성경 외 자료를 조합시켜 이스라엘과 유다의 매우 영향력 있고 대중적인 일련의 역사를 세웠다(예를 들어, Bright 1959, 1972, 1981, 2000). 그러나 점점 많은 수의 학자들이 족장 이야기의 역사적 사실을 거부하기 시작하였고, 조금 이후 다윗과 솔로몬왕의 통일 왕국 시대도 거부하였는데 왜냐하면, 명백한 성서 외 자료에 의하여 확증된 것이 없기 때문이다. 몇 개의 주목할 만한 사실은 연구를 좀 더 어렵게 만들었다. 대부분의 이웃나라들과는 달리, 이스라엘과 유다의 왕들은 왕정 비문을 남기지 않았고, 어떤 것도 보존되지 않았다.

이후에 고의적으로 왕권에 대한 기억을 지운 것일 수 있다(Garbini 1988:17-18). 선지자 예레미야의 서기관인 바룩과 같은 성경 인물을 언급하고 있는 몇 개의 비문들은 위조된 것으로 의심을 받았고 열띤 논쟁을 불러 일으켰다(Grabbe의 글 Williamson 2007: 62-4 참조). 심지어 성경의 왕들이 다른 나라들-모압, 아람, 아시리아, 바빌로니아 등-의 기록에 등장할 때도 그곳의 정보는 우리가 성경에서 발견하는 것과 동일시할 수 없으며 그 자료들에 동의하기 위해서 복잡한 설명이 필요하다. 예를 들어, 산헤립의 유다 침공과 그의 공격에 대한 성경의 이야기들은 다른 것이며 많은 학자들은 그것들이 다른 사건을 말하고 있는 것이라고 주장하였다. 그들의 의견에 따르면, 아시리아인들은 그 지역을 두 번 침공하였는데 첫 번째는 산헤립이 그의 연대기에 보고하는 것처럼 성공적이었고, 두 번째는 성경에서 이야기하는 것으로 재앙적 결과로 끝났는데 산헤립은 그 자신의 기록에서 무시하였다(예를 들어, Grayson 1991a: 109-11).

역사가들은 문서를 어떻게 사용하는가?

그 내용은 이스라엘인들과 그 주위의 사람들-가나안인들, 이집트인들, 아시리아인들, 바빌로니아인들, 페르시아인들, 그리고 다른 사람들-을 연구하는데 얼마나 신뢰할 만한 것인가?

이 질문에 대한 거대한 불일치가 있다. 최근 냉정한 평가가 내려졌다.

그 문학 작품에 친숙한 그 어느 누구도 고대 이스라엘 역사에 대한 학술적 연구 방법에 문제가 있다고 의심할 수 없다. 그 문제의 깊이는, 어떤 이는 심지어 위기라고 부르는 것으로, 어떤 영역에서는 논쟁의 수준이 감정에 치우치지 않은 증거의 평가와 함축된 의미들에 대한 이성적인 토론보다는 명칭에 대한 것으로 내려갔다(Williamson 2007: xiii). 그러나 이러한 생각에 반대하는 강한 주장들이 있다 (Cogan and Tadmor 1988: 246-51). 고대 이스라엘과 유다 지역은 아마도 세계에서 가장 광범위하게 발굴되었고, 고고학적 자료는 성경의 요소들을 확인시켜줄 수 있다. 그러나 종종 고고학자들은 그들의 발견물들을 성경의 빛 하에서 해석하여 순환 논리로 이끈다.

고대 근동의 어떤 역사가도 성경의 이야기를 무시하는 것은 불가능하다- 그 문서는 문화적 인식에 너무나도 강력하다. 심지어 그것이 한참 후에 편집되거나 심지어 저술되었다 할지라도, 그것은 중요한 자료이자 독특한 것이어서 아시리아, 바빌로니아, 페르시아와 같은 거대 제국에 대한 반응을 제공한다. 그것은 희생자의 입장에서 이러한 지배적인 제국들에 대한 기억을 포함한다. 이 문서는 또한 우리로 하여금 고대 근동의 사람들이 어떻게 그들의 과거에 대하여 이야기를 만들었는지 연구하도록 고무시키며 우리는 왜 그들이 우리에게 알려진 방식으로 그렇게 행하였는지 궁금해 할 수 있다(Liverani 2005b). 그것은 매우 의미 있는 문서이며 또한 매우 도전을 주는 역사 자료이다.

제12장

아시리아의 등장

| 3000 | 2500 | 2000 | 1500 | 1000 | 500 |

제1천년기의 근동 역사 중, 7세기 후반까지는 아시리아(Assyria)라는 한 나라가 패권을 휘둘렀다. 군사적 힘을 통해 이 나라는 동서로는 서부 이란에서 지중해에 이르고 남북으로는 아나톨리아에서 이집트에 이르는 광대한 영토에 대한 지배권을 점진적으로 확장해갔다. 아시리아는 근동의 전 지역의 정치경제적 삶에 영향을 주었다. 이 제국의 발전은 연속된 강한 왕들이 군대를 이끌고 거의 매년 원정을 감행하였기 때문에 가능하였다. 그 발전 과정은 절대로 평탄하거나 직선으로 뻗은 대로만은 아니었다. 아시리아 제국의 발전에는 두 단계가 있었다. 첫 번째 단계는 9세기에 시작되고, 훨씬 더 팽창하는 두 번째

단계는 8세기 중엽에 시작된다. 이 두 단계의 아시리아 행태에 많은 유사점들이 있지만 두 번째 단계에서 비로소 통일 제국의 형성을 향한 의식적이고 조직적인 노력이 드러난다. 아시리아 역사에서 이 시기는 종종 신-아시리아 시대라고 명명된다. 본 장은 신-아시리아 시대 전체를 특징짓는 행위 패턴에 주목하고 아시리아 제국 팽창의 제1시기에 초점을 맞추려고 한다. 다음 장에서는 아시리아 제국의 전성기가 논의될 것이다.

1. 아시리아 제국 정책의 유형들

아시리아는 군대적 사회였다. 군대가 사회의 기본적 골격과 질서를 제공하였다. 모든 남자들은 군역을 위해 징집될 수 있었고 모든 국가 관료들은 군대와 관계없는 일에 종사하더라도 군대 직명으로 불렸다. 왕은 이 구조의 정점에 위치하였고 그의 주된 역할은 앗수르 신과 국가의 이익을 위해 전쟁을 하는 것이었다. 왕이 몸소 군대를 이끌고 해마다 원정을 나가야 한다는 이념이 당시에 존재하였다. 이론상으로 모든 군사 원정은 왕이 이끌고 그의 연호는 지난해 어디로 원정했는지에 의해 결정된다. 그러나 군대의 활동이 늘 있었던 것은 사실이나 해마다 왕의 영도 아래 상당한 군사 원정을 감행했다는 것은 허구이다.

그러나 그가 원정에 적극적으로 참여했다는 것은 사르곤 2세가 전장에서 죽었다는 사실에서 분명하게 드러난다(그의 아들은 그 사건에 크게 충격받았고 그것을 신의 형벌로 간주하였다). 왕 아래에는 관료들이 큰 피라미드 모양의 위계를 이루고 있었다. 그 관료 체제는 모든 국사를 담당하였다. 가장 높은 계급의 관료들은 아시리아 본토의 지방 총독들이었다. 예를 들어, 최고 장군은 하란에서 유프라테스강 상류지역에 이르는 북시리아 지역의 전략적 요충지의 총독이었다. 이 총독들은 본래 고대 아시리아 가문에 속한 사람들이었다. 그러나 8세기 중엽 왕이 지방 권력을 견제하기 위해 그들의 역할을 환관으로 대체하였다.

초기에는 농사일이 한가롭고 입대할 사람이 있는 추수가 끝난 여름에만 전쟁을 했다. 여름에는 산길도 열리고 강도 쉽게 건널 수 있었다. 그러나 상비군이 창설된 후에는 계절에 구애받지 않고 전쟁을 할 수 있었다. 7세기에 군인들의 수가 한때 수십만에 이르렀던 것 같다. 이것은 적의 사상자 수가 십만 이상이라는 당시의 기록에서 유추할 수 있다. 그러나 이 수치는 지나치게 높은 것 같다.

853년 카르카르(Qarqar) 전투에서 아시리아의 적들은 5만 명이었던 것으로 보아 아시리아 군대의 크기도 비슷했을 것으로 추정된다. 아무튼 이런 수의 군인들을 공급하는 것은 아시리아 본토만으로는 불가능했다. 그래서 정복한 사람들을 신속하게 군인으로 활용하였다. 예를 들어, 칼후(Kalhu)의 무기 저장소 문서들에 따르면 이스라엘의 사마리아 정복 후 이스라엘의 전차 부대가 아시리아 군대에 통합되었다. 아시리아는 해군이 없었으므로 페니키아의 배와 선원들을 이용해 지중해에서 전투하였고 한 번은 페르시아만 근처의 늪지대에서 페니키아 해군을 이용해 갈대아인들의 반란을 진압하려 하였다. 정복 지역에서 유배당한 사람들은 제국 안에서 여기저기 손쉽게 움직일 수 있는 이동 군대로 사용되기도 하였다. 이처럼 아시리아 군대는 다양한 언어를 구사하고 다양한 지역에서 온 사람들의 그룹이었다.

군인들을 어떻게 징집하고 조직했는지 우리는 잘 모른다. 모집의 책임은 우선 총독들에게 주어졌다. 그러나 8세기 국가 조직이 재정비되면서 징집은 국가가 직접 관할하게 되었다. 군인들은 각 50명의 단위로 묶였다. 이 단위가 어떻게 더 큰 단위로 연결되어 전체의 군대를 이루는지에 대한 정보는 없다. 이 사람들에게 군복과 무기를 제공하는 것은 많은 수의 장인들의 노동을 필요로 하는 큰 사업이었을 것이다. 본토의 도시들에는 군인들과 말들을 훈련시키고 무기를 저장하는 큰 무기 저장소들이 있었다. 몇몇 문서는 군인들과 동물을 먹이는 데 필요했던 보리의 양에 대한 단서를 준다. 사르곤 시대에 카르-앗수르(Kar-Assur)라는 동쪽 도시에 주둔한 군사 저장소들은 매일 70,500리터의 보리를 배급했고, 57,800리터의 보리 사료가 필요했기 때문에, 매달 3,849,000리터를 지출하였다. 이것은 아시리아 군대의 한 부분에만 해당한다. 대부분의 보리는 국왕의 곡식 저장소에서 제공되었으나 약 5분의 1은 관료들이 책임져야 했다. 이 문제에 정보를 주는 기록이 몇몇 있지만 군대가 어떻게 조직되고 유지되었는지에 대해서는 거의 알려진 바가 없다. 이것은 아시리아 사회에서 차지하는 군대의 위상을 생각할 때 놀라운 것이다.

왕의 비문에 있는 내용과는 달리 아시리아 군이 총력으로 출동하거나 평지에서 대규모의 전투를 벌이는 일이 흔치 않았다. 아시리아 군들은 엄청난 수로 나라들을 위협한다. 그들이 즉각 항복하지 않으면 쉽게 정복할 수 있는 도시들이나 촌락들을 공격한다. 정복한 도시들의 주민들은 본보기로 잔인하게 처벌당했다. 그들은 고문당하고, 강간당하고, 참수당하고, 가죽이 벗겨진다. 그런 후 시체, 머리, 가죽을 공개적으로 전시하였다(그림 12.1). 집들을 파괴하고 밭 들을 소금으로 덮고 과수원을 훼파하였다. 그래도 항복하지 않으면 수도를 포위한다.

그림 12.1 라기스 점령. 아시리아 궁전의 전쟁 묘사는 종종 그들을 감히 대항하였던 이들의 공격 장면을 담고 있다. 여기에 보인 것은 니느웨의 산헤립 궁전의 한 방 전체를 차지하고 있는 라기스 점령 모습의 한 부분이다. 그것은 아시리아 적군이 당면한 두 경우를 보여준다: 라기스의 남자들이 그들의 아내, 아이, 그들의 소유물과 함께 강제 이송 당하는 모습과 좀 더 소름끼치는 장면으로 저항을 조직하였던 지방 관원들이 산채로 껍질이 벗겨졌다. 대영 박물관, 런던. 석고, 높이 256.54cm; 너비 101.6cm. 출판 허가: © The Trustees of the British Museum.

사신을 보내어 성 주민들에게 직접 연설하여 왕의 반대를 무릅쓰고라도 항복할 것을 설득한다. 포위 작전은 비용이 많이 드는 전략이었기 때문에 선택적으로만 행했다. 공식 문서에서 절대로 실패를 인정하지 않는 아시리아 왕은 포위 상황을 '적이 새장에 갇힌 신세가 되었다'라고 표현했다. 왕의 비문에 따르면 집요하게 저항하다 정복된 도시는 완전히 말살시킨다. 그러나 왕의 비문에 과장법이 사용되었을 것이다. 아시리아의 전략에 심리적 요소가 매우 중요하였다. 그것은 '계산된 공포'라고 불렸다. 즉 적들로 하여금 패배의 결과가 너무 두려워서 즉각 항복하는 것이 낫다는 생각을 가지게 하는 것이다.

군사 원정의 결과, 아시리아인들은 근동 전역으로부터 엄청난 양의 자원들을 획득하였다. 왕의 비문들은 정복한 도시의 신전, 궁전, 창고에서 탈취한 전리품들에 대해 자랑한다. 아시리아가 정복한 도시들 가운데 많은 수가 부유했기 때문에 정복으로 유입된 귀중품, 금속, 공예품, 무기 등은 엄청났다. 더욱이 소, 양과 염소, 말, 낙타도 전리품으로 가져왔다. 비문 기록에 따르면 원정의 결과로 평민들도 귀족의 전유물이었던 물건들을 소유하게 될 정도로 귀중품이 흔해졌던 때도 있었다. 외국 국가를 정복한 후 아시리아인들은 조공의 수준을 정하고 매년 지불하게 했다. 보통 조공은 그 지방의 특산물로 바친다.

페니키아인은 자주색 천과 백향목 목재를 바쳤고, 자그로스 산맥 부족은 말을 바쳤다. 그 양에 대해서는 조약 문서들에 약간 나와있을 뿐이어서 잘 모른다. 그러나 조공을 바치는 국가들이 아시리아의 분명한 군사적 우위에도 불구하고 종종 반란을 일으킨 것으로 보아 조공에 대한 부담이 상당히 무거웠음이 틀림없다. 이렇게 대규모의 자원들이 아시리아 본토로 유입되었다.

노동력도 마찬가지다. 아시리아는 농사지을 노동력이 절실히 필요했다. 아울러 대규모 건축 사업을 위한 노동력도 부족하였다. 그들은 군대에 입대한 아시리아인들을 대체할 사람들이었다. 아울러 건설된 도시에서 거주할 사람들도 필요하였다. 중세 아시리아 시대로부터 시작된 유배 관습은 제1천년기, 특히 8세기 중엽 이후에 더욱 확대되었다. 왕의 비문들은 이동된 사람들의 수를 분명히 밝히고 있다. 아시리아 제국의 처음 300년 동안 이동된 사람의 수는 450만 명 정도로 추정된다.[1] 남자, 여자, 아이들로 구성된 사회 전체가 제국의 한 변방에서 다른 변방으로 이동하였다. 다른 성격의 인구 이동도 있었다. 처음에는 특별한 기술을 가진 수공업자들만을 이동시켜 건축 사업을 도왔다. 그러나 반란이 심했던 지역은 인구의 대부분을 옮기기도 하였다. 이 정책은 새도시에 거주할 사람들과 노동력을 제공하는 것 이외에 아시리아 제국에 몇 가지 전략적 이득을 가져왔다. 먼저 반란을 하는 사람들을 낯선 환경에 정착시켜 생존을 위해 제국의 보호를 필요로 하게 만듦으로써 변방 지역의 반란을 감소시켰다. 더욱이 정착민들은 그 지역에 대해 잘 몰랐기 때문에 도망할 수도 없었다. 또한, 유배의 위협은 아시리아 군대가 원정을 나갔을 때 즉각적인 항복을 유도하는 데 사용할 수 있었다.

유배당한 사람들의 빈 영토는 무역이나 물건 생산에 중요한 경우에 다른 인구 그룹으로 선택적으로 다시 채워졌다. 그러나 그 영토가 제국의 이득에 그다지 중요하지 않을 경우 남은 소수의 사람들만이 그곳에 계속 살았다. 예를 들어, 고대 이스라엘의 북쪽 지방은 아시리아의 정복 이후 거의 버려졌다. 유배정책의 의도하지 않은 결과로는 근동 전체에 다양한 인구들이 섞여 살게 된 것이다. 이때 아람인들이 그들의 언어와 문자를 보급할 수 있었다.

유배 당한 사람의 수에 대한 우리의 추정이 옳다면 그것은 인구 지도 상에 상당한 규모의 변화를 일으켰을 것이다. 유배를 가는 사람들은 자기의 고향에서 목적지까지 먼거리를 걸어서, 남자의 경우 쇠고랑에 묶여 이동해야 했다. 예를 들어, 이스라엘의 사마리아에서 온 사람들의 일부는 자그로스 산맥의 메디아에 정착했는데 그것은 사마라이에서 1,200km 떨어진 곳이다. 수개월 동안 지속되는 이 여행 동안 많은 사람들을 먹이고 감독하기 위해 엄청난 조직력이 필요했을 것이다. 그러나 이것에 대한 기록이 전혀 없으므로 자세한 사항은 알 수 없다.

---

1   B. Oded, *Mass Deportations and Deportees in the Neo-Assyrian Empire*(Wiesbaden: Harrassowitz, 1979), 20.

유입된 노동력과 자원의 최대 수혜자는 아시리아 본토였다. 정복 활동과 대규모 건축 사업은 밀접하게 연결되어 있다. 성공적인 전쟁 지도자는 또한 위대한 건축가였다. 가장 큰 건축 사업은 왕이 엄청난 전리품들을 가지고 돌아온 후에 시작되었다. 이 시기의 건축 사업으로 몇몇 새로운 수도가 건설되었다. 전통적인 수도인 앗수르는 대제국을 지원하기에 너무 작았다. 아시리아가 제1단계 확장을 시작하면서 곧 수도가 옮겨진다.

건축가 앗수르나시르팔 2세(재위 883-859)는 중세 아시리아 도시 칼후를 수도로 정하여 그것을 완전히 새로 건설하였다. 그 일에 걸린 시간은 무려 15년이었다. 그는 8km 길의 도시 성벽을 세워 360헥타르의 면적을 에워 쳤다. 남서 모서리의 거대한 요새 위에는 그의 궁전, 몇 개의 신전과 지구라트가 건설되었다. 궁전은 가로 200m, 세로 120m의 규모로 거대한 마당을 중심으로 건설되었다. 건축의 규모도 엄청났을 뿐 아니라 내부도 전쟁, 사냥, 제의의 장면을 묘사한 돌 부조로 장식되었다(그림 12.2). 입구는 인간 머리 모양의 거대한

그림 12.2 칼후 궁전 재건 모습. 메소포타미아의 유적 특성상 건물이 사용되었을 때 어떠한 모습이었는지 상상하기 어렵다. 초기 탐험가들은 아마도 그것을 재건하는데 오늘날 고고학자들보다 더욱 대담하였다. 이 그림은 오스틴 헨리 레이어드 경이 님루드(고대 도시 칼후)를 발굴한 이후 제공한 정보를 바탕으로 1853년에 제작된 것이다. 이것은 전쟁, 사냥, 제의 활동을 채색으로 묘사한 부조를 갖춘 왕 보좌실을 보여준다. 비록 그것의 정확성을 의문시할 수 있으나 이 그림은 과거의 실재 모습의 감을 제공한다. 출판 허가: The Art Archive/Gianni Dagli Orti.

돌 황소들이 지켰다. 그 궁전의 준공을 기념하는 한 문서는 축하 연회에 69,574명의 사람들이 초대되었다고 기록한다.

> 내가 칼후 궁전을 봉헌했을 때 제국의 각지에서 초대받은 47,074의 남녀들, 수후, 힌다누, 파티누, 하티, 두로, 시돈, 구르구무, 말리두, 후부스쿠, 길자누, 쿠무, 무사시루의 5,000명의 귀족과 사신들, 칼후 주민 16,000명, 1,500명의 궁전 관료들 등 모두 69,574명(온 나라에서 초대받은 사람과 칼후 주민을 포함한 숫자)에게 열흘 동안 잔치를 베풀었다. 그들을 목욕시키고 기름도 부어주었다. 이렇게 나는 그들을 대접하여 그들 나라로 평화와 기쁨 가운데 돌려보냈다.[2]

이후의 왕들도 궁전을 계속 건축하였다. 앗수르나시르팔의 직속 후계자였던 살마네저 3세는 칼후의 남동 모서리에 큰 무기 저장소를 건축하였다. 칼후는 150년 동안 아시리아의 수도로 남아있었다. 그후 사르곤 2세(재위 721-705)는 처녀지에 새로운 수도를 건설하고 그것을 '사르곤의 요새'(문서 12.1 참조)라는 의미의 두르-샤루킨(Dur-Sharrukin)이라고 명명하였다. 이것도 엄청난 크기의 도시였다. 7km미터의 성벽이 300헥타르의 면적을 에워쌌으며 신상과 부조로 장식된 큰 건물들을 가진 두 개의 요새를 포함하였다.

그러나 두르-샤루킨은 사르곤 2세가 죽으면서 버려졌다. 그의 후계자인 산헤립(재위 704-681)은 전통 도시 니느웨를 완전히 다시 건축해 그의 수도로 삼았다. 니느웨에 12km의 성벽을 둘러 그것을 750헥타르의 규모로 확장시켰다. 마찬가지로 장식된 공공 건물이 있는 두 개의 요새도 건설하였다. 이 거대 수도들은 아시리아의 국부를 잘 보여준다. 그 수도에 거주 한 주민의 정확한 수를 알 수는 없지만 그 도시 주민들을 주변 지역이 감당할 수는 없었을 것이다. 아마 제국 전체의 자원을 사용하여 도시를 유지했을 것이다. 그리고 그 지역

---

2   A. Kirk Grayson, *Assyrian Rulers of the Early First Millennium bc. Volume 1: 1114-859 bc(The Royal Inscriptions of Mesopotamia. Assyrian Periods*, volume 2) (Tronto: University of Tronto Press, 1991), 293.

주민들로만 채우기에는 규모가 너무 컸기 때문에 제국 전체에서 유입된 사람들이 그곳에 살면서 국가 관료를 섬겼을 것이다.

동시에 본토의 다른 도시들에 있는 공공 건물들도 확대 재건되었다. 아시리아 주변의 영토에 있는 두르-카틀림무(Dur-Katlimmu)와 같은 지방 중심지들도 완전히 새롭게 개조되었다. 더욱이 아시리아가 서부 시리아에 있는 아람 도시들을 정복했을 때 그들을 아시리아 도시로 만들었다. 유프라테스강에 있던 비트-아디니에 속한 틸-바르십(Til-Barsip)은 856년에 정복자 살마네저 3세를 따라 카르-살마네저라고 명명되었다. 그리고 규모도 커졌고 아시리아 공공 건물과 주거들이 들어섰다. 이처럼 아시리아는 자기 존재의 가시적 상징들을 건축함으로써 자신의 힘을 드러내었다.

이런 건축 사업들은 제국만이 제공할 수 있는 노동력과 부에 기초한 것이다. 도시와 왕궁들은 화려하게 장식되었고 근동 전역에서 온 귀중품들의 보고였다. 휴대용 물품, 깔개, 카펫, 보석 등에 대한 고고학적 증거는 그다지 많지 않지만 아시리아 궁이 자랑한 부에 대해서는 약간의 힌트가 있다. 가구에 부착된 상아 공예품은 칼후에서 대량으로 발견되었다.

문서 12.1 사르곤 왕과 두르-샤루킨

사르곤 2세가 행하였던 주요 건설 프로젝트는 두르-샤루킨: "사르곤의 요새"라 불리는 거대한 새로운 수도 건축이었다. 그는 건립을 기념하면서 비문에 그의 개인적 관여를 강조하였다: 그가 건축에 대한 생각을 발전시켰고, 계획을 세웠으며 건축을 감독하였다. 그가 그 프로젝트에 깊이 관여하였다는 것은 니느웨와 님루드 도시에 보존된 그의 공식 서신에서 분명히 드러난다. 총 113개의 서신은 두르-샤루킨 건축과 연관될 수 있는 것으로 보존된 전체 서신 10분의 1이 그의 통치 시대의 것이다. 그것들은 25명의 지방 장관이 관여되었고 제국 전체의 자원들이 어떻게 사용되었는지 보여준다. 6개의 서신은 왕 자신에 의하여 쓰인 것[1]으로 여겨지는데, 그는 물자와 노동력을 요구하였다. 이들 중 3개가 번역되었다. 그 프로젝트는 그 지역 자원에 막대한 압박을 준 것으로 몇 관원들은 불평하였다. 여기에 번역된 마지막 서신은 궁중 고관원이 쓴 것으로 그는 그가 관할하는 지역의 그렇게 많은 짚-아마도 진흙벽돌을 만드는데 혼합되었을-이 그 도시의 건축에 요구되어 짐 나르는 동물들이 먹을 꼴이 남아 있지 않았다고 불평하였다.

1. 니느웨에서 발견된 편지

(칼후의) 총독에게 주는 왕의 말씀: 700단의 짚과 700단의 갈대가 키슬레브 달의 첫 날까지 두르-샤루킨에 도착해야 한다. 각 단은 한 마리의 나귀가 나를 수 있는 것 이상이어야 한다. 하루라도 늦으면 너는 죽는다.

번역 출처: Simo Parpola, *The Correspondence of Sargon II, Part I. Letters from Assyria and the West* (Helsinki University Press, 1987), no. 26.

2. 칼후에서 발견된 편지

(a) 벨-리쉬르-탈라크투가 싣는 1100개의 석회암을 빨리 두르-샤루킨에 있는 내게 가져오라! [ ]. 제2통치자에게(편지함).

(b) 벨-리쉬르-탈라크투가 싣는 1,100개의 석회암을 빨리 두르-샤루킨에 있는 내게 가져오라! [ ]. 환관에게(편지함).

번역 출처: Barbara Parker, 'Administrativve Tablets from the North-West Palace, Nimrud,' *Iraq* 23(1961), 37(ND 2606) and 41(ND 2651).

3. 니느웨에서 발견된 관원의 불평

나의 왕께: 당신의 신하 가바-아나-아수르. 나의 지역의 전체 짚 공급이 두르-샤루킨에 의해 소비되었습니다. 지금 짐 나르는 동물들을 먹일 꼴이 없어서 나의 기병 관원들이 나에게 달려왔습니다. 지금 왕께서는 무엇을 명령하십니까?

---

1   Simo Parpola, 'The Construction of Dur-Sharrukin in the Assyrian Royal Correspondence,' in A. Caubet, ed., *Khorsabad, le palais de Sargon II, roi d'Assyrie* (Paris: Louvre, 1995), pp. 47-77

번역 출처: Lanfranchi & Parpola 1990: no. 119.

이 상아들에는 제국 서부 지방의 다양한 문양이 새겨져 있었다. 가장 놀라운 것은 1980년대에 같은 도시에서 발견된 9세기와 8세기의 여왕들의 무덤이다. 잘 보존된 이 무덤에 안치된 시신들에는 엄청난 양의 금은 보석들이 놓여 있었다. 장인들의 높은 기술력을 보여주는 35kg에 달하는 보석은 왕가가 가진 엄청난 부에 대해 잘 보여준다(그림 12.3). 대부분의 사치품들이 시간이 흘러 사라진 것을 고려하면 이 무덤이 처음 사용되었을 때 얼마나 장관이었는가를 상상할 수 없을 정도이다. 아시리아 사회의 엘리트들의 수를 정확히 알 수 없지만 부는 엘리트들에게 축적되었다.

고고학적 연구가 언제나 큰 건축물에만 초점을 맞추다 보니 상류층은 말할 것도 없고 개인 시민에 관한 자료가 많이 부족하다. 몇몇 개인 집이 발굴되었지만 그들의 내용에 대해서는 거의 알려진 바가 없다. 계약 문서와 땅 문서와 같은 문서 증거들은 국가의 고위 관료들이 은이나 땅의 형태로 상당한 부를 모았음을 보여준다. 그러나 불행히도 전체 부의 정확한 범위는 재구성할 수 없다. 어떤 사람들은 상당한 양의 은, 한 번에 500kg의 은을 대출한 것으로 파악된다. 그들은 또한 노동에 대한 대가로 왕으로부터 큰 땅을 하사 받기도 하였다. 그들은 주변 땅의 획득을 통해 그 땅을 늘릴 수 있었다. 그러나 그런 땅

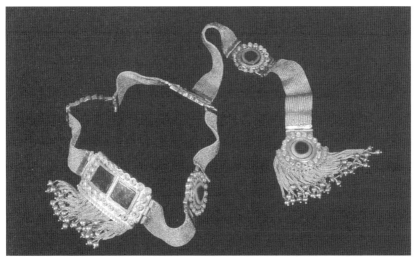

그림 12.3 님루드 왕비 무덤에서 출토된 금 허리띠. 이 정교한 작품은 그 무게가 1킬로그램 넘으며 넓은 띠 형식으로 가는 금실을 짜서 만든 것으로 몇 개의 보석 장식- 띠 문양을 지닌 둥근 마노와 직사각형 모양의 흑색 마노-를 둘러싸고 있다. 이것은 무덤에서 발견된 수많은 보석품들 가운데 하나이며, 아시리아 궁중의 부유함을 분명히 보여준다. 이라크 박물관 105696. 무게: 1.1027kg. 출판 허가: Barry Iverson/Alamy.

의 크기는 추측만 가능하다. 왕이 하사한 것은 마을 전체, 집들, 밭들, 과수원 그리고 그들을 경작하는 사람들이었으나 왕이 하사한 토지들은 각각 다른 지역에 위치했다. 이렇게 해서 왕은 거대한 통일된 영토를 내려주지 않았다. 왕들은 일반적으로 이런 땅의 소유주들에게는 세금을 면제하였다. 이것은 귀족들의 자산을 늘려주었다. 아시리아의 상류 계급은 아시리아 제국 사회로부터 유익을 보았다.

그러나 대부분의 사람들은 그런 형편과 거리가 멀었다. 아시리아는 근본적으로 농업 사회였다. 대부분의 사람들은 그들이 경작한 땅의 소산으로 살았다. 그러나 이들의 삶의 형편에 대해 우리는 잘 알지 못한다. 저층 계급의 사회적 위치에 대해서 학자들 사이에 의견의 일치가 없다. 촌락을 건설하고 유배민들을 정착시킴으로써 시골의 농업을 발전시키려는 아시리아 정책은 상당수의 사람이 국가에 직접적으로 의존하게 되는 결과를 초래하였다. 그들 이외에 자유 농업인이 존재한 것 같다. 그러나 이들의 자유는 매우 제한된 것이어서 그 자유 농업인들과 국가에 의존하는 농부와 별반 다를 것이 없었다. 전체 촌락이 거래되는 경우를 생각할 때 촌락 주민들의 자유가 얼마나 제한적인 것이었는가를 짐작할 수 있다.

호구 문서로 불리는 7세기의 자료들은 그 목적이 수수께끼 같으나 시골 가문들에 대한 자세한 정보를 제공한다. 이 문서에 따르면 시골의 가계들은 부자들의 소유물의 일부를 형성했던 것 같다.

> 이드라누, 농부: 그의 형제, 아들 하나, 세명의 부인, 건조지 20헥타르, 집 한 채, 타작 마당, 정원. 종합: 바다니 촌락, 하란 근처[3]

기록된 가계는 소가족이다. 아내 한 명에 평균 2명 이하의 자녀들로 되어있다(다른 자녀들은 아마 이미 집을 떠났을 것이다). 그들은 작은 면적의 땅을 일구고

---

3   F. M. Fales and J. N. Postgate, *Imperial Administrative Records*, part 2(*State Archives of Assyria* 11) (Helsinki: University of Helsinki Press, 1995), 138.

포도밭과 야채 정원을 가꾸었다. 약간의 소, 양, 염소도 길렀다. 이 호구 문 서 는 아시리아인들의 대부분의 상태를 반영할 가능성이 있다. 국가의 사회 구 조는 아마 큰 불평등의 구조였을 것이다. 소수의 부자들이 상류층을 이루고 수많은 가계들이 겨우 먹고 사는 수준의 삶을 영위했던 것 같다.

2. 역사 기록

메소포타미아 역사에서 국력과 생산된 자료의 양 사이에 직접적 비례 관계 가 있기 때문에 아시리아 제국에 대한 사료가 풍부하다는 사실은 놀랄 일이 아니다. 그 사료들은 거의 궁에서 제작된 것이고 전사와 건축가로서의 왕의 업적들을 주로 다룬다. 군사 업적들은 궁에 전시된 부조로 새겨진 그림 기록 (보충 12.1을 참조)에서도 중점적으로 등장하기 때문에 우리는 아시리아의 군사 원정의 역사에 대한 사료를 그 만큼 더 갖게 되는 것이다. 이런 사료의 분포는 아시리아의 다른 과업들을 과소평가하게 만들고 제국 시대의 전쟁 역사를 주 로 서술하게 만든다.

보충 12.1 아시리아의 부조

신-아시리아 왕들의 엄청난 건축 사업은 새로운 종류의 사료를 남겨주었다. 칼 후, 두르-샤루킨, 니느웨와 같은 수도에 있는 궁의 벽은 부조로 장식되었다. 그 부 조는 왕이 집행한 제의 활동과 군사 원정을 묘사한다. 종종 짧은 비문에 기록 된 인물이나 도시에 대한 설명으로 묘사된 사건이 무엇인지를 알 수 있어 연대기가 기록한 동일한 사건에 대한 또 하나의 기록을 가지게 되는 것이다.

아시리아인들의 부조 조각은 제2천년기부터 시작되었지만 왕궁들의 장식으로 더욱 광범위하게 사용된 것은 앗수르나시르팔 2세부터이다. 공공 건물의 벽들은 약 2m 높이의 석회암 돌판으로 되어 있는데 그 돌판 위에 부조가 새겨졌다. 고 대에 부조는 물감으로 칠했으나 오늘날에는 약간의 흔적이 남아있을 뿐이다. 니 느웨에 있는 산혜립의 궁에는 현전하는 가장 자세한 부조 기록이 있다. 그 부조에는 유다의 라기스를 포위한 군사 원정이나 남바빌로니아의 늪지대를 공격한 사건이 담겨있다. 그 둘이 산헤립의 재위 기간 중 행한 가장 중요한 군사 작전이 아니었음에도 불구하고 그 두 군사 원정이 왕궁 부조로 남겨졌다. 그 이유는 분명하지 않다. 라기스의 포위를 묘사하는 이미지는 그 지역의 고고학적 정보와 연결될 수 있지만 우리는 그 부조가 역사적 정확성을 목표로 작성되지는 않았다고 믿는다. 그 부조에 따르면 포위 작전이 진행 중인 와중에 사람들과 물건들이 포로와 공물로 실려나가고 있다. 따라서 역사가들은 이 장면을 문서 자료를 다룰 때 사용하는 동일한 분석 기술로 해석해야만 한다.

전쟁 장면 이외에 왕궁 부조는 제의 행위나 왕의 사냥 등을 묘사한다. 왕궁의 방마다 새겨진 부조는 왕이 전 우주를 다스리며 다른 지역에서도 최고자라는 이념을 전달하기 위해 주의 깊게 계획되어 배치되었다. 또한, 부조들은 왕궁의 방들을 보호하는 기능도 감당하였다. 왕궁 안에서 발견되는 거대한 황소 조각은 악을 몰아내는 힘이 있다고 여겨졌다. 부조의 개별 장면들을 이해하기 위해서는 건축 문맥 안에서 그리고 그들 주변의 다른 장면들과의 관계 속에서 연구해야 한다.

가장 자세한 사료는 왕궁 연대기로 그것은 군사 원정을 연별로 기록한 것이다(보충 9.1을 참조). 매년 연대기는 왕이 무찌른 적들을 나열하는데, 때로는 이름만을 나열하고 때로는 그와 관련된 아시리아의 군대 활동을 매우 자세히 서술한다. 일 년에 한 번 있는 군사 원정은 신-아시리아 시대를 규정하는 근본적인 개념으로 왕의 연호를 이루게 된다. 예를 들어, 연대기에서 아시리아 왕은 '나의 즉위 5년에'라고 말하지 않고 '나의 다섯 번째로 원정하던 때에'라는 말로 시간을 표기한다. 동시에 고대 아시리아 관습인 각 해를 특정 관료를 따라 이름 붙이는 것이 지속되었고 그 이름들의 목록도 작성되었다. 그때 그 연호 중 일부는 그해 군사 원정이 어디에서 행해졌는지로 표기된다(문서 12.2를 참조). 우리는 910년에서 649년에 이르는 기간의 연호를 하나도 빼지 않고 가지고 있다. 그리고 그 연호 목록은 '구자나 출신의 부르사갈레(Bursagale)의 해에 내륙 도시에서 봉기가 있었고 시마누달에 일식이 있었다'[4]는 진술에 근거

---

4   Alan Millard, *The Eponyms of the Assyrian Empire, 910-612*(Helsinki: University of Helsinki Press,

해 절대 연도로 환원할 수 있다. 이 일식은 763년 6월 15일에 발생했기 때문에 우리는 연호 목록이 포괄하는 전 시대에 대한 확실한 절대 연대를 가지게 되었다. 아시리아인들은 '비교 왕명록'(Synchronistic King List)과 같은 다른 연대 계산을 위한 사료도 제공한다. 비교 왕명록에는 9세기에서 7세기에 이르는 아시리아 왕의 이름들이 바빌로니아 왕의 이름들과 나란히 기재되었다. '비교 역사'(Synchronistic History)는 아시리아와 바빌로니아 두 국가 사이의 15세기부터 8세기까지의 상호관계(보통은 적대관계)를 개괄한 것인데 이것도 연대 연구를 위한 자료가 된다.

문서 12.2 아시리아 인명 연대기

아시리아의 여러 곳에서 발견된 열 개의 사본들은 인명 연호가 그 해 발생한 사건에 대한 요약(자주 큰 군사 작전의 목표)과 함께 수록된 문서를 포함한다. 그런 목록은 장구한 신-아시리아의 역사에 정확한 연도를 부여하도록 돕는다. 그리고 당시 가장 중요하다고 여겨진 군사 업적이 무엇인가를 알려준다. 아래의 번역에서는 인명 연대 목록의 정보와 더불어 원문에 없는 서기 연도가 첨가되었다.

719	아시라 왕 사르곤[의 해]	…[들]어갔다.
718	라[사빠] 총독 제르-이브니[의 해]	타발[로]
717	서기장 타브-샤르-앗수르[의 해]	[두르-샤루]킨을 건설
716	요새 총독 타브-실-에샤라[의 해]	만네아[로]
715	나시비나 총독 타클랄-아나-벨리[의 해]	[ ]총독을 지명했다.
714	아라파 총독 이스타르-두리[의 해]	[우라르투], 무사시르, 할디아
713	칼후 총독 앗수르[의 해]	엘리피의 귀족들, 새 주거지, 무사시르로
712	잠무아 총독 샤루-에무란니[의 해]	아시리아 본토
711	심메 총독 나누르타-알릭-파니[의 해]	마르카사로
710	아르주히나 총독 샤마쉬-벨루-우쭈르[의 해]	비트-제리로, 왕은 키쉬에 남았다.

709 틸레 총독 만누-키-앗수르-레이[의 해]	사르곤이 벨과 손잡았다.
708 하브루리 총독 샤마쉬-우파히르의 해	쿰무히 정복, 총독 임명
707 투샨 총독 샤-앗수르-두부의 해	왕이 바빌론에서 돌아옴
	두르-야킨의 섭정, 귀족들
	전리품을 빼앗고 파괴
	테스릿 달 22일 두르-샤류킨의
	신들 신전에 들어옴
706 구자나 총독 무타킬-앗수르의 해	왕이 본토에 머물렀다.
	귀족들은….
	아야르 달 6일 두르-샤루킨이 완성
705 아미두의 총독 나슈르-벨의 해	왕이 쿨루메 인 쿠르디를 [ ]
	왕이 살해되고, 아시리아왕의 진영은[ ]
	아브달 12일 산헤립이 왕이 [되었다].

번역 출처: Alan Millard, *The Eponyms of the Assyrian Empire*, 910-612(Helsinki: University of Helsinki Press, 1994), 46-8, 60.

국가 관료 체제가 매우 방대했기 때문에 여러 가지 자료들이 만들어졌다. 제국 문서 저장소는 앗수르, 칼후, 니느웨에서 발견되었다. 그러나 가장 풍부한 사료는 제국에 흩어진 관료들이 아시리아 왕에게 보낸 약 삼천통의 편지들이다. 그들은 대개 군사 행정을 논의한다. 쐐기 문자로 새겨진 토판 이외에 알파벳 문자로 파피루스, 양피지에 작성한 문서도 있었다는 것이 분명하지만 이 문서들은 근동의 기후 때문에 고고학 발굴에서 발견되지 않는다. 따라서 우리는 관료 기구의 상당한 부분에 대한 정보를 잃어버렸다. 나아가 현전하는 문서의 성격은 전적으로 궁정에 의해 작성된 것이다. 고고학자들은 왕의 장엄한 건축에 집중하여 왔다. 칼후, 두르-샤루킨, 니느웨와 같은 제국의 수도들에서 요새들만이 발굴되었고 엄청난 수의 저지대 마을들은 손도 못대고 있다. 비록 당시 왕궁이 매우 중요했지만 궁에서 제작된 문서만 역사 사료로 전해진다는 것은 틀림없이 당시의 역사를 오해할 수 있는 소지가 된다.

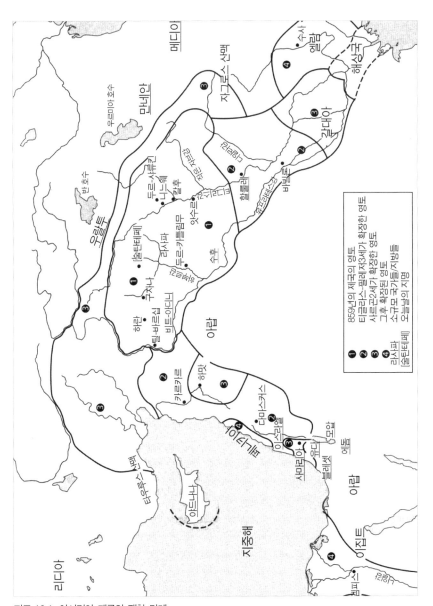

지도 12.1 아시리아 제국의 팽창 단계

출처: Mario Liverani, *Antico Oriente*(Rome and Bari: Laterza, 1988), 793

3. 9세기의 팽창

12세기에서 10세기까지 지속된 환란으로 아시리아는 중세 아시리아 시대에 식민지로 만들었던 북동 시리아 지역에 대한 지배권을 포기해야 했다. 그러나 그 당시 세워진 행정 중심지들은 사라지지 않았고 아시리아와 친했던 지방 왕들도 그대로 권력을 유지하였다. 그들이 아시리아 본토에 얼마나 의존했는지는 학자들의 논쟁거리이다. 그러나 많은 학자들이 아시리아가 그들에 대한 영향력을 완전히 소실했다고 주장한다. 아람인들은 시골 지역을 완전히 장악하였고 일부 도시에서도 권력을 획득하였다. 아시리아의 군대가 하부르 계곡을 지나면서 어떤 촌락도 만나지 못했다는 기록은 9세기 북동 시리아 지역에 영구 정착지들이 매우 적었음을 보여준다.

따라서 부족들이 그 지역의 주요한 거주민이었음에 틀림없다. 아시리아 왕들은 티그리스강의 동쪽 평야, 앗수르에서 북쪽으로 니느웨를 약간 넘어서는 지역(웨일즈 정도의 크기)에 대한 지배권을 늘 유지했었다. 10세기 후반에 상황이 바뀌어 아시리아인들은 정기적인 군사 원정을 했다. 그들의 주요 목적은 아람인들에게 빼앗겼다고 여기는 서부 지역이었다. 이런 재정복은 그 지역에 대한 재이주 정책과 연계되었다.

예를 들어, 앗수르-단 2세(재위 934-912)는 연대기에서 다음과 같이 기록한다.

> 나는 가난, 배고픔, 기근 때문에 자신들의 도시와 집을 떠나 다른 나라로 올라가야 했던 지친 아시리아인들을 데리고 와 그들을 적당한 도시와 집에 정착시켰다. 그들은 그곳에서 평화롭게 거주하였다. 내 땅의 여러 지역에 궁전들을 건축하였다. 내 땅의 다양한 지역에서 다시 농기구를 움직였다. 그래서 전보다 더 많은 곡물이 쌓이게 되었다.[5]

---

5   A. K. Grayson, *Assyrian Rulers of the Early First Millennium bc. Volume 1: 1114-859 BC*, 134-5.

아시리아인들이 제2천년기 후반에 다스린 도시들은 그 지역의 통치 중심지가 되었다. 아시리아는 그 곳에 궁전들과 공공 건물을 건설함으로서 지역에 대한 영구 통치의 기반을 마련하였다. 북시리아 영토를 개발하는 의식적인 정책도 있었다. 예를 들어, 하부르강을 따라 운하를 건설하였다. 그것은 무거운 물건의 수송을 용이하게 하기 위해서였다. 그리고 중세 아시리아 도로 시스템을 개선하여 아시리아 본토와 적접적인 교역을 유지할 수 있게 하였다.

이런 정책은 약 60년 동안 신-아시리아 제국의 기초를 놓은 앗수르나시르팔 2세(재위 883-859)와 살마네저 3세(재위 858-824)의 통치에서 절정에 달한다. 그들은 자그로스 산맥에서 유프라테스에 이르는 지역 그리고 타우루스 산맥의 기슭에서 바빌로니아 국경에 이르는 지역에 대한 지배를 굳건히 하였다. 이 지역은 더 먼 지역으로 군사 원정을 하기 위한 교두보가 되었다.

앗수르나시르팔 2세는 선왕들이 확보했던 전략적 요충지를 근거로 아시리아 주변 지역에서 체계적인 정복활동을 펼쳤다. 반란과 같은 부득이한 상황을 제외하고는 같은 지역을 두 번 원정하지 않았다. 그는 디얄라의 상류 계곡과 자그로스 산맥과 바빌로니아로 가는 길을 통제하는 작은 자브강으로도 군사 원정을 감행했다. 북서쪽으로는 타우루스 산맥까지 원정했고, 티크리스강을 따라 북쪽으로 올라가 강이 메소포타미아 지역으로 들어가는 지점에 요새를 건설하였다. 서쪽으로도 원정하였다. 그곳에서 그는 처음으로 유프라테스 중류 지역까지 진군했고 강국인 비트-아디니를 정복했다. 유프라테스 중류 지역의 전략적 요충지, 예를 들어, 강 건널목 등지에 아시리아 거점을 세움으로써 그 지역에 대한 지배를 다졌다. 앗수르나시르팔은 그의 통치 말에 제2천년기부터 아시리아 땅으로 간주되었던 모든 지역을 정복으로 되찾았다. 그러나 그는 서쪽에서 전리품을 획득하기 위해 유프라테스강을 단 한 번만 건넜다.

그의 아들이자 후계자인 살마네저 3세는 35년간 통치하면서 많은 군사적 원정을 감행하였다. 특히 그의 원정은 서쪽과 북쪽 지역에 집중되었다. 그는 지중해로 진출하고 그 지역의 작은 국가들의 부를 이용하기 위해 유프라테스강을 여러 번 건너 서쪽으로 진군하였다. 정치적으로 파편화된 시리아는 힘이 없고 아시리아의 쉬운 먹이감이었다. 그러나 다마스커스의 영도 아래 살마네저 군대에 저항하는 국가 연합이 형성된다. 아시리아인의 기록에 따르면 853년 그 연합은 4만 명의 보병, 2천의 기병, 4천의 전차를 거느리고 살마네저와 전쟁한다. 그 연합에 참가한 국가들은 다마스커스, 하맛, 이스라엘, 페니키아 도시 국가들이었고 아랍인과 이집트인도 원군을 보냈다.

이 시리아 국가 연합은 카르카르 근처의 전투에서 아시리아인의 침입을 막아내었다. 그러나 이 연합은 다마스커스 왕인 하다드-에젤이 죽자 와해된다. 841년까지 살마네저 3세는 시리아의 저항을 제거하고 패권을 장악한 것 같다. 그후 그는 관심을 북쪽으로 옮긴다. 그는 신-히타이트 국가들을 정복하고 남부 아나톨리아의 광산에 대한 이용권을 획득한다. 살마네저의 목적은 시리아를 아시리아에 편입하려는 것이 아니었다. 시리아의 국가들은 기존의 왕을 유지하고 독립국 지위를 잃지 않았다. 단지 정복당한 지역은 아시리아에 조공을 바쳐야 했다. 이 시점에서 아시리아는 영토를 확장하려는 계획은 없었다.

아시리아의 북쪽으로 우랄투라는 강력한 적이 발전하였다. 살마네저 3세는 즉위 초기부터 우랄투의 저항에 부딪쳤지만 서쪽을 정복한 후에야 우랄투를 본격적으로 상대할 수 있었다. 그는 832년에서 827년 동안 다섯 번의 공격을 감행하였다. 이때 살마네저는 직접 군대를 지휘하지 않았고 그 역할을 그의 수석 부하이자 장군(아카드어 투르타누)인 다얀-앗수르(Dayyan-Assur)에게 맡겼다. 우랄투 정복은 주로 전리품을 가져오고 우랄투의 군사적 위협을 줄이려는 목적이었다. 이 정복에서 아시리아인들은 자그로스 산맥 깊숙이 들어가 처음으로 메디아와 마네안인들(Manneans)과 만났다. 이들은 후에 아시리아의 주적이 되는 민족이다. 마찬가지로 아시리아는 남쪽 이웃 바빌로니아에 대한 통치를 시도하지 않았다. 살마네저는 바빌로니아 왕과 그 형제 사이에 벌어진 내전에 개입하기 위해 한두 번 원정하였을 뿐이다.

잦은 군사 원정에도 불구하고 살마네저 3세 치하의 아시리아는 팽창주의 국가가 아니었다. 앗수르나시르팔이 정한 국경이 유지되었고 그 국경을 넘는 원정은 국경을 보호하고 전리품과 조공을 확득하기 위한 것이었다(그림 12.4). 유프라테스강의 동쪽 뚝 지역은 완전히 아시리아의 것이 되었다. 아람의 도시였던 틸-바르십(Til-Barsip)이 아시리아 왕의 이름을 따라 카르-살마네저로 개

그림 12.4 살만에셀 3세의 블랙 오벨리스크 한 장면, 조공 드리는 모습. 약 2미터 높이의 오벨리스크는 살만에셀이 그의 통치 31년까지 행한 연중 정복에 대한 내용을 담고 있다. 그것은 4면에 각각 다섯 단의 부조를 보여준다. 그것들은 통치자의 항복, 몇 개의 자연 모습, 대부분 조공을 바치는 외국인들을 묘사하고 있다. 단 사이에 쓰인 문서는 조공자들이 누구인지 그들이 바친 것은 무엇인지 확인케 한다. 여기에 묘사된 자는 "오므리 집안의 예후" 즉, 이스라엘에서 온 것으로 은과 금 제품과 창과 "왕의 손의 지팡이"를 운반하고 있다. 대영 박물관, 런던. 검은 석회암. 출판 허가: akg images/ Erich Lessing.

명하였고 강 도하를 제어하였다. 강을 건너 상류 쪽으로 30km 떨어진 피트루 (Pitru)라 불리는 도시는 아시리아가 시리아 정복을 시작하는 교두보가 되었다. 유프라테스의 동쪽 뚝 지역과 강의 몇몇 섬들에는 일련의 잘 방어된 요새들이 건축되었다. 국경을 따라 위치한 이 요새들은 국경을 보호하는 임무를 수행했다.

이 당시 아시리아인들은 중세 아시리아 시절부터 전해지는 이념인 두 종류의 영토에 관한 분명한 구분을 유지하였다. 다시 말해 그들은 앗수르 땅과 '앗수르의 멍에 아래 있는 땅'을 구분하였다. 첫 번째 종류의 영토는 아시리아 본토로 간주되었다. 그것은 자그로스에서 유프라테스에 이르는 지역으로 살마네저 3세 때가 되면 완전히 아시리아의 지배 안에 들어오게 된다. 그 지역은 지방 행정 아래 균일하게 조직되었다. 왕이 임명한 사람들이 그 지방의 총독으로서 왕을 대신해 다스렸다. 그들은 주요 수도의 궁전들보다는 소규모이지만 아시리아 양식으로 건축된 궁전에 거주하였다. 예를 들어, 카르-살마네저에 있던 궁전은 칼후의 돌 부조에서 발견된 것과 동일한 그림이 프레스코로 장식되었다. 지방들은 앗수르 신의 통제 체제로 통합되었다. 앗수르의 신전은 앗수르 시에만 존재했다. 앗수르 신은 아시리아 전체 지역의 신으로 역할했다. 이것은 전체 지역의 경제가 중앙 관료제를 지지하기 위한 단일한 시스템으로 통합된 현실을 이념적으로 표현한 것이다. 정치적 관점에서 지방 총독들은 평등한 지위를 가진다. 그러나 실제로는 아시리아 왕들이 그중에 몇몇 총독에게는 보다 많은 자율권을 주었다. 예를 들어, 아버지에서 아들에게 관직이 세습되는 총독의 '왕조'는 유프라테스강 중류의 수후(Suhu)에 존재하였다. 그들이 아시리아 왕에게 순종하는 한 아시리아 왕들은 그들을 아시리아의 지방 제도에 맞도록 재정비할 필요성을 느끼지 못했다.

전통적인 아시리아 국경 밖의 나라들 가운데서도 명목 상으로는 독립국이지만 아시리아의 속국이었던 나라들이 많다. 이들은 '앗수르의 명에 아래' 있다고 간주되었다. 그들은 해마다 귀중품들을 조공으로 가져올 의무가 있었다. 이 조공은 앗수르 신이 아닌 왕에게 바쳐졌다. 이들 속국에 앗수르 숭배가 강요되었다는 증거는 없다. 속국의 군주들은 제2천년기와 마찬가지로 조약 규정에 충실해야 했고 조약을 위반하는 것은 중대한 범죄행위로 간주되어 아시리아인들은 군사적으로 보복할 권리가 있었다. 이와 같은 아시리아 본토와 그외의 영토에 대한 분명한 구별은 제국의 제1단계에서 아시리아가 중세 아시리아를 재창조하기 원했음을 보여준다. 다시 말해 중세 아시리아의 영토를 회복하는 것이 목표였다. 그 영토 너머의 지역은 아시리아에게 순종해야 하겠지만 아시리아의 일부가 될 필요는 없었다.

이런 제한 안에 머물렀지만 아시리아는 여전히 큰 나라였다. 국가의 적절한 운영에 대한 책임을 가진 왕은 엄청난 관료제에 의존하지 않을 수 없었다. 고위 행정관과 군사 장교들의 힘은 상당하였고 살마네저 3세가 나이를 먹을 수록 점점 독립적이 되었다. 살마네저의 통치 말에 중앙 권력의 약화가 보이기 시작했다. 832년에 다얀-앗수르 장군이 왕의 고유 권한이었던 군사 원정을 이끈다. 827년에는 아시리아 본토에서 반란이 발생했다. 왕자들은 다얀-앗수르의 권력에 환멸을 느끼고 승계권을 두고 서로 내전에 들어간다. 그 혼란은 7년간 지속되었다. 이 혼란은 823년에 바빌로니아의 도움으로 삼시-아닷 5세가 왕위에 오른 후에도 3년 동안 멈추지 않았다.

4. 아시리아 내부의 쇠퇴

아시리아는 매우 중앙집권적 국가 구조를 가졌기 때문에 살마네저 3세 말의 왕위 계승 다툼은 전체 국가 시스템에 재앙적인 영향을 미쳤다. 삼시-아닷 5세는 13년 동안 다스리면서(823-811) 자신을 승리의 전사로 묘사했지만 시리아 지역에 대한 지배권을 잃었고 그곳의 국가들이 더는 조공을 바치지 않았다. 처음에 그는 바빌로니아인들이 강요한 불리한 조약을 받아들였다. 그러나 그의 통치 말에 바빌로니아를 공격함으로써 상황을 역전시켰다. 아시리아 내부에서도 왕권이 약해졌다. 이것은 삼시-아닷의 통치 이후에 더욱 분명하게 드러나지만 이미 그 과정은 살마네저 3세 때부터 시작되었다. 아시리아 내의 지방 총독들과 관리들은 거의 독립 군주가 되었다. 그들은 왕의 고유 권한인 비문을 제작하였다. 그 비문 가운데 아시리아어와 아람어 두 개의 언어로 된 것도 있다. 그 비문에서 그들은 아시리아 왕에게 경의를 표함에도 불구하고 자신을 왕으로 묘사했다. 이들 가운데에는 아시리아 본토에서 가까운 지방(예, 라사파와 구자나)의 총독들도 포함된다. 구자나의 하다드이드는 자신을 왕으로 묘사했다. 그리고 그의 입상에 기록된 아람어 비명에 그렇게 칭하고 있다(그림 11.5 참조).

아시리아 군대의 장군이었던 삼시-일루는 당시 가장 힘이 센 인물이었을 것이다. 그는 8세기 전반 동안 4명의 왕을 섬겼다. 카르-살마네저를 교두보로 유프라테스강의 서쪽으로 자기 자신의 이익을 위해 군사적 원정을 감행했다.

그는 자신의 영향력을 이용해 북시리아 지방 왕들 사이의 분쟁을 중재하기도 하였다. 이것은 본래 아시리아의 왕의 일이었다. 고대 마리 주변인 유프라테스강 중류 지역에서도 아시리아 왕을 인정하지 않은 왕의 비문이 총독 '왕조'들에 의해 남겨졌다. 그들은 당시 아시리아 왕이 아니라 고대 바빌론의 함무라비의 후손이라고 주장했다. 칼후나 앗수르와 같은 도시들의 총독이나 관리들도 왕권을 침해하였다. 명목상 아시리아 전체 땅의 주인인 왕도 그들을 자신의 편에 두기 위해 그들에게 많은 땅을 하사한다. 심지에 궁내에서도 권력 경쟁이 잦았다. 이런 문맥에서 우리는 삼무라 맛 여왕(Queen Sammuramat)의 중요성을 보아야 한다. 그녀는 전설적인 세미라 미스의 영감이 되었다.

삼시-아닷 5세의 아내인 그녀는 그녀의 아들 아닷-니라리 3세(재위 810-783)의 재위 기간에 매우 큰 영향력을 발휘하였다. 공식 문서에서 왕과 그 어머니가 동시에 언급되었다. 왕위 계승에 대한 특별한 강조는 왕의 지위를 확인하기 위해 필요했던 것 같다. 이런 아시리아 내부 문제로 인해 9세기에 근동의 강대국으로 부상하려던 아시리아는 날개가 꺾이게 된다. 아시리아의 초기의 성공에 행정력이 따라가지 못했고 중앙 관료들은 그다지 잘 연합되지 않아 특별히 강력한 왕의 지도가 없으면 제대로 기능하지 못하였다. 아시리아의 왕조는 아버지에게서 아들로 왕위가 세습되면서 존속하였으나 왕들은 왕위를 유지하기 위해 관료들의 환심을 사야 했다.

아시리아가 9세기에 이룩했던 것은 제2천년기 말에 차지했었던 영토를 수복하고 다지는 일이었다. 그리고 그 영토를 교두보로 그 밖의 지역, 특히 서부 지역에 대한 군사적 원정을 시작했었다. 아시리아 문서에도 침략 당한 국가들의 문서에도 왜 아시리아인들이 인력과 자원을 소진해가며 해마다 엄청난 규모의 원정을 감행했는지는 설명하지 않는다. 아시리아 왕들은 앗수르 신의 명령을 따라 그리했다고만 이야기한다. 학자들은 아시리아가 왜 그런 군사 원정을 감행했는지에 여전히 난감해 한다. 그들은 이념적, 경제적 군사적 요인들을 이유로 제시한다(토론 12.1 참조). 그런 확장 정책에 대한 이유들은 국가의 성격이 진화하면서 변화했을 가능성이 크다. 첫 번째 발전 단계는 아람인과 같은 민족들을 제어하고 북시리아의 농산물을 이용하기 위한 교두보를 얻기 위해 제2천년기 시절의 영토를 수복하는 것이었다. 이렇게 유프라테스강 지역을 아시리아의 영토에 편입시키자 정복 전쟁에서 생긴 이익으로 호화 생활을 유지하던 아시리아의 엘리트들은 서쪽 시리아의 부에 눈독을 들인다. 당시 시리아는 아시리아에 효과적으로 저항할 만한 통일된 영토 국가가 없었기 때문에 쉬운 정복의 대상이 되었다. 그러나 아시리아는 이 지역을 자신의 영토로 병합할 의도는 없었다. 아시리아에게 시리아는 자원 공급소의 역할로 충분했다. 그래서 시리아의 국가들이 아시리아의 그런 의도에 위협적이지 않다면 아시리아는 그들의 독립을 용인하였다.

아시리아의 공식 기록(문서와 그림)에는 종종 아시리아 왕이 다른 국가들을 전쟁이나, 협박으로 굴복시키고 그들에게 조공을 받는 것으로 그려진다. 외부의 전 세계가 그의 필요를 공급하였다. 해외에서 들어오는 조공들로 왕은 거대한 건축 사업과 같은 일을 통해 자신의 엄청난 부를 과시할 수 있었다. 주변국에서 자원을 축출해 사용하는 이 시스템이 9세기에는 작동했을지 모르나 그후 중앙 권력이 약해지면서 곧 기능을 멈추었다. 아시리아는 이제 다른 시스템을 개발해야 했다. 그래서 나온 것이 체계적인 팽창 정책이다. 아시리아 제국의 제2국면의 특징은 바로 이 영토 확장에 있다.

토론 12.1 왜 아시리아인들은 제국을 탄생시켰는가?

아시리아 제국이 1천년대 고대 근동의 출판된 모든 역사를 지배한다는 사실에도 불구하고, 학자들은 그 제국주의의 이유에 대하여 그렇게 관심을 두지 않았다. 그들은 매우 자세하게 그리고 정확하게 아시리아의 군사적 업적과 관련하여 많은 페이지를 저술하였지만, 왜 이 제국이 탄생되었는지 그리고 그렇게 함으로써 무엇이 이루어졌는지 설명하는 부분에 이르러서는, 학자들은 점점 덜 분명했다. 종종, 그들은 이 주제를 전혀 논의하지 않는다. 이러한 과묵에 대한 이유는 아마도 초기의 표면적 논의가 나치주의에 의하여 사상적으로 고무되어 그 질문을 불쾌한 것으로 만들었기 때문일 것이다.

1937년도에 매우 유명한 고대 메소포타미아 학자 볼프람 폰 조덴은 아시리아인들 가운데 아리안족들의 전투의 환희를 확인하였는데 그들은 인도-유럽어족 미타니와의 접촉을 통하여 들어온 북방 혈통이다(von Soden 1937). 그러한 인종 이론들이 지금은 완전히 거절되었다.

좀 더 최근 학자들은 왜 아시리아가 제국을 탄생시켰는지 설명하고자 시도할 때, 그들은 내부 요소들과 우리가 가진 증거를 지배하는 왕의 개별성 등 아시리아 사회의 왕들에 집중하는 경향이 있다. 몇 학자들은 아수르나시르팔 2세가 시리아와 페니키아의 통치자들에게서 보았던 부에 대한 질투와 과대망상증을 비난하였다(Garelli et al. 2002:218). 다른 이들은 왕정 이데올로기가 왕이 매년 원정을 하도록 요구했고 결과로 그는 혼란스러운 주변 지역에 질서를 가져다주어야 함을 요구하였다고 주장한다(Grayson 1982: 280; Cancik-Kirschbaum 2003: 121-2; Liverani 2014: 509-11). 때때로, 종교가 원인력으로 보인다. 아수르 신이 왕이었고 현세의 왕은 국가를 확장시켜야 하는 신적 명령을 따라야만 했다(Garelli 1980: 33-4; Saggs 1984: 265-6; Fales 2010). 1956년 소비에트가 헝가리를 침공한 원인에 대한 연구는 전혀 인종적인 원인을 찾아볼 수 없었다. 아시리아인들은 과업도, 이데올로기도 없었다. 그들은 자기 보존에 의해 고무되었을 것이지만, 제국 확장은 그들에게 자명한 것이었다(Kraus 1957-8).

우리의 관심을 왕의 개별성에서 아시리아 전체로 옮길 때 안전의 문제에 대한 설명으로 안내된다. 우선 제국의 건축은 아시리아 서쪽 경계를 위협하는 아람인들에 대항한 방어 행위이다(Garelli et al. 2002: 229; Joanne`s 2004: 25). 그 위협은 군사적인 행동을 반드시 필요로 하는 것은 아니었지만, 경제적 관심 또한 작용하였다. 새롭게 정착한 사람들은 원재료 자원에 대한 아시리아의 접근을 위협하였고(Labat 1967: 16), 아시리아인들은 자원 그 자체를 확보함으로써 반응하였다(Yoffee 1988: 57). 경제적 원인을 자세히 조사한 한 학자는 상업적 관심이 제국의 방어보다 좀 더 총괄적인 설명을 제공한다고 주장하였다. 메소포타미아는 많은 필수 자연 자원-나무, 금속, 돌과 같은 기본 생산품과 사치품목들 모두 부족하고 그것이 주요 무역 통로에 위치하고 있기 때문에, 메소포타미아인들은 이러한 교통 통로들을 지배할 필요가 있었고 제국 건설을 통하여 그것을 확보할 수 있었다. 그는 이 점이 아시리아 제국뿐만 아니라 이전의 고대 아카드, 우르 제3왕조, 고대 바빌로니아, 중기 아시리아 제국, 이후의 신 바빌로니아 제국 등 메소포타미아인들의 확장주의의 모든 사건들에 대한 적합한 설명이라고 간주하였다(Larsen 1979). 그러나 이 설명은 신아시리아 제국의 특성을 손상시킨다.

최근 다른 연구분야에서 형성된 제국 이론들에 의존하는 좀 더 미묘한 차이가 있는 설명들이 등장하기 시작하였고, 학자들은 우리가 비교 접근을 해야 한다고 주장하고 있다(Garfinkle 2007; Cline and Graham 2011: 42-52). 우리는 아마도 그 질문을 좀 더 역사화해야 하고 시간을 두고 다양한 태도를 보아야 할 것이다. 제국이 발전함에 따라 고위층과 경제가 그들의 필요를 변화시키는 곳인 아시리아 중심지와, 발전하는 요구와 함께 침략자들을 상대해야 하는 주변 지역 모두에서 변화가 있었다. 상호 작용하는 어떤 지역도 시간이 흐르면서 동일한 상태로 머물러 있지 않았다.

아시리아인들의 압력은 독립된 집단으로 하여금 대응 세력에 합세하도록 하였고 조공에 대한 요구는 반항을 일으키는 등의 일들을 일으켰다. 반항은 아시리아의 반응을 불러일으켰다. 이와 동시에 아시리아내에서 고위층들은 그들의 활동을 위하여 제국에 의존하였고 경제는 외국 재산을 필요로 하였다. 제국은 약 250년 지속하였고 그것의 목적과 그것의 행동에 대한 이유는 전 기간동안 동일하게 남아 있었다. 우리는 역동적인 설명을 찾을 필요가 있다.

아시리아의 세계 정복

3000   2500   2000   1500   1000   500

745년부터 612년의 아시리아는 군사적 영향을 이집트를 포함한 고대 근동 전체로 확대하였다. 모든 라이벌 제국들의 반대를 제거하고 더 많은 영토를 아시리아의 집적 통치의 범위 아래 통합시켰다. 이 시기는 아시리아 역사에서 진정한 제국의 시기로 간주될 수 있다. 이 시기의 아시리아는 서부 이란에서 지중해 지역까지 그리고 남부 아나톨리아로부터 이집트에 이르는 제국(영토 국가)을 건설하였다. 이전처럼 아시리아의 왕은 제국의 내정과 군사적 성공에 매우 중요한 역할을 했고 왕위를 차례로 차지한 여섯 명의 사람들은 모두 강하고 유능한 군주들이었다(부록 왕명록 참조). 그러나 잘못된 제국 운영으로 인한 갈등과 불안이 제국을 밑에서부터 흔들었다. 비록 그 여섯 명의 왕들이 모든 한 가문에 속했지만 합법적인 왕위 계승자는 아니었기 때문에 종종 왕권을 세우는 데 어려움을 겪었다. 이런 아시리아의 약점은 왜 앗수르바니팔 이후 왕들이 국가에 대한 통치권을 확립하지 못하고 아시리아 제국이 그렇게 갑자기 붕괴되었는지를 설명한다.

1. 제국 기틀의 확립

8세기 초반에 아시리아는 해외 원정의 능력을 상실했고 내부적으로는 왕이 행사할 권력이 지방 관료들에게 찬탈당했다. 지방 총독들은 왕에게 형식적인 충성을 서약했지만 상당한 자율성을 가지고 행동할 수 있었다. 이 당시 아시리아가 겪은 내우(internal weakness)의 범위에 대한 학자들의 의견이 다양하다. 어떤 학자들은 지방 관료들이 거의 독립 왕처럼 기능했다고 보는 반면, 다른 학자들은 총독들이 아시리아 국가 구조에 잘 통합되어 그들은 국왕과 잘 협력하며 활동했다고 간주한다. 그러면 비문에서 주장한 그들의 독립은 지방 내부 용 수사에 불과하고 실제로 왕에게는 여전히 충복이었다는 말이 된다. 아시리아 내부의 상황이 어떠했든지 8세기 초의 아시리아 왕들은 그다지 강력한 군사 지도자들이 아니었고, 주변국에 대한 영향도 9세기보다 훨씬 줄어들었다.

더욱이 우랄투는 시리아 북구에 영향력을 확대하였고 이로써 아시리아의 지중해 무역로가 위협받게 된다. 마지막으로 762년부터 759년 사이에 고대 수도 앗수르를 포함한 많은 도시들이 왕의 권력에 반기를 들었다.

이런 상황은 티글라스-필레저 3세(재위 744-727년)때부터 역전되었다. 그와 그의 후계자 사르곤 2세(재위 721-705년, 그림 13.1)는 아시리아를 내부적으로 재정비하고 거의 해마다 해외 원정을 시도하였다. 그리고 해외의 영토를 아시리

그림 13.1 사르곤 2세 왕과 한 관원을 묘사하는 두르-샤루킨의 부조. 아시리아 말기 시기의 부조 조각은 이전보다 더 기념비적이 된다. 특별히 사르곤 2세가 두르-샤루킨에서 행한 작업은 크기 면에서 거대하였고, 정교한 장면을 포함할 수 있다. 여기에 보인 것은 오른쪽의 왕이 그의 관원 중 한 명과 함께 한 모습을 묘사한 것이다. 루브르 박물관, 파리, AO 19873-19874. 석회암, 높이 330cm. 출판 허가: akg images/Album/P

아에 편입하기 시작하였다. 내부 재정비의 초점은 지방 관료들의 권력을 제한하는 것에 맞추어졌다. 강력한 총독을 가진 전통의 지방들이 여러 개의 소규모 지방으로 교체되었다. 이렇게 해서 지방의 수가 12개에서 25개로 늘어났다. 마찬가지로 가장 중요한 군사와 행정직들이 한 사람이 아니라 두 사람에게 주어짐으로써 그 관료들의 권력을 제한하였다. 예를 들어, 한 명의 총사령관(turtanu) 대신 두 명이 총사령관직을 공유하게 되었다. 그들은 각각 '좌총사령관'과 '우총사령관'으로 불리게 된다. 종종 환관들이 고위직에 임명되어 아버지에서 아들로 관직이 세습되는 데서 오는 폐해를 줄였다. '앗수르의 땅'은 이렇게 관료들의 힘을 제한하고 왕의 지배력을 증가시키는 방향으로 재정비되었다.

이와 동시에 티글라스-필레저 3세는 중세 아시리아 시대 이래 유지된 국경을 훨씬 넘어 영토를 확장하는 정책을 시작했다. 그는 이를 위해 군대를 재정비했던 것 같다. 아시리아 국민의 의무병제를 정복 국민을 보병으로 이용하고 아시리아인들을 기병과 전차병의 핵심 전력으로 사용하는 직업 상비군제로 전환하였다. 티글라스-필레저 3세는 9세기 선왕들처럼 유프라테스강을 건넜으나 그 강 건너 지역에 대한 정책은 근본적으로 변화했다. 지방 왕조를 강압하여 조공을 받아내는 것 대신 그들의 존재 자체를 점차 말살했으며 그 영토를 제국의 한 지방으로 통합시켰다. 이 정책은 아시리아의 처음 의도는 아니었을지 모르나 지방 민족들의 저항 때문에 어쩔 수 없이 실행된 측면이 있다.

아시리아에게 이상적인 것은 전통적인 국경 너머의 지역을 직접 다스리지 않는 것이었다. 아시리아가 원한 것은 조공을 수령하고 정치적 복종을 얻어내는 것이었다. 토착 왕들은 아시리아의 요구에 순종하면 계속해 왕위를 유지할 수 있었다. 아시리아가 서부 국가들에 대해 실시한 세 가지 정치적 단계가 있는데 이들은 제국으로 완전히 통합되는 과정을 반영한다.

첫째, 토착 왕들이 해마다 조공을 가져옴으로써 왕위를 유지하는 속국들이 있고

둘째, 아시리아가 제국에 충성할 수 있는 토착인으로 꼭두각시 왕을 세운 괴뢰국(puppet state)이 있고

셋째, 아시리아가 파견 총독을 통해 직접 통치하는 합병 단계가 있다. 불순종이나 반란이 있다면 다음 단계로 넘어간다.

아시리아는 기존의 정치적 단계가 원하는 효과를 가져오지 않을 때에만 자주권을 제한했다. 합병은 그것이 지방에 대한 가장 효과적인 통제를 가져다주고 주변국들과 직접적인 대립을 최소화한다고 판단될 때 전략적으로 행해졌다. 예를 들어, 티글라스-필레저 3세는 지중해 해안에 위치한 나라들을 다 합병하면서 남진하였으나 블레셋 지방은 독립국으로 남겨두었다. 이미 지중해 해안국들을 합병했기 때문에 지중해로 통하는 항구를 확보했고 남북을 관통하는 무역로도 확보했으므로 굳이 블레셋을 합병하여 이집트와 직접 국경을 맞댈 필요가 없었던 것이다. 나중에 티글라스-필레저는 반란한 시리아-

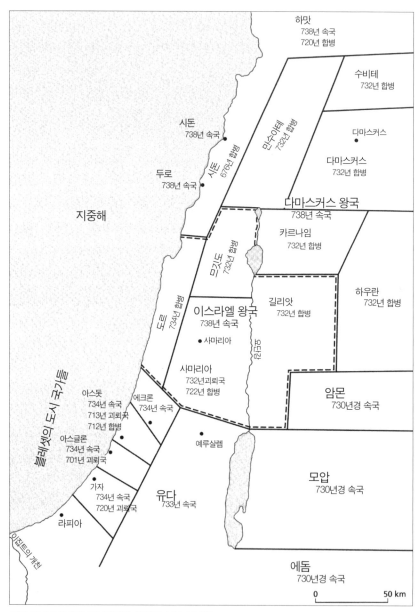

하맛
738년 속국
720년 합병

수비테
732년 합병

시돈
738년 속국

다마스커스

다마스커스
732년 합병

두로
738년 속국

만수아테
732년 합병

시돈
676년 합병

지중해

다마스커스 왕국
738년 속국

카르나임
732년 합병

무깃두
732년 합병

하우란
732년 합병

두로
734년 합병

이스라엘 왕국
738년 속국

길리앗
732년 합병

● 사마리아

사마리아
732년괴뢰국
722년 합병

요르단강

암몬
730년경 속국

아스돗
734년 속국
713년 괴뢰국
712년 합병

에크론
734년 속국

아스글론
734년 속국
701년 괴뢰국

● 예루살렘

블레셋의 도시국가들

가자
734년 속국
720년 괴뢰국

유다
733년 속국

모압
730년경 속국

라피아

이집트의 개천

에돔
730년경 속국

0   50 km

지도 13.1 8세기에 아시리아에 합병된 서부 국가들

출처: Benedikt Otzen, "Israel under the Assyrians," in M. T. Larsen, ed., *Power and Propaganda*(Mesopo-
tamia 7, Copenhagen: Akademisk Forlag, 1979), 252

팔레스타인의 내륙국들을 병합하지만 전체 지역이 제국의 일부로 완전히 통합된 적은 한번도 없다(지도 13.1 참조).

이스라엘의 역사는 이 정책이 어떻게 운영되었는지를 보여주는 좋은 예이다. 그것은 백성들의 반응 태도에 따른 아시리아 지배의 다양한 단계들을 보여준다. 성경 서술은 비(非) 아시리아 관점을 볼 수 있게 해준다. 반면 아시리아의 연대기는 그 제국의 관점에서 역사를 서술한 것이다. 티글라스-필레저의 통치 초기 이스라엘의 왕 므나헴(Menahem)은 자발적으로 조공을 납부하여 왕위를 유지하였다. 그가 죽자 그의 아들 브가히야(Pecahiah)는 즉위하자마자 거의 바로 735년에 무거운 조공에 분개한 반-아시리아주의자 베가(Pekah, 그는 다마스커스와 일반 백성에 의해 지지받았다)에 의해 암살되었다.

734년에 티글라스-필레저 3세는 시리아 해안 지역에 원정 와서 그 지역을 제국의 일부로 병합하였다. 732년에는 반-아시리아 운동의 본거지인 다마스커스로 진군하여 제국의 일부로 편입시켰다. 동시에 이스라엘의 북부도 아시리아의 영토가 되었다. 티글라스-필레저 3세는 이스라엘 사람들이 자신의 군대가 가까이 오자 베가를 전복시키고 친-아시리아 왕인 호세아를 세웠다고 주장한다. 티글라스-필레저가 죽은 후에도 호세아는 처음에 아시리아에게 지속적으로 충성하였으나 후에 시리아 지역 전체의 반란에 동참하여 조공 납부를 중단하였다. 이것은 살마네저 5세(재위 726-722)의 군사적 침입을 초래했다. 그는 이스라엘 수도를 3년간 포위하여 함락하였다. 그러나 살마네저는 이 전쟁 후에 곧 죽고 그의 아들 사르곤 2세가 이스라엘 수도 정복의 업적을 취한다. 그는 북이스라엘의 영토를 사마리아로 부르고 아시리아의 영토로 편입한다.

이 전쟁이 이스라엘에게 미친 영향 매우 컸다. 아시리아인들은 상당한 수의 이스라엘 백성을 유배보냈다. 사르곤에 따르면 27,290명이 유배되었다. 그들은 북동 시리아와 서부 이란에 정착하게 되었다. 사마리아 지역은 제국의 다른 지역에서 유배되어 온 사람들에 의해 채워짐으로써 아시리아에 대해 좀 더 유화적인 다양한 인구층을 가지게 된다. 이스라엘의 북쪽 지방인 므깃도와 카르나임은 사람이 살지 않게 되었다. 사마리아는 작은 촌락들과 농지들을 형성함으로써 경제적으로 발전되었다. 행정은 아시리아의 필요에 맞도록 재정비되었다. 수도가 몇몇 다른 도시들과 함께 재건되어 총독들이 자리했다. 그들은 아시리아 양식으로 건축된 건물에 거주하였다. 남쪽과 동쪽에서 오는 적들을 대비하여 국경에 요새도 건설하였다. 공식 문서는 이제 아시리아어와 쐐기 문자로 작성되었다.

이스라엘은 시리아-팔레스타인 지역에서 아시리아의 지배가 어떻게 변했는지를 잘 보여준다. 많은 나라들이 마찬가지의 과정을 겪었다. 그러나 아시리아의 정책은 유연했다. 국익에 도움된다면 굳이 나라들을 영토에 편입시키지 않았다. 이스라엘의 남쪽과 동쪽의 유다와 같은 나라들은 영토 감소를 경험했지만 그 지방 왕이나 꼭두각시 왕이 다스리는 형태로 독립을 유지했다. 아시리아가 유다와 일부 민족들에 대해 그렇게 한 이유는 아시리아 제국과 이집트 사이, 아시리아와 아랍 사이에 완충 지역을 창조하여 그들과 무역을 할 수 있게 되기 위함이었다.

페니키아 도시들도 마찬가지로 자체적 정치 조직을 유지하였는데 그것은 그들의 무역이 아시리아에게 중요했기 때문이다. 그 도시들은 아시리아의 영토에 편입되지 않는 것이 아시리아에게 최고의 경제적 이익을 가져다 주었기 때문이다. 블레셋 지역에서는 아시리아의 영향으로 가내에서 제작되던 기름이 중앙 통제적 제도에 의해 생산되었다. 이것은 아시리아의 수요에 맞추기 위한 조치였다.

이상에서 보는 바와 같이 아시리아 제국은 영토를 늘리려는 욕심에 이끌리지 않았다. 제국 제도는 아시리아 본토를 위한 자원 획득을 최대화하는 목적을 이루기 위한 수단이었다. 지금까지 묘사된 정책은 아시리아 국경 주변의 소규모의 나라들과 관계할 때의 이상적인 형태다. 남부 아나톨리아에서 팔레스타인에 이르는 지역 그리고 아시리아 동쪽의 산악 지역에 이 정책이 적용되었다. 그러나 강대국에 대해서는 다른 정책을 폈고 지금부터는 그것에 대해 논의할 것이다.

2. 강대국들을 제압

아시리아는 많은 강대국들과 국경을 마주했다. 남쪽의 바빌로니아, 남동쪽의 엘람, 북쪽의 우랄투, 시리아-팔레스타인 지역의 이집트와 국경을 맞대고 있었다. 그들은 너무 크고 강해서 아시리아가 완전히 제압할 수 없었다. 바빌로니아의 경우에는 특별한 이유로 아시리아 제국에 완전히 흡수되지 못했다. 티글라스-필레저 3세부터 앗수르바니팔까지의 왕들은 모두 이 강대국들을 잘 관리해야 했으며 그들을 유연성 있는 정책으로 다루었다.

어떻게 바빌로니아를 제어할 수 있는가는 아시리아인들이 한 번도 해결하지 못한 문제다. 그들을 합병하는 것은 무척 꺼렸다. 추측건대 바빌로니아가 근본적으로 아시리아의 문화와 종교에 영향을 주었다는 인식은 바빌로니아에 대한 존경으로 이어졌고 다른 지방과 똑같은 방식으로 다룰 수는 없었다. 더욱이 바빌로니아는 균일한 지역이 아니었다. 문화 정치적 전통들을 보존한 고대 도시들이 부족 그룹이 정착한 시골 지역으로 둘러싸여 있었다. 그 지방의 최남단은 전통적인 군사 기술이 통하지 않는 늪이었기 때문에 통제가 불가능하였다. 이 늪지대에 갈대아인들이 피신해 바빌론의 왕위를 놓고 아시리아인들과 경쟁하였다(그림 13.2).

아시리아의 마지막 여섯 왕의 통치 동안 바빌론에서는 20번의 정권교체가 있었다. 바빌론의 왕들은 다음의 다섯 그룹 중 하나에 속한다.

1. 아시리아 왕 자신
2. 아시리아 왕의 가족
3. 아시리아가 왕위에 세운 바빌로니아인
4. 아시리아에 독립적인 바빌로니아인
5. 반-아시리아 성향의 갈대아인

수많은 정권교체는 아시리아가 바빌론을 제어할 효과적인 방법을 찾지 못했고 지역의 반대가 매우 강했음을 보여준다. 지역의 반-아시리아 운동은 종

그림 13.2 남쪽 습지지대에 있는 난민들을 보여주는 니느웨 아시리아인들의 표현. 아시리아 궁전 벽 부조는 외국 영토의 환경에 대하여 매우 세심하게 묘사한다. 바빌로니아 남쪽 습지지대는 정규적인 원정이 불가능하기 때문에 아시리아 군대에 도전하였다. 여기에 표현된 것은 그 지대들을 숨는 장소로 보여주며, 그 군대들을 비현실적으로 안전한 지상에서 행하였던 것과 같은 전술을 사용하면서 작은 배에서 싸우는 모습으로 묘사하고 있다. 대영 박물관, 런던 124774, b, 석고, 높이 약 120cm; 너비 약 150cm. 출판 허가: Werner Forman Archive.

종 엘람 왕의 지원을 받았다(엘람 왕은 아마 용병처럼 돈을 받고 도왔을 것이다).

바빌로니아 문제에 대한 괴로움과 바빌로니아를 제어하려는 다양한 노력들은 704년에서 681년까지 아시리아를 다스린 산헤립 때에 자세히 기록되었다. 그 세월 동안 바빌론의 왕이 일곱 번이나 교체되었다. 산헤립이 아시리아의 왕위에 올랐을 때 그는 세 명의 가장 최근의 선왕들이 했던 것처럼 그 자신이 바빌로니아의 왕이 되었다. 이로써 그는 아시리아와 바빌로니아를 동시에 다스렸다. 그러나 2년 후 그는 바빌로니아의 왕권을 바빌로니아인 마르둑-

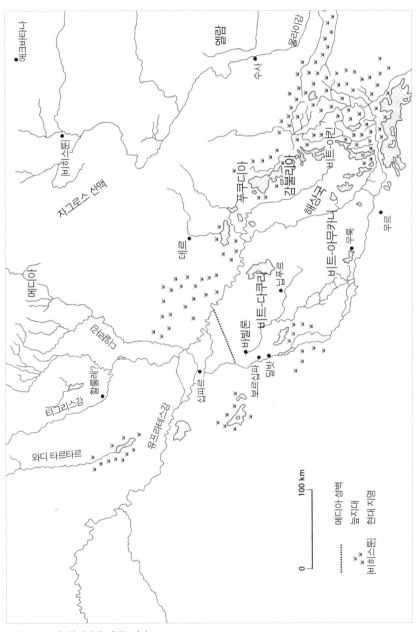

지도 13.2 제1천년기의 바빌로니아

자키르-슈미 2세에게 빼앗겼고, 그도 불과 몇 주 후에 반-아시리아주의자였던 마르둑-아플라-이디나 2세에 의해 전복되었다. 704년 산헤립은 자신의 첫 번째 공식 원정을 남쪽의 재정복으로 선택했다. 그는 마르둑-아플라-이디나를 늪지로 내몰고 새로운 바빌로니아인을 왕위에 앉혔다. 이것은 도시 주민들의 지지를 얻으려고 계산된 행동인 것 같다. 이때 왕위에 오른 벨-이브니(Bel-ibni)는 산헤립의 궁정에서 '어린 강아지같이' 자란 것으로 묘사된다. 따라서 그의 충성심은 대단했던 것 같다. 이렇게 바빌로니아는 괴뢰 왕국으로 전락하게 된다. 벨-이브니는 곧 아시리아 총독들의 도움으로 남쪽에서 갈대아의 위협을 극복한다. 700년 산헤립은 마르둑-아플라-이디나를 응징하기 위해 마지막으로 남쪽 원정을 감행하는데 이때 그는 벨-이브니를 폐위시키고 자신의 장남인 앗수르-나딘-슈미(Assur-nadin-shumi)를 왕으로 세운다. 6년 후 바빌로니아인들은 지역을 침략한 엘람 군대의 도움을 받아 산헤립의 아들을 생포하고 그를 엘람 왕에게 넘겨주었다. 그는 그때 영원히 사라지게 되었다. 그후 새로운 바빌로니아인이 왕이 되었지만 그도 곧 산헤립에 의해 제거된다.

그러나 산헤립은 바빌론을 손에 넣지는 못한다. 그러자 바빌론의 왕위는 갈대아 지도자 무세집-마르둑(Mushezib-Marduk)이 차지했고 그는 갈대아인, 아람인, 바빌로니아인, 엘람인을 포함하여 거대 반-아시리아 연합을 형성하였다. 특히 엘람인들의 도움은 신전 보물들을 대가로 산 것이다. 691년 무세집-마르둑은 산헤립과 본격적으로 맞붙었다. 아시리아 국경 할룰레 근처에서 벌어진 그 전쟁은 무승부였을 가능성이 많다. 다음해 산헤립은 15개월 동안 바빌론을 포위하였다. 그리고 그가 689년 키슬리무(11-12월) 첫째날에 바빌론을 함락했을 때 그에게 고통을 준 것에 대해 복수하였다. 그의 비문에는 신전과 건물들이 어떻게 파괴되었고 보물을 어떻게 노략했으며 사람들을 어디로 유배했는지 자세하게 적혀 있다. 그는 다음과 같이 결론을 내렸다.

"앞으로 그 도시의 유적과 사원이 복원 불가할 정도로 나는 그것을 물로 완전히 수장하여서 수몰된 땅으로 만들어 버렸다."[1]

---

1   Daniel David Luckenbill, *The Annals of Sennacherib*(Chicago,1924), 834.

모든 다른 가능성을 소진한 후 산혜립은 바빌로니아를 혼란 가운데 내버려 두었다. 이때는 주목할 만한 사건이 거의 없고 아주 적은 기록에 산혜립의 이름과 그의 죽은 아들이자 왕인 앗수르-나딘-슈미의 이름이 보존되었다.

바빌로니아는 이런 혼란의 상태로 오래 있기에는 너무 중요했기 때문에 산혜립의 후계자인 에사르하돈은 곧 바빌로니아의 재건을 시작하였다. 바빌론은 재건되었고 에사르하돈(Esarhaddon)은 공식 문서에서 자신을 아시리아와 바빌로니아를 통일한 왕으로 묘사하려고 노력하였다. 그러나 당시 바빌로니아와 아시리아가 통일되었다는 생각이 자연스러웠을 것으로 보이지는 않는다. 에사르하돈은 자신이 죽기 전 자신의 두 아들을 두 왕국의 왕으로 지목하였다. 동생인 앗수르바니팔은 아시리아 왕국을 다스리고 형인 샤마쉬-슈마-우킨(Shamash-shuma-ukin)은 바빌로니아를 물려받았다. 동생이 정치적 패권을 가지고 있었다. 그는 형을 최고의 속국 왕으로 간주하였다. 652년에 샤마쉬-슈마- 우킨은 갈대아인, 아람인, 엘람인들과 힘을 합하여 아시리아에 반란하였다. 아시리아에 대한 저항 운동은 성공하였고 앗수르바니팔은 4년 동안의 군사 원정을 통해서야 바빌론을 함락할 수 있었다. 칸달라누(kandalanu)가 앗수르바니팔과 같은 해인 627년에 죽었기 때문에 종종 아시리아 왕의 바빌로니아 보좌명이었다고 생각된다.

그러나 이것에 대한 아무런 증거도 없다. 이당시 바빌로니아와 아시리아 왕은 두 사람이었다고 간주하는 것이 가장 좋다. 전자는 아시리아 왕이 조종하는 꼭두각시였을 것이다. 바빌로니아가 아시리아에 가까웠고 아시리아가 온갖 노력을 다해 바빌로니아를 다스리려 하였지만 바빌로니아는 아시리아 제국에 한 번도 완전히 통합된 적이 없다. 아시리아는 바빌로니아의 문화와 종교에 대한 존중심 때문에 바빌로니아를 특별대우하였다. 그러나 또한 잊지 말아야 할 것은 바빌로니아의 근성과 저항운동이다. 바빌로니아에게 보여주었던 존중은 우랄투나 엘람에게는 보이지 않았다. 이들은 아시리아의 삶을 어렵게하는 혐오스런 원수들이었다. 그 둘다 잦은 대규모 군사 원정의 대상들이었다(11장 참조). 그 결과 그들의 위협은 줄어들었으나 그들을 완전히 없애지는 못했다. 사르곤 2세는 714년에 우랄투를 공격했다. 앗수르바니팔은 647년에 자신의 형제의 반란을 지지한 엘람의 수도인 수사를 약탈했다. 이렇게 약해진 우랄투와 엘람은 나중에 메디아와 페르시아에게 흡수되었다.

아시리아의 강한 이웃 나라들 중 마지막으로 다룰 나라는 이집트이다. 이집트는 9세기부터 계속 시리아-팔레스타인의 반란을 지지하였다. 그러나 거리가 너무 멀고 주변 지역에 대한 패권도 확립되지 못했던 제국의 초기에는 이집트를 침공하는 것이 불가능하였다. 그러나 이집트는 엄청난 부 때문에 자주 공격대상이 되었다. 8세기 중반 수단에서 올라온 누비아인들(Nubians)이 이집트를 정복했을 때 금광에 대한 사용권을 획득했다. 이때 누비아인들의 지배는 간접적이었을 것이며, 이집트인들이 행정을 담당하였다. 이집트를 정복하려는 생각은 에사르하돈에게 늘 있었다. 그래서 속국 제도를 통해 남부 팔레스타인 지역에 대한 통치를 확고히 한 후 그 아시리아 왕은 이집트를 침략했다. 그는 노년에 세 번의 군사 원정을 통해 누비아의 타하르카(Taharqa)를 축출하고 북쪽 수도 멤피스를 정복하였다. 아시리아는 누비아 왕자를 생포하고 엄청난 양의 전리품들을 획득하였다. 이때 얻은 전리품은 바빌론의 재건에도 사용되었다. 그리고 이집트 지역에 대한 영향을 유지하기 위해 에사르하돈은 나일 델타 지역의 많은 왕들을 속국 왕으로 만들었다.

그러나 아시리아의 지배는 약했다. 에사르하돈이 죽었을 때 누비아의 타하르카는 다시 이집트 전체에 대한 권력을 잡았다. 앗수르바니팔이 보낸 아시리아 군대는 성공적으로 이집트를 침공했으나 델타 지역의 속국들의 반란으로 더 이상 남진할 수 없었다. 그때 앗수르바니팔은 유다, 에돔, 모압과 같은 시리아-팔레스타인의 속국들의 군대와 나일강을 항해할 수 있는 페니키아와 키프로스의 해군의 도움을 받아 그 반란군들을 제압하였다. 네코(Necho)를 제외한 반란 속국들에게 모두 반란에 대한 응분의 벌을 주었다. 그러나 네코는 다시 왕위에 복귀하고 특별한 영예를 부여받았다(문서 13.1 참조).

아시리아 군대가 떠났을 때 새 누비아 왕인 탄타마니(Tantamani)가 돌아왔다. 탄타마니를 공격하기 위해 앗수르바니팔은 664년과 663년에 마지막 대규모의 군사 작전을 감행했다. 이때 그는 이집트 중부의 수도인 테베를 점령하고 엄청난 양의 전리품을 획득했다. 이로써 이집트에 대한 누비아의 영향은 종결되었다. 그러나 아시리아 영향 아래의 속국 제도는 단명했다. 656년 네코의 아들인 프삼틱(Psamtik)은 자신을 이집트 전체에 대한 유일한 독립 왕으로 선포하였다(프삼틱은 아시리아에서 유학했으며 이집트의 속국 중 하나의 왕으로 임명받았다). 이 당시 이집트는 두 외국, 즉 아시리아와 누비아 세력의 각축장이었다. 프삼틱의 선포는 마침내 이집트 왕들의 힘이 독립을 이룰 정도로 강해졌음을 시사한다. 아시리아 제국의 말에는 이집트와 아시리아가 협력하여 동쪽에서 오는 위협에 공동으로 대처하였다. 그들은 바빌로니아가 시리아를 정복하는 것을 막았다. 그러나 이 공동노력은 실패하였고 이제 바빌로니아 제국의 목표는 이집트 정복이 된다.

아시리아 주변국들의 끈질긴 저항은 제국의 통치가 언제나 성공적인 것은 아니었고 쉽게 반란에 직면할 수 있었음을 보여준다. 잘 조직된 고대 국가의 세계 밖에 사는 사람들, 예를 들어, 유목민들도 아시리아 제국에 심각한 해를 줄 수 있었다. 예를 들어, 아나톨리아 지역의 스키티아와 키메리아인들은 아시리아가 때로는 무력으로 때로는 외교로 잘 구슬려야 했다. 시리아-팔레스타인 동쪽의 아라비아 사막에서 아시리아인들은 아랍인들과 맞서야 했다. 아랍인들은 쉽게 사막으로 도주하여 아시리아인들이 완전히 통제할 수 없었다. 아시리아 영향권 밖에 있었지만 여전히 아시리아와 교역한 많은 나라들이 있다. 페르시아만에서는 딜문(Dilmun) 왕이 다스렸으나 그의 왕국에 대해 아는 바가 거의 없다. 중앙 아나톨리아에는 그리스 문서에서 잘 알려진 리디아 왕국이 있었다. 리디아 왕국은 아시리아에 사신을 보낸 적도 있고 반-아시리아 연합에 참여한 적도 있었다. 아시리아인들은 이런 나라들을 자신들에게 순종하는 종속 국가라고 표현하지만 그런 주장 이면의 현실은 꼭 그렇지 않을 수도 있다.

문서 13.1 앗수르바니팔과 이집트

664년 이후에 쓰인 앗수르바니팔의 기록

이집트는 아시리아 원정의 가장 먼 목표점이었고, 남쪽의 누비아 왕국이 그 지역을 지배하였던 제국 말기에 와서야 비로소 영역안에 들어오게 되었다. 아수르바니팔은 여기에서 그의 아버지 에살하돈이 그 지역을 공격한 이후 어떻게 누비아 왕 타하르코가 멤피스로 돌아왔는지 그리고 아시리아 봉신국들이 누비아에 붙었는지 보고한다. 667년과 666년, 아수르바니팔은 자신이 직접 군대를 지휘하지 않고 군대를 보내어 멤피스와, 이후 그 지역에서 가장 오래되고 부유하며 종교적 수도인 테베를 재탈환케 하였다. 그 길에서 아시리아인들은 이집트 봉신들(니쿠와 샤루-루-다리)을 사로잡았고 벌을 주고자 니느웨로 보냈다. 그러나 아수르바니팔은 선택의 여지없이 그들 중 하나, 니쿠를 이집트로 보내어 아시리아의 이름으로 통치케 하였다. 얼마되지 않아 니쿠의 아들 프삼텍이 독립적인 이집트의 왕이라고 선포하였다.

경건하지 않은 타르쿠[1]는 이집트와 [ ]를 취하기 위해 나왔다. 그는 나의 주 앗수르의 힘을 잊고 자신의 힘을 의지했다. 내 아버지가 그에게 했던 무서운 일들을 그는 망각했다. 그래서 그는 멤피스로 들어와 시민들을 자기의 편으로 만들었다. 그는 군대를 보내어 내 아버지이자 아시리아의 왕인 에사르하돈이 그곳에 왕으로 세운 나의 종들, 즉 이집트에 있던 아시리아 사람들을 죽이고 파괴하고 약탈했다.

발 빠른 사자가 니느웨로 와서 나에게 이 사실을 알렸다. 나는 이런 행위들에 노하고 분하였다. 나는 총사령관과 총독들을 그들 수하의 부하들과 함께 부르고, 나의 군대를 불러 서둘러 그 왕들, 총독들, 나의 종들을 도울 것을 명령하였다. 그들에게 이집트에 가라고 명령하였다. 그들은 빠르게 진군하여 카르-바니테까지 이르렀다. 구스의[2] 왕인 타르쿠는 나의 군대가 온다는 소식을 멤피스에서 듣고 그의 군대를 일으켜 평야에서 전쟁을 일으켰다. 앗수르, 신, 위대한 신들, 내 곁에 동행하는 나의 주들의 보호 아래 나의 군대는 평야 싸움에서 이겼다. 나의 군대는 타르쿠가 신뢰했던 그 군대를 칼로 도륙하였다.

두려움과 공포가 그에게 엄습했다. 그는 미쳐버렸다. 그래서 그가 신뢰했던 수도 멤피스를 떠나 목숨을 부지하기 위해 배를 탔다. 그는 진영도 이탈하고 홀로 도망하여 니(Niʾ)라는[3] 도시로 도망했다. 그와 그의 전사들이 소유했던 모든 전함은 압수되었다. 전령이 이 행복한 사건들을 나에게 보고했다. 나는 술 맡은 관원장, 강 건너 지역의 총독과 왕, 모든 나의 종, 이집트의 왕들, 나의 종을 그의 군사와 군함들과 함께 보냄으로써 나의 강한 군대를 보강하고 이집트와 구스로부터 타르쿠를 쫓아내도록 하였다. 구스의 왕 타르쿠의 요새인 니로 그들은 한 달 열흘 동안 진군하였다. 타르쿠가 내 군대의 접근 소식을 들었을 때 그는 자신의 요새 니를 떠나나일강을 건너 강 다른 편에 진영을 구축하였다.

내 아버지가 이집트에 세운 왕들인 니쿠[4], 샤루-루-다리, 파크루루는 앗수르, 위대한 신들, 나의 주들의 맹세를 범하고 그들의 말씀을 어겼다. 그들은 내 아버지가 그들에게 한 선행을 잊고 그들의 마음에 악을 계획하였다. 그들은 틀린 말을 하고 서로에게 비생산적으로 조언하였다.

'그들이 타르쿠를 이집트에서 축출하면 우리는 어디에 머물게 되는가?'

그들은 사신을 보내어 평화 맹세를 한다.

'우리는 평화를 세우고 사이좋게 지내기를 원합니다.'

그들은 반복적으로 나의 통치의 힘인 아시리아 군대에 대해 악을 계획했다. 그들의 생명을 빼앗으려고 계획하고 전대미문의 악행을 하려 하였다. 나의 관료들이 이것을 듣고 그들에게 재치있게 보복했다. 전갈을 가지고 가는 그들의 전령을 잡아 그들이 반역의 일을 하고 있음을 확인했다. 그리고 샤루-루-다리와 니쿠를 체포하여 그들의 손과 발에 쇠고랑을 채웠다. 신들의 왕, 앗수르의 저주가 그들에게 임했다. 신들의 위대한 맹세를 어기고 죄를 지었다. 내가 선행을 베푼 자들에게 일을 맡겼다. 그들과 연합하여 악을 꾀한 크고 작은 모든 도시의 사람들을 그들의 무기로 도륙하도록 시켰다. 이 도시 안에 단 한 사람도 살려두어서는 안 된다.

그들이 나의 수도 니느웨로 니쿠를 데려왔다. 아시리아의 왕, 마음이 넓고, 선을 추구하는 선행자인 나는 카르-벨-마타티의 통치를 위탁받았으나 죄를 짓고 반역한 니쿠에게 자비를 베풀었다. 나는 전보다 더 엄한 충성 서약을 시켰다. 그리고 그를 격려하고 밝은 옷을 입히고 그에게 왕권의 상징인 금으로 된 호미를 주었다. 그의 손에 금 반지를 끼워주고 철로 된 단검을 금으로 내 이름이 새겨진 칼집과 함께 선물했다. 전차, 말, 당나귀를 주어 돌아가는 데 쓰도록 했다. 그에게 나의 관료와 총독들도 보내어 그를 돕도록 했다. 그를 이제 카르-벨-마타티로 불리는 사이스(Sais)로 돌려보냈다. 그곳에서 내 아버지는 그를 왕으로 세웠다. 나는 그에게 나의 아버지보다 더 큰 은혜를 베풀었다.

---

1 타하르카, 누비아의 왕, 690-664년 동안 이집트를 다스렸다.

2 누비아

번역 출처: Hans-Ulrich Onash, *Die Assyrischen Eroberungen Ägyptens (Ägypten und Altes Testament* 23) (Wiesbaden: Harrassowitz Verlag, 1994), 104-115.

3. 행정과 제국의 이념

아시리아인들이 이룩해 낸 거대한 제국은 크고 원활하게 돌아가는 행정 시스템을 필요로 했다. 직할 영토의 확장으로 '앗수르의 땅'과 '앗수르의 멍에 아래 있는 땅' 사이의 옛 구분이 사라졌다. 그리고 근동 전역에서 아시리아의 직할 통치가 행해졌다. 직할 지역 밖에는 아시리아의 조공 국가와 괴뢰 국가들이 있었다. 그들에 대한 아시리아의 통치는 간접적이었으며 외교적 수단을 통한 것이었다.

많은 직명들이 알려졌지만 아시리아 행정 구조에 대해서 우리는 잘 모른다. 그것의 기본적 특징 중 하나는 관료들 사이에 직임의 구분이 없다는 것이다. 그들은 행정적, 군사적, 종교적 일을 동시에 돌보았다. 예를 들어, 우리가 군사적 의미로 번역한 직위를 가진 사람들이 지방 총독의 역할을 하기도 한다. 일반적으로 아시리아 사회는 왕을 정점으로 하고 일반 대중이 바닥을 형성하는 피라미드 구조로 이해될 수 있다. 많은 관료들이 그 둘 사이를 조정하는 중재자의 역할을 했다. 관료들의 위계 체제는 아직 많은 불확실성으로 가려져 있다. 역사 속의 다른 나라에서처럼 사람들은 직임과 거의 상관없는 직명을 가지기도 했다. 예를 들어, 술 맡은 자(라브 샤케)는 외교 임무를 담당한 고위 관료였다. 그리고 왕을 보좌한 세 명의 관료는 다음과 같다. 투르타누(*turtanu*), 움마누(*ummanu*), 라브 샤 무히 에칼리(*rab sha muhhi ekalli*)에 대한 번역인 총사령관(commander-in-chief), 수석 서기관(cancellor), 집사장(majordomo)은 그들의 직무를 지나치게 제한하는 것 같다. 학자들은 종종 아시리아의 행정 체제를 중세의 동방 제국, 특히 오토만 제국의 그것과 비교한다. 그러나 그런 비교에 근거해 아시리아의 행정 구조를 단정 짓는 것은 조심해야 한다.

왕과 관료의 관계에서 중요했던 것은 개인의 충성심이었다. 직무는 법적인 용어로 정의되지 않았다. 관료들은 그저 왕을 충성스럽게 섬겨야 했고 왕은 그들을 신뢰해야 했다. 왕은 마치 개인 사업 관계에서 하는 것처럼 편지로 세금 같은 것을 요청했다. 마찬가지로 세금 면제도 개인적 호의로서 왕이 부여하는 것이었다. 이런 제도를 위해서는 계약서를 작성하고 보관할 수많은 서기관들이 필요했다. 많은 양의 편지들(약 2,300통)이 니느웨와 칼후에서 발견되었는데, 이것들은 본래 작성된 편지의 극히 일부에 불과할 것이다. 왕에 대한 충성의 댓가로 신민들은 직위를 유지하였다. 직위는 세습되는 것이 아니었기 때문에 왕이 임의로 주기도 하고 빼앗기도 하였다. 아무튼 많은 관료들이 환관이었던 것 같다. 그래서 그들이 죽거나 은퇴하면 직위가 다시 왕에게 귀속된다. 더욱이 관료들은 매우 넓은 토지의 사용권을 받기도 했는데 그 땅은 여전히 왕의 소유였다.

왕에게 충성해야 한다는 이념은 아시리아의 모든 백성과 조공국과 괴뢰국의 왕에게까지 확대되었다. 때때로 국민 전체가 신들 앞에서 왕의 결정을 받아들이겠다는 내용의 맹세를 했다. 적어도 모든 사람이 그런 맹세를 했다고 왕이 기록하고 있다. 예를 들어, 에사르하돈이 자신의 차남인 앗수르바니팔을 후계자로 임명했을 때 모든 백성이 그 결정을 따르겠다는 맹세를 했다. 앗수르바니팔의 기록에 따르면 '에사르하돈이 아시리아의 백성들을 남녀노소나 지역에 상관없이 소집해 그들로 하여금 신들의 이름으로 충성 서약을 하도록 하였다. 그리하여 나의 태자권과 아시리아에 대한 미래의 왕권을 확립하였다.[2] 누구든지 새 왕을 반대하면 그는 자신의 맹세를 어긴 것이고 신의 형벌을 받는다. 이런 충성 서약은 아시리아 왕과 그의 속국 왕들 사이의 관계의 기본도 형성하였다. 속국 왕들은 왕에 대한 특정한 의무를 가졌다. 예를 들어, 그들은 전쟁 시에 왕에게 군대를 제공해야 했다. 그런 의무를 이행하지 않는 것

2 번역 출처: Simo Parpla and Kazuko Watanabe, *Neo-Assyrian Treaties and Loyalty Oaths*(State Archives of Assyria 2) (Helsinki: Helsinki University Press, 1988), p. xxix.

은 신이 증언한 그 협약을 깨는 것을 의미한다.

제국의 중앙 행정은 지방의 직할 제도와 유사했다. 각 직할 지방은 총독(아카드어 샤크누<shaknu>)이 다스렸고 그의 관저는 아시리아에서 왕궁과 같은 격을 가졌다. 총독들은 제국의 행정부에서는 고위 관료들이었고, 군대 사령관의 역할, 술 맡은 자의 역할도 하였다. 그러나 어떻게 그들이 시간을 나누어 중앙의 일과 지방의 일을 할 수 있었는지는 분명하지 않다. 지방들은 제국을 위한 자원을 생산해야 했고 노동력과 군인들을 공급해야 했다. 때때로 블레셋 지역에서 올리브유를 생산하기 위해 가내에서 생산하던 제도를 중앙 생산 제도로 바꾸었던 것처럼 특정 상품을 효과적으로 공급하기 위해 생산 구조가 재조정되는 경우도 있었다. 그러나 보통은 기존의 제도에 의존하였으며 아시리아가 생산에 간섭하지는 않았다. 사람들이 접촉했던 것은 지방 행정관뿐이었다. 마찬가지로 앗수르와 칼후와 같은 본토의 도시들도 시장(아카드어 하잔누<hazannu>)이 다스렸다. 시장의 임무는 왕궁에 고용되지 않은 사람들의 이익을 대표하는 것이었다. 일부 큰 도시들은 한 명 이상의 시장을 두었다. 이것은 아마 그들의 권력이 지나치게 강해지는 것을 방지하기 위함이었던 것 같다. 때때로 도시들이 왕의 권력에 반란한 역사를 보면 쉽게 이해할 수 있다.

행정 관계에서 왕에게 초점이 맞추어진 것은 아시리아의 통치 이념적 기초 때문이다. 앗수르 신의 대리자인 왕은 질서를 대표했다. 그가 다스리면 평화, 안정, 정의가 왔다. 그가 다스리지 않는 곳에는 혼돈이 있었다. 질서를 전 세계에 가져오는 왕의 의무는 군사적 팽창 정책을 정당화하였다. 그 이념은 왕의 비문에 스며들어 있다. 외국의 것은 전부적이며 모든 외국인들은 인간 이하의 동물들이었다. 왕의 다스림 밖에 사는 외국인들에게 흔히 늪에 사는 쥐, 박쥐, 외로움, 혼란함, 겁쟁이 등의 이미지가 적용되었다. 이런 이념은 다양한 수단을 통해 유포되었다.

왕의 비문들은 오늘날까지 현전하여 우리의 귀중한 사료가 되지만 아시리아 시대에는 그 비문을 이해할 수 있는 사람은 거의 없었다. 사람들은 개선 행진과 같은 사건을 통해 그 이념을 익혔다. 또한, 왕의 원정 이야기가 도시에서 낭송되었다는 증거도 있다. 더욱이 새로운 도시 계획과 높은 벽과 성문을 갖춘 새로운 도시들은 시민들과 방문자들에게 안전과 질서의 이념을 불어넣었다. 사르곤 2세가 자신의 수도인 두르-샤루킨(Dur-Sharukin)의 건축을 묘사할 때 그는 창조 서사시에서 마르둑이 우주를 창조하는 것을 연상시키는 문체를 사용했다. 대부분의 사람들은 갈 수 없지만 외국의 높은 사람들이 방문했던 왕궁은 왕을 세계의 주인으로 그리는 벽화 부조로 장식되었다. 동일한 이념을 전달하는 석비와 바위 부조도 제국의 변두리 지역에까지, 심지어 이집트에까지 설치되었다. 당시 아시리아인들은 왕의 군사 원정이 정당한 것이고 모든 이들의 선을 위한 것임을 마음으로 의심하지 않았다.

아시리아의 신들도 제국의 발전으로 유익을 얻었다. 그들의 신전에 조공과 전리품들이 전달되었다. 왕은 앗수르 신의 수석 제사장으로 앗수르 신 숭배를 장려하였다. 다른 신전들도 제의 유지를 위해 국가에 전적으로 의존했을 가능성이 높다. 신전 제물을 지방세의 명목으로 요구하기도 했다. 그러나 아시리아인들이 자신의 종교를 피정복민에게 강요했다는 증거는 없다. 더구나 기존의 종교를 없애가면서 그들의 종교를 강요하지는 않았다. 아시리아인들이 신전의 보물을 약탈한 적은 있다. 그러나 종교 자체를 억압하지는 않았다. 종주 계약을 맺을 때도 아시리아의 신들뿐 아니라 속국의 신들도 증인이 되었다.

4. 아시리아 문화

아시리아의 공식 문서들에는 주로 아시리아의 군사적 위용이 적혀있기 때문에 아시리아에 대한 연구는 군사적 측면에 치중되는 경우가 많다. 그러나 아시리아는 왕의 후원 아래 문학과 학문에 대한 큰 관심도 보였다. 이 점에서 가장 주목할 만한 것은 앗수르바니팔이 수도 니느웨에 설치한 도서관이다. 불행히도 19세기 중엽, 즉 메소포타미아 탐구의 초기 시절에 그 도서관의 발굴이 이루어졌기 때문에 발굴된 토판들이 어디에서 어떻게 발굴되었는지에 대한 기록이 하나도 없다. 또 애석한 것은 토판의 대부분이 런던의 대영 박물관의 쿠윤직(Kuyunjik)이라는 곳에 아시리아와 바빌로니아의 다른 지역에서 발굴된 토판들과 혼합되어 보관되어 있다는 것이다.

앗수르바니팔의 도서관에서 유래한 토판의 양은 어마어마하다. 약 5,000점의 문학 문서와 과학 문서가 아시리아 제국의 일상을 자세히 증거하는 편지와 행정 문서와 더불어 발견되었다. 많은 문학, 과학 문서가 많은 것은 6개의 사본으로 존재하고, 전부 약 1,000-1,200점의 작품들이 보존되었다. 이것들이 당시의 모든 메소포타미아의 학문과 문학의 수준을 정확히 반영하는 것으로 여겨진다. 그후의 왕들도 의식적으로 도서관을 확대하였다. 그러나 그중에서도 앗수르바니팔은 가장 활발히 책을 수집한 왕이다. 648년에 도서관에 수집된 책들에 대한 보고 문서(일부 보존)는 약 2,000점의 토판과 300점의 문서 판(밀납으로 입힌 나무 혹은 상아로 된 쐐기 문자 본문이 새겨져 있는 문서 판)을 나열하고 있다.[3] 이것들은 대개 바빌로니아의 제사장들과 술사들의 개인 도서관에서 구입하거나 압수한 것이다. 그 얼마 전 앗수르바니팔이 바빌론을 점령한 사건으로 책 수집 작업이 용이했을 것이다. 무명의 왕이 바빌로니아의 보르십파에 있는 그의 대리인에게 쓴 니느웨에서 발견된 편지에 따르면 그 대리인은 전문인들의 집과 신전에서 토판들을 가지고 와야 했다. 나는 이미 신전 관리인과 수석 행정관에게 편지를 써서 네가 토판들을 너의 창고에 둘 수 있도록 하였다.

아무도 네가 그 토판을 가지고 가는 것을 막지 않을 것이다. 내가 언급하지 않은 토판을 보거든 내 궁에 도움이 될 것이면 그것도 가지고 가서 내게 보내라.[4]

사본을 수집했을 뿐 아니라 도서관의 표준 양식에 따라 필사하기도 했다(그림 13.3). 쐐기 문자와 토판의 양식이 균일했으며 각 토판의 끝에는 앗수르바니

---

3   F. M. Fales and J. N. Postgate, *Imperial Administrative Records, Part 1 (State Archives of Assyria 7)* (Helsinki: Helsinki University Press, 1992), no. 49.

4   Grant Frame & Andrew George "The Royal Libraries of Nineveh: New Evidence for King Ashurbanipal's Tablet Collecting," *Iraq* 67(2005), 81.

그림 13.3 아수르바니팔의 도서관에서 나온 비문. 이 토판은 시 이쉬타르의 지하세계 여행을 포함하며, 아수르바니팔 도서관에 보존된 비문들의 전형적인 예로 사용될 수 있다. 서기관은 깔끔한 수기로 문서를 복사하였고 그것을 완수한 이후 수평선을 그린다음 그 아래에 "우주의 왕, 아시리아의 왕, 아수르바니팔의 궁전에 속한"이라고 썼다. 대영 박물관, 런던, K.162. 진흙; 길이 16.82cm; 너비 8.57cm; 두께 2.85cm. 출판 허가: © The Trustees of the British Museum.

팔 도서 관에 속한다는 확인 표시가 있었다. 이렇게 아래에 적은 문자(subscript) 혹은 간기(colophone)는 '우주의 왕, 아시리아의 왕 앗수르바니팔 도서관'이라는 간단 한 인장을 찍은 것일 때도 있지만 종종 '위의 본문은 원판에서 주의 깊게 필사 되었으며 필사본은 감수와 검토를 거쳤다'는 다소 긴 해설을 가질 수도 있었다. 실제로 서기관은 매우 꼼꼼하게 작업하였다. 그들은 원문에 훼손된 본문을 발견하면 본문을 복원한 후 그렇게 한 사실을 표기하였다. 또한, 필사하면서 원문의 오류를 고치고, 드물지만 그들이 다른 대본에서 발견한 상이 본문 들도 표시하였다.

도서관의 목적은 간기(즉 토판의 보존 장소나 토판의 성격에 대한 정보를 주는 것으로 토판의 맨 끝에 위치한 설명)에 표기된다. 점 치는 자나 축사하는 사람들이 사용할 수 있는 공인본을 제공하기 위해 도서관에 문서를 보존하였다. 많은 사본들이 징조 본문을 포함했다. 이 경우 정확한 본문이 기록되는 것이 매우 중요하다. 또한, 마술, 과학 문서들도 도서관에 보존되었다. 왜냐하면, 왕과 나라를 보호할 의무를 지닌 전문 술사들이 종종 그 문서들에서 인용할 때는 그 인용의 정확성이 매우 중요하게 여겨졌기 때문이다. 앗수르바니팔 왕이 자신의 도서관에 개인적인 자부심을 가졌다는 것은 다음과 같은 기록에 드러난다. '나(앗수르바니팔)는 에아(Ea)의 지혜, 박식한 제사장들의 기술, 성인들의 지식 그리고 위대한 신들에게 위로를 주는 그것을 아시리아와 바빌로니아의 책을 따라 토판에 기록하였고 손수 그것을 검토하고 감수하였다.'[5] 왕은 문자에 대한 지식을 가지고 있고 비밀 이야기를 알고 있다고 주장함으로써 자신을 다른 사람들과 차별화하려 하였으며 도서관을 자신의 이익을 위해 수집한 것으로 묘사했다(토론 13.1 참조).

니느웨에 보존된 문서들은 매우 다양하다. 약 300점의 토판이 징조 본문을 담고 있고, 200개의 토판은 어휘 목록, 100여 점은 수메르어-아카드어로 기록된 다양한 성격의 문서들, 60여 개의 토판은 의학 문서였으며, 약 35개에서 40개의 문서는 서사시와 다른 순수 문학 작품들이다. 징조 문서가 많았던 것은 도서관의 취지를 반영할 뿐 아니라 당시 아시리아와 메소포타미아 일반에서 이 문서가 가지는 중요성도 잘 보여준다. 징조 문서는 주변 세계에 대한 관찰에 근거해 미래를 예측한 것이다. 모든 본문은 '-이면 -이다'의 형식에 따라 작성되었다. 이 형식의 후반부인 주절이 예측에 해당한다. 첫 번째 부분인 가정절은 쉽게 세상에서 관찰할 수 있는 어떤 것이나 특별한 과정을 통해 관찰될 수 있는 모든 것을 포함한다. 미래에 대한 암시를 가진 자연 현상으로 새의 비행, 가축의 신체적 특징들을 들 수 있다. 특이한 사건은 더욱 의미가 있었다. 두 개의 머리를 가진 어린 양과 같이 기형적인 출생을 해석하는 징조 본문도 있었다.

이와 같은 자연 발생적 현상에 대한 관찰 이외에도 전문 술사들은 양을 갈라 그 간을 관찰함으로 점을 쳤다. 그때 간의 색깔 변화, 종양, 그 외에 다른 특

---

5   번역 출처: H. Hunger, *Babylonische und assyrische Kolophone*(Kevelaer: Verlag Butzon & Bercker, 1968), 102, no. 328.

이한 점들은 모두 징조적으로 간주되었다. 예를 들면 다음과 같다. '(간의) 왼쪽 둥근 돌출부가 얇은 막으로 덮여 있으면 그것은 왕이 병으로 죽을 것이라는 좋지 않은 징조이다.[6] 전문 술사들은 또한 불을 지펴 연기가 상승하는 패턴, 물에 부은 기름의 모양 등을 해석하려 하였다. 서기관들은 일어날 수 있는 일을 고려하고 유추로 그 결과를 도출하여 징조의 항목을 만들어 냈다. 예를 들어, 고양이의 색깔에 따라 좋고 나쁜 징조의 항목이 만들어졌다.

> 하얀 고양이가 사람의 집에서 발견되면 — 기근이 그 땅을 칠 것이다.
> 검정 고양이가 사람의 집에서 발견되면 — 그 땅에는 좋은 일이 있을 것이다.
> 빨간 고양이가 사람의 집에서 발견되면 — 그 땅은 부자가 될 것이다.
> 다색 고양이가 사람의 집에서 발견되면 — 그 땅은 번영하지 못할 것이다.
> 노란 고양이가 사람의 집에서 발견되면 — 그 땅은 행운의 한 해를 맞게 될 것이다.[7]

제1천년기에 점성술이 널리 퍼졌다. 행성의 배열, 일월식, 별의 등장, 그 외에 다른 천문 현상들을 해석하고 묘사하는 문서들이 엄청나게 늘어났다. 가장 인기있는 점성 문서는 에누마 아누 엔릴(Enuma Anu Enlil)로 여러 개의 토판에 필사되었다. 그것은 달, 그것의 변화, 월식, 행성과 항성과의 관계, 태양, 코로나, 흑점, 일식, 번개, 천둥, 구름과 같은 날씨, 그리고 행성의 변화, 모양, 흑점 등을 다루었다. 예를 들면 다음과 같다. '달이 일곱 번째 달, 21일에 월식하고 그대로 있으면 — 태자가 왕궁에서 쇠고랑을 차고 끌려나갈 것이다.'[8]

관측은 징조가 맞는지를 확인하기 위해서가 아니라 신의 마음을 바꾸기 위한 조치를 취하기 위한 것이다. 전문 제사장들은 신들이 미래를 바꾸도록

---

6 번역 출처: Ulla Koch-Westenholz, *Babylonian Liver Omens*(Copenhagen: Carsten Niebuhr Institute of Near Eastern Studies, 2000), 169.

7 번역 출처: A. Guinan, in W. W. Hallo, ed., *The Context of Scripture*(Leiden: E. J. Brill, 1996), volume 1, 424.

8 David Brown, *Mesopotamian Planetary Astronomy: Astrology*(Groningen: Styx, 2000), 135.

기도를 올리거나 왕이 해를 입지 않도록 하기 위해 일정한 조치를 취했다. 신-아시리아 시대에 반복적으로 기록된 관행은 대체 왕을 임명하는 것이다. 왕의 생명이 위험하다는 점궤가 나왔을 때 한 사람을 선택해 일시적으로 그를 왕으로 세우고 진짜 왕은 숨겨두었다. 그리고 그 위험이 지나가고, 대체 왕이 살해되면, 진짜 왕이 다시 등장했다. 징조 문서들 뒤에 숨은 철학은 미래는 바꿀 수 없다는 것이 아니라 나쁜 미래를 피하기 위해 일정한 조치를 취할 수 있으며 그것을 좋은 것으로 만들 수 있다는 것이다. 징조 문서는 사회의 모든 계층에게 중요하였다. 수많은 사람들이 미래를 확인하기 위해 점치는 자에게 돈을 내고 신들이 악을 쫓아내도록 탄원해 달라고 축사들에게 돈을 지불했다.

앗수르바니팔의 도서관에 보관된 어휘 문서들도 실용적인 용도를 가졌다. 그것들은 제4천년기 후반에 처음 등장한 어휘 목록들을 확장한 것으로 그 안에 수메르어의 모든 어휘와 아카드어 번역이 들어있다. 문자들과 복합 문자들의 목록, 동물, 돌, 나무, 도구, 도시 이름 등의 수메르어 어휘 목록이 그곳에 포함되었다. 이 모든 문서는 제2천년기에 편찬되었다. 앗수르바니팔의 도서관에서 발견된 다양한 사본들은 필사된 것들이다. 당시 학자들은 수메르어로 된 제의 문서를 읽을 필요가 있었기 때문에 수메르어에 대한 지식은 중요하였다. 그들은 그 문서들을 해석하기 위해 어려운 쐐기 문자도 이해할 수 있어야 했다. 그 도서관에 소장된 세 번째로 많은 문서 그룹은 수백 년 전에 구어로서의 기능을 상실한 수메르어로 된 주문과 기도 문서다. 그 문서들에는 수메르어로 된 주문과 기도가 한 구절 한 구절 아카드어로 번역되어 있다. 주문 문서에 일부 수메르어 서사시와 신화들도 아카드어 번역과 함께 보존되었다. 아카드어 번역은 대부분의 수메르어 문학들이 기록된 제2천년기 초기에 반드시 가장 인기있었던 것은 아니다. 액을 없애기 위한 주문과 축사하는 사람들의 매뉴얼이 아카드어로만 기록된 문서의 중요한 부분을 차지했다.

의학 문서는 징조 문서와 형식이 비슷할 뿐 아니라 관찰이 병의 결과를 결정한다는 동일한 개념에 근거했다. 심지어 의사가 환자의 집에 방문할 때 발생한 일들도 병에 대한 무언가를 말해준다. 예를 들면 다음과 같다.

'아시푸(*āsipu*, 진단하는 사람을 뜻하는 아카드어)가 검정 개 혹은 검정 돼지를 보면 환자는 죽을 것이다. 그가 하얀 돼지를 보면, 환자는 나을 것이다. 혹은 그는 괴로움에 잡힐 것이다.'[9] 몸의 각 부분들이 따뜻한가 차가운가, 피부와 소변 색깔, 그 외에 우리가 의학적으로 의미있다고 여기는 다른 관찰들에 기초해 진단하였다. 그러나 우리에게 사소해 보이는 것들, 예를 들어, 환자의 가슴털이 위로 휘어졌는가 아래로 휘어졌는가도 역시 중요하였다.

마지막으로 앗수르바니팔의 도서관에 소장된 문서 중 가장 적은 수의 문서 그룹인 아카드어 문학들을 살펴보자. 이들은 종종 여러 개의 사본으로 보존되었는데 현대 학자들은 일반적으로 니느웨에서 발견된 이 사본들을 해당 신화들의 표준판으로 간주한다. 그러나 그 도서관에서 발견된 형식이 후에 권위있는 것으로 받아들여졌는지에 대한 증거는 없다. 앗수르바니팔 도서관에 소장된 오늘날 가장 유명해진 작품은 '길가메시 서사시'(보충 13.1 참조)이다. 그러나 이외에도 바빌로니아의 신들과 영웅들을 소재로 한 서사시가 많이 존재한다. '지하세계로 내려간 이스타르(Ishtar)'는 신들만이 등장하는 신화로 이스타르가 자신의 영향력을 지하세계로 확장하려다 포로로 잡혀 대체 볼모를 찾을 때까지 억류된다는 줄거리의 제2천년기 수메르 문서를 요약한 것이다. '아다파'(Adapa)와 같은 이야기에는 인간들이 중요한 역할을 한다. 아다파는 하늘의 신을 방문하여 영생을 얻으려다 실패한 원시 성인이다.

홍수 이야기는 아트라하시스(Atrahasis) 이야기에 보존되었다. 아트라하시스는 신 에아가 홍수로부터 구원한 사람으로 에아가 그를 구원한 동기는 신들에게 계속해서 제물을 바치도록 하기 위함이다. 이 이야기들은 모두 제2천년기까지 기원이 거슬러 올라간다. 그중 일부는 수메르어 문학에서 영향받은 것도 있다. 보다 최근의 작품은 '창조 신화'와 같은 아카드어 문학이다. 창조 신화는 마르둑에 의한 우주의 형성을 그린다. 일부 아시리아 사본에서는 앗수르

---

9   번역 출처: Rene Labat, *Traité Akkadien de diagnostics et prognostics médicaux*(Paris: Academie internationale d'historoire des sciences, 1951), volume 1, 2-3

가 마르둑을 대체하여 등장한다. 이 신화는 제2천년기 후반에 만들어졌을 가능성이 많다. 제1천년기의 문학으로는 바빌로니아의 폭력적 파괴를 그린 에라 서사시(Erra Epic)를 들 수 있다(문서 10.2 참조).

보충 13.1 길가메시 서사시

고대 메소포타미아에서 가장 유명한 문학 작품은 길가메시(Gilgamesh) 서사시다. 이것은 친구 엔키두의 죽음 이후 불멸을 찾아 여행하는 영웅의 이야기다. 그 여행으로 그는 세상 끝에 갔고 그곳에서 그는 홍수의 유일한 생존자인 우트나피슈팀을 만난다. 그는 길가메시에게 육체적인 불멸을 얻을 수 없다고 말해준다. 그러나 니느웨에서 발견된 사본은 왕이 건축을 포함한 자신의 업적을 통해 영원히 기억된다고 기록되어 있다. 이야기는 시작에서 끝까지 우룩 성벽에 대한 찬양을 담고 있다. 그것을 통해 길가메시가 영원히 알려질 수 있었다.

올라가서 우룩의 성벽을 돌아보아라.
토대를 연구하고 벽돌을 살펴보아라.
가마에서 구운 벽돌로 건축하지 않았는가?
7명의 장인들이 기초를 놓지 않았는가?[1]

앗수르바니팔의 도서관에서 열두 토판에 새겨진 한 사본의 여러 필사본 이 발견되었다. 저자는 신-레케-운닌니로 거론되었다. 이 이름은 저자가 카시트 시대 사람임을 암시한다. 또한, 많은 제1천년기 바빌로니아 서기관들이 신- 레케-운닌니를 자신들의 시조로 여겼다. 길가메시 이야기는 니느웨에서 발견 된 사본 이전에 긴 발전 과정을 거쳤다. 제2천년기 초기의 수많은 수메르 이야기들이 이 이야기의 기초가 되었으며 고대 바빌로니아 시대에서 최초의 사본이 발견되었다. 그것은 시리아-팔레스타인과 아나톨리아에서 제2천년기 후반에 알려진 바빌로니아의 문학 작품들 중 하나였다. 니느웨에서 발견된 사본은 홍수 이야기와 같이 전에 독립적이었던 문학들을 통합한 것이다(니느웨 사본은 고대 바빌로니아 시대로부터 알려진 것이다). 니느웨의 멸망 후에도 길가메시 이야기는 바빌로니아에서 인기가 있었다. 그때의 필사본은 매우 단편적으로만 현전한다. 길가메시라는 인물은 제1천년기의 고전, 아람어 그리고 아랍어 자료에서도 볼 수 있다. 그러나 그는 다른 영웅들과 혼동된 것으로 보인다.

1   번역 출처: Benjamin R. Foster, *The Epic of Gilgamesh*(New York: W. W. Norton, 2001), 3.

앗수르바니팔 도서관의 학자들은 다른 문서에 대한 해설서도 수집하였다 (문서 13.2 참조). 이 해설서들은 어휘 목록, 의학, 징조 문서 그리고 바빌로니아 의 창조 신화와 같은 문학 문서의 구절들을 설명하였다. 그것들은 오래된 어휘, 전문 어휘를 해설하고 신화 문서에 나타난 신들의 품성들과 그들의 행위를 자세히 해설 하였다. 도서관의 기능은 실용적이었다. 그곳에서 장려된 학문 활동은 주변 세 계 도처에서 관찰할 수 있는 신들의 계시들을 이해하고 올바르게 해석하는 일에 초점이 맞추어졌다. 자신들의 지식을 보급하기 위해 학자들은 제국 전역으로 그들이 관찰한 것, 예를 들어, 천문 현상들, 징조에 대한 자신들의 이해에 근거한 사건 해석들을 보고하였다. 궁전 문서 저장소들은 질병, 전쟁, 왕위 계 승과 같은 중요한 문제들에 대해 왕에게 조언하는 편지들로 가득 차 있다. 이 학문 활동의 최종 목표는 왕과 국가를 보호하며 그가 임박한 위험에 무지하 지 않도록 하는 것이었다.

앗수르바니팔의 궁전 도서관은 아시리아에서 가장 큰 것이었지만 유일한 것은 아니었다. 니느웨에도 나부-신전에 또 하나의 도서관이 있었고 칼후와 같은 도시의 신전에도 문서와 과학 토판을 수집한 도서관이 있었다. 또한, 개인 집에도 도서관을 만들 수 있었다. 남부 터키의 술탄테페(Sultantepe)에 있는 쿠르디-네르갈로 불린 제사장과 그의 아들 무샬림-바바의 집에서도 도서관이 발견되었다. 그곳에는 주문, 의학 문서, 기도, 서사시, 지혜 문학 등이 있었다. 이 도서관들은 아시리아에서 문학 문화가 얼마나 중요했는지 보여준다. 당시 그 문화가 바빌로니아에서 유래했다는 분명한 의식이 있었기 때문에 바빌로니아는 아시리아 제국 내에서 독특한 위치를 차지하게 된다. 아시리아인들은 그들이 정복한 지역의 문화를 자기 자신의 것으로 통합하려는 노력을 하지 않았으나 바빌로니아 문화는 예외였다.

문서 13.2 학자들의 해설서

앗수르바니팔 도서관이 가장 번성했던 7세기에, 메소포타미아의 문학은 매우 오래된 것이었으며, 이미 천 년 이상의 역사를 가진 많은 문학과 과학 문서들이 있었다. 모든 언어가 그렇듯이 시간이 흐르면서 아카드어도 문법과 어휘가 발전하였고 어떤 어휘와 표현들은 더 이상 의미를 알 수 없게 되기도 했다. 니느웨 도서관에서, 그리고 아시리아의 다른 지역과 후대의 바빌로니아에서도 그런 어려움을 돕기 위한 학문적 문서들이 등장했다. 이들은 대개 징조 문서에 대한 설명이다. 왕이 고용한 학자들에게 징조 문서들을 이해하는 것은 매우 중요하였다. 그리고 문학 문서의 경우에는 어려운 단어들이 동의어들로 설명되었다. 어려운 단어와 그에 대한 설명이 한 줄에 기록되었다. 앗수르바니팔 도서관에 소장된 다음 문서의 예는, 13세기에 쓰인 '고난 당하는 의인'이라는 작품의 시행들을 나열하여 단어들을 해설한다. 이 문서는 그 작품의 두 번째 토판의 11, 21, 24, 43열을 논의한다. 나는 어려운 아카드어 어휘와 그에 대한 고대인의 설명을 괄호 안에 넣어 제공하였다.

나는 뒤를 본다. 박해, 괴롭힘(아카드어 *ip-pe-e-ri*)

괴롭힘(아카드어 *ip-pi-ri*) = 피곤함(아카드어 *ma-na-ah-tum*) = 병(아카드어 *murhu*)

그의 주인을 잊는 신들린 자(?)처럼(아카드어 *im-hu-ú*):

신들린 자(?) (아카드어*im-hu-ú*) = 번거로움(아카드어 *ka-ba-tum*)

나에게 하는 기도는 자연스러운 의지였다. 나의 통치에 제물을 바치라(아카드어 *sak-ku-ú-a*):

통치(아카드어 *sak-ku-u*) = 제의 의식(아카드어 *par-si*)

(신들의) 뜻은 눈 깜짝할 사이에 변한다(아카드어 *ki-i pi-te-e ù ka-ta-me*)

= 낮과 밤(아카드어 *u₄-mu ù mu-si*)

번역 출처: W. G. Lambert, *Babylonian Wisdom Literature*(Oxford: Clarendon Press, 1960), pl. 15 and Benjamine R. Foster, *Before the Muses*, third edition(Bethesda: CDL Press, 2005), 398-9.

5. 아시리아 제국의 몰락

640년에 아시리아는 잠재적 반대 세력들을 모두 제거하고 서부 이란에서 이집트에 이르는 방대한 영토를 통치하는 전성기를 맞이하였다. 그러나 30년 후에 아시리아 제국은 멸망한다. 그 삼십 년 동안 무슨 일이 일어났는지는 분명하지 않다. 그 기간에 있었던 사건을 재구성하기 위해 우리는 짧은 바빌로니아 자료나 왕 이름이 찍힌 서류에 의존해야 한다. 아시리아 제국이 왜 몰락했는지에 대해서는 몇 가지 해석이 가능하다. 그러나 가장 타당성 있는 것은 그 원인을 아시리아 제국의 구조 안에서 찾는 것이다.

앗수르바니팔은 가장 오랜 기간을 통치한 아시리아 왕들 중 하나였다. 그러나 우리는 언제 그의 통치가 어떻게 끝났는지에 대해 확실히 모른다. 왕의 가장 마지막 비문은 639년의 것이고 앗수르바니팔이 가장 마지막으로 행정 문서에 등장한 것은 631년이다. 그리고 627년에 죽을 때까지 왕위에 남아있었던 것으로 추정된다. 그의 아들 앗수르-에텔-일라니(Assur-etel-ilani)가 후계자로 지정되었으나 다른 아들인 신-샤르-이스쿤(Shin-shar-ishkun)이 반대하였다. 그런 왕위 승계의 문제는 신-아시리아 제국에서 특이한 것은 아니지만, 이것은 이전보다 더 큰 불화를 일으켰다. 앗수르바니팔이 세운 왕인 칸달라누(Kandalanu)가 627년에 바빌로니아에서 사라져버려 정치적 혼선이 매우 컸다. 결국 앗수르는 바빌로니아 지역에 대한 통치권을 잃었다. 626년에 아시리아 관료였던 나보폴라살(Nabopolassar) 아래에서 토착 왕조가 일어났다. 여러 도시들이 왕위를 주장하는 서로 다른 아시리아인들에게 충성을 선포했다. 이에 바빌로니아인들은 몇몇 도시들을 포위하고 정복해 그 주민들에게 심한 고통을 안겨주었다. 616년까지 나보폴라살은 바빌로니아 지역 전체에 대한 통치를 확립하고 아시리아를 침공할 수 있게 된다.

동시에 서부 이란에서는 메디아가 강한 군국주의 국가를 만들고 앗수르바니팔이 엘람을 제거하여 생긴 힘의 공백을 이용하였던 것 같다. 615년에 메디아인들은 아시리아 본토의 도시들을 침공하였고 바빌로니아와 동맹을 맺었다. 612년에 스키타이인들(Scythians)과 같은 민족들의 도움으로 메디아와 바빌로니아 연합군은 수도 니느웨를 침공하여 함락하였다. 당시 아시리아 왕이었던 신-샤르-이스쿤(Sin-shar-ishkun)은 그때 죽고 그의 후계자 앗수르-우발릿 2세(Assur-uballit II)가 북시리아 도시 하란에서 이집트의 원조에 의존하면서 마지막 저항을 했었던 것 같다. 얼마나 오래 그가 버텼는지는 알수 없다. 그러나 610년 이후 곧 아시리아는 소멸하게 된다. 바빌로니아가 메소포타미아, 시리아, 팔레스타인에 있는 아시리아 영토의 대부분을 차지하였고 메디아인들은 자그로스 산맥, 서부 이란, 아나톨리아에 있는 아시리아의 영토를 차지하였다.

정복자들은 아시리아의 통치 아래서 겪었던 치욕을 복수하기 위해 아시리아의 도시들을 파괴하였다. 예를 들어, 니느웨에 있는 산헤립과 앗수르바니팔의 부조 벽화에는 그 왕들의 그림이 비문과 함께 새겨져 있었는데 그 벽화를 보면 왕들의 눈과 귀가 절단된 것을 볼 수 있다. 이것은 실제 눈과 귀가 절단된 것을 묘사하는 것이 아니라, 그들을 제의적으로 사망 선고하는 상징적인 행위였다. 예를 들어, 앗수르바니팔이 엘람인들을 무찌르는 그림에서 엘람 왕의 머리를 자른 한 군사의 얼굴만이 파괴되어 있는 것을 볼 수 있다(그림 11.1 참조). 이것은 엘람인들을 조상으로 생각한 메디아인들의 소행으로 생각된다. 마찬가지로 에사르하돈이 메디아 친위대에게 강요한 충성서약도 칼후에서 파괴된 채로 발견되었다. 그림들을 훼손하고 아시리아에 대한 굴종을 상징했던 것들을 다 파괴하고 나서야 궁전들을 소각했다. 바빌로니아 왕은 바빌론을 파괴한 산헤립에 대한 복수로 니느웨의 불탄 재를 가지고 고향에 돌아갔다. 아시리아의 본토는 도시적 특징을 상실했고 남은 주민들은 거대한 파괴 구릉 위에서 작은 촌락을 형성하여 살았다. 어떤 시리아 도시들에는 아시리아의 행정 관습이 지속되었다. 그러나 바빌로니아의 왕을 새로운 주인으로 인정하였다.

아시리아의 급속한 붕괴의 원인은 제국의 기본적 구조에 내재하는 문제에 기인했을 가능성이 크다. 힘이 한 사람에게 집중된 구조는 유능한 왕이 있을 때는 매우 효과적이었다. 그러나 때때로 국가의 일은 개인의 능력 범위를 넘어서는 경우가 있다. 앗수르바니팔이 왕이 되었을 때가 몇 세였는지 우리는 알수 없지만 그가 42년이란 긴 세월을 통치한 후에는 분명 나이가 많이 들었을 것이다. 더욱이 후기 아시리아 시대에는 왕위 계승이 늘 문제였다. 왕위 계승으로 인한 내분은 국가를 크게 불안하게 만들었다. 산헤립은 그의 두 아들에게 살해당했다. 그가 선택한 후계자인 에사르하돈도 권력을 확실히 다지기 위해 형제나 다른 왕위 주장자들을 제거해야 했다. 바빌로니아에서 처참한 전쟁으로 이어진 앗수르바니팔과 그의 형제 샤마쉬-슈마-우킨 사이의 내분은 아시리아에 매우 파괴적인 결과를 가져왔다. 마찬가지로 앗수르바니팔이 죽자 여러 명의 아시리아인들이 대권을 주장했다. 제국의 기능은 이런 내부 문제가 발생할 때마다 마비되었다.

실제로 정복한 영토에 대한 아시리아의 약탈자적인 태도(유배와 무거운 세금)는 사람들로 하여금 기회만 생기면 반란하도록 만들었다. 변방의 국가들은 아시리아의 강압적인 보복에도 불구하고 늘 반란을 일으켰다. 그리고 아시리아 멸망 전 몇십 년 동안은 조공을 바치지 않았다. 이렇게 보급 기지로부터 단절된 제국의 핵심부는 거대한 도시와 큰 도시를 더는 유지할 수 없었다. 더욱이 내지 거주자의 많은 부분이 유배되어 온 외국인이었다. 그들의 국가에 대한 충성은 높지 않았고 아시리아인들은 제국을 유지하기 위해 필요한 지배력을 행사할 수 없었다. 결국 약한 기초 위에 선 제국에는 금이 가기 시작하고 그것은 전체 구조를 흔들었다. 외부적 압력과 내부 분쟁의 복합 요인으로 아시리아 제국 전체가 갑작스럽게 붕괴한 것이다.

아시리아는 다시 국가로서 일어나지 못했기 때문에 우르 제3왕국 후에 있었던 것과 같은 과거 사건에 대한 아시리아 자신들의 평가는 남아있지 않다. 그러나 아시리아가 정복한 민족들의 후대 전통은 아시리아의 몰락에 대해 언급한다. 예를 들어, 니느웨의 몰락을 신의 형벌로 해석한다. 이스라엘과 유다를 정복한 아시리아 왕들이 신의 형벌로 몰락한 것 같이 바빌론을 파괴한 산헤립도 몰락할 것이다. 아시리아는 거만했었다. 아시리아에게 당한 나라들은 아시리아의 몰락에 환호했다. 4세기 그리스 역사가 크테시아스(Ktesias)는 그리스인들과 동방인들 사이의 적대감의 문맥에서 아시리아의 몰락을 그렸다. 앗수르바니팔의 그리스명인 사르다나팔로스(Sardanapallos)는 자신의 사치스런

그림 13.4. 사르다나팔로스의 죽음, 외젠 들라크루아. 들라크루아가 이 그림을 완성하였던 1827년은 아시리아에 대한 지식은 히브리 성경과 동방 지역을 그리스의 생명력의 반대이며 쇠퇴하는 것으로 묘사하였던 크테시아스와 같은 그리스 작가들로부터 얻어진 정보로 제한적이었다. 그의 여인들이 살해당하고 보물이 약탈되는 동안 사르다나팔로스는 뒤쪽에서 무심한듯 누워있다. 이 그림은 고고학적, 문서적 발견물들이 동방 역사의 세부적 모습을 드러내기 이전에 고대 근동이 어떻게 인식되었는지를 잘 보여주는 훌륭한 본보기이다. 루브르 박물관, 파리. 크기 392×496cm(145×195 in). 출판 허가: akg images/Erich Lessing.

생활 때문에 몰락할 수밖에 없었다고 기록된다. 이런 그리스 전통은 고대 근동에 대한 19세기 유럽인들의 이미지를 형성했다. 그들은 아시리아를 동양적 퇴폐의 전형으로 여겼다(그림 13.4). 그러나 그것은 약 삼백 년 동안 매우 성공적이고 강력한 제국이었던 아시리아에 대한 매우 부정확한 평가이다.

토론 13.1 아수르바니팔 왕은 학자였는가?

우리에게 알려진 긴 목록의 메소포타미아 왕들 가운데 오직 일부만이 공공연하게 읽고 쓸 수 있었다고 주장하였다(Frahm 2011). 그들 중 하나는 우르 제3왕조왕 술기(Shulgi)로 아카데미(문서 4.2를 보라)에서 그가 교육받았다고 묘사하였고, 또다른 이는 아시리아 황제 아수르바니팔로서 좀 더 정교하게 그의 시대에 대해서황태자로 기록하였다:

> 나는 현자 아다파의 교훈, 숨겨진 비밀, 서기관 기술의 모든 것을 배웠다.
>
> 나는 천체와 지상의 조짐을 분별할 수 있으며, 전문가들의 회합에서 심의를 내릴수 있다.
>
> 나는 "만약 간이 하늘의 거울 형상이라면"같은 내용을 유능한 학자들과 토론할 수있다.
>
> 나는 균일하게 나오지 않는 복잡한 계산과 상호 작용을 해결할 수 있다.
>
> 나는 수메르어와 해석하기 어려운 어두운 아카드어로 교묘하게 쓰인 문서를 읽었다.
>
> 나는 홍수가 멈추기 전 봉인되고 혼합된 석비문을 조사하였다(Livingstone 2007:100).

그러나 이것이 사실인가?

같은 비문에서 아수르바니팔은 "니누르타와 네르갈은 나에게 신체적 적합함을, 남성성과 유례없는 힘을 주었다"라고 언급하였던 반면 그는 또한 그가 이미위대한 전쟁 지휘자였고 그의 아버지가 아직 왕위에 있을 때 그는 어떻게 왕으로행동하는지 모든 것을 알았다고 주장하였다. 그는 어렸을 때부터 통치자가 되기에 완전히 적합하였으며 뛰어난 학문성은 그의 능력의 한 부분이었다. 그러나 현시대 이전의 통치자들 극소수만이 교육을 잘 받은 것으로 알려졌으며, 쐐기 문자쓰기의 명백한 어려움은 그의 주장이 헛된 자랑이었다고 생각하게 만든다.

학자들은 고대 메소포타미아에서 읽고 쓸 줄 안다는 것은 제한된 전문 영역이었다고 생각하지만(예를 들어, Beaulieu 2007: 473-4), 최근 많은 이들이 이 경우는 다르다고 주장하기 시작하였다. 보이는 것과 달리 쐐기 문자 쓰기는 그렇게 배우기힘든 것이 아니었다. 많은 시기 동안 백 개 보다 조금 더 작은 표시가 일반적으로사용되었고 여성을 포함하여(Lion 2011), 많은 수의 사람들이 읽고 썼음을 알려주는 많은 지시들이 있다(Parpola 1997; Wilcke 2000; Charpin 2010: 53-67). 실제로 사업하는 사람들과 같은 이들이 그들 자신의 서신과 계약을 썼다는 증거가 있지만, 우리는 글을 읽고 쓸 줄 아는 능력에도 단계가 있음을 염두해야 한다. 어느곳에서나 몇 사람은 단순한 문서를 쓸 수만 있고, 다른 이들은 주어-특정 기술적 언어만 표현할 수 있는 능력을 가진 반면 오직 소수의 사람이 학자와 같은 능력을 지녔다(Veldhuis 2011). 그의 비문에서 아수르바니팔은 가장 고등의 지식을 가졌다고 주장하였다. 그는 길가메쉬 또한 숙달했다고 알려진 홍수 이전의 비문들을 읽을 수 있었고(Pongratz-Leisten 1999: 312), 그는 불분명한 수메르어를 어려운 아카드 번역으로 해석할 수 있었다. 그는 또한 복잡한 수학을 알고 있었다. 심지어 더욱 인상적인 것은 하늘과 땅의 예견적인 표시를 "읽고" 간(liver) 징조 문서를 토론하는 그의 능력이다. 이러한 것들은 황태자는 반드시 할 필요가 없는 수 년 동안 집약적인 훈련을 요구하는 과학이지만, 아수르바니팔이 거짓말을 하지 않았음이 알려진 몇 가지 지시사항이 있다.

한 점성가가 그에게 보낸 편지는 그가 천체의 징조 목록들을 조언할 수 있었음을 알려주는 반면(Parpola 1993: no. 101; cf. Villard 1997: 145), 그의 도서관에 있는 학자들의 토판들에 있는 몇 간기들(colophons)은 "나 아수르바니팔"이 그것들을 기록하였다라고 기술한다.

일반 서기관이 감히 왕을 사칭할 수 있겠는가?(Livingston 2007: 113-14)

도서관에서, 복잡한 문서를 지닌 몇 토판들은 그것들이 미숙하게 쓰였기 때문에 특출나다. 아수르바니팔이 그의 아버지에게 보낸 편지는 매우 서투른데(Luukko & Van Buylaere 2002: no. 19), 이는 그것들이 황태자 자신의 작품이었기 때문일 것이다(Livingstone 2007). 따라서 그는 아마도 그가 암시하였던 것처럼 숙련되지는 않았을 것이며, 아수르바니팔은 기본적 수준으로 학자들의 자료를 읽고 쓸 수 있었다(Zamazalová 2011). 그렇다고 한다면, 그가 니느웨에 그의 개인적 사업으로 도서관을 만드는 것은 그리 놀랄 만한 것이 아니며 우리는 아마도 그가 유별나게 배운 왕이었다고 결론을 내릴 수 있다.

제14장

메디아인과 바빌로니아인

3000	2500	2000	1500	1000	500

아시리아의 군사적 패배는 주로 메디아와 바빌로니아 두 민족에 기인한다. 이 두 민족은 근동 지역에 비교적 늦게 나타난 민족으로 두 개의 서로 다른 정치 조직과 생활 양식을 대표하였다. 메디아인들은 유목을 하는 산족들로 중앙 자그로스 산맥 출신이다. 8세기에 가서야 그곳의 전략적 요충지들에 요새화된 도시들이 등장하기 시작했다. 그들은 문서를 남기지 않았기 때문에 그들의 역사는 다른 나라의 자료에 흩어진 정보들을 종합적으로 재구성해야 한다. 바빌로니아 왕조는 7세기 말에 등극하여 남부 메소포타미아에 오래 존재했던

지도 14.1 6세기의 근동

도시 전통들을 이어받았다. 왕들은 이전의 정치, 문화, 행정적 관습들을 유지하였고 제2천년기와의 연속성을 강조했다. 그들은 자신의 업적(주로 건축사업)에 대한 풍부한 기록들을 남겼다. 바빌로니아인들은 아시리아 제국과 같은 근동 전체를 아우르는 제국을 형성하였다.

그러나 그들에게는 라이벌 제국이 있었다. 그들은 부흥을 맞은 이집트, 아나톨리아에 있는 여러 국가들, 이란의 남 서부에 막 등장한 페르시아 왕국 등과 대결해야 했다. 더욱이 스키타이족과 키메리아족과 같은 약탈 그룹들이 북에서 침입해 종종 심각한 혼란을 일으켰다. 페르시아인들이 등장해 근동 지역의 전체 구도를 새롭게 바꾸어 놓기 전 까지 6세기 근동의 역사는 이 다양한 국가들과 민족들에 의해 만들어졌다.

1. 메디아인과 아나톨리아 국가들

아시리아인들은 오래전부터 메소포타미아 동쪽의 자그로스 산맥에 거주한 다양한 민족들과 충돌해왔다. 이 민족들이 작성한 문서들이 현전하지 않기 때문에 이들에 대해서는 아시리아의 역사 자료를 통해서만 알 수 있다. 그러나 불행히도 그들에 대한 아시리아의 자료는 매우 혼란스럽다. 아시리아인들은 그 민족들의 이름을 혼동하고 때때로 어떤 민족이 어느 지역에 살았는지에 대해서도 분명하게 몰랐다. 이 민족들 중의 하나가 메디아인들이다. 이 민족은 후에 아시리아 제국과 싸워 승리하기 때문에 고대 역사 전통에서 특별한 관심을 받았다. 그러나 그들은 평지에 있는 부자 이웃 국가들을 공격한 전형적인 산족에 불과했다.

메디아에 대한 언급들은 9세기 중엽부터 드물게 아시리아 문서에 등장한다. 이에 따르면 그들은 디얄라강의 수원 동쪽을 지나는 코라산(Khorasan) 길을 따라 뻗은 중앙 자그로스 산맥에 거주하였다. 이 길은 평지 메소포타미아와 중앙 이란 지역과 그 너머의 지역을 연결하는 간선 도로로 금속과 보석과 같은 사치품을 취급하는 모든 육로 상인들은 그 도로를 쓰지 않으면 안 되었다. 이 도로를 제어하려는 욕심으로 아시리아인들은 8세기 말에 그 지역을 세 개의 직할 지방으로 편입하였다. 이것은 보통 속주 왕을 통해 자그로스 지역을 통치한 사실을 상기할 때 이례적인 것이다. 아시리아인들은 그곳에 일련의 요새들을 건설하고 세금(대개는 말)을 거두었다. 그러나 아시리아의 통제는 완벽하지 못했다. 많은 메디아인들이 비록 소규모이기는 하지만 독립을 유지했다. 사르곤 2세는 약 22명의 족장에게서 조공을 받았다고 비문에 언급한다(그림 14.1)

아시라인들과 메디아인들의 관계는 근동 역사의 평지 민족과 산족과의 관 계와 다르지 않다. 정착 농민과 도시민으로 구성된 아시리아인들은 메디아 인들을 야만스런 적으로 두려워했지만 동시에 그들의 노동력을 활용했다. 니느웨에 있는 에사르하돈(재위 680-689년)의 문서 저장소에서 태양신 샤마쉬(Shamash)에게 묻는 130여 개의 신탁이 발견되었다. 이들은 당면한 위협에 어떻게 대처해야 하는가를 묻고 있다. 그는 신에게 동물의 장기로 그 대답을 달

그림 14.1 메대를 보여주는 아시리아 부조. 이 부조는 두르-샤루킨내 사르곤의 궁전에 있는 것으로 아마도 메대 사람으로 보이는 산지 사람들이 아시리아 왕에게 조공을 가져오는 모습을 묘사하고 있다. 조공 물품은 자주 종속 지역의 특산품을 나타내는데 이 경우 말들을 나타내고 있다. 말들 이외에 두 명의 사람이 조그만 도시 모형을 운반하고 있는데 이는 종속의 상징을 나타낸다. 루브르 박물관, 파리. 석고 설화 석고, 165×370cm. 출판 허가: © RMN-Grand Palais/ Hervé Lewandowski.

라고 기원하였다. 그것은 신의 뜻이 전달되는 매우 전형적인 방법이었다. 그들 가운데 23개가 메디아를 다루고 있다. 특히 통치자인 카스타리투(Kashtaritu)를 주로 다루고 있다. 그 신탁들의 예로 다음을 들 수 있다.

> 샤마쉬여, 묻습니다. 이번 달, 즉 이야르(4-5월) 달 3일부터 아브 달(7-8월) 11일까지 카스타리투와 그의 군대, 혹은 키메리아 군대, 혹은 만네아인 군대, 혹은 메디아 군대, 혹은 어떤 다른 군대가 키샤쑤(Kishassu) 시를 함락하겠습니까?
> 키샤쑤 시에 들어와 정복하겠습니까?
> 키샤쑤 시가 그들에게 넘어가겠습니까?[1]

---

1 번역 출처: Ivan Starr, *Queries to the Sungod*(State Archives of Assyria 4) (Helsinki: Helsinki University Press, 1990), no. 43.

앗수르바니팔이 646년에 엘람국을 멸망시켰을 때 메디아인들은 자그로스 산지로 영향력을 확장했던 것 같다. 614년에 우마키스타르(Umakishtar)라는 사람이 아시리아를 공격하고 그후 바빌로니아의 도움으로 아시리아 제국을 멸망시켰다. 우마키스타르는 잠시 메디아인들의 지도자로 선택되었을 가능성이 있으나 그가 통일 국가의 왕이 되었다는 증거는 없다. 아시리아 제국이 멸망하자 아시리아 요새들도 버려졌다. 메디아인들과 다른 자그로스 산족들은 주변 지역에 대한 노략을 계속했다. 그들의 노략에 맞서기 위해 바빌로니아인들은 바빌론 시 바로 위쪽으로 티그리스강과 유프라테스강을 잇는 거대 성벽을 건설하였다. 후에 이 성벽은 메디아의 성벽으로 불렸다.

남부 자그로스 산지에 살았던 페르시아인들은 이런 정치적 분열과 불안정의 상황을 종식시켰다. 메디아 군대가 그들의 지도자 이스투메구(Ishtumegu)에 대해 반란을 일으켜 약화시키자 키루스(성경의 고레스)는 550년에 자그로스 전체를 통제하게 된다. 그리고 그는 이것을 기초로 페르시아 제국을 이룩한다. 메디아인들은 아시리아를 전복시키는 데 일조했다는 점 때문에 고대 근동 역사에서 중요하게 다루어져 왔지만 사실 그들은 자그로스 산맥에 살았던 여러 산족들 중 하나일 뿐이었다.

그러나 그들의 역할이 중요했음은 이 시대를 다룬 그리스 역사가 헤로도투스(보충 14.1) 같은 고전 문서들에서 자세히 다루어진다. 헤루도투스는 『역사』(*Histories*) 제1권에서 메디아의 형성사를 서술한다.

보충 14.1 고전 자료와 고대 근동 역사

5세기 그리스에서 문학 전통, 특히 서사적 역사 전통이 풍부히 일어나자 그리스인들의 눈에 비추어진 근동의 모습에 대해 알려지기 시작하였다. 그중에 가장 두드러진 그리스 작품은 페르시아와 그리스인들의 역사를 연구함으로써 페르시아 전쟁의 원인들을 설명하려 했던 헤로도투스의 5세기 작품이다. 헤로도투스는 메디아, 바빌로니아, 이집트인에 관한 수많은 일화들과 그 외에 페르시아인과 접촉한 근동 밖의 민족들, 스키타이인과 에디오피아인에 관한 일화들을 제공한다. 헤로도투스 이외에도 401년 페르시아 내전에 참전했던 용병인 크세노폰과 비슷한 시기 페르시아의 궁정 의사였던 크테시아스와 같은 그리스인들도 근동 역사에 대한 그들의 관점을 보여준다.

이들의 초점은 페르시아의 역사였다. 3세기 바빌로니아의 제사장 베로수스는 그의 그리스인 왕을 위해 그리스어로 바빌로니아 역사를 기록했으나 그 책은 후대의 책에 조각 본문으로 보존되어 있을 뿐이다. 전체적으로 근동 역사에 대한 그리스인들의 기록은 많지 않다. 페르시아에 대한 자료가 가장 풍부하다. 그것은 페르시아 제국의 영향력과 그리스 본토에 가한 위협 때문에 그리스인들이 그 제국에 대해 연구하였기 때문일 것이다. 근동의 초기 역사에 대한 자료는 매우 드물다. 헤로도투스가 바빌로니아에 관심을 가진 이유는 그에게 바빌론은 엄청난 부의 도시며 거대한 규모의 도시였기 때문이다. 바빌로니아에 대한 역사적 자료는 그다지 제공하지 않는다. 헤로도투스는 아시리아 역사를 쓰겠다는 자신의 약속을 지키지 못한다.

그리스인들의 자료는 현대 역사 서술의 문체로 되어 있고 메디아인들의 역사와 같은 주제에 대해 일관성 있는 이야기를 전하기 때문에 현대 독자들에게 매우 인기가 있다. 그러나 그들의 이야기들은 매우 조심스럽게 받아들이고 비평적으로 평가해야 한다. 가장 근본적인 문제는 서술의 대상인 페르시아가 그리스의 주적이었다는 것이다. 따라서 그들에 대한 부정적인 편견이 매우 강하다. 종종 그리스인들은 페르시아인들을 모든 악의 화신으로 묘사한다. 그들은 그리스의 덕에 반대되는 악덕들을 대표하는 이미지가 된다(중용-지나침, 남성-여성 등).

또한, 많은 이야기들이 소문에 근거했고 근동의 이름과 역사적 사건들을 혼동하였다. 5세기의 헤로도투스는 7세기의 아시리아에 대해 거의 아는 것이 없었다. 단지 아시리아가 근동을 다스렸고 매우 부자였다는 점만 구전으로 알고 있었다. 메디아인들에 대한 역사는 매우 매끄럽고 구체적인 역사처럼 기록되었지만 실제로는 메디아에 대한 페르시아인들의 설화에 근거한 허구일 가능성이 높다. 결론적으로 근동 역사의 사료로서 그리스인들의 '역사' 자료는 신뢰하기 힘들다. 근동 역사는 근동 지역의 증거에 근거해서 서술되어야 한다.

서로 다른 민족들이 그들을 다스리고 인도할 왕을 택하고 그에게 수도를 건설해준다. 신생 메디아국은 큰 제국으로 성장하여 아시리아를 재패하고 동부 아나톨리아를 정복하여 키질 이르막강에 위치한 강대국 리디아의 군대와 대치했다. 헤로도투스는 585년 5월 28일에 일어난 개기일식으로 두 나라가 전쟁을 멈추었다고 기록한다. 그리고 그들은 바빌로니아와 실리시아(Cilicia) 왕의 중재로 협상하여 평화조약을 체결하였다고 전한다. 그에 따르면 메디아 제국은 속국 왕이었던 페르시아의 키루스(Cyrus)에게 정복당했다. 헤로도투스의 서술이 아시리아와 바빌로니아의 사료에 나타나는 정보와 어느 정도 일치하지만 그의 역사는 허구에 가깝다. 메디아 제국은 존재한 적이 없다.

그러면 헤로도투스는 왜 그런 이야기를 지어냈을까?

헤로도투스는 그리스가 대면한 페르시아 이전에도 제국들이 그 지역을 다스렸다고 상상했다. 그는 아시리아와 페르시아에 대해 알았지만 두 제국 사이에는 공백이 존재했다. 그는 이 공백에 메디아인들이 있었다고 여겼다. 이렇게 그는 메디아 제국이라는 허구를 만들었다. 재미있는 것은 지금도 메디아 제국의 존재를 믿는 사람들이 많다는 것이다.

헤로도투스의 설명이 사실이라면 메디아인들은 중앙 아나톨리아를 침공하고 그보다 서쪽의 지역들도 위협하였다. 아시리아인들은 아나톨리아의 남쪽 부분만을 제국에 편입하였고 그 북쪽과 동쪽으로 간헐적인 원정을 수행하였다. 아시리아의 주적은 프리지아(Phrygia)였다. 프리지아는 중앙 아나톨리아에 위치한 국가로 미다스 왕의 어마어마한 부로 후의 그리스 전통에서 유명해진다. 사르곤 2세는 무스쿠(Mushku)의 미타(Mita) 왕을 공격했다고 기록되었는데 아마 그는 미다스 왕과 동일인일 것이다. 우랄투 왕과 함께 미다스(Midas) 왕은 북시리아와 남부 아나톨리아에서 아시리아에 대한 반란들을 지원하였다. 그러나 끝에는 사르곤 왕과 평화 조약을 체결한다. 그의 천적은 북에서 내려왔다. 695년 유목 민족인 키메르인들(Cimmerians)이 프리지아를 침략해 수도인 고르디온(Gordion)을 함락하였다. 또 하나의 북부 유목 민족인 스키타이인들과 함께 키메르인들은 근동의 여러 지역에서 큰 혼란을 초래하였다. 우랄투와 아시리아는 여러 번 그들과 전쟁을 치르거나 외교로 그들을 제어하려고 하였다. 한편 헤로도투스에 따르면 메디아인들은 잠시 스키타이인들의 지배를 받았다. 그러나 그 두 민족 모두 아시리아의 최종 붕괴에 참여했고 아나톨리아에 계속 정착했다. 그러나 그들은 한 번도 통일 국가를 형성한 적은 없다.

스키타이인들의 고향은 흑해 북쪽 지역이었던 것 같다. 그곳에서 페르시아의 왕 다리우스가 군사적 원정을 감행하지만 실패한다.

프리지아의 세력이 크게 감소했을 때 그 서쪽 이웃인 리디아가 아나톨리아 서부에서 강대국으로 등장했다. 리디아의 왕 기게스(Gyges)는 아라비아인들과 무역하며 당시의 강대국의 반열에 오르기를 희망했다. 금광과 은광을 가졌기 때문에 리디아는 큰 부자 나라로 유명해졌다. 6세기에 리디아는 왕 알야테스(Alyattes, 재위 610-560년)의 영도 아래 사방으로 영토를 확장하였다. 그리하여 아나톨리아 서쪽 해안에 정착한 그리스인들과 직접 대면하게 된다. 그리스인들과 리디아인들 사이에 교역이 가까워지면서 리디아가 금은합금(electrum)으로 주조하여 사용하던 화폐의 사용이 급격히 보급되게 되었다. 이런 과정을 통해 그리스인들은 리디아에 관심을 갖게 되었고 헤로도투스는 리디아 역사를 자세히 기록한다.

그는 그리스인과 근동인 사이의 적대감은 그리스 도시와 리디아인 사이의 다툼에서 비롯되었다고 생각한다. 알야테스의 후계자인 크로에수스(Croesus, 재위 560-47)는 에게 해에서 키질 이르막강에 이르는 영토를 확고히 다지기를 원했고 아나톨리아 서부 해안에 있는 그리스 도시들에 지속적인 압박을 가했다. 그러나 페르시아에 대한 공격은 그의 몰락을 가져왔다. 거대한 군대를 이끌고 키질 이르막강을 건넌 크로에수스는 페르시아의 키루스에 의해 저지당했다. 그는 크로에수스를 리디아의 영토까지 추격하여 리디아 전국과 함께 수도 사르디스를 접수하였다. 아나톨리아에 존재했던 다른 국가들인 실리시아, 카리아, 리키아의 역사는 근동 문서와 고전 문서에서 마찬가지로 재구성될 수 있다. 그들이 남긴 고고학적, 문헌학적 증거들에 따르면 그들의 언어와 문화는 제2천년기 전통을 이어받은 것이며 해상 상인 페니키아인들과 그리스인들과 같은 주변국으로부터의 영향도 받았다. 이 당시 서부 아나톨리아에는 다양한 문화가 서로 깊이 영향을 주고받으며 혼재하였다. 그러므로 고전 시대 이전의 그리스 문화가 고대 근동 문명의 영향을 받았다는 것은 놀랄 만한 일이 아니다. 8-6세기의 그리스 문학과 예술은 근동 전통이 주를 이룬 동지중해 세계의 문화적 코이네(koine)의 일부였다.

2. 신-바빌로니아 왕조

남부 메소포타미아에 대한 아시리아의 지배가 앗수르바니팔의 죽음 이후 약화되자 626년에 나보폴라살(Nabopolassar)이 바빌론의 왕위를 차지한다. 그는 현대 학자들이 신-바빌로니아로 칭한 새 왕조를 세웠는데 거의 1세기 동안 고대 근동지역에서 바벨로니아가 가지고 있었던 정치적 우월성을 재확보했다. 공문서에서 그는 자신을 이름없는 사람의 아들로 묘사했다. 하지만 그의 아버지와 그는 아마도 우룩 도시에서 아시리아 고위 관료로 일했을 것이다. 아마도 그의 가족이 적과 협력한 것을 알리기를 원하지 않았을 것이다. 616년까지 나보폴라살은 바빌로니아 전 지역을 통일했다. 우리가 보았듯이 그의 군대는 아시리아 제국을 전복시키는데 중요한 역할을 했다. 바빌로니아는 아시리아 제국이 다스렸던 영토의 대부분을 그대로 접수하였다. 하지만 이를 이루기 위하여 특히 서쪽에서 열심히 싸워야 했다. 아시리아 제국의 마지막 십 년에는 시리아-팔레스타인 지역이 아시리아 제국의 지배에서 벗어나 이집트의 영향 아래 놓이게 되었다. 따라서 심지어 바빌로니아가 610년 하란(Harran)에서 마지막 아시리아의 요새를 무너뜨린 후에 그 지역의 지배권을 두고 이집트와 대결했다.

네부카드네자르 2세는 처음에는 세자의 신분으로 그리고 왕으로 바빌로니아 군을 이끌었다. 그는 43년(605-562) 동안 통치하였는데 30년 가까이 시리아 팔레스틴을 정복하고 진압하는데 보냈다. 아시리아와 달리 바빌로니아는 기록으로 군사 행동과 성벽 부조를 남기지 않았다. 우리는 그 시기의 간결한 연대기와 외국의 자료에서 그것들에 관한 정보를 모아야 했다. 그러나 그 연대기는 네부카드네자르 2세의 처음 12년간의 통치를 다룬다. 그중 10년은 바빌론 군대가 서쪽에서 군사작전을 펼쳤다. 왕이 된 후 605년에는 북시리아 도시 카르케미스(Carchemish) 근처에서 이집트인들에게 큰 패배를 안겼다. 601년에는 두 나라의 군대가 이집트 국경 근처 또는 이집트 영내에서 서로 전투를 벌였다. 바빌론 연대기에서 양측 군대가 심각한 피해로 고통을 겪었고 그 다음해 네부카드네자르는 기병과 전차를 재건하기 위하여 국내에 머물렀다고 언급한다.[2] 결과는 아직 불확실 했다.

이집트의 영향력이 줄어들었다고는 하나 서쪽 지역에서는 여전히 저항이 계속되었다. 우리가 잘 알고 있는 것이 유다에서 일어난 일인데 유다 왕국의 마지막 해가 히브리 성경에 생생하게 묘사되고 있다. 여기에서 이전에 아시리아가 적국에게 보여줬던 행동 유형을 바빌로니아 사람들이 그대로 따르고 있음을 보여준다. 아마도 601년 바빌로니아 군대의 패배를 오판한 예루살렘은 바빌로니아의 패권을 인정하기를 거부했다. 그래서 598-597년에 네부카드자네르는 그 도시를 포위했고 열 달 후에 점령하여 그리고 아버지 여호야김을 이어 3개월 전에 왕이된 여호야긴을 사로잡았다. 네부카드자네르는 3000명의 시민들과 함께 그를 끌고 갔고 그의 삼촌 시드기야를 꼭두각시 통치자로 세웠다. 그러나 590년경 유다와 서쪽 국가들에서 반 바빌로니아 정서가 극에 달했다. 새롭게 새워진 왕은 그의 주인을 배반하고 아마도 이집트해 지원을 요청했을 것이다. 587년에 징벌은 극심했다. 바빌로니아인들은 성전을 약탈했고 많은 유다인들을 바빌로니아의 중심지로 이주시켰다.

히브리 성경에서는 이 사건을 유대 역사 속에서 경험했던 가장 큰 충격으로 탄식한다. 유다는 그다랴를 총독으로 두고 다스리는 한 지역이 되었다. 그가 암살되었을 때 네부카드자네르는 세 번째 유배를 명령했다. 또한 그는 서쪽의 적들과 교전하였고 일부는 격렬히 저항하였다. 드로의 페니키아 항구 도시는 3년간의 포위 공격을 견뎌냈다. 568년이 되어서야 네부카드자네르의 시리아 펠레스틴에 대한 지배가 확립되었고 이집트와 국경이 결정되었다. 네부카드네자르(성경의 느부갓네살)는 신-바빌로니아의 위대한 군사 지도자로 알려졌으나 그것은 아마 현전 자료들의 성격 때문에 과장된 이미지 같다. 아시리아 왕들과는 다르게 바빌로니아 왕들은 그들의 원정에 대한 자세한 기록을 남기지 않았다. 그후의 왕들의 군사적 업적에 대한 기록들은 분명하지 않지만 네부카드네자르 이후의 왕들도 시리아-팔레스타인 지역에서의 만만치 않은 군사적 업적을 이루었을 것으로 추정된다. 예를 들어, 네리글리살(Neriglissar

---

2   A. K. Grayson, *Assyrian and Babylonian Chronicles*(Locust Valley, NY, 1975), 101.

559-556)은 남서 아나톨리아의 패권국인 실리시아를 병합하였다. 그리고 나보니두스(Nabonidus 556-539)는 아라비아 사막 북쪽의 몇몇 오아시스를 정복하였다.

또한, 아시리아 제국과 다르게 바빌로니아 제국이 어떻게 운영되었는지에 대해서는 거의 알려지지 않았다. 단지 총독들이 왕에 의해 임명 되었다는 것 정도만 알려졌고 그들의 이름이 무엇이며, 지방들이 어떻게 나뉘었고, 세금은 어떻게 거두었는지 등에 대한 것은 거의 모른다. 바빌로니아 제국의 문서 저장소는 현전하지 않는다. 그러나 자료의 부족으로 바빌로니아 제국이 아시리아 제국과 근본적으로 달랐다고 말할 수는 없다. 반대로 바빌로니아 제국을 아시리아 제국의 계승자로 보는 것이 타당할 것이다. 시리아 도시 두르-카틀림무에서 바빌로니아인들은 바빌론의 왕을 최고 군주로 인정하면서 아시리아 행정 관습을 유지하였다. 유다의 예처럼 바빌로니아인들도 유배정책을 폈다. 사람들이 계속해서 반란한 사실은 바빌로니아 제국의 정치가 매우 엄격했음을 보여준다. 심지어 피정복민에 대한 바빌로니아인들의 태도는 더 억압적이었다고 말할 수 있을 것이다. 아시리아인들과 달리 바빌로니아인들은 남부 레반트 지역을 정복한 후 재건하지 않았다. 그 지역에 새로운 이주민을 영입하지도 않고 도시를 다시 세우지도 않았다. 그것은 바빌로니아의 본토가 너무 부유해서 변방으로부터의 보급을 그다지 필요로 하지 않았기 때문일 것이다. 이 때문에 바빌로니아에 의해 정복당한 변방 지역은 더욱 황폐해졌다.

바빌로니아 왕의 비문들은 건축 사업에 초점을 맞추었고, 실제로 고고학적 증거에 따르면 그들은 건축 분야에서 특히 두각을 나타냈다. 네부카드네자르는 바빌론 시의 구조와 그 안의 건물들이 바빌론이 혼돈의 세계에 질서를 부여하고 끊임없이 창조의 원시적 행위를 갱신하는 우주의 중심이라는 이념을 표현하기 원했다. 그리고 네부카드네자르의 바빌론 시 재건은 고대 세계의 신비 중 하나이다(토론 14.1 참조). 바빌론 시에 대한 고대인들의 경외심은 헤로도투스의 글에서도 나타난다(제1권, 178-183). 학자들은 헤로도투스가 바빌론을 실제로 방문했는지를 놓고 논쟁한다. 아마 이 문제는 해결될 것 같지 않다. 그보다 중요한 것은 그가 바빌론 시를 부와 위엄의 정점으로 간주했다는 것이

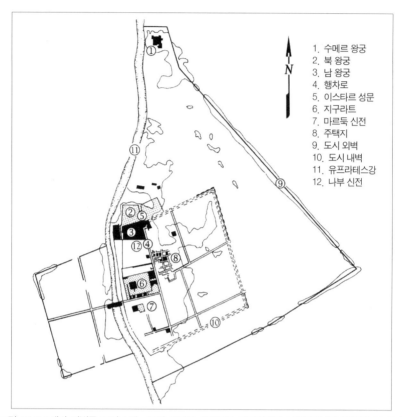

1. 수메르 왕궁
2. 북 왕궁
3. 남 왕궁
4. 행차로
5. 이스타르 성문
6. 지구라트
7. 마르둑 신전
8. 주택지
9. 도시 외벽
10. 도시 내벽
11. 유프라테스강
12. 나부 신전

그림 14.2 6세기 바빌론 도시 모습. 도시 윤곽은 바빌론을 재건하였던 신바빌로니아 왕들이 이 도시가 어떻게 거주민들을 혼란에서 보호하는 질서의 장소가 되었는지 표현하기 원하였음을 보여준다. 모든 벽들은 거대하였고, 특별히 안쪽 도시는 완전히 방어된 직사각형 모습으로 오직 제한된 숫자의 거대한 성문을 통해서만 들어올 수 있다. 출판 허가: Van De Mieroop, 2003. American Journal of Archaeology/Archaeological Institute of America에서 출판 허락을 받아 다시 출판됨.

다. 19세기부터 발굴된 바빌론은 어느 정도 그런 이미지를 확인시켜 주었다. 그 도시는 900 헥타르에 이르는 어마어마한 규모였다. 외벽은 대각선이 18km에 이르는 삼각형을 이루었다. 그 안의 도시는 두 면은 구운 벽돌로 세워진 세 겹의 성벽(그림 14.2)으로 둘러싸인 직사각형의 형태였다. 성문은 참으로 어마어마했다. 가장 유명한 것은 바빌론 시의 입구인 이스타르 성문으로, 유약으로 색깔을 입힌 타일로 황소, 사자, 용의 문양을 새긴 부조를 장식하였다(그림 14.3). 마케돈의 알렉산더가 파괴한 엄청난 규모의 마르둑의 지구라트는 성경의 바벨탑 이야기에 영감을 주었다. 그것의 복원을 기념하는 건물의 기념비에

그림 14.3 베를린에 전시된 이쉬타르 성문. 독일 고고학자들은 바빌론에서 가장 잘 보존된 성문 전체를 베를린으로 가지고 왔다. 이것의 표면은 구운 벽돌 위에 채색 유약처리가 된 것으로 용의 모습을 한 마르둑 신과 소의 모습을 한 아다드 신을 그 도시의 보호자로 묘사하고 있다. 짙은 청색 바탕에 황색 동물이 부조로 만들어져 성문을 진입하는 모든 이들에게 놀라운 장면을 제공한다. 베를린 국립박물관. 구운 벽돌, 높이 14미터, 너비 30미터. 출판 허가: © Photo Scala, Florence/BPK, Bildagentur für Kunst, Kultur und Geschichte, Berlin.

네부카드자네르는 제국의 모든 민족들이 이 프로젝트에 기여했음을 다음과 같이 선포한다.

> 마르둑이 나에게 열방의 민족들을 주셨다. 나는 에테메난키(Etemenanki, 즉 지구라트)를 착수하였고 그들이 벽돌을 나르며 만들었다.[3]

물론 네부카드네자르가 이런 건축 사업을 한 유일한 바빌로니아의 왕은 아니다. 그러나 그의 건축 업적은 그의 이름이 새겨진 수천 장의 벽돌과 돌 타일에 의해 증거된다. 바빌로니아의 많은 다른 도시들도 바빌론과 마찬가지로 재

---

3 Friedrich Wetzel and F. H. Weissbach, *Das Hauptheiligtum des Marduk in Babylon, Esagila und Etemenanki*(Leipzig, 1938).

건되었고 그들의 신전도 다시 세워졌다. 아시리아의 경우처럼 원정으로 얻은 전리품이 건축 사업의 재정원이었던 것으로 보인다.

네부카드네자르의 후계자들은 매우 문제가 많았다. 단 6년 동안에 3명의 왕이 바뀌었고 그중에 두 명은 암살당했다. 마지막으로 왕족 출신이 아닌 나보니두스(Nabonidus, 재위 555-539)가 왕이 되었다. 그는 메소포타미아 역사 가운데 가장 흥미로운 인물들 중 하나다. 마르둑 제사장들이 그를 반대해 제작한 친-페르시아 문학에 의해 그의 역사적 이미지가 만들어졌다. 고대 근동의 왕들은 어머니가 알려진 경우가 많지 않은데 나보니두스는 그중 하나다. 시리아 도시 하란(Harran)에 거주한 그의 어머니 아닷-구피(Adad-guppi)는 달의 신 신(Sin)의 신봉자였다. 그녀는 자서전을 하나 남겼는데 자신은 앗수르바니팔의 즉위 20년에 태어났고 95년 동안 그 신을 봉양했다고 기록한다(문서 14.1).

아시리아에서 바빌로니아로 정권이 교체된 것은 그녀의 삶에 영향을 끼치지 않았다. 달 신 숭배는 나보니두스의 특징 중 하나였다. 이 때문에 나보니두스는 마르둑 제사장들의 미움을 샀다. 그는 하란과 우르의 신(Sin) 성전들에 특별한 관심을 쏟았다. 그리고 그의 딸을 우르의 대여사제로 임명하였다. 대여사제는 오래전에 없어졌는데 그가 다시 부활시켰다. 그러나 마르둑 제사장들을 더욱 불편하게 했던 것은 552년 아들 벨사살(Belshazzar)에게 수도 바빌론을 맡기고 자신은 아라비아 사막의 테이마(Teima)라는 오아시스로 이주한 것이었다. 이 때문에 왕이 친히 의식을 주재해야 했던 새해 축제가 바빌론에서 중단되었다. 새해의 시작을 알리는 마르둑의 신상을 신전에 모시는 축제가 중단되자 한 해의 모든 제의 계획이 혼란스럽게 되었다. 더욱이 10년 후 그가 테이마에서 돌아와 바빌론의 마르둑 성전을 포함한 몇몇 신전들을 달의 신인 신(Sin)을 위한 신전으로 개조하였다. 나보니두스가 위탁한 문서와 그에 관해 기록한 문서들은 나보니두스를 바빌로니아의 문화를 바꾸려 했고, 고대의 문학 전통에 자신의 자국을 남기려 했던 인물로 묘사한다. 이 때문에 그는 제사장들과 바빌론의 전통 학자들의 지지를 잃었고 그가 아직 왕이었을 때 그들은 그의 행위를 마르둑이 심판할 죄로 묘사하였다. 페르시아의 키루스가 바빌론의 왕이 되었을 때 작성된 한 문서는 다음과 같이 말하고 있다.

그는 자신의 계획으로 모든 신들의 왕인 마르둑에 대한 예배를 폐했다. 그는 계속해서 마르둑의 도시에 악을 행했다. 매일, [ ]그는 그의 백성들에게 강제 노동을 부과하고 그들을 쉼 없이 돌렸다.[4]

학자들은 나보니두스가 사막으로 이주한 여러 이유에 대하여 제안하지만 사실을 거의 알 수는 없다. 그렇다고 나보니두스가 단순히 종교적 이유로 사막으로 이주한 것은 아니었다. 그는 당시의 국제 정세에 관해 매우 정통한 사람이었다. 실제로 아라비아에서 달을 신으로 섬기는 종교가 번성했지만 나보니두스의 비문에서는 그곳에서 달의 신 숭배를 장려했다는 분명한 증거는 없다. 왕궁을 테이마(Teima)로 옮겼던 그의 결정에 더 중요한 요인이 되었던 것은 이란에서 발생했던 정치 상황의 변화였을 것이다. 559년에 키루스는 페르시아인들의 왕이 되었고 550년에 그는 자그로스 지역을 완전히 장악하였다. 이 새 왕의 팽창주의적 야욕을 나보니두스는 잘 알고 있었던 것 같다. 북메소포타미아와 시리아는 아나톨리아에서 올라 오는 군대의 쉬운 목표물이 되었을 것이다. 이 영토를 잃으면 바빌로니아는 지중해로 통하는 길을 상실하게 된다. 나보니두스는 지중해에 이르는 새로운 길을 사막에서 찾으려고 했던 것 같다. 북아라비아가 부자로 알려졌던 것도 나보니두스의 결정에 영향을 주었을 것이다. 이런 관점에서 국내에서 자신에 대한 반대 여론을 악화시켰음에도 불구하고 나보니두스가 사막으로 이주한 것은 경솔한 결정은 아니었다.

문서 14.1 아닷-구피의 자서전

본문은 하란 모스크 입구 포장석에 쓰인 두 개의 복사본에서 발견되었다. 하란은 월신 신(Sin)의 제의 중심지로 행사하였다. 본문은 아다드-구피의 아들 나보니두스가 아마도 60대에 왕이 되기 이전, 두 명의 아시리아 왕과 세 명의 바빌론 왕의 통치 95년동안 그 신을 섬겼다고 언급한 그녀에 의하여 첫 번째 사람 이야기로 시작한다. 본문은 그녀의 매장에 대한 묘사로 끝을 맺는데 자서전 부분은 나보니두스가 왕위를 빼앗은 것을 정당화하고자 만든 허구였던 것으로 보인다.

나는 아닷-구피다. 나의 신들 닌갈, 누스쿠, 사다르눈나, 신(Sin)의 종이요 바빌론의 왕인 나보니두스의 어머니다. 나는 그 신들을 어려서부터 봉양해왔다.

내가 태어난 앗수르의 왕 앗수르바니팔의 재위 20년부터 앗수르바니팔의 제위 42년까지, 또한 그의 아들 앗수르-에텔-일라니의 재위 3년까지, 또 나보폴라살의 재위 21년까지, 또 네부카드네자르의 재위 43년까지, 악한-메로닥의 재위 2년까지, 네리글리살의 재위 4년까지, 모두 95년 동안 나는 하늘과 땅의 신들의 왕인 신을 섬기고, 그를 모시는 모든 성소들을 돌보았다. 그는 나와 나의 선행을 기뻐하셨다. 내 기도를 들으시고 내 요구에 동의하셔서 그의 마음의 분을 누그러뜨리셨다. 그는 자신의 선호하는 장소인 하란 가운데 위치한 신(Sin)의 집인 에훌훌과 화해하였다.

신들의 왕인 신(Sin)은 나를 보시고 나보니두스, 나의 외아들, 나의 분신을 왕으로 임명하셨다. 그는 손수 이집트 국경과 지중해로부터 페르시아만에 이르는 모든 땅… 수메르와 아카드의 왕권을 주셨다.

내 꿈에서 신들의 왕인 신(Sin)은 그의 손을 내게 얹으시고 이렇게 말씀하셨다. '너를 통해 내가 신들을 하란으로 돌아오도록 할 것이다. 이 일을 위해 네 아들 나보니두스를 사용할 것이다. 그는 에훌훌을 건설할 것이다. 그는 그 일을 완성할 것이다. 그는 하란을 전보다 더 위대하게 만들 것이다. 하란을 회복할 것이다. 그는 신, 닌갈, 누스쿠, 사다르눈나를 에훌훌로 다시 모셔올 것이다. 나는 신의 말을 주의 깊게 들었다. 그리고 그것이 실현됨을 목격하였다.

나보니두스, 내 외아들, 내 분신이 신, 닌갈, 누스쿠, 사다르눈나에 대한 소홀한 예배를 회복하였다. 그는 에훌훌을 새롭게 건축하였다. 그는 그 일을 마쳤다. 그는 하란을 전보다 더 위대하게 하였다. 그는 신, 닌갈, 누스쿠, 사다르눈나를 왕의 도시 바빌론에서 모셔와 그들이 기뻐하는 땅인 하란의 중심, 에훌훌에 두었다. 그들로 하여금 그곳에서 기쁨과 행복으로 살게 하였다.

신들의 왕 신(Sin)이 이전에 하지 않았던 것을 그리고 누구에게도 주지 않았던 것을 신들의 왕인 그를 예배하고 그의 도움을 구한 나에 대한 사랑으로(주셨다) 그는 내 머리를 들게 하고, 세상에서 좋은 명성을 주셨고, 장수와 건강을 더하셨다. 앗수르의 왕인 앗수르바니팔의 때부터 바빌론의 왕, 나의 분신, 나보니두스의 제9년에 이르기까지, 그들은 104년[1] 동안 신을 숭배하도록 나를 세우셨다. 그는 나를 건강하게 살게 하셨다. 나의 시력이 아직 분명하고 내 정신도 말짱하다. 내 손과 발도 건강하다. 말의 실수도 없고, 음식도 잘 먹는다. 내 살은 아직 생기가 있고 내

기분도 즐겁다. 나는 손자를 4대까지 보게 되었다. 나는 성숙한 노년에 이르렀다.

바빌론의 왕 나보니두스 제9년에 그녀는 죽었다. 바빌론의 왕 나보니두스, 그녀의 아들, 그녀의 분신이 그녀의 시체를 매장하였다… 좋은(옷), (화려한) 외투, 금… 화려하고 아름다운 돌들, 보석들… 그들은 그녀의 시체를 좋은 기름과 함께 비밀의 장소에 매장하였다. 그는 살진 양을 그녀 앞에 [도살]하였다. 그는 바빌론과 보르십파의 주민들을 모으고 먼 지역의 [주민들], 이집트 [국경]과 지중해 지역에서 페르시아만 지역에 이르는 [왕과 왕자들], 총독들로 하여금 [일어나]…애곡하고 [   ]하게 하였다. 그들은 [슬피] 울었다. 그들은 그들의 [   ]를 던지고 7일을 밤낮으로 [   ]하였다. 그들은 파이프를 불었다. 그들은 옷을 던졌다. 제7일째 되던 날 전국의 군인들이 머리를 자르고 옷을 [   ]고 옷 상자[   ] 음식 [   ] 향수 [   ] 좋은 기름을 머리에 부었다. 그는 그들의 마음으로 기쁘게 하였다….

---

1   그녀는 실제로는 102년(649-547)을 살았지만 몇 년의 재임기간이 중복된 것을 무시하였기에 숫자 104로 나타냈다.

번역 출처: Tremper Longman III, *Fictional Akkadian Autobiography*(Winona lake: Eisenbrauns, 1991), 225-8. 저자의 허락하에 게재함.

바빌로니아 사람들이 그들의 왕에게 매우 화가 나있었기 때문에 페르시아는 그 지역을 쉽게 정복할 수 있었다. 539년에 키루스는 동쪽에서 바빌로니아로 들어왔다. 디얄라와 티그리스강이 만나는 지점에서 크게 승리한 후 키루스는 전쟁 없이 도시들을 접수하였다. 539년 10월 12일 바빌론이 무너지고 수세기 동안 지속된 바빌론 왕조가 끝났다. 수도를 접수하면서 페르시아인들은 바빌로니아 제국 전체 영토를 이어받았고 전대미문의 바빌로니아의 팽창 정책의 수혜자가 되었다.

키루스는 나보니두스에 대한 부정적 여론을 이용해 바빌로니아에서의 자신의 통치를 정당화하려 하였다. 그는 자신을 마르둑이 정의와 질서를 회복하기 위해 선택한 구속자로 선전하였다. 나보니두스의 부정적 이미지는 후에 유대 전통에서도 살아남는다. 주전 1세기 사해 문서에 따르면 나보니두스는 테이마에서 몹쓸 병에 걸렸다. 헬레니즘 시대에 쓰인 다니엘서에서도 그 이미지가 유대 전통에서 더욱 유명한 증오의 대상인 네부카드네자르에게 전이된다. 다니엘서는 네부카드네자르에 대해 다음과 같이 기록한다.

> 바로 그때에 네부카드네자르에 대한 말이 이루어져서 그가 사람에게서 쫓
> 겨나 소처럼 풀을 먹고, 그의 머리카락이 독수리 깃털처럼 자랐고, 손톱은
> 새 발톱처럼 자랐으며, 그의 몸은 하늘 이슬에 젖었다(단 4:33, 바른성경).

신-바빌로니아 시대는 농업을 기반으로 한 바빌로니아가 큰 경제적 번영을 누린 약 2세기의 기간을 열었다. 파괴적 전쟁들의 시대가 끝난 후 찾아온 평화는 관계시설의 확충을 가능하게 해 주었고 지방 전역에 운하가 바둑판처럼 정리되었다. 이제는 큰 면적의 땅을 경작할 수 있었다. 그러나 여전히 물은 귀했다. 노동력도 구하기 힘들었지만 신-바빌로니아의 군주들은 아시리아의 유배 정책을 이어받아 많은 사람들을 바빌로니아로 이주시켰다. 이것은 내부적 식민 정책, 다시 말해 국가 내 영토를 강제 노동을 통해 발전시킨 정책이다.

바빌로니아 내부에서의 물물 교환이 활발하였다. 제국의 다른 지역뿐만 아니라 해외와의 교역도 활발하였다. 운하를 통해 농산품을 배로 간편하게 운송할 수 있었고 많은 문서들에 보리나 대추야자 등의 대량 운송품들이 기록되었다. 이런 사업들은 바빌론 출신의 에기비(Egibi) 같은 무역 가문이 지원하였다. 그들은 보증금을 받고, 돈을 빌려주고, 손님의 빚을 갚고, 미래의 정산을 전제로 물건을 구입(신용 거래)하도록 해주었다. 에기비 가문은 농산물 무역에서 크게 성공하여 많은 땅을 소유하게 되었고 이 가문에서 몇 사람은 바빌론에서 유망한 관료가 되었다. 도시에서는 작은 규모의 행상들이 소금, 맥주, 주방 기구 등을 판매하였다. 장거리 무역은 제국과 그 밖의 지역 사이에 이루어졌다. 이집트, 키프로스, 아나톨리아, 시리아-팔레스타인, 바빌로니아, 서부 이란은 철, 동, 주석, 청금석, 직물, 직물 가공품(나트론, 염색 등), 포도주, 꿀, 향료 등이 대량으로 거래되는 시장을 형성하였다. 상인들은 궁이나 신전에 부속하였거나 독립적으로 활동하였다. 정치적 경계는 그들의 사업에 장애가 된 것 같지 않다. 아테네의 그리스 도자기가 바빌로니아에서 발견되었다. 또한, 정

권의 교체도 그들의 상업 활동에 영향을 주지는 않은 것 같다. 페르시아가 바빌로니아를 점령했을 때에도 에기비 가문은 사업을 계속했다.

광범위한 경제 활동을 위해서는 자세한 장부 정리가 필요했다. 신바빌로니아와 아키메니드 시대는 우르3시대 이후 가장 풍부한 바빌로니아 자료들이 있다. 약 만 오천 점의 토판이 출판되었고 더 많은 토판들이 박물관에 있다. 그 토판들은 거의 신전이나 개인 주거지에서 발견된 것들이다. 왕궁의 경제적 역할에 대한 직접적 기록은 없다. 이것은 우리의 관점을 제한시킨다. 많은 신전들이 밭, 과수원, 동물 떼를 갖춘 자급적인 농지들을 소유하였다. 그들 부의 상당한 부분은 땅이나 다른 수입원을 소유하고 신전 영토 근처에 살았던 사람들이 지불하는 십일조에 의존한 것이었다. 언제나 정확하게 10%는 아니었지만 왕을 포함한 모든 사람들이 그들의 밭, 과수원, 짐승떼 등을 통해 번 수입의 일부를 신전에 바쳐야 했다.

이 '십일조'는 현물이나 은으로 지불할 수 있었으며 특별 관리들이 직접 수납했다. 사람들이 십일조를 바칠 수 없을 때는 사채업자에게서 돈을 꾸어 갚거나 자식을 성전의 종으로 바쳐야 했다. 임금 노동자가 매우 희귀했기 때문에 노예는 잡일을 하는 데 매우 유용하였다. 노예를 얻는 다른 방법은 왕이 전쟁 포로를 신전에 주는 것이다. 그러나 대부분의 신전 경작지는 소작료를 지불하는 자유 소작인들에 의해 경작되었다. 궁정 지주와 개인 지주들은 자신의 영토를 경작할 때 비슷한 방법을 사용했다. 그들은 필요할 때 씨 곡물, 농기구, 동물 등을 제공하였다. 이처럼 소작인들은 땅에 자신의 재산을 투자하지는 않았다. 그러나 그들은 허락없이 농지를 이탈할 수 없었고 도망했다가 체포되면 쇠고랑을 차고 송환되었다.

소작료를 거두고, 씨 곡물과 농기구를 분배하고, 수확을 시장에 내놓는 것은 복잡한 조직력을 요구한다. 공공 지주와 개인 지주들은 모두 이 일을 손수 하기를 원하지 않았다. 그들은 제2천년기 초기부터 바빌로니아의 역사에서 행해진 것처럼 사업가에 의존하였다. 이 중간인들은 종종 같은 지역 내의 다양한 지주들을 위해 그런 일을 보아주는 사업 가문들로 조직되었다. 그들은 다른 정권 아래서도 계속 활동할 수 있었다. 그들은 은을 가지고 수확을 입도 선매하고, 수확물을 각 도시로 이송시키며 소작료를 내지 못하는 사람들에게 빚을 내준다.

또한, 자신의 재산을 이용해 무역에 투자했다. 개인 소장의 문서들은 신-바빌로니아 시대의 두 번째로 많은 자료들을 구성한다. 이 문서들은 전문 사업가의 사업들 이외의 많은 경제 활동들을 기록한다. 자산 이동에 관한 모든 것은 여러 명을 증인으로 한 세밀한 계약서에 기록되었다(문서 14.2). 수많은 개인 가정 문서들이 현전한다. 그것들은 부동산, 노예, 동물, 빚 등 모든 자산을 기록하였다. 그 기록들은 수세대 동안 보관되기도 했으며 기록에 따르면 사촌들이나 사돈들과 같은 친척들이 함께 동업하고 재산을 공동 소유한 경우가 많았다.

신-바빌로니아 인구는 도시들에 집중되었다. 도시화의 수준이 비록 제2천년기 수준에는 이르지 못했지만 그 이전 시대보다는 훨씬 높았다. 바빌론과 같은 곳은 크기와 인구 수에 있어 어마어마한 규모의 도시였으며 유지와 운영을 위해 상당한 위성 농촌(도시에 식량을 제공하는 시골)을 필요로 했다. 농업 생산은 도시의 수요를 맞추기 위해 부분적이지만 지역별로 특화되었을 가능성이 있다. 도시들과 국가와의 관계는 신-아시리아 시대와 유사했다. 왕들은 몇몇 역사적으로 오래된 도시들에 특권을 주어 그들은 군역과 강제 노동에서 면제 되었다. 도시들은 신전을 중심으로 한 자치 조직이었다. 신전은 현전하는 자료의 대부분이 생산된 곳이다. 도시들은 자체적인 법정들이 있어 판결은 의회에서 내려졌다. 그러나 그 의회를 구성하는 사람들이 누구였는지는 잘 모른다.

문서 14.2 신-바빌로니아 개인 계약서

신-바빌로니아 시대는 고대 근동의 사회와 경제에 대한 매우 풍성한 문서 자료가 있다. 현전하는 수천 점의 쐐기 점토판이 일상생활을 증거하고 있다. 그중 남편과 아내의 가족 사이에 맺어진 협약을 기술한 결혼 계약서들도 있다. 이런 계약서에는 종종 한 쪽이 다른 쪽에게 거래를 제시하는 직접화법이 들어 있다.

잠부부 씨의 아들 다길-일리 씨가 바부투 씨의 후손인 네르갈-이딘 씨의 딸 함마 양에게 다음과 같이 말했다. "저에게 당신의 딸, 라-투바스쉰니 양을 주십시오. 나의 아내가 되게 해 주십시오."

함마 씨는 동의하여 자신의 딸 라-투바스쉰니 양을 그에게 아내로 주었다. 그리고 다길-일리 씨는 자발적으로 함마 씨에게 은 반 파운드로 구입한 노예인 아나-무히-벨-아무르 씨와 1.5 파운드의 은도 주었다. 그것은 그녀의 딸 라-투바스쉰니 양을 생각한 선물이다.

만약 다길-일리 씨가 아내를 하나 더 들이면 다길-일리 씨는 1파운드의 은을 라-투바스쉰니 양에게 주고 그녀는 원하는 곳으로 떠날 수 있다.

(이 계약은) 신-다마쿠의 후손이자 이나-테쉬-에티르 씨의 아들인 숨-이딘 씨 앞에서 작성되었다. 증인들은 다음과 같다. 나부-벨-슈마티의 아들이자 도공의 후손인 벨-아헤-이딘 씨, 네르갈-이딘의 아들이자 바부투의 후손인 마르둑-에티르 씨, 마르둑-제르-이브니의 아들이자 바빌론의 이스타르 제사장의 후손인 나부-무킨-제리 서기관(scribe). 바빌론에서 작성됨. 마르케스반 달, 제9일, 바빌론의 왕 네부카드네자르 재위 13년.

번역 출처: Martha T. Roth, *Babylonian Marriage Agreements 7th-3rd Centuries BC*(Kevelaer: Butzon & becker, 1984), 42-3.

신-바빌로니아 인구는 도시에 집중되었다. 도시화의 정도는 비록 제2천년기 수준에는 이르지 못했지만 그 이전 시대보다는 높았다. 바빌론 같은 곳은 크기와 인구 수에 있어 엄청난 규모였으며 유지와 운영을 위해(식량을 제공하는) 상당한 위성 농촌을 필요로 했다. 도시의 수요를 맞추기 위해 농업 생산은 부분적이지만 지역별로 특화되었을 것이다. 도시과 국가와의 관계는 신-아시리아 시대와 유사했다. 왕들은 오래된 도시들에 특권을 주어 군역과 강제 노동을 면제해 주었다. 도시들은 신전을 중심으로 한 자치 조직이었다. 신전은 현전하는 대부분의 자료들이 생산된 곳이다. 도시들은 자체적인 법정들이 있어 의회에서 판결이 내려졌다. 그러나 그 의회를 구성하는 사람들이 누구였는지는 잘 모른다. 신전에서 위치에 따라 사회적 지위가 결정되었기 때문에 신전은 도시의 사회 구조에 영향을 주었다. 숙련된 장인과 같은 자유 노동자들은 자신의 권리를 위해 단체로 교섭할 수 있었다.

그러나 지방 사람들은 그런 특권이 없었다. 그들이 경작하는 땅에 묶여 지주에게 노동력과 소작료를 제공해야 했다. 정부의 고위 관리는 땅을 하사받았다. 그 땅들은 네부카드네자르 2세 이후 계속된 권력 승계 문제와 같은 정치적 위기 시에 주인이 여러 번 바뀐다. 그런 땅의 주인들은 돈 버는 일에만 관심있는 지역 사업가에게 경영을 맡기고 자신은 다른 곳에 거주한다. 많은 농부들이 제국의 먼 지역에서 강제로 이주 당한 유배민들이었다. 유배민들은 마을 단위로 함께 거주했다. 또 다른 중요한 주민은 정주하지 않은 상태로 있었는데 그들에 대한 기록은 거의 눈에 띠지 않는다. 왕가는 갈데아(Chaldean) 태생이고 권력을 주로 도시 내에서 행사하였지만 부족 공동체와 좋은 관계를 유지해야 했다. 따라서 왕은 구 바빌론 도시 엘리트, 국가 관료, 이방 민족 등 다른 지지층들과도 신중하게 협의해야 했다. 이러한 긴장 관계는 네부카드자네르가 죽은 후에 수년간 고통을 불러일으키는 원인이 되었다.

제국의 본토로 이민시키는 정책과 외국 국가들과의 광범위한 교역은 바빌론과 같은 도시들을 다민족 도시로 만들었다. 시리아-팔레스타인, 페니키아, 엘람, 페르시아, 메디아, 이오니아, 시실리아, 이집트에서 온 사람들은 매우 가까이 살았다. 유배되어 온 사람들 중 상류층들은 왕궁에서 살도록 허락되었다. 적국에서 온 사람들도 환영받았다. 예를 들어, 이집트인들은 바빌로니아 전역에서 발견되었으며 종종 쐐기 문자 토판의 서기관으로 일하였다.

수많은 언어와 문화가 바빌론에 공존했다. 그러나 왕들은 고대 바빌로니아 문화와 전통을 유지하고 복원하는 정책을 추구했다. 당시 아카드어는 널리 사용되지는 않았고 생활 언어는 아람어로 대체되었을 가능성이 높으나 아카드어는 여전히 문화와 행정 언어로 보존되었다. 신-아시리아 시대처럼 고대 문학이 필사되고 전승되었다. 과거와의 소통은 거기에서 끝나지 않았다. 당시 사용 되지 않던 아카드어 표현과 수메르어가 왕의 비문에 의식적으로 사용되었다. 모든 비문에 구 바벨론 방언으로 기록되었다. 때로 제3천년기에 사용된 쐐기 문자가 사용되기도 했다. 과거에 대한 관심이 문학의 분야를 넘어 예술의 분야도 나타났다. 고대 예술 작품이 발견되면 잘 보호하고 복원하였다

그림 14.4 샤마쉬 토판. 이 토판은 9세기 바빌로니아 왕 나부-아플라-이디나가 두 명의 중재 신들과 동행하여 태양신 샤마쉬에 나아가는 모습을 보여주고 있다. 본문은 나부-아플라-이디나가 어떻게 그 신의 새로운 신상을 만들라고 명령하였는지를 기술하고 있다. 나보폴라살 왕은 250년 후에 이 토판을 발견하였고 그것을 안전하게 보관하고자 토기 상자에 두었으며, 그것을 보호하기 위하여 새겨진 판넬의 진흙 인장을 그돌 위에 두었다. 대영 박물관, 런던(ME 91000). 바빌로니아인들, 9세기 초, 십파르. 길이 29.210cm; 너비 17.780cm. 출판 허가: © The Trustees of the British Museum.

(그림 14.4). 나보니두스는 아카드의 사르곤의 상을 발견하여 신전에 보존하였고 그 신상에 정기적으로 제물을 바쳤다. 발굴가들은 십파르에 있는 샤마쉬(Shamash) 신전에서 엠뎃 나스르(Jemdet Nasr) 시대의 물품을 발견하였다. 그것들은 바빌론에서 제작된 것도 있지만 이웃 지방에서 제작되어 옮겨진 것도 있었다. 글자가 새겨진 돌 그릇, 신상, 경계석 등이 발견되었다. 고대 예술품을 보존하는 것은 다른 도시들도 마찬가지였다. 신전을 복원할 때 중요한 것은 가장 오래된 기초석을 찾는 것이었다. 오늘날 고고학 발굴과 비슷한 일이 당시에도 행해졌다. 나보니두스는 네부카드네자르가 십파르 신전의 기초석의 위치를 찾지 못해 결과적으로 그의 신전 재건이 잘 진행되지 못했다고 기록한다. 그래서 나보니두스는 십파르 신전을 건축하면서 기초석 발굴을 계속하여

마침내 아카드의 나람-신 시대의 기초석을 발견한 후 신전을 건설하였다. 나보니두스는 나람-신이 자기보 다 3,200년 먼저 통치한 왕이라고 생각했다. 이것은 잘못된 수치로 나보니두스가 스스로를 매우 오랜 전통의 계승자로 생각하고 있었음을 단적으로 보여준다.

그런 태도는 사르곤이 우르에 최초로 만든 달 신을 위한 여자 사제직을 나보니두스가 다시 부활시켰던 사실을 설명해준다. 나보니두스가 시도한 혁신에도 불구하고 신-바빌로니아 시대의 종교 관행은 전통에 충실했고 그 지역에서 오랫동안 숭배된 신들에 지속적인 초점이 맞추어졌다. 과거와 같이 각 도시는 특정 신의 고향으로 간주되었고 그 신의 신전은 그 신의 집으로 여겨졌다. 신전이 경제에 중심적인 역할을 수행했기 때문에 많은 신전들이 부를 축적했 으며 종교가 번성하였다. 바빌로니아의 일부 전통 종교들이 서로 경쟁하기도 하였다. 예를 들어, 우룩에서 아누와 아스타르를 섬기는 제의들은 라이벌 관계에 있었다. 바빌론 시에서는 마르둑이 단연 독보적이었고 새해 축제를 통해 해마다 만신전에서 최고 신으로서의 지위가 확인되었다. 그때 다른 신들의 신상들이 마르둑에게 찾아온다. 그들은 공식 행열로 바빌론에 들어와 바르둑의 왕권이 재확인되는 본 성소까지 진행한다.

신-바빌로니아 왕조는 고대 근동 역사에서 메소포타미아인들에 의한 마지막 메소포타미아 왕조였다. 그러므로 신-바빌로니아 제국의 종말은 당시 사람들은 못 느꼈겠지만 우리에게 중요한 사건처럼 보인다. 왕들은 자신을 제3천 년기까지 거슬러 올라가는 바빌로니아의 위대한 전통의 일부라고 자처하고 그 전통에 대한 의식을 고취하였다. 바빌로니아의 문화는 왕조가 전복될 때까지 매우 강한 영향을 가졌다. 그리고 왕조는 없어졌지만 바빌로니아 문화는 다음 역사에도 살아남았다.

토론 14.1 바빌론의 공중 정원은 어디에 있었는가?

누구나 세계 7대 불가사의를 알고 있다. 이집트 피라미드를 제외하고 모두 사라진 대단한 업적의 목록이다. 우선 고대에 그 목록은 내용에 있어 다양했으나 주후 1년 즈음 7대 불가사의로 확정되었을 때 바빌론의 공중 정원이 포함되었다. 그 정원은 그 때에도 특출났는데 왜냐하면, 로마 출신의 한 여행가가 다른 불가사의들을 쉽게 방문할 수 있었던 반면 바빌론의 정원은 로마 제국 외부 지역 동쪽 먼 곳에 있었기 때문이다(Finkel & Seymour 2008: 106에 있는 지도를 보라). 그러나 정원에 대한 고대 그리스와 라틴 이야기 몇 개가 존재하는데 그들 모두는 1세기와 주후 1세기의 것이지만 좀 더 이른 시기의 저자들을 인용한다. 그들 중 요세푸스(주후 1세기)는 느부갓네살 2세가 향수병에 걸린 그의 메디아 출신 아내를 위하여 공중 정원을 건설하였다고 쓴 바빌로니아 역사가 베로수스(약 290년)를 인용하였다. 다른 곳에서 베로수스는 느부갓네살의 아내를 아미티스로 부른다. 디오도루스(약 1세기)는 크테시아스(4세기)를 인용하는데 그는 무명의 페르시아 첩이 "그녀의 산들의 목초지"를 열망하기에 무명의 시리아 왕이 그녀를 위하여 정원을 건축하였고 그는 그것의 전체 윤곽에 대한 기술적인 세부사항을 지시하였다고 언급하였다. 따라서 그 이야기는 낭만적인 매력을 지녔고 정원은 고대 바빌론에 대한 우리의 생각에 필수적인 부분이 되었다(고전 내용의 인용은 Finkel & Seymour 2008:104-11을 보라).

초기에 그 장소를 방문한 이들은 그때 황량한 변두리 지역에 홀로 있는 나무들은 그 정원에 있는 것에서 내려온 것이라 추측하였다. 1899년 큰 규모의 발굴이 시작되었을 때, 감독자 로버트 콜데웨이는 그 도시의 전체 윤곽을 드러내고, 자연스럽게 정원이 어디에 있는지에 대한 질문이 밝혀지기를 원하였다. 그는 아쉬타르 성문 뒤쪽 남쪽 궁전 동쪽편에 있는 매우 두꺼운 벽들과 아치 천장을 지닌 방들의 복합건물을 발견하였고, 임시적으로 그것들이 정원을 지지하였던 것이라고 제안하였다(Koldewey 1914: 91-100). 이후 그는 이 점에 대하여 좀 더 확신하게 되었지만, 물을 공급해 주었던 유프라테스 강과 그렇게 멀리 떨어진 곳에 위치했다는 난점이 있다.

이후 망명한 유대인 왕 여호야긴을 포함하여 사람들에게 기름 보급을 기록한 토판들이 이 건물에서 발견되면서 그곳이 저장 기능을 한 지역이라는 것이 분명해졌다. 학자들은 유프라테스강변에 위치한 다른 장소를 제안하였지만(예를 들어,

Wiseman 1985: 56-60), 그 어느 것도 결정적인 증거에 기반을 두고 있지 않다.

공중 정원이 존재하였는지에 대한 의구심이 일반적인 것이 되었다(예를 들어, Finkel 1988). 분명한 고고학적 증거의 부재는 바빌론에 대하여 가장 유창하게 쓴 자료들이 침묵하는 것에 힘을 받고 있다. 신바빌로니아 건물 비문 중 어떤 것도 정원을 언급하고 있지 않고, 바빌론의 신전, 성문, 거리 등을 목록으로 보여주고 있는 다섯 개의 토판에 쐐기 문자로 쓰인 바빌론 묘사에서도 나타나지 않는다(George 1992). 바빌론에 대하여 가장 자세하게 기술한 고대 자료의 저자 그리스인 헤로도투스는 정원에 대하여 말하지 않고 그것은 히브리 성경에서도 나타나지 않는다(Van der Spek 2008). 정원에 대한 것은 모두 허구인가?

그 질문에 대하여 20년 동안 연구해온 학자는 아니라고 말하며 최근 이 점에 대하여 단행본을 출판하였다(Dalley 2013). 그녀는 공중 정원이 바빌론에 있었던 것이 아니라 그것의 사상적 상대인, 좀 더 이른 시기의 아시리아의 수도 니느웨의 산헤립의 "대적할 이가 없는 궁전" 옆에 있었다고 증명하려 했다. 아시리아인들은 정원의 높은 곳까지 관개하는데 필요한 티그리스강 물을 끌어올리는 기술을 가지고 있었고 아시리아 부조에 궁전 정원이 존재하였음을 시각적으로 보여주는 증거가 있다. 더구나 그녀의 의견으로 산헤립의 건물 비문들을 다시 읽어 보면 그가 정원을 건설하였음을 확증해 준다. 동료들은 과거 이러한 제안에 회의적이었지만(예를 들어, Van der Spek 2008), 그녀의 단편집의 연구가 좀 더 많은 사람들을 확신시킬지 말하기에는 너무 이르다. 어떻든, 이 신비는 항상 바빌론의 매력의 한 부분으로 남을 것이며, 이는 왜 그것이 오랜 동안 서방 세계의 상상을 자극시켜 왔는지에 대한 이유이다(cf. Finkel & Seymour 2008; Wullen & Schauerte 2008 참조).

세계 제국의 탄생: 페르시아

3000	2500	2000	1500	1000	500

559	고레스의 페르시아 왕위 등극
539	고레스의 바빌로니아 정복
525	캄비세스의 이집트 정복
521	다리오의 왕위 찬탈
490	그리스 마라톤 전투
480	그리스 살라미스 전투

6세기 하반기 몇 십년 동안, 이란 남서쪽의 페르시아인들은 고대 근동 전체, 인더스 계곡에서 그리스 북쪽, 중앙 아시아에서 이집트 남쪽까지의 지역을 아우르는 거대한 제국을 이루었다. 페르시아 제국은 그지역의 이전과 이후 제국들과 비교해 보았을 때 긴 기간인 200년 동안 어느 정도 온전한 형태로 지속되었다. 그것은 다른 언어, 문화 경제, 사회정치 조직을 지닌 지역들을 성공적으로 함께 어우르게 하였으며 고대 근동역사에서 지배국들의 다양성을 인정한 첫번째 제국이었다. 그의 빠른 확장은 최근까지 페르시아의 역사 재건을 지배해왔던 페르시아와 그리스 간의 전투 바로 이전에 끝이 났다. 제국의 거대한 범위와 많은 사람들과 장소들에 미친 영향력은 우리에게 연구할 많은

기록을 남겼으며 미묘하나마 역사에서 첫번째 세계 제국이라 불릴 수 있는 나라에 접근케 한다.

1. 자료와 도전

페르시아 제국에 대한 자료들은 역사가에게 어려운 점을 제시하는데 자료가 없어서가 아니라 그것이 다양하고, 그것을 전체적으로 일관성 있게 맞추려고 하는 것이 매우 도전적인 일이기 때문이다. 그 제국은 결코 잊히지 않았으며 서방 전통에서 고전 그리스와 로마의 저자들과 히브리 성경은 그것의 이미지를 형성시켰고 계속 역사 학계와 대중의 상상에 강한 충격을 주었다. 그리스인들은 자연적으로 페르시아와 관련하여 가장 강렬한 두 시기에 집중하였다. 490년과 480-479년의 페르시아 전투와 330년대 말 마케돈의 알렉산더의 제국 정복이다. 두 시기 모두 페르시아는 실패하였고 이 거대한 적군을 그리스인들이 패퇴시킨 것은 그들의 도덕적 우수성에 대한 통찰과 페르시아의 무력함의 원인들을 자극했다. 페르시아 통치자들이 실패하였다는 생각은 애스킬루스의 비극『페르시아인들』과 같은 그리스 저작에 나타난다. 그 작품은 페르시아인 여왕을 걱정하는 어머니로 매우 동정적인 모습으로 그린 것을 포함한다. 페르시아 전쟁의 가장 위대한 역사가는 헤로도투스(5세기 말)로서 그는 그 근원을 오랜 세대 동안 아시아와 유럽 간의 반목으로 보았고 그 사건들의 가장 자세한 내용들을 제공하고 있다. 알렉산더는 그와 함께 저술가들을 데리고 가서 그의 군사적 위업을 기록하게 하였으며, 비록 그들의 보고가 지금은 잃어버리고 없지만 그것들은 로마제국의 역사가로 하여금 본질적으로 성인전(聖人傳, hagiography)이었던 것을 탄생시키도록 고무시켰다.

그리스인들은 관습적으로 페르시아인의 궁중에서 일하였고 어떤 이들은 그들의 경험을 기록하였다. 4세기 초 왕의 의사였던 크테시아스는 23권의『페르시아 역사』를 저술하였는데 그 책은 주후 9세기 요약본과 잡다한 인용에서만 알려졌다. 그는 현대 역사가들이 종종 폄하하는 궁중 음모를 묘사하기를 매우 좋아하였다. 이와 동시에, 아테네 용병 리더였던 제노폰은 401년 페르시아의 왕위 승계 전쟁에서 패한 쪽에서 싸웠던 이로 제국의 서쪽 지역을 향해 한 내용을 묘사하였다. 그는 또한 찬양집『고레스의 교육』을 저술하였는데 그는 그 제국의 건립자를 이상적인 통치자로 제시하였다.

히브리 성경 또한 고레스를 유대인들을 포로에서 해방시켰고 그들에게 예루살렘 성전을 재건하도록 허락한 왕으로 매우 긍정적으로 보았다. 이사야 선지자는 특별히 고레스를 해방자로 알리는 반면, 에스라서와 느헤미야서는 비록 이 책들이 많은 역사적 문제점을 갖고 있기는 하지만 새로운 유다에서 일어난 사건들을 기록하고 있다. 그러나, 긍정적인 이미지는 역사가 요세푸스(1세기)에게도 영향력을 미쳤지만, 절대적인 것은 아니었다. 유다가 헬라 세계에 속해 있었던 때에 쓰인 에스더서는 음모와 무의미한 살인으로 가득 찬 페르시아 궁중을 묘사하고 있다. 이 고대 자료들과 여행 기술에서 묘사된 페르세폴리스 폐허들은 그 제국 자체에서 나온 자료들이 이해되기 이전에 일종의 페르시아 역사의 재건을 가능하게 하였다. 긍정적인 요소에도 불구하고, 균형을 맞추어 이러한 고대의 저술들은 페르시아를 크고 매우 부유하지만 타락과 고위층의 변덕으로 마비된 실패한 시민사회로 제시하였다. 그것은 고전 그리스인들이 서방에 대한 상상력, 즉 창조성과 자유의 사랑으로 나타낸 것과 대조를 이룬다. 이러한 견해로 보면 마라톤 전투는 유럽을 동방의 압제 정치에서 해방시킨 것이다.

페르시아를 부정적으로 평가하는 것은 심지어 그 제국이 통치했던 지역을 탐험하면서 제공하는 많은 양의 문서에서도 나타난다. 이전에 유용한 이야기들과 달리, 이것들은 주로 관리와 행정에 관한 간결한 문서이다. 나일강에서 인더스강까지 많은 문화와 사람들 간의 상호 작용과 넓은 범위로 인하여 이 기록들은 극히 다양하다. 서술할 때 많은 수의 언어들, 서체들, 행정적 관습들이 관여된다. 즉, 이집트 지역의 민중어, 메소포타미아 지역의 바빌로니아어, 페르시아 지역의 엘람어와 고대 페르시아어, 그리스어, 아나톨리아 지역 프리기아어와 리디아어, 제국 전체의 아람어 등이다. 고고학적으로 접근할 때, 도시들, 궁전들, 무덤들, 관개 체계, 운하, 많은 종류의 물품들 등이 포함된다.

기록된 문서의 편견은 잘 갖춰진 행정 실무를 수용하였던 제국의 서쪽에 상당히 집중되어 나타나지만, 4세기 아프가니스탄에서 발견된 나무와 가죽에 쓰인 아람어 문서는 행정의 범위가 그 영토전역까지 미쳤음을 보여준다. 제국에서 양산된 자료들은 숫자는 많았지만 그 역사의 서술 구조는 여전히 그리스인의 서술에 기초를 두고 있으며 그들의 부정적 태도와 함께 나타난다. 제국 마지막 30년에 이르러서야 고대 페르시아의 학자들이 이 편견에 맞서기 시작하였고 의식적으로 헬라 중심적 접근을 뒤집으려고 시도하였다. 그들은 "동양학자" 고정관념을 서서히 쇠퇴시키려 하였는데 아마도 어떨 때는 너무 멀리 간 점도 있다. 페르시아는 더 이상 알렉산더와 그의 추종자들에 의하여 소생되기를 기다리면서 지친 거인이 아니라 근동 지역을 통치하였던 200년 동안 계속해서 수많은 도전을 대면한 복합 조직으로 생각되었다.

2. 페르시아의 등장과 팽창

페르시아의 중심 지역은 오늘날 파스(Fars)로 불리는 이란 남서쪽으로 옛날 엘람 국가의 동쪽 부분과 메대 남쪽이다. 이곳은 수사와 안샨의 왕들이 통치자였던 엘람 시대를 회상하면서 "안샨 왕" 명칭을 사용하는 지방 왕조의 본고장이다. 그러나 거주민들은 엘람인들이 아니라 페르시아인들로 구성되었는데 이들은 인도-유럽어를 사용하면서 1천년대 초반 그 지역으로 이주하였던 이란 사람들이다. 실제로 559년 왕위에 올라 그 이름을 사용한 왕조의 두 번째 왕인 고레스 전까지 그 지역에 대해서 알려진 바가 전혀 없다. 그는 그때까지 역사 속에서 세계에서 가장 큰 제국을 탄생시킨 사람이 되었는데 이것이 그가 종종 고레스 대왕이라고 불려지는 이유이다. 550년 그는 메대 통치자 이쉬투메구(Ishtumegu, 그리스 자료에는 아스티아게스 Astyages)를 패퇴시켰다. 헤로도투스는 고레스는 그의 주인을 끌어내린 봉신이었다고 주장한 반면, 바빌로니아 자료는 이쉬투메구가 안샨을 정복하고자 출정하였고, 그의 군대가 반역하여 그들의 왕을 고레스에게 항복시켰다고 보고한다. 이러한 행동으로 페르

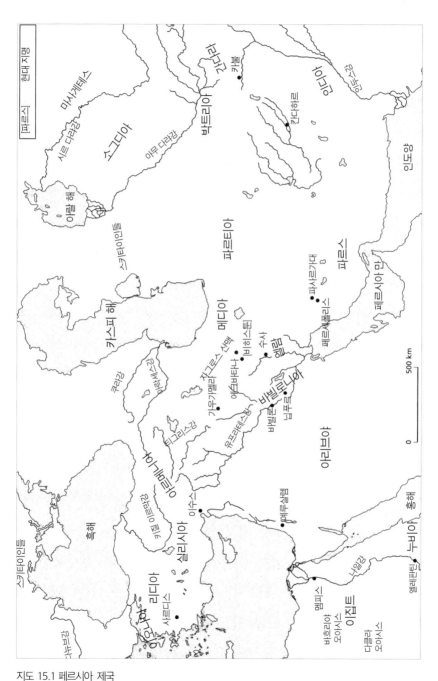

지도 15.1 페르시아 제국

출처: Josef Wiesehöfer, Das antike Persien(Zurich: Artemis and Wickler, 1993)

시아인들은 메대가 지배하였던 전 영토를 차지하였고 이것을 기초로 삼아 그와 그의 후계자들은 신속한 군사적 확장을 추구하였다.

547년 고레스는 리디아의 크로에수스(Croesus) 왕을 패퇴시켰는데 그곳에서 에게 해와 이오니아 해안의 그리스 도시들까지 도달하였다. 546년부터 540년까지 그는 아마도 이란 동쪽을 원정하였으나 세부 사항은 알려지지 않고 있다. 539년 그는 바빌로니아 제국으로 진격하였다. 539년 9월 양국의 왕들이 이끄는 군대가 메대 성벽 동쪽 티그리스강과 디얄라강의 합류지점 오피스 근처에서 대치하였다. 고레스가 그 전투에서 승리하였고 그 도시를 약탈하였으며 거주민들을 학살하였는데, 이것이 메대 성벽의 서쪽에 있던 십파르 거주민을 두렵게 하여 그들은 싸우지 않고 그에게 항복하였다. 그때 고레스는 한 장군을 바빌론으로 보냈고 그는 나보니두스 왕을 감옥에 가두었으며 아마도 그 도시의 항복을 협상하였을 것이다. 바로 그 이후, 그 해 10월 12일에 그는 바빌론의 새로운 왕으로 그 도시를 입성하였다. 그곳의 왕좌를 차지한 것은 고레스를 신바빌로니아 제국 전체의 통치자가 되게 한 것이었으며, 그 제국의 다양한 민족들은 저항 없이 그를 수용하였던 것처럼 보인다. 이 부드러운 전환은 우리가 그것을 바빌로니아인들이 반세기 이전에 레반트에서 직면하였던 어려움과 비교할 때 괄목할 만한 것이다.

고레스는 이제 그의 관심을 북동쪽으로 돌릴 수 있었고 그의 군대를 이란 북쪽과 중앙 아시아로 이끌고 가서 거대한 영토를 합병시켰다. 이 지역들의 이전 정치 조직은 우리에게 불분명하지만 그 지역내에서 유목민들이 큰 역할을 하였기 때문에 분명히 서쪽 지역의 중앙화 된 도시 기반의 체계와 매우 달랐을 것이다. 고레스가 그의 통치를 어떻게 시행할 수 있었는지는 하나의 미스터리인데 왜냐하면 자료들이 그들의 서쪽 지역에 대한 편견을 가진 채 쓰였고 그의 정복들을 보고하는 것도 극소수이기 때문이다. 헤로도투스에 따르면, 고레스는 530년에 중앙 아시아의 유목민 마사게테인들(Massagetae)과 싸우는 전투에서 전사하였다. 그는 20년 만에 이란 남서부의 조그만 왕정 국가를 선례가 없는 거대한 영토를 가진 제국의 통치 지역으로 바꾸어 놓았다. 그는 메대인, 리디아인, 바빌로니아인들의 통치하에 있던 이전의 중앙화의 세력의 이득을 보았지만, 이것을 수행하기 위하여 괄목할 만한 군사적, 행정적 기술들을 지녔음에 틀림없다.

그의 후계자 캄비세스(529-522년 통치)는 이미 황태자와 공동 섭정자로 활발하게 서쪽 지역을 원정하여 제국을 그쪽으로 더 확장시켰다. 그는 사이프러스를 점령하였고, 525년 이집트를 침공하였다. 이것은 급습이 아니었는데 왜냐하면 아시리아인들 아래에 있었던 그 지역을 페르시아 제국에 합병시켰기 때문이다. 캄비세스는 이집트 왕이 되었고 522년까지 그의 통치 마지막 시기를 그곳에서 머물며 보냈던 것으로 여겨진다. 그는 그의 군대를 남쪽 누비아, 서쪽 리비아 사막과 아프리카 북쪽 해안으로 보냈다. 헤로도투스에 따르면, 이 원정들은 재앙으로 끝을 맺어 실패하였지만, 521년에 제국의 한 부분이 되었다. 그러나 제국의 팽창은 거기에서 멈추지 않았다. 다리오(521-486년 통치)는 제국을 가장 넓은 영토로 만들었다. 그는 유럽의 리비아, 트라키아, 에게 해 사모스 섬을 정복하였고 인도 서쪽 지역을 합병시켰다. 그는 또한 마케도니아와 누비아에게 조공을 바치도록 하였다. 그가 다뉴브강 건너 행한 스구디아 공격이 실패로 끝났는데 이는 제국이 한계에 도달하였다는 표지가 될 수 있다.

다리오는, 페르시아에 대한 고전 시대 문학과 현대의 페르시아 역사 재건에 강력한 영향력을 준, 그리스에 대항하여 군사적 행동을 개시하였다. 그 사건들에 대한 많은 정보에도 불구하고, 이 전쟁들이 페르시아인들에게 얼마나 중요하였는지 결정하는 것은 그리 쉽지 않다. 그리스인들에게 그것들은 중요하였고, 우리가 얼마나 열심히 노력하던지 간에 페르시아 전쟁에 대한 그들의 해석을 무시할 수 없을 것이다(토론 15.1 참조). 그리스는 그 당시 통합된 국가가 아니었고, 서로 다른 정치 조직을 지닌 도시 국가 연합이었다. 그들 중 지도자는 자유시민의 민주주의 체제를 지닌 아테네와 두 왕 아래 과두 정치 체제를 지닌 스파르타였다.

두 도시는 이웃 지역 넘어까지 그들의 영향력을 확장했다. 불법적으로 권력을 잡은 왕들, 소위 폭군으로 불리는 이들이 많은 도시들을 통치하였다. 아테네 그 자체는 545년부터 510년까지 권력을 잡고 있었던 폭군 집안을 전복시켰다. 그리스의 도시 국가 체제는, 처음에는 리디아인들, 이후에 페르시아인들의 지배를 받아들여만 했던 아나톨리아 해안까지 이르렀다. 499년 그곳의 이오니아인들은 페르시아 제국에 대항하여 반역하였고, 아테네는 비록 페르시아와 조약을 맺었지만 그들에게 군사 원조를 보냈다. 이 군대가 우발적으로 리디아인의 수도 사르디스에 있는 한 신전을 불태웠는데, 헤로도투스가 우리에게 전해주는 것처럼 다리우스는 이 사건을 절대로 잊지 않겠다고 맹세하였다.

490년 다리오는 그의 해군을 에게인들에게 보내어 많은 그리스 도시들을 약탈하였다. 페르시아 군대는 마라톤만에 정박하였는데 그곳에서 아테네인들의 급습은 그들에게 큰 손실을 야기시켰다. 아테네의 승리는 놀라운 것이었고 확실히 페르시아인들의 반격을 일으켰다. 그러나 다리오는 다른 곳에 이미 정신이 팔렸었고, 보복할 수 없었다. 그의 아들이자 후계자인 크세르크세스(486-465년 통치)는 제국의 핵심 문제들을 다루자 마자 보복을 감행하였다. 481년 그는 사절단을 보내어 항복을 요구하였고 많은 그리스 도시들이 동의하였다. 그러나 다른 이들은 그 지역 군사력을 지휘하였던 아테네와 스파르타 주위로 모여들었다.

크세르크세스는 거대한 육군(헤로도투스는 믿을 수 없는 숫자 2,617,610명을 기록하고 있다, 제7권, 185)과 해군을 소집하였다. 그리스인들은 그리스 중심 지역을 방어하기 위하여 지상과 해상 방어선을 구축하였지만, 480년 지금은 신화와 같은 레오니다스와 그의 300명의 스파르타인들의 저항에도 불구하고 테르모필레 협곡을 뚫었다. 페르시아 군대는 바다에서 싸우기 위해 전략적으로 이동하여 비워진 아테네를 약탈하였다. 아테네인들은 살라미스에서 페르시아 해군을 쳐부수었다. 크세르크세스는 후퇴하였고 그리스 북쪽 지역에 10,000명의 고위 파견단을 남겨두었다. 그리스인들은 그 이후 바로 페르시아 함대의 잔당을 소탕하면서 479년 플라테아에서 완패시켰다. 이것은, 비록 이후에도 페르시아가 계속 그리스인들의 정치에 개입하였지만, 그리스 점령에 대한 페르시아의 계획에 종말을 가져왔다. 그리스에서의 도전 이후, 비록 페르시아의 군대가 반역하는 신하들과 내부 권력 다툼을 다루느라 바빴지만, 페르시아는 다른 지역에서 거의 영토를 확장하지 못하였다.

그리스에서의 실패와 상관없이, 페르시아 군대는 이전의 많은 국가들과 제국들을 모두 하나의 통치아래 모으는데 극도로 효과적이었으며, 꽤 신속하게 완수하였다. 페르시아 군대는 매우 잘 조직화되었으며, 군대가 필요할 때는 언제든지 그리고 어느 곳이든지 재빨리 군대를 점호하는 체계가 있었다. 제국의 거대한 범위 때문에, 군대는 수도 근처에 주둔할 수 없었고 예를 들어, 아시리아 군대와의 전투 경우에서 그러했던 것처럼, 전투시기에 전장으로 행군하였다. 헤로도투스에 따르면(제5권, 54), 한 여행자가 수사에서 에게 해변에 도착하려면 석 달이 걸렸고 군대는 더욱 느렸다. 크레스크세스가 그리스를 공격하였을 때, 그는 아나톨리아 서쪽 지역 사르디스에서 군대를 소집하였고 많은 수를 지방 인력에 의존하였을 것이다.

페르시아의 주요 전투군은 창기병과 궁수로 구성된 보병대였다. 고위 부대는 "불멸대"로 불리는 10,000명의 창기군으로 구성된 왕의 개인 친위병이다. 토착 페르시아인들로 선발된 그들의 숫자는 항상 동일하게 유지되었는데, 각 전사자는 곧 바로 대체되었다. 활과 창이 그 군대 핵심의 주요 무기였다(그림 15.1). 신속히 이동할 수 있는 보병대가 먼저 적군들에게 화살을 퍼붓고, 이후 창으로 공격하였다. 우리가 볼 수 있듯이 메대인들은 말이 유명하였고, 그들은 기마병 공격으로 보병대를 도왔다. 페르시아인들은 그들이 정복했던 이들의 특별한 기술들을 매우 효과적으로 사용하였다. 아라비아인들의 낙타 기수들은 리비아인들의 마차부대 후방에서 전투하였고 페니키아인들은 해군에 이집트인들, 사이프러스인들, 이오니아인들을 승선시켰다. 페르시아인들은, 비록 왕정 비문에 세부사항을 기록하지 않았지만, 아시리아인들과 같은 그 지역의 전임자들과 똑같은 전술을 사용하였다. 필요시 그들은 시민들을 살육하였으며 비록 아시리아인들보다 그 숫자에서는 더 적은 것으로 보이지만, 그들은 정규적으로 거주민들을 제국의 한 지역에서 다른 지역으로 이송하였다.

그리스인들의 자료는 그들이 사람들을 지중해 해변에서 박트리아, 바빌로니아, 엘람, 페르시아만의 섬들로 이주시켰음을 보여준다. 아시리아인들이 행하였던 것처럼, 페르시아인들은 습관적으로 군대에 앞서 사절단을 보내어 항복을 요구하였으며 군사 행동의 위협은 종종 항복을 받아내기에 충분하였다.

그림 15.1 수사에서 발견된 페르시아 궁수들 모습. 수사의 다리오 궁전 벽은 구운 벽돌에 유약 처리 가 된 판으로 장식되었다. 많은 부분이 페르시아 군대 고위 군사들을 나타내고 있다. 이들은 창을 쥐 고, 활과 화살을 멘 상태의 완전 무장한 모습으로 긴 옷을 입고 있다. 그것들은 실제 크기로 아마도 왕을 지속적으로 방어하기 위하여 고안된 것이다. 다채색 유약이 발라진 규신질 벽돌, 높이 4.75m; 너비 3.75m. 루브르 박물관, 파리. 출판 허가: akg images/Erich Lessing.

고레스는 바빌로니아인들이 해방자로 두 팔을 벌려 그를 환영하였다고 주장 할 수 있었지만, 그는 그들에게 선택의 여지를 거의 주지 않았다. 페르시아 군 대의 주력은 그리스 저자들이 과장하였던 것처럼, 규모가 있었던 것으로 보 인다. 헤로도투스가 250만이 넘는 숫자가 그리스를 침공하였다고 한 것은 사 실 환상적인 것이었지만, 페르시아인들이 방어할 수 있었던 숫자는 매우 컸었다는 것은 의심의 여지는 없다. 그들이 크기에 의존하는 것은 왜 그리스인들이 그들을 패퇴시키는데 성공적이었는지에 대한 설명이 될 수 있다. 그리스인들은 페르시아 군대 전체가 배치될 수 없는 전장을 선택하였다. 레오니다스는 테르모필레 협곡을 붙잡았고- 페르시아인들은 그들이 대체 경로를 발견하였기 때문에 뚫고 나아갔으며-, 살라미스 만에서의 해상 전투 기간동안 페르시아인들의 배가 작전할 수 있는 공간이 없었다.

페르시아인들의 군대 모집 체계가 바빌로니아 자료에서 알려졌다. 그 나라는 정복 후 넓은 땅을 거두어 들였고, 땅을 다시 마차병, 기마병, 가장 흔하게 궁수로서 군 복무를 제공하는 사람들에게 할당해 주었다. 기록들은 그 흔적으로 왕정 행정의 한 일환으로 관리의 지배하에 있었던 명백히 군인 부대 단위에 사용되었던 "마차 지역", "말 지역", "활 지역"을 확인시켜 준다. 군사들이 그 땅을 몇 명의 자식들에게 물려줄 때 할당되는 부분은 너무 작아 한 가족을 부양하기에 부족하였고 그 체계는 행정적인 허구가 되었다. 한편 현금 지불이 군인들의 보상의 중요한 부분이 된 한편, 또 다른 한편으로 군인들은 더 이상 그 땅에서 일하지 않았고 다른 사람들이 경작케 하였다. 그러나 그때 제국의 확장은 끝났고 사람들이 군대에서 복무할 필요성이 점차 줄었다. 바빌로니아의 체계는 제국 전체에 걸쳐 보편적으로 적용될 필요가 없었지만, 분명한 것은 유용한 거대 인력과 군인들에게 지불할 자원들로 인하여 왕이 거대한 군대를 이용할 수 있게 하였다는 점이다.

고전 자료들은 용병의 사용, 특별히 그리스인들과 아나톨리아인들의 용병 사용이 점차 증가한 상황을 묘사하고 있으며, 4세기까지 그들만이 진정한 군사력을 형성하였음을 알려준다. 페르시아가 용병을 고용하였다는 것은 부인할 수 없다. 예를 들어, 그리스인 저자 제노폰은 401년 젊은 고레스가 실패했던 왕위 찬탈 시도를 위해서 싸운 10,000명의 그리스 용병들 가운데 한 명이었다. 우리는 이집트 경계 지역에 있던 유대인들과 다른 용병들의 정착촌을 알고 있다. 그러나 커져가는 용병의 중요성은 과장되어서는 안되며, 그들은 그리스인들이 페르시아를 크세르크세스 이후 퇴폐적인 사회로 묘사한 부분을 형성하고 있다.

용병들은 수세기 동안 근동 지역에 걸쳐 군대에서 일하였고 캄비세스가 이집트를 침공하였을 때, 양쪽 진영에서 그들을 사용하였다- 헤로도투스는 이집트가 패배한 것을 한 용병 지도자가 캄비세스에게 변절하였고, 이집트의 약점을 드러내었다는 사실에 두면서 힐난하였다. 용병들이 페르시아 군대의 대들보가 되었다는 주장은 액면 그대로 받아들여서는 안된다. 실제로 334년에서 330년 사이 마케도니아 공격에서 페르시아 군대는 붕괴되었지만, 이는 페르시아 군대 세력의 점차적인 쇠퇴라기보다는 알렉산더가 기술적으로 밀집군을 사용한 결과라고 여겨진다.

3. 지배 국가 관리

정복은 하나의 제국을 탄생시키기 위한 첫 번째 단계이며, 두 번째 단계이자 더욱 어려운 것은, 평정하는 일이다. 페르시아의 조그만 인구가 다른 정치적, 행정적 관습과 필요를 지닌 국가들과 사람들의 거대한 집합체를 맡게 되었다. 이전의 아시리아인들과 달리, 그들은 새롭게 획득한 영토에 그들 자신의 관리 체계를 확장시킬 수 없었다. 우리는 제국 이전의 페르시아의 조직에 대하여 확실히 알지 못하지만 제국의 복잡함을 다룰 수 있는 체계를 갖추지 못하였을 것이다. 페르시아인들은 기존의 정치 조직에 그들을 끼워 넣으며 그들의 제국의 이질성을 인정하였다는 점에서 매우 혁신적이었다.

관리의 정점에 있는 페르시아 왕은, 바빌로니아와 이집트에서 우리에게 가장 분명히 알려진 관습인, 이전에 있었던 보좌들을 차지하는 일을 행하였다. 고레스는 바빌론을 정복한 이후 전통적인 바빌로니아 쐐기 문자로 쓰인 공식 선언을 주문하였는데, 그곳에 그의 왕권 등위를 설명하였다(그림 15.2). 저 유명한 고레스 실린더(Cyrus Cylinder)는 바빌로니아의 마지막 왕 나보니두스가 마르둑 신 제의를 무시하였기 때문에 마르둑 신이 그를 어떻게 반대하였고, 그를 대체할 만한 사람을 위하여 전세계를 찾아 다녔음을 묘사하고 있다.

그림 15.2 고레스 실린더. 매우 바빌로니아 전통적인 이 물건에 쓰인 기록에서 페르시아인 고레스는 그가 어떻게 바빌론의 왕이 되었고 그 도시의 거주민들의 해방자가 되었는지 설명한다. 진흙 실린더는 바빌론에 있는 임구르-벨 벽의 기초에 놓였는데 비문은 그것이 재건된 것을 기리고 있다. 부서진 부분에서 그는 그 작업 동안 그가 발견한 아시리아 왕 아수르바니팔의 비문을 언급하고 있다. 대영박물관, 런던, ME 90920. 진흙, 길이 22.5cm. 출판 허가: akg images/Album/Prisma.

문서 15.1 고레스 실린더

함무라비 법전 다음으로 가장 유명한 쐐기 문자 비문, 심지어 그것과 동급일 수 있는 것은 아마도 고레스 실린더일 것이다. 그것은 전형적인 바빌로니아인들의 물건이지만 페르시아인의 바빌론 정복에 관해 쓰였으며, 승리의 이유를 자세히 기록하였다. 그 실린더는 손상을 입었고 3분의 1이 넘는 본문이 손실되었다. 매우 최근에 런던 대영 박물관에서 그것의 복사본을 포함하는 큰 토판 파편 두 개가 확인되었다. 그 실린더는 최초로 인권 선포를 경축한 것으로 그것의 현대 복사본이 뉴욕에 소재한 UN에 전시되어 있다. 그러나 그것의 실제 내용은 조금 덜 흥미롭지만, 그것은 고레스를 나보니두스 왕의 압제로부터 바빌론을 구원해 준 이로 묘사하고 있기에 특별한 흥미를 지닌다. 그것은 바빌론 왕에 대하여 다음과 같이 말하고 있다:

> 그는 신들의 왕인 마르둑 예배에 반하는 음모를 하였으며 계속적으로 그의 도시에 악을 행하였고, 매일, [ ] 그의 백성들에게 강제노역을 부과하여 무자비하게 그들에게 파멸을 가져왔다(7-8줄).

마르둑은 그 백성을 불쌍히 여겨 그들의 왕을 대신할 이를 찾았다:

그는 그가 선택할 올곧은 왕을 구하고자 모든 나라에서 찾았다. 그는 안샨의 왕 고레스의 손을 잡았고 그의 이름을 불러 모든것 위에 그를 왕으로 선포하였다(11-12줄).

그리고 나서 그 신은 페르시아와 메대의 군대에게 바빌론으로 진격하라고 명령하였으며 싸움 없이 그 도시로 들어가도록 하여 나보니두스에게서 고레스의 손에 넘겨주었다. 바빌로니아 사람들은 그의 통치를 환영하였으며 고레스는 그 나라 왕권의 전통적인 모든 명칭을 받을 수 있었다. 그는 바빌론 백성들에게 평안을 회복시키기를 착수하였다: 나는 바빌론 도시와 모든 성소들의 안녕을 구하였다. 바빌론 사람들이 졌던 멍에는 더 이상 부과되지 않았고, 그들은 신이 없는 것처럼, 나는 그들의 연약함에서 안도시켰고 그들의 짐으로부터 자유케 했다(25-26줄).

그리고 난 이후 고레스는 신들을 그들의 집으로 되돌려 보냈는데, 그들의 신상들은 나보니두스가 바빌론으로 옮겼던 것들이다:

[바빌론]에서 아수르와 수사, 아카드, 에스눈나, 잠반, 메투르누,데르, 구디 땅에 이르기까지 티그리스강 너머 오랜 동안 버려졌던 성소들, 나는 신들을 돌려보내고 그들이 영구적인 장소에 거주하게 하였다. 나는 그들의 모든 백성들을 함께 모이게 하였고 그들의 고향으로 돌려보냈다. 신들의 주인을 화나게 하여 마르둑의 명령으로 나는 나보니두스가 바빌론에 거주시켰던 수메르와 아타드의 신들을, 그들의 성소에 평화롭게 거주하게 했으며 그들을 행복하게 하였다(30-34줄).

그는 신들의 계속적인 축복을 구하였고 바빌론 벽에 행한 재건 작업 목록을 기술하였다-실린더는 건축 비문이다. 그 비문의 비판적인 구절은 고레스가 추방되었던 신들과 사람들을 그들의 고향으로 되돌렸다고 언급하는 부분이다. 그가 언급한 모든 장소는 티그리스강 동쪽에 위치하고 있고 그는 함무라비를 포함하여 이전의 메소포타미아 왕들이 행하였던 선행 이미지를 사용하였다. 전쟁 이후, 사람들은 그들의 고향으로 돌아갈 필요가 있었다. 그 구절은 실제로 바빌론의 정복에 반대가 없었다는 고레스의 주장에 의구심을 일으킨다. 관련된 전쟁은 거주민들에게 손해를 입혔으며 그는 그 상황으로 정상적으로 되돌리는 행동을 취하여야 했던 것으로 보인다.

번역 출처 Schaudig 2001: 551-4.

마르둑은 고레스에게 바빌론을 차지할 것을 명령하였고 페르시아인 군대가 그렇게 하도록 도왔다. 고레스는 "세상의 왕, 위대한 왕, 강한 왕, 바빌론의 왕, 수메르와 아카드 땅의 왕, 우주의 네 구역의 왕"이 되었고 바빌로니아인 왕권의 모든 전통적인 명칭을 취하였다(문서 15.1). 그는 그 이후 바로 그의 아들 캄비세스를 바빌론의 왕으로 세웠지만, 그는 계속해서 신년 행사와 같은 중요 축제들에 참여하였다. 그는 그가 외국인이었음을 인정하면서, 고대 제의들의 중요성을 이해하였다. 이집트에 있던 그의 아들 캄비세스의 행동도 똑 같았다. 그는 지방 왕권을 잡은 모든 곳에서 심지어 이집트인 이름 메수티라(Mesutira)-"라 신의 자손"-를 취하였다. 우리는 페르시아인들이 다른 곳에서 어떻게 그들의 통치를 공식화했는지 그 세부사항을 모르지만, 다리오가 제국의 지배를 주장하였을 때, 그는 23개 나라의 왕으로 행사하였다(문서 16.1 참조).

동일한 접근이 기존의 행정에서도 적용되었다. 그것이 잘 정비되었을 때, 페르시아인들은 그것에 간섭하지 않았고, 이전처럼 계속 행해지는 것을 허용했다. 바빌론의 에기비(Egibi) 가문의 것과 같은 고문서관은 인정된 왕들의 이름을 제외하고 변화 없이 그들의 바빌로니아인 전임자들처럼 동일한 방법을 보여주고 있다. 이집트 기록에서도 동일하게 계속적으로 민중어로 파피루스에 기록하였고 서체 또한 이전과 같이 계속 사용되었다. 시간이 흐를수록 자연적으로 발전되었는데 다음장에서 논할 것이지만, 이 나라들의 평민들에게는 토착 국가에서 외국 왕조로의 변화가 그렇게 차이를 가져오지 않았다.

페르시아인들의 도착은 종교적, 문화적 삶에서도 분란을 야기하지 않았다. 우리가 보았던 것처럼, 바빌로니아에서 고레스는 자신을 마르둑 신의 옹호자로서 묘사하며 그는 나보니두스가 혼란에 빠뜨렸던 제의 관습을 복귀시켰다. 신전은 지적 영역을 포함하여 사회내에서 그들의 전통적 역할을 계속 감당하였다. 1천년대 이전 시기 동안에 신전은 학자들의 후원자였으며, 서기관, 점쟁이, 천문학자, 그 지역의 문학을 보존하고 정교하게 했던 이들을 지원하였다. 이것은 페르시아인들의 통치하에 있을 때에도 중단되지 않고 계속되었다. 비빌론에 있던 마르둑 신전은 4세기경 동시에 수십명의 천문학자를 고용하였다. 고고학자들은 십파르에 있던 샤마쉬 신전에서 초기 페르시아 시대의 학술 도서관을 발굴하였는데 그곳에서 56개의 안감 깊숙이 둘 또는 세 줄로 쌓아 놓은 약 800개의 토판이 발견되었다. 그것들은 바빌로니아인들 문학의 모든 쟝르를 포함한다: 징조들, 의학 문서들, 법 목록들, 제의 자료들, 찬송과 기도 문들, 서사시들, 지혜 문학, 함무라비 법전의 서문을 포함한 고대 비문들의 복 사본(문서 15.2 참조).

이집트에서 우리는 동일한 태도를 보게 된다. 페르시아 통치자들은 기존의 신전들과 제의 장소들을 지원하였고 묘사와 비문에서 전통적인 바로(Pharaohs)로 나타난다. 지역 종교들에 대한 페르시아인들의 존중으로 가장 많이 인용되는 예는 예루살렘과 그 성전에 관한 사례이다. 성경의 에스라서에 따르면, 고레스는 칙령을 내려 성전의 재건을 명령하였고 그것을 위한 재정을 약속하였다. 그는 또한 바빌로니아로 망명 온 유대인들을 고향으로 되돌아가게 하는 것을 허용하였다. 주후 1세기 역사가 요세푸스는 그의 『유대 고대사』의 한 책 (제11권)을 그 사건에 대하여 할애하였으며 예언자 이사야를 읽는 것이 그것을 고무시켰다고 언급하였다. 실제로 성경(이사야 44-55장)은 고레스를 그 백성을 포로에서 인도하도록 이스라엘의 하나님에 의하여 선택받은 자로 제시한다.

기존의 전통에 대한 페르시아인들의 관용적인 존중과 지원, 그리고 성경과 바빌로니아인들이 고레스를 해방자로 묘사하는 것은 그 제국이 매우 관용적이었거나 아니면 제국 초기 몇 십년 동안은 그러했다는 생각을 갖게 하였다. 페르시아는 그 종속국에게 문화적 또는 종교적 관습을 부과하지 않았다는 것은 사실이지만 학자들은 이러한 눈부신 이미지를 수용하는데 점점 더 주저하고 있다. 특별히 고레스가 대중 이미지에 강하게 남아 있는 인권의 계몽적 주 최자였다는 생각은 논쟁이 되고 있다. 페르시아인들이 그들의 종속국들의 전통들에 대한 태도를 갖게 한 것은 실용주의였다. 그들은 그들의 통치를 받아들여질 만한 것이 되게 하기 위하여 어떻게 기존의 사상들에 그들 자신을 끼워 넣을지 알았다.

문서 15.2 십파르의 페르시아 도서관

정복한 지역의 전통에 대한 페르시아인들의 관용은 많은 방면에서 볼 수 있는데, 그들의 통치하에서 바빌로니아인들의 문화는 계속해서 번영하였다. 그 제국은 이전에는 나누어져 있었던 곳을 하나의 거대한 대륙으로 만들었고 이전에 불가능하였던 행위들을 가능케 하였다. 이 점은 분명히 바빌로니아인 도시 십파르에서 발굴된 도서관 유적에서 보인다. 그것은 태양신 샤마쉬 신전에 위치하였고, 이전 시기의 많은 바빌로니아 문학과 학술 문헌들을 지니고 있었다. 그것들은 대부분 지방에서 유용한 본보기들에서 복사한 것이지만 전체가 다 그런 것은 아니다. 그 수집물 가운데 지금 루브르 박물관에 있는 유명한 석비에 새겨진 함무라비 법전의 서문 복사본도 있다(그림 6.2 참조). 이 석비는 12세기 엘람 수사로 옮겨진 것이며 따라서 바빌로니아 사람들은 몇 세기 동안 접근할 수 없었다. 페르시아 제국 아래 엘람과 바빌로니아가 통합됨으로, 이것은 더 이상 문제가 되지 않았고 어떤 사람이 그곳에 가서 원본 석비에서 비문을 복사할 수 있었다. 그는 고대 메소포타미아에서 일반적 관습처럼 쓰여진 처음 몇 단어들에서(그 존엄한 신 아누 때) 그 비문을 확인하였는데 그의 토판 마지막에 다음과 같이 선포하였다:

"그 존엄한 신 아누 때"라 불렸던 저술의 첫번째 토판은 온전하지 않았다. 바빌론 왕 함무라비가 수사에 세웠던 오래된 원본 석비의 언어와 일치하게 쓰였다. 아카드 도시의 무샬림의 아들, 마르둑-슈무-우추르의 토판.

번역 출처 Fadhil 1998: 726.

4. 제국적 구조의 탄생

공식적인 수사적 표현은 페르시아 제국은 많은 백성과 나라들로 구성된 이질적인 실체였다고 분명히 언급한다. 그러나 그것은 하나의 통일된 국가였고 왕은 개인적으로 다양한 부분을 함께 유지시키는 결속을 제공하였다. 그는 "왕들의 왕"이었으며 제국의 설립자들은 그의 특별한 지위를 지지하는 하부 구조를 만들어야 했다. 하나의 조그만 나라로서 페르시아는 제국적 통치를 변화시키지 않았고, 처음 통치자들은 이전의 제국들에서 많은 부분 차용하여 발전시켰다.

우선, 수도의 필요성이 있었고 초기 페르시아인들은 제국의 핵심 지역에 몇 개의 수도를 세웠다(보충 15.1 참조). 고레스는 540년대 말경 메대인 이쉬투메구를 무찔렀던 곳으로 알려진 파사르가대를 건립하였다. 다리오는 518년 페르세폴리스를 건설하기 시작하였고 그의 후계자들은 그것을 제국에서 가장 웅장한 모습을 갖춘 도시로 바꾸었다. 그곳의 재산은 너무나 부유하여 로마 자료에 따르면, 알렉산더가 그 도시를 점령한 후 그곳의 물건을 이동시키기 위하여 10,000쌍의 나귀와 5,000마리의 낙타가 필요하였다. 이 두 개의 수도들 근처에 주요 페르시아 왕들의 무덤이 있는데-파사르가대 근처 독립된 건물로 고레스 무덤이, 페르세폴리스 근처에 바위를 깎아 만든 무덤들이 있다- 이는 이 도시들이 그들의 주요 거주지로 간주되었음을 가리킨다. 다리오는 고대 도시 수사를 재건하여 여름 궁전으로 삼았고 이전 왕국들의 다른 수도들 또한 페르시아 통치자들을 위하여 사용되었다.

수사 궁전에 있는 건설 비문에서 다리오는 제국의 모든 백성들이 어떻게 그것을 위하여 일하였고 그렇게 행하기 위하여 사방으로부터 자원들을 사용하였음을 강조하였다. 재목은 서쪽의 레바논과 동쪽의 간다라에서 왔고, 은과 흑단은 이집트에서, 상아는 누비아, 신드(Sind), 아라쵸시아(Arachosia)에서, 다른 물건들은 또 다른 지역에서 들여왔다. 이것은 그 건축이 얼마나 제국적 프로젝트였음을 분명히 보여주는 것이다. 이와 마찬가지로, 페르세폴리스의 장식은 그곳이 다양한 사람들과 자원을 지닌 제국의 중심지였음을 보여준다.

부조는 모든 지방에서 온 사절단이 왕에게 선물을 드리는 모습을 나타낸다. 중앙아시아의 박트리아인들은 낙타를 가져왔고, 에게 해안의 이오니아인들은 컵, 대접, 접혀진 직조물을, 이집트 남쪽 지역 누비아인들은 상아 뿔 등등을 가져왔다(그림 15.3). 이 장면의 중심에 궁중 관리들과 군사들에 의하여 둘러 쌓여 보좌에 앉거나 또는 파라솔 아래에 서 있는, 종종 사절단을 맞는 왕의 모습이 있다. 많은 표현들은 페르시아의 지배 백성들은 왕의 보좌 아래 단을 붙들고 있는 모습을 보여준다(그림 16.2 참조). 수도 도시들은 그의 모든 백성들을 지배하는 왕의 모습을 보여준다. 그러나 그들의 권력을 군사력에 기반을 두었던 아시리아인들과는 달리, 페르시아인들은 평화와 질서의 모습을 묘사하였다: 모든 종속국들은 제국의 부분이 됨으로 혜택을 입었고 그 프로젝트에 자발적으로 기여했다. 또한 제국은 이러한 개념을 표현하는 예술 스타일을 필요로 했다. 페르시아인들은, 매우 다양한 지방 전통으로 작품을 만드는데 훈련된 지배국 영토의 많은 예술가들을 사용하였고, 그들에게 다중의 영향력을 완전히 새로운 어떤 것으로 통합시킬 수 있는 제국의 스타일로 작품을 만들어낼 것을 요청했다. 수사에서 발견된 다리오의 독립상은 분명히 통합시키고자 하는 바램을 보여준다(그림 15.4).

그림 15.3 페르세폴리스에서 발견된 조공 드리는 자들 부조. 페르세폴리스의 건물 몇 개는 돌로 된 부조로 광범위하게 장식되었다. 그것들은 온전히 예식 의상을 입은 페르시아 군사들과 23개 페르시아 제국의 지방 나라로부터 온, 왕에게 선물을 바치는 사절단의 긴 행렬을 보여준다. 이들은 종종 그들이 가져온 선물로 인하여 그들이 누구인지 확인 가능하다. 여기에 보이는 사람들은 왕에게 물소를 가져온 이들로 아마도 바빌로니아인들이다. 출판 허가: © 2014 De Agostini Picture Library/ Scala, Florence.

그림 15.4 수사에서 발견된 다리오 석상. 이 석상은 페르시아인들이 그들의 왕들을 위하여 만든 작품에서 어떻게 예술 스타일을 혼합했는지 보여준다. 이것은 이집트인들에 의하여 조각된 것으로, 이집트인들의 조각 관습을 따랐지만 페르시아 의상과 신발을 갖춘 다리오의 모습을 보여준다. 이 석상은 만약 이집트 남쪽 채석장에서 수입된 돌로 이란에서 조각가가 작업하지 않았다면, 완성된 형태로 다리오 궁전에 전시되기 위하여 수사로 배로 가져왔을 것이다. 높이 2.46m; 밑받침 높이 51cm, 길이 104cm, 너비 64cm.유사 사암. 테헤란 박물관. 출판 허가: Perrot, *Le palais de Darius à Suse: une résidence royale sur la route de Persépolis à Babylone*(Paris: Presses de l'Université Paris-Sorbonne, 2010), 259.

보충 15.1 페르시아의 수도들

페르시아인들은 바빌로니아를 점령하기 전까지 큰 도시나 거대 건축물을 짓는 전통은 없었다. 수도는 제국의 필수 요건 중의 하나이다. 그리고 페르시아인들은 도시들을 연속으로 건설하였다. 키루스는 중앙 파르스에 위치한 파사르가대에 최초의 수도를 건설하였다. 거대한 성벽으로 둘러싸인 지역에 상당한 거리를 두고 수많은 궁전들과 강당들이 세워졌다. 그 건물들 사이에는 수로를 갖춘 큰 정원들이 설치되었다. 그리스인들은 그 정원을 파라데이소스라 불렀다. 이 말은 파라다이스의 어원이 되었다. 정원은 특히 페르시아인들에게 인기가 있었으며 제국 전역에 건설되었다. 파사르가대에는 요새화된 성채와 제단을 갖춘 종교 부지도 있었다. 키루스의 무덤은 근처에 별도로 건설되었다.

다리우스는 남쪽 약 40km 지점에 위치한 페르세폴리스로 수도를 옮겼다. 도시의 건설은 518년에 시작되었고 그의 두 후계자가 계승하였다. 중앙에는 거대한 단상(450mX300m)이 설치되었고 그 위에 궁전들, 강당들, 보물 창고 등이 건설되었다. 모든 건물은 돌로 지었고 가장 눈에 띄는 특징은 그리핀과 황소 모양의 주두를 가진 높은 기둥들로 그들은 가로 들보를 지탱한다. 가장 큰 건물인 아파다나(연회장)에 있는 기둥의 높이는 20m이다. 기둥이 100개나 되는 건물도 있었다. 단상의 측면에는 왕의 신하들, 군인들, 모든 사트라피에서 찾아온 사신들의 행렬이 부조로 묘사되었다. 그들은 보좌에 앉은 왕에게 선물을 가져오는 모습이다. 가끔 아후라마즈다를 상징하는 태양판이 왕의 머리에 새겨져 있다. 페르세폴리스는 발굴된 어떤 석조 건물들보다 크다. 그것은 제국의 중요 행정 도시 중 하나였기 때문에 가장 큰 국고를 보유하였다.

페르세폴리스는 촌락들을 거느린 잘 발달된 농경 지대의 중심에 있다. 페르세폴리스의 토판은 두 장소에서 발견되었다. 요새 건물에서는 다양한 계급의 사람들에게 식량을 배분한 기록 수천 점이 발견되었다. 국고 건물에서는 노동자들의 임금 기록이 약간 발견되었다. 그러나 페르시아 제국의 행정 문서들은 발견되지 않았다. 고의에 의한 것인지 사고였는지는 알 수 없으나 알렉산더가 술에 취해 페르세폴리스를 불태웠다. 도시 근처 나크스-이-루스템의 절벽에 다리우스와 그의 세 후계자들의 무덤이 만들어졌다. 다리우스는 페르세폴리스와 함께 수사에 수도를 건설했다. 그 이유는 수사가제국의 서부로 통하는 직항로에 위치했기 때문이다. 여기에 페르시아 군인들과 신하들이 그려진 유약 벽돌로 장식된 거대한 궁전이 건설되었다(그림 15.3). 다리우스왕의 거대 신상이 그곳에서 발견되었다. 다리우스 신상은 이집트 조각 전통 을 따라 만들어졌으나 묘사된 다리우스는 페르시아 의복을 입고 있었다. 그리고 그 신상에는 아후라마즈다를 부르는 비문이 세 언어(고대 페르시아어, 엘람어, 아카드어)로 새겨져 있었고 이집트 전통 문서가 이집트 상형 문자로 새겨져 있었다.

이 모든 건축물들은 아시리아, 바빌로니아, 그리스, 이집트 그리고 토착의 건축 예술이 골고루 영향을 준 것이다. 페르시아인들은 제국의 여러 지역에서 온 재료들을 사용하고 다양한 지역 출신의 노동자들을 고용했다. 그들은 자국 스타일의 작품을 생산한 것이 아니라 다문화 국가인 페르시아를 대표할 수 있는 제국적 형태의 예술을 생산해냈다.

그 비문에 따르면, 그것은 이집트에서 조각되었고, 그것의 전체적 형태는 이집트인들의 원칙을 따랐다. 즉 한 발을 앞으로 내고 있는 자세와 왕이 그의 팔을 잡고 있는 방법과 상부 이집트와 하부 이집트의 통일의 상징을 지닌 밑단이다. 그러나 왕은 페르시아 옷을 입고 페르시아 신발을 신고 있으며, 엘람인의 단검을 지니고 있다. 상형문자 비문 옆에 세 개의 다른 언어와 두 개의 서체(다음에서 자세하게 다룰 것이다)로 쓰인 문서가 있다. 페르시아 기념비 예술에서 좀 더 일반적인 것은 부조 조각으로 이집트, 바빌로니아, 아시리아, 엘람, 우라르투, 이오니아, 아나톨리아 지역의 전통 요소를 독특하게 하나로서 전체를 통합하는 것이다. 이러한 많은 부조들은 건물과 무덤 바깥에 새겨진 것이며 따라서 많은 이들이 볼 수 있었다. 또한 지배 영토에서 페르시아인들은 두개의 다른 스타일을 결합시킨 혼합 비문들을 세웠다. 예를 들어, 이집트에서 다리오는 그가 판 나일강에서 홍해까지 운하를 따라 새겨진 석비들을 세웠다. 한 면에서는 완전히 이집트인들의 모습으로 전통적인 통일의 상징과 상형 문자 문서를 지닌 한편 다른 면에서는 비록 이집트인의 모습이 있지만, 제국 스타일의 페르시아 왕과 3개 국어로 된 쐐기 문자 비문을 지니고 있다.

기념비의 문서는 또한 제국 이미지의 발전을 위해서 매우 중요하였다. 페르시아인들의 정복 이전에, 우리가 아는 한 그들은 서체를 사용하지 않았으며 심지어 제국의 초기 몇 십년 동안 그들은 결코 고대 페르시아어로 기록하지 않았으며 그들은 인도-유럽어를 말하였다. 6세기 말 다리오 때가 되어서야 그들은 완전히 새로운 서체를 고대 페르시아어로 발전시켰다. 이 서체로 보존된 거의 모든 문서는 기념비 비문이었고 다시 만들어진 언어는 실제로 말로 사용되지 않았지만, 인위적 성격을 지녔던 것으로 보인다. 그 서체는 쐐기 문자의 매우 단순화된 형태로 단지 36개의 기본 표시로 이루어지는데, 이것들은 셈어 알파벳과 유사하게 어떤 모음과도 읽을 수 있는 주로 자음을 표현한다. 셈어 알파벳과는 달리 모음 아/이/우를 쓰기 위한 표시가 있으며, 다섯 개의 용어(왕, 나라, 땅, 신, 아후라마즈다)는 독립된 표시로 표현되었다.

고대 페르시아어 서체는 비록 그것이 우라르트어의 특정한 요소들을 포함하지만, 이전의 쐐기 문자 체계에서 발전한 것이 아니다. 그것은 거의 그 자체로 쓰이지 않았고 거의 대부분 음절 쐐기 문자로 쓰인 두 개의 다른 언어-엘람어와 바빌로니아어-로 병행하여 나타났다. 때때로 네 번째 언어로 이집트 상형 문자가 추가로 쓰이기도 하였다. 대부분의 학자들은 그것은 다리오 통치 때 만들어진 것으로 그는 비히스툰 비문에서 그가 "새로운 형태의 기록"을 만들었다고 썼다. 만약 이 진술이 실제로 고대 페르시아어를 언급한 것이라면, 좀 더 이른 시기의 고레스의 비문들은(캄비세스의 것 중 보존된 것은 없다) 후대의 위조품이 될 것이다. 서체들은 아르타크세르크세스 3세 통치 때(358-338년) 사용되지 않았으며, 다시는 널리 퍼지지 않았다. 지금까지 그 언어로 쓰인 대부분의 문서는 기념비적 왕정 비문이었고 거의 모두가 페르시아인들의 중심지역에서 발견되었으며 꽃병과 인장에 쓰인 간단한 문서도 그러하다. 페르세폴리스에서 발견된 한 행정 문서는 주로 엘람어로 쓰였던 것을 고대 페르시아어를 사용하여 기록되었음을 보여주고 있다. 그러나 이것은 서기관의 환상일 수 있다. 모든 증거는, 황제가 왕정에 관한 기술을 조각하는 특별한 서체로 고대 페르시아어가 필요하다는 것을 다리오가 느꼈으며, 그가 그 목적을 위하여 그 서체를 소개하였음을 보여준다.

우리가 보았던 것처럼 비록 페르시아인들이 지방의 행정 관습을 유지하였지만 제국은 또한 모든 곳에서 공적 사업을 위해서 사용될 수 있는 체계가 필요했다. 그 목적을 위해서, 제국은 아람어를 선택하였고 그것을 좀 더 이른 시기부터 서쪽 지역의 공용어이자 서체로 삼았다. 거의 대부분이 양피지나 파피루스와 같이 썩기 쉬운 물질에 쓰인 그 언어는 시리아, 아나톨리아, 메소포타미아의 지역들이 페르시아로 통합되기 전에 이곳에서 널리 퍼졌었다. 아람어는 제국 전체에 걸쳐 행정 언어가 되었고 공식 교신어가 되었다. 예를 들어, 바빌로니아에 있던 고위 관직인 아르사먀가 이집트에 있는 그의 재산을 맡고 있는 종에게 쓸 때 그는 아람어로 썼다. 그의 편지로 가득 찬 두 개의 가방이 보존되었다. 매우 최근까지 아람어로 쓰인 자료는 제국의 서쪽에서만 알려졌다. 편지, 채무 기술, 행정 기록 등을 기록한 30개의 양피지와 18개의 나무 막대는 353년에서 324년까지의 것이며(즉, 알렉산더의 페르시아 정복이후까지), 아람어로 쓰인 것이 매우 최근에 출판되었다(그림 15.5). 그것들은 아프가니스탄 북

그림 15.5 박트리아에서 발견된 계산 단위 아람어 비문. 페르시아 제국 전역의 행정 언어로 아람어가 퍼진 것은 현대 아프카니스탄에서 최근 발견된 양피지와 나무 막대에서 분명히 나타난다. 이 나무 막대 부분에서 한 회계사가 61개의 눈금을 새겼고 다리오 왕 제3년에 확인되지 않은 물건인 "가우자의 타이타카와 함께"를 기록되었다. 박트리아 할릴리 콜렉션, 런던. 출판 허가: The Khalili Collection of Aramaic Documents, T 1; copyright The Khalili Family Trust.

쪽 고대 박트리아 지방에서 발견되었으며 페르시아 지방관이 관여된 지방 문제를 다루고 있다. 이 문서에 사용된 언어와 표현은 이집트에서 발견된 것들과 똑같다. 이는 서기관들과 행정가들이 제국 전역에 걸쳐 똑 같은 훈련을 받았다는 것을 알려준다.

제국은 그것의 모든 영토 안에서 제국 이익을 대표하는 통치 계급을 필요로 한다. 페르시아 제국내에서 엘리트층은 원래 페르시아 지역의 가족에 속한 진짜 페르시아인들로 구성되었다. 바빌로니아인들, 이집트인들, 다른 사람들은 고위직을 가질 수 있었지만 페르시아인들은 각료와 군대에서 가장 높은 직위를 차지하였다. 따라서 그들은 제국 전체에 위치하고 있는 일종의 귀족정치 형태를 이룬다. 왕은 그들에게 왕의 식탁에서 먹는다든지, 큰 재산 등의 특별 권한을 줌으로써 그들과의 개인적 결속을 강화했다. 페르시아인이 된다는 것은 제국의 다른 지배국 사람들에게는 허락되지 않는 기회에 열려 있다는 일종의 구별 표지였다.

페르시아 제국의 마지막 특별한 요소는 종교와 제의 지역에 있다. 우리가 보았던 것처럼, 페르시아인들은 지방 신들에 관대하였고 심지어 증진시켰지만, 황제는 오직 한 신-아후라마즈다-과만 특별한 관계를 가졌다. 고대 페르시아어 비문들은 계속적으로 그 신이 통치할 왕을 선택하였고 그를 지지한 분으로 내세운다. 아후라마즈다는 통치자의 개인 신이며 왕은 그 신이 땅에 표현된 것이다. 많은 시각적 표시에서 왕의 이미지는 날개 달린 원반 아래에 있으며 그 원반에서 한 사람 모양의 모습이 등장한다. 학자들은 대부분 이것이 아후라마즈다의 상징으로 여긴다. 그 신만을 페르시아인들이 인정하였던 것은 아니지만 그는 왕조와 특별한 관계를 가졌다. 그는 공적 비문들이 "거짓"으로 칭하는 것에 대항한 올바른 행동과 진리를 고무시켰다.

제의는 닫힌 공간의 신전보다는 야외의 불제단을 사용하였다. 이러한 요소들은 이후에 잘 알려진 조로아스트교에서 또한 나타나기 때문에, 아직 확실하지 않지만, 고대 페르시아 통치자들이 이미 그 신앙을 추종하였다고 할 수 있다. 조로아스트주의는 자라투스트라(그리스어로 조로아스터)의 가르침을 나타내며, 이것은 주후 9세기경 문서 형태로 처음으로 쓰였지만, 확실히 좀 더 이른 시기 때 기인하였다. 자라투스트라가 언제 정확하게 살았는지에 대한 의견은 1천년대 전반에 걸쳐 있고, 그의 말을 기록한 아베스타(Avesta)에 사용된 언어 분석에 의존한다. 그 연대가 불분명하고, 조로아스트주의의 가장 초기 형태에 대한 세부 사항들을 우리가 모르기 때문에 아마도 현재 최선의 이해로, 페르시아인들은 페르시아 왕조의 보호자로 보았던 아후라마즈다 신의 추종자들이었으며, 그들의 사상과 관습 중 몇은 이후의 조로아스트인들의 종교의 중심이 되었다라고 결론을 내릴 수 있을 것이다.

제국이 탄생되면서 설립된 이 모든 요소들은 하나의 거대한 다양성 안에 연합을 제시하는 실제적, 사상적 기반을 제공하였다. 페르시아인들은 이점에서 놀랍게도 성공하였다. 비록 지배 영토의 독립하고자 하는 시도와 왕위 계승의 심한 다툼이 있었지만, 우리가 다음 장에서 볼 수 있듯이, 제국은 동일한 가족 또는 고위층의 다른 이들에 의하여 다스려지는 지역으로 결코 분리되지 않았다. 이 점은 알렉산더 제국이 그의 장군들에 의하여 분열된 것을 시작으로 이후 제국에서 정기적으로 일어났다. 비록 그들 또한 동일한 작은 통치 계급에 속하였지만, 그들은 페르시아인들이 약 200년 동안 유지하였던 통합된 영토를 분할하였다. 페르시아인들이 그 자체로 이 통일을 유지하였던 것은 중요한 사실이다.

토론 15.1 그리스가 페르시아를 패퇴시킨 것이
세계사에서 얼마나 중요한가?

1846년 영국 정치 경제학자 존 스튜어트 밀은 다음과 같이 언급하였다.

심지어 영국 역사의 한 사건으로서 마라톤 전투는(노르망디 사람들이 잉글랜드를 정복
하게 한) 헤이스팅스 전투보다 더 중요하다.

490년 마라톤에서 그리스인들이 다리오의 군대와의 전투에서 승리한 것과 이
후 페르시아인들의 점령에 대항하여 지속적으로 저항에 성공한 것은 고대 역사
를 배우는 어떤 학생들도 알고 있는 다윗과 골리앗과 같은 이야기이다. 이러한
군사적 업적은 아테네가 민주주의의 본고장이 되고, 철학 분야에 큰 진전을 이루
었으며, 예술이 이후 역사에 근본적인 충격을 준, 5세기 고전 그리스가 시작하던
때에 일어났다.
만약 그리스인들이 그 전쟁에서 졌다면 이 모든 것이 달라졌을까?
반사실적인 역사는 위험한 일이지만, 비상식적인 일이 아니며 최근에도 일어
난 것으로 마라톤 전투 2500 주년 기념으로 몇 명의 학자들은 그리스가 전투에 패
배하였다면 그것이 세계사에서 얼마나 재앙적인 것이었는지 통찰하였다. 『마라
톤: 한 전투가 어떻게 서양 문명을 변화시켰는가?』라는 제목하의 책(Billows 2010)
은 그 말미에 아마도 우리가 알고 있는 것과 같은 그러한 민주주의, 비극, 희극, 철
학, 시각 예술이 없었을 것인데 왜냐하면 이러한 분야를 세웠던 사람들 또는 그들
의 교사들이 동쪽으로 추방되었을 것이기 때문이라고 진술하였다. 다른 이들은
왜 그런지 설명 없이, 페르시아 전쟁 모두가 동일하다고 주장하였으며(예를 들어
Pagden 2008:31), 페르시아 시대 이전에 보여주었던 이오니아의 활력을 페르시아 통
치하 시기에는 아마도 소멸해갔던 지적 삶과 비교함으로 이 주장의 증거를 발견
한다(Hanson 2007:3). 또한, 페르시아의 학생들은 크세르크세스의 패퇴를 긴 쇠퇴의
시작으로 보았다: 크세르크세스는 비관용적인 자기도취의 사람이 되었으며 13년
이후 그의 암살은 제국을 알렉산더의 쉬운 먹이감으로 만든 길게 연쇄적으로 일
어난 궁중 내부 음모들의 출발이었다(예를 들어, Frye 1963:117-23).
페르시아 전쟁에 관한 자료는 극도로 치우쳐져 있다. 우리는 그것들이 아주 중
요한 그리스인들의 증거로부터 그것들을 알 뿐이다. 그것들은 헤로도투스의 『역

사』(Histories)를 포함하여 고전 시대의 위대한 작품들 몇을 고무시켰다. 피할 수 없는 사실은 페르시아에서 나온 증거의 부재이다. 494년의 것으로 알려진 페르세폴리스의 한 행정 문서는 그 사건들을 촉발시킨 이오니아인들의 폭동을 보고하는 듯하지만(Briant 2002a: 148-149), 페르시아인들의 왕정 비문은 전쟁을 논하지 않는다. 마라톤에서 다리오가 패배한 것은 이집트(486년)와 바빌로니아(484년)에서 성공하지 못한 반역들을 고무시켰을 것이지만, 좀 더 다른 이유들이 그들 뒤에 놓여 있는 듯하다. 이러한 문제들은 변방 지역의 사건들보다 페르시아인들에게 좀 더 큰 관심이었으며, 크세르크세스는 그리스에게 보복을 감행하기 이전에 그것들을 다루었다. 많은 학자들은 마라톤에서의 그의 손실은 사소한 것이었고 중요하지 않았으며(Briant 2002a: 542), 전쟁 이후의 삶은 페르세폴리스에서 보여주는 바와 같이 여느 때와 같은 모습으로 흘러갔다(Kuhrt 2007a: 239)고 여기고 있다. 페르시아인들에게 그것은 큰 일이 아니었다. 그러나 그리스인들은 그들의 승리를 그들의 정치적, 문화적 우위성의 결과로 보았으며, 이때부터 오리엔탈리즘이라 종종 불리는 자아정의의 과정인, 동방과 서방 간 대립의 긴 전통이 시작되었다(Bridges, Hall & Rhodes 2007 참조).

우리는 페르시아인들이 그리스 내의 정치적, 지적 발전에 돌이킬 수 없는 피해를 주었다고 확실히 말할 수 있는가?

정치에서 그들은 때때로 소아시아내 폭군들을 민주적 통치자로 대체하였고 바빌로니아와 이집트의 지적 삶에 두드러진 변화를 일으키지 않았다. 그들의 지배는 아테네 예술가들과 사상가들이 그들의 위대한 작품을 만들었을 때 그리스 전역을 격노시킨 파괴적인 펠로폰네소스 전쟁을 막을 수 있었을 것이다.

그들은 평화로 혜택을 입을 수 있었는가?

더구나 소크라테스와 같은 철학가들이 그들의 학생에게서 받은 지불로 연명해야만 했던 반면, 페르시아인들 통치하의 바빌로니아 학자들은 왕실의 관대함에 의존하였던 신전으로부터 전적인 지원을 받았다. 삶은 지성인들에게 더 안락함을 주었을 것이다.

분명한 것은 현대 이념들이 우리가 과거를 어떻게 볼 것인지를 결정하며 일반적으로 고대 페르시아의 역사서술은 이러한 점의 주요 예라는 것이다(Harrison 2011). 5-4세기 그리스인들의 업적에 경의를 표하지 않는 것은 힘든 일이며 만약 그들이 페르시아 제국에 살았다면 상황은 달랐을 것이다. 그러나 그렇게 말하는 것은 이와 마찬가지로 매우 힘든 일이다.

제16장

세계 제국의 지배: 페르시아

1. 정치 발전

우리에게 유용한 페르시아 정치사에 대한 모든 정보는 왕가와 연루되어 있다. 우리가 논의하였던 다른 모든 국가들과 마찬가지로 페르시아의 정치 권력은 혈통으로 이어진 그의 정통성을 기반으로 하는 단일 통치자의 손에 있었다. 그는 주로 그 고대성이 먼 시기까지 거슬러 올라가는 한 왕조에 속하였다. 왕족은 크게 되는 경향이 있으며 우리는 왕위 승계 경쟁이 주요 격변을 야기시켰던 많은 경우를 보았다. 이 점 또한 페르시아 왕가에서 발생한 경우이며 제국 초기 역사에서 문서로 가장 잘 남겨진 사건, 다리오의 왕위 찬탈로 안내한다. 고레스 대왕은 고레스의 손자, 캄비세스의 아들, 테이스페스의 자손으로 왕이 되었다. 이들 모두는 안샨의 왕들이었다. 그의 통치 꽤 이른 시기에 그는 그의 아들 캄비세스를 황태자로 임명하였으며 그에게 중요한 군사적, 정치적 임무를 맡겼다. 따라서 530년 고레스가 전사하였을 때 왕위 계승은 부드럽게 진행되었으며 잘 준비된 성인 캄비세스는 곧 힘을 발휘하였다.

그러나 캄비세스는 유사한 예방책을 취하지 않았으며, 게다가 그의 통치 마지막 5년을 제국 중심지에서 먼 이집트에서 보냈다. 그가 주요 권력 다툼의 장면을 마련해 준 격인데, 그 다툼의 자세한 사항들은 마지막 승리자인 다리오에 의하여 분명히 편견을 지닌 채 묘사된 것이다. 우리는 그가 왕좌의 합법적인 계승자가 아니었으며 그의 등위를 정당화하기 위하여 큰 고통을 감수했고 그것에 대한 긴 변증적 진술을 실행했다고 안전하게 결론지을 수 있다. 오늘날 가장 유명한 것이 바빌로니아와 이란을 연결시켜주는 자그로스 주산지 계곡에 위치한 비히스툰 바위 정면에 세 언어(고대 페르시아어, 엘람어, 아카드어)로 새겨졌다(문서 16.1과 그림 16.1 참조). 그 내용은 다양한 언어로 번역되어 제국 전역에 걸쳐 배포되었다: 우리는 비히스툰에 사용된 것과 다른 아카드어 지방 형태로 쓰인 기념비적인 바빌론 판과 파피루스에 쓰인 이집트 남쪽의 아람어 판을 알고 있다. 아마도 헤로도토스는 이 번역판들 중 하나를 그의 역사책(Histories)에서 그가 말한 이야기의 기초로 사용하였을 것이다. 따라서 우리는 그 사건들의 매우 상세한 이야기를 가지게 되었지만 진짜 무슨 일이 일어났는가를 해명하기 위해서는 주의 깊은 독해가 필요하다.

문서 16.1 다리오의 비히스툰 비문

바빌로니아에서 엑바타나로 가는 길 자그로스 산맥의 비히스툰에 있는 절벽에 세 언어(고대 페르시아어, 엘람어, 아카드어)로 새겨진 이 비문은 보존된 가장 긴 고대 페르시아 본문이고, 특정 사건에 대하여 언급한 유일한 것이다. 엘람어 판이 먼저 새겨졌고 고대 페르시아어 판은 그 이후에 추가된 것으로 보인다. 본문은 다리오가 어떻게 페르시아의 왕이 되었는지 설명하며 그가 왕위를 차지한 것이 왕권을 합법적인 아케메니드 왕조로 돌리는 것이라고 정당화시키고 있다. 그가 묘사한 제국의 다른 지역에서 일어난 많은 적들에 대하여 싸운 전투들은 캄비세스 죽음 이후 상황이 얼마나 혼란했는지 보여준다.

세 가지 판의 본문 간에 차이점이 있으며 여기에 인용한 번역은 바빌로니아어 판에 기초한다. 고대 페르시아어 본문이 아후라마즈다 신을 언급한 곳에서는 어디에서나 바빌로니아어 본문은 벨-마르둑을 사용한다.

캄비세스는 상속자를 가지지 않은 것으로 여겨지며 그가 이집트를 정복한 이후 그곳에서 머무를 때 그의 동생 바르디야가 본토에서 왕위를 주장하였다. 캄비세스는 급히 돌아갔지만, 헤로도투스에 따르면, 가는 길에 사망하였다. 바르디야는 대중의 지지를 얻기 위하여 3년 동안 세금과 군사 소집을 폐지하였지만, 페르시아인 고위층들을 그의 편으로 만드는데 실패하였다. 그들은 그를 죽였고 그들 중 하나인 다리오가 왕좌를 차지하였다. 그는 왕위에 대한 정

그림 16.1 비히스툰 벽부조의 세부 모습. 자그로스 산들 절벽 면 높은 지점에 새겨진 이 부조는 승리한 다리오 왕을 보여준다. 그의 왼쪽 발은 바닥에 누워있는 "가짜 바르디야" 바로 위에 있고, 경구 (epigram)에서 반역 왕들로 확인되는 아홉 명의 묶인 사람들을 마주하고 있다. 예를 들어, 뾰족한 모자를 쓰고 있는 마지막 왕은 사시아인 스쿤사이다. 포로들 위에 날고 있는 아후라마즈다 신의 모습이 있다. 부조의 아래 쪽과 양 옆쪽에 본문을 세 가지 다른 언어로 새겼다. 출판 허가: akg images/ De Agostini Picture Library/W. Buss.

통성을 가지지 않았기에 무슨 일이 일어났는지 설명하기 위하여 정교한 이야기를 만들었다.

캄비세스는 사람들에게 알리지 않고 이집트로 가기 전에 바르디야를 죽였고 그의 긴 부재 기간 동안 가우마타라 불리는 한 제사장이 고레스의 아들이라 주장하면서 반역을 선동하였다. 다리오는 그 사실을 알았기에 그는 가짜 바르디야를 죽였고 질서를 회복시켰다. 캄비세스도 바르디야도 아들이 없었기에 다리오는 왕좌를 주장하였고 그는 왜 자신이 합법적으로 그렇게 할 수 있었는지 설명하였다. 아후라마즈다 신이 그에게 왕권을 수여하였으나 좀 더 중요한 것은 그의 혈통이 그에게 그 권한을 주었다는 점이다. 비히스툰 비문은 다리오의 족보로 시작하여 그의 조상을 테이스페스의 아버지 아케메네스까지 거슬러 올라간다. 다리오는 다음과 같이 진술한다.

"내 가족의 여덟 명이 전에 왕이었다."
"나는 아홉 번째이다."
"우리 아홉 명의 왕이 승계한 것이다."[1]

그는 테이스페스의 후손이라고 주장한 그의 전임자인 고레스와 캄비세스의 왕조 혈통을 무시하였고 그것을 모두 테이스페스의 아버지 아케메네스의 후손인 그 자신의 조상으로 대체하였다. 그때부터 페르시아 왕조는 그 주장을 계속하게 되었으며, 이로 인하여 이 왕조를 종종 아케메니드 왕조라 부른다. 비록 다리오는 고레스와 직접적으로 관련은 없지만, 그는 원래 왕조에 속하였다. 이후, 왕들의 적합한 왕위 계승이 있었고, 새로운 각 왕은 그의 전임자를 완전한 명예로 장사하여 권력이 올바르게 계속됨을 보여주었다. 심지어 마케돈의 알렉산더도 그가 페르시아 제국을 차지하였을 때 그렇게 행하였다. 마지막 황제 다리오 3세의 시신이 그에게 전해졌을 때, 그는 그것을 페르세폴리스

---

1 Amélie Kuhrt, *The Persian Empire. A Corpus of Sources from the Achaemenid Period*, 2 vols(London and New York, 2007a), 141.

로 보내어 그의 조상들 근처 왕정 무덤에 장사하게 하였다.

캄비세스의 죽음 이후 왕조 다툼은 제국에 매우 심각한 결과를 가져왔는데, 제국의 핵심 지역에 위치한 나라들, 페르시아, 메대, 엘람을 포함하여 많은 나라들이 반역하였다. 다리오는 그의 비문 대부분에서 그가 어떻게 이러한 문제들을 극복하였는지 상세하게 기술하였다. 제국 전반에 걸쳐 반역자들은, 그들 나라들의 마지막 독립적 통치자의 후손들이라고 주장하였다. 페르시아에서 한 장군은 바르디야라고 주장하였고, 메대에서는 프라바르티쉬가 아시리아를 패퇴시킨 메대인 우마키쉬타르의 후손이라고 말하였다. 바빌론에서는 두 명의 사람이 연속해서 그들 자신이 나보니두스의 아들 느부갓네살이라고 부르며 왕권을 주장하였다.

다리오는 지방 사람들은 거짓말쟁이며 왕의 혈통이 아니라고 말하였는데, 왜냐하면 그 자신이 이 많은 왕좌들의 합법적인 상속자였기 때문이다. 반란은 522-519년까지 몇 년 동안 계속되었으며 다리오와 그의 지지자들은 종종 반복되는 반란을 다루기 위하여 몇 번이고 한 지역으로 되돌아가야만 했다. 그들이 한 장소에 집중하였을 때 다른 곳의 사람들이 독립을 주장하였는데 반역자들 중 몇은 많은 지역에서 지지를 받았던 것이 분명하다. 그들 중 몇은 페르시아인과 메대인 귀족들이었고, 문제는 제국의 왕좌를 놓고 벌이는 큰 전투였을 것이다. 다리오의 임무는 그 자신이 모든 백성들과 고위층들에 의하여 통치자로 받아들여지게 하는 것이었다. 오직 장기적 군사 행동 이후에 그는 그렇게 행할 수 있었고, 비히스툰 부조는 그가 10명의 정적 왕들에 대해 승리하였음을 보여준다.

이러한 문제들은 다리오로 하여금 이 전 장에서 묘사한 도구들을 사용하여 제국의 사상을 통합하도록 고무시켰을 것이다. 그는 왕정 선포를 위하여 공식 서체(고대 페르시아어)를 발전시켰으며, 페르세폴리스와 수사에 수도를 건설하였고, 아케메네스로부터 내려온 확실한 왕권의 족보를 세웠으며 이후에 우리가 논할 행정적 변화를 제도화하였다. 다리오는 제국을 조직이 잘 갖춰진 구조로 변화시킨 장본인이었다.

왕위가 안전하게 아버지에게서 아들로 이어지는 것을 확실하게 하기 위하여 이후의 왕들은 주로 공식적 예식에서 후계자를 지정하였지만 여전히 긴장은 발생하였다. 페르시아를 쇠퇴해 가는 음모가 많은 나라로 묘사하기를 좋아했던 크테시아스와 같은 그리스 작가들은 그 문제들을 과장하였고 왕위를 요구하여 성공적으로 차지하였던 이들이 모든 반역 가능자들을 처형하려 했다고 주장하였다. 몇 개의 심각한 다툼에 대한 분명한 증거가 있다. 예를 들어, 404년 아르타크세르크세스 2세가 그의 아버지 뒤를 이었을 때 그의 형제 고레스가 반역하였고 저자 제노폰을 포함하여 10,000명의 그리스 용병의 군대를 일으켰다. 401년 그들은 시리아에서 바빌로니아로 진군하였고 바빌론 북쪽 80km에 위치한 쿠낙사에서 아르타크세르크세스의 군대와 교전하였다. 비록 그리스인들이 페르시아 쪽에 심각한 손상을 입혔지만, 고레스는 그 전투에서 전사하였다. 그들은 또 다른 페르시아 왕을 세울 것을 제안하였지만 그들은 왕족 혈통이 아니었기 때문에 모두 거절하였다. 따라서 다리오 계열만이 계속 통치하였다.

마지막 페르시아 왕 또한 왕위의 직접적인 계열이 아니었다. 그리스 자료는 환관 보고아스(Bogoas)가 338년 아르타크세르크세스 3세를 암살하였고 2년 후 그의 아들이자 상속자인 아르타크세르크세스 4세를 암살하였다. 그후, 그는 아르타크세르크세스 3세의 사촌인 다리오 3세 오코스(Ochos)를 왕권으로 세웠는데 이후 곧 바로 숙청되었다. 이것은 아마도 바빌로니아인 증거가 다르게 말해주고 있기 때문에 위조일 수 있지만, 다리오 3세는 실제로 선택된 상속자가 아니었다. 그는 알렉산더의 제국의 침공을 겪어야 했으며, 다시 그리스 자료에 따르면, 그는 그 자신의 귀족의 음모로 죽었다. 그들 중 하나인 박트리아의 지방관 베수스(Bessus)는 그 자신이 아르타크세르크세스 4세 왕이라고 선포하여, 알렉산더가 그 자신을 배신한 왕의 복수자이며 그의 합법적인 계승자로 묘사할 수 있었다. 그 후, 페르시아 제국은 종말을 맞이하였다.

2. 제국의 행정

헤로도투스는 다리오가 제국을 오늘날 우리가 여전히 사용하고 있는 용어 "총독 구역"이라고 지칭한 20개의 지방으로 조직하였다고 우리에게 전하고 있다. 그 단어는 페르시아어 기원이 아닌 그리스어에 기초한 것으로 고대 페르시아 용어로 총독으로 표현되며 우리가 지금 지방관의 것으로 보고 있는 "왕국 보호자"를 나타낸다. 헤로도투스는 아마도 많은 통치자들을 거쳐 행정 체계가 발전하였기에 오직 부분만을 알았을 것이다. 그러나 다리오가 그의 통치 초기 반역 이후, 정부의 좀 더 중앙화된 구조를 강요함으로써 지방 고위층들의 자치권을 줄이고자 했을 것이다. 총독 구역의 범위는 페르시아 제국 이전의 것과 다소간 일치하였지만, 그것들은 왕이 원한다면 다시 그려질 수 있었다. 예를 들어, 크세르크세스는 바빌로니아의 큰 지방을 둘로 나누었고, 아마도 다마스쿠스를 수도로 삼고 유프레테스강 서쪽 지역을 별개로 "강 넘어 있는 구역"으로 나누었다. 그는 또한 리디아의 크기를 줄였다. 4세기 카리아와 루시아는 한 총독 구역으로 합쳐졌다.

총독들은 거의 항상 페르시아인 또는 이란인이었고, 그들은 지정되지 않은 기간동안 복무하도록 임명 받았다. 그들의 충성심은 절대적이어야만 했고 왕은 그리스인들이 그의 "눈과 귀"라고 부르고, 일종의 첩보 근무로 생각하였던, 지방 궁중에 있는 요원들을 통하여 정보를 받았다. 그는 또한 전략적 위치에 그의 지방 대표자들을 보호하는 군사 요새들을 주둔시켰다. 비록 제국의 궁중과 총독 간의 상호교신은 존속하지 않았지만, 다양한 자료들은 서신 접촉은 많았으며 왕이 계속적으로 요구 사항들을 다루어야 했음을 분명히 알려주고 있다. 제국의 주요한 업적 중 하나는 왕정 도로 체계로서 규칙적 간격에 휴식처를 갖추었고 그곳에서는 왕의 사절단에게 우선권이 주어졌다. 가장 유명한 길은 약 2,500 킬로미터의 거리인 사르디스에서 수사까지의 것으로, 헤로도투스에 따르면 한 사람이 90일 걸려 도달할 수 있다. 다른 길들로, 중앙 아시아와 이집트를 페르시아 중심지와 연결시키는 것들이 있다. 여행자들은 통행권을 지녔고, 지방 공관에게 명령하여 그들에게 음식을 제공하고 그들의 말들에게 먹이를 제공하게 하였다.

　지방 총독 체계는 매우 유연성이 있었으며 페르시아인들은 종종 그들의 목적에 가장 잘 맞는 이전에 있었던 상황을 수용하였다. 어떤 지역은 정규군으로 통제하기 매우 어려워서, 황제는 그 지역의 거주민들로 하여금 해결하게 했는데 그들의 충성심에 대한 대가로 특권을 부여하였다. 그와 같은 경우가 예를 들어, 자그로스 산맥 사람들과 팔레스틴 아랍 사람들인데, 그들의 지도자들은 페르시아인들의 우월권을 인정하면서 재정적 보상을 받았다. 어떤 곳에서는 지방 세습 군주가 페르시아 왕의 지방 총독이 되었다. 아나톨리아 해변 남서쪽에 위치한 카리아에서, 한 토착민 왕조가 4세기에 여전히 통치하였는데 그 지역이 제국에 병합된 이후 150년이 넘도록 그리하였다. 그것의 가장 유명한 이가 마우솔루스(377-353년 통치)로서 그의 비문에 비록 그가 많은 면에서 왕과 같이 행동하였지만, 그는 지방 총독이었음을 인정하였다. 그는 그의 수도를 해변에 있는 할리카르나수스로 옮겼는데 그곳에서 그는 많은 위대한 기념비들을 갖춘 궁전을 만들었는데 이것들은 건축과 스타일이 그리스, 아나톨리아, 페르시아의 영향을 합친 것이다. 그의 무덤 즉, 할리카르나수스의 마우솔레움은 세계 7대 불가사의 중의 하나였다. 그리스 자료들은 그가 페르시아에 대항하는 반역에 합세하였지만 그것에 대한 증거가 없다. 반대로, 그는 이웃의 반역과, 아테네와 그 동맹들 간에 유발한 다툼에 대항한 행동을 취함으로써 페르시아인들의 이익을 증진시켰다. 그는 아마도 제국과의 결속으로 인하여 얻어진 이익으로, 많은 부와 영토적인 영향을 얻게 되었다.

　제국의 경계 너머에서도 페르시아는 외교 관계에 실용적 접근을 유지하였다. 우리가 보았던 바와 같이, 페르시아는 전쟁 이전에 아테네와 조약을 맺었는데, 아테네 사람들이 이오니아 반란을 도와주었을 때 그들이 조약을 깬 것으로 여겼다. 크세르크세스가 그리스를 공격하기 전, 그는 도시 국가들에게 항복하기를 제시하였고 그들 중 몇은 그렇게 하였다. 또한 페르시아인들이 유럽에서 철수한 이후, 그들은 강력한 외교적 영향을 유지하였다. 그들은 고향에서 불명예스럽게 전락한 그리스 정치가들에게 피난처를 기꺼이 제공하였는데 예를 들어 아테네의 알시비아데스(Alcibiades)에게 그리하였다. 제국 말기,

그림 16.2 아마도 크세르크세스의 왕정 무덤 정면, 낙쉬-이-루스탐 소재. 페르시아 왕들의 바위를 깎은 무덤 정면은 황제가 제국의 다양한 백성들을 묘사하고 있는 인물들에 의하여 떠받쳐진 단위에 서 있으면서 아후라마즈다 신을 경배하는 것을 보여준다. 30명의 사람들이 여기에 보이는데, 각자는 특정한 신체적 모습과 지방 의상을 입고 있다. 그 무덤이 누구의 것인지 확실하지 않지만, 그것은 다리오의 것을 가까이 모방하였기에, 학자들은 그것이 그의 아들인 크세르크세스의 것으로 보고 있다. 출판 허가: The Art Archive/Collection Dagli Orti.

페르시아와 마케돈 간의 우정과 동맹의 조약들과, 한 마케도니아 사람이 점령하는 것을 모면하기 위하여 페르시아의 도움을 요청한 데모스테네스와 같은 그리스인들과의 조약들, 이 모두에 대한 증거가 있다. 외교 임무들은 오락가락했다. 다른 국경에서도 고고학적 증거가 지시하는 바와 같이 페르시아인들은 이웃들과 타협하였다. 중국 근처 알타이 산지까지 멀리 있는 스구디아인들의 무덤에 페르시아에서 기원하여 외교 선물로 수여된 카펫이 발견되었고, 조지아와 아르메니아의 지방 군주는 그들의 거주지로 페르시아 궁전들을 모방하였는데 이는 제국과 이 지역 간의 접촉을 보여준다.

　이러한 유동적 태도로 제국내 포함된 영토와 사람들이 변하지 않는 것은 그리 놀랄 일이 아니다. 페르시아 종속국의 직접적인 목록은 존재하지 않고 다만 왕의 지배하에 있는 백성들을 나열한 일련의 목록들만 있다. 정기적으로, 그들은 그의 보좌를 지지하는 것으로 표현된다(그림 16.2). 다리오 통치 때부터 그러한 목록이 적어도 다섯 개가 있으며 그 또한 수사에 있는 그의 궁전 건축에 누가 기부하였는지 기록하였다(15장 참조). 이 기록은 열 여섯 민족을 포함하는 반면 그 목록들에 열거된 이들은 스물 셋에서 스물 아홉까지 이른다. 크세르크세스 시기의 한 목록은 서른 한 개의 이름을 보여준다. 핵심 지역-페르시아, 메대, 엘람, 바빌로니아 등-은 계속 남아 있지만 변방 지역에 있는 이들은 다양한데-리비아, 에디오피아(즉, 누비아), 카리아- 이들은 항상 나타나지 않는다. 추가적으로 페르세폴리스의 조공 행렬은 이러한 사상을 나타낸다. 스물 세 무리의 사절단이 각자 그들 나라의 의상을 입고 그들 지역의 특징적인 동물들과 선물을 가지고 오는 것이 표현되었다. 어떤 글도 그 형상과 함께 쓰이지 않아 그들이 누구인지 확인하는 일은 그들의 의상과 선물과 보좌를 나르는 사람들의 형상에 기초하여 이루어진다. 이것들은 이상적인 내용으로 행정적 지배를 확실히 보여주는 것이 아니다.

　우리가 얻을 수 있는 제국의 지방에 대한 체계적인 기술에 가장 가까운 것은 다리오의 개혁의 결과로 헤로도투스가 제공하고 있는 목록이다. 그것은 스물 세 개의 지방을 확인시켜주는데 각 지방은 일정 양의 은을 조공으로 바쳐야 했고 때로는 지방의 특산물 형태로 추가적인 선물을 드렸다: 예를 들어, 일 년의 각 날을 한 마리로 계산하여 360마리의 시실리아산 백마. 헤로도투스는 인도인들이 가장 많았고, 그들이 예외적으로 사금으로 가장 높은 조공을 지불해야 했다고 언급하였다. 제국 전체에서 모은 전체 양은 14,560은 달란트였는데 이는 376,533 킬로그램이다. 추가적으로 헤로도투스는 다른 백성들도 선물을 제공했다고 기록하였다. 예를 들어, 에디오피아인들은 금, 흑단, 코끼리 상아, 소년들을 준 반면 아랍인들은 향료(문서 16.2 참조)를 주었다.

　헤로도투스의 기술에 실수가 있었던 것은 분명한데, 예를 들어, 페르시아는 그가 주장한 바와 같이 세금에서 면제되지 않았다. 그러나 제국은 종속국으로 부터 엄청난 부를 받아들인 것은 의심하기 어렵다. 제국은 또한 항구와 강무 역을 위하여 정박한 배들에게서 세금을 받았으며 노예를 판매하거나 아마도 다른 상품들에서도 세금을 받았다. 주요 재산은 그 지역 대부분의 농부들에 게 필수적인 관개수에 대한 지배였다. 바빌로니아 기록은 사람들이 그것을 위해서 요금을 지불해야 했음을 보여준다. 헤로도투스는 페르시아 왕이 중앙아 시아에 있는 강으로 흐르는 지류를 막았고 농부들로부터 막대한 요금을 받고 난 이후에 수문을 열었다고 주장한다(제3권, 117). 이것은 민담이었지만 그가 어떻게 이 자원을 규제하였는지 보여준다.

문서 16.2 헤로도투스가 전하는 페르시아 지방 세금

　페르시아 제국은 제대로 기능하기 위하여 확실히 세금을 올려야 했다. 비록 징 수한 세금의 양의 세부사항을 우리에게 전해주는 문서가 보존된 것이 없지만, 많 았음에 틀림없다. 오직 그리스 역사학자 헤로도투스가 포괄적인 목록을 제공하는 데 그것은 다리오가 제국을 20개의 총독 구역으로 재정비했을 때 그가 재정한 상 황을 반영한다고 그는 전하고 있다. 어떤 부분들은 분명히 틀리기는 하지만, 그 목록은 제국의 크기와 그것의 수많은 종속국들에 대하여 가늠을 할 수 있게 한다. 다음은 헤로도투스의 역사책 제 3권의 내용을 발췌한 것이다.

　(89) 페르시아에서 이것들을 행하고 다리오는 그들이 총독 구역(satrapy)이라 부 른 20개 지역을 세웠다. 그는 지방을 세우고 지방관을 세우고 백성에 따라 그들이 지불해야할 조공을 정하였다. 그는 각 백성과 함께 근처에서 살고 있는 사람들과 멀리 살고 있는 사람들을 포함하였고, 이들 또는 다른 이들에게 그가 할당해 주었 다(…).

　(90) (조공을 하나같이 지불하였던) 이오니아인, 아시아의 마그네시아인, 에올리아 인, 카리아인, 루시아인, 밀리아인, 밤빌리아인들로부터 은 400 달란트가 왔다. 이 것은 첫 번째 구역을 형성한다(…).

　(91) 암피아루스의 아들 암필로쿠스에 의하여 세워진 포시데이움, 길리기아와 시리아 사이 국경에 있는, 그 도시로부터 이집트까지, (세금낼 의무가 없는) 아랍인

들을 제외하고, 조공은 350 달란트였다. 이 구역에 페니키아 전체가 있으며, 소위 팔레스틴 시리아와 사이프러스-다섯 번째 구역(…).

(92) 바빌론에서 아시리아 나머지 지역으로부터 은 1,000 달란트, 거세 소년 500명; 이것은 아홉 번째 구역(…).

(94) 인도 사람의 수는 다른 어떤 사람들보다 더 많다는 것을 우리가 알고 있다. 그들은 다른 이들보다 더 많은 조공- 사금 360달란트를 보냈다; 이것은 스무 번째 구역.

(95) 바빌로니아 은을 에비아 달란트로 바꾸니 9,880 달란트이다; 금이 은의 13배의 가치가 있다는 것을 계산하면, 사금은 4,680 에비아 달란트이다. 모든 것을 다 더해보면, 다리오를 위한 일년 전체 조공은 에비아 달란트로 14,560이다. 나는 1 달란트보다 더 적은 부분을 누락하였다.

(97) 이들은 지방들과 조공 비율 제정이다. 페르시아는 내가 조공을 바치라고 목록에 넣지 않은 유일한 지역이다. 왜냐하면 페르시아인들은 세금 면제 땅을 소유하기 때문이다. 다음에 나오는 이들은 제정된 조공을 바치지 않았지만 선물을 가져왔다. 캄비세스가 오랜 동안 살고 있던 에디오피아인들을 원정하였을 때 종속된 이집트 옆의 에디오피아인들(…) 이 둘은 함께 2년마다 한 번씩 가져왔고(그들은 나의 날에 여전히 그렇게 행하고 있는데) 400 파운드의 정제되지 않은 금, 200록의 흑단, 다섯 명의 에디오피아 소년과 20개의 큰 코끼리 상아(…) 아랍인들은 매년 향료 1,000 달란트를 가져왔다. 이것들은 그들이 조공너머 조공 위에 왕에게 가져온 선물이었다.

번역 출처: Kuhrt 2007a: 673-5.

3. 페르시아의 지방 행정 형태

제국이 많은 지역에 끼친 충격이 매우 다양하다는 것은 그리 놀랄 일이 아니다. 지역을 매우 다른 환경들에 병합시켰고, 제국 이전에 존재하였던 관습들은 페르시아 통치하에 계속해서 중요한 역할을 하도록 유지시켰다. 모든 지방과 지역들은 그들의 특성들을 가졌고 개별적으로 분석될 수 있었다. 증거는 특성상 매우 다양하다. 어떤 곳에서는 풍부한 문서 자료가 있는 반면(예를 들어, 바빌로니아와 이집트), 다른 곳에서는 고고학자료들이 대부분의 정보를 제공한다(특별히 동쪽 총독 구역). 우리는 문서가 비교적 풍부하고 적어도 어느 정도 행정적 경제적 관습들을 섬세하게 재건할 수 있는 제국의 동쪽 가까운 세 지역에 집중할 것이다. 제국의 정치 중심지인 페르시아, 오랜 동안 잘 알려진 전통을 지닌 바빌로니아, "강 넘어" 총독 구역의 세분 지역으로 유다이다. 각 지역의 문서는 좀처럼 중복되지 않는 제한된 일련의 활동들에 집중하고 있어 증거에서 알려진 관습들이 순전히 지역적인지 아니면 모든 곳에서도 사용된 것인지 결정하기는 어렵다.

페르시아는 제국의 중심지역이자 왕조와 정치 고위층의 본고장이다. 우리가 보았던 것처럼, 틀림없이 지배와 군사의 가장 높은 기능들의 주도권은 페르시아인들의 손에 있었으며 그들은 심지어 멀리 주둔하고 있을 때라도 그 지역과 접촉을 유지하였다. 이란 남서쪽 지역은 산지 지역으로 숲이 우거진 계곡들과 평지들을 가졌다. 1천년대 초기 페르시아인들이 그곳으로 이주하였을 때 그들은 그곳이 실제로 거주되지 않은 곳임을 알았던 것으로 보인다. 그들은 처음에 정착 농민이 아니라 계절에 따라 이동하며 고고학적 유물을 거의 남기지 않는 유목민으로 살았다.

고레스 왕과 다리오 왕이 기념비적인 건물들과 실제 거주 지역을 지닌 큰 도시로 파사르가대와 페르세폴리스에 수도를 세웠을 때 이러한 삶의 형태는 급격하게 변하였다. 그러나 발전은 거기에서 멈추지 않았다. 국가가 주도하여 페르시아 지역을 많은 정착민과 풍부한 농경지를 지닌 숲이 우거진 곳으로 바꾸어 놓았다. 그것들은 페르시아 귀족들에게 이익을 가져준 것으로 밭, 과수원, 정원, 사냥지를 포함한다. 그들은 그리스인들의 눈에 파라데이소이(paradeisoi)였으며 그곳에서 그 지방 농부들, 유입된 농부들, 삼림인들, 다른 노동자들이 일하였고 국가는 활발하게 그들의 발전을 증진시켰다. 관개 운하들을 팠고 유지시켰으며 과실수 묘목을 제공하였다. 페르세폴리스의 한 기록은 근처 다섯 곳의 토지에 6,166 그루의 나무들을 전하고 있는데 주로 사과, 배, 확인되지 않는 과실수들이다. 이러한 토지들은 그리스 여행가들에게는 부러움이었다.

우리는 페르세폴리스에서 발굴된 두 개의 고문서관을 통하여 국가가 어떻게 그 지역을 유지하였는지 알고 있다. 약 100개의 기록 중 하나가 보물 창고에서 발견되었고 다른 것들은 요새 시설에서 많은 수가 발견되었다. 보존된 문서의 정확한 숫자는 확실하게 알려지지 않는다. 대략적으로 15,000개에서 18,000개에 이른다. 이것들은 모두 토판으로 주로 쐐기 문자로 쓰인 엘람어 문서가 쓰였다. 많은 수가 진흙에 눌려지거나 잉크로 쓰인 아람어 기록을 지니는데, 다른 언어들로 쓰인 것 또한 증거된다. 그리스어, 프리기어, 고대 페르시아어로 쓰인 토판이 각각 하나씩 있고 두 개는 바빌로니아어로 쓰였다. 어떤 글자 없이 오직 하나에서 네 개의 인장이 찍힌 수 백 개의 토판이 있는데 이것들은 일종의 영수증으로 쓰였을 것이다. 비록 보존된 숫자는 많지만 페르세폴리스의 실제 고문서관들은 훨씬 더 컸을 것이다. 우리가 알고 있는 바와 같이 요새 시설 고문서관은 단지 509년에서 459년까지 기간의 것이며 그 중 절반은 500년과 499년때의 것이다. 보물 창고 문서는 490년에서 459년때의 것으로, 그들 중 3분의 2는 466년때의 것이다. 섬유 생산과 같은 경제 분야 전체가 문서로 기록되지 않았다. 따라서 많은 양피지와 파피루스뿐만 아니라 많은 수의 다른 토판들이 존재하였음에 틀림없다.

우르 제3왕조 치하와 같은 이전 시기의 근동 국가들의 사례처럼, 그 기록은 매우 상세하며 작은 개인 거래뿐만 아니라 포괄적인 연간 요약을 포함한다. 요새 시설 토판들의 범위는 거의 완전히 지방적이며 곡물, 과일, 포도주, 맥주, 큰 짐승과 작은 짐승, 가금 등의 농업 생산물의 수집과 분배를 다룬다. 국가가 이것을 중요하게 보았다는 것은 다리오의 숙부가 506년에서 497년 사이 그 책임을 담당했다는 사실에서 명백하다. 국가는 배분 체계 형태를 사용하였고 많은 토판들은 음식을 모든 계급의 노동자들과 왕정 사자들에게 배분한 것을 기록하고 있다. 요새 시설 고문서관은 지역 중심지에서 쓰여 페르세폴리스로 보내진 많은 토판들을 보관하고 있다. 보물 창고 토판들은 값진 물건들을 다루는데 이집트, 바빌로니아, 박트리아, 이오니아 등에서 온 외국인을 포함하여 장인들에게 은을 공급하는 것을 허락하는 것을 포함한다. 고고학적, 문서

적 증거는 제국이 그것의 중심지에 급진적인 충격을 주었다는 사실을 보여준
다. 이전 시기의 엘람인들에게서 빌린 중앙화된 행정을 사용하면서, 그것은
유목민들 지역을 촌락, 마을, 크고 작은 도시 등의 거주민들을 먹여 살리는 농
경지를 가진 번영 지역으로 바꾸었다.

바빌로니아의 상황은 제국 이전 페르시아의 것과 매우 달랐다. 그 지역은
신바빌로니아 통치하에 거의 백 년 동안 안녕과 경제적 발전을 누렸으며 위
대한 고대 도시들의 거주민들은 근처의 풍부한 농경 지역으로부터 그들의 필
요를 충족시켰다. 더구나 바빌로니아는 오래된 관료적 관습을 가졌고, 많은
수의 신바빌로니아 시대의 쐐기문자 토판들이 보존되어 남아 있다. 고레스가
그 지역을 합병했을 때, 그는 잘 조직되고 번영하는 경제를 인수하였다. 우리
는 이후 55년까지 행정에서 어떤 중단도 발견하지 못한다. 그러나 제국은 그
자신의 목적을 위하여 거대한 지역을 간섭하였고 징수하였다. 제국은 그것의
일부를 귀족들, 그 지역에 주재하고 있는 공관원 뿐만 아니라 다른 곳에서 활
동하고 있는 많은 이들에게 소유지로 수여했다. 예를 들어 5세기 말 이집트의
총독 아르샤마는 여왕 파리사티스가 그랬던 것처럼, 바빌로니아내에 몇 개의
소유지를 가졌다. 따라서 그들은 부재 지주였다.

그러나 국왕은 땅의 사용 권한을 귀족을 훨씬 넘어 다른 이들에게 퍼뜨렸
다. 수많은 남자들에게 경작지에 대한 권리가 주어졌고 그 대가로 국가에 대
한 봉사를 특별히 군대에서 제공해야 했다. 이 경작지는 소유자가 국가를 위
해서 무엇을 하고 있는지에 따라 분류되었고 한 왕정 공직자가 이중 하나를
감독하였다. 궁수를 위해서 활-지역, 전차군을 위한 전차-지역, 기병을 위한
말-지역이 있었으며 예술가, 농경 거주민, 행정 거주민을 위한 지역도 있었다.
어떤 지역들은 사람들이 연결된 기구 또는 그들의 원래 고향을 따라 명명되
었다. 소유자는 상속자들 가운데 그 땅을 나눌 수 있었고 그것을 신부지참금
의 일부로 사용하거나 대여를 위한 담보물로 사용하였지만, 그것을 팔 수는
없었다. 그들은 오직 그것을 사용할 권리만 가졌고, 그들 중 많은 이들이 개
인적으로 그 경작지에서 일하지 않았고 소작농과 계약을 맺어 그들이 그 일
을 행하게 하였다.

그림 16.3 무라슈 고문서관의 토판. 바빌로니아인들의 서기관 기술은 페르시아 시대에 약해지지 않고 계속되었다. 아르타크세르크세스 왕 통치 제 39년때의 것인 이 토판은 무라슈 가족 토판의 한 부분으로 주의를 기울여 쓴 쐐기문자 문서와 쐐기문자 서기관이 남긴 공백에 아람어로 쓴 짧은 기록을 담고 있다. 진흙, 6.3×7.5×2.6cm, 닙푸르에서 출토. 출판 허가: Courtesy of Penn Museum, image number B5304.

이 모든 것의 조직은 복잡하였고 국왕이 모든 것을 추적하는 페르시아와는 달리 바빌로니아에서 이것은 민간 기업인들의 일이었고 종종 가족 기업에서 활발하였다. 그러한 가족 중 무라슈라 불리는 한 가족의 것으로 440-416년의 것인 그의 토판 약 700개가 닙푸르에서 발굴되었다(그림 16.3). 무라슈는 아르샤마와 같은 유명한 사람들과 소규모 지주들 모두의 땅을 관리하였다. 그들은 농부를 찾아내고, 요금을 받고, 필요시 대여를 해 주고, 농경 생산물을 은으로 바꿔주었다. 여러 면에서 그들은 마치 고대 바빌로니아 시대의 기업인들처럼 행동하였다(제5장 참조).

그들 또한 신용을 제공하였기 때문에 농부들은 정기적으로 그들에게 빚을 지게 되었고, 그들의 고대 바빌로니아 전임자들과는 달리 페르시아 왕들은 이 빚을 탕감해주지 않았던 것 같다. 그러나 학자들은 이 주제에 대하여 논쟁하고 있는데 왜냐하면 캄비세스 통치 말 왕좌를 주장한 바르디야가 대중적 지지를 얻고자 그렇게 행하였다고 헤로도투스가 주장했기 때문이다. 어떤 이들은 이것은 순전히 수사적인 언급이라고 믿는 반면, 다른 이들은 빚면제는 페르시아 시대에 이상한 일이 아니었다고 생각한다. 어떻든, 민간 사업자가 바빌로니아인들 경제 관리에 중요하였고 결과적으로 번창하였다.

무라슈 고문서관은 5세기 하반기의 것이며 바빌로니아인 한 가족이 페르시아인들과 손잡고 일한 것을 보여준다. 그러나 협력이 항상 순탄하지는 않았다. 심지어 만약 페르시아인들이 바빌로니아인들의 관습들과 행정가들을 제국 초기에 수용하였더라도 그들은 그들의 권한을 주장하여야만 했고, 오랜 동안 세워진 가문의 세력을 깨뜨려야만 했다. 심각한 위기가 크세르크세스 왕 통치 제2년(484년)에 일어났다: 그 해 여름 두 명의 바빌로니아인이 바빌로니아 북쪽 서로 다른 곳에서 반역을 일으켰다. 벨-쉬만니와 샤마쉬-에리바는 몇 개의 도시들에서 지지를 얻었으며 그곳 서기관들은 그들이 쓴 토판 연대 방식에서 그 둘을 "바빌론의 왕"이라고 불렀다.

첫 번째 반역자는 아마도 단지 2주, 두 번째 반역자는 3개월 생존하였는데 그들이 서로 싸워 끝났던지 아니면 크세르크세스가 그들을 무찌르기 전에 연합하였을 것이다. 이 시기, 바빌로니아 북쪽 도시들의 많은 수의 고문서관들의 기능이 멈추었는데 이는 고문서관이 속한 가족들이 그들의 경제력을 잃었다는 사실을 가리킨다. 그들 모두는 오랜 가문으로서 신전과 강한 결속을 지녔고 그곳에서 수입을 얻었다. 예외적으로 앞서 언급한 에기비 가족은 바빌론의 지방관과 밀접한 관계를 가졌는데, 그 공관은 이 시기 즈음 사라졌다. 바빌로니아 북쪽의 몇 가족들은 남쪽의 가족들이 그러했던 것처럼 그들의 사업을 계속하였다. 북쪽의 생존자들은 비교적 신입자들로 이후의 무라슈가 행하였던 것과 같은 방법으로 페르시아인들을 위하여 관리자로 일하며 그들에게서 이익을 얻었다. 그들과 남쪽의 가문들은 반역에 동참하지 않았지만 그들은 크세르크세스에게 파멸을 가져다주었다. 따라서 폭동은 아마도 바빌로니아에 대한 페르시아인들의 지배를 이전보다 더 강경하게 만들었을 것이며 이러한 상황은 331년 가우가멜라에서 알렉산더가 승리할 때까지 끊임없이 계속되었다.

아마도 반역에 대한 대응으로, 크세르크세스는 바빌로니아 총독 구역을 둘로 나누어 유프라테스 강부터 이집트 국경까지의 지역을 새로운 지방 "강 넘어" 구역으로 만들었다. 그러나 이 지역은 여전히 거대한 영토로 많은 다른 정치 실체들과 경제적 상황들을 포함한다. 시리아의 농경 지역들, 해상 무역을 위한 페니키아인들의 항구들, 산지 국가들과 사막 지역들이다. 이 지역 안에 느부갓네살 2세가 587년 함락시켜 거주민을 바빌로니아로 이송했던 예루살렘 도시 주변의 유다 땅이 있다. 우리가 보았던 바와 같이 고레스가 얻은 해방자로서의 명성의 한 이유는 그가 유다인들에게 고향으로 돌아가 그들의 성전을 재건하라고 허락했기 때문이다. 유다의 역사를 재건하기 위하여 우리는 시대에 걸쳐 불규칙적으로 퍼진 매우 이질적인 자료들에 의존해야 한다. 그것들은 두 권의 짧은 성경 책들, 에스라와 느헤미야와, 토기 조각에 잉크로 쓴 - 우리는 그것을 그리스어 이름 오스트라카로 부른다 - 대부분 아람어로 쓰인 짧은 행정문구를 포함한다. 항아리 손잡이에 찍힌 짧은 비문 인장들과 동전들 또한 몇 가지 행정 관습들에 대한 생각을 제공한다. 그 지역의 고고학 역시 중요한 정보를 제공한다.

유다는 산지에 위치하여, 총독 구역의 다른 행정 세부 지역으로 둘러 쌓인 작은 지역이었다. 서쪽에 있는 지중해변은 항구 때문에 페르시아인들에게 매우 중요하였고 페니키아 지도자들에게 전체 지역에 대한 권한이 주어졌다. 항구는 해외 무역에 접근 용이하게 하고 그리스, 지중해 섬들, 이집트내 페르시아의 군사 행동에 중요하였다. 그러나 내륙 지역은 페르시아인들에게 훨씬 덜 흥미를 주었는데 왜냐하면 그곳의 경제적 자산은 제한되었고 그 땅은 신바빌로니아 시대에 무시되었기 때문이다. 아시리아인들이 오래 전에 정복하였던 사마리아 지방은 여전히 실제적인 거주민을 가졌고 수도 사마리아는 요새화된 도시였다.

다른 한편 유다는 보다 적은 거주민을 가졌고 수도 예루살렘은 6세기 초에 약탈되었다. 성경은 세 번에 걸쳐 포로민들이 바빌로니아에서 유다로 돌아왔다고 전하고 있다: 한 번은 고레스가 제국을 탄생한 이후 곧 바로 이루어졌고, 두 번째는 다리오 통치 초기에, 세 번째는 5세기 에스라와 느헤미야가 공동체를 이끌어 예루살렘을 다시 위대한 도시로 바꾸었을 때 일어난 것이다. 고고학은 이것이 사실이 아님을 보여준다. 유다의 거주민들은 제한적으로 남아 있었고, 돌아온 포로민들은 개별 가족들이었으며, 예루살렘은 445년 성벽이 재건되었을 때조차 작은 상태를 유지하였다. 어떠한 부유한 무덤 또는 다른 발견물도 거대한 부를 보여주지 않고, 대부분의 사람들은 촌락과 농장에 살았다. 정치적으로 유다는 5세기 중반까지 사마리아의 지방관의 권한 아래 있었을 것이며 느헤미야의 임무가 이루어졌을 때에 비로소 예루살렘은 수도가 되었다. 성경 느헤미야서에 따르면, 그는 수사에 있는 페르시아 궁중 관원으로 아르타크세르크세스 왕에게 여전히 폐허로 있는 그 도시의 재건에 대한 허락을 구하였고, 그는 지방관으로서 유대법에 엄격하고 충실하게 행사하였다. 예루살렘내 권력의 중앙화는 공동체와 성전 위계간의 결합을 강화하는 수단이 되었을 것이다.

행정 관습의 분명한 증거는 4세기 전까지 거의 존재하지 않는다. 그때 실제적인 수의 오스트라카가 있었는데, 몇 개는 유다에서 나온 것으로 주로 그 지역에서부터 그 지역 바로 남쪽까지 지역에서 발견되었다. 많은 수가 이두메아 오스트라카로 출판되었고, 골동품 시장에서 나타났기에 어디에서 발견되었는지 알 수 없는 것들은 주로 곡물과 일용 노동자들의 고용 지불에 관한 상세한 기록들을 포함한다. 정부가 그러한 기록을 필요하였다는 어떠한 증거도 없지만, 이집트가 그 당시 독립하였다는 사실이 그 지역 전체에 대한 제국의 좀 더 확고한 장악을 촉발하였을 수 있다. 고고학은 페르시아인들이 그때 유다 남쪽 지역을 요새화하였다는 것을 보여준다.

이 기록 중 몇 개는 유다의 지방관과 예루살렘 대제사장의 이름을 언급한다. 제국 전 시기에 유다인들이 이 권위자들과 특별한 관계를 가졌다는 것은 이집트 남쪽 경계에 있는 엘레판틴에서 발굴된 일련의 파피루스를 볼 때 분명하다. 유다인 용병 정착촌이 페르시아 정복 이전부터 그곳에 존재하였고, 그곳의 사람들은 아람어로 파피루스에 쓴 서신, 계약서, 기록, 심지어 문학 작품(아히카르 이야기와 같은, 10장 내용 참조)의 풍부한 내용을 남겼다. 이들 중 일부는 적어도 3년 동안 악화된 이 공동체와 이집트인 이웃 간의 싸움을 기록하고 있다.

가장 유용한 것은 엘레판틴 제사장들이 바고히(Bagohi)로 불리는 유다 지방관에게 보낸 긴 편지이다. 저자들은 3년 이전 410년 여름에 이집트 신 크눔 제사장들이 페르시아 지방 공관원의 도움을 받아 야훼 성전을 파괴하였음을 회상시킨다. 상호교환 서신에서 우리에게 다르게 알려진 페르시아 총독 아르샤마가 그 나라에 없었을 때, 그들이 그 일을 행하였다. 그들은 주장하기를 이것은 오래된 성소로서 캄비세스가 이집트를 정복하였을 때 경의를 표하였던 곳이다. 그것의 존재는 공적인 유대법을 반하는 것처럼 보이지만 그것이 그 당시 유일한 그러한 성전은 아니었다. 엘레판틴 제사장들은 이전에 예루살렘의 대제사장과 유다의 저명한 이들에게 그것을 재건하는데 도움을 구하는 것을 썼지만 어느 누구도 대답하지 않았다.

지금 그들은 바고히에게 이집트에 있는 그의 관계를 이용하여 새로운 성전을 위한 도움을 얻을 수 있기를 간청하였고, 편지 말미에 그들 또한 사마리아 지방관 산발랏의 아들들과 접촉하였음을 언급하였다. 정확하게 무슨 일이 일어났는지 분명치 않다. 많은 학자들은 이집트 제사장들이 이방 제의를 근절하기를 원했다는 이전의 생각을 지금은 버리고, 좀 더 세속적 재산 논쟁이 불만의 원인이었다고 생각한다. 그 사례는 유다 지역 바깥에 있는 유대인 공동체가 예루살렘과 그곳의 정치, 종교 지도자들을 그들과 관련된 권위자로 어떻게 보고 있는지 그려준다. 사건과 연관되어 기록된 다른 문서는 페르시아인 총독 아르샤마가 성전을 재건하도록 명령함으로 결국 문제를 해결하였음을 보여준다. 따라서 그는 그러한 지방 문제에 관여하였다.

여기에서 논의한 세 가지 사례들은 페르시아인들이 그들의 행정을 지방 상황에 적용시켰음을 보여준다. 페르시아에서 새로운 통치자는 모든 일에 대한 면밀한 추적을 행하였고, 바빌로니아에서는 계속해서 민간 중개업자들을 사용하였지만 그것의 권위를 확실히 주장하였고, 아마도 뒤늦게 유다에서는 지방 공관원을 통하여 권력의 중앙화를 조직하였다. 그러나 이러한 유연성은 자유방임의 표시가 아니다. 페르시아인들은 다양한 영토의 경제적 잠재력을 발전시키고자 매우 열망하였으며 그렇게 행할 수 있도록 큰 기반설비 작업에 재정 지원하였다. 그들은 이란 평원에 농업을 가능케 하기 위해 관개 설비를 건설하였으며 이집트 광야에는 오아시스를 만들었다. 제국의 단순한 존재는 나일에서 인더스까지 하나의 정치적 통치 아래에 있는 세계였기에 무역을 촉진하였을 것이다.

그러나 공공 작업이 그것을 더욱 격려했다. 다리오는 나일에서 홍해를 잇는 운하를 파서 배들이 상품을 실어 이집트에서 페르시아로 나를 수 있게 하였다. 제국은 서쪽의 자원들에 접근케 하는 지중해 항구를 발전시켰고, 또한 아나톨리아에서 이집트까지 전체 해안 지역을 연결시켰다. 예를 들어, 이오니아와 레반트의 배들은 기름, 포도주, 금속, 나무, 양모, 다른 생산물을 이집트로 수입하였고, 섬유 제작을 위해 필요한 화학성분 나트론(natron)과 다른 이집트 상품을 다시 수출하였다. 분명히, 해외 무역은 정치적 경계를 넘었다. 그리스 상인들은 페르시아 통치하에 있는 이집트 내에서 활동적이었고, 시리아-팔레스틴 무역인들은 지중해 전역을 왕래하였다. 동쪽 지역에서 해상 무역은 아라비아와 인도 바다를 가로질러 존재하였지만, 유용한 증거는 매우 희박하다.

시간이 지나가면서 페르시아인들의 통치는 지방 문화에 영향을 미치기 시작하였고 페르시아 관습들이 퍼져 나갔다. 지방 동전과 인장은 페르시아인 모티프를 보여주며 고위직 공관원은 그들의 의상과 습관을 바꾸어 페르시아인의 모습을 반영하였을 것이다(보충 16.1 참조). 지방 전통을 존중하는 것은 페르시아인의 특성이지만, 지방 사람들이 제국 스타일을 모방하고자 했던 시도를 막지 않았다. 우리는 제국 전역에서 두 개의 기둥, 지방과 중앙이 다방면에서 서로 상호작용하였음을 본다. 종교적이던 아니면 다른 것이던 지방 전통을 근절시키는 행위는 없었고 대신 존중하였다. 다른 한편 페르시아인들이 그 지역을 오랜 동안 지배한 것은 시간이 지나면서 제국을 통합하는 효과를 지녔다.

보충 16.1 페르시아 제국의 동전

역사가들이 해결할 수 없는 질문 하나는 페르시아 제국내 동전의 중요성이다. 동전은 작은 운반 가능한 둥근 모양의 귀중 금속으로 그 가치를 보장해주는 공식 주조로 인장이 찍힌 것이다. 아나톨리아 서쪽 리디아에서 약 650명의 사람들이 그것을 생산하기 시작하였다. 가장 이른 시기의 동전은 지방에서 얻을 수 있는 은과 금의 합금이다. 조금 이후, 다른 이들이 순금과 순은의 동전을 주조하였다: 각 지역 또는 도시는 구별된 인장을 지닌 그 자체 동전을 생산할 수 있었다. 그것은 쉽게 운반 가능하고 교환 수단으로 사용될 수 있기에, 무역을 활성화시켰다. 고레스가 아나톨리아를 정복하였을 때, 그는 그곳에서 금화와 은화가 사용되는 것을 마주하였지만, 다리오 통치 때가 되어서야 페르시아인들이 그것을 주조하기 시작하였다.

그리스 자료들은 금화 다릭(daric)-아마도 다리오 왕의 이름을 따서 명명되었을 것이다-과 셈어 세겔에서 기원된 단어인 은화 시글로이(sigloi)를 언급한다. 동전의 실제적 수가 페르시아 시대의 것이 보존되었지만, 분명한 것은 제국은 그것들을 체계적으로 적용될 수 있는 도구로 생각하지 않았다는 점이다. 동전 생산은 확실히 제국의 특전이 아니었다. 많은 형태가 사용되었다: 종종 왕을 전사로 표현한 것처럼 보여지는 왕정 동전(그림 16.4), 총독과 다른 공관원들에 의하여 만들어진 동전, 페르시아 통치하에 있는 그리스 도시에서 주조되었거나 아테네와 같은 독립 도시에서 주조된 그리스 동전. 모든 주조장은 제국의 서쪽 끝에 있었는데 그곳에서 동전들이 주로 사용되었다.

바빌로니아와 같은 지역에서 동전은 가치 측정 도구로 기능하지 않았고, 페르세폴리스에서는 그것은 무게에 의하여 설명되었다. 그리스 본문은 비공식적 용병의 급여는 매달 1다릭이었음을 언급하며, 제국은 정규적으로 동전을 지불하였던 것처럼 보이지만, 그것이 독점적이거나 선호된 지불 방식으로 결코 바뀌지 않았다. 왕정 동전의 형상은 그것들이 세력의 상징으로 기능하였음을 알려주지만 이 점이 다른 이들이 동전을 만드는 것을 금지케 하지는 않았다.

그림 16.4 다릭 금화. 페르시아 제국의 동전은 종종 왕을 전사로 보여주는데 이는 평화를 강조하는 공적 부조에서 매우 드문 이미지이다. 오직 동전의 뒷면은 한 모습을 지니는데, 뒷면은 직사각형 펀치를 포함한다. 이 동전은 모든 왕정 주조물이 위치한 소아시아지역에서 주조되었다. 대영 박물관, 런던(CM 1919-05-16-16(BMC Persia 60)). 5세기 말 또는 4세기 초. 직경 17mm, 무게 9.440g. 출판 허가: © The Trustees of the British Museum.

4. 제국의 종말

크세르크세스가 그리스 정복하려는 시도를 버린 479년 이후, 페르시아의 정치 역사에 관한 자료들은 희박하다. 비록 4세기 초 궁전에서 거주하였던 그리스 의사 크데시아스의 저술들이 이후의 간단한 인용에서 남아 있기는 하지만, 그것들은 그 시대에 관한 현대의 고찰에 매우 영향력이 있어 왔다. 크테시아스는 음모에, 특별히 왕실 여인과 연관이 되었을 때, 많은 관심을 두었고, 궁중내에 쇠퇴가 있었다는 인상을 생성시켰는데 이로부터 역사가들은 제국 전체가 문제 있었다고 추론하였다.

아르타크세르크세스 2세와 그의 형제 고레스 간의 왕위 쟁탈 혈전, 401년 고레스가 죽음으로 끝난 제노폰이 전한 이야기는 불안이 크세르크세스 통치 때부터 330년대 알렉산더의 정복 때까지 페르시아 역사를 특징짓는 이미지를 확인시켜준 것으로 여겨진다. 그러나 이 견해는 현재 매우 논쟁되고 있으며(토론 16.1 참조), 학자들은 대신 제국의 종말 때까지 정부의 관습이 계속되었음을 알려주는 표시들을 강조한다. 여전히 비교적 풍부한 바빌로니아의 증거는 그곳에서 문화적, 학술적 활동이 중단되지 않고 계속되었고, 무라슈 가족의 것과 같은 고문서들은 제국이 어떻게 지방인들과 함께 농업을 발전시키기 위하여 성공적으로 일하였는지 보여준다.

토론 16.1 페르시아인들은 쇠퇴하였는가?

1975년 저명한 고대 이란 학자는 아나톨리아에서 발견된 페르시아 시대의 3개 언어로 작성된 비문을 연구한 논문에서 다음과 같은 말로 결론을 내렸다:

이것은 세익스피어 비극과 비교했을 때 조명을 받고 있는 단지 조그만 사건이다. 그것은 좀 더 큰 페르시아 제국의 무대에서 보인 것으로, 아르타크세르크세스 2세 마지막 시기에 가족 살해, 음모, 폭행으로 가득찼고, 아르타크세르크세스 3세 통치 초기에 그가 모든 왕자들을 암살함으로써 통치자로서 그의 세력을 안정시킬 수 있다는 것을 알았다. 언어학자들과 종교 역사학자들에게 매우 즐거움을 주는 우리의 비문은 역사가를 알렉산더의 카리스마적인 등장의 광채가 아직 침투하지 않은 어둡고 죽어가는 세계로 데리고 간다. 그럼에도 불구하고 우리는 그것을 외면할 수 없다: 또는 가장 깊은 역사 철학가들 중 하나의 말로 말한다면: "··· 또한 쇠퇴와 실패의 시기는 우리의 동정심을 향한 신성한 권리를 가진다."(Mayrhofer 1975: 282, 마르끄 반 데 미에룹 번역)

이러한 운명의 말들은 최근에 이르기까지 독특한 것과는 먼 정서를 반영한다. 학자들과 대중의 의견은 습관적으로 고대의 페르시아인들을 쇠퇴하는 백성이요, 과도한 사치에 의하여 망했고, 잔인하며, 오직 알렉산더가 가져줄 "봄의 시간"을 기다리는 그들의 종속국들에게 마이르호퍼가 칭한 고통을 준 이들로 보았다.

그들은 그리스 자료들에 나타난 이러한 생각들의 많은 영감을 발견하였다. 예를 들어, 철학자 플라토는 페르시아인들의 문제의 뿌리는 "종속과 자유" 간의 불균형에 있다고 보았으며 교육내 엄격함의 부재를 비난하였다. 그들은 더 이상 개방지에서 자라나지 않았고 여인과 환관의 감독아래 규방(harems)에서 자라났다(Briant 2002b 참조). 많은 그리스인들이 제국의 설립자 고레스를 존경하였기 때문에 그들은 이 연약함을 그들이 페르시아인들과 관계를 맺는 것과 연관된 역사적 발전으로 보았다. 크세르크세스가 그리스 정복에 실패한 이후, 그는 점차적으로 괴짜가 되어 갔으며 그의 통치는 무의미한 폭력과 궁전 음모의 순환이 시작되었음을 보여준다. 특별히 이 측면에서 악의적인 것은 여인들로서 페르시아 사회내 분명한 그들의 역할은 그리스 여인들의 역할에 대한 직접적인 반대였다. 이러한 견해들의 명분은 쉽게 크테시아스의 저술에서 쉽게 발견되는데 그가 주장하는 페르시아 궁중의 삶에 대한 목격 진술은 더러운 세부사항들을 드러낸다(Sancisi-Weerdenburg 1987 참조).

정신적 쇠락은 가장 설득력 있는 역사적 설명이 아니기 때문에, 학자들은 제국을 연약함으로 이끈 페르시아인들의 행동에서 좀 더 확실한 요소들을 발견하고자 시도하였다. 그들의 머리속에 우선적으로 생각한 것은 통치자들의 압제로, "그들이 생각한 것만 말하는 궁중 신하들과 공관원들의 아첨을 왕은 받아들이면서 듣기를 원하였다"(Cook 1983: 132). 페르시아는 백성들을 무거운 세금으로 눌러 부수었으며(Ghirshman 1954: 200), 무엇보다 500명의 바빌로니아 거세 소년과 같은 모욕감을 주는 선물을 요구하였다(Olmstead 1948: 289-299). 종속국은 반역하였고 제국을 지키려고 하지 않았다. 그 응답으로 페르시아인들은 더욱더 그리스 용병들에 의존해야 했지만, 그들은 너무 부족하여 그들에게 지불을 잘 할 수 없었다(Cook 1983: 220). 여전히 그 제국은 너무 많은 부를 가졌었고 그것을 사치스러운 삶으로 낭비하였다. 그리스 저술들은 항상 그러한 언급을 하는 충분한 증거를 제공하였는데, 우리가 그것들을 순전히 환상으로 무시할 수 없다. 그리스인들이 완전한 의미를 이해하지 못하는 페르시아의 많은 관습들이 있었지만 그들은 이러한 차이점을 그들 자신의 습관으로 쇠퇴의 표시로 바꿀 수 있었다. 예를 들어, 연회는 왕과 그의 귀족들을 연합시켰던 궁중 예식의 중요한 면이었지만, 쉽게 그것을 사치로 보았다(Harrison 2011: 57-72).

고대 페르시아의 역사가들이 제국 그 자체로부터 나온 자료들에 좀 더 집중하기를 시작하였을 때 그리고 그들이 그리스 이야기에 내포된 편견들에 더욱 민감하게 되었을 때, 그들은 많은 부정적인 요소들을 재해석할 수 있었다. 그 제국의 인지된 구조적 연약함은 지방 자치권과 중앙 지배 간의 조심스러운 균형과 같은 선택된 정책들 이거나 근원적 체계의 자연적 결과-어떤 왕국에서도 왕의 죽음은 붕괴를 초래한다-였을 것이다(Wiesehöfer 2007).

그러나 페르시아 제국은 전혀 실패하지 않았다: 그것은 200년 동안 존속하였고, 십년 넘게 알렉산더를 저지하였으며, 그의 셀류시드 상속자들은 페르시아의 많은 정부 관습을 수용하였다(Kuhrt 1995: 701). 그러나 위대한, 답하지 않은 질문들 중 하나가 여전히 남아 있다: 왜 그것은 서쪽의 작은 왕국 마케돈에 굴복하였는가?(Kuhrt 1995: 675, Briant 2002b: 210 note 20)

제국은 결코 완전히 안정되지 않았고 반역이 일어났으며 특별히 왕이 죽고 그의 계승자가 그의 주권을 주장해야 할 때 그리하였다. 그러나, 이것이 야기한 많은 불안은 페르시아 고위층들간 싸움의 결과였을 것이다. 가장 반항적인 지방은 이집트였는데, 그것은 반복적으로, 예를 들어 다리오 통치 말기(486년)에 반역하였다. 405년 다리오 2세의 죽음 이후 아르타크세르크세스 2세와 고레스 간의 전쟁을 이용하여 그 나라는 60년 동안(404-343) 페르시아에서 벗어날 수 있었다. 흥미롭게도, 그 시기 이집트의 왕권은 다양한 가문들이 왕권 경쟁을 벌여 페르시아가 통치할 때보다 더욱 더 많이 바뀌었는데(7회 vs. 1회), 모든 이집트인들이 페르시아인들보다 토착 왕조를 선호하지는 않았던 것으로 보인다.

400년에 엘레판틴의 거주민들은 아르타크세르크세스 2세를 그들의 왕으로 여전히 인정하였다. 이집트의 부는 다양한 경쟁자들이 그리스 용병들을 얻을 수 있게 하였을 것이며 왕들 또한 그들을 이용하여 시리아-팔레스틴 해안을 공격하였는데 아마도 그곳에 페르시아 해군 설립을 막기 위해 그리했을 것이다. 그러나 343년 아르타크세르크세스 3세는 그 나라를 탈환하는데 성공하였는데 이는 그 제국이 여전히 그것을 주장할 수 있었음을 보여준다.

아마도 페르시아 제국의 존재는 국경에 있는 사람들에게 좀 더 중앙화 된 영토 국가에 함께 합쳐지는 것을 격려하였으며, 그것의 역사 말기 마우리안 제국의 설립이 인도 북쪽에서 발전하였고 마케돈 왕국이 그리스 전체를 통일시켰는데 그 나라가 페르시아의 멸망을 가져왔다. 원래 그리스내 정치적, 문화적 발전에서 멀리 떨어진 하나의 조그만 왕국이었던 그것이 359-336년간 통치하였던 필립 왕 아래 그 지역의 주도 세력이 되었다. 그는 338년에 그리스 도시-국가를 마케도니아 사람이 통치하게 하였고, 그 다음 해에 페르시아에 대한 전쟁을 선포하였다. 그의 암살은 공격을 개시하지 못하게 막았지만, 그의 아들인 알렉산더는 그것을 수행하기 위하여 오래 기다리지 않았다. 334년 그는 많은 용기를 가지고 그의 군대를 아나톨리아로 진격시켰다. 처음에 그가 바다를 지배하지 못하였고 그의 군대의 후방 지원을 위하여 지방 현지 공급에 의존하였기 때문에, 그의 상황은 꽤 불확실하였다.

그러나 그가 어렵게 쟁취한 두로와 가자 항구의 승리는 페르시아의 해군 능력을 제거하였고 앞쪽의 본 군과 접촉을 보장하였다. 계속되는 10년간의 원정이 계속되었고 그 기간 동안 그의 군대를 페르시아 제국 전체로 이끌고 다녔으며 모든 총독 지방을 합병시켰다. 다리오 3세 왕은 시리아 북서쪽 이수스 전투(333년)와 이라크 북쪽 가우가멜라(331년)에서 격렬한 저항을 하였지만, 마침내 패전하였다. 고전 자료들은 알렉산더의 정복을 억압적인 페르시아 통치에서의 구원으로 묘사하는데, 예를 들어, 이집트와 바빌로니아 사람들은 그를 열렬히 환영하였던 것으로 추정된다. 그러나 이것은 대개 마케도니아인들의 선전이며 대부분의 백성들은 아마도 이전 통치와 새로운 통치 간의 차이를 거의 보지 못했을 것이다. 알렉산더는 페르시아 고레스 왕이 그랬던 것처럼, 지방 왕으로 수용되기 위하여 정치적, 종교적 고위층들에게 성공적으로 호소하였다.

그는 이전의 통치자가 했던 것처럼 제의를 증진시켰다. 예를 들어, 바빌론에서 그는 아직 완성되지 않은 지구랏 재건을 포함하여 거대한 마르둑 신전 재건을 주도하였다. 그는 또한 페르시아의 합법적인 왕으로 생각되기를 원했고, 다리오 3세가 그 자신의 궁중 신하에 의하여 암살되고 난 이후 그를 온전한 예식과 함께 매장하였다. 알렉산더는 지방 공주 로자네와 결혼하였고 그의 장군들에게도 지방 아내를 찾아보라고 촉구하였다. 324년 그의 군사들이 원정에서 진격하기를 거절하였을 때, 그는 바빌론으로 돌아왔고 그곳에 그 자신의 수도를 세웠다. 그는 페르시아인들이 그 앞에서 엎드리는 의무를 포함하여 그들의 예식적 관습을 수용하였던 것으로 보인다. 그는 확실히 근동 관습과 전통에 매우 감명받았는데, 예를 들어 그는 그 자신을 이집트 신 아문의 아들로 보았다. 그러한 그의 행동은 마케도니아 사람들의 환멸을 불러왔을 것이며, 비록 역사가들 사이에서 널리 수용되지는 않았지만, 323년 바빌론에서 그의 사망은 암살일 수 있다.

이후 곧 그의 장군들은 알렉산더가 만들어 놓은 거대한 제국을 분할하였다. 근동, 이란, 중앙아시아 부분은 바빌로니아 북쪽을 정치적 행정적 중심지로 사용하였던 셀류쿠스 왕조에 의하여 통치되었다. 200년 동안 계속된 셀류시드 제국의 범위는 이집트를 제외하고 페르시아 제국의 것과 유사했다. 최근에 이르기까지, 학자들은 고대 근동은 4세기까지 지루하고 쇠퇴하는 고전적인 이미지에 찬성하였고, 알렉산더와 그의 후계자들이 그곳에 새로운 활력을 주었다고 생각한다. 이러한 재생 이미지는 영광스러운 과거가 알려진 지역들에 19세기 유럽인들의 식민지 기업들에게 본보기와 정당화를 제공하였지만, 현대화되지는 않았다. 비록 헬라주의는 유럽인들의 전통을 아시아인들의 것과 합치는 것으로 보이지만, 그들의 활력은 그리스의 문화적 정치적 관습(예를 들어, 철학, 문학, 도시-국가 등)으로부터 기원한 것으로 생각되었고, 거대한 자원을 가졌음에도 정체된 지역으로 소개되었다.

오늘날 근동의 문서 증거를 좀 더 면밀히 조사함으로써 이 의견을 바꾸기 시작하였다. 그 자체도 이전 전통들의 혼합물인 페르시아 체계는 많은 면에서 지속되었다. 총독 구역들과, 지방 거주민들과 정치적 합의는 계속되었고, 왕들은 그들의 정치적 이익을 추진하기 위하여 지방 제의와 그들의 의식을 이용하였고, 행정 관습들은 존속하였다. 예를 들어, 바빌로니아와 박트리아에서 우리가 문서에서 볼 수 있는 유일한 변화는 왕들의 이름이다. 박트리아에서 발견된 소수의 아람어 문서 가운데 하나는 324년 알렉산더 제7년의 것이다. 새로운 정치 업무들은 실제로 발전하였고, 새로운 행정 [2]언어들이 바빌로니아어와 같은 오래된 것들을 대체하였고, 그리스 건물들이 고대 도시들에 등장하였으며, 새로운 도시들이 그리스 도시 윤곽에 따라 건설되었지만, 이러한 변화는 점차적인 것이었다. 알렉산더는 "아케메니드의 최후"로 불렸으나 323년 그의 죽음은 근동의 긴 역사의 분명한 종말 또는 새로운 시작을 나타내지 않는다.

---

2 Pierre Briant, *From Cyrus to Alexander: A History of the Persian Empire*(Winona Lake, IN., 2002a), 876.

에필로그

187년 2월 15일 셀류시드 왕 안티오쿠스 3세 대왕(222-187)이 바빌론 도시를 방문하였다. 그는 마르둑 신전의 문에 엎드렸고, 1,000세켈 무게의 금관을 받았으며, 느부갓네살 2세 왕이 죽은 지 370년 이후 보물창고에 여전히 보관되었던 그의 보라색 예복을 입었다. 그는 그 도시에서 8일을 머물렀고, 많은 신전에 제물을 드렸으며 그리고 나서 그는 보르십파로 이동하였고 그곳에서 그는 더 많은 기부를 하였다. 마지막으로 그는 그의 선임자 셀류쿠스 1세가 305년경 그리스 왕정 도시로 세웠던 티그리스강에 있는 셀류시아로 갔지만, 그곳도 더 이상 제국의 수도가 아니었다. 안티오쿠스는 지중해 해변의 안디옥에서 통치하였다.

우리는 한 바빌로니아 학자가 토판에 쐐기 문자로 쓴 천문 일기에 행성과 다른 천체 물체들의 관찰과 함께 안티오쿠스의 방문을 기록하였기에 그것을 알고 있다. 그 학자는 8세기 중반부터 61년까지 지속된 세계사에서 유례를 찾아볼 수 없는 700년간 계속된 연구 프로젝트에 연관되었다. 그는 통치권의 많은 변화에도 존속되었으며 539년 이후 토착 바빌로니아인의 손에 어느 누구도 있지 않았던 지적 전통의 부분을 차지하고 있었다. 그리스인 안티오쿠스는, 비록 그가 아마도 바빌로니아어 한 단어도 몰랐고 지방 제의를 거의 이해하지 못했지만, 오랜 동안 죽어 있었던 그의 전임자의 예복을 입을 필요를 느꼈다. 그는 바빌로니아 통치자들의 긴 연쇄의 부분으로 그 자신을 보았고, 그 지방 공관원들과 제사장들 무리에게 이것을 보여주기 위하여 곰팡내 났을 의상을 기꺼이 입었다. 이것은 역사에서 종점을 세우는 것이 얼마나 어려운지를 그려준다.

위대한 그리스 철학자 아리스토텔레스에게 교육을 받은 알렉산더가 그 지역을 정복하였을 때 고대 근동 문화는 멈추지 않았다. 지적인 삶과 정치적 전통들은 존속하였다. 그것들은 새로운 영감과 통합되었고 다른 형태와 의미를 가지게 되었으나 그들의 영향은 계속 남았다. 쐐기 문자 서체가 기록 체계로 사라지기 전 주후 74-75년까지 그리하였으며, 오랜 후 사람들은 인도를 위하여 신(Sin)과 이쉬타르(Ishtar) 같은 바빌로니아 신들을 찾았다. 오늘날 우리 또한 여전히 고대 근동의 사람들이 처음으로 발전시켰던 삶의 면들을 당연한 것으로 여긴다. 우리는 도시에 살고, 법에 순종하며, 읽고, 쓰고, 등등 많은 것들을 행한다. 수 세기의 기간이 우리를 과거 세계에서 따로 떼어내 놓지만 그것의 업적은 우리와 함께 남아 있다.

왕명록

모든 숫자는 대략의 재위 기간을 가리킨다. 재위 기간은 최근에 이루어진 미세한 조정들을 반영한 것은 아니지만 메소포타미아(수메르, 바빌로니아, 아시리아)의 왕들의 경우 브링크만의 리스트(A. Leo Oppenheim, Ancient Mesopotamia, second edition <Chicago: University of Chicago Press, 1977>, pp. 335-48)에 근거하고 있다. 계승관계가 언제나 확실한 것은 아니다. 확실한 경우 실선으로 표기하였고, 가능성이 있는 경우 물음표로, 직접적 연관이 존재하지 않으면 빈 여백으로 표시하였다.

1. 아카드(Akkad) 왕조

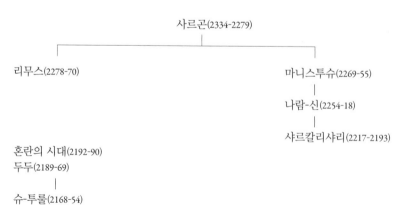

2. 우르(Ur) 제3왕조

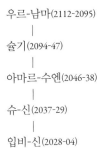

우르-남마(2112-2095)
|
슐기(2094-47)
|
아마르-수엔(2046-38)
|
슈-신(2037-29)
|
입비-신(2028-04)

3. 이신(Isin) 제1왕조

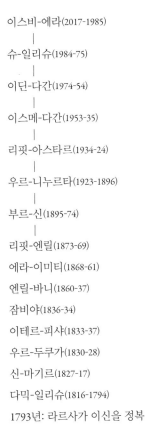

이스비-에라(2017-1985)
|
슈-일리슈(1984-75)
|
이딘-다간(1974-54)
|
이스메-다간(1953-35)
|
리핏-아스타르(1934-24)
|
우르-니누르타(1923-1896)
|
부르-신(1895-74)
|
리핏-엔릴(1873-69)

에라-이미티(1868-61)

엔릴-바니(1860-37)

잠비야(1836-34)

이테르-피샤(1833-37)

우르-두쿠가(1830-28)

신-마기르(1827-17)

다믹-일리슈(1816-1794)

1793년: 라르사가 이신을 정복

4. 라르사(Larsa) 왕조

나플라눔(2025-05)
?
에미숨(2004-1977)
?
사미움(1976-42)
|
자바야(1941-33)
?
군구눔(1932-06)
?
아비-사레(1905-1895)
?
수무-엘(1894-66)

누르-아닷(1965-50)
|
신-이딘남(1849-43)
?
신-이리밤(1842-41)
|
신-이키샴(1840-36)
?
실리-아닷(1835)

와랏-신(1834-23)   림-신 1세(1822-1763)
                         1763년: 바빌론이 라르사를 정복함
림-신 2세(1741-40)

5. 에스눈나(Eshnunna)

대부분의 에스눈나 왕들의 재위 기간은 현전하지 않음
이발-피엘 1세
|
이픽-아닷 2세(1862-1818년경)

나람-신(1818년경-?)
단눔-타하즈
이퀴시-티시팍   다두샤(?-1780)
                         |

이발-피엘 2세(1779-65)
1766: 바빌론, 마리, 엘람에 정복당함

실리-신

6. 마리(Mari)

야둔-림
|
수무-야만
야스마-앗두(1795-76년경) 짐리-림(1775-62년경)
1761년: 바빌론이 마리를 정복함

7. 얌캇(YamKhad)

모든 연대는 대략적임

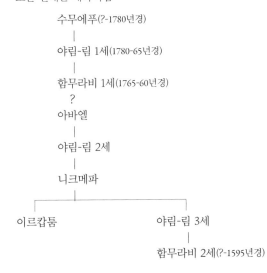

수무에푸(?-1780년경)
|
야림-림 1세(1780-65년경)
|
함무라비 1세(1765-60년경)
?
아바엘
|
야림-림 2세
|
니크메파

이르캅툼   야림-림 3세
|
함무라비 2세(?-1595년경)

8. 바빌론(Babylon)의 제1왕조

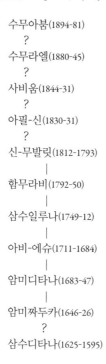

수무아붐(1894-81)
?
수무라엘(1880-45)
?
사비움(1844-31)
?
아필-신(1830-31)
?
신-무발릿(1812-1793)
|
함무라비(1792-50)
|
삼수일루나(1749-12)
|
아비-에슈(1711-1684)
|
암미디타나(1683-47)
|
암미짜두카(1646-26)
?
삼수디타나(1625-1595)

9. 히타이트(Hittite) 고대왕국

모든 연도는 대략적임

하투실리 1세(1650-20)
|
무르실리 1세(1620-1590)
한틸리 1세(1590-60)
지단타 1세(1559-)
|
암무나
후지야 1세(-1526)
텔리피누(1525-1500)

10. 미타니(Mittani)

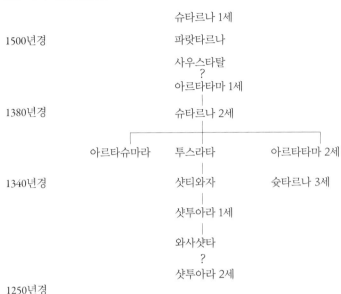

슈타르나 1세

1500년경 파랏타르나

사우스타탈
?
아르타타마 1세

1380년경 슈타르나 2세

아르타슈마라 투스라타 아르타타마 2세

1340년경 샷티와자 숫타르나 3세

샷투아라 1세

와사샷타
?
샷투아라 2세

1250년경

11. 히타이트 신왕국

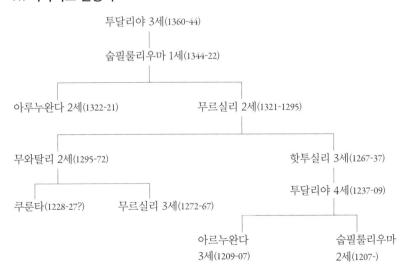

투달리야 3세(1360-44)

숩필룰리우마 1세(1344-22)

아루누완다 2세(1322-21) 무르실리 2세(1321-1295)

무와탈리 2세(1295-72) 핫투실리 3세(1267-37)

쿠룬타(1228-27?) 무르실리 3세(1272-67) 투달리야 4세(1237-09)

아르누완다
3세(1209-07) 숩필룰리우마
2세(1207-)

12. 시리아-팔레스타인(Syro-Palestinian) 지역의 중요 왕명록

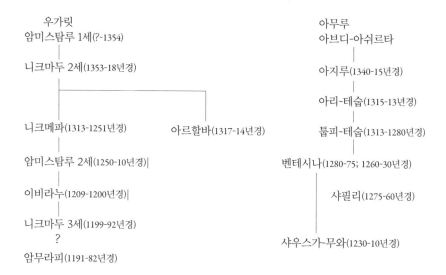

우가릿
암미스탐루 1세(?-1354)

니크마두 2세(1353-18년경)

니크메파(1313-1251년경)   아르할바(1317-14년경)

암미스탐루 2세(1250-10년경)|

이비라누(1209-1200년경)|

니크마두 3세(1199-92년경)
?
암무라피(1191-82년경)

아무루
아브디-아쉬르타

아지루(1340-15년경)

아리-테숩(1315-13년경)

툽피-테숩(1313-1280년경)

벤테시나(1280-75; 1260-30년경)

샤필리(1275-60년경)

샤우스가-무와(1230-10년경)

13. 제2천년기 말의 바빌로니아(Babylonia)

카시트 왕조

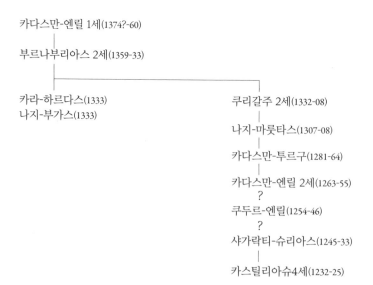

카다스만-엔릴 1세(1374?-60)

부르나부리아스 2세(1359-33)

카라-하르다스(1333)
나지-부가스(1333)

쿠리갈주 2세(1332-08)

나지-마룻타스(1307-08)

카다스만-투르구(1281-64)

카다스만-엔릴 2세(1263-55)
?
쿠두르-엔릴(1254-46)
?
샤가락티-슈리아스(1245-33)

카스틸리아슈 4세(1232-25)

엔릴-나딘-슈미(1224)

카다스만-하르베 2세(1223)

아닷-슈마-잇디나(1222-17)

아닷-슈마-우쭈르(1216-1187)

멜리-쉬팍(1186-72)

마르둑-아플라-이디나 1세(1171-59)

자바바-슈마-잇디나(1158)

엔릴-나딘-아히(1157-55)

이신 제2왕조

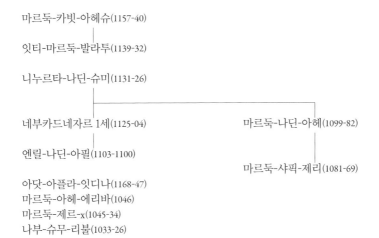

마르둑-카빗-아헤슈(1157-40)

잇티-마르둑-발라투(1139-32)

니누르타-나딘-슈미(1131-26)

네부카드네자르 1세(1125-04)

마르둑-나딘-아헤(1099-82)

엔릴-나딘-아필(1103-1100)

마르둑-샤픽-제리(1081-69)

아닷-아플라-잇디나(1168-47)

마르둑-아헤-에리바(1046)

마르둑-제르-x(1045-34)

나부-슈무-리불(1033-26)

14. 중세 엘람(Elam)의 왕들

(a) 1500년과 1400년 사이의 왕들(친족 관계가 불분명함)

　　　　키디누

　　　　탄-루후라텔2세 샬라

　　　　텝피-아할

　　　　인슈쉬낙-순킬-납피필

(b) 1400년에서 1200년 사이

모든 연대는 불확실함

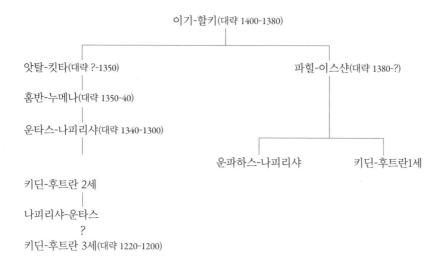

(c) 1200년과 1100년 사이

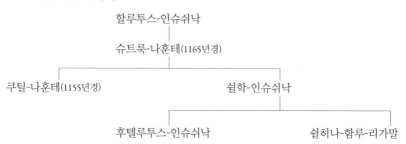

15. 제1천년기 초기의 바빌로니아

제2해상국 왕조

심발-쉬파(1025-08)
　　　?　　　　　　　　에아-무킨-제리(1008)
카스슈-나딘-아헤(1007-05)

바지 왕조

엘람 왕조

마르-비티-아플라-우쭈르(984-79)

불확실한 왕조들

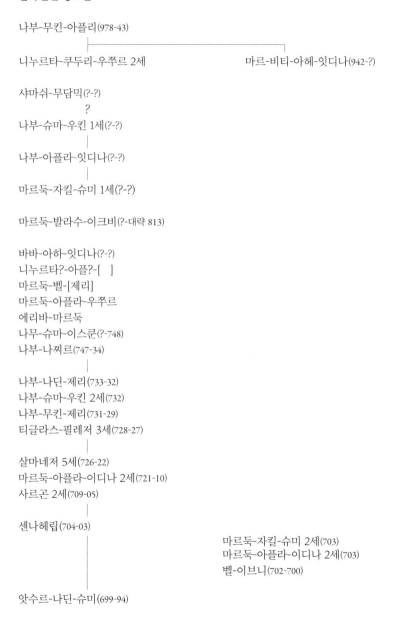

나부-무킨-아플리(978-43)

니누르타-쿠두리-우쭈르 2세   마르-비티-아헤-잇디나(942-?)

샤마쉬-무담믹(?-?)
                    ?
나부-슈마-우킨 1세(?-?)

나부-아플라-잇디나(?-?)

마르둑-자킬-슈미 1세(?-?)

마르둑-발라수-이크비(?-대략 813)

바바-아하-잇디나(?-?)
니누르타?-아플?-[   ]
마르둑-벨-[제리]
마르둑-아플라-우쭈르
에리바-마르둑
나무-슈마-이스쿤(?-748)
나부-나찌르(747-34)

나부-나딘-제리(733-32)
나부-슈마-우킨 2세(732)
나부-무킨-제리(731-29)
티글라스-필레저 3세(728-27)

살마네저 5세(726-22)
마르둑-아플라-이디나 2세(721-10)
사르곤 2세(709-05)

센나헤립(704-03)

마르둑-자킬-슈미 2세(703)
마르둑-아플라-이디나 2세(703)
벨-이브니(702-700)

앗수르-나딘-슈미(699-94)

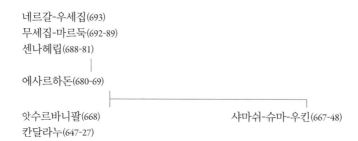

네르갈-우세집(693)
무세집-마르둑(692-89)
센나헤립(688-81)
|
에사르하돈(680-69)

앗수르바니팔(668)   샤마쉬-슈마-우킨(667-48)
칸달라누(647-27)

16. 신-바빌로니아 왕조

나보폴라살(626-05)
|
네부카드네자르 2세(604-562)
|
악한 므로닥(561-60)

네리글리살(559-56)
|
라바쉬-마르둑(556)

나보니두스(555-39)

17. 페르시아(Persia) 제국

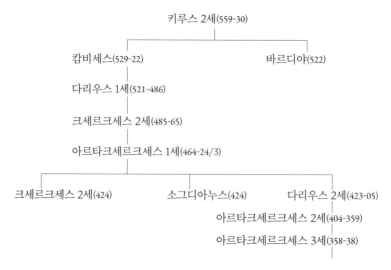

키루스 2세(559-30)

캄비세스(529-22)   바르디야(522)

다리우스 1세(521-486)
|
크세르크세스 2세(485-65)
|
아르타크세르크세스 1세(464-24/3)

크세르크세스 2세(424)   소그디아누스(424)   다리우스 2세(423-05)

아르타크세르크세스 2세(404-359)

아르타크세르크세스 3세(358-38)

아르타크세르크세스 4세(337-36)

다리우스 3세(335-31)
마케돈의 알렉산더(330-23)

18. 아시리아(Assyria)

아미누
|
술릴리 킥

키야 아키야

푸주르-앗수르 1세

샬림-아훔

일루슈마
|
에리슘 1세
|
이쿠눔
|
사르곤 1세
|
푸주르-앗수르 2세
|
나람-신
|
에리슘 2세

삼시-아닷 1세(대략1808-1776)
|
이스메-다간(1775-?)

앗수르-우발릿 1세(1363-28)
|
엔릴-니라리(1327-06)
|
아릭-덴-일리(1317-06)
|
아닷-니라리 1세(1305-1274)
|

살마네저 1세(1273-44)
|
투쿨티-니누르타 1세(1243-07)
|
├─────────────────────────────────┐
앗수르-나딘-아플리(1206-03)   엔릴-쿠두리-우쭈르(1196-92)
|
앗수르-니라리 3세(1202-1197)
|
니누르타-아필-에쿠르(1191-79)
|
앗수르-단 1세(1178-33)
|
├─────────────────────────────────┐
나누르타-투쿨티-앗수르   무탁킬-누스쿠
                                   |
                          앗수르-레샤-이쉬 1세(1132-15)
                                   |
                          티글라스-필레저 1세(1114-1076)
                                   |
├──────────────────────┬──────────────────────┐
아샤릿-아필-에쿠르(1075-74) 앗수르-벨-칼라(1073-56) 삼시-아닷 4세(1053-50)
                          | |
                  에리바-아닷 2세(1055-54)   앗수르나시르팔 1세(1049-31)
| |
살마네저 2세(1030-19)   앗수르-라비 2세(1012-972)
| |
앗수르-니라리 4세(1018-13)   앗수르-레샤-이쉬 2세(971-35)
                                                   |
                                          티글라스-필레저 2세(966-35)
                                                   |
                                          앗수르-단 2세(934-12)
                                                   |
                                          아닷-니라리 2세(911-891)
                                                   |
                                          투쿨티-니누르타 2세(890-84)
                                                   |
                                          앗수르나시르팔 2세(883-59)
                                                   |
                                          살마네저 3세(858-24)
                                                   |
                                          삼시-아닷 5세(823-11)
                                                   |
                                          아닷-니라리 3세(810-783)

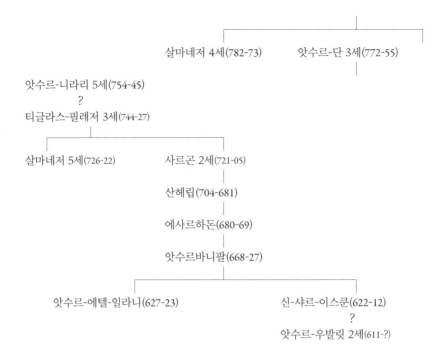

심화학습을 위한 안내

　근동의 역사와 문화에 대한 학술서는 그 양이 방대하며 그 종류도 짧은 문단 길이의 노트에서 몇 권에 걸친 책까지 다양하다. 대개 영어, 불어, 독어로 되어 있으나 몇몇 중요한 책은 이탈리아어 혹은 그 외 다른 언어로 된 것들도 있다. 아래에 제시된 것은 대개 영어로 된 것들 중 아주 일부에 불과하다. 특히 개정된 목록을 가진 최근의 출판물을 중심으로 소개하였다.

　고대 근동 역사와 문화 일반에 대한 참고서로는 잭 새슨(Jack M. Sasson)이 편집한 네 권짜리 *Civilizations of the Ancient Near East*(New York: Charles Scribner's Sons, 1995)가 매우 유용하다. 역사, 고고학, 예술, 언어, 문학 등 다양한 주제에 관한 많은 학자들의 글이 수록되어 있으며 모두 영어로 되었다. 다니엘 스넬(Daniel C. Snell)이 편집한 *A Companion to the Ancient Near East*(Oxford: Blackwell, 2005)는 새슨의 책보다 방대하지는 않지만 흥미로운 글들이 많이 실려있다. 피오트르 비엔코브스키(Piotre Bienkowski)와 알란 밀라드(Alan Millard)가 편집한 *The Dictionary of the Ancient Near East*는 중요 용어와 개념에 대한 간단한 해설이 간편한 참고문헌과 함께 수록되어 있다.

　근동 역사에 대한 영어로 된 개괄서로는 Amélie Kuhrt, *The Ancient Near East c.3000-330 BC, 2 volumes*(London and New York: Troutledge, 1995)와 이보다 훨씬 간략한 William W. Hallo and William K. Simpson, *The Ancient Near East: A History, second edition*(Forth Worth: Harcourt Brace Colledge Publishers, 1998)을 들 수 있다. 존 보드만(John Boardman) 이 편집한 *The Cambridge Ancient History*(Cambridge: Cambridge University Press)는 여러 학자들이 공저한 것으로 매우 권위있는 내용들을 담고 있다. 이 시리즈의 처음 네 권이 고대 근동 역사를 다룬다. 수록된 논문들은 주로 1960년대와 70년에 쓰인 것으로 그중 몇몇은 개정되어야 할 것도 있다. 그러나 케임브리지 고대 역사 시리즈는 대부분의 역사에 대한 가장 자세한 사실적 서술을 제공한다. 최근 출판된 독일어로 된 책은 D. O. Edzard, *Geschichte Mesopotamiens: von Sumeren bis zu Alexander dem Grossen*(Munich: C. H. Beck, 2004)이 있다. 2권으로 된 고대 근동 역사서(개정판)가 최근 불어로 출판되었다. Paul Garelli, Jean-Marie Durand, Hatice Gonnet, and Catherine Breniquet, *Le Proche-Orient asiatique. Volume I: des Origins aux invasions des peoples de la mer*(Paris: PUF, 1997) and Paul Garelli and André Lemaire, *Le Proche-Orient asiatique. Volume II: Les empires mésopotamiens, Israël*(Paris: PUF, 2002). 이탈리어로 된 매우 훌륭한 역사서로는 Mario Liverani, Antico Oriente. *Storia, società, economia*(Rome and Bari: Laterza, 1988)를 들 수 있다.

근동의 특정 지역의 전체 역사에 대한 자세한 연구도 출판되었다. 시리아 지역: Horst Klengel, *Syria: 3000 to 300 BC*(Berlin: Akademie Verlag, 1992) 과 Peter M. M. G. Akkermans and Glenn M. Schwartz, *The Archaeology of Syria. From Complex Hunter-Gatherer to Early Urban Societies*(ca. 16,000-300 BC) (Cambridge: Cambridge University Press, 2003). 아나톨리아 지역: Trevor Bryce, *The Kingdom of the Hittites*, new edition(Oxford: Oxford University Press, 2005). 서부 이란 지역: D. T. Potts, *The Archaeology of Elam*(Cambridge: Cambridge University Press, 1999). 페르시아만 지역: D. T. Potts, *The Arabian Gulf in Antiquity*(Oxford: Clarendon Press, 1990). 아시리아와 바빌로니아 지역에 대한 연구는 최근에 한 권씩 독일어로 출판되었다. 아시리아 지역: Eva C. Cancik-Kirschbaum, *Die Assyrer: Geschichte, Gesellschaft, Kultur*(Munich: C. H. Beck, 2003). 바빌로니아 지역: Michael Jursa, *Die Babylonier: Geschichte, Gesellschaft, Kultur*(Munich: C. H. Beck, 2004).

마이클 로프(Michael Roaf)의 *Cultural Atlas of Mesopotamia and the Ancient Near East*(Oxford: Equinox, 1990)는 고대 역사의 다양한 시기에 대한 매우 유용한 지도를 수록하며 고대 근동 역사를 아주 잘 요약적으 로 기술한다. 아울러 로프

의 책은 아주 훌륭한 사진들도 가지고 있다. 고대 메소포타미아인들의 일상생활에 대한 좋은 글을 원하면 주제별로 구성된 포츠(D. T. Potts)의 *Mesopotamian Civilization. The Material Foundations*(Ithaca: Cornell University Press, 1997)를 참고하라. 레오 오펜하임(A. Leo Oppenheim)의 *Ancient Mesopotamia*, second edition(Chicago: University of Chicago Press, 1977)는 메소포타미아 지방의 지성사를 다룬 유일한 책이다. 다양한 주제들로 구성되어 있다. 메소포타미아 종교사를 연구하려면 야콥슨(Thorkild Jacobsen)의 *The Treasures of Darkness*(New Haven and London: Yale University Press, 1976)를 참고하라.

사진 자료를 구비한 도움이 되는 웹사이트들은 다음과 같다. 런던의 대영박물관에서 운영하는 www.mesopotamia.co.uk; 시카고대학의 오리엔탈 인스티튜트에서 운영하는 http://oi.uchicago.edu/OI/default.html; 뉴욕의 메트로폴리탄 미술관에서 운영하는 www.metmuseum.org/Works_of_Art/department.asp?dep=3. www.arch.ox.ac.uk/archatlas은 농업의 기원과 무역로와 같은 주제를 다른 글과 재미있는 위성 사진들이 실려 있다.

근동 역사의 거의 모든 시대를 아우르는 중요한 정보를 가진 지금까지 언급 된 책들 이외에도 독자들은 각 장에 논의된 다양한 주제들에 대한 좀 더 깊은 정보를 아래의 책들을 참고함으로써 얻을 수 있을 것이다. 아래의 목록은 절대로 완전한 것이 아니다. 단지 심화학습을 위한 안내의 역할을 할 뿐이다.

Chapter 1: Introductory Concerns

What Is the Ancient Near East?: Van De Mieroop 1997.

Sources: Van De Mieroop 1999a, Matthews 2003, Glassner 2004, and Zimansky 2005.

Prehistoric developments: Nissen 1988 and various contributions in Potts, ed. 2012. For new research developments, Watkins 2010 and Pournelle 2013. On Göbekli Tepe: Schmidt 2011.

PART I: CITY-STATES

For prehistory and the early periods of Near Eastern history, see Nissen 1988 and Pollock 1999. Many aspects of society and culture are discussed in Postgate 1992a and Crawford 2004. The art of the third millennium is extensively illustrated in Aruz, ed. 2003.

Chapter 2: Origins: The Uruk Phenomenon

Sources: Bauer, Englund & Krebenik 1998: 13–233.

Uruk developments: Liverani 2006 and Algaze 2008.

Origins of cities: Van De Mieroop 1999b: chapter 2.

Texts and administrative tools: Nissen, Damerow & Englund 1993(texts) and Collon 1987(seals). For lexical texts, see http://oracc.museum.upenn.edu/dcclt and Veldhuis 2014.

Origins of writing: Walker 1987, Schmandt-Besserat 1992, Glassner 2003, and Cooper 2004.

The Uruk expansion: Moorey 1995, Rothman, ed. 2001, Algaze 2005, and Jennings 2011: 57–76.

Chapter 3: Competing City-States: The Early Dynastic Period

Sources: Cooper 1983 and 1986, Matthews 1993, Bauer, Englund & Krebenik 1998: 237–585, and Frayne 2008.

Political organization: Steinkeller 2002. On primitive democracy, see Jacobsen 1943.

The wider Near East: For Ebla, see Pettinato 1991, Matthiae 2010, and Milano 1995.

Early dynastic society: Maekawa 1973–4, Visicato 1995, and Zettler & Horne, eds. 1998.

Later literary reflections: Wilcke 1989, George 1999: chapter 5, Foster 2001: 99–154, Glassner 2004, and Vanstiphout 2004.

Chapter 4: Political Centralization in the Late Third Millennium

Sources: Frayne 1993 and 1997, Edzard 1997, Michalowski 1993 and 2011, and Sallaberger & Westenholz 1999. On the Iri-Sagrig texts: Owen 2013.

The Akkad dynasty: Liverani, ed. 1993b. On Puzur-Inshushinak: Steinkeller 2013.

The Ur III state: Steinkeller 1987 and 2003; Sharlach 2004. On labor in the Garshana archive: Adams 2010.

Syria and northern Mesopotamia in the late third millennium: Sallaberger 2007.

Later literary reflections: Westenholz 1997, Van De Mieroop 1999c and 2000, and Potts 2001.

Chapter 5: The Near East in the Early Second Millennium

Sources: Frayne 1990; Charpin, Edzard & Stol 2004; Veenhof & Eidem 2008.

Nomads and sedentary people: Schwartz 1995 and Fleming 2004.

Babylonian society in the Isin-Larsa period: Van De Mieroop 1992, Renger 2002, and Goddeeris 2007.

Old Assyrian history and trade: Veenhof 2003 and Barjamovic, Hertel & Larsen 2012. Michel 2001 contains a rich selection of Old Assyrian letters translated into French.

Mari: Durand 1997–2000 contains a vast number of Mari letters translated into French with very up-to-date general introductions to many topics. Heimpel 2003 translates many letters into English. Charpin & Ziegler 2003 is a detailed history.

Chapter 6: The Growth of Territorial States in the Early Second Millennium

Sources: see chapter 5.

Kingdom of Upper Mesopotamia: see Mari in chapter 5.

Old Babylonian dynasty: Charpin 2012 and Van De Mieroop 2005. For the rebellion against Samsuiluna, see Seri 2013: 20–54, 238–42. Roth 1997 provides translations of the Code of Hammurabi, as well as all other law codes from Mesopotamia and the Hittites. For aspects of the economy and society, Stol 2004. Extensive translations of Sumerian literature can be found in Black et al. 2004 and http://www-etcsl.orient. ox. ac.uk. For the school curriculum, see Tinney 1998.

Old Hittite state: Bryce 2005: 1–107.

Aftermath: Van Lerberghe 1995 and Sassmannshausen 2004(Kassites), Salvini 1998(Hurrians), and Podany 2002(Kingdom of Hana).

PART II: TERRITORIAL STATES

Chapter 7: The Club of the Great Powers

Sources: Moran 1992 translates all Amarna letters into English, and Beckman 1999 contains translations of a large selection of treaties and other diplomatic material from the Hittites.

The international system: Liverani 1990 and 2001a, Cohen & Westbrook, eds. 2000, Bryce 2003, Feldman 2005, Van De Mieroop 2007, and Podany 2010. Aruz, Benzel & Evans, eds. 2008 contains a wealth of images of objects and archaeological sites of the period, as well as excellent introductions to many subjects. Aruz, Graff & Rakic, eds. 2013 provides further scholarly analyses of these subjects.

Chapter 8: The Western States of the Late Second Millennium

Sources: Hoffner 1980 and Liverani 2004 for surveys and analyses. For translations, see Moran 1992 (Amarna letters), Beckman 1999 (Hittite treaties and diplomatic correspondence), Hoffner 2009 (Hittite letters), and Beckman, Bryce & Cline 2011 (texts regarding Ahhiyawa).

Mittani state: Wilhelm 1989, von Dassow 2008 (Alalakh), Maidman 2010 and Postgate 2013: chapter 7 (Nuzi), and Cancik-Kirschbaum, Brisch & Eidem, eds. 2014.

Hittites: General surveys: Gurney 1990, Klengel 1999, Bryce 2005, Collins 2007, Genz & Mielke eds. 2011, and Beal 2011. On Hattusa: http://www.hattuscha.de/English/english1.htm.

Levant: Singer 1991 (history of Amurru) and Watson & Wyatt, eds. 1999 (Ugarit).

Chapter 9: Kassites, Assyrians, and Elamites

Sources: König 1965, Brinkman 1976, and Grayson 1987.
Kassites: Brinkman 1976–80, Balkan 1986, and Sassmannshausen 2001.
Middle Assyria: Machinist 1982 and Postgate 2013.
Elam: Potts 1990: 188–258.

Chapter 10: The Collapse of the Regional System and Its Aftermath

Numerous books treat the end of the Late Bronze Age. Most recent is Cline 2014, which contains most of the relevant bibliography. See Liverani 1997 and Van De Mieroop 2007: chapter 10 for the approach used here.

Aftermath: Brinkman 1984a, Healy 1990, and Sherratt 2003.

PART III: EMPIRES

Several contributions in Larsen, ed. 1979 are important for the Assyrian empire. Cancik-Kirschbaum 2003 is a brief German introduction to it. Joann`es 2004 surveys all the Mesopotamian empires of the first millennium.

Chapter 11: The Near East at the Start of the First Millennium

Sources: Frame 1995(Babylonia), Hawkins 2000(Neo-Hittite), and Salvini 2008–12(Urartu).
Babylonia: Brinkman 1984b.
Elam: Waters 2000.
Urartu: Salvini 1995, Radner 2011, Zimansky 2011, and Kroll et al., eds. 2012.
Phoenicia: Markoe 2000 and Woolmer 2011.
Arameans: Niehr, ed. 2014
Israel and Judah: Finkelstein 1999 and 2013, and Liverani 2005a, 2005b.

Chapter 12: The Rise of Assyria

Sources: Grayson 1991b and 1996. The letters, administrative records, legal documents and sundry other texts found in the Nineveh archives are being fully re-edited by a team in Helsinki. Thus far nineteen volumes have appeared in a series called *State Archives of Assyria* under the general editorship of Simo Parpola. Fales 2001 contains an analysis of these sources.
The army and warfare: Bahrani 2008(ideological aspects) and Fales 2010.
Expansion of the empire: Liverani 1988b and Postgate 1992b.
The capital Kalhu: J. and D. Oates 2001.

Chapter 13: Assyria's World Domination

Many contributions in Parpola & Whiting, eds. 1997 are important for the study of this period.
Sources: Tadmor & Yamada 2011(Tiglath-pileser III and Shalmaneser V), Fuchs 1993(Sargon II),Grayson &Novotny 2012 and 2014(Sennacherib), Leichty 2011(Esarhaddon), and Borger 1996(Assurbanipal). See also http://oracc.museum.upenn.edu/rinap/. For letters and other texts, see *State Archives of Assyria*.
The western areas: Stern 2001: 1–300.
Babylonia: Frame 1992 and Porter 1993.
Ideology: Bahrani 1995 and 2008.
For the contents of Assurbanipal's library, see Oppenheim 1977: 14–3. For the literature of the first millennium in general, Foster 2007. English translations of numerous Akkadian literary texts can be found in Foster 2005, with a concise version published in 1995. The same author translated *The Epic of Gilgamesh*(2001). Another recent

translation of that epic is George 1999, who also published an authoritative edition, George 2003. For astronomy, see Brown 2000 and Rochberg 2004.

Assyria's fall: Liverani 2001b.

Chapter 14: The Medes and Babylonians

Sources: Da Riva 2013(Nabopolassar, Evil-Merodach, and Neriglissar) and Schaudig 2001(Nabonidus and Cyrus). Da Riva 2008 surveys all royal inscriptions, and Jursa 2005 all administrative archives.

Medes: Lanfranchi et al., eds. 2003 and Radner 2013. Phrygia: http://sites.museum. upenn.edu/gordion/.

The Neo-Babylonian empire: Vanderhooft 1999 and Stern 2001: 301–50.

Individual rulers: Wiseman 1985 and Sack 2004(Nebuchadnezzar II), Sack 1972(Amel-Marduk), and Beaulieu 1989 and Michalowski 2003(Nabonidus).

The Babylonian economy: Jursa 2010, conveniently summarized in Jursa 2013. On the Egibi family: Wunsch 2007.

For deportees in Babylonia: Dandamayev 2004 and Wunsch 2013.

The city of Babylon: Van De Mieroop 2003.

Interest in the past: Winter 2000.

Chapter 15: The Creation of a World Empire: Persia

The *Encyclopædia Iranica*(http://www.iranicaonline.org) contains many up-to-date entries that deal with ancient Persia.

Sources: Old Persian inscriptions: Schmitt 2009; http://www.avesta.org/op/op.htm. English translations of all types of sources organized by topic appear in Kuhrt 2007a. For their interpretation, see Harrison 2011. Aramaic documents from Bactria: Naveh & Shaked 2012.

General surveys: Wiesehöfer 1996, Kuhrt 2001, Briant 2002a, Allen 2005, and Brosius 2006.

For Cyrus: See Kuhrt 2007b.

Chapter 16: Governing a World Empire: Persia

Administrative structure: Wiesehöfer 2009.

The Persian heartland: Briant,Henkelman & Stolper, eds. 2008; Babylonia: Stolper 1985; Judah: Grabbe 2004.

연대표

Political and military events	Cultural and technological developments
	11,000–7,000: development of agriculture
	ca. 6500: introduction of pottery
	ca. 5500: irrigation agriculture introduced in Babylonia
ca. 3400: appearance of the first city: Uruk	ca. 3400: invention of writing and tools of bureaucracy in Babylonia; start of use of bronze
ca. 3100: rise of city-state system in Babylonia	
2900–2288: Early Dynastic Babylonia	
ca. 2500–2350: Lagash–Umma border conflict in Babylonia	ca. 2500: earliest royal inscriptions from Babylonia
ca. 2400 Uru'inimgina of Lagash	ca. 2350: bilingual lexical lists at Ebla
2288–2111: Old Akkadian period	
2288: accession of Sargon of Akkad	
2288–2175: Akkadian military actions throughout Near East	ca. 2200: Naram-Sin declares himself a god; lost wax technique used in copper casting
ca. 2150: unraveling of Akkad's hegemony	
2110–2003: Ur III period in Babylonia	
ca. 2100: Puzur-Inshushinak of Awan unifies southwest Iran	

A History of the Ancient Near East ca. 3000–323 BC, Third Edition. Marc Van De Mieroop.
© 2016 John Wiley & Sons, Inc. Published 2016 by John Wiley & Sons, Inc.

Political and military events	Cultural and technological developments
ca. 2070: Shulgi creates Ur III state organization; unification of Babylonia	21st century: creation of royal celebratory literature in Sumerian
2003: Elamites capture Ur and its king Ibbi-Sin	
2003–1792: Isin–Larsa period in Babylonia	
2000–1775: Old Assyrian period in northern Mesopotamia	
1898: start of open warfare between the city-states of Babylonia	
ca. 1850: Eshnunna establishes hegemony over Diyala region, Mari over Middle Euphrates valley	19th–18th centuries: southern Babylonian students copy out Sumerian literary tablets
1793: Rim-Sin of Larsa unifies southern Babylonia	
ca. 1792: Shamshi-Adad creates the Kingdom of Upper Mesopotamia	
1792–1595: Old Babylonian period in Babylonia	
ca. 1775: Zimri-Lim gains kingship at Mari	
1766–1761: Hammurabi of Babylon eliminates his competitors	1755: Hammurabi sets up his law code
1712: southern Babylonia enters a Dark Age	18th–17th centuries: development of Akkadian-language literature
Early or mid-17th century: Hattusili I creates Old Hittite state	
1595: Hittite King Mursili I sacks Babylon	
16th century: Dark Age throughout the Near East. Creation of the Kassite state in Babylonia	16th century: introduction of the horse and chariot in the Near East
1500–1100: Middle Babylonian period in Babylonia; Middle Elamite period in southwest Iran	
ca. 1500: first evidence of Mittani state in northern Syria	
early 15th century: Egyptian raids in northern Syria	ca. 1450–1200: Babylonia's literate culture dominates the Near East
1400–1200: New Kingdom in Hittite history	
1400–1100: Middle Assyrian period in Assyria	
1365–1335: Mittani state dissolves into two parts subject to outsiders	

Political and military events	Cultural and technological developments
1353–1318: Assyria emerges as major power under Assur-uballit I	
1344–1322: Suppiluliuma I extends Hittite control over Syria	
13th century: sustained Assyrian expansion	
1274: battle of Qadesh between Ramesses II and Muwatalli II	
1259: peace treaty between Ramesses II and Hattusili III	1225: Tukulti-Ninurta I of Assyria brings Babylonian literature home as booty
1200–1177: collapse of the Late Bronze Age system	
1155: fall of the Kassite dynasty in Babylonia	1158: Shutruk-Nahhunte of Elam brings Babylonian monuments to Susa
ca. 1110: Nebuchadnezzar I sacks Susa	ca. 1110: creation of literature in honor of the god Marduk
Between 1200–900: Arameans gain political power in Syria	Between 1200–900: spread of the linear alphabet; increased use of iron; domestication of the camel; improvements in ship-building technology
900–612: Neo-Assyrian period 9th century. Assyria regains its Middle Assyrian territories	Early 1st millennium: development of local literate traditions in western Near East: Neo-Hittite, Aramaic, Phoenician, Hebrew
ca. 885–874: Omri initiates new dynasty in Israel	
mid-9th century: Sarduri I unifies state of Urartu	
853: Shalmaneser III of Assyria and coalition of western states clash at Qarqar	
823–745: Assyria's power declines	Early 8th century: earliest preserved alphabetic texts in Greece
745: Tiglath-pileser III initiates restructuring of Assyria as an empire	
740–646: Neo-Elamite period in southwest Iran	
722: Shalmaneser V captures Samaria	
714: Sargon II raids Urartu	
695: Cimmerians sack Gordion, capital of Phrygia	
689: Sennacherib sacks Babylon	
671: Esarhaddon invades Egypt	

(continued)

Political and military events	Cultural and technological developments
664–663: Assurbanipal invades Egypt	
652–648: civil war between Assurbanipal and his brother Shamash-shuma-ukin in Babylonia	7th century: Assurbanipal's library at Nineveh
647: Assurbanipal sacks Susa	
626–539: Neo-Babylonian period	
612: sack of Nineveh and Assyrian retreat to the west	
605: Nebuchadnezzar II wins battle of Carchemish	
587: Nebuchadnezzar II sacks Jerusalem	Early 6th century: Nebuchadnezzar rebuilds Babylon
559–331: Persian empire	
539: Cyrus ends Babylonia's independence	555–539: Nabonidus promotes cult of Sin over other Babylonian deities
521: Darius usurps Persia's throne	Late 6th century: Darius commissions the development of the Persian cuneiform alphabet
490 and 480–479: Persia fails to conquer Greece	
484: Xerxes crushes Babylonian rebellions	
401: Cyrus the Younger loses battle of Cunaxa	
331: Alexander enters Babylon	
323: death of Alexander	

참고 문헌

Abusch, Tzvi et al., eds. (2001) *Proceedings of the XLV Rencontre Assyriologique Internationale*, Vol. 1: *Historiography in the Cuneiform World*, Bethesda, MD.

Adams, Robert McC. (1966) *The Evolution of Urban Society*, Chicago.

Adams, Robert McC. (2010) "Slavery and Freedom in the Third Dynasty of Ur: Implications of the Garshana Archives," *Cuneiform Digital Library Journal* 2010/2 http://cdli.ucla.edu/pubs/cdlj/2010/cdlj2010_002.html.

Akkermans, Peter M. M. G. and Glenn M. Schwartz (2003) *The Archaeology of Syria. From Complex Hunter-Gatherer to Early Urban Societies (ca. 16,000–300 BC)*, Cambridge.

Algaze, Guillermo (2005) *The Uruk World System*, 2nd ed., Chicago.

Algaze, Guillermo (2008) *Early Mesopotamia at the Dawn of Civilization*, Chicago.

Algaze, Guillermo (2013) "The End of Prehistory and the Uruk Period," in Crawford 2013: 68–94.

Allen, Lindsay (2005) *The Persian Empire: A History*, London.

Aruz, Joan ed. (2003) *Art of the First Cities. The Third Millennium BC from the Mediterranean to the Indus*, New York.

Aruz, Joan, Kim Benzel, and Jean M. Evans, eds. (2008) *Beyond Babylon. Art, Trade, and Diplomacy in the Second Millennium BC*, New York.

Aruz, Joan, Sarah Graff, and Yelena Rakic, eds. (2013) *Cultures in Contact: From Mesopotamia to the Mediterranean in the Second Millennium BC*, New York.

Baadsgaard, Aubrey, Janet Monge, Samantha Cox, and Richard L. Zettler (2011) "Human Sacrifice and Intentional Corpse Preservation in the Royal Cemetery of Ur," *Antiquity* 85: 27–42.

Bahrani, Zainab (1995) "Assault and Abduction: The Fate of the Royal Image in the Ancient Near East," *Art History* 18: 363–82.

Bahrani, Zainab (2007) "The Babylonian Visual Image," in Leick 2007: 155–70.

Bahrani, Zainab (2008) *Rituals of War: The Body and Violence in Mesopotamia*, New York.

Balkan, Kemal (1986) *Studies in Babylonian Feudalism of the Kassite Period*, Malibu.

Barjamovic, Gojko, Thomas Hertel, and Mogens Trolle Larsen (2012) *Ups and Downs at Kanesh. Chronology, History and Society in the Old Assyrian Period*, Leiden.

Bauer, Josef, Robert K. Englund, and Manfred Krebenik (1998) *Mesopotamien. Späturuk-Zeit und Frühdynastische Zeit*, Fribourg and Göttingen.

Beal, Richard A. (2011) "Hittite Anatolia: A Political History," in Steadman and McMahon 2011: 917–33.

Beaulieu, Paul-Alain (1989) *The Reign of Nabonidus, King of Babylon 556–539 BC*, New Haven.

Beaulieu, Paul-Alain (2007) "Late Babylonian Intellectual Life," in Leick 2007: 473–84.

Beckman, Gary (1999) *Hittite Diplomatic Texts*, 2nd ed., Atlanta.

Beckman, Gary (2005) "The Limits of Credulity," *Journal of the American Oriental Society* **125**: 343–52.

Beckman, Gary, Trevor Bryce, and Eric Cline (2011) *The Ahhiyawa Texts*, Atlanta.

Bienkowski, Piotr and Alan Millard, eds. (2000) *Dictionary of the Ancient Near East*, London.

Bietak, Manfred (2003) "Science versus Archaeology: Problems and Consequences of High Aegean Chronology," in Bietak 2000–7, Vol. II: 23–34, Vienna.

Bietak, Manfred, ed. (2000–7) *The Synchronisation of Civilisations in the Eastern Mediterranean in the Second Millennium BC*, 3 vols., Vienna.

Billows, Richard (2010) *Marathon: How One Battle Changed Western Civilization*, New York and London.

Bittel, Kurt (1976) "Das Ende des Hethiterreiches aufgrund archäologischer Zeugnisse," *Jahresbericht des Instituts für Vorgeschichte, Universität Frankfurt a.M.*: 36–56.

Black, Jeremy et al. (2004) *The Literature of Ancient Sumer*, Oxford.

Boardman, John et al., eds. (1971–88) *The Cambridge Ancient History*, Vols. 1–4, Cambridge.

Borger, Riekele (1996) *Beiträge zum Inschriftenwerk Assurbanipals*, Wiesbaden.

Bottéro, Jean, ed. (1954) *Le problème des Habiru à la 4e Rencontre assyriologique internationale*, Paris.

Bottéro, Jean (1972–5) "Habiru," *Reallexikon der Assyriologie* 4, Berlin and New York: 14–27.

Bottéro, Jean (1981) "Les Habiru, les nomades et les sédentaires," in *Nomads and Sedentary Peoples*, ed. J. S. Castillo, Mexico: 89–107.

Bottéro, Jean (1992) *Mesopotamia: Writing, Reasoning, and the Gods*, trans. Z. Bahrani and M. Van De Mieroop, Chicago.

Bottéro, Jean and Samuel Noah Kramer (1989) *Lorsque les dieux faisaient l'homme*, Paris.

Briant, Pierre (1982) *État et pasteurs au Moyen-Orient ancien*, London.

Briant, Pierre (2002a) *From Cyrus to Alexander: A History of the Persian Empire*, Winona Lake, IN.

Briant, Pierre (2002b) "The Greeks and 'Persian Decadence,'" in *Greeks and Barbarians*, ed. Thomas Harrison, Edinburgh: 193–210.

Briant, Pierre, Wouter Henkelman, and Matthew W. Stolper, eds. (2008) *L'Archive des Fortifications de Persépolis*, Paris.

Bridges, Emma, Edith Hall, and P. J. Rhodes, eds. (2007) *Cultural Responses to the Persian Wars: Antiquity to the Third Millennium*, Oxford.

Bright, John (1959) *A History of Israel*, Philadelphia (2nd ed. 1972; 3rd ed. 1981; 4th ed. 2000).

Brinkman, J. A. (1976) *Materials and Studies for Kassite History*, Vol. I: *A Catalogue of Cuneiform Sources Pertaining to Specific Monarchs of the Kassite Dynasty*, Chicago.

Brinkman, J. A. (1976–80) "Kassiten," in *Reallexikon der Assyriologie* 5, Berlin and New York: 464–73.

534   고대 근동 역사

Brinkman, J. A. (1984a) "Settlement Survey and Documentary Evidence: Regional Variation and Secular Trend in Mesopotamian Demography," *Journal of Near Eastern Studies* **43**: 169–80.
Brinkman, J. A. (1984b) *Prelude to Empire*, Philadelphia.
Brosius, Maria (2006) *The Persians*, London.
Brown, David (2000) *Mesopotamian Planetary Astronomy – Astrology*, Groningen.
Bryce, Trevor (2003) *Letters of the Great Kings of the Ancient Near East. The Royal Correspondence of the Late Bronze Age*, London and New York.
Bryce, Trevor (2005) *The Kingdom of the Hittites*, new ed., Oxford.
Bryce, Trevor (2012) *The World of the Neo-Hittite Kingdoms: A Political and Military History*, Oxford.
Cancik-Kirschbaum, Eva (2003) *Die Assyrer. Geschichte, Gesellschaft, Kultur*, Munich.
Cancik-Kirschbaum, Eva, Nicole Brisch, and Jesper Eidem, eds. (2014) *Constituent, Confederate, and Conquered Space. The Emergence of the Mittani State*, Berlin.
Carter, Elizabeth (1992) "The Middle Elamite Period," in Harper, Aruz, and Tallon 1992: 121–2.
Carter, Elizabeth and Matthew W. Stolper (1984) *Elam: Surveys of Political History and Archaeology*, Berkeley.
Charpin, Dominique (1988) *Archives épistolaires de Mari*, Paris.
Charpin, Dominique (2004) "Histoire politique du Proche-Orient Amorrite (2002–1595)," in Charpin, Edzard, and Stol 2004: 23–480.
Charpin, Dominique (2010) *Reading and Writing in Babylon*, Cambridge, MA.
Charpin, Dominique (2012) *Hammurabi of Babylon*, London and New York.
Charpin, Dominique, Dietz O. Edzard, and Marten Stol (2004) *Mesopotamien. Die altbabylonische Zeit*, Fribourg and Göttingen.
Charpin, Dominique and Nele Ziegler (2003) *Florilegium marianum V. Mari et le Proche-Orient à l'époque amorrite. Essai d'histoire politique*, Paris.
Charvát, Petr (2002) *Mesopotamia Before History*, rev. and updated ed., London and New York.
Cline, Eric (2014) *1177 BC. The Year Civilization Collapsed*, Princeton.
Cline, Eric and Mark Graham (2011) *Ancient Empires. From Mesopotamia to the Rise of Islam*, Cambridge and New York.
Cogan, Mordechai and Hayim Tadmor (1988) *II Kings*, New York.
Cohen, Andrew C. (2005) *Death Rituals, Ideology, and the Development of Early Mesopotamian Kingship: Toward a New Understanding of Iraq's Royal Cemetery of Ur*, Leiden.
Cohen, Raymond and Raymond Westbrook, eds. (2000) *Amarna Diplomacy. The Beginnings of International Relations*, Baltimore and London.
Collins, Billie Jean (2007) *The Hittites and Their World*, Atlanta.
Collon, Dominique (1987) *First Impressions. Cylinder Seals in the Ancient Near East*, London.
Coogan, Michael D., ed. (2001) *The Oxford History of the Biblical World*, Oxford.
Cook, J. M. (1983) *The Persian Empire*, London.
Cooper, Jerrold S. (1983) *Reconstructing History from Ancient Inscriptions: The Lagash-Umma Border Conflict*, Malibu.
Cooper, Jerrold S. (1986) *Sumerian and Akkadian Royal Inscriptions, I. Presargonic Inscriptions*, New Haven.
Cooper, Jerrold (2001) "Literature and History. The Historical and Political Referents of Sumerian Literary Texts," in Abusch et al. 2001: 131–47.

Cooper, Jerrold (2004) "Babylonian Beginnings: The Origin of the Cuneiform Writing System in Comparative Perspective," in *The First Writing. Script Invention as History and Process*, ed. S. D. Houston, Cambridge: 71–99.

Crawford, Harriet (2004) *Sumer and Sumerians*, 2nd ed., Cambridge.

Crawford, Harriet, ed. (2013) *The Sumerian World*, London and New York.

Cryer, Frederick H. (1995) "Chronology: Issues and Problems," in Sasson 1995: 651–64.

Da Riva, Rocio (2008) *The Neo-Babylonian Royal Inscriptions. An Introduction*, Munster.

Da Riva, Rocio (2013) *The Inscriptions of Nabopolassar, Amēl-Marduk and Neriglissar*, Berlin.

Dalley, Stephanie (2013) *The Mystery of the Hanging Garden of Babylon*, Oxford.

Dandamayev, Muhammad (2004) "Twin Towns and Ethnic Minorities in First-Millennium Babylonia," in *Commerce and Monetary Systems in the Ancient World: Means of Transmission and Cultural Interaction*, ed. R. Rollinger and C. Ulf, Munich: 54–64.

Dercksen, J. G. (2005) "Adad Is King! The Sargon Text from Kültepe," *Jaarbericht van het vooraziatisch-egyptisch Genootschap "Ex Oriente Lux"* **39**: 107–29.

Dickson, D. Bruce (2006) "Public Transcripts Expressed in Theatres of Cruelty: The Royal Graves at Ur in Mesopotamia," *Cambridge Archaeological Journal* **16**: 123–44.

Driver, G. R. and John C. Miles (1952–5) *The Babylonian Laws. Edited with Translation and Commentary*, Oxford.

Durand, Jean-Marie (1997–2000) *Les documents épistolaires du palais de Mari* I–III, Paris.

Ebeling, Erich et al., eds. (1932–) *Reallexikon der Assyriologie*, Berlin.

Eder, Walter and Johannes Renger, eds. (2007) *Chronologies of the Ancient World: Names, Dates and Dynasties* (Brill's New Pauly, Supplement), Leiden and Boston.

Edzard, Dietz O. (1970) "Die Keilschriftbriefe der Grabungskampagne 1969," *Kamid el-Loz – Kumidu. Schriftdokumente aus Kamid el-Loz*, Bonn: 55–62.

Edzard, Dietz O. (1997) *Gudea and His Dynasty*, Toronto.

Fadhil, Abdulillah (1998) "Der Prolog des Codex Hammurapi in einer Abschrift aus Sippar," *XXXIV. International Assyriology Congress*, Ankara: 717–29.

Fales, F. Mario (2001) *L'impero Assiro: storia e amministrazione, 9.–7. secolo a.C.*, Rome and Bari.

Fales, F. Mario (2010) *Guerre et paix en Assyrie: religion et impérialisme*, Paris.

Fales, F. Mario and J. N. Postgate (1992) *Imperial Administrative Records*, part 1 (State Archives of Assyria 7), Helsinki.

Fales, F. Mario and J. N. Postgate (1995) *Imperial Administrative Records*, part 2 (State Archives of Assyria 11), Helsinki.

Farber, Walter (1983) "Die Vergöttlichung Naram-Sîns," *Orientalia* **52**: 67–72.

Feldman, Marian H. (2005) *Diplomacy by Design: Luxury Arts and an "International Style" in the Ancient Near East, 1400–1200 BCE*, Chicago.

Finkel, Irving L. (1988) "The Hanging Gardens of Babylon," in *The Seven Wonders of the Ancient World*, ed. Peter A. Clayton and Martin J. Price, London and New York: 38–59.

Finkel, I. L. and M. J. Seymour, eds. (2008) *Babylon*, Oxford.

Finkelstein, Israel (1999) "State Formation in Israel and Judah," *Near Eastern Archaeology* **62**: 35–62.

Finkelstein, Israel (2013) *The Forgotten Kingdom: The Archaeology and History of Northern Israel*, Atlanta.

Finkelstein, J. J. (1963) "Mesopotamian Historiography," *Proceedings of the American Philosophical Society* **107**: 461–72.

Fleming, Daniel E. (2004) *Democracy's Ancient Ancestors: Mari and Early Collective Governance*, Cambridge.

Foster, Benjamin R. (1995) *From Distant Days: Myths, Tales, and Poetry of Ancient Mesopotamia*, Bethesda, MD.

Foster, Benjamin R. (2001) *The Epic of Gilgamesh*, New York and London.

Foster, Benjamin R. (2005) *Before the Muses. An Anthology of Akkadian Literature*, 3rd ed., Bethesda, MD.

Foster, Benjamin R. (2007) *Akkadian Literature of the Late Period*, Munster.

Foster, Benjamin R. and Karen Polinger Foster (2009) *Civilizations of Ancient Iraq*, Princeton.

Frahm, Eckart (2011) "Keeping Company with Men of Learning: The King as Scholar," in Radner and Robson 2011: 508–32.

Frahm, Eckart (2013) *Geschichte des alten Mesopotamien*, Ditzingen.

Frame, Grant (1992) *Babylonia 689–627 BC. A Political History*, Istanbul.

Frame, Grant (1995) *Rulers of Babylonia. From the Second Dynasty of Isin to the End of Assyrian Domination (1157–612 BC)*, Toronto.

Frame, Grant and Andrew George (2005) "The Royal Libraries of Nineveh: New Evidence for King Ashurbanipal's Tablet Collecting," *Iraq* **67**: 265–84.

Frayne, Douglas R. (1990) *Old Babylonian Period (2003–1595 BC)*, Toronto.

Frayne, Douglas R. (1993) *Sargonic and Gutian Period (2334–2113 BC)*, Toronto.

Frayne, Douglas R. (1997) *Ur III Period (2112–2004 BC)*, Toronto.

Frayne, Douglas R. (2008) *Presargonic Period (2700–2350 BC)*, Toronto.

Frye, Richard N. (1963) *The Heritage of Persia*, Cleveland and New York.

Fuchs, Andreas (1993) *Die Inschriften Sargons II. aus Khorsabad*, Göttingen.

Garbini, Giovanni (1988) *History and Ideology in Ancient Israel*, trans. J. Bowden, New York.

Garelli, Paul (1980) "Les empires mésopotamiens," in *Le concept d'empire*, ed. M. Duverger, Paris: 25–47

Garelli, Paul et al. (1997) *Le Proche-Orient asiatique. Volume I: Des origines aux invasions des peuples de la mer*, Paris.

Garelli, Paul et al. (2002) *Le Proche-Orient asiatique. Volume II: Les empires mésopotamiens, Israël*, Paris.

Garfinkle, Steven J. (2007) "The Assyrians: A New Look at an Ancient Power," in *Current Issues and the Study of the Ancient Near East*, ed. M. Chavalas, Claremont: 53–96.

Gasche, H. et al. (1998) *Dating the Fall of Babylon: A Reappraisal of Second-Millennium Chronology*, Chicago.

Genz, Hermann (2013) "No Land Could Stand Before Their Arms, from Hatti ... on ...? New Light on the End of the Hittite Empire and the Early Iron Age in Central Anatolia," in *The Philistines and Other "Sea Peoples" in Text and Archaeology*, ed. A. E. Killebrew and G. Lehmann, Atlanta: 469–77.

Genz, Hermann and Dirk Paul Mielke, eds. (2011) *Insights into Hittite History and Archaeology*, Louvain.

George, A. R. (1992) *Babylonian Topographical Texts*, Louvain.

George, Andrew (1999) *The Epic of Gilgamesh*, London.

George, Andrew (2003) *The Babylonian Gilgamesh Epic: Introduction, Critical Edition and Cuneiform Texts*, Oxford and New York.

Ghirshman, Roman (1954) *Iran. From the Earliest Times to the Islamic Conquest*, Harmondsworth.

Glassner, Jean-Jacques (2003) *Writing in Sumer. The Invention of Cuneiform*, ed. and trans. Z. Bahrani and M. Van De Mieroop, Baltimore.

Glassner, Jean-Jacques (2004) *Mesopotamian Chronicles*, Atlanta.

Goddeeris, Anne (2007) "The Old Babylonian Economy," in Leick 2007: 198–209.

Grabbe, Lester L. (2004) *A History of the Jews and Judaism in the Second Temple Period. Volume I. Yehud: A History of the Persian Province of Judah*, London and New York.

Grabbe, Lester L., ed. (2011) *Enquire of the Former Age: Ancient Historiography and Writing the History of Israel*, New York.

Grayson, A. Kirk (1975) *Assyrian and Babylonian Chronicles*, Locust Valley, NY.

Grayson, A. Kirk (1982) "Assyria: Ashur-dan II to Ashur-Nirari V (934–745 BC)," *The Cambridge Ancient History*, 2nd ed., Vol. III/1: 238–81.

Grayson, A. Kirk (1987) *Assyrian Rulers of the Third and Second Millennia BC (to 1115 BC)*, Toronto.

Grayson, A. Kirk (1991a) "Assyria: Sennacherib and Esarhaddon (704–669 BC)," *The Cambridge Ancient History*, 2nd ed., Vol. III/2, Cambridge: 103–41.

Grayson, A. Kirk (1991b) *Assyrian Rulers of the Early First Millennium BC I (1114–859 BC)*, Toronto.

Grayson, A. Kirk (1996) *Assyrian Rulers of the Early First Millennium BC II (858–745 BC)*, Toronto.

Grayson, A. Kirk and Jamie Novotny (2012) *The Royal Inscriptions of Sennacherib, King of Assyria (704–681 BC)*, part 1, Winona Lake, IN.

Grayson, A. Kirk and Jamie Novotny (2014) *The Royal Inscriptions of Sennacherib, King of Assyria (704–681 BC)*, part 2, Winona Lake, IN.

Greenberg, Moshe (1955) *The Hab/piru*, New Haven.

Greenfield, Jonas and Aaron Shaffer (1983) "Notes on the Akkadian-Aramaic Bilingual Statue from Tell Fekherye," *Iraq* 45: 109–16.

Günbatti, Cahit (1997) "Kültepe'den Akadlı Sargon'a âit bir tablet," *Archivum Anatolicum* 3: 131–55.

Gurney, Oliver (1990) *The Hittites*, London.

Hallo, William W. (1998) "New Directions in Historiography," in *Dubsar anta-men: Studien zur Altorientalistik: Festschrift für Willem H. Ph. Römer*, ed. M. Dietrich and O. Loretz, Munster: 109–28.

Hallo, William W. (2001) "Polymnia and Clio," in Abusch et al. 2001: 195–209.

Hallo, William W., ed. (1997–2002) *The Context of Scripture*, 3 vols., Leiden.

Hallo, William W. and William K. Simpson (1998) *The Ancient Near East: A History*, 2nd ed., Forth Worth.

Hanson, Victor Davis (2007) "Persian Versions. Myth and Reality in Wars Between West and East," *The Times Literary Supplement*, May 18: 3–4.

Harper, Prudence O. (1992) "Mesopotamian Monuments Found at Susa," in Harper, Aruz, and Tallon 1992: 159–82.

Harper, Prudence O., Joan Aruz, and Francoise Tallon, eds. (1992) *The Royal City of Susa: Ancient Near Eastern Treasures in the Louvre*, New York.

Harrison, Thomas (2011) *Writing Ancient Persia*, London.

Hawkins, John David (2000) *Corpus of Hieroglyphic Luwian Inscriptions: Inscriptions of the Iron Age*, Berlin.

Healy, John F. (1990) *The Early Alphabet*, London.

Heimpel, Wolfgang (2003) *Letters to the King of Mari. A New Translation with Historical Introduction, Notes, and Commentary*, Winona Lake, IN.

Heinz, Marlies and Marian H. Feldman, eds. (2007) *Representations of Political Power: Case Histories in Times of Change and Dissolving Order in the Ancient Near East*, Winona Lake, IN.

Hoffner, Harry A. Jr. (1980) "Histories and Historians of the Ancient Near East: The Hittites," *Orientalia* **49**: 283–332.

Hoffner, Harry A. Jr. (1992) "The Last Days of Khattusha," in *The Crisis Years. The 12th century BC*, ed. William A. Ward and Martha S. Joukowsky, Dubuque, Iowa: 46–52.

Hoffner, Harry A. Jr. (2009) *Letters from the Hittite Kingdom*, Atlanta.

Hunger, H. (1968) *Babylonische und assyrische Kolophone*, Kevelaer.

Jacobsen, Thorkild (1943) "Primitive Democracy in Ancient Mesopotamia," *Journal of Near Eastern Studies* **2**: 159–72.

Jacobsen, Thorkild (1976) *The Treasure of Darkness*, New Haven and London.

Jahn, Brit (2007) "The Migration and Sedentarization of the Amorites from the Point of View of the Settled Babylonian Population," in Heinz and Feldman 2007: 193–209.

Jennings, Justin (2011) *Globalizations and the Ancient World*, Cambridge and New York.

Joannès, Francis (2004) *The Age of Empires: Mesopotamia in the First Millennium BC*, trans. Antonia Nevill, Edinburgh.

Jursa, Michael (2005) *Neo-Babylonian Legal and Administrative Documents. Typology, Contents and Archives*, Munster.

Jursa, Michael (2010) *Aspects of the Economic History of Babylonia in the First Millennium BC*, Munster.

Jursa, Michael (2013) "The Babylonian Economy in the Sixth and Early Fifth Centuries BC: Monetization, Agrarian Expansion and Economic Growth," in *L'economia dell'antica Mesopotamia (III–I millennio a.C.) Per un dialogo interdisciplinare*, ed. Franco D'Agostino, Rome: 67–89.

Kitchen, K. A. (2007) "Egyptian and Related Chronologies – Look, no Sciences, no Pots!," in Bietak 2000–7, Vol. III: 163–72.

Klengel, Horst (1992) *Syria: 3000 to 300 BC*, Berlin.

Klengel, Horst (1999) *Geschichte des hethitischen Reiches*, Leiden.

Knapp, A. B., ed. (1996) *Sources for the History of Cyprus. Volume 2: Near Eastern and Aegean Texts from the Third to the First Millennia BC*, Albany, NY.

Koch-Westenholz, Ulla (2000) *Babylonian Liver Omens*, Copenhagen.

Kohler, J. and F. E. Peiser (1904–23) *Hammurabi's Gesetz*, Leipzig.

Koldewey, Robert (1914) *The Excavations at Babylon*, London.

König, Friedrich W. (1965) *Die elamischen Königsinschriften*, Graz.

Kraus, F. R. (1957–8) "Assyrisch imperialisme," *Jaarbericht van het Vooraziatisch-Egyptisch Gezelschap "Ex Oriente Lux"* **15**: 232–39.

Kraus, F. R. (1960) "Ein zentrales Problem des altmesopotamischen Rechts: Was ist der Codex Hammu-rabi?" *Genava* **8**: 383–96.

Kraus, F. R. (1968) *Briefe aus dem Archiv des Shamash-hazir*, Leiden.

Kroll, S. et al., eds. (2012) *Biainili-Urartu*, Louvain.

Kuhrt, Amélie (1995) *The Ancient Near East c. 3000–330 BC*, 2 vols., London and New York.

Kuhrt, Amélie (2001) "The Achaemenid Persian Empire (c. 550–c. 330 BCE): continuities, adaptations, transformations," in *Empires: Perspectives from Archaeology and History*, ed. S. Alcock et al., Cambridge: 93–123.

Kuhrt, Amélie (2007a) *The Persian Empire. A Corpus of Sources from the Achaemenid Period*, 2 vols., London and New York.

Kuhrt, Amélie (2007b) "Cyrus the Great of Persia: Images and Realities," in Heinz and Feldman 2007: 169–91.

Kupper, Jean-Robert (1957) *Les nomades en Mésopotamie au temps des rois de Mari*, Paris.

Labat, René (1951) *Traité akkadien de diagnostics et prognostics médicaux*, Paris.

Labat, René (1967) "Assyrien und seine Nachbarländer (Babylonien, Elam, Iran) von 1000 bis 617 v. Chr.," in *Fischer Weltgeschichte* Bd. 4: *Die Altorientalischen Reiche* III, ed. J. Bottéro, E. Cassin and J. Vercouter: 9–111.

Lambert, W. G. (1960) *Babylonian Wisdom Literature*, Oxford.

Lanfranchi, Giovanni B. and Simo Parpola (1990) *The Correspondence of Sargon II, Part II. Letters from the Northern and Northeastern Provinces* (State Archives of Assyria 5), Helsinki.

Lanfranchi, Giovanni B. et al., eds. (2003) *Continuity of Empire(?) Assyria, Media, Persia*, Padua.

Larsen, Mogens Trolle (1979) "The Tradition of Empire in Mesopotamia," in *Power and Propaganda*, ed. Mogens Trolle Larsen, Copenhagen: 75–103.

Leichty, Erle (2011) *The Royal Inscriptions of Esarhaddon, King of Assyria (680–669 BC)*, Winona Lake, IN.

Leick, Gwendolyn, ed. (2007) *The Babylonian World*, London and New York.

Lion, Brigitte (2011) "Literacy and Gender," in Radner and Robson 2011: 90–112.

Liverani, Mario (1965) "Il fuoruscitismo in Siria nella tarda età del bronzo," *Rivista Storica Italiana* 77: 315–36.

Liverani, Mario (1988a) *Antico Oriente. Storia, società, economia*, Rome and Bari.

Liverani, Mario (1988b) "The Growth of the Assyrian Empire in the Habur/Middle Euphrates Area: A New Paradigm," *State Archives of Assyria Bulletin* 2: 81–98.

Liverani, Mario (1990) *Prestige and Interest*, Padua.

Liverani, Mario (1993a) "Model and Actualization. The Kings of Akkad in the Historical Tradition," in Liverani 1993b: 41–67.

Liverani, Mario, ed. (1993b) *Akkad, the First World Empire*, Padua.

Liverani, Mario (1997) "Ramesside Egypt in a Changing World. An Institutional Approach," in *L'impero ramesside*, Rome: 101–15.

Liverani, Mario (2001a) *International Relations in the Ancient Near East, 1600–1100 BC*, New York.

Liverani, Mario (2001b) "The Fall of the Assyrian Empire: Ancient and Modern Interpretations," in *Empires: Perspectives from Archaeology and History*, ed. S. Alcock et al., Cambridge: 374–91.

Liverani, Mario (2004) *Myth and Politics in Ancient Near Eastern Historiography*, London.

Liverani, Mario (2005a) *Israel's History and the History of Israel*, trans. C. Peri and P. R. Davies, London.

Liverani, Mario, ed. (2005b) *Recenti tendenze nella ricostruzione della storia antica d'Israele: convegno internazionale: Roma, 6–7 marzo 2003*, Rome.

Liverani, Mario (2006) *Uruk: The First City*, trans. Z. Bahrani and M. Van De Mieroop, London.

Liverani, Mario (2014) *The Ancient Near East: History, Society and Economy*, London.

Livingstone, Alasdair (2007) "Ashurbanipal: Literate or Not?," *Zeitschrift für Assyriologie* 97: 98–118.

Longman, Tremper III (1991) *Fictional Akkadian Autobiography*, Winona Lake, IN.

Loretz, Oswald (1984) *Habiru-Hebräer*, Berlin and New York.

Luckenbill, Daniel David (1924) *The Annals of Sennacherib*, Chicago.

Luukko, Mikko and Greta Van Buylaere (2002) *The Political Correspondence of Esarhaddon* (State Archives of Assyria 16), Helsinki.

Machinist, Peter (1982) "Provincial Governance in Middle Assyria," *Assur* **3/2**: 1–37.

Maekawa, Kazuya (1973–4) "The Development of the é-mí in Lagash during Early Dynastic III," *Mesopotamia* **8–9**: 77–144.

Maidman, Maynard Paul (2010) *Nuzi Texts and Their Uses as Historical Evidence*, Leiden and Boston.

Malbran-Labat, Florence (1994) *La Version akkadienne de l'inscription trilingue de Darius à Behistun*, Rome.

Manning, S. W. (1999) *A Test of Time: The Volcano of Thera and the Chronology and History of the Aegean and East Mediterranean in the Mid Second Millennium BC*, Oxford.

Manning, S. W., et al. (2006) "Chronology for the Aegean Late Bronze Age 1700–1400 BC," *Science* **312**: 565–9.

Marchesi, Gianni (2004) "Who Was Buried in the Royal Tombs of Ur? The Epigraphic and Textual Data," *Orientalia* **73**: 153–97.

Markoe, Glenn E. (2000) *Phoenicians*, Berkeley and Los Angeles.

Matthews, Roger (1993) *Cities, Seals and Writing: Archaic Seal Impressions from Jemdet Nasr and Ur*, Berlin.

Matthews, Roger (2003) *The Archaeology of Mesopotamia. Theories and Approaches*, London.

Matthiae, Paolo (2010) *Ebla. La città del trono*, Turin.

Mayrhofer, Manfred (1975) "Kleinasien zwischen Agonie des Perserreiches und hellenistischen Frühling," *Anzeiger der österreichischen Akademie der Wissenschaften. Philosophisch-Historische Klasse* **112**: 274–82.

Mebert, Joachim (2010) *Die Venustafeln des Ammī-ṣaduqa und ihre Bedeutung für die astronomische Datierung der altbabylonischen Zeit*, Vienna.

Michalowski, Piotr (1993) *Letters from Early Mesopotamia*, Atlanta.

Michalowski, Piotr (2003) "The Doors of the Past," *Eretz Israel* **27**: 136–52.

Michalowski, Piotr (2011) *The Correspondence of the Kings of Ur*, Winona Lake, IN.

Michel, Cécile (2001) *Correspondance des marchands de Kanish*, Paris.

Milano, Lucio (1995) "Ebla: A Third Millennium City-State in Ancient Syria," in Sasson 1995: 1219–30.

Milano, Lucio, ed. (2012) *Il Vicino Oriente antico dalle origini ad Alessandro Magno*, Milan.

Millard, Alan (1994) *The Eponyms of the Assyrian Empire, 910–612*, Helsinki.

Molleson, Theya (1994) "The Eloquent Bones of Abu Hureyra," *Scientific American* **271/2** (August): 70–5.

Moorey, P. R. S. (1977) "What Do We Know about the People Buried in the Royal Cemetery?" *Expedition* **20**(1): 24–40.

Moorey, P. R. S. (1995) *From Gulf to Delta and Beyond*, Beer-Sheva.

Moran, William L. (1992) *The Amarna Letters*, Baltimore and London.

Moscati, Sabatino (1960) *The Face of the Ancient Orient: A Panorama of Near Eastern Civilizations in Pre-Classical Times*, Garden City, NY.

Naveh, Joseph and Shaul Shaked (2012) *Aramaic Documents from Ancient Bactria (Fourth Century BCE)*, London.

Niehr, Herbert, ed. (2014) *The Arameans in Ancient Syria*, Leiden and Boston.

Nissen, Hans J. (1988) *The Early History of the Ancient Near East. 9000–2000 BC*, trans. E. Lutzeier and K. Northcutt, Chicago and London.

Nissen, Hans J., Peter Damerow, and Robert K. Englund (1993) *Archaic Bookkeeping. Early Writing and Techniques of Economic Administration in the Ancient Near East*, Chicago and London.

Oates, Joan and David (2001) *Nimrud. An Assyrian Imperial City Revealed*, London.

Oded, Bustenay (1979) *Mass Deportations and Deportees in the Neo-Assyrian Empire*, Wiesbaden.

Olmstead, A. T. (1948) *History of the Persian Empire*, Chicago.

Onasch, Hans-Ulrich (1994) *Die assyrischen Eroberungen Ägyptens*, Wiesbaden.

Oppenheim, A. Leo (1977) *Ancient Mesopotamia*, 2nd ed., Chicago.

Owen, David I. (2013) "The Archive of Iri-Sagrig/Āl-Šarrākī: A Brief Survey," in *From the 21st Century BC to the 21st Century AD: The Present and Future of Neo-Sumerian Studies*, ed. Manuel Molina and Steven Garfinkle, Winona Lake, IN: 89–102.

Pagden, Anthony (2008) *Worlds at War. The 2,500-Year Struggle between East and West*, New York.

Parker, Barbara (1961) "Administrative Tablets from the North-West Palace, Nimrud," *Iraq* **23**: 15–67.

Parpola, Simo (1987) *The Correspondence of Sargon II, Part I. Letters from Assyria and the West* (State Archives of Assyria 1), Helsinki.

Parpola, Simo (1993) *Letters from Assyrian and Babylonian Scholars* (State Archives of Assyria 10), Helsinki.

Parpola, Simo (1997) "The Man without a Scribe and the Question of Literacy in the Assyrian Empire," in *Ana šadî Labnaāni lū allik: Beiträge zu altorientalischen und mittelmeerischen Kulturen Festschrift für Wolfgang Röllig*, ed. Beate Pongratz-Leisten et al., Kevelaer and Neukirchen-Vluyn: 315–24.

Parpola, Simo and Kazuko Watanabe (1988) *Neo-Assyrian Treaties and Loyalty Oaths* (State Archives of Assyria 2), Helsinki.

Parpola, Simo and R. M. Whiting, eds. (1997) *Assyria 1995*, Helsinki.

Pettinato, Giovanni (1991) *Ebla. A New Look at History*, Baltimore.

Podany, Amanda (2002) *The Land of Hana*, Bethesda, MD.

Podany, Amanda (2010) *Brotherhood of Kings*, Oxford.

Podany, Amanda (2014) *The Ancient Near East: A Very Short Introduction*, Oxford.

Pollock, Susan (1999) *Ancient Mesopotamia. The Eden that Never Was*, Cambridge.

Pollock, Susan (2007) "The Royal Cemetery of Ur: Ritual, Tradition, and the Creation of Subjects," in Heinz and Feldman 2007: 89–110.

Pongratz-Leisten, Beate (1999) *Herrschaftswissen in Mesopotamien*, Helsinki.

Porter, Barbara N. (1993) *Images, Power, and Politics. Figurative Aspects of Esarhaddon's Babylonian Policy*, Philadelphia.

Postgate, J. N. (1992a) *Early Mesopotamia: Society and Economy at the Dawn of History*, London.

Postgate, J. N. (1992b) "The Land of Assur and the Yoke of Assur," *World Archaeology* **23**: 247–63.

Postgate, J. N. (2013) *Bronze Age Bureaucracy. Writing and the Practice of Government in Assyria*, Cambridge.

Potts, D. T. (1990) *The Arabian Gulf in Antiquity*, Oxford.

Potts, D. T. (1997) *Mesopotamian Civilization. The Material Foundations*, Ithaca.

Potts, D. T. (1999) *The Archaeology of Elam*, Cambridge.

Potts, Dan, ed. (2012) *A Companion to the Archaeology of the Ancient Near East*, Oxford.

Potts, Dan, ed. (2013) *The Oxford Handbook of Ancient Iran*, Oxford and New York.

Potts, Timothy (2001) "Reading the Sargonic 'Historical-Literary' Tradition. Is There a Middle Course?," in Abusch et al. 2001: 391–408.

Pournelle, Jennifer R. (2013) "Physical Geography," in Crawford 2013: 13–32.

Pritchard, James B., ed. (1969) *Ancient Near Eastern Texts Relating to the Old Testament*, 3rd ed., Princeton.

Pruzsinszky, Regine (2009) *Mesopotamian Chronology of the 2nd millennium BC: An Introduction to the Textual Evidence and Related Chronological Issues*, Vienna.

Radner, Karen (2011) "Assyrians and Urartians," in Steadman and McMahon 2011: 734–51.

Radner, Karen (2013) "Assyria and the Medes," in Potts 2013: 442–56.

Radner, Karen and Eleanor Robson, eds. (2011) *The Oxford Handbook of Cuneiform Culture*, Oxford and New York.

Reiner, Erica and David Pingree (1975) *Babylonian Planetary Omens*, Malibu.

Renger, Johannes (2002) "Royal Edicts of the Old Babylonian Period – Structural Background," in *Debt and Economic Renewal in the Ancient Near East*, ed. M. Hudson and M. Van De Mieroop, Bethesda, MD: 139–62.

Roaf, Michael (1990) *Cultural Atlas of Mesopotamia and the Ancient Near East*, Oxford.

Roaf, Michael (2012) "The Fall of Babylon in 1499 NC or 1595 MC," *Akkadica* **133**: 147–74.

Robson, Eleanor (1999) *Mesopotamian Mathematics, 2100–1600 BC*, Oxford.

Rochberg, Francesca (2004) *The Heavenly Writing. Divination, Horoscopy, and Astronomy in Mesopotamian Culture*, Cambridge.

Roth, Martha T. (1984) *Babylonian Marriage Agreements 7th–3rd Centuries BC*, Kevelaer.

Roth, Martha T. (1997) *Law Collections from Mesopotamia and Asia Minor*, 2nd ed., Atlanta.

Rothman, Mitchell S., ed. (2001) *Uruk Mesopotamia & Its Neighbors*, Santa Fe.

Rothman, Mitchell S. (2004) "Studying the Development of Complex Society: Mesopotamia in the Late Fifth and Fourth Millennia BC," *Journal of Archaeological Research* **12**: 75–119.

Rowton, Michael B. (1965) "The Topological Factor in the Hapiru Problem," *Studies in Honor of Benno Landsberger*, Chicago: 375–87.

Sack, Ronald H. (1972) *Amel-Marduk 562–560 BC*, Kevelaer.

Sack, Ronald H. (2004) *Images of Nebuchadnezzar*, 2nd ed., Selingsgrove.

Saggs, H. W. F. (1984) *The Might that Was Assyria*, London.

Sagona, Antonio and Paul Zimansky (2009) *Ancient Turkey*, London and New York.

Sallaberger, Walther (2007) "From Urban Culture to Nomadism: A History of Upper Mesopotamia in the Late Third Millennium," in *Sociétés humaines et changement climatique à la fin du troisième millénaire: une crise a-t-elle eu lieu en Haute Mésopotamie?*, ed. C. Kuzuzuoglu and C. Marro, Paris: 417–56.

Sallaberger, Walther and Aage Westenholz (1999) *Mesopotamien. Akkade-Zeit und Ur III Zeit*, Fribourg and Göttingen.

Salvini, Mirjo (1995) *Geschichte und Kultur der Urartäer*, Darmstadt.

Salvini, Mirjo (1998) "The Earliest Evidences of the Hurrians before the Formation of the Reign of Mittanni," in *Urkesh and the Hurrians. Studies in Honor of Lloyd Cotsen*, ed. G. Buccellati and M. Kelly-Buccellati, Malibu: 99–115.

Salvini, Mirjo (2008–12) *Corpus dei testi urartei*, 4 vols., Rome.

Salvini, Mirjo and Ilse Wegner (1986) *Die Rituale des AZU-Priesters*, Rome.

Sancisi-Weerdenburg, Heleen (1987) "Decadence in the Empire or Decadence in the Sources?," in *Achaemenid History I. Sources, Structures and Synthesis*, ed. H. Sancisi-Weerdenburg, Leiden: 33–45.

Sassmannshausen, Leonard (2001) *Beiträge zur Verwaltung und Gesellschaft Babyloniens in der Kassitenzeit*, Mainz.

Sassmannshausen, Leonard (2004) "Kassite Nomads. Fact or Fiction?" in *Nomades et sédentaires dans le proche-orient ancien*, ed. C. Nicolle, Paris: 287–305.

Sasson, Jack M., ed. (1995) *Civilizations of the Ancient Near East*, 4 vols., New York.

Schaudig, Hanspeter (2001) *Die Inschriften Nabonids von Babylon und Kyros' des Großen*, Munster.

Schmandt-Besserat, Denise (1992) *Before Writing*, Austin.

Schmidt, Klaus (2011) "Göbekli Tepe: A Neolithic Site in Southeastern Anatolia," in Steadman and McMahon 2011: 917–33.

Schmitt, Rüdiger (2009) *Die altpersischen Inschriften der Achaemeniden*, Wiesbaden.

Schwartz, Glenn (1995) "Pastoral Nomadism in Ancient Western Asia," in Sasson 1995: 249–58.

Seeher, Jürgen (2001) "Die Zerstörung der Stadt Ḫattuša," in *Akten des IV. Internationalen Kongresses für Hethitologie Würzburg, 4.–8. Oktober 1999*, ed. G. Wilhelm, Wiesbaden: 623–34.

Selz, Gebhard J. (1989) *Die altsumerischen Wirtschaftsurkunden der Ermitage zu Leningrad*, Wiesbaden.

Seri, Andrea (2013) *The House of Prisoners. Slavery and State in Uruk during the Revolt against Samsu-iluna*, Boston and Berlin.

Sharlach, Tonia M. (2004) *Provincial Taxation and the Ur III State*, Leiden.

Sherratt, Susan (2003) "The Mediterranean Economy: 'Globalization' at the End of the Second Millennium BCE," in *Symbiosis, Symbolism, and the Power of the Past: Canaan, Ancient Israel, and Their Neighbors from the Late Bronze Age through Roman Palaestina*, ed. W. G. Dever and S. Gitin, Winona Lake, IN: 37–54.

Singer, Itamar (1991) "A Concise History of Amurru," in Shlomo Izre'el, *Amurru Akkadian*, Vol. II, Atlanta: 134–95.

Snell, Daniel C., ed. (2005) *A Companion to the Ancient Near East*, Oxford.

Starr, Ivan (1990) *Queries to the Sungod* (State Archives of Assyria 4), Helsinki.

Steadman, Sharon R. and Gregory McMahon, eds. (2011) *The Oxford Handbook of Ancient Anatolia, 10,000–323 BCE*, Oxford and New York.

Steinkeller, Piotr (1987) "The Administrative and Economic Organization of the Ur III State: The Core and the Periphery," in *The Organization of Power. Aspects of Bureaucracy in the Ancient Near East*, ed. McGuire Gibson and R. D. Biggs, Chicago: 19–41.

Steinkeller, Piotr (2002) "Archaic City Seals and the Question of Early Babylonian Unity," in *Riches Hidden in Secret Places. Ancient Near Eastern Studies in Memory of Thorkild Jacobsen*, ed. Tzvi Abusch, Winona Lake, IN: 249–57.

Steinkeller, Piotr (2003) "Archival Practices at Babylonia in the Third Millennium," in *Ancient Archives and Archival Traditions*, ed. M. Brosius, Oxford: 37–58.

Steinkeller, Piotr (2013) "Puzur-Inshushinak at Susa: A Pivotal Episode in Early Elamite History Reconsidered," in *Susa and Elam: Archaeological, Philological, Historical and Geographical Perspectives*, ed. Katrien de Graef and Jan Tavernier, Leiden: 293–317.

Stern, Ephraim (2001) *Archaeology of the Land of the Bible. II: The Assyrian, Babylonian, and Persian Periods, 732–322 BCE*, New York.

Stol, Marten (2004) "Wirtschaft und Gesellschaft in altbabylonischer Zeit," in Charpin, Edzard and Stol 2004: 643–975.

Stolper, Matthew W. (1985) *Entrepreneurs and Empire*, Istanbul.

Tadmor, Hayim and Shigeo Yamada (2011) *The Royal Inscriptions of Tiglath-pileser III (744–727 BC) and Shalmaneser V (726–722 BC), Kings of Assyria*, Winona Lake, IN.

Thureau-Dangin, François (1912) *Une relation de la huitième campagne de Sargon*, Paris.

Tinney, Steve (1998) "Texts, Tablets, and Teaching. Scribal Education in Nippur and Ur," *Expedition* **40/2**: 40–50.

Ur, Jason (2014) "Households and the Emergence of Cities in Ancient Mesopotamia," *Cambridge Archaeological Journal* **24**: 249–68.

Van De Mieroop, Marc (1992) *Society and Enterprise in Old Babylonian Ur*, Berlin.

Van De Mieroop, Marc (1997) "On Writing a History of the Ancient Near East," *Bibliotheca Orientalis* **54**: 285–306.

Van De Mieroop, Marc (1999a) *Cuneiform Texts and the Writing of History*, London.

Van De Mieroop, Marc (1999b) *The Ancient Mesopotamian City*, Oxford.

Van De Mieroop, Marc (1999c) "Literature and Political Discourse in Ancient Mesopotamia. Sargon II of Assyria and Sargon of Agade," in *Munuscula Mesopotamica. Festschrift für Johannes Renger*, ed. B. Böck et al., Munster: 327–39.

Van De Mieroop, Marc (2000) "Sargon of Agade and his Successors in Anatolia," *Studi Micenei ed Egeo-Anatolici* **42**: 133–59.

Van De Mieroop, Marc (2003) "Reading Babylon," *American Journal of Archaeology* **107**: 257–75.

Van De Mieroop, Marc (2005) *King Hammurabi of Babylon: A Biography*, Oxford.

Van De Mieroop, Marc (2007) *The Eastern Mediterranean in the Age of Ramesses II*, Oxford.

Vanderhooft, David S. (1999) *The Neo-Babylonian Empire and Babylon in the Latter Prophets*, Atlanta.

Van der Spek, R. J. (2008) "Berossus as a Babylonian Chronicler and Greek Historian," in *Studies in Ancient Near Eastern World View and Society: Presented to Marten Stol on the Occasion of his 65th Birthday*, ed. R. J. van der Spek, Bethesda, MD: 277–317.

Van Lerberghe, Karel (1995) "Kassites and Old Babylonian Society. A Reappraisal," in *Immigration and Emigration within the Ancient Near East. Festschrift E. Lipinski*, ed. K. Van Lerberghe and A. Schoors, Louvain: 381–93.

Vanstiphout, H. L. J. (2004) *Epics of Sumerian kings: The Matter of Aratta*, Atlanta.

Veenhof, Klaas R. (1997–2000) "The Relation between Royal Decrees and Law Collections in the Old Babylonian Period," *Jaarbericht van het Vooraziatisch-Egyptisch Genootschap Ex Oriente Lux* **35/36**: 49–83.

Veenhof, Klaas R. (2003) "Archives of Old Assyrian Traders," in *Ancient Archives and Archival Traditions*, ed. M. Brosius, Oxford: 78–123.

Veenhof, Klaas R. and Jesper Eidem (2008) *Mesopotamia. The Old Assyrian Period*, Fribourg and Göttingen.

Veldhuis, Niek (2011) "Levels of Literacy," in Radner and Robson 2011: 68–89.

Veldhuis, Niek (2014) *History of the Cuneiform Lexical Tradition*, Munster.

Vidale, Massimo (2011) "PG 1237, Royal Cemetery of Ur: Patterns in Death," *Cambridge Archaeological Journal* **21**: 427–51.

Villard, Pierre (1997) "L'éducation d'Assurbanipal," *Ktema* **22**: 135–49.

Visicato, Giuseppe (1995) *The Bureaucracy of Shuruppak*, Munster.

Von Dassow, Eva (2008) *State and Society in the Late Bronze Age. Alalah under the Mittani Empire*, Bethesda, MD.

Von Soden, Wolfram (1937) *Der Aufstieg des Assyrerreichs als geschichtliches Problem* (Der alte Orient 37 1/2), Leipzig.

Walker, C. B. F. (1987) *Cuneiform*, London.

Waters, Matthew W. (2000) *A Survey of Neo-Elamite History*, Helsinki.

Watkins, Trevor (2010) "New Light on Neolithic Revolution in South-West Asia," *Antiquity* **84**: 621–34.

Watson, Wilfred G. E. and Nicolas Wyatt, eds. (1999) *Handbook of Ugaritic Studies*, Leiden.

Wells, Bruce (2005) "Law and Practice" in Snell 2005: 199–211.

Westbrook, Raymond (1989) "Cuneiform Law Codes and the Origins of Legislation," *Zeitschrift für Assyriologie* 79: 201–22.

Westenholz, Joan (1997) *Legends of the Kings of Akkade*, Winona Lake, IN.

Wetzel, Friedrich and F. H. Weissbach (1938) *Das Hauptheiligtum des Marduk in Babylon, Esagila und Etemenanki*, Leipzig.

Whiting, Robert (1995) "Amorite Tribes and Nations of Second-Millennium Western Asia," in Sasson 1995: 1231–42.

Wiener, M. H. (2003) "Time Out: The Current Impasse in Bronze Age Archaeological Dating," in *Metron: Measuring the Aegean Bronze Age*, ed. K. Polinger Foster and R. Laffineur, Liege: 363–99.

Wiener, M. H. (2007) "Times Change: The Current State of the Debate in Old World Chronology," in Bietak 2000–7, Vol. III: 25–64.

Wiesehöfer, Josef (1996) *Ancient Persia from 550 BC to 650 AD*, London and New York.

Wiesehöfer, Josef (2007) "The Achaemenid Empire in the Fourth Century BCE: A Period of Decline?" in *Judah and the Judeans in the Fourth Century BCE*, ed. Oded Lipschits et al., Winona Lake, IN: 11–30.

Wiesehöfer, Josef (2009) "The Achaemenid Empire," in *The Dynamics of Ancient Empires*, ed. Ian Morris and Walter Scheidel, Oxford: 66–98.

Wilcke, Claus (1989) "Genealogical and Geographical Thought in the Sumerian King List," in *DUMU-E$_2$-DUB-BA-A: Studies in Honor of Åke W. Sjöberg*, ed. H. Behrens et al., Philadelphia: 557–71.

Wilcke, Claus (2000) *Wer las und schrieb in Babylonien und Assyrien. Überlegungen zur Literalität im Alten Zweistromland*. Bayerische Akademie der Wissenschaften. Philologisch-Historische Klasse. Sitzungsberichte. Jahrgang 2000, Heft 6. Munich.

Wilhelm, Gernot (1989) *The Hurrians*, Warminster.

Williamson, H. G. M., ed. (2007) *Understanding the History of Ancient Israel*, Oxford and New York.

Winter, Irene J. (2000) "Babylonian Archaeologists of The(ir) Mesopotamian Past," in *Proceedings of the First International Congress on the Archaeology of the Ancient Near East*, ed. P. Matthiae et al., Rome: 1785–800.

Wiseman, D. J. (1985) *Nebuchadrezzar and Babylon*, Oxford.

Woolley, Leonard (1982) *Ur "of the Chaldees,"* rev. and updated by P. R. S. Moorey, London.

Woolmer, Mark (2011) *Ancient Phoenicia: An Introduction*, London.

Wright, Henry T. and Gregory A. Johnson (1975) "Population, Exchange, and Early State Formation in Southwestern Iran," *American Anthropologist* 77: 267–89.

Wullen, Moritz and Günther Schauerte, eds. (2008) *Babylon: Mythos*, Berlin.

Wunsch, Cornelia (2007) "The Egibi Family," in Leick 2007: 236–47.

Wunsch, Cornelia (2013) "Glimpses on the Lives of Deportees in Rural Babylonia," in *Arameans, Chaldeans, and Arabs in Babylonia and Palestine in the First Millennium BC*, ed. Angelika Berlejung and Michael P. Streck, Wiesbaden: 247–60.

Yoffee, Norman (1988) "The Collapse of Ancient Mesopotamian States and Civilization," in *The Collapse of Ancient States and Civilizations*, ed. N. Yoffee and G. Cowgill, Tuscon: 44–68.

Yoffee, Norman (2005) *Myths of the Archaic State: Evolution of the Earliest Cities, States and Civilization*, Cambridge.

Zamazalová, Silvie (2011) "The Education of Neo-Assyrian Princes," in Radner and Robson 2011: 313–30.

Zettler Richard L. and Lee Horne, eds. (1998) *Treasures from the Royal Tombs at Ur*, Philadelphia.

Zimansky, Paul (2005) "Archaeology and Texts in the Ancient Near East," in *Archaeologies of the Middle East. Critical Perspectives*, ed. S. Pollock and R. Bernbeck, Oxford: 308–26.

Zimansky, Paul (2011) "Urartian and the Urartians," in Steadman and McMahon 2011: 548–59.

색인

E

고대 근동 역사

2010년 1월 8일 초판
2022년 12월 20일 개정판 1쇄

지 은 이 ｜ 마르크 반 드 미에롭
옮 긴 이 ｜ 김구원, 강후구

펴 낸 곳 ｜ (사)기독교문서선교회
등   록 ｜ 제16-25호(1980. 1. 18.)
주   소 ｜ 서울특별시 동대문구 천호대로71길 39
전   화 ｜ 02-586-8761~3(본사) 031-942-8761(영업부)
팩   스 ｜ 02-523-0131(본사) 031-942-8763(영업부)
이 메 일 ｜ clckor@gmail.com
홈페이지 ｜ www.clcbook.com
송금계좌 ｜ 기업은행 073-000308-04-020 (사)기독교문서선교회

ISBN 978-89-341-2482-5(94230)
ISBN 978-89-341-1768-1(SET)